Stratenwerth   Strafrecht – Allgemeiner Teil I   4. Auflage

ACADEMIA IURIS

LEHRBÜCHER DER RECHTSWISSENSCHAFT

Carl Heymanns Verlag KG · Köln · Berlin · Bonn · München

Strafrecht
Allgemeiner Teil I
Die Straftat

Von Professor Dr. Günter Stratenwerth

Vierte, völlig neu bearbeitete Auflage

Carl Heymanns Verlag KG · Köln · Berlin · Bonn · München

Die Deutsche Bibliothek – CIP-Einheitsaufnahme

Stratenwerth, Günter: Strafrecht, Allgemeiner Teil I: Die Straftat /
von Günter Stratenwerth. – Vierte, völlig neu bearbeitete Auflage.

Köln; Berlin; Bonn; München: Heymanns, 2000

(Academia Iuris – Lehrbücher der Rechtswissenschaft)

ISBN 3-452-22168-7

© Carl Heymanns Verlag KG · Köln · Berlin · Bonn · München 2000
50926 Köln
E-Mail: service@heymanns.com
http://www.heymanns.com

ISBN 3-452-22168-7

Gesamtherstellung: Gallus Druckerei KG Berlin

Gedruckt auf säurefreiem und alterungsbeständigem Papier

Vorwort

Wenn das vorliegende Buch im Abstand von fast zwanzig Jahren zur
Vorauflage in neuer Bearbeitung erscheint, so bedarf dies, wenn nicht
der Rechtfertigung, so doch einer Erklärung. Sie findet sich vor allem in
meiner Überzeugung, dass der traditionelle individualistische Denkan-
satz der Strafrechtswissenschaft den Herausforderungen der Gegenwart,
im Blick insbesondere auf die unabsehbaren Bedrohungen für das Öko-
system der Erde, nicht mehr genügt. Das Thema der Zukunftssicherung
hat zurzeit zwar keine Konjunktur. Es wird sich jedoch in den kommenden Jahrzehnten mit Sicherheit nur umso dringlicher zurückmelden.
Will sich die Strafrechtslehre demgegenüber nicht länger damit beschei-
den, die Rechtsentwicklung abwehrend oder doch irritiert zu kommen-
tieren, wie sie es etwa bei den Umweltdelikten nur allzu sehr getan hat,
so muss sie (auch) das überkommene System der strafrechtlichen Zurechnung in seinen Grundannahmen überprüfen, statt ihm bloß weitere
Verästelungen hinzuzufügen. Obschon das nur an wenigen Stellen explizit zum Ausdruck kommt, war es der eigentliche Antrieb für die vorliegende Neuauflage, wenigstens ansatzweise herauszufinden, was das bedeuten könnte.

Mit einer Überarbeitung war natürlich die Notwendigkeit verbunden,
auch die Entwicklungen zu registrieren, die Praxis und Lehre seit der
Vorauflage erfahren haben. Überdies haben mich meine eigenen Ausfüh-
rungen in manchen Teilen nicht mehr befriedigt und sind neu geschrie-
ben worden. Dabei fand ich mich häufiger veranlasst, bisherige Positionen zu revidieren, ohne das überall ausdrücklich zu vermerken. Ich kann
deshalb denjenigen, die so unvorsichtig waren, eine frühere Fassung des
Buches zu zitieren, nicht die Mühe ersparen, zu kontrollieren, ob hier
noch dasselbe steht. Am Grundkonzept der Darstellung hat sich mit
alledem nichts geändert. Sie will nach wie vor in erster Linie zu straf-
rechtlichem Denken anleiten, nicht examensrelevanten »Stoff« vermitteln, und beschränkt sich deshalb auf die Grundlinien der heutigen wissenschaftlichen Auseinandersetzung. Aus der Überfülle der Literatur
werden, neben »klassischen« Texten, immerhin vor allem Lehrbücher
und Kommentare mit weiterführenden Nachweisen sowie neuere Mono-
grafien und Abhandlungen genannt, die demjenigen, der sich vertiefter

mit der Materie befassen will, helfen können, dies zu tun. Entsprechendes gilt für die Nachweise zur höchstrichterlichen Praxis. Sie heben aus der Flut der publizierten Entscheidungen nur die wichtigsten hervor, wie sie vor allem in den Sammelwerken der obersten Bundesgerichte zu finden sind. Der Umfang des Buches ist dabei im wesentlichen derselbe geblieben, auch wenn er äußerlich, veränderten Lesegewohnheiten entsprechend, durch vermehrte Zwischentitel und einen größeren Schriftgrad zugenommen hat.

Basel, im Dezember 1999 *Günter Stratenwerth*

Inhalt

Vorwort V

Literatur und Abkürzungen XV

I. Abschnitt   Strafrechtliche Grundfragen 1

1. Kapitel   Die Funktion des Strafrechts 2

§ 1   Strafrechtliche Sozialkontrolle 2

A. Die Strafe 3
    I. Strafe als Schuldausgleich 4
    II. Strafe als Mittel der Verbrechensverhütung 11
    III. Täter-Opfer-Ausgleich 17
    IV. Folgerungen 18
B. Maßregeln der Besserung und Sicherung 21
    I. Funktion 21
    II. Rechtfertigung 22
    III. Verhältnis zur Strafe 25
C. Verwandte Sanktionen 26
    I. Verwaltungsstrafen 27
    II. Disziplinarmaßnahmen 28
    III. Privatstrafen 29

§ 2   Kriminelles Verhalten 31

A. Verbrechensdefinitionen 31
    I. Rekurs auf sozialethische Normen 32
    II. Ansätze zu einem materialen Verbrechensbegriff 33
        1. Rechtsgutslehren 33
        2. Gesellschaftstheoretische Ansätze 37
    III. Kritische Maßstäbe 38
B. Verbrechensauffassungen 41
    I. Der Gedanke des Täterstrafrechts 42
    II. Varianten eines Tatstrafrechts 43

2. Kapitel   Quellen und Geltungsbereich des Strafrechts 47

§ 3   Die Quellen des Strafrechts 47

A. Der Grundsatz »nullum crimen, nulla poena sine lege« 48
B. Die Rechtsquellen im einzelnen 49
    I. Formelles Recht 49
    II. Gewohnheitsrecht 56
    III. Richterrecht 57

§ 4   Der Geltungsbereich des Strafrechts 60

A. Bundesstrafrecht 61
B. Partikulares Recht 67

II. Abschnitt   Die allgemeine Verbrechenslehre 69

1. Kapitel   Grundbegriffe des Strafrechts 70

§ 5   Die begriffliche Zweiteilung der Straftaten 70

§ 6   Die Grundformen der Straftat 72

A. Der strafrechtliche Handlungsbegriff 73
    I. Der kausale Handlungsbegriff 74
    II. Der finale Handlungsbegriff 75
    III. Weitere Handlungsbegriffe 77
B. Grundunterscheidungen 79
    I. Handeln und Unterlassen 79
    II. Vorsatz und Fahrlässigkeit 81

§ 7   Die Stufen des Verbrechensaufbaus 83

A. Der Tatbestand 84
    I. Definitionen 85
    II. Der Tatbestand i. e. S. 86
B. Die Rechtswidrigkeit 90
C. Die Schuld 93
D. Sonstige Voraussetzungen der Strafbarkeit 95

2. Kapitel   Das vorsätzliche Handlungsdelikt 98

§ 8   Die Tatbestandsmäßigkeit 98

A. Der objektive Tatbestand 98
   I. Der Kreis möglicher Täter 99
   II. Die Tathandlung 100
      1. Tätigkeitsdelikte 100
      2. Erfolgsdelikte 101
         a) Der Taterfolg 101
         b) Die Zurechnung des Erfolges 103
            aa) Kausalität 104
               (1) Äquivalenztheorie 104
               (2) Adäquanztheorie 106
            bb) Risikozusammenhang 108
               (1) Unerlaubtes Risiko 108
               (2) Risikosteigerung 111
               (3) Erfolgsrelevanz 113
            cc) Ersatzursachen 115
      3. Mischformen 115
   III. Täterstrafrecht? 117
B. Der subjektive Tatbestand 117
   I. Der Aufbau des subjektiven Tatbestandes 117
   II. Der Vorsatz 122
      1. Die Struktur des Vorsatzes 123
      2. Die Wissensseite des Vorsatzes 126
         a) Das Wissen um die Tatumstände 126
         b) Die Voraussicht des Geschehensablaufs 133
      3. Die Willensseite des Vorsatzes 140
         a) Direkter Vorsatz 140
         b) Eventualvorsatz 142
   III. Besondere subjektive Tatbestandsmerkmale 150

§ 9 *Die Rechtswidrigkeit* 156

A. Einzelne Rechtfertigungsgründe 157
   I. Die Einwilligung des Verletzten 157
      1. Der Grundgedanke 158
      2. Systematische Einordnung 159
      3. Einzelerfordernisse 161
   II. Die mutmaßliche Einwilligung 167
   III. Sog. zivilrechtlicher Notstand 170
      1. Der aggressive Notstand 171
      2. Der defensive Notstand 172
   IV. Die Notwehr 173
      1. Der Grundgedanke 173
      2. Einzelerfordernisse 175
      3. Nothilfe 185
      4. Notwehrexzess 186

V. Der rechtfertigende Notstand 187
   1. Systematische Bedeutung 187
   2. Güterkollision 189
   3. Pflichtenkollision 194
   4. Subjektive Anforderungen 195
VI. Weitere Rechtfertigungsgründe 196
   1. Amtliches Handeln 196
     a) Eingriffsrechte 196
     b) Amtliche oder dienstliche Weisungen 198
     c) Behördliche Genehmigung 198
   2. Handeln anstelle von Staatsorganen 201
     a) Vorläufige Festnahme 201
     b) Selbsthilfe 201
   3. Das Züchtigungsrecht 202
B. Die subjektiven Elemente der Rechtfertigung 203
   I. Grundsätzliche Anforderungen 203
   II. Praktische Folgerungen 206
C. Die irrige Annahme einer objektiven Rechtfertigungslage ... 207

§ 10   *Die Schuld* 211

A. Der strafrechtliche Begriff der Schuld 212
B. Die einzelnen Schulderfordernisse 216
   I. Die Schuldfähigkeit 216
     1. Schuldunfähigkeit infolge jugendlichen Alters 216
     2. Schuldunfähigkeit infolge psychischer Störungen 218
       a) Völlige Schuldunfähigkeit 220
       b) Verminderte Schuldfähigkeit 225
       c) Verschuldeter Ausschluss der Schuldfähigkeit 226
   II. Die (virtuelle) Verbotskenntnis 230
     1. Die Abgrenzung des Verbotsirrtums 232
       a) Das Unrechtsbewusstsein 232
       b) Arten des Verbotsirrtums 234
     2. Die Behandlung des Verbotsirrtums 237
       a) Das Grundkonzept 237
       b) Die Vermeidbarkeit des Verbotsirrtums 239
   III. Die Zumutbarkeit 244
     1. Der Grundgedanke 244
     2. Die Einzelfälle der Unzumutbarkeit 247
       a) Der entschuldigende Notstand 247
       b) Der Gewissensnotstand 251
       c) Sonstige Fälle 252
     3. Die irrige Annahme der schuldausschließenden Sachlage 252
   IV. Übergesetzlicher Schuldausschluss 254

§ 11   *Vorbereitung und Versuch* 256

A. Die Verwirklichungsstufen der vorsätzlichen Handlung 256
B. Der Versuch 260
   I. Der Strafgrund des Versuchs 260
   II. Die Elemente des Versuchs 263
      1. Der Tatentschluss 263
      2. Beginn der Ausführung 265
   III. Die Strafbarkeit des Versuchs 272
      1. Allgemeine Regel 272
      2. Der reguläre Strafrahmen 272
      3. Der grob unverständige Versuch 274
      4. Das untaugliche Subjekt 278
   IV. Der strafbefreiende Rücktritt 280
      1. Der Grundgedanke 280
      2. Einzelerfordernisse 282
         a) Unbeendeter/beendeter Versuch 282
         b) Der Rücktritt vom unbeendeten Versuch 285
         c) Der Rücktritt vom beendeten Versuch 290
      3. Rechtsfolgen 291
      4. Rücktritt vom vollendeten Delikt 291

§ 12   *Täterschaft und Teilnahme* 292

A. Die Täterschaft 293
   I. Allgemeine Lehren 295
      1. Formell-objektive Theorie 295
      2. Materiell-objektive Theorien 296
      3. Subjektive Theorien 296
      4. Die Tatherrschaftslehren 299
      5. Zusätzliche Erfordernisse 300
   II. Die einzelnen Formen der Täterschaft 302
      1. Unmittelbare Täterschaft 302
      2. Mittelbare Täterschaft 304
         a) Tatbestandslos handelndes Werkzeug 304
         b) Rechtmäßig handelndes Werkzeug 308
         c) Schuldlos handelndes Werkzeug 310
         d) Voll verantwortlich handelndes »Werkzeug« 314
         e) Das Opfer als Werkzeug 317
         f) Der Ausschluss mittelbarer Täterschaft 319
      3. Mittäterschaft 320
      4. Nebentäterschaft 327
   III. Versuch und Rücktritt 328
      1. Der Beginn des Versuchs 328
      2. Strafbefreiender Rücktritt 331
B. Die Teilnahme 332

I. Strafgrund und Akzessorietät der Teilnahme 333
  1. Der Strafgrund der Teilnahme 333
  2. Die Akzessorietät der Teilnahme 336
  3. Zurechnung des Unrechts der Tat 339
II. Die einzelnen Formen der Teilnahme 339
  1. Die Anstiftung 339
  2. Die Beihilfe 345
III. Der Versuch der Teilnahme 349
  1. Teilnahme am Versuch 349
  2. Erfolglose Teilnahme 350
  3. Die Verbrechensabrede 353
C. Gemeinsame Regeln 354
  I. Besondere persönliche Merkmale 354
    1. Schuldmerkmale 354
    2. Andere persönliche Merkmale 356
    3. Konsequenzen 359
    4. Vertreterhaftung 360
  II. Die sog. notwendige Teilnahme 361
  III. Der Irrtum über die Beteiligungsrolle 363
  IV. Das Zusammentreffen mehrerer Formen der Beteiligung 365
    1. Beteiligung an der Teilnahme 365
    2. Mehrfache Beteiligung 367

3. Kapitel Das vorsätzliche Unterlassungsdelikt 368

§ 13 Die Elemente des vorsätzlichen Unterlassungsdelikts 368

A. Handeln und Unterlassen 369
B. Die Deliktserfordernisse im einzelnen 370
  I. Die Tatbestandsmäßigkeit 370
    1. Der objektive Tatbestand 371
      a) Der Kreis möglicher Täter 371
      b) Das tatbestandsmäßige Verhalten 387
    2. Der subjektive Tatbestand 392
      a) Unterlassungsvorsatz 392
      b) Besondere subjektive Tatbestandsmerkmale 395
  II. Die Rechtswidrigkeit 396
  III. Die Schuld 396

§ 14 Versuch und Beteiligung mehrerer 398

A. Der Versuch 399
B. Täterschaft und Teilnahme 400
  I. Die Täterschaft 401
    1. Unmittelbare Täterschaft 401

2. Mittelbare Täterschaft 403
3. Mittäterschaft 403
II. Die Teilnahme 404
  1. Aktive Teilnahme am Unterlassungsdelikt 404
  2. Teilnahme durch Unterlassen 405

4. Kapitel Das Fahrlässigkeitsdelikt 407

§ 15 Das fahrlässige Handlungsdelikt 408

A. Die Elemente des fahrlässigen Handlungsdelikts 408
  I. Die Tatbestandsmäßigkeit 408
    1. Der Kreis möglicher Täter 409
    2. Die Tathandlung 409
      a) Tätigkeitsdelikte 409
      b) Erfolgsdelikte 410
      c) Mischformen 415
    3. Unbewusste/bewusste Fahrlässigkeit 416
  II. Die Rechtswidrigkeit 417
  III. Die Schuld 421
    1. Erfordernisse 421
    2. Strafwürdigkeit 423
B. Fahrlässigkeit und Erfolg 425
C. Fahrlässige Deliktsbeteiligung 427
  I. Abgrenzung der Verantwortungsbereiche 427
    1. Der Vertrauensgrundsatz 427
    2. Fahrlässige Mitwirkung am Vorsatzdelikt 429
  II. Täterschaft und Teilnahme 431

§ 16 Das fahrlässige Unterlassungsdelikt 433

5. Kapitel Die Konkurrenzen 436

§ 17 Handlungseinheit und Handlungsmehrheit 437

A. Tatbestandliche Handlungseinheit 437
B. Natürliche Handlungseinheit 439
C. Fortsetzungszusammenhang 440
D. Sammelstraftaten 441

§ 18 Die Konkurrenzen im Einzelnen 442

A. Unechte Konkurrenz (Gesetzeskonkurrenz) 442
  I. Die einzelnen Formen 442
    1. Spezialität 443

2. Konsumtion 444
3. Subsidiarität 445
4. Straflose Nachtat 446
II. Die Rechtsfolgen 447
B. Echte Konkurrenz 449
I. Idealkonkurrenz 450
1. Voraussetzungen 450
2. Rechtliche Folgen 452
II. Realkonkurrenz 453
1. Voraussetzungen 454
2. Rechtsfolgen 454

Sachregister 457

Literatur und Abkürzungen

Paragrafen ohne Zusatz beziehen sich auf das StGB in der Fassung seiner Bekanntmachung vom 13.11.1998.

Die nachfolgend genannten Publikationen werden abgekürzt zitiert. Abgekürzt zitiert wird ferner die den einzelnen Abschnitten des Textes in den entsprechenden Übersichten vorangestellte Literatur, soweit nötig mit unterscheidenden Zusätzen.

AE	Alternativ-Entwurf eines Strafgesetzbuches, Allg. Teil, 2. Aufl. 1969
a. F.	alte Fassung
AK	Alternativkommentar zum Strafgesetzbuch, Bd. 1, 1990
ARSP	Archiv für Rechts- und Sozialphilosophie
Baumann/Weber/Mitsch	Strafrecht, Allgemeiner Teil, 10. Aufl. 1995
BayObLG	Bayerisches Oberstes Landesgericht
BetMG	Betäubungsmittelgesetz
BGB	Bürgerliches Gesetzbuch
BGE	Entscheidungen des schweizerischen Bundesgerichts, zitiert nach Band, Teil und Seitenzahl
BGH	Bundesgerichtshof
BGHSt	Entscheidungen des BGH in Strafsachen
Binding, Normen	Die Normen und ihre Übertretung, Bd. I, 4. Aufl. 1922; Bd. II 1, 2. Aufl. 1914; Bd. II 2, 2. Aufl. 1916; Bd. III, 1918; Bd. IV, 1919
Bockelmann/Volk	Strafrecht, Allg. Teil, 4. Aufl. 1987
BVerfG	Bundesverfassungsgericht
BVerfGE	Entscheidungen des BVerfG
D.	Digesten
DRZ	Deutsche Rechts-Zeitschrift
DStrR	Deutsches Strafrecht
E 1962	Entwurf eines Strafgesetzbuches von 1962
EGStGB	Einführungsgesetz zum StGB
EMRK	Europäische Menschenrechtskonvention
FamRZ	Zeitschrift für das gesamte Familienrecht

Frank	Das Strafgesetzbuch für das Deutsche Reich, 18. Aufl. 1931
Freund	Strafrecht, Allgemeiner Teil, 1998
Frisch	Tatbestandsmäßiges Verhalten und Zurechnung des Erfolgs, 1988
FS	Festschrift
G	Gesetz
GA	Goltdammer's Archiv für Strafrecht
GerS	Der Gerichtssaal
GG	Grundgesetz für die Bundesrepublik Deutschland
GrS	Großer Senat
GS	Gedächtnisschrift
GVG	Gerichtsverfassungsgesetz
v. Hippel I bzw. II	Deutsches Strafrecht, Bd. I, 1925; Bd. II, 1930
h. L.	herrschende Lehre
h. M.	herrschende Meinung
Hruschka	Strafrecht nach logisch-analytischer Methode, 2. Aufl. 1988
JA	Juristische Arbeitsblätter
Jakobs	Strafrecht, Allgemeiner Teil, 2. Aufl. 1991
Jbl	Juristische Blätter
Jescheck/Weigend	Lehrbuch des Strafrechts, Allg. Teil, 5. Aufl. 1996
JGG	Jugendgerichtsgesetz
JR	Juristische Rundschau
Jura	Juristische Ausbildung
JurBl	Juristische Blätter
JuS	Juristische Schulung
JZ	Juristenzeitung
Köhler	Strafrecht, Allgemeiner Teil, 1997
Kühl	Strafrecht, Allgemeiner Teil, 2. Aufl. 1997 (mit Nachtrag 1998)
Lackner/Kühl	Strafgesetzbuch mit Erläuterungen, 23. Aufl. 1999
v. Liszt/Schmidt	Lehrbuch des deutschen Strafrechts, Allg. Teil, 26. Aufl. 1932
LK	Jähnke/Laufhütte/Odersky (Hrsg.), Strafgesetzbuch, Leipziger Kommentar, 11. Auflage 1992 ff (soweit nicht anders angegeben)
Maurach/Zipf	Strafrecht, Allg. Teil, Teilband 1, 8. Aufl. 1992
Maurach/Gössel/Zipf	Strafrecht, Allg. Teil. Teilband 2, 7. Aufl. 1989
Mayer, AT	Hellmuth Mayer, Strafrecht, Allgemeiner Teil, 1953

Mayer, StuB	Hellmuth Mayer, Strafrecht, Allgemeiner Teil, 1967
MDR	Monatschrift für Deutsches Recht
Mezger, Lehrbuch	Strafrecht, 3. Aufl. 1949
MschrKrim	Monatsschrift für Kriminologie und Strafrechts-reform
m.w.N.	mit weiteren Nachweisen
Naucke	Strafrecht – Eine Einführung, 8. Aufl. 1998
NJW	Neue Juristische Wochenschrift
NK	Neumann/Puppe/Schild, Nomos Kommentar zum Strafgesetzbuch, Bd. 1, 1995 ff (Stand 31. 10. 1998)
NStZ	Neue Zeitschrift für Strafrecht
OGHSt	Entscheidungen des Obersten Gerichtshofes für die Britische Zone in Strafsachen
OLG	Oberlandesgericht
OLGSt	Entscheidungen der Oberlandesgerichte zum Straf- und Strafverfahrensrecht
Otto	Grundkurs Strafrecht, Allg. Strafrechtslehre, 5. Aufl. 1996
OWiG	Gesetz über Ordnungswidrigkeiten
RG	Reichsgericht
RGSt	Entscheidungen des RG in Strafsachen
Roxin	Strafrecht, Allgemeiner Teil, 3. Aufl. 1997
Rn.	Randnummer
Schmidhäuser, Lb	Strafrecht, Allg. Teil, Lehrbuch, 2. Aufl. 1975
Schmidhäuser, StuB	Strafrecht, Allg. Teil, Studienbuch, 1982
Schönke/Schröder/ *Bearbeiter*	Strafgesetzbuch, Kommentar, 25. Aufl. 1997, bearbeitet von Lenckner, Eser, Cramer, Stree
SGB VIII	Sozialgesetzbuch, Achtes Buch
SJZ	Süddeutsche Juristen-Zeitung
SK	Rudolphi/Horn/Samson/Günther/Hoyer, Systema-tischer Kommentar zum Strafgesetzbuch, Bd. 1, 7. Aufl. 1998 (Stand Mai 1999)
StV	Der Strafverteidiger
StVO	Straßenverkehrsordnung
Tröndle/Fischer	Strafgesetzbuch und Nebengesetze, 49. Aufl. 1999
VDA bzw. VDB	Vergleichende Darstellung des deutschen und aus-ländischen Strafrechts, Allg. bzw. Bes. Teil, 1905–1908
VO	Verordnung
VwVfG	Verwaltungsverfahrensgesetz

Welzel	Das Deutsche Strafrecht, 11. Aufl. 1969
Wessels/Beulke	Strafrecht, Allgemeiner Teil, 29. Aufl. 1999
wistra	Zeitschrift für Wirtschaft, Steuer, Strafrecht
WStG	Wehrstrafgesetz
ZRP	Zeitschrift für Rechtspolitik
ZSR	Zeitschrift für schweizerisches Recht
ZStrR	Schweizerische Zeitschrift für Strafrecht
ZStrW	Zeitschrift für die gesamte Strafrechtswissenschaft
ZVR	Zeitschrift für Rechtsvergleichung

I. Abschnitt   Strafrechtliche Grundfragen

Das Strafgesetzbuch der Bundesrepublik Deutschland gliedert sich ins- 1
gesamt in zwei Teile. Der zweite, Besondere Teil (§§ 80–358) behandelt
die einzelnen Erscheinungsformen des Deliktes als Mord, Vergewaltigung, Diebstahl usw., umschreibt sie nach ihren wesentlichen Merkmalen und bezeichnet Art und Maß der jeweils zulässigen Sanktion. Der
Allgemeine Teil (§§ 1–79b) hingegen umfasst diejenigen Grundsätze
und Regeln, die für das Strafrecht als Ganzes oder doch generell für die
Straftat als solche gelten sollen. Mit dieser Zweiteilung folgt das Gesetz
einer auf das Ende des 16. Jahrhunderts zurückgehenden Tradition der
wissenschaftlichen Darstellung des Strafrechts[1]. In ihr äußert sich ver-
stärktes Bemühen um die Kontrolle der strafrechtlichen Praxis mit den
Mitteln der Vernunft. Die systematische Durchdringung des Stoffes, die
schärfere Erfassung von Gemeinsamkeiten und Unterschieden deliktischen Verhaltens erleichtert es, Gleiches gleich, Ungleiches ungleich zu
behandeln; sie dient der Gerechtigkeit.

Im Einzelnen kann freilich zweifelhaft sein, welche strafrechtlichen Fragen 2
sich tatsächlich allgemein und welche nur im Blick auf die Besonderheiten des
einzelnen Deliktstypus entscheiden lassen, wie weit man die Generalisierung
also treiben kann und darf[2]. Dass es prinzipiell sinnvoll ist, die allgemeinen Regeln des Strafrechts in einem Allgemeinen Teil zusammenzufassen, wird dadurch nicht berührt.

Der Allgemeine Teil des Strafrechts wird üblicherweise weiter aufge- 3
gliedert in die Lehre von der Straftat, die sich mit den Regeln der strafrechtlichen Zurechnung befasst, und die Lehre von den strafrechtlichen
Sanktionen, den Strafen und den Maßregeln der Besserung und Sicherung. Das vorliegende Buch behandelt nur die erste dieser beiden Materien. Vorweg zu erörtern sind dabei noch diejenigen Fragen, die das
(materielle) Strafrecht als Ganzes betreffen, wie insbesondere seine
Stellung im Gesamtgefüge der gegenwärtigen rechtlichen Ordnung.
Von ihnen wird hier zunächst die Rede sein.

---

1 *Eb. Schmidt*, Einführung in die Geschichte der deutschen Strafrechtspflege,
  3. Aufl. 1965, S. 150.
2 Dazu näher *Fincke*, Das Verhältnis des Allgemeinen zum Besonderen Teil des
  Strafrechts, 1975; *Naucke*, § 6 Rn. 12 ff; *Tiedemann*, in: FS Baumann, 1992,
  S. 10 ff.

1. Kapitel   Die Funktion des Strafrechts

4 Die Funktion des Strafrechts als eines gesonderten Teils der Rechtsordnung folgt in erster Linie aus der Eigenart der Sanktionen, die es vorsieht, aber auch aus dem Charakter der Verhaltensweisen, auf die es sich bezieht. Aus beidem ergeben sich zugleich die Grenzen zu verwandten Rechtsgebieten.

§ 1   Strafrechtliche Sozialkontrolle

1 Öffentliche Strafe anzudrohen und zu verhängen, entspricht einer jahrtausendealten Tradition. Staatliche Organisation scheint bisher stets mit einem Strafrecht einhergegangen zu sein. Dies entbindet jedoch nicht von der Frage, ob strafrechtliche Sanktionen auch in der Gegenwart noch notwendig oder sinnvoll sind. Zwar ist soziales menschliches Leben, außerhalb vielleicht engster persönlicher Beziehungen, nicht denkbar ohne Regeln, die es ordnen. Ein größerer Sozialverband wird durch die Anerkennung gemeinsamer Verhaltensnormen geradezu erst begründet. Auch kann man geltend machen, dass mit sozialen Verhaltensnormen Sanktionen eng und unauflöslich verknüpft sind. Normen sind definiert durch ihre Verbindlichkeit, und solche Verbindlichkeit bedeutet, dass die (registrierte) Zuwiderhandlung gesellschaftliche Reaktionen auslöst. Mit alledem hat man die Strafe jedoch noch nicht gerechtfertigt, zumindest nicht in der Gestalt, in der sie heute verhängt und vollstreckt wird. Selbst in einer sozialen Ordnung wie der unseren, die ein Strafrecht kennt, gibt es mannigfache andere Möglichkeiten, den Verstoß gegen Verhaltensregeln zu sanktionieren, wie beispielsweise durch den unmittelbaren (körperlichen) Zwang zur Herstellung oder Wiederherstellung eines rechtmäßigen Zustandes, die Verpflichtung zu Wiedergutmachung oder Schadensersatz, die Auflösung (Kündigung) von Rechtsverhältnissen, usw. Auf weite Strecken wird soziale Kontrolle auch durch informelle Sanktionen ausgeübt, im Nahbereich, etwa am Arbeitsplatz, beispielsweise durch die unverhohlene Bekundung von

Missachtung gegenüber dem »Abweichler«, die sich bis zu völliger Ächtung steigern kann.

Die Strafe erscheint demgegenüber, zunächst grob gesagt, als eine be- 2
sondere Form staatlichen Zwanges, die in erster Linie bezweckt, dem
Betroffenen ein äußeres Übel zuzufügen, ihm eine mehr oder weniger
drastische Einbuße an Lebensgütern aufzuerlegen. Schon die Antike hat
sich gefragt, ob das nicht vernunftlose Rache sei[1], eine sinnwidrige, eher
zerstörerische Reaktion. Die besonders in der zweiten Hälfte des jetzt
vergangenen Jahrhunderts mit Nachdruck erhobene Forderung, das
Strafrecht abzuschaffen[2] oder doch entschieden zurückzudrängen, ist
deshalb bis heute nicht verstummt. Auf der anderen Seite verstärkt die
steigende Komplexität der gesamtgesellschaftlichen Verhältnisse offenkundig die Tendenz, auf krisenhafte Entwicklungen, die eine differenzierte Antwort erfordern würden, mit verstärkter Repression zu reagieren. Das lässt es als geboten erscheinen, sich immer wieder Rechenschaft
darüber zu geben, ob öffentliche Strafe überhaupt »sein muss« und be-
jahendenfalls auch, unter welchen Voraussetzungen und in welcher
Form sie als legitim angesehen werden kann. Damit einher geht die Frage, ob und inwieweit strafähnliche Sanktionen an ihre Stelle treten
könnten oder sie ergänzen sollten.

A. Die Strafe

Literatur: Baurmann, Strafe im Rechtsstaat, in: Baurmann/Kliemt (Hrsg.), Die
moderne Gesellschaft im Rechtsstaat, 1990, S. 109 ff; *Bock,* Kriminologie und
Spezialprävention, ZStrW 102 (1990), 504 ff; *Dölling,* Generalprävention durch
Strafrecht: Realität oder Illusion?, ZStrW 102 (1990), 1 ff; *Hassemer,* Prävention
im Strafrecht, JuS 1987, 257 ff; *Jakobs,* Schuld und Prävention, 1976; *ders.,* Zur
gegenwärtigen Straftheorie, in: Kodalle (Hrsg.), Strafe muss sein! Muss Strafe
sein?, 1998, S. 29 ff; *Arthur Kaufmann,* Das Schuldprinzip, 2. Aufl. 1976; *M.
Köhler,* Der Begriff der Strafe, 1986; *Lampe,* Strafphilosophie, 1999; *Lüderssen,*
Abschaffen des Strafens?, 1995; *Helga Müller,* Der Begriff der Generalpräven-
tion im 19. Jahrhundert, 1984; *Müller-Tuckfeld,* Integrationsprävention, 1998;
Naucke, Die Wechselwirkung zwischen Strafziel und Verbrechensbegriff, 1985;
Neumann/Schroth, Neuere Theorien von Kriminalität und Strafe, 1980; *Schild,*
Strafe – Vergeltung oder Gnade?, ZStrR 99 (1982), 364 ff; *Schumann,* Positive

1 Vgl. *Platon,* Protagoras, 324a, b.
2 *Plack,* Plädoyer für die Abschaffung des Strafrechts, 1974.

3

Generalprävention, 1989; *Schünemann/von Hirsch/Jareborg* (Hrsg.), Positive Generalprävention, 1998; *Stratenwerth*, Die Zukunft des strafrechtlichen Schuldprinzips, 1977; *ders.*, Was leistet die Lehre von den Strafzwecken?, 1995; *Streng*, Schuld, Vergeltung, Generalprävention, ZStrW 92 (1980), 637 ff; *ders.*, Schuld ohne Freiheit?, ZStrW 101 (1989), 273 ff.

3   Der Begriff der Strafe umschließt im geschichtlichen Rückblick nicht nur eine unabsehbare Vielfalt äußerer Erscheinungsformen, sondern zugleich eine kaum geringere Fülle an Bedeutungsgehalten: die von magisch-sakralen Vorstellungen geprägte Opferung des Rechtsbrechers ebenso wie das der rohesten Abschreckung dienende Grauen mittelalterlicher Lebens- und Leibesstrafen oder die auf »Besserung« gerichtete Freiheitsstrafe der Neuzeit. Man kann deshalb zweifeln, ob unter historischen Gesichtspunkten überhaupt von »der« Strafe als einer mit sich selbst identischen Erscheinung gesprochen werden darf. Daraus folgt jedoch nicht, dass sich die Strafe in der Gegenwart, an unserem geschichtlichen Ort, mit beliebigem Sinngehalt erfüllen ließe. Ihre Natur wird vielmehr durch eben die Geschichte mitbestimmt, aus der sie hervorgegangen ist. Wir haben deshalb, mit einem extremen Beispiel gesagt, nicht die Freiheit, etwa zum Denken der Frühzeit zurückzukehren und die Strafe als magische Wiederherstellung der gestörten Lebensordnung zu verstehen, mögen Reste solchen Denkens auch heute noch unterschwellig nachwirken. Aussagen über die Strafe, die nicht bloße Spekulation sein wollen, können sich aber auch nicht über das in der Gesellschaft tatsächlich vorherrschende Verständnis der Sanktion hinwegsetzen, das die Realität der Strafe, so wie sie alltäglich verhängt und vollstreckt wird, entscheidend prägt und sich offenbar nur in großen Zeiträumen verändern lässt. Die Theorie der Strafe bleibt daher an verhältnismäßig enge Grenzen gebunden, innerhalb deren die Auseinandersetzung durch wenige, ihrerseits weit in die Geschichte zurückweisende Grundpositionen bestimmt wird.

I. Strafe als Schuldausgleich

4   Den Ausgangspunkt für die Deutung der Strafe bildet, in unserer Kultur, historisch und sachlich der Gedanke der Vergeltung: die Vorstellung, dass die Verfehlung des Täters durch Auferlegung eines ihr entsprechenden Übels gesühnt werden müsse. Es ist dies das Prinzip der absoluten Straftheorie, absolut deshalb genannt, weil die Strafe hier nicht auf pragmatische Zwecke (wie den der Verbrechensverhütung),

sondern auf den Schuldausgleich als solchen bezogen wird. Strafe muss sein, nach den Worten von *Kant*, »damit jedermann das widerfahre, was seine Taten wert sind«[3]. Gegen diese im öffentlichen Bewusstsein wohl noch immer vorherrschende Deutung der Strafe richten sich heute in jeder Beziehung schwerwiegende Einwände.

In der überlieferten Fassung der absoluten Straftheorien haben sich zwei [5] geistesgeschichtliche Entwicklungslinien miteinander verbunden. Über das Vergeltungsprinzip hat bereits die Antike diskutiert. Aus dem 5. vorschristlichen Jahrhundert, der sog. griechischen »Aufklärung«, ist ein Bericht über ein Gespräch zwischen *Anaxagoras* und *Perikles* erhalten: ob die Strafe dem Übeltäter ohne Rücksicht auf die Folgen Gerechtigkeit widerfahren lassen solle oder ob sie andere abzuschrecken und so die Gesellschaft zu bessern habe[4]. Erst auf dem Boden des Christentums hat sich dagegen schrittweise der Gedanke der individuellen ethischen Verantwortung des Rechtsbrechers entwickelt, die Deutung der Strafe als einer Antwort auf *sittliche* Schuld, wie sie, unter dem Einfluss der kirchlichen Bußlehre, zuerst im späteren Mittelalter aufgetreten zu sein scheint[5]. Ihre gewissermaßen »klassische« Verbindung haben die beiden Gedanken im deutschen Idealismus erfahren: bei *Kant*, der die Zwecktheorien des 18. Jahrhunderts schroff zurückweist[6], und bei *Hegel* in der berühmten Bemerkung, dass der Verbrecher »nicht als Vernünftiges geehrt«, nicht als sittliche Person anerkannt werde, wenn man den Begriff und Maßstab der Strafe nicht seiner Tat selbst entnehme, sondern ihn als schädliches Tier betrachte, das unschädlich zu machen sei, oder abschrecken und bessern wolle[7].

1. Soll es die **Schuld** des Rechtsbrechers sein, die seine Bestrafung [6] fordert und rechtfertigt, so setzt dies voraus, dass seine Tat auf seinen freien Willensentschluss zurückgeht, ihm zum persönlichen (sittlichen) Vorwurf gereicht. Dieser Zusammenhang ist nicht nur historisch begründet, er ist auch sozialpsychologisch zu einer unauflösbaren Verknüpfung geworden. Die Strafe setzt, nach allgemeiner Auffassung, die Vorwerfbarkeit des pönalisierten Verhaltens voraus und bringt sie ihrerseits zum Ausdruck. Gerade darin liegt jedoch eine der Quellen ihrer Fragwürdigkeit.

---

3 Metaphysik der Sitten (1797), in: Werke, hrsg. Weischedel, Bd. IV, 1956, S. 455.
4 *Murray*, Euripides und seine Zeit, dt. 1957, S. 27.
5 Dazu insbesondere *Achter*, Geburt der Strafe, 1951.
6 AaO, S. 452 ff.
7 Grundlinien der Philosophie des Rechts (1821), hrsg. Hoffmeister, 4. Aufl. 1955, S. 96; näher *Seelmann*, Anerkennungsverlust und Selbstsubsumtion, 1995. Zur heutigen Version der absoluten Theorien insbesondere *E. A. Wolff*, Das neuere Verständnis von Generalprävention und seine Tauglichkeit für eine Antwort auf Kriminalität, ZStrW 97 (1985), 786 ff; *M. Köhler*, Der Begriff der Strafe, 1986.

7   Die Beziehung auf die Schuld macht die Strafe zunächst anfällig gegenüber allen **prinzipiellen** Einwänden, die gegen die menschliche Willensfreiheit und damit gegen die persönliche Verantwortlichkeit vorgebracht werden. Der Streit um Determinismus und Indeterminismus hat die Strafrechtslehre deshalb jahrzehntelang beschäftigt[8]. Er lässt sich, insofern es dabei nicht um eine Tatsachenfeststellung geht, mit wissenschaftlichen Mitteln nicht entscheiden. In der neueren Lehre wächst daher die Neigung, sich auf die Feststellung zurückzuziehen, dass die Willensfreiheit »eine Bedingung praktischen Handelns und Erlebens« ist[9], dass das Prinzip der Verantwortlichkeit »eine unbezweifelbare Realität unseres sozialen und moralischen Bewusstseins« darstellt[10] oder auch, dass das Schuldurteil jedenfalls »einem tiefen gesellschaftlichen Bedürfnis« entspreche[11] – wenn die Willensfreiheit nicht geradezu mit *Kohlrausch* als eine »staatsnotwendige Fiktion« bezeichnet wird[12]. An die Stelle eines Bekenntnisses zur Willensfreiheit tritt damit die Berufung auf ein sozialpsychologisches Faktum, auf allgemeine oder durchschnittliche Überzeugungen. Das ist von kaum zu überschätzender Bedeutung: Die absolute Straftheorie wird von Grund auf in Frage gestellt, wenn die Strafe nicht mehr mit der Schuld des Täters als solcher begründet werden kann, sondern allein damit, dass – kurz gesagt – *andere* diese Schuld voraussetzen. Denn dann muss natürlich gesagt werden, weshalb man sich auf solche Überzeugungen stützen darf oder muss, und dafür wird zumeist auf Erfordernisse der Prävention, also auf eine relative Straftheorie, zurückgegriffen.

8   Selbst wenn man jedoch generell von der Willensfreiheit des Menschen ausgeht, bleibt immer noch die andere Frage, über welchen Freiheitsspielraum der einzelne Täter in seiner konkreten sozialen Situation **im Augenblick der Tat** verfügt hat. Dass sich menschliches Verhalten aus einem überaus komplexen Zusammenspiel von individuellen und sozialen Faktoren ergibt, dass sich der Einzelne also in einem bestimmten Zeitpunkt niemals beliebig entscheiden kann, daran ist beim heutigen Stande der Sozialwissenschaften ein ernsthafter Zweifel nicht mehr möglich. Nach Ursachen der Kriminalität zu fragen, wäre sonst auch

---

8 Vgl. zuletzt etwa einerseits *Danner*, Gibt es einen freien Willen?, 2. Aufl. 1969; andererseits *Dreher*, Die Willensfreiheit, 1987.
9 *Frister*, Die Struktur des »voluntativen Schuldelements«, 1993, S. 18.
10 *Jescheck/Weigend*, S. 412.
11 *Haffke*, MSchrKrim 1975, 52 ff.
12 In: FS Güterbock, 1910, S. 26; dazu *Stratenwerth*, ZStrR 101 (1984), 225 ff.

sinnlos. Gewiss kann man zeigen, dass es das Verbrechen »aus Freiheit« gibt: in dem Sinne, dass keine äußeren oder inneren Gründe erkennbar sind, die den Täter zum Delikt gedrängt haben könnten. Ein erheblicher Teil der Gelegenheitsdelinquenz, beispielsweise der Ladendiebstähle[13], dürfte hierher gehören. Das große Kontingent jedenfalls der chronischen Rechtsbrecher wird jedoch von Menschen gestellt, bei denen von solcher Freiheit keine Rede sein kann. Ihre untereinander nur allzu gleichförmigen Lebensläufe zeigen, dass zumeist schon die familiäre Situation der Kindheit schwer gestört war, dass sie vielleicht nie erfahren haben, was menschliche Zuwendung bedeutet, und deshalb kaum soziale Bindungen eingehen können, dass sie oft schon in der Schule massive Schwierigkeiten hatten und früh in Heimen oder Anstalten untergebracht worden sind usw., bis sie sich schließlich in der Rolle des sozialen Außenseiters fanden, der bestimmte stereotype Lebensprobleme nur noch durch Delinquenz zu »lösen« vermag. Hier begegnen Verhaltenszwänge, die für den Betroffenen unausweichlich sind. Was nach den Regeln moralischer Zurechnung unter Schuldgesichtspunkten eigentlich geboten wäre, nämlich voll und ganz auf die individuellen Fähigkeiten des Täters in der unwiederholbaren Situation der Tat abzustellen, könnte sich das Strafrecht danach gar nicht leisten. »Schuld« im strafrechtlichen Sinne bedeutet deshalb keineswegs wirkliche Schuld und also auch keine Legitimation für eine schuldbezogene Strafe.

2. Selbst wenn man davon ausgehen könnte, dass der Schuldvorwurf 9 gegenüber dem Straftäter mindestens im Regelfalle zu Recht erhoben wird, wäre damit die Notwendigkeit staatlicher Strafe noch nicht zureichend begründet. **Vergeltung** und zwangsweise **Sühne** sind auch in sich problematisch.

Die anspruchsvollere Deutung der Sühne geht dahin, dass sie eine 10 vom Schuldigen selbst zu erbringende Leistung sei, ihm die Lösung von seiner Schuld ermögliche[14]. Was für die sittliche Schuld gelten mag, lässt sich indessen auf die staatliche Strafe nicht übertragen, und dies aus mehrfachem Grunde nicht. Zunächst muss man sich sehr entschlossen über die Realitäten der Strafpraxis hinwegsetzen, wenn man diese als Gelegenheit zu schuldtilgender Sühne begreifen will. Ihre Wirkung ist

---

13 Vgl. etwa *Kaiser*, Kriminologie, Lehrbuch, 3. Aufl. 1996, § 89 Rn. 1 ff.
14 *Arthur Kaufmann*, S. 206 f.; *Jescheck/Weigend*, S. 64 f. Diese (allzu idealistische) Sicht der Dinge findet sich auch noch bei *Stratenwerth*, Evangelische Theologie 1958, 337 ff, 350 ff.

im Allgemeinen eher die entgegengesetzte. Öffentlich angeprangert und abgeurteilt oder gar den erniedrigenden Prozeduren des traditionellen Freiheitsstrafvollzuges unterworfen zu werden, lässt dem Betroffenen kaum einen anderen Weg als die Verleugnung jeder Schuld, als die Flucht in Techniken der Verdrängung und der Selbstrechtfertigung. Nach jenem Verständnis ist Sühne sodann eine vom freien Willen getragene, sittliche Leistung des Schuldigen selbst. Sie erzwingen zu wollen, wäre schon in sich widersinnig. Durch die Strafe ausgeübter Sühnezwang stünde vor allem aber in Widerspruch zu elementaren rechtsstaatlichen Grundsätzen: Aufgabe der öffentlichen Gewalt kann nur der Schutz der sozialen Ordnung, nicht die Hebung der Sittlichkeit des Bürgers sein. Die *Notwendigkeit* staatlicher Strafe ließe sich daher von vornherein nicht mit der Erwartung begründen, dass sie den Betroffenen sittlich läutern könnte. Und endlich ist nur allzu bekannt, dass die Strafe den Verurteilten in den Augen der Gesellschaft eher brandmarkt als entsühnt. Ihr schuldtilgende Wirkung zuzusprechen, geht auch insoweit an der Wirklichkeit vorbei.

11   Eine absolute Straftheorie kann daher nur auf die äußere **Vergeltung** als solche abstellen, auf die Zufügung eines Übels, durch die man dem Täter seine Verfehlung heimzahlt. Es lässt sich auch kaum leugnen, dass auf solche Vergeltung in bestimmtem Umfang faktisch nicht verzichtet werden kann. Die Erregung der Öffentlichkeit besonders bei schweren Rechtsbrüchen enthüllt massive Vergeltungsbedürfnisse. Wer selbst Opfer eines Verbrechens wird, wird in der Regel ebenso empfinden. Die öffentliche Strafe erfüllt insoweit die Funktion, die Selbsthilfe des Einzelnen oder der sozialen Gruppe, Faustrecht und Lynchjustiz, abzulösen, die Reaktion auf den Rechtsbruch unter Kontrolle zu bringen. Auch historisch hat sie sich so, in der Landfriedensbewegung des 12. und 13. Jahrhunderts, entwickelt: Blutrache und Fehde ließen sich nur in dem Maße zurückdrängen, wie eine Zentralgewalt in der Lage war, das Verbrechen wirksam von Amts wegen zu verfolgen. Die Geltungskraft der Rechtsordnung wäre ernstlich gefährdet, der Rückfall in die Selbstjustiz unabwendbar, wenn die staatliche Strafe nach Art und Ausmaß allzu weit hinter durchschnittlichen Erwartungen zurückbliebe. Dies alles besagt jedoch nur, dass die vergeltende Strafe sozialpsychologische Gründe hat, nicht dagegen, dass zwischen Schuld und Vergeltung ein *innerer* Zusammenhang bestünde. Inwiefern die Zufügung eines äußeren Übels, etwa des Verlustes der persönlichen Freiheit, die Wirkung haben könnte, eine Rechtsverletzung »aufzuheben«, kann höchstens auf der Ebene abstrakter Begrifflichkeit, nicht aber der des

realen Geschehens plausibel gemacht werden[15]. Erst recht bleibt unerfindlich, weshalb es keinerlei andere Möglichkeit geben sollte, sich mit (sittlicher) Schuld sinnvoll auseinanderzusetzen. Auch von hier aus erweist es sich daher als unumgänglich, andere Gesichtspunkte, vorab solche der kriminalpolitischen Zweckmäßigkeit, in die Erörterung einzubeziehen.

3. Dass es nicht die Schuld des Täters als solche sein kann, die die   12
Notwendigkeit der Strafsanktion begründet, folgt schließlich noch aus einer weiteren Überlegung: Nur ein sehr geringer **Bruchteil** all derjenigen Handlungen, die sozialen oder auch rechtlichen Normen zuwiderlaufen, wird tatsächlich mit Strafe belegt. Jede Schuld auf Erden ahnden zu wollen, wäre nicht nur ein praktisch aussichtsloses Unterfangen, sondern schon als Programm absurd.

Zunächst kann es nur ein kleiner Ausschnitt aus der Gesamtheit der   13
sozialen Verhaltensregeln sein, bei dem eine Übertretung überhaupt mit Strafe **bedroht** wird. Da die Strafe andere Sanktionen an Härte in der Regel übertrifft, verbietet sich eine unterschiedslose Anwendung von selbst. Schon unter diesem Gesichtspunkt muss daher entschieden werden, ob ein bestimmter Gesetzesverstoß als strafwürdig erscheint. Überdies lehrt jeder Blick auf die Geschichte des eigenen Rechts, dass der Kreis der strafrechtlich geschützten Normen beständigem Wandel unterliegt, jeder Vergleich mit fremden Rechten, dass es praktisch keine universal geltenden Verhaltensregeln gibt. Selbst bei einem so elementaren Verbot wie dem der Tötung bestehen im Einzelnen tiefgreifende Differenzen. Aus alledem ergibt sich die sogenannte *Definitionsmacht der Gesellschaft*: Welche Verhaltensweisen mit Strafe bedroht, »kriminalisiert« werden, darüber entscheidet in relativ weiten Grenzen ein – auf unserer Stufe der Rechtsentwicklung – bewusster sozialer Auswahlprozess, dessen Ergebnisse durchaus nicht von vornherein feststehen. In diesem Auswahlprozess aber geht es natürlich nicht nur und oft gar nicht um Gesichtspunkte sittlicher Schuld, sondern um sehr reale Zwecke und Interessen. Jede andere Annahme wäre lebensfremd. Die Strafe allein auf die Schuld beziehen heißt unter diesen Umständen, die vielfältigen anderen Faktoren ausblenden, die auf die Strafgesetzgebung einwirken, und sie damit der rationalen Kontrolle entziehen.

---

15 Vgl. etwa *Köhler*, Begriff, S. 50 ff.

14   Die neuere kriminologische Forschung hat ferner gezeigt, dass von denjenigen Verhaltensweisen, die tatsächlich dem Strafgesetz zuwiderlaufen, nur ein sehr kleiner Teil offiziell **registriert** wird oder gar zu einer Strafsanktion führt. Hier findet also ein weiterer, über viele Etappen verlaufender Prozess der Ausfilterung statt, der mit der Schuld des Täters wenig oder nichts zu tun hat. Man hat geschätzt, »dass die Rate der bekanntgewordenen Straftaten bei keinem Delikt mehr als 50 % erreicht, bei der Mehrzahl der kleineren Delikte sogar um oder unter 10 % bleibt«[16]. Bei denjenigen Delikten, die immerhin zur Kenntnis der Strafverfolgungsorgane gelangen, kommt es wiederum nur in der Hälfte aller Fälle zu einer Anklage vor Gericht und hier schließlich, auch wenn ein Schuldspruch erfolgt, bei den nach allgemeinem Strafrecht Verurteilten in weniger als 25 % der Fälle zu einer Freiheitsstrafe, die wiederum nur in 5 bis 6 % aller Fälle verbüßt werden muss[17]. Die Weichenstellungen in diesem Selektionsprozess sind noch unzureichend erforscht. Als sicher gilt jedoch, dass er nach gewissen Gesetzmäßigkeiten abläuft: Die de facto überall bestehenden Beurteilungs- und Ermessensspielräume werden offenbar durch Entscheidungen ausgefüllt, die sich, bewusst oder unbewusst, unter anderem an persönlichen Merkmalen der Beschuldigten, wie Schichtzugehörigkeit, Alter oder Geschlecht, am Charakter der Straftat, dem Opferverhalten, an Aufklärungs- und Beweisschwierigkeiten, aber auch an gängigen Auffassungen über die Gefährlichkeit bestimmter Delikte, über die Wirksamkeit von Strafen usw. orientieren[18]. Die Soziologie hat überdies darauf aufmerksam gemacht, dass ein solcher Auswahlprozess, mag er im Einzelnen auch Kritik herausfordern, insgesamt für den Bestand eines Normensystems geradezu notwendig ist: »Werden allzu viele an den Pranger gestellt, verliert nicht nur der Pranger seine Schrecken, sondern auch der Normbruch seinen Ausnahmecharakter«[19].

15   Angesichts aller dieser Einwände bringt man das Strafrecht um seine Glaubwürdigkeit, wenn man ihm die Aufgabe zuschreibt, dafür zu sorgen, das sittliche Schuld nicht ungesühnt bleibt. Es kann vielmehr nur, ganz pragmatisch, um die Sicherung des Bestandes elementarer sozialer Normen, nicht darum gehen, eine höhere Gerechtigkeit auf Erden her-

---

16 *Kerner*, Verbrechenswirklichkeit und Strafverfolgung, 1973, S. 41.
17 Vgl. *Kerner*, Kriminalstatistik, in: Kaiser/Kerner/Sack/Schellhoss (Hrsg.), Kleines Kriminologisches Wörterbuch, 3. Aufl. 1993, S. 296 ff.
18 Vgl. nur *Kaiser*, Kriminologie, Einführung, 10. Aufl. 1997, S. 138 ff.
19 *Popitz*, Über die Präventivwirkung des Nichtwissens, 1968, S. 17.

zustellen[20]. Eine absolute Straftheorie findet sich deshalb in Reinheit kaum noch vertreten. Über die Bedeutung des Schuldgedankens für das Strafrecht ist damit freilich nicht abschließend entschieden; sie wird später noch einmal zu erörtern sein (unten Rn. 31).

II. Strafe als Mittel der Verbrechensverhütung

Auf welchem Wege die Strafe die Geltung sozialer Normen sichern 16 könnte, darüber finden sich nähere Überlegungen vor allem in den **relativen,** strikt auf Zwecke der Verbrechensprävention bezogenen Straftheorien[21]. Sie werden ihrerseits vor allem danach weiter aufgegliedert, *wen* die Strafe präventiv beeinflussen soll.

1. Der Strafe kann zunächst die Funktion zugedacht werden, das 17 Verbrechen durch Einwirkung auf den Täter selbst zu verhüten. Man nennt das **Spezial- oder Individualprävention.** Sie kann, sehr abstrakt gesehen, auf zwei verschiedenen Wegen erfolgen: entweder durch Beeinflussung der kriminogenen Verhaltensdisposition des Täters oder aber durch physischen Zwang, der ihn äußerlich an weiteren Delikten hindern soll.

Auch spezialpräventives Denken lässt sich, anknüpfend an die Annahme, 18 dass Tugend lehrbar sei, bis in griechische Anfänge zurückverfolgen[22]. Erst recht kennt die Scholastik den Gedanken, dass die Strafe, zumindest neben anderem, der Besserung des Bestraften dienen müsse, sehr im Gegensatz zu der seine physische Vernichtung betreibenden mittelalterlichen Strafrechtspraxis. Erst mit den Anfängen der »modernen« Freiheitsstrafe am Ende des 16. Jahrhunderts gewinnt das Prinzip der Besserung praktische Bedeutung. In den Straftheorien des 17. und 18. Jahrhunderts ist dann, wie wenn das selbstverständlich wäre, immer auch von dem Nutzen die Rede, den die Strafe für den Betroffenen hat, insofern sie ihn eben bessert[23]. Von der Gegenbewegung des deutschen Idealismus war schon die Rede (oben Rn. 5). Sie hatte zur Folge, dass die Spezialprävention durch *Franz v. Liszt* (1851–1919) in seiner 1882 veröffentlichten Programmschrift »Der Zweckgedanke im Strafrecht« gewissermaßen neu entdeckt werden musste[24]. *v. Liszt* unterschied je nach der Persönlich-

---

20 Vgl. nur *Jescheck/Weigend,* S. 71.
21 Dazu generell *Monika Frommel,* Präventionsmodelle in der deutschen Strafzweck-Diskussion, 1987.
22 *Platon,* Protagoras, 324 a–c.
23 Siehe nur *Grotius,* De jure belli ac pacis (1625), lib. II, cap. XX.
24 Strafrechtliche Aufsätze und Vorträge, Bd. 1, 1905, S. 126 ff.

keit des Täters drei spezialpräventive Funktionen der Strafe: die der Abschreckung, der Besserung und der »Unschädlichmachung«. Sein Programm beschäftigt noch die Gegenwart. Doch lässt sich heute kaum mehr bezweifeln, dass es weder prinzipiell zu rechtfertigen noch praktisch durchführbar ist.

19   Folgerichtig entwickelt, müssen offenbar schon die Voraussetzungen spezialpräventiver Einwirkung andere sein als die einer schuldbezogenen Strafe. »Nur die notwendige Strafe ist gerecht«[25], notwendig unter spezialpräventiven Gesichtspunkten aber allein die Strafe, deren es bedarf, um den Rückfall des individuellen Täters zu verhindern. Schwere Delikte müssten deshalb straflos bleiben, sofern, wie etwa bei einer vorsätzlichen Tötung in einer besonderen Konfliktslage, die Gefahr eines Rückfalls praktisch nicht besteht, schwere Strafen dagegen auch solche Täter treffen, die zwar, weil psychisch gestört, ohne Schuld handeln, aber doch gefährlich sind. Ebenso unerträgliche Konsequenzen ergäben sich beim chronischen Rechtsbrecher, dessen Schuld oder dessen Delinquenz nicht sehr schwer wiegt, etwa beim Kleptomanen, den keine andere Maßnahme als die »Einsperrung auf Lebenszeit«[26] verlässlich an weiteren Straftaten hindern könnte, eine Strafe, deren Berechtigung selbst bei schwerster Schuld zunehmend in Frage gestellt wird[27].

20   Außerdem setzen gezielte Maßnahmen der Spezialprävention exakte Kenntnisse darüber voraus, ob beim einzelnen Täter die Gefahr eines Rückfalls überhaupt besteht und wie groß sie etwa sein könnte. Das ist jedoch in der weitaus überwiegenden Zahl der Fälle gar nicht zu ermitteln, zumindest vorerst nicht und nicht mit genügender Sicherheit. Jahrzehntelange Bemühungen um eine verlässliche Kriminalprognose münden bisher in das Ergebnis, dass Zeitabstand und Häufigkeit strafrechtlicher Verurteilungen noch immer die relativ sichersten, wenn auch keineswegs untrüglichen Anhaltspunkte für die Wahrscheinlichkeit weiterer Delikte bilden[28]. Beim Ersttäter könnte, wäre wirklich seine Gefährlichkeit maßgebend, in der Regel nur Ratlosigkeit herrschen. In diesem Befund äußert sich nicht nur die Schwierigkeit der Persönlichkeitserforschung als solcher, sondern auch der Umstand, dass unter den Faktoren,

25 *v. Liszt*, aaO, S. 161.
26 *v. Liszt*, aaO, S. 169.
27 BVerfGE 45, 187 ff; ferner *Jescheck/Triffterer*, Ist die lebenslange Freiheitsstrafe verfassungswidrig?, 1978; *Weber/Scheerer* (Hrsg.), Leben ohne lebenslänglich, 1988.
28 Vgl. etwa *Kaiser*, aaO (oben Fn. 18), S. 410 ff; *Dölling* (Hrsg.), Die Täter-Individualprognose, 1995.

die über das künftige Verhalten des Täters entscheiden, die strafrechtliche Sanktion selbst eine wesentliche Rolle spielt. Die Sanktionsforschung steht jedoch noch immer in den Anfängen. Welchen Einfluss eine bestimmte strafrechtliche Reaktion mit allen ihren Nebenwirkungen ihrerseits auf das künftige Verhalten des individuellen Täters haben könnte, kann man bis auf weiteres nur vermuten. Unklar ist schon, ob die Strafe zur Rückfallverhütung *überhaupt* notwendig oder auch nur tauglich ist. Wenn von jeher gilt, dass die Wahrscheinlichkeit des Rückfalls mit der Zahl der Vorstrafen wächst, so ist mindestens nicht auszuschließen, dass der Vorgang der Bestrafung selbst den Rückfall begünstigt. Insgesamt kann die spezialpräventive Eignung jedenfalls nicht für »die« Strafe pauschal unterstellt, sondern müsste in differenzierter Untersuchung der einzelnen strafrechtlichen Sanktionen erst noch genauer ermittelt werden.

Bedürfnisse der Spezialprävention können danach die Institution der   21
öffentlichen Strafe nicht begründen. Das heißt, um Missverständnissen vorzubeugen, nicht, dass Spezialprävention kein Ziel des Strafrechts sein sollte. Wenn es möglich ist, strafrechtliche Sanktionen – ohne Widerspruch zu rechtsstaatlichen Prinzipien – so auszugestalten und zu bemessen, dass sie dem Rückfall entgegenwirken, dann ist es ein Gebot ebenso der praktischen Vernunft wie der menschlichen Solidarität mit dem Straftäter, sich darum ernstlich zu bemühen. Hier geht es zunächst nur um die Frage, ob Gründe der Spezialprävention es rechtfertigen, abweichendes Verhalten zu kriminalisieren, ihm mit dem Mittel gerade der öffentlichen Strafe zu begegnen, und das ist beim heutigen Stande unseres Wissens nicht der Fall. Es müssen in erster Linie andere gesellschaftliche Bedürfnisse sein, denen das Strafrecht entspricht.

2. Bei diesem Stand der Diskussion überrascht es nicht, dass in neue-   22
rer Zeit der Gesichtspunkt der **Generalprävention,** das heißt der Verbrechensverhütung durch Einwirkung auf die Allgemeinheit, wieder stärker in den Vordergrund getreten ist.

Das Prinzip ist wiederum schon bei *Platon* (oben Fn. 22) ausgesprochen und   23
hat wohl zu allen Zeiten dort eine Rolle gespielt, wo die Strafe bewusst als Mittel zur Bekämpfung normwidrigen Verhaltens eingesetzt worden ist. Seine einflussreichste theoretische Fassung hat es bei *Anselm v. Feuerbach* (1775–1833) erhalten, dem Begründer der modernen deutschen Strafrechtswissenschaft. Wesentlicher Zweck der Strafe, und zwar der Androhung des in ihr enthaltenen Übels, ist es danach, »dass wer unbürgerliche (rechtswidrige) Neigungen hat, psychologisch verhindert werde, sich nach diesen Neigungen wirklich

13

zu bestimmen«[29]. Das Schwergewicht liegt also ganz auf der Verhütung künftiger Delikte schon durch das Strafgesetz. Die Vollstreckung der Strafe findet nur statt, »damit ... die Drohung des Gesetzes eine wirkliche Drohung sey«[30]. Andere »wohlthätige Zwecke des Staats«, wie die »Besserung des Verbrechers«, erscheinen von hier aus als nur »zufällig« mit der Strafe verknüpft[31]. Zwischen dieser Auffassung und der Vergeltungslehre insbesondere *Kants*, deren Begründung *Feuerbach* gerade auch zur Stütze seiner Straftheorie heranzieht[32], bestand eine enge innere Verwandtschaft. Die Verbindung beider in generalpräventiv eingestelltem Tatvergeltungsdenken hat das 19. Jahrhundert weithin beherrscht und auch das Reichsstrafgesetzbuch von 1871 geprägt.

24   a) Die durch Androhung und Verhängung von Strafe zu bewirkende Abschreckung potentieller Gesetzesbrecher, die für *Feuerbach* im Vordergrund stand, wird heute als »negative« Generalprävention bezeichnet. Während dieser Gedanke in der Öffentlichkeit und wohl auch in der Rechtsprechung, insbesondere bei der Strafzumessung, noch eine sehr erhebliche Rolle spielt, hat er in der Wissenschaft allen Kredit verloren. Hier steht ihm heute zunächst der sozialwissenschaftlich begründete Einwand entgegen, dass das bei der Abschreckungsprävention vorausgesetzte Modell der Beeinflussung menschlichen Verhaltens der Wirklichkeit, wenn überhaupt, so nur partiell entspricht. Entscheidungen für oder gegen die Begehung einer Straftat werden normalerweise weder in rationaler Abwägung der Vor- und Nachteile, noch sozusagen punktuell, von Fall zu Fall getroffen. Sie folgen zumeist längerfristig maßgebenden Wertüberzeugungen und Verhaltensdispositionen, und welche Rolle externer Druck beim Erwerb und bei der Aufrechterhaltung solcher Dispositionen spielt, ist vorerst völlig unbekannt[33]. Daran haben auch die zahllosen empirischen Untersuchungen nichts geändert, die inzwischen mit dem Ziel unternommen worden sind, signifikante Zusammenhänge zwischen einer bestimmten Strafpraxis und der Kriminalitätsentwicklung aufzuweisen. Einigermaßen gesichert ist nur der Befund, dass die Geltung einer Norm allerdings davon abhängt, ob ihre Übertretung strafrechtlich geahndet wird, während es auf Art und Maß der Sanktion innerhalb eines weiten Spielraums nicht anzukommen

---

29 Revision der Grundsätze und Grundbegriffe des positiven peinlichen Rechts, 1799 (Neudruck 1966), Teil I, S. 43.
30 AaO, S. 50.
31 AaO, S. 61 ff.
32 AaO, S. 48.
33 Dazu *Baurmann*, GA 1994, 371 ff; vgl. auch *Müller-Tuckfeld*, S. 100 ff.

scheint. Es gilt der Satz von der (weitgehenden) »Austauschbarkeit der Sanktionen«[34].

Aber nicht nur Unkenntnis, sondern auch prinzipielle Gründe ver- 25 bieten, die Strafe allein auf den Abschreckungsgedanken zu stützen. Das öffentliche Interesse an der Verbrechensverhütung genügt nicht, um dem Betroffenen gegenüber zu rechtfertigen, was die Strafe ihm zufügt. Es sagt nicht das Geringste über die Voraussetzungen, unter denen es notwendig und zulässig sein könnte, über den Täter, neben dem äußeren Eingriff in seine Lebensgüter, das mit der Strafe verbundene soziale Unwerturteil zu fällen. Wie wiederum das einfache Beispiel des psychisch kranken Täters zeigt, kann die Strafe nicht schon an die Gesetzesverletzung als solche anknüpfen. Die Frage nach der persönlichen Schuld bleibt unabweisbar, und sie kann nicht allein unter Gesichtspunkten sozialpsychologischer Zweckmäßigkeit entschieden werden. Das haben gerade neuere Versuche, Schuld als »Derivat der Generalprävention« zu interpretieren[35], deutlich gemacht: Verständlich werden die präzisen Regeln der strafrechtlichen Zurechnung, die sich in jahrhundertelanger Entwicklung herausgebildet haben, nur unter dem Gesichtspunkt der persönlichen Verantwortung[36]. Sie verbürgen damit ein Minimum an Gerechtigkeit und damit auch an rechtsstaatlicher Sicherung gegen die allzu kurzschlüssige Umsetzung vermeintlicher Bedürfnisse der Generalprävention in die Handhabung der öffentlichen Strafe. Die Wahrung des Schuldprinzips ist deshalb nicht nur eine Frage der Zweckmäßigkeit. Vielmehr kann nur sie verhindern, dass der Straftäter, um noch einmal mit *Kant* zu sprechen, »bloß als Mittel« benutzt, »unter die Gegenstände des Sachenrechts gemengt« wird[37].

b) Dass sich die traditionellen Strafzwecklehren nur noch in vielfälti- 26 ger Brechung und Relativierung vertreten lassen, dürfte in erster Linie dafür verantwortlich sein, dass sich nunmehr eine schon offenkundig weniger angreifbare Version, die Lehre von der **positiven** Generalprävention, großer Beliebtheit erfreut. Sie setzt auf die andere mögliche Wirkung der Androhung und Verhängung von Strafe, »das Vertrauen

---

34 Vgl. nur *Kaiser*, aaO (oben Fn. 18), S. 65.
35 *Jakobs*, Schuld und Prävention, S. 32.
36 Kritisch zur Funktionalisierung des Schuldbegriffs etwa *K.-L. Kunz*, ZStrW 98 (1986), 823 ff; *Schöneborn*, ZStrW 88 (1976), 349 ff; *ders.*, ZStrW 92 (1980), 682 ff; *Stratenwerth*, Schuldprinzip, S. 30 ff.
37 AaO (oben Fn. 3) S. 453; dazu etwa *E. A. Wolff*, aaO (oben Fn. 7).

der Bevölkerung in die Unverbrüchlichkeit des Rechts und in den Schutz der Rechtsordnung vor kriminellen Angriffen«, oder kürzer: das Vertrauen in die »Bestands- und Durchschlagskraft der Rechtsordnung« zu erhalten und zu stärken[38]. Im Einzelnen werden inzwischen vielerlei »Effekte« unterschieden, durch die die Strafe diese Form von Verbrechensverhütung bewirken soll: neben dem genannten »Vertrauenseffekt« etwa noch ein »Lerneffekt«, der aus der Demonstration der Unkosten strafbaren Verhaltens resultieren soll (was der bloßen Abschreckung wieder sehr nahe kommt), oder ein als »Integrationsprävention« etikettierter »Befriedungseffekt«, den die Erledigung des durch die Straftat geschaffenen sozialen Konflikts haben soll[39].

27   Dem sehr erheblichen theoretischen Aufwand[40] steht freilich auch hier die nüchterne Feststellung gegenüber, dass über die damit vorausgesetzten positiven Wirkungen der Strafe zumindest vorerst keine differenzierten Aussagen möglich sind; es wird sogar bezweifelt, dass es sie jemals geben könnte[41]. Empirisch belegen lässt sich, wie schon im Blick auf die negative Generalprävention zu sagen war, im Wesentlichen nur, *dass* die Strafe zur Aufrechterhaltung der rechtlich geschützten Ordnung prinzipiell bis auf weiteres nicht zu entbehren ist. Bei dieser ihrer Funktion aber geht es, entgegen dem üblichen Verständnis, keineswegs allein um Prävention, also um die Verhütung künftiger Straftaten, sondern sehr viel allgemeiner um die weitreichende Entlastung, die der Bestand und die Sicherung einer Rechtsordnung für jedermann bedeuten. Die Staats-, insbesondere die Staatsvertragslehre, spricht davon seit der Antike. Natürlich ist es *eine* der Aufgaben, die Strafdrohung und Strafe zu erfüllen haben, auch Delikte zu verhindern, die ein bestimmter Täter oder unbestimmte Dritte sonst möglicherweise begangen hätten. Die Geltung elementarer Normen notfalls mit Zwang durchzusetzen, erscheint jedoch geradezu als ein Wesensmerkmal des Rechts, und es ist

---

38 So die vom BGH zum Begriff der »Verteidigung der Rechtsordnung« (vgl. §§ 47 I, 56 III, 59 I Nr. 3) geprägten und vom BVerfG übernommenen Formeln (BGHSt 24, 40, 46; BVerfGE 45, 187 [256 ff]); siehe ferner *Jakobs*, 1/4 ff; *Streng*, ZStrW 92, 637 ff; *ders.*, ZStrW 101, 273 ff, je m.w.N.
39 Vgl. insbesondere *Roxin*, § 3 Rn. 27.
40 Zur neueren Diskussion siehe insbesondere die Beiträge in: *Schünemann/von Hirsch/Jareborg*, pass.
41 *Bock*, ZStrW 103 (1991), 654, 656; *ders.*, JuS 1994, 96 ff; *Haffke*, Tiefenpsychologie und Generalprävention, 1976, S. 54 f; *Müller-Dietz*, in: FS Jescheck, 1985, S. 821; *Frisch*, in: Schünemann/von Hirsch/Jareborg, S. 134 f; *Kuhlen*, ebda., S. 56; *Schumann*, ebda., S. 17 ff; zusammenfassend *Müller-Tuckfeld*, S. 115 ff.

denn durchaus auch nicht nur Sache des Strafrechts, dies zu tun. Insofern wäre positive Generalprävention nicht einmal mehr eine spezifische Aufgabe der *Strafe*.

In ihrer prominentesten, der von *Jakobs* vertretenen Version einer Theorie 28
der positiven Generalprävention wird die Frage der allenfalls empirisch feststellbaren individual- oder sozialpsychologischen Wirkungen »der« Strafe denn auch als sekundär beiseite geschoben. Worauf es ankommen soll, ist allein ihre Bedeutung als »normbestätigende Antwort« auf die in der Straftat liegende »normwidersprechende Behauptung«[42], also ihre *symbolische* Funktion.

III. Täter-Opfer-Ausgleich

Neben diesen traditionellen Zwecken wird der Strafe seit den frühen 29
achtziger Jahren mit steigendem Nachdruck eine Aufgabe zugewiesen, die sich in dem Schema von Vergeltung und Prävention nicht oder doch nur gewaltsam unterbringen lässt: der sogenannte Täter-Opfer-Ausgleich, die Wiedergutmachung des durch die Straftat angerichteten Schadens. Bei der Prävention geht es stets um die Verhütung künftiger Delikte, hier dagegen, zumindest in erster Linie, um die Wiederherstellung des durch die Tat gestörten Rechtsfriedens[43]. Solcher Ausgleich ist allerdings nur unter bestimmten Voraussetzungen möglich. Es gibt Taten, die zu schwer wiegen, als dass an eine Wiedergutmachung zu denken wäre, und Taten gegen Gemeininteressen, bei denen sich ein Opfer nicht angeben lässt. Auch erfordert wirklicher Ausgleich in vielen Fällen die Mitwirkung oder doch das Einverständnis des Verletzten. Sind diese Voraussetzungen aber gegeben, so erscheint die Wiedergutmachung als eine durchaus sinnvolle Form strafrechtlicher Reaktion, die zum Teil an die Stelle traditioneller Sanktionen treten kann[44]. Dem trägt das geltende Recht seit 1994 in der Weise Rechnung, dass das Gericht bei einem Täter, der sich ernsthaft um einen Ausgleich mit dem Verletzten bemüht oder den Schaden mit erheblichen persönlichen Leistungen oder unter erheblichem persönlichem Verzicht wieder gutmacht, die Strafe nach § 49 I mildern oder dort, wo er nicht mehr als ein Jahr Freiheitsstrafe oder 360 Tagessätze Geldstrafe verwirkt hat, sogar ganz von Strafe absehen kann (§ 46a).

---

42 *Jakobs*, ZStrW 107 (1995), 844 f; auch *ders.*, Straftheorie, S. 34 ff.
43 *Seelmann*, Zeitschrift für evangelische Ethik, 25 (1981), 51 ff; *Stratenwerth*, Strafzwecke, S. 13 f; anders *Roxin*, § 3 Rn. 66.
44 Vgl. *Lüderssen*, S. 153 ff.

IV. Folgerungen

30   1. Zieht man aus diesen Überlegungen das **Fazit,** so ergibt sich zum einen, dass Sinn und Zweck der Strafe unter keinem der verschiedenen Gesichtspunkte allein zureichend zu bestimmen sind. Aber diese Gesichtspunkte sind, zum anderen, doch nicht einfach unzutreffend. Sie bringen sämtlich einen nicht unwesentlichen Teilaspekt des Problems zur Geltung. Die Auseinandersetzungen der letzten hundert Jahre sollten nur gezeigt haben, dass keiner von ihnen Ausschließlichkeit beanspruchen kann.

31   Die Strafe *hat* zunächst, in den Augen der Allgemeinheit, ohne Zweifel die Bedeutung, den Rechtsbruch symbolisch aufzuheben, und bleibt insoweit, im Sinne der absoluten Straftheorien, **schuldbezogene Vergeltung.** Ohne Schuld ist sie nicht zu rechtfertigen. Dies ist der eigentliche Angelpunkt der strafrechtlichen Zurechnung, die sich in allen ihren Teilen um die Frage dreht, unter welchen Voraussetzungen und in welchem Grade jemand für einen rechtlich missbilligten Geschehensablauf verantwortlich gemacht werden kann[45]. Ein anderes, etwa auf die Gefährlichkeit des Täters ausgerichtetes Modell der strafrechtlichen Zurechnung gibt es nicht. Der Schuldgrundsatz bildet dementsprechend auch den Ausgangspunkt für die Bemessung der Strafe. Auf der anderen Seite reicht die Schuld allein, als persönliche, sittliche Verantwortung verstanden, nicht aus, um den in der Strafe liegenden hoheitlichen Eingriff in die Rechtssphäre des Einzelnen zu rechtfertigen. Stets muss die Notwendigkeit hinzutreten, legitime öffentliche Interessen gerade auf diese Weise zu schützen.

32   Die Gründe der Zweckmäßigkeit, die ein Strafrecht bis auf weiteres erforderlich machen, sind (zumindest auch) solche der **Generalprävention.** Zuwiderhandlungen gegen elementare soziale Normen sind auf andere Weise als durch die Androhung und die Verhängung öffentlicher Strafe nicht zu verhindern oder, wo sie trotzdem begangen und wo sie entdeckt werden, ohne Gefahr für den Rechtsfrieden nicht zu bewältigen. Das Strafrecht erfüllt zweifellos (auch) die Funktion, faktische Vergeltungsbedürfnisse zu kanalisieren, die Auseinandersetzung mit

---

45 Darin besteht heute allgemein Übereinstimmung, auch mit dem »teleologischen System« *Schmidhäusers,* dessen Grundgedanke darin besteht, »die Merkmale der Straftat von vornherein auf die Strafe als Rechtsfolge« hin zu erfragen (in: GS Radbruch, 1968, S. 276; Lb, 6/2).

dem Rechtsbruch und dem Rechtsbrecher prinzipiell rationaler Kontrolle zu unterwerfen. Darüber dürfte weitgehend Einigkeit bestehen. Dagegen muss sich der Versuch, die allgemeine Feststellung der generalpräventiven Wirkung des Strafgesetzes im Blick auf einzelne Sachfragen zu konkretisieren, beim bisherigen Stande unseres Wissen in bloßen Spekulationen erschöpfen. Welche Verhaltensweisen von hier aus Strafe und welche Strafe sie erfordern, ist, außer bei einem Kernbestand traditioneller Normen, unbekannt. Bedürfnisse der Generalprävention können deshalb in der Regel nicht über Art und Maß der strafrechtlichen Sanktionen entscheiden. Daneben verbieten, wie bemerkt, auch prinzipielle Gründe, den Einzelnen zum Demonstrationsobjekt der staatlichen Strafrechtspflege zu machen.

Weder Erwägungen der Schuld noch solche der Generalprävention 33 vermitteln schließlich näheren Aufschluss darüber, was mit dem Rechtsbrecher unter dem Titel der Strafe, über die bloße Übelszufügung hinaus, geschehen, wie die Sanktion im Einzelnen ausgestaltet sein sollte. Hier hat einerseits die **Spezialprävention** ihre Stelle: Die Strafe sollte so geartet sein, dass sie weiteren Delikten desselben Täters möglichst entgegenwirkt oder sie zumindest nicht noch fördert. Von mehreren im Schuldmaß liegenden Sanktionen verdient, konkret gesprochen, diejenige den Vorzug, bei der die Chance künftiger Legalbewährung des Täters nach Lage der Dinge am größten ist, also etwa eine zur Bewährung ausgesetzte statt einer vollziehbaren Freiheitsstrafe oder eine Geldstrafe statt einer Freiheitsstrafe, usw. Auch kann geboten sein, mit der Sanktion das Angebot von Hilfe für den Verurteilten zu verbinden, etwa in Gestalt von Bewährungshilfe (vgl. § 56d) oder von ernstlichen Bemühungen um eine Sozialtherapie im Vollzug von Freiheitsstrafen (vgl. § 9 StVollzG), usw. Hier ist auf der anderen Seite auch der Ort, an dem der **Täter-Opfer-Ausgleich** ins Spiel kommen kann, durch die Wahl oder durch die Ausgestaltung einer Sanktion, die der Wiedergutmachung Rechnung trägt (vgl. § 46a) oder doch auf sie gerichtet ist (vgl. § 56b II).

2. Bei diesem Stande der wissenschaftlichen Diskussion dominieren 34 heute in Rechtsprechung und Lehre sogenannte **Vereinigungstheorien**[46]. Sie versuchen, die verschiedenen Strafzwecke wenigstens pragmatisch miteinander zu verbinden, vor allem in der Weise, dass sie vor-

---

46 BVerfGE 45, 187 (253 f); 64, 261 (271); BGHSt 24, 40 (42); *Jescheck/Weigend*, S. 75 ff; *Roxin*, § 3 Rn. 33 ff; jeweils m.w.N.; kritisch *Hassemer*, NK, Rn. 428 vor § 1; *Lampe*, S. 59 ff.

schlagen, Bedürfnisse der Prävention im Rahmen der schuldangemessenen Strafe zu berücksichtigen. Darin liegt kaum mehr als das Eingeständnis, dass eine Einheit in der Sache gerade nicht (mehr) besteht. Ein alle Differenzen übergreifender Strafzweck lässt sich nach Lage der Dinge nur noch auf sehr hohem Abstraktionsniveau formulieren, etwa dahin, dass das Strafrecht jedenfalls die *eine* Aufgabe hat, für die kontrollierte Abwicklung des Konflikts zu sorgen, den der Normbruch darstellt. Allein dies ist ein Gedanke, der für alle Schritte der Strafrechtspflege Geltung beansprucht, vom Ermittlungsverfahren bis zur Strafvollstreckung und zur Wiedergutmachung. Was zu seiner praktischen Umsetzung, mithin zu den einzelnen Strafzwecken, zu sagen ist, muss demgegenüber sehr viel konkreter sein. Der Rechtsbruch kann eine ganze Reihe von berechtigten Interessen berühren, der Versuch, ihn aufzuarbeiten, die Erfüllung ebenso vielfältiger Bedürfnisse erfordern, die sich in einer Mehrzahl möglicher Strafzwecke widerspiegeln können. Welches diese Bedürfnisse sind, hängt dabei zu einem guten Teil von den Umständen des Einzelfalles ab: Bei einer Affekttötung kann es, anders als bei Wirtschaftsdelikten, nicht um die Abschreckung Dritter, bei einem Mauerschützenprozess nicht, wie bei Serientätern, um Rückfallverhütung, beim Drogenhandel nicht, wie vielleicht bei einem Vermögensdelikt, um Wiedergutmachung gehen.

35   Für die Straftheorie bleibt bei alledem, nach wie vor, die Aufgabe, sich mit der Frage auseinanderzusetzen, welche der verschiedenen Zwecke, die die Strafe erfüllen könnte, allgemein oder doch unter bestimmten Voraussetzungen Anerkennung verdienen. Dazu gehört auch, mögliche Widersprüche zwischen diesen Zwecken zu »lösen«, und zwar nicht anders, als es auch sonst bei Interessenkonflikten geschieht, das heißt durch den Versuch, einen je nach ihrem Rang vertretbaren Ausgleich zu finden[47]. Sie kann dies, wenn sie auf ganz konkrete Bedürfnisse und Befunde abstellt, sogar nüchterner und präziser tun als eine Theorie, die alles und jedes in Einklang zu bringen versucht, und auf diese Weise noch immer das leisten, wozu sie seit jeher in erster Linie bestimmt war: mit dem Nachdenken über die Legitimation der öffentlichen Strafe zugleich einen kritischen Maßstab zu liefern, an dem die Realität sich messen lassen muss.

---

47 Zustimmend *Kuhlen*, in: Schünemann/von Hirsch/Jareborg, S. 63.

B. Maßregeln der Besserung und Sicherung

Literatur: P. Albrecht, Die allgemeinen Voraussetzungen zur Anordnung frei-heitsentziehender Maßnahmen gegenüber erwachsenen Delinquenten, 1981; *Exner,* Theorie der Sicherungsmittel, 1914; *Kaiser,* Ist das Maßnahmensystem im Kriminalrecht noch zu retten?, in: FS Pallin, 1989, S. 183 ff; *Marquardt,* Dogmatische und kriminologische Aspekte des Vikariierens von Strafe und Maßregel, 1972; *Nowakowski,* Zur Rechtsstaatlichkeit der vorbeugenden Maß-nahmen, in: FS v. Weber, 1963, S. 98 ff; *Stratenwerth,* Zur Rechtsstaatlichkeit der freiheitsentziehenden Maßnahmen im Strafrecht, ZStrR 82 (1966), 337 ff; *ders.,* Zur Rechtfertigung freiheitsbeschränkender sichernder Maßnahmen, ZStrR 105 (1988), 105 ff.

I. Funktion

Das geltende Recht kennt als Sanktionen, die auf ein Delikt folgen kön-nen, nicht nur Strafen, sondern auch, wie es sie nennt, Maßregeln der Besserung und Sicherung (§ 61). Schon der Name deutet dabei an, dass sich diese Sanktionen insofern grundlegend von der Strafe unterschei-den, als sie nicht jenen persönlichen Vorwurf gegenüber dem Täter ent-halten, der sich mit der Strafe unauflöslich verbindet, sondern allein die spezialpräventiven Ziele, eben die »Besserung« des Täters und des Schutzes der Allgemeinheit vor ihm, verfolgen. Das heißt zunächst, nach der negativen Seite, dass sie sich nicht auf seine Schuld beziehen, Schuld also weder zwingend voraussetzen noch in ihrem Maß auf sie abstellen. Stattdessen sollen sie einer in der Person des Täters begrün-deten speziellen Rückfallgefahr entgegenwirken, und zwar in einer Wei-se, die in der Form herkömmlicher Strafen nicht möglich wäre, oder aber unter weitergehender Beschränkung der Freiheit des Betroffenen, als sich unter Schuldgesichtspunkten rechtfertigen ließe. 36

Das entspricht auch der historischen Herkunft der strafrechtlichen Maßre-geln. Sie waren danach vor allem dazu bestimmt, die aus dem Schuldgrundsatz folgenden Beschränkungen zu umgehen. Der Gedanke ist erstmals im 18. Jahr-hundert durch *E. F. Klein* entwickelt und im Preußischen Allgemeinen Land-recht von 1794 in Ansätzen verwirklicht worden. So sollten etwa »Diebe und andere Verbrecher, welche ihrer verdorbenen Neigungen wegen dem gemeinen Wesen gefährlich werden könnten, ... auch nach ausgestandener Strafe des Verhafts nicht eher entlassen werden, als bis sie ausgewiesen haben, wie sie sich auf eine ehrliche Art zu ernähren im Stande sind« (§ 5 II 20 ALR)! Unabhängig davon hat *Carl Stooss,* der Schöpfer des schweizerischen Strafgesetzbuchs, den 37

21

Streit zwischen den Strafzwecken der Vergeltung und der Spezialprävention dadurch überbrückt, dass er in seinem Vorentwurf von 1893 schuldgebundene Strafen und spezialpräventiv orientierte Maßregeln, wie sie vielfach, etwa bei »Liederlichkeit« oder »Arbeitsscheu«, schon das Verwaltungsrecht vorsah, miteinander kombinierte. Hier ging es teilweise auch schon um eine eigentliche Behandlung (z. B. des psychisch kranken oder alkoholsüchtigen Täters). Die in der Verbindung von Strafen und Maßregeln liegende *Zwei- oder Doppelspurigkeit* des Strafrechts setzte sich in Deutschland rasch durch. Sie beherrschte, vom Vorentwurf 1909 an, alle Reformprojekte. Mit dem sogenannten Gewohnheitsverbrechergesetz von 1933 wurde sie geltendes Recht (§§ 42a ff damaliger Fassung).

38   Von den mit Freiheitsentzug verbundenen Maßregeln bezweckt nur die Sicherungsverwahrung (§ 66) ausschließlich eben die Sicherung gegenüber dem Täter. Dagegen zielt die Unterbringung in einer Entziehungsanstalt (§ 64) ebenso ausschließlich auf seine Behandlung, also »Besserung« ab. Bei der Unterbringung in einem psychiatrischen Krankenhaus (§ 63) sollte die Therapie jedenfalls praktisch im Vordergrund stehen, wenn auch in Einzelfällen nur eine Sicherung möglich sein wird. Bei den anderen, nicht freiheitsentziehenden Maßnahmen (§§ 68–70) geht es um bloße, aber ebenfalls der Rückfallverhütung dienende Beschränkungen der Handlungsfreiheit des Täters (Führungsaufsicht, Entziehung der Fahrerlaubnis, Berufsverbot) mit überwiegend sicherndem Charakter.

II. Rechtfertigung

39   Auch bei den strafrechtlichen Maßregeln stellt sich wiederum die Frage, wie sie sich gegenüber dem Betroffenen legitimieren lassen. Der prinzipielle Ausgangspunkt steht zwar fest, wenn es um Spezialprävention geht: Vom Täter müssen weitere Straftaten drohen, er muss in diesem Sinne »*gefährlich*« sein, und die Maßregel dazu dienen, solcher Gefahr entgegenzuwirken. Das allein genügt jedoch nicht, um beliebige Eingriffe in die Freiheitsrechte des Täters zu rechtfertigen. Erscheint es als unzulässig, etwa den vielfach rückfälligen Vermögensdelinquenten zur Verhütung weiterer Delikte lebenslänglich einzusperren (oben Rn. 19), so gilt dies unabhängig davon, ob der Freiheitsentzug als Strafe oder als Maßregel deklariert wird. Und auch für die »bessernde« Einwirkung in Form einer zwangsweisen Behandlung bildet die bloße Gefahr weiterer Delikte offenbar keine zureichende Begründung. Über die Zulässigkeit strafrechtlicher Maßregeln muss also differenzierter geurteilt werden.

Dabei kommt es von vornherein wesentlich darauf an, ob die Maßregel (nur) an die Stelle einer mindestens ebenso langen Freiheitsstrafe tritt, so dass der Freiheitsentzug als solcher durch den Strafausspruch gedeckt ist, oder ob der mit der Maßregel verbundene Freiheitsentzug (möglicherweise) die Dauer einer schuldangemessenen Sanktion überschreitet.

Die ältere Lehre hat hier freilich gar kein Problem gesehen. Für sie ging es bei 40 den Maßregeln allein um eine Frage ihrer *Zweckmäßigkeit*. Der reine Zweckgedanke setzt jedoch keinem Missbrauch Widerstand entgegen. Darüber haben insbesondere die im Namen ihres gesellschaftlichen Nutzens durchgeführten Mordaktionen des NS-Regimes an geistig Behinderten belehrt. Die Strafrechtslehre der Nachkriegszeit hat sich deshalb bemüht, die Voraussetzungen, unter denen ein (schuldüberschreitender) Eingriff in die Freiheit des Einzelnen als legitim erscheinen kann, genauer zu bestimmen. Das ist im Wesentlichen auf zwei verschiedenen Wegen versucht worden. Der eine dieser Ansätze lag in dem zuerst von *Welzel* geäußerten Gedanken, dass es zulässig sei, die äußere Freiheit des Täters in dem Maße zu beschränken, wie ihm die innere Freiheit fehle[48]. Die Maßregeln wären demnach dazu bestimmt, ein Manko in der Person des Täters, seine Unfähigkeit zu normgemäßem Verhalten, zu kompensieren. Indessen handelt es sich bei dieser Unfähigkeit entweder um eine einigermaßen klar abgrenzbare, rechtlich anerkannte Beschränkung der Urteils-, Handlungs- oder Schuldfähigkeit, wie bei Kindern oder psychisch gestörten Personen; dann mag *dies* es rechtfertigen, die zum Schutz der Allgemeinheit oder auch im Interesse des Betroffenen gebotenen Maßnahmen zu ergreifen. Oder aber es wird dem Täter die Fähigkeit zu normkonformem Verhalten ohne solche manifesten Gründe abgesprochen; dann handelt es sich um nichts anderes als eine mehr oder minder gesicherte Rückfallprognose, die auf die Person des Täters rückbezogen wird. Das führt über die Berufung auf präventive Bedürfnisse nicht hinaus. Danach dürfte prinzipiell nur der andere, erstmals von *Nowakowski* eingeschlagene Weg gangbar sein, für die Rechtfertigung (schuldüberschreitender) Eingriffe in die Freiheitsrechte des Einzelnen auf eine Abwägung zwischen der Gefahr, die von ihm droht, und den Nachteilen abzustellen, die ihm zu ihrer Beseitigung zugefügt werden müssen[49].

Nach heute herrschender Auffassung lässt sich eine freiheitsentzie- 41 hende strafrechtliche Maßregel, deren Dauer voraussichtlich über die einer schuldangemessenen Freiheitsstrafe hinausgeht, nur rechtfertigen, wenn ein überwiegendes öffentliches Interesse sie erfordert[50]. Maßgebend muss danach sein, ob die vom Täter ausgehende Gefahr für recht-

---

48 Lehrbuch, S. 245.
49 In: FS v. Weber, S. 103.
50 Vgl. BGHSt 24, 134 (135); *Hanack*, LK, Rn. 28 vor § 61; *Jescheck/Weigend*,
    S. 803; Schönke/Schröder/*Stree*, Rn. 2 vor § 61; kritisch *Köhler*, S. 57.

lich geschützte Interessen so schwer wiegt, dass der zu ihrer Abwehr erforderliche Eingriff in seine Persönlichkeitsrechte als vertretbar erscheint. Das öffentliche Interesse an der Verhütung weiterer Delikte des Täters wiederum hängt seinerseits von deren möglicher Schwere und von dem Grade der Wahrscheinlichkeit ab, dass er sie begehen könnte, während es für die Frage, wie tief die Maßregel in seine Freiheitsrechte eingreift, nicht nur auf ihre mögliche Dauer, sondern auch auf ihren Charakter ankommt, also darauf, ob sie sich in bloßem Freiheitsentzug erschöpft oder, wie unter Umständen bei der (erzwungenen) Behandlung eines psychischen Leidens, auch im wohlverstandenen Interesse des Betroffenen liegt. Das Gesetz bringt diese Regeln mit dem Grundsatz der Verhältnismäßigkeit (§ 62) nur sehr unvollkommen zum Ausdruck. Bei alledem liegt auf der Hand, dass die erforderliche Abwägung nicht generell, sondern nur von Fall zu Fall vorgenommen werden kann.

42   Die Frage der Rechtfertigung stellt sich freilich auch, soweit eine freiheitsentziehende Maßregel nach Lage der Dinge die Dauer der schuldangemessenen Freiheitsstrafe voraussichtlich nicht überschreiten wird, also *allein* auf »Besserung« abzielt. Denn der Begriff der Besserung bringt zunächst nur das gesellschaftliche Interesse an einer Veränderung der Persönlichkeitsstruktur oder der Verhaltensmuster des Betroffenen zum Ausdruck (und hat überdies noch einen moralisierenden Beiklang, der allein schon genügt, um ihn in Anführungszeichen zu setzen). Doch ist außerordentlich zweifelhaft, ob und in welchen Grenzen es in einem freiheitlichen Staatswesen als legitim gelten kann, den Einzelnen nicht nur mit Zwang an Delikten zu hindern, sondern selber zu verändern[51]. Dabei sollte auf der einen Seite allerdings außer Frage stehen, dass die wie immer definierte »Normalität« des Einzelnen als mögliches Ziel staatlicher Zwangsmaßnahmen auszuscheiden hat. Andererseits gibt es fraglos Situationen, in denen das wohlverstandene Interesse des Betroffenen selbst gebieten kann, ihn auch gegen seinen Willen zu behandeln, wie unter Umständen in dem schon erwähnten Fall einer akuten psychischen Erkrankung. Daneben bleibt jedoch ein weites Feld möglicher Zweifel. Das zeigt schon das einfache Beispiel eines massiv alkohol- oder drogenabhängigen Täters, der sich *nicht* behandeln lassen will. Praktisch mag hier noch die Erfahrung etwas weiterhelfen, dass eine Zwangsbehandlung in der Regel wenig Aussicht auf Erfolg hat. Die

---

51 Eingehend *Baurmann*, Zweckrationalität und Strafrecht, 1987.

prinzipielle Frage aber, anhand welcher Kriterien über das wohlverstandene Interesse des Einzelnen geurteilt werden sollte, ist damit nicht gelöst, ein Konsens über sie in einer pluralistischen Gesellschaft auch schwerlich zu erwarten.

III. Verhältnis zur Strafe

Die Strafe bezieht sich nach der Konzeption, die dem geltenden Recht   43
zugrunde liegt, in erster Linie auf die Schuld des Täters (vgl. § 46), die Maßregel auf seine Gefährlichkeit. Sieht man die beiden Arten von Sanktionen ausschließlich unter dem Gesichtspunkt dieser ihrer unterschiedlichen Natur, so müssten sie voneinander völlig unabhängig sein. Sie wären, wo ihrer beider Voraussetzungen gegeben sind, kumulativ zu verhängen und jeweils gesondert zu vollstrecken. Bei der erstmaligen Verwirklichung des zweispurigen Systems im Jahre 1933 (oben Rn. 37) ist diese doktrinäre Folgerung tatsächlich gezogen worden. Indessen fragt sich selbst im Blick auf eine allein als Übelszufügung verstandene Freiheitsstrafe, weshalb das im Vollzug einer freiheitsentziehenden Maßregel liegende Übel sie nicht sollte ersetzen können. Zieht man außerdem in Betracht, dass auch mit der Freiheitsstrafe die spezialpräventiven Ziele der »Besserung« des Verurteilten bzw. der Sicherung der Allgemeinheit ihm gegenüber verfolgt werden, so wird noch deutlicher, dass sich Strafe und Maßregel in der Sache überschneiden können. An die Stelle der Kumulation von Strafe und Maßregel ist daher zunehmend ein **vikariierendes System** getreten: Außer bei der Sicherungsverwahrung werden die freiheitsentziehenden Maßregeln heute nicht nur, aus Gründen ihrer Wirksamkeit, in der Regel vor einer Freiheitsstrafe vollzogen (mit einer allerdings höchst problematischen Einschränkung in § 67 II und III), sondern auch auf diese angerechnet (§ 67 IV). Nur deshalb kommt es für ihre Rechtfertigung, wie erörtert, wesentlich darauf an, ob ihre Dauer im Rahmen der schuldangemessenen Strafe liegt oder ihn überschreitet.

Man kann sich allerdings fragen, ob es überhaupt sinnvoll ist, dass das   44
StGB neben den Strafen die Maßregeln der Besserung und Sicherung vorsieht. Mindestens einzelne von ihnen könnten (und können) auch auf anderem Wege angeordnet werden, wie zum Beispiel die stationäre Behandlung in einer psychiatrischen Klinik über die Unterbringungsgesetze der Länder. Doch gilt dies keineswegs für alle von ihnen. So haben

etwa die Führungsaufsicht oder das Berufsverbot außerhalb des Strafrechts kein Gegenstück. Es gibt aber auch sonst gute Gründe, die Entscheidung über Maßnahmen, die speziell der Verhütung von Straftaten dienen, in die Hand des Strafrichters zu legen. Soweit der Freiheitsentzug durch Maßregeln an die Stelle der Strafe treten kann, müssen seine Voraussetzungen im Strafgesetz selbst geregelt sein: Es geht um alternative Sanktionen, die nicht nur allgemein abzugrenzen, sondern auch im Einzelfall gegeneinander abzuwägen sind, und das ist nur möglich, wenn eine und dieselbe Instanz über sie zu befinden hat. Soweit die Maßregel die Strafe hingegen ergänzen soll, sind es vor allem rechtsstaatliche Gründe, die eine Regelung im StGB erfordern: Nur die manifeste, durch Delikte bereits erwiesene Gefährlichkeit des Täters kann sie rechtfertigen, und darüber zu urteilen muss dem Strafrichter vorbehalten sein.

45   Bessernde und sichernde Maßregeln bleiben danach stets an eine Straftat gebunden, mit der wichtigen Konsequenz, dass *alle* strafrechtlichen Sanktionen zumindest eine »rechtswidrige Tat« (§ 11 I Nr. 5) voraussetzen, das heißt eine Verhaltensweise, die Unrecht im Sinne eines Straftatbestandes darstellt. Die Regeln der strafrechtlichen Zurechnung sind also bei Strafen und Maßregeln, soweit es um das strafrechtlich relevante *Unrecht* geht, dieselben. Erst bei den weiteren Erfordernissen der Schuld einerseits, der besonderen spezialpräventiven Bedürfnisse andererseits trennen sich die Wege. Die Lehre von der Straftat bleibt insofern eine Einheit. In ihrem Rahmen wird, als allgemeines Verbrechenselement, auch die Schuld noch abgehandelt, während die speziellen Voraussetzungen der einzelnen Maßregeln, bei jeder von ihnen verschieden, erst in der Lehre von den Sanktionen genauer zu erörtern sind.

C. Verwandte Sanktionen

Literatur: Arzt u. a., Entwurf eines Gesetzes zur Regelung der Betriebsjustiz, 1975; *dies.*, Entwurf eines Gesetzes gegen den Ladendiebstahl, 1974; *Burgstaller*, Der Ladendiebstahl und seine private Bekämpfung, 1981; *Cramer*, Grundbegriffe des Rechts der Ordnungswidrigkeiten, 1971; *J. Goldschmidt*, Das Verwaltungsstrafrecht, 1902; *Mattes*, Untersuchungen zur Lehre von den Ordnungswidrigkeiten, Hlbd. 1, 1977, Hlbd. 2 (von *Herta Mattes*), 1982; *Kaiser/Metzger-Preziger* (Hrsg.), Betriebsjustiz, 1976; *Krümpelmann*, Die Bagatelldelikte, 1966; *Michels,* Strafbare Handlung und Zuwiderhandlung, 1963; *Tiedemann*, Tatbestandsfunktionen im Nebenstrafrecht, 1969.

I. Verwaltungsstrafen

Das komplizierte Gefüge der Rechtsordnung eines modernen Industrie- 46
staates umfasst zahllose Vorschriften, die nicht zu dem Mindestbestand
an sozialen Normen gehören, über die weitgehend Konsens besteht.
Steigende Bedeutung beansprucht vor allem das Verwaltungsrecht. Der
Sozial- und Lenkungsstaat der Gegenwart hat, im Unterschied zum liberalen Rechtsstaat des 19. Jahrhunderts, neben der Gefahrenabwehr in
weitem Umfang Aufgaben der sogenannten Daseinsvorsorge *(Forsthoff)*
übernommen. Sie möglichst ungehindert und reibungslos zu erfüllen, ist
das selbstverständliche Interesse einer rationalen Staatsverwaltung. Und
da sich die Strafe als besonders effektives Zwangsmittel darstellt, liegt es
nahe, sie überall dort einzusetzen, wo staatlichen Anordnungen, seien
sie allgemeiner Natur oder Einzelverfügungen, Nachdruck verschafft
werden soll. Im jetzt vergangenen Jahrhundert hat sich infolgedessen
ein kaum noch übersehbares Nebenstrafrecht entwickelt, das sich weitgehend als Verwaltungsstrafrecht darstellt.

Die Zuwiderhandlung gegen Ordnungsvorschriften, die elementare 47
Interessen nicht oder nur mittelbar schützen, wiegt jedoch in aller Regel
nicht schwer genug, als dass es notwendig oder auch nur sinnvoll wäre,
sie zu »kriminalisieren«. Der Einsatz der Kriminalstrafe erscheint hier
vielmehr als ein Missbrauch, der sich über den besonderen Charakter
dieser Sanktion hinwegsetzt und sie als ganze entwertet. Die Strafrechtslehre ist dem schon früh entgegengetreten, zunächst durch den
Versuch, begriffliche Unterschiede zwischen dem eigentlichen, »in sich«
verwerflichen kriminellen Unrecht und dem Verwaltungsunrecht als
bloßem Ungehorsam gegenüber staatlichen Anordnungen zu finden.
Heute wird ganz überwiegend anerkannt, dass es solche klaren Unterschiede nicht gibt. Den Anwendungsbereich der Kriminalstrafe zu begrenzen, fällt danach dem Gesetzgeber zu. Er hat dementsprechend mit
dem Wirtschaftsstrafgesetz (in seiner ersten Fassung von 1949) einen
neuen Typ von Zuwiderhandlung geschaffen, die **Ordnungswidrigkeit,**
die mit der besonderen Verwaltungs»strafe« der *Geldbuße* bedroht ist
(und erstinstanzlich von einer Verwaltungsbehörde behandelt wird).
Ansätze dazu konnten schon in den »Ordnungsmitteln« gefunden werden, die das Verfahrensrecht mitunter, etwa bei »Ungebühr« (§ 178
GVG), vorsieht, vor allem aber in der früheren, freilich nicht streng
methodisch durchgeführten Einteilung der Straftaten in mit Kriminalstrafe bedrohte Verbrechen und Vergehen einerseits und bloß mit

»Polizeistrafe« (Haft oder geringer Geldstrafe) bedrohte Übertretungen andererseits. Das Gesetz über Ordnungswidrigkeiten (erstmals von 1952) hat sodann allgemein die Voraussetzungen für die Ausgliederung der kriminell unerheblichen Zuwiderhandlungen aus dem Strafrecht geschaffen, das Einführungsgesetz zum StGB von 1974 hat sie zum Abschluss gebracht. Übertretungen gibt es seitdem nicht mehr. Sie sind zum Teil in Ordnungswidrigkeiten (vgl. §§ 111 ff OWiG), zum Teil aber auch durch Erweiterung der entsprechenden Tatbestände in Vergehen verwandelt worden (wie der heute durch §§ 242, 246, 248a erfasste sogenannte Mundraub des früheren Rechts). Eine generelle Umwandlungsvorschrift enthält Art. 13 EGStGB.

48   Da der Unwertgehalt der Ordnungswidrigkeit gering und jedenfalls die Geldbuße nicht mit einem persönlichen Vorwurf verbunden ist, war lange Zeit streitig, ob die am Modell der strafrechtlich relevanten Schuld entwickelten Regeln der Zurechnung auch in diesem Bereich Geltung beanspruchen. Die Übertretungen haben stets eine gewisse Sonderstellung eingenommen. Das OWiG enthält daher selbständige Regeln über die Voraussetzungen der Ahndung ordnungswidrigen Verhaltens (§§ 8 ff), die freilich mit den entsprechenden strafrechtlichen Regeln weitgehend übereinstimmen. Ob dies in der Sache richtig ist, kann nach wie vor als zweifelhaft erscheinen.

II. Disziplinarmaßnahmen

49   Obwohl das Disziplinarrecht seit langem als selbständiges Rechtsgebiet anerkannt ist, bereitet sein Verhältnis zum Strafrecht noch immer Schwierigkeiten. Die früher maßgebende Auffassung, dass sie prinzipiell voneinander unabhängig seien, ist überholt. Sie entsprach Vorstellungen, die auf das konstitutionelle Staatsrecht des frühen 19. Jahrhunderts zurückgehen. Danach war der Staatsdiener, der Beamte und der Soldat, nicht nur Träger besonderer Pflichten, sondern gehalten, in seiner gesamten Lebensführung die Würde seines »Standes« zu wahren. Das Disziplinarrecht hatte es demgemäß nicht mit der äußeren Rechtsordnung, sondern mit der »Integrität und Vertrauenswürdigkeit« der Person zu tun; disziplinarwidrigem Verhalten kam von hier aus »bloß symptomatische Bedeutung« zu[52]. Disziplinarmaßnahmen konnten, so gesehen, ohne Verletzung des Doppelbestrafungsverbots (Art. 103 III GG) problemlos neben der Strafe bestehen. Demgegenüber beziehen

---

52 So noch *Maurach/Zipf*, § 1 Rn. 17.

sich die Pflichten des Staatsdieners nach heute überwiegendem Verständnis ausschließlich auf die sachgemäße und rechtlich einwandfreie Wahrnehmung seiner amtlichen Aufgaben; sein außerdienstliches Verhalten interessiert nur noch insoweit, wie es die Achtung und das Vertrauen berührt, deren es zur Führung des Amtes bedarf (vgl. §§ 54 BundesbeamtenG, 17 SoldatenG). Das Disziplinarrecht kann nur mehr dazu dienen, Pflichtverletzungen zu ahnden, die nicht so schwer wiegen, dass sie als eigentliche Straftat zu verfolgen wären, und im Übrigen die dienstrechtlichen Konsequenzen (Laufbahnbeschränkung, Verlust der Dienststellung) regeln, die, soweit sie nicht schon kraft Gesetzes eintreten (vgl. §§ 48 BundesbeamtenG, 48 SoldatenG, 30 WehrpflichtG), aus einer strafgerichtlichen Verurteilung zu ziehen sind. Es *ergänzt* das Strafrecht bei leichteren Verfehlungen und hinsichtlich der Nebenfolgen einer Straftat[53].

Das geltende Recht trägt dieser Änderung der die disziplinarische Sanktion 50 beherrschenden Gesichtspunkte freilich noch nicht überall Rechnung. Die Disziplinarmaßnahme kann, auch wenn sie (wie eine Geldbuße oder Gehaltskürzung) Strafcharakter hat, durchaus *neben* die Kriminalstrafe treten (sofern dies, wie nach § 14 BundesdisziplinarO, nur erforderlich ist, um den Beamten »zur Erfüllung seiner Pflichten anzuhalten und das Ansehen des Beamtentums zu wahren«). Art. 103 III GG soll dem nach BVerfGE 21, 378 (391) nicht entgegenstehen[54]. Immerhin verlangt das BVerfG (aaO, 388) wenigstens die Anrechnung einer disziplinaren Arreststrafe auf die später wegen derselben Tat verhängte kriminelle Strafe.

III. Privatstrafen

Neben der öffentlichen Strafe gibt es in steigendem Umfang Sanktio- 51 nen, die nicht von (richterlichen) Behörden, sondern von Privatpersonen verhängt werden. Damit sind hier nicht Erziehungsmittel gemeint, wie etwa § 1631 BGB sie im Verhältnis der sorgeberechtigten Eltern zum minderjährigen Kind legitimiert, sondern Eingriffe mit eigentlichem Pönalcharakter, wie sie in Gestalt der Vertragsstrafe (vgl. §§ 339 ff BGB) an sich nicht unbekannt sind. Das Neue der Entwicklung liegt darin, dass teils das Unbehagen an der Kriminalstrafe, vor allem an ihren oft zerstörerischen Nebenwirkungen, teils auch die mangelnde Effizienz der staatlichen Strafverfolgung zur Entstehung eigenständiger

---

53 Ähnlich *Jakobs*, 3/19; *Roxin*, § 2 Rn. 54.
54 Vgl. auch BVerfGE 27, 180 (184).

Formen einer privatrechtlichen Justiz geführt hat. Darauf sei hier in aller Kürze hingewiesen.

52   Die wichtigste Erscheinung dieser Art dürfte in der nunmehr weit verbreiteten **Betriebsjustiz** liegen, der Ahndung innerbetrieblicher Verfehlungen von Betriebsangehörigen durch betriebseigene Organe. Erfasst werden dabei einerseits Handlungen (bis zu einem gewissen Schweregrad), die allgemein strafbar sind, wie vor allem kleinere Vermögensdelikte, andererseits aber auch Verstöße gegen die innerbetriebliche Ordnung, wie die Verletzung von Unfallverhütungsvorschriften, von Alkohol- oder Rauchverboten usw. Deutliche Parallelen bestehen zum Vereins- oder Verbandsstrafrecht und zum Disziplinarrecht, doch ist besonders wichtig, dass es hier eben auch um die mehr informelle Erledigung von Bagatelldelikten geht. Dass es sich bei der Betriebsstrafe um eine Privatstrafe handelt, wird durchweg anerkannt. Die Rechtsgrundlagen der Betriebsjustiz hingegen sind unsicher und umstritten und damit auch die Voraussetzungen und Grenzen ihrer Zulässigkeit[55].

53   Weitaus problematischer als die Betriebsstrafe, praktisch aber kaum minder bedeutsam, ist die Tendenz vor allem der Inhaber von Selbstbedienungsgeschäften, sich gegen das Massendelikt des **Ladendiebstahls** mit pauschalierten (und zuvor angedrohten) Entschädigungsforderungen zur Wehr zu setzen, die als kaschierte Privatstrafe erscheinen können. Der BGH hat die Ersatzpflicht bezüglich einer dem Personal zugesagten sogenannten Fangprämie im Regelfalle bis zu 50 DM anerkannt, nicht aber hinsichtlich der allgemeinen Vorsorgekosten (Spiegel, Videoüberwachung, Hausdetektive usw.) und der bei Bearbeitung eines Schadensfalles entstehenden Aufwendungen[56]. Damit dürfte die Grenze dessen erreicht sein, was sich vertreten lässt, ohne das Strafrecht wieder in die Hände des Geschädigten zu legen. Allerdings ist überdeutlich, dass die staatliche Strafverfolgung hier angesichts der Massenhaftigkeit des Deliktes und einer sehr uneinheitlichen, wenn nicht willkürlichen Anzeigepraxis der Betroffenen kein sonderlich wirksames Kontrollinstrument darstellt. Deshalb dürfte die Diskussion darüber, ob man die öffentliche Strafe insoweit im Regelfalle nicht durch eine neuartige, dem Geschädigten zustehende Sanktion ablösen sollte[57], noch nicht abge-

---

55 Eingehend *Scholz*, in: Kaiser/Metzger-Preziger, S. 316 ff, 337 ff.
56 JZ 1980, 99 ff mit zust. Anm. *Deutsch*.
57 Vgl. die Kontroverse zwischen *Schoreit*, JZ 1976, 49 ff, 167, und *Arzt*, JZ 1976, 54 ff.

schlossen sein. Doch wäre es Sache des Gesetzgebers, die Frage zu regeln.

§ 2 Kriminelles Verhalten

Fragt man nach dem kriminellen Verhalten als dem Gegenstand oder 1
Bezugspunkt des Strafrechts, so findet man sich zunächst in einem Zirkel: Kriminell ist ein Verhalten eben dann, wenn es unter Strafe steht. Über diese formale Antwort kommt man nur hinaus, wenn kriminelles Verhalten Qualitäten aufweist, die nicht erst durch die Strafdrohung begründet werden, sondern gerade umgekehrt der Grund sind, weshalb das entsprechende Verhalten mit Strafe bedroht wird. Die Erörterung der strafrechtlichen Sanktionen hat freilich schon erkennen lassen, dass abweichendes Verhalten nur dort »kriminalisiert« werden sollte, wo elementare soziale Normen in Frage stehen (oben § 1 Rn. 47). Damit ist jedoch noch nicht gesagt, was im Einzelnen als Straftat gelten sollte. Muss man, um nur zwei problematische Beispiele herauszugreifen, etwa den Geschwisterinzest (§ 173 II 2) oder die Tierquälerei (§ 17 TierschutzG) unter Strafe stellen? Diese Fragen gehören, soweit sie einzelne Delikstatbestände betreffen, in den Besonderen Teil, in ihren prinzipiellen Aspekten aber hierher, zur Erörterung der Funktion des Strafrechts in unserer Gesellschaft. Die Antwort ist außerordentlich zweifelhaft und umstritten.

A. Verbrechensdefinitionen

Literatur: Amelung, Rechtsgüterschutz und Schutz der Gesellschaft, 1972; *Frisch,* An den Grenzen des Strafrechts, in: FS Stree/Wessels, 1993, S. 69 ff; *Hassemer,* Theorie und Soziologie des Verbrechens, 1973; *ders.,* Kennzeichen und Krisen des modernen Strafrechts, ZRP 1992, 378 ff; *F. Herzog,* Gesellschaftliche Unsicherheit und strafrechtliche Daseinsvorsorge, 1991; *Jäger,* Strafrechtspolitik und Wissenschaft, in: Bauer u. a., Sexualität und Verbrechen, 1963, S. 273 ff; *Kratzsch,* Verhaltenssteuerung und Organisation im Strafrecht, 1985; *Kuhlen,* Strafrechtsbegrenzung durch einen materiellen Straftatbegriff?, in: Wolter/Freund (Hrsg.), Straftat, Strafzumessung und Strafprozeß im gesamten Strafrechtssystem, 1996, S. 77 ff; *Lampe,* Gedanken zum materiellen Straftatbe-

31

griff, in: FS Schmitt, 1992, S. 77 ff; *Lesch,* Der Verbrechensbegriff, 1999; *M. Marx,* Zur Definition des Begriffs »Rechtsgut«, 1972; *Müssig,* Schutz abstrakter Rechtsgüter und abstrakter Rechtsgüterschutz, 1994; *Papageorgiou,* Schaden und Strafe, 1994; *Popitz,* Über die Präventivwirkung des Nichtwissens, 1968; *Sina,* Die Dogmengeschichte des strafrechtlichen Begriffs »Rechtsgut«, 1962; *Stratenwerth,* Zukunftssicherung mit den Mitteln des Strafrechts?, ZStrW 105 (1993), 679 ff; *ders.,* Zum Begriff des »Rechtsgutes«, in: FS Lenckner, 1998, S. 377 ff.

I. Rekurs auf sozialethische Normen

2 Es liegt zunächst nahe, an den Umstand anzuknüpfen, dass die »Grundwerte der Sozialordnung«, die das Strafrecht schützen soll[1], als *sozialethische* Normen erscheinen, ganz im Sinne der berühmt gewordenen Formel von *Georg Jellinek,* dass das Recht das »**ethische Minimum**« sei[2]. Dem entspricht auch, die Strafe als mit einem sittlichen Verdikt verbundene Sanktion (oben § 1 Rn. 6) prinzipiell auf Taten zu beschränken, die nach den jeweils herrschenden Wertüberzeugungen ein solches Verdikt rechtfertigen, und bloßes Verwaltungsunrecht aus dem Strafrecht auszugliedern (oben § 1 Rn. 47). Trotzdem lässt sich die Strafwürdigkeit eines bestimmten Verhaltens nicht einfach durch den Rekurs auf Sittennormen begründen. Dem steht schon die der Aufklärung zu verdankende prinzipielle Trennung von Recht und Sittlichkeit entgegen: Das strafrechtlich schützenswerte »Minimum« sollte sich in einer freiheitlichen Ordnung auf *konsensfähige* Normen beschränken, das heißt unterschiedliche sittliche Überzeugungen der Rechtsunterworfenen in kontroversen Fragen soweit wie möglich respektieren.

3 Bei der Umschreibung strafwürdigen Verhaltens kann die Sozialethik aber auch aus anderen Gründen nicht die letzte Instanz sein. Meint man damit die in einem gegebenen Zeitpunkt de facto herrschenden Moralvorstellungen, so kann sie kaum noch als *kritischer* Maßstab dienen. Das Strafrecht müsste sich dann darauf beschränken, die »Sittenordnung« in ihrer historisch geprägten Gestalt zu konservieren. Als solche aber wird sie einerseits noch Wertvorstellungen tradieren, die den guten Sinn, der ihnen in einer anderen geschichtlichen Situation zugekommen sein mag, längst verloren haben, und folglich auch nicht mehr verdienen, mit

---

1 *Jescheck/Weigend,* S. 7.
2 Die sozialethische Bedeutung von Recht, Unrecht und Strafe, 2. Aufl. 1908, S. 45.

Strafe durchgesetzt zu werden. Auf der anderen Seite bleibt das vorherrschende moralische Bewusstsein hinter den sozialen, wirtschaftlichen, technischen usw. Entwicklungen vielfach so weit zurück, dass es
auf wesentliche Fragen keine Antwort mehr enthält[3]. Soll das Strafrecht
differenziert auf die gesamtgesellschaftliche Entwicklung reagieren, so
muss es demgegenüber auch Schrittmacherfunktionen übernehmen
können, wenn es gilt, neuartigen Bedrohungen wichtiger Lebensgüter
durch die Bekräftigung entsprechender neuer Verhaltensnormen, beispielsweise im Bereich des Umweltschutzes oder der Gentechnologie,
zu begegnen. Dann aber müssen offenkundig andere als sozialethische
oder doch zusätzliche Kriterien darüber entscheiden, welche Verhaltensweisen als »kriminell« einzustufen sind.

II. Ansätze zu einem materialen Verbrechensbegriff

Versuche, präzisere Maßstäbe für die Strafwürdigkeit eines bestimmten   4
Verhaltens zu benennen, werden unter verschiedenen Gesichtspunkten
unternommen.

1. Rechtsgutslehren

Im Vordergrund steht dabei nach wie vor die im 19. Jahrhundert ent-   5
wickelte Lehre, dass es die Aufgabe des Strafrechts sei, *Rechtsgüter* zu
schützen. Strafvorschriften ohne Bezug auf ein bestimmtes Rechtsgut
gibt es danach nicht oder darf es doch nicht geben[4].

Der Begriff des »Gutes« ist von *Birnbaum* 1834 in die strafrechtliche Diskus-   6
sion eingeführt worden, mit dem erklärten Ziel, eine »natürliche«, vom positiven Recht unabhängige Definition des Verbrechens zu erhalten. Dieser Anspruch hat sich jedoch bis heute nicht einlösen lassen. Für *Binding*, der den Begriff des »Rechtsgutes« erst eigentlich durchgesetzt hat, war allein die Entscheidung des Gesetzgebers maßgebend, einem Gut rechtlichen Schutz zu gewäh-

---

3 So schon *Karl Mannheim*, Man and Society in an Age of Reconstruction, 1940;
   dt. Mensch und Gesellschaft im Zeitalter des Umbaus, 1958, S. 49 f; siehe auch
   Jürgen Mittelstraß, Leonardo-Welt, 1992, S. 73, 123 f, u.ö.
4 So *Baumann/Weber/Mitsch*, § 3 Rn. 17; *Hassemer*, NK, Rn. 261 vor § 1; *Otto*,
   § 1 Rn. 22; *Maurach/Zipf*, § 19 Rn. 4 ff; *Roxin*, § 2 Rn. 1 ff; grundsätzlich auch
   Jescheck/Weigend, S. 257; *Rudolphi*, SK, Rn. 2 vor § 1; kritisch u. a. *Jakobs*,
   2/12 ff; *Tiedemann*, Tatbestandsfunktionen im Nebenstrafrecht, 1969, S. 117 mit
   Fn. 17.

ren[5]. »Vorgesetzliche« Maßstäbe haben demgegenüber vor allem *v. Liszt* und die neukantische Strafrechtslehre, repräsentiert etwa durch *M. E. Mayer* und *Honig*, zu entwickeln versucht. *v. Liszt* hat die Rechtsgüter als »menschliche Interessen« definiert, die das Leben selbst hervorbringe[6], dabei aber niemals genauer angeben können, *welche* Interessen strafrechtlichen Schutz verdienen und welche nicht; nahe lag immerhin die Anlehnung an die *materiellen* Lebensbedingungen des Menschen. Die neukantischen Lehren haben sich demgegenüber bei der inhaltlichen Bestimmung des Rechtsgutes auf kulturell vorgegebene Wertvorstellungen bezogen und damit *normative* Gesichtspunkte wieder stärker zur Geltung gebracht[7], der Rechtsgutslehre allerdings dank solcher Bindung an die jeweilige Kulturüberzeugung gerade die kritische Funktion, die hier in Frage steht, nicht vermitteln können.

7   Trotz vielfältiger Bemühungen ist es freilich bis heute nicht gelungen, über den **Begriff** des Rechtsgutes auch nur annähernd Klarheit zu schaffen. Alle dahin gehenden Versuche sind vielmehr an der wohl prinzipiell nicht lösbaren Schwierigkeit gescheitert, eine Definition zu finden, die auf alle Straftatbestände, deren Legitimität außer Frage steht, passt und trotzdem noch etwas aussagt[8]. Einen konkreten Inhalt gewinnt der Begriff demgegenüber nur insoweit, wie es um Individualinteressen (Leben, körperliche Unversehrtheit, Freiheit usw.) geht, während er, auf sogenannte Universalrechtsgüter (wie das Gemeininteresse an korrekter Prozessführung, am Religionsfrieden, an der Verlässlichkeit von Urkunden usw.) ausgeweitet, nur noch den Grundgedanken bezeichnet, auf dem die Strafbestimmung beruht. Er schließt dann beispielsweise nicht aus, im Blick auf einen Tatbestand wie den früheren § 175 aus der »Sittlichkeit« ein Rechtsgut zu machen[9], und führt jedenfalls nicht weiter als jede mit rationalen Argumenten geführte Diskussion über Nutzen und Nachteil eines bestimmten Strafgesetzes.

8   Diese Schwierigkeit wäre nur zu beheben, wenn man davon ausgehen könnte, dass sich die Interessen der Person immer nur auf sie selbst richten. Die Freiheitsrechte des Einzelnen entsprechen jedoch auch dem elementaren Bedürfnis, in einer gesellschaftlichen Ordnung zu leben,

---

5 Handbuch des Strafrechts, Bd. 1, 1885, S. 169.
6 Vgl. Strafrechtliche Aufsätze und Vorträge, Bd. 1, 1905, S. 223; Lehrbuch des Deutschen Strafrechts, 10. Aufl. 1900, S. 53.
7 *M. E. Mayer*, Der allgemeine Teil des deutschen Strafrechts, 2. Aufl. 1923, S. 22 ff; *Honig*, Die Einwilligung des Verletzten, 1919, S. 93 f.
8 Näher *Stratenwerth*, in: FS Lenckner, passim; kritisch zur Leistungsfähigkeit des Rechtsgutsbegriffs auch *Frisch*, in: FS Stree/Wessels, S. 71 ff.
9 Explizit *M. E. Mayer*, S. 22 Fn. 8.

die unabhängig vom eigenen Wohlergehen für »richtig« gehalten wird. Anders wären beispielsweise die jahrzehntelangen vehementen Auseinandersetzungen über die Regelung des Schwangerschaftsabbruchs gar nicht zu verstehen. Die Beschränkung des Rechtsgutsgedankens auf die »Daseins- und Entfaltungsbedingungen des einzelnen in der Gemeinschaft[10] oder gar auf die »besonderen Bedingungen äußerer Freiheit anderer«[11] setzt sich darüber hinweg, dass jede menschliche Gruppe vielfältige kulturell geprägte Verhaltensnormen kennt (und braucht!), bei denen es nicht um mehr oder weniger handfeste »Güter« geht[12]. Schon deshalb ist das Dogma, Strafgesetze, die kein bestimmtes Rechtsgut schützen, seien illegitim, nicht aufrechtzuerhalten.

Entsprechenden Einwänden unterliegt auch die neuerdings verstärkt vertretene Konzeption, Interessen der Allgemeinheit prinzipiell nur insoweit als schutzwürdig anzuerkennen, wie sie sich auf *personale* Interessen zurückführen lassen[13], *wenn* als »personale« nur Einzelinteressen gelten sollen. Dieser Gedanke hat zwar insbesondere bei der Reform des Sexualstrafrechts von 1973 eine wesentliche (und durchaus begrüßenswerte) Rolle gespielt, in Gestalt des Bestrebens, den strafrechtlichen Schutz auf die individuellen Rechtsgüter der ungestörten sexuellen Entwicklung Unmündiger und der sexuellen Selbstbestimmung einzugrenzen. Aber selbst hier, in diesem seit der Aufklärung heftig umstrittenen Bereich, hat sich die entsprechende Beschränkung des Strafgesetzes nicht durchsetzen lassen: Die kupplerische Zuhälterei (§ 181a II) etwa berührt keine personalisierbaren Belange[14]. In anderen Regelungsbereichen lässt sich das Rechtsgutsdogma ohnehin nur aufrechterhalten, wenn zahlreiche »Ausnahmen«, vom Tatbestand der Diskriminierung (§ 130 II) über den der Doppelehe (§ 172) oder des Inzests unter Erwachsenen (§ 173) bis zur Tierquälerei (§ 17 TierschutzG), entweder als solche deklariert oder mit Stillschweigen übergangen werden. Daneben ist auf weite Strecken nur der Ausweg geblieben, das Vertrauen in die Einhaltung bestimmter Normen, dessen Erschütterung die allenfalls sekundäre Folge der Zuwiderhandlung bildet, zum eigentlichen Rechtsgut zu befördern. **9**

Noch aussichtsloser ist das Unterfangen, das Strafrecht auf den Schutz fassbarer Rechtsgüter einzuschränken, durch die wachsende Einsicht in eine Bedrohung geworden, die sich von allen Gefährdungen, die **10**

---

10 So *Frisch*, Tatbestandsmäßiges Verhalten, S. 74 f; ihm folgend *Freund*, § 1 Rn. 18 ff; prinzipiell übereinstimmend *Roxin*, § 2 Rn. 9; *Rudolphi*, SK, Rn. 1 ff vor § 1.
11 *Köhler*, S. 20, 33, und pass.
12 Dazu *Müssig*, S. 152 ff und pass.
13 Siehe etwa *Hassemer*, NK, Rn. 274 ff vor § 1; *Hohmann*, Das Rechtsgut der Umweltdelikte, 1991, S. 66 ff und pass.; kritisch *Müssig*, S. 188 ff.
14 Vgl. nur Schönke/Schröder/*Lenckner*, Rn. 1 vor §§ 174 ff.

das Strafrecht bisher beschäftigt haben, radikal unterscheidet: die vom Menschen ausgehende, vorerst offenbar unaufhaltsame Zerstörung der Grundlagen des Lebens auf der Erde überhaupt[15]. »Die« Umwelt ist kein solches Gut, auch in einzelnen ihrer Elemente, wie Erde, Luft und Wasser, nicht[16], und schon gar nicht in den Prozessen, die sie prägen, wie denen des Klimas, der Entwicklung von Pflanzen und Tieren, usw. Hier greift jede anthropozentrische Begründung zu kurz[17], und selbst wenn sie möglich wäre, ergäbe sich daraus keinerlei Anhalt für die entscheidende Frage, welche Eingriffe oder welches Maß an Eingriffen in die Natur, die der Mensch immer schon ausgebeutet hat, zugelassen oder aber ausgeschlossen und dann unter Umständen auch strafrechtlich sanktioniert werden sollten[18]. Fragen kann sich allein, ob das Strafrecht überhaupt geeignet ist, Verhaltensregeln durchzusetzen, die sich so sehr von traditionellen, immer auf gegenwärtige soziale Konflikte bezogenen Normen unterscheiden und sich im Einzelnen auch erst allmählich herausbilden. Die Entwicklung geht jedoch bereits in diese Richtung, und es dürfte, angesichts der Größe der Bedrohung, schwerfallen, sie grundsätzlich zu verwerfen[19].

11   Ein Teil der Lehre reagiert hier allerdings mit dem Bestreben, das Rad der Geschichte zurückzudrehen und das Strafrecht wieder auf einen mehr oder weniger eng definierten »Kernbereich« einzuschränken, der »klassischen« Modellen des 19. Jahrhunderts entspricht[20]. Auch das schon erwähnte Eintreten für einen »personalen« Rechtsgutsbegriff gehört natürlich in diesen Zusammenhang. Keine Frage ist, dass die neuen Perspektiven das bisherige Strafrechtssystem in mancher Hinsicht in Frage stellen. Damit können auch bisherige Sicherheiten der Dogmatik verloren gehen, die rechtsstaatlich nicht ohne Bedeutung sind und unter veränderten Vorzeichen erst wieder gewonnen werden müssen. Es erscheint jedoch als wenig hilfreich, auf eine im Zweifel unaufhaltsame und eben auch notwendige Entwicklung nur mit Abwehr zu reagieren und als –

---

15 Zum Problem u. a. *Bloy*, ZStrW 100 (1988), 485 ff; *Rengier*, NJW 1990, 2506 ff.
16 Anders freilich *Kareklas*, Die Lehre vom Rechtsgut und das Umweltstrafrecht, 1990, S. 96 ff.
17 Abweichend *Hohmann*, aaO, S. 66 ff, und pass.; *Kühl*, Anthropozentrische oder nichtanthropozentrische Rechtsgüter im Umweltstrafrecht?, in: Nida-Rümelin/v. d. Pfordten (Hrsg.), Ökologische Ethik und Rechtstheorie, 1995, S. 245 ff (»ökologisch-anthropozentrisches« Konzept); *L. Schulz*, in: Lüderssen (Hrsg.), Aufgeklärte Kriminalpolitik oder Kampf gegen das Böse, 1998, S. 208 ff.
18 *Seelmann*, Die Berücksichtigung der Natur im Rahmen der Straftheorien, in: Nida-Rümelin/v. d. Pforten, aaO, S. 281 ff.
19 Eingehend *Stratenwerth*, ZStrW 105, 679 ff.
20 Repräsentativ etwa *Naucke*, Die Wechselwirkung zwischen Strafziel und Verbrechensbegriff, 1985, S. 35.

höchst unrealistische – Alternative ein »präventives Interventionsrecht« vorzuschlagen[21], dessen Konturen bis auf weiteres, um das mindeste zu sagen, höchst unklar sind. Der Versuch, Probleme, die traditionelles Denken überfordern, in andere Rechtsgebiete abzuschieben, kann keine Lösung sein.

Zu alledem kommt noch hinzu, dass sich darüber, welche menschlichen Interessen wichtig genug sind, um strafrechtlichen Schutz zu verdienen, und gegen welche Formen von Bedrohung er sich richten sollte, auf weite Strecken keine allgemeingültigen Aussagen machen lassen. Das gilt schon im Blick auf den Einzelnen. Welche seiner »Güter« als schützenswert erscheinen und welchen Rang sie in der Hierarchie seiner Interessen beanspruchen, unterliegt ebenso dem geschichtlichen Wandel, wie die Möglichkeit und das Maß der Gefährdung, der menschliches Verhalten sie aussetzen kann. Man denke nur an die Problematik gentechnischer Eingriffe in das Erbgut des Menschen. Insoweit sieht man sich letztlich allein auf allgemein geteilte oder auch kontroverse Wertüberzeugungen zurückverwiesen, über die man sich in einem öffentlichen Diskurs auseinandersetzen sollte, die man jedoch nicht zwingend begründen kann. 12

2. Gesellschaftstheoretische Ansätze

Aber auch der von entgegengesetzter Seite unternommene Versuch, einen materialen Verbrechensbegriff zu formulieren, dürfte nicht zum Erfolg führen. Er besteht in dem Gedanken, nicht vom Individuum, sondern von der Gesellschaft her nach den *Mindestbedingungen* menschlichen Zusammenlebens und ihrer Sicherung durch Strafrechtsnormen fragen, also gewissermaßen die Voraussetzungen zu ermitteln, ohne die es eine (stabile) soziale Ordnung nicht geben kann[22]. 13

Im Einzelnen gehören hierher sehr verschiedene Überlegungen, von den Gesellschafts- und Staatsvertragslehren der Aufklärung bis zu systemtheoretischen Konzeptionen der Gegenwart. Eine nähere Erörterung verbietet sich an dieser Stelle. Soviel aber ist zu sagen, dass es bislang keine Theorie der Gesellschaft von wissenschaftlichem Rang gibt, die imstande wäre, die Bedingungen menschlicher Vergesellschaftung und den Prozess des sozialen Wandels anders als in hochabstrakten Hypothesen zu beschreiben. Auf der Basis solcher Hypothesen lassen sich bezüglich der Unentbehrlichkeit bestimmter Verhaltensnormen und der Notwendigkeit, sie strafrechtlich abzusichern, günstigstenfalls Vermutungen äußern, aber nicht scharfkantige Kriterien angeben. Kriti- 14

21 So *Hassemer*, ZRP 1992, 383; *Naucke*, aaO, S. 38.
22 Vgl. etwa *Amelung*, S. 1 ff, 350 ff.

sche Maßstäbe für eine Definition des Verbrechens ergeben sich von hier aus nicht.

15   Verlässliche Aussagen darüber, von welchen Normen und ihrer Sanktionierung der Bestand einer sozialen Ordnung abhängt, sind selbst für einen bestimmten historischen Zeitpunkt nicht möglich. Insoweit spielen vielmehr wiederum die jeweils vorherrschenden, ihrerseits wandelbaren Wertüberzeugungen eine wesentliche Rolle. Um auf dieses Beispiel zurückzukommen: Keine Gesellschaftstheorie, sondern nur die konkrete kulturelle Überlieferung kann entscheiden, ob Bigamie ein Delikt ist. Insofern führt auch dieser Ansatz zu einem materialen Verbrechensbegriff über den Verweis auf den in einer bestimmten Gesellschaft bestehenden normativen Konsens prinzipiell nicht hinaus. Die grundsätzliche Verschiedenheit der Ausgangspunkte ändert vielmehr nichts daran, dass sich rechtsguts- wie systemorientierte Definitionen kriminellen Verhaltens letztlich auf faktisch vorfindliche soziale Verhaltensregeln rückbeziehen müssen, die ihrerseits rational nicht umfassend zu begründen sind.

III. Kritische Maßstäbe

16   Das alles kann nun freilich nicht bedeuten, dass es keinerlei Möglichkeit gäbe, sich mit dem Strafgesetz kritisch auseinanderzusetzen. Es bleiben dazu freilich nur relativ bescheidene Ansätze[23].

17   Ein erster solcher Ansatz liegt in den Versuchen, Maßstäbe für die Strafgesetzgebung stärker als bisher aus der **Verfassung** abzuleiten. Dabei wird einerseits, besonders seit dem ersten Urteil des Bundesverfassungsgerichts zum Schwangerschaftsabbruch[24], intensiver diskutiert, ob und inwieweit sich auf solchem Wege *Pönalisierungspflichten* begründen lassen. Die entsprechenden Bemühungen stoßen jedoch an enge Grenzen[25]. Verfassungsrechtliche Schutzpflichten können sich von vornherein nur auf wenige Grundrechte beziehen, decken also, wenn überhaupt, nur einen Kernbereich des Strafrechts ab. Aber auch in diesem Kernbereich sagt die Verfassung, von klaren Grenzfällen wie etwa

---

23 Zum Folgenden auch *Frisch*, in: FS Stree/Wessels, S. 82 ff.
24 BVerfGE 39, 1.
25 Näher *Appel*, Verfassung und Strafe, 1998, S. 67 ff.

dem Verbot der vorsätzlichen Tötung oder Körperverletzung abgesehen, nicht oder doch nicht eindeutig, dass der erforderliche Schutz gerade mit den Mitteln des *Strafrechts* zu erfolgen hat[26]. Auch dafür ist die Auseinandersetzung um § 218 ein eindrücklicher Beleg. Sie zeigt zudem, dass die Einzelausgestaltung des strafrechtlichen Schutzes ohnehin Sache des gesetzgeberischen Ermessens bleiben muss. Ergiebiger ist demgegenüber die andere Frage nach den Schranken, die dem Strafrecht von Verfassungs wegen gezogen sind. Zu verweisen ist hier zunächst auf explizite Regeln wie die des Art. 103 II GG, das Verbot unbestimmter Strafvorschriften, auf das zurückzukommen ist (unten § 3 Rn. 14 ff). Sodann kann sich fragen, ob eine strafrechtliche Regelung, wie etwa die immerhin bis 1994 durch § 175 vorgenommene Abwertung von homosexuellem gegenüber heterosexuellem Verhalten, mit Grundprinzipien der Verfassung, wie insbesondere dem Gleichheitssatz (Art. 3 GG), zu vereinbaren ist.

Fraglich kann ferner sein, ob und inwieweit eine Strafnorm in elementare   18
Persönlichkeitsrechte des oder der Betroffenen eingreifen darf. Kritische Beispiele bilden hier noch einmal das Verbot des Schwangerschaftsabbruchs, aber auch etwa die Strafbarkeit des Drogenbesitzes (und damit praktisch des Drogenkonsums) mit allen seinen Begleiterscheinungen, die sich mit dem Recht auf freie Entfaltung der Persönlichkeit (Art. 2 I GG) schwerlich vereinbaren lässt[27]. Mindestens zweifelhaft ist die Vereinbarkeit mit dem Verfassungsrecht, insbesondere mit der Eigentumsgarantie, dem Schuldprinzip und der Unschuldsvermutung, ferner bei den 1992 zur Bekämpfung der organisierten Kriminalität eingeführten Sanktionen der Vermögensstrafe (§ 43a)[28] und des erweiterten Verfalls von Gegenständen, die durch eine rechtswidrige Tat erlangt sind (§ 73d)[29]. Dagegen dürfte keine Möglichkeit bestehen, den Schutz des Strafrechts auf bestimmte, etwa wiederum personalisierbare (oben Rn. 9), Rechtsgüter einzugrenzen[30], zumal sich das Grundgesetz nunmehr ausdrücklich zum Umweltschutz bekennt (Art. 20a GG)[31].

---

26 *Lagodny,* Strafrecht vor den Schranken der Grundrechte, 1996, S. 146, 344 ff.
27 Anders BVerfGE 90, 145 (171 ff); dazu kritisch *Haffke,* ZStrW 107 (1995), 761 ff.
28 *Tatjana Hörnle,* Die Vermögensstrafe, ZStrW 108 (1996), 333 ff.
29 Schönke/Schröder/*Eser,* § 73d Rn. 2, m.w.N.
30 So insbesondere *Staechelin,* Strafgesetzgebung im Verfassungsstaat, 1998, S. 30 ff; anders *Lagodny,* aaO, S. 138 ff.
31 Auch die Rechtsprechung des BVerfG geht nicht in solche Richtung; siehe *Appel,* aaO, S. 66, mit Nachweisen.

19   Einen kritischen Maßstab bildet sodann ohne Zweifel das **Prinzip der
Verhältnismäßigkeit,** das ja ebenfalls dem Verfassungsrecht angehört[32]
und auch unabhängig davon, als Abwägung von Nutzen und Nachteil
einer Strafbestimmung, eines der Grunderfordernisse rationaler Gesetzgebung bildet. Zwar sind über die Formen und das Ausmaß ernsthafter
Bedrohung eines schutzwürdigen Gutes und die möglichen Wirkungen
eines Strafgesetzes, mangels verlässlichen Erfahrungswissens, auf weite
Strecken nur Vermutungen möglich. Trotzdem kann man, um beliebige
Beispiele zu nennen, sehr daran zweifeln, dass es sinnvoll ist, etwa den
fahrlässigen Falscheid (§ 163)[33] oder den bloßen Besitz von »Real-
kinderpornographie« (§ 184 V 2)[34] unter Strafe zu stellen. Die Öffentlichkeit neigt demgegenüber bei Problemen, für die es keine einfache
Lösung gibt, allzu schnell dazu, nach neuen oder schärferen Strafdrohungen zu rufen[35]. Das kann zum einen den gravierenden Nachteil haben, dass missbilligte Verhaltensweisen, die eine Strafdrohung nicht
verhindern kann, in die Illegalität abgedrängt werden, wo sie mit erheblich größerer Gefahr für die Beteiligten, vielleicht auch mit negativen
sozialen Auswirkungen, verbunden sind. Strafnormen können aber
auch als Alibi dienen, das andere, vermutlich wirksamere, aber regelmäßig mit größerem Aufwand verbundene Maßnahmen zum Schutz bedrohter Interessen als entbehrlich erscheinen lässt. Die Strafe bedeutet
jedoch, zumindest in der Regel, den denkbar härtesten Eingriff des
Staates in die Persönlichkeitsrechte des Betroffenen. Sie sollte deshalb
nur dort eingesetzt werden, wo andere Mittel, insbesondere Rechtsbe-
helfe des Zivil- oder Verwaltungsrechts, versagen. Dem entspricht es,
wenn überwiegend die *fragmentarische und subsidiäre* Natur des Strafrechts betont wird[36].

20   Ein allgemeines Kriterium kritischer Prüfung bildet schließlich das
Prinzip, dass Normen, die zur selben Rechtsordnung gehören, einander
prinzipiell **nicht widersprechen** dürfen. Nur so ist die Einheit der Ver-
haltenserwartungen gewährleistet, die ihrerseits die Vorbedingung jeder

---

32 Vgl. BVerfGE 19, 342 (347 ff); 29, 312 (316); 61, 126 (134); 75, 1 (16); eingehend
   Appel, aaO, S. 171 ff; *Staechelin,* aaO, S. 101 ff, m.w.N.
33 Vgl. *Willms,* LK[10], § 163 Rn. 1.
34 Vgl. Schönke/Schröder/*Lenckner,* § 184 Rn. 65.
35 Siehe als jüngstes Beispiel nur das Gesetz zur Bekämpfung von Sexualdelikten
   und anderen gefährlichen Straftaten vom 26.1.1998; dazu etwa *Lackner/Kühl,*
   Rn. 6 ff vor § 38.
36 *Jescheck/Weigend,* S. 52 f; *Roxin,* § 2 Rn. 38; *Rudolphi,* SK, Rn. 14 vor § 1.

verlässlichen Orientierung im Raum der sozialen Beziehungen bildet. Auch daraus folgt das Gebot der Vereinbarkeit des Strafgesetzes mit dem (übergeordneten) Recht des Grundgesetzes oder der Europäischen Menschenrechtskonvention[37]. Wertungswidersprüche können jedoch schon innerhalb des Strafrechts selbst auftreten. Folgt es beispielsweise bei der Regelung der Sexualdelikte dem Grundsatz, dass die sexuelle Betätigung Erwachsener kein Gegenstand sozialer Kontrolle sein sollte, soweit nicht andere geschädigt oder belästigt werden[38], so sollten auch inzestuöse Handlungen (§ 173 StGB) nur dann noch als kriminell abgestempelt werden, wenn eine solche Schädigung oder Belästigung Dritter wenigstens plausibel gemacht wird. Und wenn der Schutz der sexuellen Entwicklung Jugendlicher gebietet, das Bestimmen eines 17jährigen Mädchens zum entgeltlichen Beischlaf mit einem Dritten unter Strafe zu stellen (§ 180 II), so sollte dies (entgegen § 182 I) natürlich ebenso für den Beischlaf mit dem Täter selbst gelten[39]. Auch solche Fehlleistungen des Gesetzgebers aufzudecken, gehört zum Geschäft der Wissenschaft.

B. Verbrechensauffassungen

Literatur: Bockelmann, Wie würde sich ein konsequentes Täterstrafrecht auf ein neues Strafgesetzbuch auswirken?, in: Materialien zur Strafrechtsreform, Bd. 1, 1954, S. 29 ff; *Marxen,* Der Kampf gegen das liberale Strafrecht, 1985; *Stratenwerth,* Handlungs- und Erfolgsunwert im Strafrecht, ZStrR 79 (1963), 233 ff; *ders.,* Zur Relevanz des Erfolgsunwertes im Strafrecht, in: FS Schaffstein, 1975, S. 177 ff; *Zielinski,* Handlungs- und Erfolgsunwert im Unrechtsbegriff, 1973.

Auch wenn man sich darüber verständigt hat, welche Verhaltensweisen mit Strafe bedroht werden sollten, bleibt doch immer noch zu klären, *weshalb* der Täter für sie verantwortlich gemacht werden sollte. Auch dabei geht es um eine Sachfrage von prinzipieller Tragweite: Kommt es, um mögliche Positionen in Stichworten zu nennen, darauf an, als welche Persönlichkeit er sich oder welche Gesinnung er in seiner Tat gezeigt, welchen Willen er durch sie manifestiert oder auch, welche   21

---

37 Auch dazu näher *Appel,* aaO, S. 245 ff.
38 Schönke/Schröder/*Lenckner,* Rn. 1 vor §§ 174 ff.
39 Schönke/Schröder/*Lenckner,* § 180 Rn. 1, § 182 Rn. 8, mit Hinweisen auf weitere Gesetzeswidersprüche.

Verletzungen er anderen zugefügt hat? Bezieht sich der strafrechtliche Vorwurf nur auf einzelne oder mehrere solcher Momente? Auch in diesen Fragen haben sich verschiedene Standpunkte nicht nur historisch abgelöst, sondern werden bis heute diskutiert.

I. Der Gedanke des Täterstrafrechts

22 Versteht man das Strafrecht konsequent als ein Instrument der Spezialprävention, so müssen, wie sich zeigte (oben § 1 Rn. 20), Art und Maß der Sanktion ganz der Individualität des jeweiligen Täters angepasst sein. Das konkrete Verbrechen kann dann nur insoweit Interesse beanspruchen, wie es eine bestimmte Täterpersönlichkeit offenbart. Es hat nur noch »symptomatische Bedeutung«[40]. Das sich so ergebende System wird als Täterstrafrecht bezeichnet. Da dasjenige Persönlichkeitsmerkmal, auf das es für Art und Maß der Strafe nach *v. Liszt* unter spezialpräventiven Gesichtspunkten entscheidend ankommen sollte, »die Intensität der verbrecherischen, d. h. der asozialen Gesinnung des Täters« war[41], haben seine Gegner dieses System auch als »Gesinnungsstrafrecht« apostrophiert[42]. Ein reines Täterstrafrecht ist freilich niemals verwirklicht, seine kompromisslose Verwirklichung auch von *v. Liszt* nicht angestrebt worden.

23 Gegen ein Täterstrafrecht sprechen alle die bereits erörterten *Einwände*, die gegen ein rein spezialpräventiv orientiertes Strafrecht zu richten sind. Sie brauchen hier nicht wiederholt zu werden (vgl. oben § 1 Rn. 20 f). Wohl aber ist noch einmal mit Nachdruck auf die rechtsstaatlichen Bedenken hinzuweisen, die einem solchen Strafrecht im Wege stehen. Was sich in einem Strafverfahren mit hinreichender Sicherheit aufklären lässt, sind allenfalls bestimmte *Taten*. Schon die Feststellung psychischer Momente, wie des Vorsatzes oder bestimmter Absichten und Motive, kann auf sehr erhebliche Schwierigkeiten stoßen, die nur noch mit mehr oder minder zwingenden Rückschlüssen aus äußeren

---

40 So *Tesar*, Die symptomatische Bedeutung des verbrecherischen Verhaltens, 1907.
41 AaO (oben Fn. 6), Bd. 2, 1905, S. 389 f.
42 Nachweise bei *Schmidhäuser*, Gesinnungsmerkmale im Strafrecht, 1958, S. 1 Fn. 1; dort auch Hinweise auf die vermehrte Verwendung von Gesinnungsmerkmalen in der NS-Gesetzgebung (S. 2 f).

Gegebenheiten, psychologischen Erfahrungsregeln usw. zu überwinden sind (und dabei, neben vielem anderen, auch Raum für den noch wenig geklärten Selektionsprozess lassen, von dem ebenfalls schon die Rede war [oben § 1 Rn. 14]). Noch weitergehende Schlüsse darauf ziehen zu wollen, ob und inwieweit eine bestimmte Tat der Persönlichkeit des Täters entspricht, führt wieder in alle die Unsicherheiten, in denen sich die Prognoseforschung nach wie vor befindet. Und selbst wenn es anders läge, würden prinzipielle Gründe verbieten, einen Menschen dafür haftbar zu machen, wie er *ist*, statt für das, was er *getan* hat: Im Namen der sozialen Ordnung kann nur ein bestimmtes Verhalten geboten oder verboten sein, während sich das Persönlichkeitsbild jeder Reglementierung entzieht.

Auf die Individualität des Täters einzugehen und in diesem Sinne tä- 24
terstrafrechtlich zu denken, ist auf der anderen Seite, wie sich von selbst versteht, überall dort legitim, wo, ohne Verletzung des Schuldgrundsatzes, Gesichtspunkte der Spezialprävention eine Rolle spielen können oder sollen (vgl. oben § 1 Rn. 21, 33): also etwa bei der Entscheidung über Art und Maß der zu verhängenden Strafe, bei der Form ihres Vollzuges, bei der Anordnung strafrechtlicher Maßregeln, usw. Es geht an dieser Stelle allein um den *Gegenstand* des Strafrechts, nicht um dessen nähere Ausgestaltung.

II. Varianten eines Tatstrafrechts

Auch auf dem Boden eines Tatstrafrechts bleiben noch grundverschie- 25
dene Möglichkeiten, die Eigenart des Verbrechens näher zu bestimmen. Im Vordergrund steht dabei immer noch ein Gegensatz von, sehr allgemein gesagt, »objektiven« und »subjektiven« Lehren, der schon auf die Anfänge der modernen Strafrechtsdogmatik zurückgeht und sich bis in ihre Einzelheiten auswirkt. Der heutige Stand der Frage ist nur zu verstehen, wenn man sich den dogmengeschichtlichen Hintergrund wenigstens in den Grundzügen vergegenwärtigt.

1. Für die **objektiven Lehren** liegt der Schwerpunkt des Verbrechens 26
in der äußeren Verletzung rechtlich geschützter Güter oder Interessen, vor allem des Einzelnen. Die innere Einstellung des Täters interessiert hier nur insoweit, wie sie die Zurechnung einer solchen Verletzung zu persönlicher Schuld vermittelt. In dieser Position vereinigen sich wesentliche, in der ersten Hälfte des 19. Jahrhunderts vorherrschende

Grundgedanken des Liberalismus. Sie entspricht zunächst der scharfen Trennung von Recht und Sittlichkeit nicht zwar in ihrer Materie (oben Rn. 2), wohl aber im Charakter der durch sie begründeten Pflicht: Danach kann das Recht nur Legalität, äußeren Gehorsam gegenüber dem Gesetz, fordern, während das innere Verhalten eine Frage allein der Moralität ist. Zu gewährleisten hat das Recht auch nichts anderes als das äußerlich geordnete Zusammenleben der Individuen, ihren Freiheitsspielraum, so dass als Rechtsverletzung nur die (tatsächliche) Beeinträchtigung dieses Zustands erscheinen kann[43]. Jedes Gesinnungsstrafrecht wird von hier aus vehement verworfen.

27   2. Weniger einheitlich sind Hintergrund und Erscheinungsbild der **subjektiven Verbrechenslehren.** Der liberalen Staatsauffassung sind schon im 19. Jahrhundert, im deutschen Idealismus, Staatstheorien entgegengetreten, die den Nachdruck wieder auf den Vorrang oder doch die Eigenbedeutung der Gesamtheit im Verhältnis zum Einzelnen gelegt haben. Unter solchen Auspizien musste auch das Verbrechen eine andere Interpretation erfahren: nicht als Eingriff in bestimmte (individuelle) Lebensgüter, sondern als Verletzung der dem Gemeinwohl dienenden Verhaltensnormen, als Verstoß gegen die Pflichten, die dem Einzelnen der Gesamtheit gegenüber obliegen. Wichtiger als der äußere Erfolg ist hier die innere Einstellung, von der ein Verhalten zeugt, der im Verbrechen betätigte »Abfall von den Grundwerten rechtlicher Gesinnung«[44].

28   Diese Position ist mit sehr verschiedenen Akzenten vertreten worden, bis hin zu ihrer extremen Übersteigerung in einem »autoritären« Strafrecht, wie Teile der deutschen Strafrechtslehre es in den dreißiger Jahren verfochten haben[45]. Auch zur spezialpräventiv orientierten Schule *v. Liszts* besteht eine Querverbindung, wie etwa deutlich wird, wenn dieser es »als den tiefsten Gegensatz zwischen der alten und der neuen Auffassung« bezeichnet, »daß jene den äußeren Erfolg der Tat, diese die innere Gesinnung des Täters als das in erster Linie ausschlaggebende Moment betrachtet«[46].

29   In der Gegenwart wird eine rein subjektive Verbrechenslehre vor allem wieder von Anhängern der finalen Handlungslehre (dazu unten § 6

---

43 So etwa noch *Mezger,* GerS 89 (1924), 242, 245 f; wieder aufgenommen worden ist eine solche Position in wesentlichen Zügen von *Köhler,* pass., insbes. S. 20 ff.
44 *Welzel,* S. 3.
45 Dazu *Marxen,* Der Kampf gegen das liberale Strafrecht, 1975, S. 175 ff, 182 ff.
46 AaO (oben Fn. 6), Bd. 2, S. 88.

Rn. 6 ff) vertreten[47], hier vor allem mit dem Argument, dass sich das Recht, wenn es gestaltend und bewahrend auf die soziale Ordnung einwirken wolle, an den Willen der Menschen richten müsse, während der weitgehend vom Zufall abhängige Eintritt missbilligter Erfolge als solcher nicht verboten werden könne[48]. Als Straftat muss von hier aus schon die Zuwiderhandlung gegen die geschützte Norm erscheinen, das heißt jedes Verhalten, durch das der Täter, aus seiner Perspektive gesehen, ein rechtliches Verbot oder Gebot missachtet. Auf den Eintritt oder auch nur auf die Gefahr des Eintritts eines rechtlich missbilligten Erfolges kann es dagegen nicht ankommen[49].

3. Zumindest die deutschsprachige Strafrechtswissenschaft ist nunmehr ganz überwiegend darin einig, dass die schroffen Alternativen bei den Verbrechenslehren – wie schon bei den Straftheorien (oben § 1 Rn. 30 ff) – der Sache wenig angemessen sind. Es geht vielmehr um ein Verhältnis **wechselseitiger Ergänzung**; die Meinungsverschiedenheiten betreffen nurmehr das relative Gewicht des einen oder anderen Aspekts. Dass dem so ist, erscheint in erster Linie als das Ergebnis einer jahrzehntelangen Auseinandersetzung über Einzelfragen, bei der sich einseitige Lösungen nicht haben durchsetzen können. Das wird im Folgenden noch deutlich werden. Hinzu kommen jedoch einige allgemeinere Einwände gegen eine »rein« objektive oder subjektive Deutung des Verbrechens.   30

Zunächst ist heute durchweg anerkannt, dass sich strafrechtlich relevantes Verhalten ohne Rückgriff auf sehr differenzierte subjektive Momente nicht angemessen umschreiben lässt. Schon ein Blick ins Gesetz lehrt, dass – um nur einige wenige Beispiele zu nennen – die vorsätzliche Tötung unter anderem durch niedrige Beweggründe zum Mord (§ 211) wird, während sie als Tötung auf Verlangen (§ 216) mit weitaus milderer Strafe bedroht ist; dass die Wegnahme einer fremden beweglichen Sache nur dann als Diebstahl (§ 242) erscheint, wenn sie in der Absicht rechtswidriger Zueignung erfolgt, die täuschende Einwirkung auf einen anderen nur dann als Betrug (§ 263), wenn sie in der Absicht   31

---

47 Eingehende Darstellung und Kritik bei *Mylonopoulos*, Über das Verhältnis von Handlungs- und Erfolgsunwert im Strafrecht, 1975, S. 25 ff.
48 Siehe besonders *Zielinski*, pass.; dazu kritisch *Stratenwerth*, in: FS Schaffstein, 1975, pass.
49 Eine konsequente Verfolgung dieses Ansatzes findet sich zuletzt bei *Sancinetti*, Subjektive Unrechtsbegründung und Rücktritt vom Versuch, 1995.

rechtswidriger Bereicherung vorgenommen wird, die Herstellung einer unechten Urkunde nur dann als Urkundenfälschung (§ 267), wenn sie zur Täuschung im Rechtsverkehr bestimmt ist, usw. usf. Keines dieser und ungezählter anderer subjektiver Deliktsmerkmale lässt sich verständlich machen, wenn sich das Verbrechen in der äußeren Verletzung von Gütern oder Interessen erschöpfen soll. Rechtsstaatliche Gründe verbieten zwar, die innere Einstellung desjenigen zu erforschen, der sich gesetzeskonform verhält (vgl. oben Rn. 26); aber sie können nicht verbieten, nach den Motiven des Rechtsbrechers zu fragen. Unter dem Gesichtspunkt der Missachtung des Rechts, der *symbolischen* Bedeutung des Rechtsbruchs, kommt es vielmehr ganz wesentlich auf die innere Einstellung des Straftäters an, und damit auch für die symbolische Bedeutung der Sanktion, die den Geltungsanspruch der Norm bekräftigen soll (oben § 1 Rn. 31 f).

32   Eine rein subjektive Verbrechenslehre wiederum verabsolutiert diesen Aspekt. Sie verkennt, dass das Strafrecht mit der kontrollierten Abwicklung des durch die Straftat geschaffenen sozialen Konflikts ganz wesentliche Funktionen erst *nach* dem Rechtsbruch zu erfüllen hat (vgl. oben § 1 Rn. 32). Es entspricht jedoch, ob man das billigt oder nicht, zweifellos dem allgemeinen Rechtsempfinden, wenn dessen Schwere auch danach eingeschätzt wird, welches Ausmaß an Leiden oder welche Einbuße an Gütern er dem Betroffenen zugefügt hat. Die Bedürfnisse nach Vergeltung und Genugtuung hängen daher nicht nur von den Absichten und Beweggründen des Täters, sondern ebenso von Art und Ausmaß des Deliktserfolges ab. Dem trägt das geltende Recht in vielfältiger Weise Rechnung. So kann beispielsweise selbst der beendete Versuch, ein Delikt zu begehen, der aus der Sicht des Täters den vollendeten Normbruch enthält, milder bestraft werden, wenn er mehr oder minder zufällig ohne Erfolg bleibt (§ 23 II), und so ist vor allem die folgenlose Fahrlässigkeit in der Regel straflos. Das kann eine subjektive Verbrechenslehre nicht überzeugend erklären. Sie müsste deshalb konsequenterweise für eine weitreichende Umgestaltung des geltenden Rechts eintreten, die völlig außerhalb realistischer Möglichkeiten liegt.

2. Kapitel Quellen und Geltungsbereich des Strafrechts

In seiner konkreten Erscheinung ist das Strafrecht durch die Quellen 1
bestimmt, aus denen es sich ergibt, und durch den Geltungsbereich, den
es beansprucht.

§ 3 Die Quellen des Strafrechts

Literatur: Bohnert, P. J. A. Feuerbach und der Bestimmtheitsgrundsatz im
Strafrecht, 1982; *ders.,* Das Bestimmtheitserfordernis im Fahrlässigkeitstatbe-
stand, ZStrW 94 (1982), 68 ff; *Grünwald,* Bedeutung und Begründung des Sat-
zes »nulla poena sine lege«, ZStrW 76 (1964), 1 ff; *Höpfel,* Zu Sinn und Reichweite des sogenannten Analogieverbots, JurBl 1979, 505 ff, 575 ff; *H. Jung,*
Rückwirkungsverbot und Maßregel, in: FS Wassermann, 1985, S. 875 ff; *Arth.*
Kaufmann, Analogie und »Natur der Sache«, 2. Aufl. 1982; *Krahl,* Die Rechtsprechung des Bundesverfassungsgerichts und des Bundesgerichtshofs zum Bestimmtheitsgrundsatz im Strafrecht (Art. 103 Abs. 2 GG), 1986; *Krey,* Studien
zum Gesetzesvorbehalt im Strafrecht, 1977; *ders.,* Keine Strafe ohne Gesetz,
1983; *ders.,* Gesetzestreue und Strafrecht, ZStrW 101 (1989), 838 ff; *Lenckner,*
Wertausfüllungsbedürftige Begriffe im Strafrecht und der Satz »nullum crimen
sine lege«, JuS 1968, 249 ff, 304 ff; *Neuner,* Die Rechtsfindung contra legem,
1992; *Pföhler,* Zur Unanwendbarkeit des Rückwirkungsverbots im Strafpro-
zessrecht in dogmenhistorischer Sicht, 1988; *Th. Probst,* Die Änderung der
Rechtsprechung, 1993; *Sax,* Das strafrechtliche »Analogieverbot«, 1953; *R.*
Schmitt, Der Anwendungsbereich von § 1 Strafgesetzbuch (Art. 103 Abs. 2
Grundgesetz), in: FS Jescheck, 1985, S. 223 ff; *Schöckel,* Die Entwicklung des
strafrechtlichen Rückwirkungsverbots bis zur französischen Revolution, 1968;
Schreiber, Gesetz und Richter, 1976; *F.-Chr. Schroeder,* Der zeitliche Gel-
tungsbereich der Strafgesetze, in: FS Bockelmann, 1979, S. 785 ff; *Schünemann,*
Nulla poena sine lege?, 1978; *Sommer,* Das »mildeste Gesetz« im Sinne des § 2
Abs. 3 StGB, 1979; *Stree,* Deliktsfolgen und Grundgesetz, 1965.

Ein Rechtssatz gehört der Wirklichkeit an, wenn und solange er gilt. 1
Die Entstehungsgründe solcher Geltung werden als Rechtsquellen bezeichnet. Dabei steht, für den modernen Staat, das im förmlichen Verfahren der Gesetzgebung geschaffene Recht im Vordergrund. Recht

kann aber auch, als Gewohnheitsrecht, aus tatsächlicher Übung oder, als Richterrecht, aus der Spruchpraxis höchster Gerichte hervorgehen. Alle diese Quellen unterliegen im Strafrecht besonderen Regeln.

A. Der Grundsatz »nullum crimen, nulla poena sine lege«

2   Nach Art. 103 II GG kann eine Tat nur bestraft werden, »wenn die Strafbarkeit gesetzlich bestimmt war, bevor die Tat begangen wurde«. Ebenso lautet § 1. Diese Regel hat eine für ihre Tragweite aufschlussreiche Geschichte.

3   Von Cicero ist der Satz überliefert, an ein bereits der Vergangenheit angehörendes Verhalten, das nicht schon in sich, auch ohne gesetzliches Verbot, verbrecherisch und verwerflich gewesen sei, dürften keine negativen Rechtsfolgen geknüpft werden. Verbotenes Verhalten nachträglich mit Sanktionen zu belegen, wäre danach zulässig, nicht aber, unverbotenes Verhalten durch nachträgliche Sanktionen zu verbotenem zu machen. Das bedeutet ein *Rückwirkungsverbot* hinsichtlich der Verhaltensnorm, nicht hinsichtlich der Straffolge. Die Begründung ist evident: Niemand kann sich nach einer Norm richten, die noch nicht existiert, und deshalb, wie später das kanonische Recht betont, auch nicht *schuldhaft* gegen sie verstoßen. In dieser Gestalt ist das Rückwirkungsverbot, im wesentlichen unverändert, der Neuzeit überliefert worden.

4   Ein grundsätzlich neues Verständnis hat sich erst in der Auseinandersetzung mit dem Absolutismus entwickelt. Der Aufklärung erschien es als unerträglich, dass die staatlichen Gewalten eine im Zeitpunkt ihrer Vornahme straflose Handlung nachträglich sollten mit Strafe belegen können, mochte das Verhalten auch vorher schon sittlich oder gar rechtlich verboten gewesen sein. Statt auf die Verhaltensnorm, wurde das Rückwirkungsverbot nunmehr also in erster Linie auf die *Sanktion* der Strafe bezogen, die sich, sofern sie nicht zuvor angedroht worden war, als eine mit der Freiheit des Einzelnen unvereinbare Willkürmaßnahme darstellte. Für die rückwirkende *Erhöhung* einer Strafdrohung musste, obschon sie weniger schwer wiegen kann, konsequenterweise dasselbe gelten. Wo die Grenze zwischen mit Strafe bedrohtem und straflosem Verhalten verläuft, ist allerdings – im Zeitpunkt der Handlung – allein bei solchen Strafsanktionen mit einiger Sicherheit zu beurteilen, die sich auf einen hinreichend klar umschriebenen Tatbestand beziehen. Solche Klarheit wiederum kann in der Regel nur ein *Gesetz* vermitteln, nicht ungeschriebenes Recht in Gestalt gewohnheitsrechtlicher Regeln oder bloßen Gerichtsgebrauchs, und auch ein Gesetz nur, wenn es präzis genug formuliert ist. Es war daher nicht mehr als folgerichtig, wenn die Aufklärung, vor allem *Locke*[1] und Montes-

---

1 Two treatises of government, 1690, II § 137.

quieu[2], die Ausübung aller staatlichen Gewalt, auch der des Richters, auf das strikteste an das Gesetz binden wollte. Das Rückwirkungsverbot ging in die *Garantiefunktion des (Straf-)Gesetzes* über. In dieser Form haben ihm amerikanische Einzelstaaten erstmals 1776 verfassungsrechtlichen Rang verliehen und dann als unmittelbares Vorbild auf die französische Revolution, auf die Erklärung der Menschen- und Bürgerrechte von 1789, zurückgewirkt, in deren Art. 8 es heißt: »Nul ne peut être puni qu'en vertu d'une loi établie et promulguée antérieurement au délit et légalement appliquée.«

Feuerbach schließlich verknüpfte jenen Grundsatz unmittelbar mit dem   5
Zweck des Strafrechts, den nach seiner Lehre ausschließlich die Generalprävention bildet (oben § 1 Rn. 23): Nur die *vor* der Tat angedrohte Strafe kann abschrecken. Von ihm stammt auch die bis heute gebräuchliche latinisierte Fassung »Nullum crimen, nulla poena sine lege«[3]. Seitdem hat sich die Regel »Keine Strafe ohne Gesetz« in praktisch allen Kulturstaaten der Erde als Freiheitsgarantie durchgesetzt. Sie ist zum Inhalt auch internationaler Menschenrechtserklärungen geworden (vgl. unter anderem Art. 7 EMRK). Nur totalitärer Machtmissbrauch pflegt sie in rückwirkenden Strafgesetzen, uferlosen Straftatbeständen und dem Abbau der Bindung des Richters ans Gesetz mehr oder minder offen zu missachten[4]. Auch im Übrigen freilich wird der Satz nicht in allen Konsequenzen theoretisch und praktisch anerkannt. Auf Einzelheiten ist zurückzukommen.

B. Die Rechtsquellen im einzelnen

I. Formelles Recht

1. Strafbar ist nach **Art. 103 II GG** nur, wer eine Tat begeht, die *gesetz-*   6
lich mit Strafe bedroht war, bevor sie begangen wurde. Im Strafrecht hat daher das Gesetz eindeutig den Vorrang vor anderen Rechtsquellen. Seine Garantiefunktion kann es, nach dem Gesagten, nur unter der doppelten Voraussetzung eines Rückwirkungsverbots und seiner hinreichenden Bestimmtheit erfüllen[5]. Das ist näher zu erläutern.

a) Was zunächst das **Rückwirkungsverbot** anbetrifft, so muss es sich,   7
wie schon die Geschichte zeigt, sowohl auf die Verhaltensnorm, deren

---

2 De l'esprit des lois, 1748, l. 11 cap. 6.
3 Lehrbuch des gemeinen in Deutschland geltenden Peinlichen Rechts, 1801, S. 20.
4 Zur Entwicklung unter dem NS-Regime vgl. *Schreiber*, S. 191 ff.
5 BVerfGE 71, 108 (114 ff); 73, 206 (234 ff); 92, 1 (11 ff).

Übertretung unter Strafe steht, wie auf Art und Maß der entsprechenden Sanktion beziehen.

8   Hinsichtlich der **Verhaltensnorm** betrifft das Verbot dabei nach ganz h. L. jede dem Betroffenen nachteilige Veränderung der *materiellen* Voraussetzungen der Strafbarkeit (zum Begriff unten § 7 Rn. 31), wie sie sowohl durch die Schaffung neuer[6] wie durch die Ausweitung schon bestehender Strafnormen[7], aber beispielsweise auch durch die Aufhebung oder Einschränkung zuvor geltender Rechtfertigungsgründe oder, bei sogenannten Blankettstrafgesetzen, durch die Verschärfung von außerhalb des StGB angesiedelten Rechtsvorschriften[8] erfolgen kann. In allen diesen Fällen gilt die neue Gesetzesfassung nur für künftiges Verhalten (§§ 1, 2 I), wobei es, wie sich von selbst versteht, auf den Zeitpunkt des Handelns, nicht den Zeitpunkt des Erfolgseintritts ankommt. Die irreführende Formulierung von § 2 II ändert daran nichts: Eine vor Beendigung der Tat erfolgte Verschärfung des Gesetzes kann nur für solche nach dem Zeitpunkt der Änderung liegenden Teile des deliktischen Verhaltens gelten, die den Tatbestand bereits für sich genommen erfüllen[9].

9   Das Rückwirkungsverbot beansprucht prinzipiell Geltung auch für die auf dem Gebiet der ehemaligen DDR begangenen Straftaten (vgl. Art. 315 EGStGB). In den Mauerschützenprozessen haben sich die obersten Bundesgerichte allerdings mit mehr als anfechtbaren Begründungen darüber hinweggesetzt: Der Rechtfertigungsgrund des nach DDR-Recht zulässigen Schusswaffengebrauchs an der innerdeutschen Grenze ist dabei entweder unter Berufung auf die sogenannte *Radbruch*sche Formel für nichtig erklärt[10] (und damit rückwirkend aufgehoben) oder in einer Weise »menschenrechtsfreundlich« interpretiert[11] (und damit rückwirkend eingeengt) worden, die dem damaligen Recht fremd war[12].

10   Umstritten ist die weitere Frage, ob sich das Rückwirkungsverbot auch auf die *prozessualen* Voraussetzungen der Strafbarkeit erstreckt.

---

6 Vgl. den 1992 eingefügten Tatbestand der Geldwäsche (§ 261).
7 Vgl. die 1986 erfolgte Erweiterung der Mittelbaren Falschbeurkundung (§ 271) auf »öffentliche Dateien«.
8 Blankettgesetze enthalten eine Strafdrohung für die Übertretung von Rechtsvorschriften, die »von einer anderen Stelle und zu einer anderen Zeit« erlassen worden sind oder erlassen werden (BGHSt 6, 30 [40 f]); vgl. z. B. § 315a I Nr. 2.
9 BGHSt 20, 177 (181); *Jakobs*, 4/58 f.
10 So insbesondere BVerfGE 95, 96 (132 ff).
11 So BGHSt 39, 1 (14 ff), 168 (183 ff); 40, 219 (232), 241 (249 f); 41, 101 (105 ff); 44, 204 (209).
12 Eingehend kritisch *H. Dreier*, JZ 1997, 421 f, mit vielen Nachweisen.

Sie wird überwiegend im Prinzip verneint, zunehmend jedoch differenzierend beurteilt[13].

Die Diskussion hat sich hier insbesondere an der nachträglichen Verlänge- 11
rung bzw. Aufhebung der Verjährungsfristen bei NS-Gewaltverbrechen entzündet[14]. Bei ihr stehen unterschiedliche Interpretationen des Prinzips einander gegenüber. Überwiegend anerkannt ist zwar, dass es um das rechtsstaatliche Grunderfordernis der Voraussehbarkeit und Berechenbarkeit der staatlichen Machtäußerungen geht. Doch fragt sich, ob und inwieweit die *individuelle* Vorhersehbarkeit der rechtlichen Folgen einer Straftat im konkreten Fall maßgebend sein soll. Stellt man hierauf ab, so liegt zunächst der Einwand nahe, dass das Vertrauen des Rechtsbrechers, für ein Verhalten, dessen Verwerflichkeit er kennt, nur unter bestimmten Voraussetzungen Strafe zu riskieren, kaum geschützt zu werden verdient[15]. Der so verstandene Vertrauensgedanke lässt sich jedenfalls allzu leicht unter Berufung auf (angeblich) höhere Gerechtigkeitsinteressen überspielen. Wenn Willkürakte des Gesetzgebers ausgeschlossen sein sollen, muss das Vertrauen darauf, *welches* Verhalten mit Strafe und mit *welcher* Strafe es unter *welchen* Voraussetzungen bedroht ist, folglich *generell*, ohne Rücksicht auf die Schutzwürdigkeit im Einzelfall, respektiert werden[16]. Auch dann geht es freilich um die Berechenbarkeit staatlichen Handelns. Deshalb ist mit dem objektiv gefassten Vertrauensprinzip die Rückwirkung von Gesetzen immerhin bei solchen Modalitäten der Strafbarkeit vereinbar, die – anders als die Strafvorschriften selbst und die wesentlichen Verfahrensgarantien – nicht den Freiheitsspielraum des Einzelnen betreffen: Die Verjährungsfrist *kann* gar nicht Gegenstand vorheriger Berechnung sein. Ihre nachträgliche Verlängerung unterliegt daher nur dem *allgemeinen* verfassungsrechtlichen Willkürverbot des Art. 3 GG[17].

Dass das Rückwirkungsverbot auch für die angedrohten Sanktionen, 12
Strafen und Nebenfolgen einschließlich Verfall und Einziehung, gelten muss, sagt das Gesetz ausdrücklich (§ 2 I, V). Allerdings soll über die *Maßregeln der Besserung und Sicherung*, wenn nichts anderes bestimmt ist, nach dem Gesetz geurteilt werden, das im Zeitpunkt der Entscheidung gilt (§ 2 VI). Diese Regelung ist sachlich verfehlt. Sie kann sich ohnehin nur auf die Sanktion als solche, nicht auf die Verhaltensnorm

13 Vgl. BGHSt 26, 288 (289); *Hassemer*, NK, § 1 Rn. 60 ff; *Jakobs*, 4/9; *Jescheck/ Weigend*, S. 139 f; *Roxin*, § 5 Rn. 57 ff; Schönke/Schröder/*Eser*, § 2 Rn. 6 f, m.w.N.
14 Eingehend *Schreiber*, ZStrW 80, 348 ff.
15 *Grünwald*, S. 12 f; *Jakobs*, 4/7.
16 *Schreiber*, Gesetz, S. 215 ff
17 BVerfGE 25, 269 (278 ff); h. M. Für die Verfolgungs- und Vollstreckungsverjährung von in der DDR verfolgten und abgeurteilten Taten gilt nach Art. 315a EGStGB eine (komplizierte) Sonderregelung; siehe nur *Jescheck/Weigend*, S. 916.

beziehen. An ein Verhalten, das keinen Straftatbestand erfüllt, darf nachträglich eine Maßregel sowenig wie eine Strafe anknüpfen[18]. Für § 2 VI bleiben also die Fälle nachträglicher *Änderung* der Sanktion zu Ungunsten des Betroffenen: wenn eine Maßregel nunmehr in weiterem Umfang *neben* zuvor schon angedrohte Strafen treten kann oder schwerer wiegt als die bisherige Sanktion. Das Rückwirkungsverbot zu durchbrechen, soll insoweit gerechtfertigt sein, weil es bei den Maßregeln nicht um Sühne, sondern um Prävention gehe, und deshalb nicht um Milde oder Strenge, sondern allein um größere oder geringere Zweckmäßigkeit[19]. Diese Alternative, schon für das Verhältnis von Strafe und Maßregel überholt (oben § 1 Rn. 43), ist dem Rückwirkungsverbot fremd: Allein auf die *Schwere* der aus Anlass einer Straftat zulässigen staatlichen Zwangsmaßnahmen kommt es an. § 2 VI widerspricht daher dem Grundgedanken von Art. 103 II GG[20]. Im Übrigen zwingt das Rückwirkungsverbot keineswegs dazu, als unzweckmäßig erkannte Maßregeln weiter anzuwenden, da die Zulässigkeit einer Maßregel ohnehin von ihrer Zweckmäßigkeit abhängt.

13   Für die *Aufhebung oder Milderung* einer Strafvorschrift gilt das Rückwirkungsverbot von vornherein nicht; sie kann den Einzelnen niemals belasten. Insoweit sind andere Gesichtspunkte maßgebend. Entspricht die Gesetzesänderung einem Wandel der sozialethischen *Wertung*, so dass die Tat nicht mehr oder doch in geringerem Maße als strafwürdig erscheint, muss die neue Regelung auf die früher begangene Tat zurückwirken (§ 2 III). Die strengere Vorschrift ist überholt. Wird eine Strafvorschrift dagegen nur deshalb aufgehoben oder gemildert, weil das Schutzbedürfnis, dem sie entsprach, aus *tatsächlichen* Gründen fortgefallen oder schwächer geworden ist, so ändert sich am Unwertcharakter der vorher begangenen Tat nichts. Wer z. B. eine bei akuter Seuchengefahr erlassene Quarantäne durchbricht, bleibt strafbar, auch wenn die Quarantäne im Zeitpunkt der Aburteilung nicht mehr besteht. Die neue Regelung wirkt also *nicht* zurück. Diesen Grundsatz beschränkt § 2 IV allerdings auf sogenannte *Zeitgesetze*, das sind solche, die, in einem engeren Sinne verstanden, nur für eine ausdrücklich begrenzte Frist oder doch, im weiteren Sinne, erkennbar nur vorübergehend, für außergewöhnliche Verhältnisse, gelten wollen[21].

---

18 *Germann*, ZStrR 73 (1958), 85 f.
19 BGHSt 24, 103 (106); *Maurach/Zipf*, § 12 Rn. 18.
20 Wie hier *Jakobs*, 4/56; *Roxin*, § 5 Rn. 56; eingehend *Jung*, S. 875 ff, m.w.N.
21 BGHSt 6, 30 (36 f); 18, 9 (14 f). Wie eng oder weit der Begriff interpretiert werden sollte, steht nicht außer Streit; vgl. *Hassemer*, NK, § 2 Rn. 48 ff; *Jakobs*, 4/62 ff; *Roxin*, § 5 Rn. 66; Schönke/Schröder/*Eser*, § 2 Rn. 36 ff.

b) Das Strafgesetz, das nach der pointierten Wendung *v.* 14
Liszts die »magna charta des Verbrechers«, auch des Verbrechers, bilden soll[22], kann seine Garantiefunktion nur erfüllen, wenn das Rückwirkungsverbot durch das **Verbot unbestimmter Strafvorschriften** ergänzt wird. Das gilt wiederum sowohl für die Verhaltensnorm, wie für die zugehörige Sanktion.

Allerdings handelt es sich hier, anders als beim Rückwirkungsverbot, nicht 15
um unzweideutige Alternativen. Der Bedeutungsgehalt eines Begriffs lässt sich, zumindest im Grenzbereich, niemals mit völliger Sicherheit bestimmen. Es gibt daher keinen Gesetzeswortlaut, der jeden Zweifel ausschließen würde. Das Gesetz kann immer nur in größerem oder geringerem *Maße* exakt sein, und dieses Maß ist seinerseits nicht messbar. Weder steht fest, wo die Grenze zulässiger Unbestimmtheit liegt, noch, wann sie überschritten ist. Deshalb wird man nur in extremen Fällen einigermaßen verlässlich sagen können, das Verbot unbestimmter Strafvorschriften sei verletzt. Das zeigt auch die zum Teil heftig kritisierte Praxis der obersten Bundesgerichte, denen es bisher nicht gelungen ist, schärfere Kriterien für das Mindestmaß an verfassungsrechtlich gebotener Bestimmtheit des Strafgesetzes zu entwickeln[23].

Am wenigsten erträglich ist ein Übermaß an Unbestimmtheit bei der 16
Umschreibung des **mit Strafe bedrohten Verhaltens.** Doch werden vom Gesetz nur die *Handlungs*delikte (unten § 6 Rn. 17 f) im ganzen zulänglich umschrieben. Und auch hier gibt es noch Ausnahmen, sei es, dass das tatbestandsmäßige Verhalten sehr allgemein (wie etwa bei der Untreue [§ 266] als Verletzung einer Vermögensfürsorgepflicht) oder mit Hilfe bloßer Wertprädikate (vor allem in Gestalt von Gesinnungsmerkmalen wie »roh« [§ 225], »grausam« [§ 211] usw.) gekennzeichnet oder ein zu weit geratener Tatbestand (wie insbesondere der der Nötigung [§ 240]) allein mit Hilfe abstrakter Formeln wieder eingeschränkt wird, deren fallweise Konkretisierung dem Richter überlassen bleibt[24]. Bei den sogenannten unechten, nach den Vorschriften über die Handlungsdelikte zu beurteilenden *Unterlassungs*delikten kommt das Gesetz in § 13 über eine allgemeine Klausel nicht hinaus. Allein Praxis und Lehre haben hier die einzelnen Voraussetzungen namhaft gemacht, unter denen das Unterlassen eines rettenden Eingriffs der aktiven Verletzung gleichstehen soll (unten § 13 Rn. 11 f). Ob und inwieweit solche Unbestimmtheiten des Gesetzes als unvermeidlich hingenommen wer-

22 Strafrechtliche Aufsätze und Vorträge, Bd. 2, 1905, S. 80.
23 Eingehend *Krahl*, S. 104 ff, 168 ff; *Schünemann*, pass.; vgl. BVerfGE 57, 250 (262 ff); 71, 108 (114 ff); 75, 329 (340 ff); 81, 298 (309).
24 BGHSt 2, 194 (196); BVerfGE 73, 206 (233 ff); 76, 211 (215 ff); 92, 1 (13 ff, 19).

den müssen, ist freilich eine andere Frage, für die es nur einzelne Ansätze, aber noch immer keine wirklich überzeugende Lösung gibt[25]. Sie lässt sich bis auf weiteres nicht generell, sondern nur von Fall zu Fall entscheiden.

17   Ein Übermaß an Unbestimmtheit kann auch bei der **Strafsanktion** selbst begegnen. Absolut bestimmte Strafen (wie die lebenslange Freiheitsstrafe beim Mord [§ 211]) sind zwar die Ausnahme; in der Regel muss der Richter um der Gerechtigkeit willen die Möglichkeit haben, die Schwere der Sanktion innerhalb eines gewissen *Rahmens* nach den Umständen des Einzelfalls zu bemessen. Aber dieser Rahmen kann bei Strafen sowohl wie Maßregeln so weit gespannt sein, dass er auf den Verzicht des Gesetzgebers hinausläuft, Art und Maß der Sanktion festzulegen, und das dem Richter überlässt[26]. So ist es rechtstaatlich unannehmbar, wenn das Gesetz dem Richter, wie in § 83a (beim Rücktritt vom Hochverrat) die ganze Skala von lebenslanger Freiheitsstrafe bis zu völliger Straflosigkeit zur Wahl stellt. Auch wenn zwar die Art der Strafe, ihr Maß aber nur durch einen extrem weiten Rahmen festgelegt ist, wird das Verbot unbestimmter Sanktionen verletzt; so bei der Freiheitsstrafe, wenn sie, wie beim Totschlag (§§ 212, 213) zwischen sechs Monaten und lebenslänglich, oder bei der Geldstrafe, die von 10 DM bis 3,6 oder, bei Tatmehrheit, sogar bis 7,2 Millionen variieren kann[27].

18   2. Die **Gesetze**, die in den erörterten Grenzen die formelle Quelle des Strafrechts bilden, gehören teils dem Bundes-, teils dem Landesrecht an.

19   a) Beim **Bundesrecht** steht das Strafgesetzbuch an erster Stelle, ursprünglich als Strafgesetzbuch für das Deutsche Reich am 15.5.1871 verkündet, seitdem vielfach verändert und nach einer umfassenden Reform vor allem des Allgemeinen Teils am 1.1.1975 in neuer Fassung in Kraft getreten. Nach weiteren Änderungen gilt es nunmehr in der Fassung einer Bekanntmachung vom 13.11.1998.

20   Die Reform des Allgemeinen Teils hat die bis zur Wende vom 19. zum 20. Jahrhundert zurückgehenden Bemühungen um ein neues Strafgesetzbuch

---

25 Vgl. *Roxin*, § 5 Rn. 71 ff.
26 Extreme Beispiele hat das Besatzungsrecht der Nachkriegszeit geliefert, wenn etwa ein Delikt nach dem Ermessen des Gerichts »mit jeder gesetzlich zulässigen Strafe«, außer der Todesstrafe, sollte geahndet werden können (welche Strafdrohung BGHSt 13, 190 [191 ff] für noch immer »hinreichend bestimmt« erklärt hat!).
27 Kritisch auch *Roxin*, § 5 Rn. 81; *Rudolphi*, SK, § 1 Rn. 15; *Schünemann*, S. 7 f.

(vorläufig) abgeschlossen. Dabei ist der Gesetzestext vollständig umgestaltet worden; auch die Zählung der Paragraphen hat sich hier geändert. In der Sache haben die Reformen freilich vorwiegend die strafrechtlichen Sanktionen betroffen, weniger die Regeln der strafrechtlichen Zurechnung, die weitgehend in der durch Praxis und Lehre auf der Grundlage des alten Textes entwickelten Form kodifiziert worden sind.

Die ursprünglich mit dem E 1962 geplante grundlegende Reform des Besonderen Teils ist dagegen nicht zustande gekommen. Doch haben hier inzwischen so viele mehr oder weniger weitgehende Eingriffe in die ursprüngliche Gesetzesfassung stattgefunden, dass auch er als weitgehend verändert erscheint. In den letzten Jahrzehnten gänzlich umgestaltet worden sind das Staatsschutzrecht (1968), das Sexualstrafrecht (1973) und, in mehreren Anläufen, die Regelung des Schwangerschaftsabbruchs (1995). Hinzugekommen sind zahlreiche Ergänzungen und Verschärfungen des geltenden Rechts zur Bekämpfung des Terrorismus und der organisierten Kriminalität, der Wirtschaftskriminalität und der Umweltdelikte, usw.[28].   21

Ergänzend treten unter anderem das *Jugendgerichtsgesetz* in der Fassung vom 11.12.1974 und das *Wehrstrafgesetz* in der Fassung vom 24.5.1974 hinzu. Strafvorschriften finden sich ferner in außerordentlich zahlreichen sonstigen Bundesgesetzen; sie werden zumeist, ohne dass dem sachliche Bedeutung zukäme, als *Nebenstrafrecht* etikettiert. Praktisch am wichtigsten ist heute insoweit das *Straßenverkehrsgesetz* vom 19.12.1952.   22

b) Die **Länder** haben im Bereich des Strafrechts die Befugnis zur Gesetzgebung nur, solange und soweit der Bund von seinem Gesetzgebungsrecht keinen Gebrauch macht (Art. 72, 74 Nr. 1 GG). Sie sind dabei an die Vorschriften des Allgemeinen Teils des StGB insoweit gebunden, wie nicht das Bundesrecht Abweichungen ausdrücklich zulässt (Art. 1 II EGStGB). Materien des Besonderen Teils, die im StGB abschließend geregelt sind, sind dem Landesrecht bis auf wenige Ausnahmen entzogen (Art. 4 II-V EGStGB). Dabei kann die Abgrenzung einer »Materie«, also eines Gebietes, das sich als Einheit darstellt, mitunter zweifelhaft sein[29]. Doch bleibt für das Landesstrafrecht im Ganzen nur noch wenig Raum.   23

---

28 Detaillierter Überblick bei *Lackner/Kühl*, Rn. 2 ff vor § 1.
29 Näher Schönke/Schröder/*Eser*, Rn. 40 ff vor § 1.

II. Gewohnheitsrecht

24   Als eine von allgemeiner Rechtsüberzeugung getragene Übung definiert, hat nichtgesetztes, ungeschriebenes Recht, zumeist als *Gewohnheitsrecht* bezeichnet, stets einen Teil der rechtlichen Ordnung gebildet. Fraglich ist jedoch, unter welchen Voraussetzungen eine bestimmte Regel beanspruchen kann, als solches Recht zu gelten. Dabei dürfte sie heute, zumindest im Strafrecht, auf richterliche Bestätigung angewiesen sein. Es liegt deshalb nahe, dem Gewohnheitsrecht hier jede selbständige Bedeutung abzusprechen und es als bloße richterliche Praxis zu betrachten[30]. Anders als Änderungen der Rechtsprechung, müssen gesetzliche Eingriffe in gewohnheitsrechtlichen Normen zu Ungunsten des Betroffenen jedoch dem Rückwirkungsverbot unterliegen (vgl. unten Rn. 30). Der Grundsatz »nullum crimen, nulla poena sine lege« setzt ihm im übrigen von vornherein relativ enge Grenzen.

25   1. So ist klar, dass eine Strafdrohung gewohnheitsrechtlich **weder geschaffen noch verschärft** werden kann. Fraglich bleibt aber, ob das für alle Normen des Strafrechts in gleicher Weise gilt. Ein Teil der Lehre bezieht die Garantiefunktion des Gesetzes nur auf die besonderen Straftatbestände (des Mordes, des Diebstahls usw.), während bei den allgemeinen Lehren auch strafbegründendes und -ausdehnendes Gewohnheitsrecht zulässig sein soll[31]. Dem ist in dieser Form zu widersprechen. Ein gewohnheitsrechtlicher Satz etwa des Inhalts, dass – über § 30 hinaus – die erfolglose Beihilfe zu bestrafen sei, wäre zweifellos ebensowenig anzuerkennen wie eine gewohnheitsrechtliche Strafdrohung etwa – über § 248b hinaus – beim sogenannten Gebrauchsdiebstahl. Das Gewohnheitsrecht kann danach nur den von den Vorschriften des Allgemeinen Teils geschaffenen Rahmen ausfüllen: entscheiden, was eine strafbare Handlung objektiv erfordert (Lehre von der objektiven Zurechnung), die – gesetzlich nicht definierten – Begriffe etwa des Vorsatzes und der Fahrlässigkeit entwickeln, die Rolle des Irrtums über einen rechtfertigenden Sachverhalt klären, die Täterschaft (§ 25) näher abgrenzen usw. (wobei offen bleiben kann, ob es bei alledem nicht eben doch um ergänzendes Richterrecht geht). Die Strafbarkeit wird weder

---

30 *Hassemer*, NK, § 1 Rn. 66; *Jakobs*, 4/46; *Roxin*, § 5 Rn. 48; *Schmidhäuser*, Lb, 5/7.
31 Vgl. *R. Schmitt*, S. 224 ff; *Tröndle*, LK[10], § 1 Rn. 26 f; wie hier aber *Gribbohm*, LK, § 1 Rn. 71.

begründet noch ausgedehnt, und zwar selbst dann nicht, wenn ein
Wandel gewohnheitsrechtlicher Regeln zur Erfassung zuvor als straflos
geltenden Verhaltens führen sollte (z. B. im Bereich der sog. unechten
Unterlassungsdelikte): Stets ist nur der Umfang einer bereits *gesetzlich*
vorgesehenen strafrechtlichen Haftung zu präzisieren[32].

2. Strafrechtliches Gewohnheitsrecht kann es danach allenfalls **zu**   26
Gunsten des Betroffenen geben. Praktisch bleiben folgende drei Wir-
kungsmöglichkeiten:

Gewohnheitsrecht vermag zunächst die Strafbarkeit *auszuschließen.*   27
Das kann einerseits durch die Aufhebung in Vergessenheit geratener
oder überholter, aber nicht formell außer Kraft gesetzter Strafvorschriften geschehen, wofür sich Beispiele am ehesten noch im Bereich
des Nebenstrafrechts finden. Andererseits können sich gewohnheitsrechtlich anerkannte Strafausschließungsgründe entwickeln, die – wie
die Einwilligung des Verletzten (unten § 9 Rn. 3 ff) – schon die Tatbestandsmäßigkeit oder die Rechtswidrigkeit des Verhaltens oder – wie
bestimmte Pflichtenkollisionen (unten § 10 Rn. 122 ff) – doch die
Schuld des Täters ausschließen. Gewohnheitsrecht vermag sodann die
Strafbarkeit zu *mildern:* Bei einer ganzen Reihe von Tatbeständen
schöpft die Praxis den Strafrahmen, den sie als zu hart empfindet, schon
seit langem nicht mehr aus, und das *kann* sich zu einer gewohnheitsrechtlichen Herabsetzung der Höchststrafdrohung verfestigen. Endlich
ist denkbar, dass eine bestimmte *Auslegung* strafrechtlicher Bestimmungen zu Gewohnheitsrecht wird, wie eben bei wesentlichen Regeln des
Allgemeinen Teils oder bei der Ergänzung einzelner Tatbestände des
Besonderen Teils um zusätzliche Merkmale (wie z. B. das der Vermögensverfügung beim Betrug).

III. Richterrecht

Ob die richterliche Spruchtätigkeit in einem strengen Sinne Recht   28
schaffen kann, Richterrecht also neben Gesetzes- und Gewohnheitsrecht tritt, ist mehr als zweifelhaft. Zwar lehrt jeder Blick in einen
Kommentar zum geltenden Recht, dass sich die Anwendung des Geset-

---

32 In der Sache übereinstimmend *Jakobs,* 4/46; *Roxin,* § 5 Rn. 46 ff; *Rudolphi,* SK,
   § 1 Rn. 18; Schönke/Schröder/*Eser,* § 1 Rn. 15; trotz abweichender Formulierung auch *Maurach/Zipf,* § 8 Rn. 41.

zes niemals in bloßer, allein den Regeln der Logik unterworfener »Subsumtion« vollzieht (wie es die Wunschvorstellung des 18. Jahrhunderts war). Jedes Gesetz bedarf der Interpretation, und Interpretation ist ein schöpferischer Vorgang. Auch strafrechtliches Gewohnheitsrecht kann, wie erwähnt, ohne richterliche Anerkennung nicht bestehen, ist als ungeschriebenes Recht jedoch erst recht unterschiedlicher Ausdeutung zugänglich. Aus alledem folgt jedoch nicht, dass der Richter hier eine andere Funktion erfüllt, als eben das aus anderer Quelle, insbesondere dem Gesetz, stammende Recht *auszulegen*, also den Rahmen auszufüllen, den es vorgibt.

29   Wären richterliche Entscheidungen eine eigentliche Rechtsquelle, so müsste die Formulierung von Art. 20 III GG, wonach die Rechtsprechung an »Gesetz *und Recht*« gebunden ist, wohl auch auf sie bezogen werden. Die dem angelsächsischen Case law eigentümliche Bindung an Präjudizien[33] ist dem deutschen Recht jedoch fremd[34]. Jene Formel hat denn auch keinen anderen Sinn, als den Richter von der Bindung an das Gesetz zu befreien, wenn es höherem Recht widerspricht.

30   Allerdings nähert sich eine einhellige höchstrichterliche Judikatur in ihren Wirkungen so sehr dem Gesetz, dass seit einiger Zeit die Frage diskutiert wird, ob Änderungen einer solchen Praxis nicht, wenn sie den Täter belasten, dem Rückwirkungsverbot unterliegen müssten[35]. In der Sache spricht, vor allem unter dem Gesichtspunkt des Vertrauensschutzes, viel für diese Lösung. Verfahrensrechtlich blieben jedoch erhebliche Schwierigkeiten in bezug auf Anwendungsbereich und Wirkung eines solchen Verbotes, die nur der Gesetzgeber beheben könnte[36]. Daher besteht, bis auf weiteres, keine andere Möglichkeit, als dem Täter bei einem Urteil, das zu seinem Nachteil von einer ständigen Rechtsprechung abweicht, den Schuldausschließungsgrund des unvermeidbaren Verbotsirrtums (unten § 10 Rn. 54 ff) zuzubilligen[37].

31   Auch dann bleibt die schwierige und sehr umstrittene Frage zu entscheiden, wo genau die Grenze zwischen notwendiger und zulässiger Auslegung des Gesetzes einerseits und der Entwicklung neuer Rechtssätze andererseits gezogen werden muss, die nicht nur im Blick auf die

---

33 Siehe *Radbruch*, Der Geist des englischen Rechts, 2. Aufl. 1947, S. 45 ff; vgl. auch *Probst*, S. 281 ff.
34 *Eb. Schmidt*, Lehrkommentar zur Strafprozeßordnung, Bd. 1, 2. Aufl. 1964, Rn. 478 f.
35 Ablehnend BVerfG NStZ 1990, 537; eingehend *U. Neumann*, ZStrW 103 (1991), 331 ff; *Probst*, S. 438 ff; *Schreiber*, JZ 1973, 713 ff.
36 Dazu näher *Tröndle*, in: FS Dreher, 1977, S. 117 ff.
37 Wie hier *Jakobs*, 4/81 f; *Roxin*, § 5 Rn. 61; einschränkend *Hassemer*, NK, § 1 Rn. 50 ff; Schönke/Schröder/*Eser*, § 2 Rn. 8 f.

prinzipielle Gesetzesbindung des Richters, sondern auch auf die Garantiefunktion des Gesetzes als unzulässig anzusehen ist, wenn sie die Strafbarkeit allererst begründet oder sie verschärft. Die überwiegende Lehre geht davon aus, dass Gegenstand der Auslegung immer nur der Gesetzestext sein könne. Sie betrachtet daher den *Wortlaut* des Gesetzes als maßgebend: Nur was sich mit ihm noch vereinbaren lasse, sei statthafte Interpretation, alles andere zumindest dann, wenn es den Täter belaste, unstatthafte Analogie[38]. Die Mindermeinung möchte demgegenüber auf den (wahren) *Sinn* des Gesetzes abstellen, den der Wortlaut der einzelnen Bestimmung unter Umständen nur sehr unvollkommen zum Ausdruck bringt. Allein was über diesen Sinn hinausgeht, soll freie Rechtsfindung und als solche, zu Lasten des Betroffenen, verboten sein[39]. Hält man sich vor Augen, wie leicht der Versuch, einen Gedanken knapp und präzis zu formulieren, auch dem Gesetzgeber misslingen kann, so dürfte diese zweite Lehre grundsätzlich den Vorzug verdienen.

Die überwiegende Auffassung wird vielfach dahin formuliert, dass nur ein 32
vom möglichen Wortsinn gedecktes Verständnis des Gesetzes noch als Auslegung erscheine, die Überschreitung des Wortlauts hingegen als Analogie; behauptet wird dementsprechend ein strafrechtliches Analogieverbot[40]. Auslegung und Analogie bilden jedoch keinen Gegensatz. Gesetzesauslegung ist ohne Analogie nicht möglich. Schon eine so einfache Zweifelsfrage wie die, ob Früchte auf dem Halm im Sinne des Diebstahlstatbestandes (§ 242), anders als im Zivilrecht, »bewegliche« Sachen sind, erfordert die Feststellung, dass dieser Fall den zweifelsfrei gemeinten in wesentlicher Hinsicht, nämlich unter dem Gesichtspunkt der *tatsächlichen* »Bewegbarkeit« des Tatobjektes, entspricht: das heißt analog ist. Analogie bedeutet Ähnlichkeit, und ähnlich ist einander nur, was teilweise übereinstimmt, teilweise nicht. Da sich juristisch relevante Sachverhalte niemals völlig gleichen, ist es das eigentliche Geschäft des Juristen, Übereinstimmung und Verschiedenheit aufzudecken, also Analogien festzustellen. Damit wird zugleich deutlich, dass nicht die Analogie als solche verboten sein kann, die Grenze der zulässigen Auslegung also auf andere Weise bestimmt werden muss.

---

38 So BVerfGE 73, 206 (235): »Der mögliche Wortsinn des Gesetzes markiert die äußerste Grenze zulässiger richterlicher Interpretation.« Ebenso ferner BVerfGE 92, 1 (12); *Freund*, § 1 Rn. 28; *Hassemer*, NK, § 1 Rn. 78 ff; *Jescheck/ Weigend*, S. 159; *Köhler*, S. 92 f; eingehend *Krey*, Studien, 127 ff; *ders.*, ZStrW 101, 841 ff; *Neuner*, S. 137 f; *Roxin*, § 5 Rn. 28; *Velten/Mertens*, ARSP 76 (1990), 516 ff.
39 BGHSt 10, 157 ff (159 f); *Germann*, Methodische Grundfragen, 1946, S. 111 ff; *Jakobs*, 4/37 ff; *Sax*, S. 148 ff; *Schmidhäuser*, Lb, 2/4, 5/42.
40 *Hassemer*, NK, § 1 Rn. 70 ff; *Roxin*, § 5 Rn. 8, 40 ff; *Schünemann*, S. 20.

33   Für die Wortlautgrenze wird vor allem geltend gemacht, dass das Gesetz als *sprachliche* Äußerung keine andere Bedeutung haben könne, als der mögliche Wortsinn enthält. Wäre dies richtig, so könnten nicht einmal sinnentstellende Druckfehler entdeckt werden; jede philologische Textkritik wäre unmöglich. In Wahrheit erlaubt erst der Rückgriff auf andere als grammatische (nämlich historische, systematische, teleologische) Methoden der Auslegung[41] zu entscheiden, welche von mehreren möglichen Wortbedeutungen die »richtige« ist, und eben unter Umständen auch, einen missglückten Gesetzeswortlaut zu korrigieren. Soll die Garantiefunktion des Gesetzes nicht gefährdet werden, so kommt es freilich entscheidend darauf an, seinen Grundgedanken in der Umschreibung des von ihm gemeinten unrechts- und schuldtypisierenden Sachverhalts so präzis wie möglich zu erfassen. Dann aber kann sich herausstellen, dass der Wortlaut einer Strafbestimmung entweder ihren Grundgedanken überschreitet und deshalb (wie etwa bei Betrug und Erpressung [§§ 263, 253] durch das Erfordernis einer Vermögensverfügung) einzuschränken ist oder aber hinter ihm zurückbleibt und deshalb (wie bis 1998 bei der Unterschlagung [§ 246 a. F.] durch den Verzicht auf vorgängigen Gewahrsamserwerb des Täters[42]) »berichtigend« ausgelegt werden sollte.

§ 4   Der Geltungsbereich des Strafrechts

Literatur: Eser, Die Entwicklung des internationalen Strafrechts im Lichte des Werkes von Hans-Heinrich Jescheck, in: FS Jescheck, 1985, S. 1353 ff; *Oehler,* Internationales Strafrecht, 2. Aufl. 1983.

1   Der Geltungsanspruch der jeweiligen strafrechtlichen Ordnung kann kein universaler sein. Sein Umfang ist deshalb näher darzustellen. Üblicherweise wird unter den Titeln der »zeitlichen« und »räumlichen« Geltung von ihm gehandelt.

2   Bei den allgemeinen Grundsätzen der *zeitlichen* Geltung geht es der Sache nach aber um die Tragweite des Rückwirkungsverbotes, also um ein Rechtsquellenproblem, von dem bereits die Rede war (oben § 3 Rn. 7 ff). Nur die sogenannte *räumliche* Geltung bleibt zu erörtern. Ihr Name ist freilich ungenau. Die eigentlich entscheidende Frage ist die, *wem* gegenüber die Normen des deutschen Strafrechts gelten, auf wessen Taten sie angewendet werden wollen.

41 Vgl. nur *Pawlowski*, Methodenlehre für Juristen, 2. Aufl. 1991, Rn. 359 ff.
42 Siehe nur Schönke/Schröder/*Eser*, § 246 Rn. 1.

A. Bundesstrafrecht

Der Staat der Neuzeit hat das Monopol der Herrschaftsgewalt und da-   3
mit auch der Strafhoheit gegenüber denjenigen Personen, die tatsächlich
seiner Gewalt unterworfen sind. Diese Gewalt erstreckt sich grundsätzlich auf sein Territorium. Der Staat kann hier allein darüber entscheiden, welche Taten welcher Personen er strafrechtlich verfolgen und
nach welchem Recht er sie aburteilen will. Er kann die Strafhoheit aber
auch bei Taten beanspruchen, die außerhalb seines Territoriums begangen werden, z. B. dann, wenn Bürger seiner Nationalität daran beteiligt
oder davon betroffen sind (wobei die *Durchsetzung* seines Strafanspruchs natürlich immer noch davon abhängt, dass er den Täter faktisch
in seine Gewalt bekommt). Andererseits kann der Staat bei der Verfolgung und Aburteilung von Auslandstaten, für die er die Strafhoheit in
Anspruch nimmt, das fremde Recht zu Grunde legen, den Geltungsanspruch des eigenen Rechts insoweit also beschränken. Obwohl die Materie mitunter als »internationales Strafrecht« bezeichnet wird[1], entscheidet die einzelstaatliche Rechtsordnung grundsätzlich souverän
über ihren Anwendungsbereich. Nur die allgemeinen Regeln des Völ-
kerrechts sind, wie stets, zu beachten (Art. 25 GG).

Für das Bundesstrafrecht enthalten die §§ 3–7, 9 die nähere Regelung.   4
Sie folgt fünf einander ergänzenden Prinzipien.

I. In erster Linie gilt der **Territorialgrundsatz**: Dem Strafrecht der   5
Bundesrepublik ist, ohne Rücksicht auf seine Staatsangehörigkeit, unterworfen, wer eine Straftat im Inland begeht (§ 3).

1. Als *Inland* im strafrechtlichen Sinne gilt das Gebiet der Bundesre-   6
publik Deutschland unter Einschluss der Küstengewässer und des Luft-
raums über diesem Gebiet.

Nach den allgemeinen völkerrechtlichen Regeln gehören zum Inland auch   7
die Kriegsschiffe der Bundesrepublik Deutschland sowie Handelsschiffe, die
unter deutscher Flagge fahren, wenn sie sich außerhalb fremder Hoheitsgewäs-
ser befinden. § 4 geht über diese Regeln hinaus und bestimmt, dass das deutsche
Strafrecht für alle Taten gilt, die auf einem Schiff oder Luftfahrzeug begangen
werden, das – nach dem Flaggenrechts- bzw. LuftverkehrsG – berechtigt ist, die
Bundesflagge oder das Staatszugehörigkeitszeichen der Bundesrepublik zu führen.

1 Siehe die Literaturangaben zu diesem Paragrafen.

8   2. Die gelegentlich als »personalgebundene Ausnahme« vom räumlichen Geltungsbereich[2] behandelte sogenannte *Exterritorialität* berührt die Frage der Geltung nicht.

9   Nach §§ 18–20 GVG sind fremde Staatsoberhäupter und die Leiter und Mitglieder der bei der Bundesrepublik beglaubigten diplomatischen Vertretungen mit ihren Familienmitgliedern, ihrem Gefolge und ihrem (nichtdeutschen) Personal von der deutschen Gerichtsbarkeit befreit: Gegen sie darf von deutschen Gerichten keinerlei Zwang geübt werden. Dasselbe gilt nach dem Nato-Truppenstatut und Zusatzvereinbarungen in beschränktem Umfang für Mitglieder der in der Bundesrepublik stationierten ausländischen Streitkräfte. Ob diese Exterritorialität nur ein Prozesshindernis oder auch einen persönlichen Strafausschließungsgrund (unten § 7 Rn. 30 f) bildet, ist umstritten[3]. Sie hindert jedoch in keinem Falle die Beurteilung des Verhaltens eines Exterritorialen nach deutschem Recht, soweit z. B. Notwehr, Teilnahme oder Hehlerei Dritter in Frage stehen. Die Geltung des deutschen Strafrechts ist also nicht eingeschränkt.

10   3. Das Territorialitätsprinzip greift ein, wenn die Tat im Inland *begangen* worden ist. Doch brauchen (wie etwa bei einem durch Zusendung eines Sprengstoffpakets verübten Mordanschlag) der Ort, an dem der Täter gehandelt hat, und der Ort des Erfolgseintritts nicht identisch zu sein. Liegt einer der beiden Orte im Ausland, so fragt sich, auf welchen es ankommt: Nach § 9 I 1 reicht *jeder* von ihnen als Anknüpfungspunkt aus. Bei Unterlassungsdelikten tritt an die Stelle des Ortes der Handlung der, an dem der Täter hätte handeln sollen, beim Versuch der Ort des beabsichtigten an die Stelle des wirklichen Erfolgseintritts. Anstiftung und Beihilfe werden sowohl am Orte der Teilnahmehandlung wie dem der zugehörigen Haupttat begangen, bei Handeln im Inland ohne Rücksicht auf die Strafbarkeit der Haupttat nach dem Recht des Auslandes (§ 9 II).

11   Das ist in doppelter Hinsicht problematisch. Einerseits werden danach, soweit nur der Ort des herbeigeführten oder erstrebten Erfolges im Inland liegt, auch Personen dem deutschen Strafrecht unterworfen, die sich unter Umständen niemals und jedenfalls nicht im Zeitpunkt der Tat im Inland aufgehalten haben. Der das Territorialprinzip tragende Gedanke, dass jedermann die Gesetze des Staates zu respektieren habe, in dem er sich aufhält, geht dann ins Leere. Allenfalls der – seinerseits fragwürdige – Schutzgrundsatz (unten Rn. 16 ff) vermag insoweit noch die Anwendung deutschen Strafrechts zu rechtfertigen.

---

2 *Maurach/Zipf*, § 11 vor Rn. 39.
3 Vgl. nur *Lemke*, NK, Rn. 39 vor § 3; Schönke/Schröder/*Eser*, Rn. 43 ff vor §§ 3–7.

Liegt der Ort des Erfolges oder der Haupttat dagegen im Ausland, so kann die Regelung des § 9 andererseits dazu führen, dass Handlungen zu verfolgen sind, die im Ausland nicht als strafwürdig oder sogar als rechtmäßig gelten. Hier das Inlandsverhalten zwecks »Erhaltung des Wertbewusstseins der Bürger« zu strafen, ist schon in sich fragwürdig, zumal das Verhalten ganz unauffällig sein, z. B. in einem Unterlassen bestehen kann, und führt vielfach auch zu unannehmbaren Resultaten[4]. Ein Teil der Lehre versucht deshalb, im Ergebnis sicher zu Recht, mit der Einschränkung zu helfen, dass § 9 unanwendbar sein sollte, wenn die Tat, wie § 3 II in einer früheren Fassung ausdrücklich sagte, »wegen der besonderen Verhältnisse am Tatort kein strafwürdiges Unrecht ist«[5]. Als Notlösung bleibt in solchem Falle sonst nur die erweiterte Einstellungsmöglichkeit nach § 153c I Nr. 1 StPO.

II. Bei Auslandstaten sind Bürger der Bundesrepublik in bestimmten   12
Fällen dem deutschen Strafrecht nach dem sogenannten **aktiven Personalprinzip** unterworfen.

Dieses Prinzip war im StGB von 1871 auf wenige Ausnahmefälle beschränkt.   13
1940 wurde es in dem Bestreben, den totalitären Herrschaftsanspruch des NS-Regimes auch auf die im Ausland lebenden Deutschen zu erstrecken, auf alle Straftaten ausgedehnt. Wer im Ausland lebt, muss indessen das Recht haben, sich der dort geltenden Ordnung einzufügen. Das heutige Recht ist daher an sich zum Territorialprinzip (oben Rn. 5 ff) zurückgekehrt und hat das aktive Personalprinzip nur noch für einzelne Fälle beibehalten.

1. Die Gründe dafür sind von unterschiedlichem Gewicht. Überzeu-   14
gend rechtfertigen lässt sich das aktive Personalprinzip wohl nur mit Treupflichten gegenüber dem eigenen Lande bei Staatsschutzdelikten (§ 5 Nr. 3a, 5b) und von Trägern eines deutschen öffentlichen Amtes (§ 5 Nr. 12), sowie dort, wo, wie beim sexuellen Missbrauch von Kindern und Schutzbefohlenen (§ 5 Nr. 8), die Verlegung des Tatorts ins Ausland ausschließlich den Zweck verfolgt, mindestens de facto einer Bestrafung zu entgehen. Der Gesetzgeber hat es jedoch für nötig befunden, die Anwendung des deutschen Rechts auch bei dem besonders umstrittenen Tatbestand des Schwangerschaftsabbruchs im Ausland sicherzustellen, sofern der Täter zur Zeit der Tat nicht nur Deutscher ist, sondern auch seine Lebensgrundlage im Inland hat (§ 5 Nr. 9)[6]. Soweit diese letztgenannte Voraussetzung auch beim Opfer erfüllt sein muss

---

4 Näher *Lemke*, NK, § 9 Rn. 17; *Hoyer*, SK, § 9 Rn. 3.
5 *Jakobs*, 5/22, im Anschluss an *Nowakowski*, JZ 1971, 633 ff; *Jescheck/Weigend*, S. 164.
6 Dazu generell kritisch insbesondere *Gallas*, ZStrW 80 (1968), 13 ff; ferner *Hoyer*, SK, § 5 Rn. 1; *Schultz*, GA 1966, 200.

(§ 5 Nr. 8a), kann man hier freilich schon den sogleich zu erörternden sogenannten Schutzgrundsatz eingreifen sehen.

15   2. Für das aktive Personalprinzip spielt es keine Rolle, wie das Verhalten nach dem am Tatort geltenden *Straf*recht zu beurteilen ist. Entgegen der missverständlichen Fassung des Gesetzes (vgl. §§ 4–6: »unabhängig vom Recht des Tatorts«) sind jedoch *außerstrafrechtliche* Rechtsnormen je nach deren Geltungsbereich zu berücksichtigen, so z. B. bei der Rechtfertigung tatbestandsmäßigen Verhaltens[7].

16   III. Das bereits erwähnte **Schutzprinzip** erstreckt den Geltungsbereich des deutschen Strafrechts auch auf solche im Ausland begangenen Taten, die sich gegen »inländische« Rechtsgüter richten. Es handelt sich um zwei verschiedene Gruppen von Fällen:

17   1. Nach dem Staatsschutzprinzip findet deutsches Strafrecht, im Regelfalle unabhängig von der Staatsangehörigkeit des Täters, Anwendung, wenn es sich handelt um (§ 5):

a) Staatsschutzdelikte (Nr. 1–2, 3b, 4, 5a);
b) Verschleppung und politische Verdächtigung (Nr. 6);
c) Verletzung deutscher Betriebs- und Geschäftsgeheimnisse (Nr. 7);
d) Aussagedelikte in einem bei deutschen Behörden anhängigen Verfahren (Nr. 10);
e) Straftaten gegen die Umwelt im Bereich der (noch zu proklamierenden) deutschen ausschließlichen Wirtschaftszone (Nr. 11);
f) Straftaten, die ein Ausländer als Träger eines deutschen Amtes begeht (Nr. 13), und
g) Straftaten *gegen* deutsche Amtsträger oder Soldaten (Nr. 14).

18   Diese – völkerrechtlich anerkannte – Ausdehnung des deutschen Strafrechts wird damit begründet, dass das ausländische Recht insoweit keinen oder doch keinen ausreichenden Schutz gewähre[8]. Das ist gewiss richtig. Doch folgt daraus für eine im Ausland lebende Person nicht die mindeste Verpflichtung, sich nach den Normen des deutschen Strafrechts zu richten (wie bei den Staatsschutzdelikten besonders evident ist): Schutzbedürfnisse allein tragen den Geltungsanspruch nicht. In Wahrheit geht es beim Schutzgrundsatz, soweit dem Täter nicht wiederum kraft Staatsangehörigkeit oder als Träger eines deutschen Amtes

---

7 *Nowakowski,* aaO; *Jakobs,* 5/16; wohl auch *Jescheck/Weigend,* S. 169.
8 Vgl. BGHSt 37, 305 (309 ff); *Jescheck/Weigend,* aaO; *Oehler,* S. 384 ff.

gewisse Treupflichten gegenüber der Bundesrepublik obliegen, ausschließlich um *Maßnahmen der Selbstverteidigung.* Sie in das Gewand
der Strafe zu kleiden, ist ein traditioneller Missbrauch, der die auf einen
sozialethischen Vorwurf bezogene Strafe denaturiert.

Das hat sich am deutlichsten dort gezeigt, wo es ausnahmsweise einmal mög- 19
lich war, § 99 StGB über § 5 Nr. 4 auf hauptamtliche Mitglieder eines fremden
Geheimdienstes anzuwenden, die nur von ihrem Staatsgebiet aus tätig gewor-
den waren, nämlich nach dem Ende der DDR. Hier hat erst das BVerfG mit der
Begründung Abhilfe schaffen können, dass eine solche Strafverfolgung dem
Verfassungsgrundsatz der Verhältnismäßigkeit widerspreche[9].

2. Das Schutzprinzip unterstellt ferner alle Straftaten dem deutschen 20
Recht, »die im Ausland gegen einen Deutschen begangen werden« (§ 7
I). Man spricht hier auch vom *passiven Personalitätsprinzip.* In diesen
Fällen muss die Tat auch am Begehungsort mit Strafe bedroht sein oder
dieser Ort keiner Strafgewalt unterliegen.

Die Anwendung deutschen Strafrechts wird insoweit mitunter auf den 21
Grundsatz stellvertretender Strafrechtspflege (dazu sogleich) gestützt[10]. Und in
der Tat wäre das die einzige Möglichkeit, die gegen den Schutzgrundsatz sprechenden Bedenken zu umgehen. Dann müsste jedoch anders verfahren werden
als nach geltendem Recht: Einer Auslieferung wäre, soweit zulässig, allemal der
Vorrang zu geben und die Subsidiarität der inländischen Strafverfolgung in aller
Strenge anzuerkennen.

IV. Zur Anwendung deutschen Strafrechts bei Taten, die im Ausland 22
begangen werden, führt auch **der Grundsatz stellvertretender Strafrechtspflege**[11]. Insoweit wird hilfsweise an Stelle einer an sich gerecht-
fertigten, aber nicht stattfindenden ausländischen Strafverfolgung eingegriffen, wenn nämlich

1. der Täter zur Zeit der Tat Deutscher war oder es nach der Tat geworden ist (§ 7 II Nr. 1) und deshalb nicht an das Ausland ausgeliefert werden darf (Art. 16 II GG) oder
2. die Auslieferung des Täters nach der Art der Tat zwar zulässig wäre,
   aber aus rechtlichen oder faktischen Gründen unterbleibt (§ 7 II
   Nr. 2).

---

9 BVerfGE 92, 277 (316 ff); anders BGHSt 37, 305 (312 ff).
10 *Welzel*, S. 27 f; *Hoyer*, SK, § 7 Rn. 3 (»sowohl Stellvertretungs- als auch Schutzprinzip«); *Jakobs*, 5/18 (»dem Stellvertretungsprinzip angenähert«); wie hier
   Lemke, NK, § 7 Rn. 2; *Maurach/Zipf*, § 11 Rn. 33.
11 Dazu *Eser*, JZ 1993, 875 ff.

23   Da das deutsche Strafrecht hier an die Stelle einer primär für den Tatort zuständigen fremden Rechtsordnung tritt, wird wiederum vorausgesetzt, dass die Tat auch am Tatort mit Strafe bedroht war oder dort eine Strafgewalt fehlt.

24   Außerdem müsste – was das StGB nicht vorsieht – konsequenterweise auch ein milderer *Strafrahmen* des ausländischen Rechts berücksichtigt und vor allem eine etwaige Aburteilung im Ausland als definitive Erledigung anerkannt werden, selbst wenn sie auf Freispruch lauten sollte. Die erstgenannte Folgerung lässt sich immerhin auf Art. 103 II GG stützen: Art und Maß der im Ausland angedrohten Strafe zu überschreiten, liefe auf eine rückwirkende Strafschärfung hinaus[12]. Im Übrigen jedoch sieht § 51 III lediglich die Anrechnung einer im Ausland bereits *vollstreckten* Strafe vor.

25   V. Um stellvertretende Strafrechtspflege geht es schließlich der Sache nach auch beim sogenannten **Weltrechtsprinzip**, das ebenfalls – und zwar zumeist auf Grund internationaler Abkommen – Auslandstaten erfasst: Kriminalpolitische Erfordernisse lassen die Verfolgung allgemein geächteter oder häufig durch internationale Verbrechensorganisationen begangener Delikte überall dort als wünschenswert erscheinen, wo man der Täter habhaft wird. Auf das Recht des Tatorts glaubt man dabei keine Rücksicht nehmen zu müssen. Dem Weltrechtsprinzip unterstehen nach § 6:

1. Völkermord;
2. Kernenergie-, Sprengstoff- und Strahlungsverbrechen;
3. Angriffe auf den Luft- und Seeverkehr;
4. Menschenhandel;
5. unbefugter Vertrieb von Betäubungsmitteln;
6. Verbreitung pornografischer Schriften (Art. 184 III, IV);
7. Münzdelikte sowie die Fälschung von Vordrucken für Euroschecks und Euroscheckkarten;
8. Subventionsbetrug.

---

12 BGHSt 39, 317 (321), unter Bezugnahme auf *Stree*, Deliktsfolgen und Grundgesetz, 1960, S. 33; ferner *Jescheck/Weigend*, S. 175; *Lemke*, NK, § 7 Rn. 21; *Oehler*, S. 146; Schönke/Schröder/*Eser*, § 7 Rn. 21; de lege ferenda auch *Jakobs*, 5/19.

§ 6 Nr. 9 fügt diesem Katalog noch eine Generalklausel für (weitere)   26
Taten hinzu, für die durch zwischenstaatliche Abkommen die Anwendung des Weltrechtsprinzips vereinbart wird.

VI. Die weite Ausdehnung des Geltungsbereichs inländischen wie   27
häufig auch ausländischen Strafrechts führt vielfach zu Überschneidungen. Der Täter kann deshalb wegen derselben Tat mehrmals bestraft
werden; das Verbot der Doppelbestrafung (Art. 103 III GG) greift im
Verhältnis zum Ausland nicht ein[13]. Die Staatsanwaltschaft *kann* jedoch
bei Taten, die im Ausland oder von einem Ausländer im Inland auf
ausländischen Schiffen oder Luftfahrzeugen begangen worden sind, von
der Verfolgung absehen (§ 153c I Nr. 1, 2 StPO). Eine im Ausland bereits *vollstreckte* Strafe ist stets auf die im Inland verhängte anzurechnen
(§ 51 III). Fiele nach solcher Anrechnung die im Inland zu erwartende
Strafe nicht mehr ins Gewicht oder ist der Beschuldigte im Ausland
rechtskräftig freigesprochen worden, so besteht ebenfalls kein Verfolgungszwang (§ 153c I Nr. 3 StPO).

B. Partikulares Recht

Partikulares Strafrecht, das heißt solches, das nur in einem Teil der   28
Bundesrepublik gilt, hat nach dem Einigungsvertrag in geringem Umfang im Gebiet der ehemaligen DDR bestanden[14] und kann im Übrigen
vor allem in der Form von bloßem Landesstrafrecht (oben § 3 Rn. 23)
auftreten[15]. Die Frage des Geltungsbereichs wird hier, mangels gesetzlicher Vorschriften, gewohnheitsrechtlich nach den Regeln des sogenannten *interlokalen Strafrechts* entschieden. Maßgebend ist nach h. L.
das Territorialprinzip[16]: Partikulares Recht gilt nur innerhalb der Grenzen des betreffenden Teilgebiets. Anders als im Verhältnis zum Ausland
ist das Recht des Tatortes aber auch von den anderen Gerichten der
Bundesrepublik anzuwenden (soweit sie nach den §§ 7 ff StPO dafür
zuständig sind).

13 BVerfGE 75, 1 (18 ff).
14 Es ist inzwischen weitgehend aufgehoben worden. Die Vorbehalte betreffen nur
    noch den Ausschluss der Verjährung für bestimmte Delikte und die Beeinträch-
    tigung der richterlichen Unabhängigkeit (§§ 84, 238 StGB-DDR).
15 Vgl. außerdem Art. 125 GG.
16 BGHSt 7, 53 (55); 27, 5 (6 f).

29   Ein etwaiges strengeres Wohnsitzrecht ergänzend heranzuziehen, soweit das partikulare Recht selbst an den Wohnsitz anknüpft[17], sollte schon an der Schwierigkeit scheitern, dass der bloße Wohnsitz, mangels einer speziellen Landesangehörigkeit, keine über das Teilgebiet hinausreichende persönliche Geltung begründen kann[18]. Auch ein sachliches Bedürfnis besteht dafür angesichts der geringen Unterschiede der partikularen Rechte nicht.

---

17 So *Jescheck/Weigend*, S. 191; Schönke/Schröder/*Eser*, Rn. 54 vor §§ 3–7.
18 H. M.; siehe nur *Jakobs*, 5/27; *Gribbohm*, LK, Rn. 381 vor § 3.

II. Abschnitt Die allgemeine Verbrechenslehre

Das Verbrechen tritt immer nur als besonderes, als Mord, Vergewalti- 1
gung, Diebstahl usw. auf. Das hindert jedoch nicht, Regeln der strafrechtlichen Zurechnung, die für alle Straftaten gelten, gewissermaßen
vor die »Klammer« zu ziehen. Gemeinsamkeiten sind darin begründet,
dass einerseits überhaupt nur *menschliches* Verhalten strafrechtlich relevant sein kann und dass solches Verhalten zum andern hier ausschließlich unter dem Blickwinkel der *strafrechtlichen*, prinzipiell auf die persönliche Verantwortung des Einzelnen bezogenen Sanktion (oben § 1
Rn. 31, 45) interessiert. Die allgemeinen Lehren, die sich auf solche
Weise gewinnen lassen, bilden heute einen sehr umfangreichen, durch
Tradition und Gesetz abgegrenzten Fundus: die allgemeine Verbrechenslehre. Sie ist Gegenstand der nachfolgenden Darstellung. Voraus-
geschickt wird dabei ein Überblick über eine Reihe strafrechtlicher
Grundbegriffe und -kategorien, der in das »System« des Strafrechts ein-
führen soll.

1. Kapitel Grundbegriffe des Strafrechts

§ 5 Die begriffliche Zweiteilung der Straftaten

1 Das Gesetz selbst unterscheidet nach der Höhe der Strafdrohung zwei Gruppen von Straftaten (§ 12 I, II): *Verbrechen*, im Mindestmaß bedroht mit einem Jahr Freiheitsstrafe, und *Vergehen*, im Mindestmaß bedroht mit Freiheitsstrafe von weniger als einem Jahr oder mit Geldstrafe. Diese Zweiteilung (Dichotomie) hat die ursprünglich im Gesetz enthaltene Dreiteilung der Straftaten ersetzt, die als dritte Gruppe noch die Übertretungen umfasste. Sie geht in ihrer heutigen, an die Strafdrohung anknüpfenden Form auf das französische Recht (Code pénal von 1791 bzw. 1810) zurück. Qualitative Unterschiede trifft sie nicht.

2 Da sich kriminelles und ordnungswidriges Verhalten nicht grundsätzlich, sondern nur nach der Schwere der Normverletzung voneinander abgrenzen lassen (oben § 1 Rn. 47), bestand auch zu der 1974 aufgelösten Gruppe der Übertretungen in der Sache keine scharfe Grenze. Erst recht entspricht die Einteilung in Verbrechen und Vergehen nur einer *quantitativen* Abstufung nach der Schwere des Delikts.

3 Ihr kommt jedoch nicht unerhebliche praktische Bedeutung zu. Im Verfahrensrecht berührt sie etwa die sachliche Zuständigkeit der Gerichte (§§ 25, 74 GVG), die Notwendigkeit der Verteidigung (§ 140 I Nr. 2 StPO), den Verfolgungszwang (§§ 153, 153a StPO) und die Zulässigkeit des Strafbefehls (§ 407 StPO). Auch das StGB selbst stellt in einigen Vorschriften auf die Zweiteilung ab, so bei der Bestimmung des Umfangs, in dem der Versuch (§ 23 I) und die versuchte Beteiligung (§ 30) strafbar sind, sowie für den Verlust der Amtsfähigkeit (§ 45 I), gelegentlich auch im Besonderen Teil, so bei der Bedrohung (§ 241). Es ist daher wesentlich, *wie* die Abgrenzung vorgenommen wird.

4 I. Nach geltendem Recht ist maßgebend, welche Mindeststrafe das Gesetz bei dem in Frage stehenden Tatbestand im **Regelfalle** androht (sog. *abstrakte* Betrachtungsweise). Jede Änderung des Strafrahmens, deren Voraussetzungen nicht schon gesetzlich im Einzelnen umschrieben sind, bleibt dabei außer Betracht (§ 12 III). Der Sinn dieses Verfah-

rens liegt auf der Hand: Allein das Gesetz soll darüber entscheiden, ob die Straftat ein Verbrechen oder ein Vergehen ist, unabhängig davon, ob etwa der Richter (später) zu dem Ergebnis kommt, es sei ein »minder schwerer Fall« (vgl. § 154 II) oder ein »besonders schwerer Fall« (vgl. § 267 III) gegeben. Das besagt im Einzelnen:

1. Der Deliktscharakter wird durch die *Untergrenze* des Regelstraf- 5
rahmens bestimmt. So bleibt z. B. ein Betrug (§ 263 I), im Minimum mit einem Monat Freiheitsstrafe (vgl. § 38 II) oder mit Geldstrafe bedroht, stets ein Vergehen, auch wenn die konkrete Tat mit mehr als einem Jahr Freiheitsstrafe geahndet wird.

2. Ohne Einfluss auf die Klassifikation eines Delikts sind Milderun- 6
gen dieses Regelstrafrahmens, die sich aus den Vorschriften des *Allgemeinen Teils* ergeben, wie die Herabsetzung der Mindeststrafe etwa bei verminderter Schuldfähigkeit (§ 21) oder beim Versuch (§ 23 II).

3. Nicht berührt wird der Deliktscharakter auch durch *Abwandlun-* 7
gen des Strafrahmens, deren Voraussetzungen das Gesetz nicht im Einzelnen erschöpfend festlegt. Das gilt insbesondere für die zahlreichen Vorschriften, die »besonders schwere« Fälle (vgl. §§ 106 III, 177 II, 212 II, 263 III, 266 II usw.) mit erhöhter, »minder schwere« Taten (vgl. §§ 82 II, 105 II, 154 II, 249 II usw.) mit geringerer Strafe bedrohen. Wählernötigung bleibt danach auch im besonders schweren Fall (§ 108) ein Vergehen, die Geldfälschung auch im minder schweren Fall (§ 146 I, III) ein Verbrechen. Ebenso zu entscheiden ist, wenn das Gesetz zwar Beispiele oder Regelbeispiele besonders schwerer Fälle nennt (vgl. §§ 121 III, 129 IV, 241a IV, 253 IV), sie aber nicht abschließend aufzählt.

4. Bezeichnet das Gesetz dagegen *alle Einzelerfordernisse*, von denen 8
die Abwandlung des Strafrahmens abhängt, so ist für die veränderte Strafdrohung für die Deliktsnatur maßgebend. Die Freiheitsberaubung etwa bildet im Regelfall ein Vergehen (§ 239 I), im Fall schwerer Folgen jedoch ein Verbrechen (§ 239 III, IV), die vorsätzliche Tötung, im Regelfall ein Verbrechen (§§ 211, 212), als Tötung auf Verlangen ein Vergehen (§ 216), usw.

II. Die abstrakte Betrachtungsweise führt zu schweren Ungerechtigkeiten. 9
Die Generalklauseln der »besonders schweren« oder »minder schweren« Fälle erfassen der Sache nach dieselben oder gleichartige Umstände, wie sie das Gesetz bei anderen Tatbeständen selbst im einzelnen aufzählt. Es sind also Unterschiede lediglich der Gesetzestechnik, von denen die Bedeutung einer Strafrah-

menänderung für den Deliktscharakter abhängt. Als gerechteste Lösung könnte es demgegenüber erscheinen, ganz auf die Schwere der einzelnen Straftat, also auf die jeweils *verwirkte* Strafe, abzustellen (sog. *konkrete* Betrachtungsweise). Die Klassifikation der Tat entscheidet jedoch auch über Fragen, zu deren Beantwortung, wie etwa zur Ermittlung des sachlich zuständigen Gerichts, nicht das Ergebnis der Strafzumessung abgewartet werden kann. Bei der nicht ausgeführten Haupttat, von deren Charakter die Strafbarkeit der folgenlosen Anstiftung abhängt (§ 30 I), bleibt eine Strafzumessung sogar völlig aus. Die konkrete Betrachtungsweise ist deshalb praktisch unbrauchbar. Einen annehmbaren Mittelweg würde demgegenüber die sogenannte **spezialisierende Methode** darstellen, nach der *jede* Änderung des Strafrahmens bei der Verbrechenszweiteilung zu berücksichtigen wäre, unabhängig davon, ob das Gesetz die Voraussetzungen abschließend benennt oder nicht[1]. Entscheidend wäre die auf die *konkrete* Tat *angedrohte* Strafe. Eine solche Lösung wäre zweifellos gerechter als die abstrakte Methode. § 12 III schließt sie jedoch unzweideutig aus.

§ 6   Die Grundformen der Straftat

Literatur: Behrendt, Die Unterlassung im Strafrecht, 1979; *Bloy,* Finaler und sozialer Handlungsbegriff, ZStrW 90 (1978), 609 ff; *Engisch,* Der finale Handlungsbegriff, in: FS Kohlrausch, 1944, S. 141 ff; *ders.,* Tun und Unterlassen, in: FS Gallas, 1973, S. 163 ff; *Herzberg,* Die Unterlassung im Strafrecht und das Garantenprinzip, 1972; *Hoyer,* Strafrechtsdogmatik nach Armin Kaufmann, 1997; *Hirsch,* Der Streit um Handlungs- und Unrechtslehre, insbesondere im Spiegel der Zeitschrift für die gesamte Strafrechtswissenschaft, ZStrW 93 (1981), 831 ff, 94 (1982) 239 ff; *Jakobs,* Der strafrechtliche Handlungsbegriff, 1992; *Jescheck,* Der strafrechtliche Handlungsbegriff in dogmengeschichtlicher Entwicklung, in: FS Eb. Schmidt, 1961, S. 139 ff; *Armin Kaufmann,* Die Funktion des Handlungsbegriffs im Strafrecht, in: Strafrechtsdogmatik zwischen Sein und Wert, 1982, S. 21 ff; *Arthur Kaufmann,* Die finale Handlungslehre und die Fahrlässigkeit, JuS 7 (1967) 145 ff; *Kindhäuser,* Intentionale Handlung, 1980; *Krümpelmann,* Motivation und Handlung im Affekt, in: FS Welzel, 1974, S. 327 ff; *Küpper,* Grenzen der normativierenden Strafrechtsdogmatik, 1990; *Maihofer,* Der soziale Handlungsbegriff, in: FS Eb. Schmidt, 1961, S. 156 ff; *Radbruch,* Der Handlungsbegriff in seiner Bedeutung für das Strafrechtssystem, 1904; *Schewe,* Reflexbewegung – Handlung – Vorsatz, 1972; *Schmidhäuser,* Was ist aus der finalen Handlungslehre geworden?, JZ 1986, 109 ff; *Eb. Schmidt,* Soziale Handlungslehre, in: FS Engisch, 1969, S. 339 ff; *Stratenwerth,* Unbewußte Finalität?, in: FS Welzel, 1974, S. 289 ff; *Welzel,* Um die finale

---

1 Näher *Engisch,* SJZ 1946, 332; 1948, 660.

Handlungslehre, 1949; *E. A.Wolff,* Der Handlungsbegriff in der Lehre vom Verbrechen, 1964.

Die Zweiteilung nach § 12 gliedert die Straftaten rein äußerlich. Sie 1 setzt immer schon voraus, dass sich eine bestimmte Verhaltensweise als Delikt darstellt. Die eigentlichen Grundbegriffe des Strafrechts aber haben eine sachliche Funktion. Sie sollen strafbares Verhalten nicht nur formal klassifizieren, sondern zugleich seine wesentlichen Eigenschaften bezeichnen. Die Definition kann daher nicht am Anfang stehen. Sie erwächst erst aus der Auseinandersetzung mit den Sachfragen der strafrechtlichen Zurechnung, und sie ist stets als eine vorläufige zu begreifen, die erst durch ihre juristischen Konsequenzen bestätigt oder widerlegt werden kann. Die nachfolgende Darstellung zunächst der auf die Grundformen deliktischen Verhaltens bezogenen strafrechtlichen Grundbegriffe bedeutet infolgedessen nur eine erste Orientierung.

A. Der strafrechtliche Handlungsbegriff

Allgemein anerkannt, weil nahezu selbstverständlich, ist heute, dass 2 strafrechtlich sanktionierte Verbote oder Gebote nicht weiter reichen können als die Fähigkeit des Menschen, in Geschehensabläufe handelnd einzugreifen. Unvorhersehbares oder Unvermeidbares lässt sich weder untersagen noch fordern. Das Strafrecht kann daher nicht den Verlust oder die Gefährdung von Rechtsgütern schlechthin verhindern, sondern allenfalls bestimmte, sozial schädliche oder unerwünschte menschliche Verhaltensweisen bekämpfen. Daraus folgt die Aufgabe, die Eigenheiten strafrechtlich relevanten menschlichen Verhaltens näher zu bestimmen. Geführt wird die entsprechende wissenschaftliche Diskussion seit mehr als 150 Jahren, unter dem bedeutenden Einfluss zunächst von *Hegels* Rechtsphilosophie (vgl. oben § 1 Rn. 5) und der Hegel-Schule, vornehmlich als eine solche über den strafrechtlichen Begriff der »*Handlung*«. Er gilt ganz überwiegend bis zur Gegenwart als ein Grundbegriff des Strafrechtssystems.

Dabei war und ist die Vorstellung maßgebend, mit dem Handlungs- 3 begriff das eigentliche Substrat der strafrechtlichen Zurechnung zu bezeichnen, auf das sich die auf den Stufen des Verbrechensaufbaus näher zu entwickelnden Wertungen (unten § 7) sämtlich beziehen. Das Bemühen, einen solchen Begriff zu finden, hat inzwischen, in einer längst

73

unübersehbar gewordenen Literatur, eine Vielzahl von Ansätzen und Definitionen hervorgebracht, über die zum Teil erbittert gestritten worden ist. Die dogmengeschichtliche Entwicklung hat jedoch, so wesentlich die in ihrem Verlauf gewonnenen Einsichten sind, gezeigt, dass die Aufgabe in dieser Form nicht zu lösen ist. Die vorliegende Darstellung wird sich deshalb darauf beschränken, anhand der wichtigsten Versionen des Handlungsbegriffs zu zeigen, was sie leisten oder geleistet haben und was sie nicht leisten können.

I. Der kausale Handlungsbegriff

4   Unter dem überragenden Einfluss der Naturwissenschaften hat auch die Strafrechtslehre um die Wende vom 19. zum 20. Jahrhundert zunächst versucht, die menschliche Handlung als äußerlich-naturhaften Prozess zu fassen: als »willkürliche Verursachung oder Nichthinderung einer Veränderung in der Außenwelt«, wobei die »Willkür« nur »denjenigen psychophysischen Akt« bezeichnen sollte, »durch welchen die Anspannung der Muskeln erfolgt« oder unterbleibt[2]. Dass dem Strafrecht damit sein eigentlicher Gegenstand abhanden käme, weil eine Beleidigung etwa, so gesehen, nur aus einer »Reihe von Kehlkopfbewegungen, Schallwellenerregungen, Gehörreizungen und Gehirnvorgängen« bestünde, ist häufig eingewendet worden: »Der sprachliche Sinn und die soziale Bedeutung der Beleidigung bliebe ganz außerhalb des so konstruierten Begriffs«[3]. Trotzdem findet sich die Handlung auch heute noch gelegentlich als »willensgetragenes« »körperliches Verhalten« definiert, welche Begriffsbestimmung »Tun« und »Nichttun« in gleicher Weise umfassen soll[4].

5   Ein solcher Begriff der Handlung, von seinen Gegnern »naturalistisch« oder »kausal« genannt, wird vor allem mit dem Argument verteidigt, dass er für *alle* Straftaten Gültigkeit haben müsse. Er kann dieses Ziel aber nur um den Preis erreichen, zu einem »blutleeren Gespenst«[5] zu werden, das keinerlei sinnvolle Funktion mehr erfüllt. Da er sich auf alle körperlichen Zustände (der Aktivität oder Passivität) erstreckt, die

2 *v. Liszt*, Lehrbuch des deutschen Strafrechts, 10. Aufl. 1900, S. 102 ff.
3 So zuerst *Radbruch*, Zur Systematik der Verbrechenslehre, in: FS Frank, Bd. 1, 1930, S. 161.
4 *Baumann/Weber/Mitsch*, § 13 Rn. 8 ff.
5 *Beling*, Die Lehre vom Verbrechen, 1906, S. 17.

auf einem Willensakt beruhen, hindert er nicht, praktisch *jeden* strafrechtlich relevanten Erfolg auf *jedermanns* Verhalten (zumindest in Gestalt der Nichthinderung) zurückzuführen. Auf die Vorhersehbarkeit
oder Vermeidbarkeit des Geschehensablaufs kommt es hier nicht im ge-
ringsten an. Ein kausaler Handlungsbegriff taugt daher im Grunde nur
noch dazu, völlig vom Willen unabhängige Verhaltensweisen, wie Re-
flexbewegungen oder Reaktionen im Zustand völliger Bewusstlosigkeit,
aus dem Strafrecht auszuscheiden (wozu es keines großen theoretischen
Aufwandes bedürfen sollte). Eine substantielle Umschreibung menschlicher Lebensäußerungen, an die soziale Wertungen anknüpfen können,
enthält er nicht. Für die überwiegende Lehre gilt er deshalb heute als
überholt.

II. Der finale Handlungsbegriff

In schroffem Gegensatz zum kausalen ist vor allem von *Welzel* der so-   6
genannte »finale« Handlungsbegriff entwickelt worden. Menschliches
Handeln ist danach ein vom zwecktätigen Willen beherrschtes, final –
auf ein Ziel – gesteuertes Geschehen. Seine Struktur zeigt sich am deutlichsten bei der bis in ihre Einzelheiten rational durchformten Willens-
handlung: An deren Anfang steht eine durch Triebe, Strebungen und
Interessen vermittelte Zielvorstellung, gefolgt von der Auswahl der zur
Verwirklichung des Ziels als geeignet erscheinenden Mittel, der Abwägung möglicher Nebenfolgen und schließlich vom Handlungsentschluss, der sodann durch Einsatz der gewählten Mittel in die Tat umge-
setzt wird[6]. Zu fragen ist zunächst, ob diese Umschreibung zu strafrechtlich sinnvollen Abgrenzungen führt.

Gerade für das Strafrecht erlangen vielfach Verhaltensweisen Bedeutung, die   7
jenem »Ideal«bild der Finalsteuerung nicht entsprechen. Zu denken ist insbesondere an Fälle, in denen etwa hochgradige *affektive oder triebhafte Erregung*
das Bewusstsein der Handlungssituation einengt oder den Prozess der Willensbildung bis zum »Kurzschluss« denaturiert. Ob das Verhalten noch *bewusst* gesteuert oder »gewollt« ist, ist hier zweifelhaft; es kann jedenfalls ohne
»willentlich-bewusste Vorplanung in Gang gesetzt werden«[7]. Überdies gibt es
automatisierte Verhaltensabläufe, wie z. B. die Reaktionen des geübten Auto-

6 Im einzelnen *Welzel*, S. 33 ff.
7 *Krümpelmann*, in: FS Welzel, 1974, S. 335 f; vgl. BGH NStZ 1988, 175; *Jescheck*,
   Handlungsbegriff, S. 148; *Platzgummer*, Die Bewußtseinsform des Vorsatzes,
   1964, S. 92 f; *Schewe*, S. 31 ff.

fahrers, bei denen außer Frage steht, dass sie weitgehend ohne bewusste Steuerung stattfinden (und sich höchstens durch eine gegenläufige Steuerung »ausschalten« lassen). Hier fehlt jedes Willensmoment im herkömmlichen Sinne der Handlungslehren[8]. Das bedeutet jedoch nicht, dass das Modell der rational durchformten Handlung in solchem Falle entbehrlich wäre oder gar versagen würde[9], sondern nur, dass es nicht *schematisch* auf alle strafrechtlich zurechenbaren Verhaltensweisen übertragen werden kann. *Jede* Handlungslehre sollte gestatten, solche Verhaltensabläufe, die als »personale« Antwort auf die Situation erscheinen (und deshalb strafrechtlich relevant sind), gegen (körperliche) Reaktionen abzugrenzen, die unmittelbar durch einen das Nervensystem treffenden Reiz ausgelöst werden und, als bloße Reflexe (oben Rn. 5), von vornherein keine strafrechtliche Haftung begründen können. Dies vermag allein das Kriterium der Finalsteuerung zu leisten: Auch die *unbewusst* gesteuerte Handlung ist immerhin *gesteuert*, und zwar in einer Weise, die ebenso bewusst erfolgen *könnte*[10]. Deshalb und nur deshalb ist es sinnvoll, sie – als möglichen Gegenstand strafrechtlicher Wertung – in den Handlungsbegriff einzubeziehen.

8   Zu bedenken ist weiterhin, dass nicht nur solche Erfolge strafrechtlich relevant sein können, auf die das Verhalten des Täters abzielte oder final gesteuert war, wie das einfache Beispiel eines durch überhöhte Geschwindigkeit verursachten Verkehrsunfalls zeigt. Auch das wird seit jeher und nach wie vor für einen Einwand gegen den finalen Handlungsbegriff gehalten[11]. Es besagt jedoch wiederum nur, dass unvorsichtiges oder leichtsinniges Verhalten nicht dem Modell der bewussten Finalsteuerung unterworfen werden kann. Es besagt hingegen *nicht*, dass dieser Maßstab hier entbehrlich wäre: Eine strafrechtliche Haftung für den Unfall kommt offenbar überhaupt nur in Betracht, wenn der Autofahrer immerhin die *Möglichkeit* gehabt hätte, den Geschehensablauf, den er de facto nicht beherrscht hat, unter Kontrolle zu halten, den Erfolg also zu vermeiden. Sie kann danach schon an die bloße *Fähigkeit* des Menschen anknüpfen, Geschehensabläufe in bestimmten Grenzen zu steuern und zu beherrschen. Das gilt schließlich auch dort, wo der *Verzicht* auf handelndes Eingreifen, wie etwa auf Rettungsmaßnahmen bei einem Unglücksfall, zur Diskussion steht. Nicht wirkliche, sondern »potentielle« Finalität bildet in solchen Fällen die Grundlage und die äußerste Grenze der strafrechtlichen Zurechnung. Das wird im Einzelnen noch darzustellen sein.

---

8 *Schewe*, S. 34 ff; *Jakobs*, Studien, S. 76 ff.

9 Wie vielfach behauptet wird: *Baumann/Weber/Mitsch*, § 13 Rn. 69; *Arthur Kaufmann*, JuS 1967, S. 151 f; *ders.*, in: FS H. Mayer, 1966, S. 109 ff; *Leferenz*, ZStrW 70 (1958) 38 f; *Schewe*, S. 47 ff.

10 Vgl. das Beispiel einer in äußerster affektiver Erregung ausgeführten Tötungshandlung, die zwar »von keinem gezielten Willen gelenkt«, aber eben doch auf die Vernichtung des Opfers gerichtet ist (BGHSt 11, 20).

11 So schon *Engisch*, in: FS Kohlrausch, 1944, S. 158 ff; ferner u. a. *Baumann/Weber/Mitsch*, § 13 Rn. 74 ff; *Jescheck*, Handlungsbegriff, S. 148 f, m.w.N.; *Arthur Kaufmann*, JuS 1967, 146 ff.

Es ist die spezifische Leistung eines auf die Finalität abstellenden 9
Handlungsbegriffs, die sachlichen Kriterien zu vermitteln, mit deren
Hilfe sich strafrechtlich relevantes menschliches Verhalten aus der unabsehbaren Vielfalt nicht beherrschbarer Geschehensabläufe herausheben lässt. Strafrechtlich zurechenbar sind immer nur solche Vorgänge,
bei denen zumindest die *Möglichkeit* bestanden hat, sie durch finales
Handeln zu beeinflussen. Dies ist der eigentliche Angelpunkt der sogenannten finalen Handlungslehre, und darüber dürfte heute auch praktisch Einigkeit bestehen. Zugleich aber sollte deutlich sein, dass ein finaler Handlungsbegriff dank seiner inhaltlichen Bestimmtheit *nicht* die
Funktion erfüllen kann, das allen strafrechtlich relevanten Verhaltensweisen *gemeinsame* (reale) *Substrat* zu umschreiben, also den *Oberbegriff* dieser Verhaltensweisen zu bilden. Wer das vom Handlungsbegriff
verlangt, muss notwendigerweise von den einzelnen Erscheinungsformen menschlichen Verhaltens abstrahieren, die auch und gerade in ihrer
Verschiedenheit Gegenstand der strafrechtlichen Wertung sein können.

III. Weitere Handlungsbegriffe

Die Lehre hat deshalb immer erneut den Versuch unternommen, einen 10
Handlungsbegriff zu entwickeln, der zwar die Inhaltsleere seiner natu-
ralistischen Fassung vermeidet, aber doch weit genug ist, um die Vielfalt
möglicher Varianten strafbaren Verhaltens zu umfassen. Diskutiert
werden diese Ansätze hauptsächlich in zwei Versionen.

1. Dabei geht es zum ersten um den »*sozialen*« Handlungsbegriff, der 11
freilich seinerseits in (mindestens zwei) wesentlich verschiedenen Fas-
sungen begegnet.

Eine soziale Handlungslehre ist zunächst von *Eb. Schmidt* mit dem 12
erklärten Ziel entwickelt worden, die strafrechtlich relevante Handlung
als »funktionale soziale Sinneinheit« zu erfassen (und dadurch beispielsweise kunstgerechtes ärztliches Handeln von einer bloßen Körperverletzung abzugrenzen)[12]. Diesen Ansatz hat insbesondere *Jescheck*
zu einer umfassenden Synthese der verschiedenen Handlungsbegriffe

---

12 Eingehend in: FS Engisch, 1969, S. 339 ff; andeutungsweise aber schon in: Die
   militärische Straftat und ihr Täter, 1935, S. 22 f mit Anm. 45; Der Arzt im Strafrecht, 1939, S. 75.

weiterzuführen versucht[13]: Handlung soll danach »sozialerhebliches menschliches Verhalten«, Verhalten »jede Antwort des Menschen auf eine erkannte oder wenigstens erkennbare Situationsanforderung durch Verwirklichung einer ihm zu Gebote stehenden Reaktionsmöglichkeit« sein[14]. Damit ist zwar eine Formel gefunden, die in der Tat auf alle Erscheinungsformen strafbaren Verhaltens passt, dies aber um den Preis, gerade nicht von »konkreter Inhaltlichkeit« zu sein[15]. Das einzige sachhaltige Kriterium, das sie liefert, ist das der »zu Gebote stehenden« Verhaltensmöglichkeit, also das der Beherrschbarkeit des Geschehens. Was dies wirklich bedeutet, entscheidet sich erst im Blick auf die jeweilige äußere und innere Situation des Täters.

13   Nicht wesentlich anders liegt es bei dem »*personalen*« Handlungsbegriff *Roxins*[16]: Die Definition der Handlung als »Persönlichkeitsäußerung« gewinnt allein in ihrer Konkretisierung realen Gehalt. Die Abgrenzungen, die aus ihr folgen sollen, sind identisch mit denjenigen, die das Kriterium der Beherrschbarkeit vermittelt[17].

14   Dem entspricht es, wenn *Engisch*, in einer anderen Version des sozialen Handlungsbegriffs, neutraler formuliert: Handeln sei »das willkürliche Bewirken objektiv bezweckbarer Folgen seitens eines Menschen«[18] oder, wie es später bei *Maihofer* heißt, »bezweckbares Verhalten mit objektiv berechenbarem sozialem Erfolg«[19]. So gefasst, widerspricht der soziale dem finalen Handlungsbegriff, entgegen verbreiteter Auffassung, in der Sache nicht, insofern er nur eine durchaus andere Funktion als dieser erfüllen, nämlich den kleinsten gemeinsamen Nenner aller Spielarten strafrechtlich relevanten Verhaltens bezeichnen soll: Innerhalb der Grenze des *Bezweckbaren* liegt, wie ohne weiteres ersichtlich, sowohl der tatsächlich bezweckte wie der bloß vermeidbare Geschehensablauf, und dies ohne Rücksicht darauf, ob der Täter handelnd eingegriffen oder solchen Eingriff gerade unterlassen hat. Nur hat

13 Näher in: FS Eb. Schmidt, 1961, S. 151 ff; kritisch *Bloy*, S. 629 ff.
14 *Jescheck/Weigend*, S. 223; ähnlich *E. A. Wolff*, S. 16, 29 ff; kritisch *Küpper*, S. 61 ff.
15 Wie dies *Jescheck*, in: FS Eb. Schmidt, 1961, S. 153, in Anspruch nimmt; kritisch auch *Puppe*, NK, Rn. 64 f vor § 13.
16 AT, § 8 Rn. 42 ff. Weitgehend deckungsgleich ist auch der Begriff der »intentionalen Handlung« im Sinne *Kindhäusers*, S. 175 f, 211; dazu kritisch *Küpper*, S. 63 ff.
17 *Roxin*, § 8 Rn. 57 ff.
18 In: FS Kohlrausch, 1944, S. 164.
19 In: FS Eb. Schmidt, 1961, S. 182.

diese Bezweckbarkeit eben kein reales Substrat – sie ist ein *bloßer* Oberbegriff.

2. Unter diesen Umständen ist es nur folgerichtig, wenn die Vertreter 15 eines »*negativen*« Handlungsbegriffs von vornherein auf den Anspruch verzichten, damit eine sachliche Aussage zu verbinden: Bei ihnen geht es nur noch um die Vermeidbarkeit als solche, sei es, dass das strafrechtlich relevante Verhalten als »vermeidbares Nichtvermeiden« (in Garantenstellung)[20], oder sei es, dass es als »die Vermeidbarkeit einer Erfolgsdifferenz«[21] definiert wird. Auch wenn man über das Kriterium der strafrechtlichen Zurechnung, das damit benannt wird, sinnvollerweise nicht streiten kann, hat der Handlungsbegriff hier jeden Realitätsgehalt verloren: Mit dem Mord als vermeidbarem Nichtvermeiden der eigenen Tat, als vermeidbarer Erfolgsdifferenz ist das Verbrechen zum reinen Abstraktionsprodukt geworden.

B. Grundunterscheidungen

Der verschiedenartigen Beziehung, die, wie schon angedeutet, zwischen 16 der Möglichkeit finaler Handlungssteuerung und dem strafrechtlich relevanten Geschehensablauf bestehen kann, entspricht die Unterscheidung mehrerer Grundformen der Straftat.

I. Handeln und Unterlassen

Eine erste grundsätzliche Alternative liegt zunächst in der Differenz, 17 dass man entweder handeln oder zu handeln unterlassen kann. Im ersten Falle wird versucht, die Sachlage durch einen Eingriff zu ändern (mag die Änderung auch, wie bei einer Beleidigung, lediglich unter normativen Gesichtspunkten feststellbar sein). Im anderen Falle unterbleibt der ändernde Eingriff, und zwar möglicherweise deshalb, weil das Geschehen schon von sich aus auf ein erwünschtes Ergebnis hinausläuft. Beide Formen des Verhaltens gehören in gleicher Weise der Wirklich-

---

20 *Herzberg*, S. 177; *ders.*, JZ 1988, 576 ff; *Behrendt*, S. 130 ff; kritisch etwa *Roxin*, § 8 Rn. 35 ff.
21 *Jakobs*, 6/32.

keit an[22], und beide können strafrechtlich bedeutsam sein: die Handlung, wenn sie auf einen rechtlich negativ bewerteten Erfolg abzielt und deshalb verboten ist, die Unterlassung, wenn zur Abwendung eines solchen Erfolges zu handeln geboten ist. Beide Male kann auch der gleiche Erfolg eintreten, etwa der Tod eines Menschen, herbeigeführt durch einen gezielten Schuss oder aber dadurch, dass eine Lebensgefahr nicht abgewendet wird. Trotzdem ist die Unterscheidung von aktivem Handeln («positivem Tun») und Unterlassen im Hinblick auf die Voraussetzungen der strafrechtlichen Haftung sinnvoll und notwendig.

18   Das *Verbot*, rechtlich geschützte Güter oder Interessen zu beeinträchtigen, steht systematisch im Vordergrund. Das *Gebot*, zugunsten solcher Güter oder Interessen tätig zu werden, spielt demgegenüber eine verhältnismäßig untergeordnete Rolle. Unsere soziale und rechtliche Ordnung beruht weitgehend auf dem Grundsatz, dass jedermann im eigenen Herrschafts- oder Verantwortungsbereich selbst und ausschließlich zuständig, »autonom« sei[23]. Daraus ergibt sich einerseits das prinzipielle Verbot, in den Verantwortungsbereich eines anderen einzugreifen und seine Rechtsgüter zu beeinträchtigen. (Sogar die unerbetene Hilfe wird in aller Regel als unerwünschte Einmischung erscheinen.) Andererseits folgt aus dem Grundsatz der Eigenverantwortung aber auch, dass sich die Pflicht, für fremde Interessen oder Güter zu sorgen, auf Ausnahmefälle beschränken muss. Es kann nicht jedermann verpflichtet sein, für jedes anderen Rechtsgüter einzutreten. Die ganz überwiegende Zahl der Strafvorschriften des StGB richtet sich deshalb gegen aktives, schützenswerte Interessen verletzendes oder gefährdendes Handeln. Nur vereinzelt bedroht das Gesetz ausdrücklich das Unterlassen mit Strafe (vgl. etwa §§ 138, 170, 225). In weiteren Fällen kann es zwar dem aktiven Handeln gleichgestellt werden, aber nur dann, wenn den Täter ausnahmsweise die Pflicht trifft, für fremde Rechtsgüter einzustehen (§ 13). Ein *allgemeines*, bezeichnenderweise erst 1935 strafrechtlich sanktioniertes Gebot der Hilfeleistung besteht demgegenüber nur bei »Unglücksfällen oder gemeiner Not oder Gefahr« (§ 323c). Auch im Übrigen ergeben sich wesentliche dogmatische Abweichungen aus dem Umstand, dass die Handlung den strafrechtlich bedeutsamen

---

22 *Puppe*, NK, Rn. 63 vor § 13.
23 Diesen Grundsatz kann man nicht nur dadurch, dass er dem »außerrechtlich-gesellschaftlichen Normensystem« entspricht, sondern auch mit dem Hinweis auf das »individualistische Element im Menschenbild des Grundgesetzes« legitimieren (*Stein*, Die strafrechtliche Beteiligungsformenlehre, 1988, S. 233 f).

Erfolg *herbeiführt* (oder darauf abzielt), während die Unterlassung ihn lediglich *nicht verhindert*. Das wird noch eingehend zu erörtern sein.

Die dem finalen Handlungsbegriff entsprechende Trennung des Handelns 19
und des Unterlassens als zweier Grundformen der Straftat bedeutet nicht, dass die Finalität beim Unterlassungsdelikt bedeutungslos wäre. Zwar wird hier eine (gebotene) Handlung gerade *nicht* vorgenommen. Aber es ist eine *Handlung*, deren Nichtvornahme den Kern des Unterlassungsdelikts bildet, und diese gebotene, aber unterlassene Handlung kann nicht anders beschaffen sein als eben eine Handlung. Wirkliche und mögliche Handlungen unterscheiden sich nicht in ihrer Struktur, sondern allein im Seinsmodus. Das hat gewichtige praktische Konsequenzen. Den Ansatzpunkt der strafrechtlichen Zurechnung vermag nämlich, beim Unterlassungsdelikt, nicht schon das unbestimmte »Nichtstun« oder bloße Nicht-Hindern des Erfolgs zu bilden; das wäre eine Ausdehnung ins Uferlose. Vielmehr muss von vornherein die *konkrete* (erfolgsabwendende) Handlung bezeichnet werden, deren Unterlassung das Delikt bilden soll: Nur wenn der Täter eine so bestimmte Handlung vorzunehmen fähig gewesen wäre, kann man sagen, er habe den Erfolg durch sein Verhalten »herbeigeführt«. Ob und wie jemand jedoch handelnd hätte eingreifen können, beurteilt sich nach der Eigenart menschlichen Handelns. Insofern bildet der Handlungsbegriff auch beim Unterlassungsdelikt die Grundlage der Zurechnung.

II. Vorsatz und Fahrlässigkeit

Geht es beim finalen Handlungsbegriff entscheidend um die Frage, wel- 20
che Geschehensabläufe beherrschbar und deshalb allein möglicher Gegenstand strafrechtlicher Regelung sind, so liegt es nahe, eine weitere prinzipielle Unterscheidung danach zu treffen, ob der Täter das Geschehen wirklich beherrscht, bewusst final gesteuert hat oder nur hätte beherrschen *können*. Dann müssen etwa die »gewollte« und die »ungewollte« Tötung eines Menschen von vornherein verschiedenen Grundformen der Straftat zugewiesen werden. Es geschieht das durch die Trennung von Vorsatz- und Fahrlässigkeitsdelikt.

Es gehörte anfangs zu den Grundregeln der finalen Handlungslehre, dass der 21
Vorsatz nichts anderes als der auf Tatbestandsverwirklichung gerichtete finale Handlungswille sei[24]. Gibt es jedoch auch unbewusste Finalität (oben Rn. 7), so kann die Unterscheidung von Vorsatz und Fahrlässigkeit nicht *allein* mit Hilfe der Finalität vorgenommen werden. Man denke nur an den schon erwähnten Fall, dass etwa eine im höchsten Affekt einsetzende Gewaltanwendung zwar

---

24 Vgl. *Welzel*, S. 64 f; *Armin Kaufmann*, ZStrW 70 (1958), 64 f; anders aber schon *Jakobs*, Studien, S. 114 ff.

auf die Rechtsverletzung, den Tod des Opfers, *gerichtet*, dieser Erfolg aber nicht (bewusst) gewollt ist. Will man hier nicht auf die Finalsteuerung als solche abstellen[25] und damit die seltsame Figur eines »unbewussten« Vorsatzes kreieren, so kann der Vorsatz – wie schon bisher – nur als *bewusste* Finalsteuerung verstanden werden.

22   Für das Fahrlässigkeitsdelikt ergibt sich daraus unter dem Gesichtswinkel der Finalität zunächst eine negative Feststellung: Handlung und Erfolg werden *nicht* durch das Band bewusster Finalsteuerung miteinander verknüpft. Zwar kann die Handlung, die den Erfolg herbeiführt, als solche durchaus zielgerichtet sein: Wer leichtsinnig Auto fährt und dabei einen Unfall verursacht, »will« etwas: sicherlich Auto fahren, vielleicht auch einen anderen Ort rasch erreichen, und dies möglicherweise im Bewusstsein der Risiken, die er eingeht. Aber er »will« nicht den Unfall: Die Beziehung zwischen der Handlung und dem strafrechtlich relevanten Erfolg ist, anders als beim Vorsatzdelikt, nicht die der (bewussten) Finalität, sondern allenfalls die der Verursachung, der Kausalität. Darauf stützt sich der schon erwähnte Einwand, der finale Handlungsbegriff versage beim Fahrlässigkeitsdelikt. Die strafrechtliche Wertung kann sich jedoch auch hier nicht auf die bloße Verursachung des Erfolges als solche beziehen. Sie würde sonst Geschehensabläufe erfassen, die jenseits aller menschlichen Voraussicht und Gestaltungsmacht liegen. Soll die Haftung aber auf die *vermeidbare* Gefährdung oder Verletzung geschützter Interessen beschränkt werden, so kommt es wiederum entscheidend auf die Fähigkeit an, den Geschehensablauf zu steuern. Dann ist einerseits nach der *realen* Handlung zu fragen, die den Unrechtserfolg herbeigeführt hat, zum Beispiel danach, ob die überhöhte Geschwindigkeit des Autos im Augenblick des Unfalls gewollt oder etwa dem Versagen der Bremsen zuzuschreiben war. Diesem realen Handeln muss andererseits das *gebotene* gegenübergestellt werden, dasjenige Verhalten also, das in einer solchen Situation dem erforderlichen Maß an Sorgfalt entsprochen hätte und deshalb »richtig« gewesen wäre. Eine strafrechtliche Haftung kommt nur in Betracht, wo beide sich nicht decken. Reales wie gebotenes Verhalten aber lassen sich wiederum nicht als reine Kausalprozesse, sondern eben allein als menschliches, final gesteuertes oder zu steuerndes Handeln angemessen umschreiben[26].

25 So in der Tat *Schewe*, S. 110.
26 In der Sache übereinstimmend *Jakobs*, 6/27.

Entsprechendes gilt für das fahrlässige *Unterlassungsdelikt*. Es hat mit dem fahrlässigen Handlungsdelikt gemeinsam, dass die gebotene Handlung unterbleibt (so, wenn etwa ein Bahnbeamter vergisst, rechtzeitig Weichen zu stellen). Doch wird beim Handlungsdelikt eine unter bestimmten Sorgfaltsanforderungen stehende Handlung tatsächlich, wenn eben auch unsorgfältig, vorgenommen, beim Unterlassungsdelikt nicht. Die gebotene Handlung kann hier infolgedessen nicht mit einer realen verglichen, sondern nur gefragt werden, ob der Täter sie vorzunehmen *fähig* war. Das ist dieselbe Fragestellung wie beim vorsätzlichen Unterlassungsdelikt (oben Rn. 19). Der Handlungsbegriff dient auch insoweit als Maßstab der Zurechnung.

III. Es sind demzufolge *vier Grundformen* der Straftat zu unterscheiden: die 23 des vorsätzlich und des fahrlässig begangenen Handlungs- und die des vorsätzlich und des fahrlässig begangenen Unterlassungsdeliktes. Die nachfolgende Darstellung beginnt mit dem vorsätzlichen Handlungsdelikt als der Regelform der Straftat (2. Kapitel), widmet sich sodann dem vorsätzlichen Unterlassungsdelikt (3. Kapitel) und schließlich dem fahrlässigen Handlungs- und Unterlassungsdelikt (4. Kapitel). Zuvor sind allerdings noch die Wertungsstufen vorzustellen, in die nach heutiger Lehre die Elemente der Straftat, in allen ihren Erscheinungsformen, aufgegliedert werden.

§ 7 Die Stufen des Verbrechensaufbaus

Literatur: Engisch, Der Unrechtstatbestand im Strafrecht, in: Festschrift zum hundertjährigen Bestehen des Deutschen Juristentages, 1960, Bd. I, S. 401 ff; *H.-L Günther*, Strafrechtswidrigkeit und Strafunrechtsausschluss, 1983; *Schild*, Die »Merkmale« der Straftat und ihres Begriffs, 1979; *Schünemann*, Einführung in das strafrechtliche Systemdenken, in: ders. (Hrsg.), Grundfragen des modernen Strafrechtssystems, 1984, S. 1 ff; *Volk*, Entkriminalisierung durch Strafwürdigkeitskriterien jenseits des Deliktsaufbaus, ZStrW 97 (1985), 871 ff; *J. Wolter*, Zur Dogmatik und Rangfolge von materiellen Ausschlussgründen, Verfahrenseinstellung, Absehen und Mildern von Strafe, in: Wolter/Freund (Hrsg.), Straftat, Strafzumessung und Strafprozess im gesamten Strafrechtssystem, 1996, S. 1 ff.

Die Strafbarkeit eines Verhaltens hängt von zahlreichen Bedingungen 1 ab, die sich zum ersten aus dem rechtsstaatlichen Erfordernis der gesetzlichen Strafdrohung (oben § 3 Rn. 2 ff), zum anderen aus der prinzipiellen Beschränkung des Strafrechts auf vorwerfbares Verhalten (oben § 1 Rn. 6, 31) und endlich aus dem Grundsatz ergeben, dass nur die kriminalpolitisch unerlässliche Strafe zu rechtfertigen ist (oben § 1 Rn. 15). Diese Bedingungen stehen untereinander in einer bestimmten Folgeordnung. Das Verhalten muss, als allererste Voraussetzung jeder strafrechtlichen Haftung, die in der gesetzlichen Strafdrohung umschriebenen Merkmale aufweisen. Es muss überdies im Widerspruch zur Rechtsordnung stehen, was aus der Verwirklichung des durch die Strafdrohung erfassten Sachverhalts schon deshalb nicht immer folgt, weil das im Regelfalle verbotene Verhalten in besonderen Situationen ausnahmsweise zulässig sein kann, wie z. B. die Tötung eines Menschen in Notwehr. Eine Bestrafung setzt ferner voraus, dass das strafrechtlich relevante Unrecht auch schuldhaft begangen worden ist, und damit sind weitere Anforderungen, z. B. an die geistige Gesundheit des Täters, verbunden (ganz ebenso wie mit den zusätzlichen Erfordernissen, die für strafrechtliche Maßregeln gelten). Schließlich kann das Strafbedürfnis trotz rechtswidriger und schuldhafter Verwirklichung eines Straftatbestandes auch unter Zweckgesichtspunkten entfallen, beispielsweise deshalb, weil eine ernstere Störung der Rechtsordnung ausbleibt. Es sind also verschiedene Gruppen, in die sich die Voraussetzungen der Strafbarkeit aufgliedern. Sie bilden die strafrechtlichen Wertungsstufen und, systematisch einander zugeordnet, den sogenannten Verbrechensaufbau, der in seiner heutigen, grundsätzlich die drei Stufen des Tatbestandes, der Rechtswidrigkeit und der Schuld umfassenden Gestalt von *Franz v.Liszt*[1] und *Ernst Beling*[2] geschaffen worden ist.

A. Der Tatbestand

2   Der Begriff des Tatbestandes geht historisch auf den des »corpus delicti« zurück, der sich erstmals bei *Farinacius* (1581) nachweisen lässt. Als »corpus delicti« wurde zunächst die Gesamtheit der äußeren Spuren eines begangenen Verbrechens, später – im 18. und frühen 19. Jahrhundert – die Gesamtheit der Merkmale bezeichnet, die zu einem bestimmten Verbrechen gehören. Erst *Beling* hat dem »Tatbestand« die selbständige Rolle im Verbrechensaufbau zugewiesen, die es gestattet, ihn der Rechtswidrigkeit und der Schuld gegenüberzustellen. Doch wird der Begriff in mannigfach verschiedener Weise gebraucht.

---

1 Das Deutsche Reichsstrafrecht, 1881.
2 Die Lehre vom Verbrechen, 1906.

Er ist auch unter dogmatischen Gesichtspunkten umstritten. Die nachfolgende Darstellung beschränkt sich auf die Grundlinien.

I. Definitionen

Im juristischen Sprachgebrauch kann als Tatbestand zunächst der *Sach-*   3
verhalt bezeichnet werden, den es rechtlich zu würdigen gilt. Das ist vor allem im Zivilprozess üblich. Im Strafrecht hingegen tritt diese Bedeutung in den Hintergrund. Hier wird der Begriff durchweg auf die rechtlichen Voraussetzungen bezogen, unter denen ein Sachverhalt strafrechtlich bedeutsam ist. Der Tatbestand besteht danach in der (gesetzlichen) *Umschreibung* von Sachverhaltsmomenten, auf die es für das Strafrecht ankommt. Auch dann sind jedoch, je nach dem Bezugspunkt der Begriffsbestimmung, noch mindestens drei verschiedene Tatbestandsbegriffe zu unterscheiden.

Nach seinem weitesten Sinne gehören zum Tatbestand *sämtliche* ma-   4
teriellen Voraussetzungen der Strafbarkeit, also alle Umstände, die das Unrecht, die Schuld und das Strafbedürfnis begründen oder ausschließen (im Gegensatz zu bloßen Prozessvoraussetzungen, von denen die Zulässigkeit allein des Straf*verfahrens* abhängt [unten Rn. 31]). Für eine solche allgemeine Zusammenfassung aber ist der Begriff des Tatbestandes entbehrlich. Spezifische Bedeutung hat er nur, wenn er auf die Beschreibung *bestimmter* Strafbarkeitserfordernisse eingeengt wird, und nur in dieser Bedeutung ist er Gegenstand der besonderen Lehre vom Tatbestand.

Geht man von dem Grundsatz »nullum crimen sine lege« (oben § 3   5
Rn. 2 ff) aus, so wird der Umfang des Tatbestandes durch die *gesetz-* *liche* Regelung der Strafbarkeitsvoraussetzungen bestimmt. Er umfasst dann die gesetzliche Bezeichnung der besonderen Merkmale, die ein Verhalten als Mord, Vergewaltigung, Diebstahl usw. charakterisieren, die gesetzlich geregelten Rechtfertigungs- und Schuldausschließungsgründe, wie Notwehr oder Notstand, die gesetzlichen Erfordernisse der einzelnen Beteiligungsformen, wie Täterschaft oder Anstiftung usf., kurz: alle gesetzlich festgelegten Anforderungen, durch die das strafbare vom straflosen Verhalten abgegrenzt oder die Höhe der Strafdrohung beeinflusst wird. Man spricht insoweit vom *Garantietatbestand* als jener Umschreibung der Verbrechensmerkmale, mittels derer das Strafgesetz seine Garantiefunktion erfüllt.

6   Für die Zwecke der Strafrechtsdogmatik bedarf es jedoch noch eines
anderen Tatbestandsbegriffes. Schon die Aufzählung der vom Garantietatbestand erfassten Voraussetzungen der Strafbarkeit zeigt, dass er
mehrere Wertungsstufen umgreift. Entscheidend ist insoweit eben die
gesetzliche Regelung, und das Gesetz kann bei der Kennzeichnung des
mit Strafe bedrohten Verhaltens Umstände ganz verschiedenen Charakters hervorheben. So wird noch vor jeder genaueren Abgrenzung
von Unrecht und Schuld einleuchten, dass etwa bei einer auf Verlangen
des Opfers begangenen vorsätzlichen Tötung (§ 216) der *Unrechtsgehalt* geringer ist, als wenn der Lebenswille des Betroffenen gebrochen
wird, während durch die Konfliktsituation der Frau beim Selbstabbruch
der Schwangerschaft (§ 218 III) nicht das Unrecht, sondern allein die
Schuld gemindert werden kann. Der Garantietatbestand geht über solche Unterschiede hinweg. Die Systematik des Verbrechensaufbaus aber
erfordert gerade die Trennung der verschiedenen Wertungsstufen und
deshalb einen Begriff des Tatbestandes, der sich ihr einfügt. Er muss einerseits *enger* sein als der Begriff des Garantietatbestandes, unter den
gesetzlich geregelten Voraussetzungen der Strafbarkeit nämlich eine
von Sachgesichtspunkten geleitete Auswahl treffen, und andererseits
weiter reichen, nämlich auch für ungeschriebene Merkmale offen stehen. Das ist der eigentliche Begriff des Tatbestandes (der Tatbestand
»im engeren Sinne«), von dem nun die Rede sein muss.

II. Der Tatbestand i. e. S.

7   Der Tatbestand im engeren Sinne besteht in der Umschreibung des *ver-
bots- oder gebotswidrigen Verhaltens*, auf das eine Strafdrohung sich
bezieht.

8   1. Allen Strafvorschriften liegen Verhaltensnormen zugrunde, Verbote und Gebote, die den Freiheitsraum des Einzelnen begrenzen. Verbote und Gebote aber werden im Strafrecht indirekt formuliert: durch
die Beschreibung der *Zuwiderhandlung*, des verbots- oder gebotswidrigen Verhaltens. Die Norm »Du sollst nicht töten« etwa erhält die Fassung, dass mit Strafe bedroht wird, »wer einen Menschen tötet« (§ 212).
Diesen die Zuwiderhandlung bildenden Sachverhalt bezeichnet man als
die **Verbots- oder Gebotsmaterie.** Die Gesamtheit der ihr zugehörigen
Merkmale (»Tatumstände« [vgl. § 16]) zu benennen, ist die Funktion
des Tatbestandes im eigentlichen Sinne. Verwirklicht ein Verhalten

sämtliche Erfordernisse dieses Tatbestandes, so wird es »*tatbestandsmäßig*« genannt.

Die Tatbestandsmäßigkeit bedeutet nur, dass das Verhalten dem 9 strafrechtlich sanktionierten Verbot oder Gebot widerspricht. Das ist in verschiedener Hinsicht ein vorläufiges Urteil. Es besagt noch nicht, dass das Verhalten (straf)rechtswidrig ist, sondern nur, dass es das sein *könnte*. Die Tatbestände sollen aus der unendlichen Fülle menschlicher Verhaltensweisen zwar diejenigen herausheben, die von der regulären sozialen Ordnung schwerwiegend abweichen. Sie versuchen strafrechtlich relevantes Unrecht typisierend zu erfassen. Aber sie müssen sich dabei so allgemeiner Formulierungen bedienen, dass die Ausnahme vorbehalten sein muss. Selbst die vorsätzliche Tötung eines Menschen kann, wie erwähnt, in bestimmten Extremsituationen rechtmäßig sein. Mit der Tatbestandsmäßigkeit, so ist deshalb genauer zu sagen, wird zwar festgestellt, dass ein bestimmtes Verhalten sämtliche das strafrechtlich relevante Unrecht begründenden Merkmale aufweist. Aber diese Unrechtsindikation kann immer noch entkräftet werden, wenn ein besonderer Rechtfertigungsgrund eingreift. Sie entscheidet im Übrigen erst recht nicht über die weiteren Voraussetzungen der Strafbarkeit, wie insbesondere über die Schuld des Täters: Auch ein geisteskranker und deshalb nicht schuldfähiger Täter (vgl. § 20) kann einen Mord (§ 211) begehen.

2. Dass der Tatbestand im engeren Sinne nur solche Verhaltensmerk- 10 male umfasst, die unter dem Gesichtspunkt eines systematischen Verbrechensaufbaus sachlich zusammengehören, bei einer Gegenüberstellung von Unrecht und Schuld nämlich nur solche, die dem Unrecht zuzurechnen sind, ist heute im Wesentlichen unbestritten. Kontrovers ist dagegen die weitere Frage, ob sich der Tatbestand *nur* auf die das Unrecht **begründenden** Umstände erstreckt oder auch auf solche, die es **ausschließen**. Die Einzelheiten dieser lange Zeit mit erheblichem Aufwand geführten Auseinandersetzung lassen sich hier nur andeuten.

Ein Großteil der Lehre misst der Zuwiderhandlung gegen die straf- 11 bewehrte Norm *selbständige* Bedeutung zu. Tatbestandsmäßiges Handeln falle, so heißt es, aus der normalen sozialen Ordnung schwerwiegend heraus. Es könne zwar unter Umständen durch besondere Erlaubnissätze gedeckt, aber niemals rechtlich gleichgültig, wertneutral, sein, und darin unterscheide es sich von Verhaltensweisen, die von vornherein keinen Straftatbestand erfüllen: Die Tötung eines Menschen habe

auch dann, wenn Notwehr sie rechtfertigt, eine andere rechtliche Bedeutung als die Tötung einer Mücke[3]. Um dieser eigenständigen Rolle
des Widerspruchs zur regulären Verhaltensnorm im Verbrechensaufbau
Rechnung zu tragen, wird der Tatbestand auf diejenigen Tatumstände
beschränkt, die das Unrecht *begründen*, die Frage der Rechtfertigung
eines tatbestandsmäßigen Verhaltens durch entsprechende Erlaubnissätze davon getrennt. Die Tatbestandsmäßigkeit gewinnt den Rang einer
besonderen Wertungsstufe. Das Ergebnis ist ein **dreistufiger** Verbrechensaufbau mit den Stufen der Tatbestandsmäßigkeit, der Rechtswidrigkeit und der Schuld[4].

12   Die Gegenmeinung leugnet, dass der Normwidrigkeit als solcher
sachliches Gewicht zukomme. Die in der Formulierung getrennten Ge-
bots- oder Verbotsnormen und die Erlaubnissätze werden als Einheit
gesehen: Das »an sich« verbotene, aber im Einzelfall erlaubte Verhalten
(z. B. die Tötung in Notwehr) erscheint danach als ebenso unverboten
wie ein Verhalten, das keiner Norm widerspricht. Unbestritten bleibt
zwar der *logische* Vorrang der Frage, ob eine Handlung überhaupt strafrechtliche Normen berührt, vor der anderen, ob ein besonderer Erlaubnissatz eingreift. Doch werden alle für das Unrecht maßgebenden Tatumstände, sowohl diejenigen, die es begründen, wie diejenigen, die es
ausschließen, als *positive* und *negative* Tatbestandsmerkmale in einem
entsprechend weiter gefassten Begriff des Tatbestandes vereinigt. Auf
diese Weise ergibt sich ein **zweistufiger** Verbrechensaufbau, gegliedert
nur in die Elemente des Unrechtstatbestandes und der Schuld[5].

13   Beide Auffassungen lassen sich, obwohl das immer wieder bestritten
worden ist, ohne innere logische Widersprüche durchführen. Für den
Verbrechensaufbau selbst ist der Streit ohne praktische Bedeutung:
Auch bei der zweiten Lehre müssen, wie gesagt, die positiven den negativen Tatbestandsmerkmalen vorangestellt werden. Die Reihenfolge
bleibt also stets dieselbe. Dann aber empfiehlt es sich, zumindest terminologisch dem dreistufigen Verbrechensaufbau zu folgen und zum Tatbestand nur die unrechtsbegründenden (positiven) Tatumstände zu

---

3 *Welzel*, S. 52 ff; *Jakobs*, 6/58; *Armin Kaufmann*, JZ 1955, 39.
4 Vertreten u. a. von *Bockelmann/Volk*, S. 36 ff; *Jescheck/Weigend*, S. 249 ff; *Roxin*,
  § 10 Rn. 19 ff; Schönke/Schröder/*Lenckner*, Rn. 15 ff vor §§ 13 ff.
5 Vertreten u. a. von *Engisch*, S. 406; *Arthur Kaufmann*, JZ 1954, S. 653 ff; *ders.*, JZ
  1956, 353 ff, 393 ff; ursprünglich auch *Roxin*, Offene Tatbestände und Rechts-
  pflichtmerkmale, 2. Aufl. 1970, S. 174 ff.

rechnen. Allein so lassen sich das strafrechtlich von vornherein bedeutungslose und das zwar tatbestandsmäßige, aber nicht rechtswidrige Verhalten terminologisch mühelos auseinanderhalten. Die vorliegende Darstellung verwendet deshalb diesen engen, im allgemeinen Sprachgebrauch ohnehin überwiegenden Begriff des Tatbestandes.

In der Sache selbst geht es, entgegen dem äußeren Anschein, nicht um eine   14
wirkliche Alternative. Dass die Erfüllung eines strafrechtlichen Tatbestandes das Verhalten in aller Regel als irregulär, als außerhalb der normalen Ordnung liegendes Geschehen erscheinen lässt, ist unbestreitbar. Der gesetzliche Tatbestand soll ja möglichst nur solche Verhaltensweisen erfassen, die typischerweise Unrecht sind, und deshalb wird vielfach gesagt, die Tatbestandsmäßigkeit *indiziere* die Rechtswidrigkeit. Tatbestandsmäßige Handlungen sind zweifellos *nicht* wertneutral. Auf der anderen Seite gehören Verbotsnormen und Erlaubnissätze insofern sachlich zusammen, als sie beide das Unrecht betreffen. Das zwar tatbestandsmäßige, aber durch einen Rechtfertigungsgrund gedeckte Verhalten ist nicht im mindesten weniger rechtmäßig als das gar nicht erst tatbestandsmäßige[6]. Die eine wie die andere der einander befehdenden Lehren haben also einen berechtigten Kern. Welche von ihnen den Vorzug verdient, lässt sich nicht im Wege einer abstrakten Diskussion über die Zahl der Stufen des Verbrechensaufbaus entscheiden. Der eigentliche Grund des Streits liegt denn auch in der Irrtumslehre: Die irrige Annahme eines rechtfertigenden Sachverhalts als (bloßen) Verbotsirrtum zu behandeln, ist plausibler, wenn es dabei *nicht* um negative Tatbestandsmerkmale geht. Aber nicht einmal dieser Zusammenhang ist zwingend (näher unten § 9 Rn. 150 ff).

3. Auch wenn man den Begriff des Tatbestandes, wie es hier ge-   15
schieht, auf die unrechtsbegründenden Tatumstände einschränkt, kann noch zweifelhaft sein, **welche Voraussetzungen** der Strafbarkeit grundsätzlich zum Tatbestand gehören und welche nicht. Das Gesetz – der Garantietatbestand (oben Rn. 5) – nennt Merkmale *aller* Wertungsstufen. Diese Merkmale den einzelnen Stufen des Verbrechensaufbaus zuzuweisen, ist daher Sache der Strafrechtslehre.

Dabei wirken sich auch die Meinungsverschiedenheiten über den strafrechtlichen Handlungsbegriff (oben § 6 Rn. 2 ff) wesentlich aus. Für die finale, aber   16
auch für jede andere Version einer personalen Handlungslehre gehört der Verwirklichungswille des Täters schon zu den das Unrecht des Verhaltens bestimmenden Momenten, für eine kausale Handlungslehre prinzipiell nicht. Dementsprechend wechselt etwa bei den vorsätzlichen Handlungsdelikten die Stellung des Vorsatzes: Die Finalisten (und mit ihnen die heute überwiegende Lehre)

---

6 Dieser von *Günther* (S. 121 Fn. 15) als »Fehlurteil« gerügte Satz bleibt auch dann richtig, wenn man berücksichtigt, dass ein nicht-tatbestandsmäßiges Verhalten gegen *andere* Rechtsnormen verstossen kann (vgl. unten Rn. 21).

betrachten ihn als Voraussetzung bereits der Tatbestandsmäßigkeit, die Gegner als Erfordernis allein der Schuld. Doch sind das nur die Konsequenzen einer Auseinandersetzung, deren Angelpunkt nicht im Verbrechensaufbau, sondern in der Frage liegt, wie das strafrechtlich bedeutsame Unrecht sachgemäß abzugrenzen ist. Darauf ist zurückzukommen (unten § 8 Rn. 47 ff).

B. Die Rechtswidrigkeit

17   Umschließt der Tatbestand nur die unrechts*begründenden* Tatumstände, so die Wertungsstufe der Rechtswidrigkeit die Voraussetzungen des Unrechts*ausschlusses*: die sogenannten Rechtfertigungsgründe.

18   Es ist ein auf den ersten Blick verwirrender Sprachgebrauch, wenn unter dem Titel der Rechtswidrigkeit gerade von ihrem Ausschluss gehandelt wird. Man muss sich jedoch bewusst bleiben, dass es schon bei der Tatbestandsmäßigkeit der Sache nach um die Rechtswidrigkeit geht, eben um jene Merkmale, die das Verhalten als Zuwiderhandlung gegen eine strafbewehrte Norm und deshalb als rechtswidrig erscheinen lassen, *sofern* nicht ein besonderer Erlaubnissatz eingreift. Die für das Unrecht maßgebenden Umstände werden also im Verbrechensaufbau zwischen den Wertungsstufen des Tatbestandes und der »Rechtswidrigkeit« aufgeteilt. Die Rechtswidrigkeit selbst ist gewissermaßen nur das Fazit aus der Tatbestandsmäßigkeit und dem *Fehlen* von Rechtfertigungsgründen. Wer einen anderen Menschen tötet, ohne durch einen Rechtfertigungsgrund (wie den der Notwehr) gedeckt zu sein, handelt eben deshalb rechtswidrig. Im Verhältnis zur Feststellung der durch Tatbestände und Rechtfertigungsgründe umschriebenen Sachverhalte bedeutet das Urteil über die Rechtswidrigkeit keine eigenständige Wertung mehr, bei der noch irgendein Spielraum bliebe. Es *registriert* nur das aus dem Zusammenspiel von Verbotsnorm und Erlaubnissatz im Einzelfall folgende Resultat.

19   I. Tatbestandsmäßigkeit und etwaige Rechtfertigungsgründe entscheiden abschließend über die Rechtswidrigkeit des Verhaltens, aber auch *nur* über sie: Die persönliche Verantwortung des Täters, seine Schuld, ist damit – wie schon das Beispiel des geisteskranken Mörders zeigt – noch völlig offen. Das zwingt zu der Frage, inwiefern es überhaupt als berechtigt oder sinnvoll erscheint, die Rechtswidrigkeit als **selbständiges Verbrechenselement** zu behandeln. Zwar liegt auf der Hand, dass über die vielfältigen Voraussetzungen der Strafbarkeit nicht gleichzeitig, sondern nur in einer bestimmten, sachgemäßen Reihenfolge geurteilt werden kann. Die Gliederung der Verbrechenselemente in Wertungsstufen bezweckt jedoch nicht eine bloße Klassifikation, und die Feststellung der Rechtswidrigkeit bezeichnet dementsprechend

mehr als den rein äußerlichen Abschluss der Prüfung eines Teils der Deliktserfordernisse. Sie enthält eine *sachliche* Aussage.

Aufgabe des Rechtes ist es, soziales Leben durch Normen zu ordnen, die zulässiges und unzulässiges Verhalten gegeneinander abgrenzen. Damit werden Schranken errichtet, innerhalb deren der Einzelne eigenverantwortlich, nach seinem Gutdünken, über die Gestaltung seines Lebens entscheiden kann, deren Überschreitung hingegen rechtlichen Zwang und, wenn sie in den Freiheitsraum anderer eingreift, auch Abwehrrechte der Betroffenen auslöst. Der Begriff der »Rechtswidrigkeit«, der schon dem Wortsinne nach den Widerspruch zur Rechtsordnung anzeigt, meint eben diese Überschreitung der durch das Recht gesetzten Schranken. Er zielt also auf einen Sachverhalt ab, der von der persönlichen Vorwerfbarkeit des Verhaltens noch durchaus unabhängig ist. Das gibt der Frage nach der Rechtswidrigkeit ihr eigenes Gewicht. Mit ihr verbinden sich auch rechtsstaatliche Gesichtspunkte: Nur rechtswidriges Verhalten kann staatlichen Behörden die Befugnis verleihen, mit der inquisitorischen Frage nach Art und Ausmaß der Schuld in den persönlichsten Bezirk des Einzelnen einzudringen.

Erhebliche Unklarheiten haben sich daraus ergeben, dass ein nicht strafrechtswidriges Verhalten anderen Rechtsnormen zuwiderlaufen kann. Unterschiedlich kann schon die rechtlich geregelte Materie sein: Verbotene Eigenmacht erfüllt als solche keinen Straftatbestand, ist in der Regel aber »widerrechtlich« (§ 858 I BGB). Unterschiedlich sind, je nach der Rechtsfolge, auch die Voraussetzungen der Haftung: Als verbotene Eigenmacht gilt auch die ungewollte oder gar unvermeidbare Störung des Besitzes eines anderen. Daraus folgt zugleich, dass die Gründe, die strafrechtlich relevantes Unrecht ausschließen, nicht auch den Widerspruch zu anderen rechtlichen Normen aufheben müssen: Eine in Wahrnehmung berechtigter Interessen (§ 193) erfolgende und daher nach h. M. nicht strafrechtswidrige ehrverletzende Äußerung kann im zivilrechtlichen Sinne durchaus rechtswidrig bleiben[7]. Dass die Rechtswidrigkeit in allen Rechtsgebieten »ein und dieselbe« sei[8], trifft also nicht zu. Was die Rechtswidrigkeit sachlich – über die leere Formel des Widerspruchs zur Rechtsordnung hinaus – besagt, hängt vielmehr stets davon ab, unter welchem Gesichtspunkt nach ihr gefragt wird. Nur soviel ist allerdings selbstverständlich, dass ein Verhalten, zu dem das Recht – gleichviel durch welche Norm – ausdrücklich ermächtigt, nicht zugleich illegal sein kann: Die öffentlich-rechtlich erlaubte Unterbringung eines Geisteskranken in einer psychiatrischen Klinik etwa ist keine rechtswidrige Nötigung oder Freiheitsberaubung.

20

21

---

7 *Günther*, S. 309 ff und pass.
8 *Welzel*, S. 52.

22   II. Allein im Hinblick auf den Sachgehalt der Rechtswidrigkeit lässt sich entscheiden, welche vom Gesetz genannten Erfordernisse **bereits zum Unrecht** und nicht erst zur Schuld oder weiteren Voraussetzungen der Strafbarkeit gehören. Es können nur diejenigen sein, die das Maß der Abweichung des Verhaltens von der Norm bestimmen. *Deshalb* wird das Unrecht der vorsätzlichen Tötung – um auf schon genannte Beispiele zurückzugreifen – gemindert, wenn sie dem ernstlichen Verlangen des Betroffenen entspricht (§ 216): Im Regelfall verletzt das Delikt auch die fremde Selbstbestimmung, und daran fehlt es hier. Dagegen ändert die vom Tatbestand der Selbstabtreibung (§ 218 III) vorausgesetzte Bedrängnis der Schwangeren an der Schwere des Unrechts der Tat nicht das geringste. Eben dieselben Maßstäbe müssen, soweit das Gesetz darüber schweigt (vgl. wiederum § 193), für die Frage gelten, in welchen Fällen des Ausschlusses der Strafbarkeit es sich um Rechtfertigungs- bzw. Unrechtsausschließungsgründe handelt. Da die Abweichung von den Normen des Rechts desto größer wird, je tiefer in die geschützten Rechtsgüter eingegriffen wird, liegt Rechtfertigung nahe, wenn die Tatbestandsverwirklichung ihrerseits der Rettung von Rechtsgütern, und zwar in der Regel von höherwertigen, dient. Persönliche Zwangslagen hingegen mögen zwar von Strafe, können aber nicht schon der rechtlichen Pflicht selbst befreien. Die Einzelheiten freilich sind in jeder Hinsicht umstritten. Außer Zweifel steht kaum mehr, als *dass* das Unrecht nach Sachgesichtspunkten abzugrenzen ist.

23   Praktische Konsequenzen hat die Abgrenzung überall dort, wo es für die strafrechtliche Wertung auf die Schuld des Täters nicht ankommt (oder sogar deren Fehlen vorausgesetzt wird). Das gilt in erster Linie für einige Maßregeln der Besserung und Sicherung, wie die Unterbringung in einem psychiatrischen Krankenhaus oder in einer Entziehungsanstalt und die Entziehung der Fahrerlaubnis (§§ 63, 64, 69). Erforderlich ist stets die Begehung einer rechtswidrigen Tat, nicht aber auch die Schuldfähigkeit des Täters: Also muss jedenfalls das tatbestandsmäßige Unrecht verwirklicht sein (vgl. § 11 Nr. 5). Darin liegt der gemeinsame Ausgangspunkt *jeder* strafrechtlichen Reaktion. Die Trennung von Unrecht und Schuld ist aber auch insoweit wesentlich, wie die Beteiligung an fremden Straftaten in Frage steht. Nicht für die persönliche Schuld anderer, sondern für das geschehene Unrecht wird der Teilnehmer mitverantwortlich gemacht (unten § 12 Rn. 115 ff). Und schließlich gibt es noch eine Reihe einzelner Deliktstatbestände, die an tatbestandsmäßiges Unrecht als solches anknüpfen (so etwa die Begünstigung und die Straf-

vereitelung [§§ 257, 258], die Hehlerei und die Geldwäsche [§§ 259, 261] oder der »Vollrausch« [§ 323a]).

C. Die Schuld

Die Strafe enthält stets einen persönlichen Vorwurf. Deshalb können Tatbestandsmäßigkeit und Rechtswidrigkeit, die nur den Widerspruch des Verhaltens zur Rechtsordnung anzeigen, sie noch nicht rechtfertigen. Es bleibt vielmehr die Frage nach der *Verantwortlichkeit* des Täters, danach also, ob ihm das begangene Unrecht zur Last gelegt werden kann. Darüber entscheidet eine Reihe weiterer Voraussetzungen oder Elemente, die man üblicherweise als solche der *Schuld* bezeichnet. 24

Auch insoweit kann der Sprachgebrauch zu folgenreichen Missverständnissen führen, wenn man nicht beachtet, dass der Begriff der »Schuld« (oder des Verschuldens) hier in einem spezifisch dogmatischen Sinne verwendet wird, mit dem, sogar im Bereich des Strafrechts selbst, andere Bedeutungen konkurrieren. Fragt man in der Umgangssprache, ob jemand »schuld sei« an der Verletzung etwa eines anderen, ob er Schuld an ihr trage, so kommt es zunächst auf seinen Anteil am faktischen Ablauf des Geschehens an, aber auch darauf, was gewollt oder doch vermeidbar war, auf den Anlass für die verletzende Handlung usw. – auf lauter Faktoren also, die im Rahmen des strafrechtlichen Verbrechensaufbaus mindestens zum Teil schon dem tatbestandsmäßigen Unrecht zugeordnet werden. Der Begriff der Schuld umfasst, mit anderen Worten, in seinem ursprünglichen Sinne *alle* Voraussetzungen, unter denen ein Verhalten als strafwürdig erscheinen kann, auch solche, die unter dogmatischen Gesichtspunkten gerade nicht zur Schuld gehören. Selbst im Strafrecht lebt das andere, umfassende Verständnis des Begriffs fort: Bei der Abwägung der Schuld, nach der sich das Maß der Strafe bestimmen soll (§ 46), wird selbstverständlich die Schwere auch des (verschuldeten) Unrechts berücksichtigt. Der im Rahmen des Verbrechensaufbaus verwendete Schuldbegriff ist sehr viel enger. Er bezieht sich ausschließlich auf die *Vorwerfbarkeit* der Tat. 25

Vorwerfbar ist deliktisches Verhalten dann, wenn dem Täter die Freiheit zugesprochen wird, sich der rechtlichen Norm zu fügen. Unrecht und Schuld werden deshalb oft unter den Stichworten **»Sollen«** und **»Können«** einander gegenübergestellt[9]. Gemeint ist, dass es beim Unrecht allein um die Verletzung der Sollensforderungen des Rechts gehe, 26

9 Vgl. nur *Hirsch*, LK, Rn. 182 vor § 32; *Jescheck/Weigend*, S. 425 mit Fn. 3; Schönke/Schröder/*Lenckner*, 103, 118 vor §§ 13 ff.

unabhängig davon, ob der Täter imstande war, ihnen nachzukommen, bei der Schuld dagegen um die individuelle Fähigkeit, sie zu erfüllen. Rechtswidrig handelt danach, wer nicht tut, was er tun *soll*, schuldhaft nur, wer das Gesollte auch tun *könnte*. Solche Formeln sind nicht falsch, aber ungenau. Denn einerseits spielt das »Können«, nach jeder Handlungslehre, auch im Bereich des Unrechts schon eine Rolle, wenn zumindest die willkürliche Verursachung eines strafrechtlich relevanten Erfolges oder sogar die Vermeidbarkeit des Geschehensablaufs vorausgesetzt wird (oben § 6 Rn. 4 ff). Das »Können«, von dem die Schuld abhängt, ist also ein anderes, nämlich die Möglichkeit, die rechtliche Sollensforderung zu erkennen und sich nach ihr zu richten, das heißt die Möglichkeit einer *verantwortlichen* Entscheidung. Auf der anderen Seite spielt das »Sollen«, wie sich noch zeigen wird, auch auf der Wertungsstufe der Schuld eine wesentliche Rolle. Das Strafrecht urteilt über jenes »Können« nicht uneingeschränkt nach den individuellen Fähigkeiten des Täters, sondern setzt es in gewissen, *normativ* bestimmten Grenzen kurzerhand voraus.

27   Entsprechend dieser Aufgliederung sind es **drei Erfordernisse**, die zur Schuld gehören. Der Täter muss im Zeitpunkt der Tat zunächst *fähig* gewesen sein, der Rechtswidrigkeit seines Verhaltens innezuwerden und sich nach Rechtsnormen zu richten, was Geisteskrankheit, pathologische Rauschzustände usw. ausschließen können (Schuldfähigkeit). Er muss sodann um das Unrecht tatsächlich *gewusst* oder doch die Möglichkeit gehabt haben, darum zu wissen (Verbotskenntnis). Und er darf die Tat schließlich nicht in solch außergewöhnlicher *Bedrängnis* begangen haben, dass sie als entschuldbar erscheint (Zumutbarkeit rechtmäßigen Verhaltens). Schon diese Aufzählung verdeutlicht als gemeinsamen Bezugspunkt der eigentlichen Schuldvoraussetzungen die Freiheit, sich zum rechtlich Gesollten zu bestimmen. Sie lässt jedoch zugleich erkennen, dass dem Strafrecht immer nur die *Vorbedingungen* der Freiheit und damit der Schuld selbst zugänglich sind. Nicht einmal die Schuldfähigkeit, sondern nur die Abwesenheit entwicklungsbedingter oder abnormer Einschränkungen kann festgestellt werden. Auch die Verbotskenntnis besagt nicht mehr, als dass eines der möglichen Hindernisse für eine am Recht orientierte Entscheidung fehlt. Unter dem Blickwinkel der Zumutbarkeit endlich wird statt nach der Freiheit, das rechtlich Gebotene zu tun, allein nach bestimmten Ausnahmesituationen gefragt, die jene Freiheit aufheben oder doch wesentlich einschränken können. Dass die strafrechtliche Schuld bei alledem zu wirklicher Schuld bestenfalls im Verhältnis der Analogie steht, liegt auf der Hand.

Von hier aus wird verständlich, weshalb auch auf der Wertungsstufe der Schuld 28
nicht von positiven Voraussetzungen, sondern von Ausschlussgründen die Rede
ist. Es handelt sich dabei *nicht* eigentlich um eine Parallele zum Verhältnis von
Tatbestandsmäßigkeit und Rechtswidrigkeit. Die Rechtswidrigkeit »indiziert« die
Schuld keineswegs. Wenn die Schuld im Regelfalle trotzdem keiner besonderen
Begründung bedarf, so deshalb nicht, weil sich die Verantwortlichkeit des Menschen für sein Verhalten von selbst versteht – sofern eben nicht bestimmte Ausnahmen eingreifen. Auch im Strafverfahren wird die Schuld dementsprechend nur
geprüft, wenn besondere Umstände sie als zweifelhaft erscheinen lassen. Mit der
Schuld kommt also durchaus ein zusätzliches *sachliches* Verbrechenselement ins
Spiel; entbehrlich können allein auf sie bezügliche *Feststellungen* sein. Das zu betonen ist umso wichtiger, als die auf *Graf zu Dohna* zurückgehende Lehre, es
handele sich bei der Schuld um eine »Wertung«, deren »Objekt« das tatbestandsmäßige Verhalten (oder dessen subjektive Seite) sei[10], zu erheblicher Verwirrung
geführt hat. Was bei der Schuld »gewertet« wird, sind die *ihr* zugehörigen Sachverhalte, von denen Schuldfähigkeit, Verbotskenntnis und Zumutbarkeit abhängen, und darin steckt weder mehr noch weniger an Wertung, als bei der Tatbestandsmäßigkeit und Rechtswidrigkeit in Frage steht.

D. Sonstige Voraussetzungen der Strafbarkeit

Die strafrechtlich fassbare Schuld allein rechtfertigt die Strafe nicht. 29
Stets muss die praktische Notwendigkeit hinzutreten, zum Schutz der
sozialen Ordnung von ihr Gebrauch zu machen. Deshalb lässt sich
vermuten, dass es, über die schuldhafte Verwirklichung des Unrechts
hinaus, weitere Voraussetzungen der Strafbarkeit gibt, die eben dieses
Schutzbedürfnis bedingen. In aller Regel freilich beeinflussen kriminalpolitische Gesichtspunkte schon die Auswahl der vom Gesetz überhaupt mit Strafe bedrohten Verhaltensweisen; das Unerhebliche und
Ungefährliche bleibt bei der Formulierung der Tatbestände von vornherein außer Betracht (oder sollte es doch bleiben). Mit der Tatbestandsmäßigkeit ist daher zumeist auch über das Schutzbedürfnis entschieden. Für Bagatelldelikte gelten materiellrechtliche und prozessuale
Sonderregeln (vgl. nur §§ 248a, 263 IV, 265a III, 266 II StGB; 153, 153a
StPO). Diese Gesetzestechnik reicht jedoch nicht immer aus. Es gibt
Verhaltensweisen, bei denen das Bedürfnis, strafend einzugreifen, erst
durch zusätzliche, jenseits von Unrecht und Schuld liegende Umstände
des Einzelfalles entweder begründet oder aber abgeschwächt bzw. auf-

---

10 Der Aufbau der Verbrechenslehre, 4. Aufl. 1950, S. 39 ff; vgl. *Welzel*, S. 140.

gehoben wird. Solche Umstände bilden eine letzte Gruppe von Strafbarkeitsvoraussetzungen, innerhalb deren man üblicherweise wiederum
drei Kategorien unterscheidet.

30   Dabei geht es erstens um die sogenannten **objektiven Strafbarkeits-
bedingungen**[11]. Ein allgemein anerkanntes Beispiel bildet die Zahlungseinstellung oder Eröffnung des Insolvenzverfahrens bei den Insolvenz-
delikten (§§ 283 ff). Verboten ist u. a. die Verminderung des Schuldner-
vermögens oder die Verschleierung der Vermögenslage als solche, und
nur darauf muss sich die Schuld des Täters beziehen. Dieses Verhalten
strafrechtlich zu ahnden, erscheint jedoch erst dann als geboten, wenn
es infolge Zahlungseinstellung oder Eröffnung des Insolvenzverfahrens
zu einer manifesten Gefahr für die Gläubiger geworden ist. Umgekehrt
liegt es bei den **persönlichen Strafausschließungsgründen**[12]. Sie lassen
ein Strafbedürfnis, das prinzipiell außer Frage steht, ausnahmsweise
entfallen[13]. So sind beleidigende Äußerungen, von einem Abgeordneten
im Parlament oder einem seiner Ausschüsse getan, grundsätzlich straflos (§ 36): Der Parlamentarier soll seine Aufgabe ohne Scheu vor strafrechtlichen Konsequenzen erfüllen können. Die **Strafaufhebungsgründe** schließlich befreien von einer bereits verwirkten Strafe. Dazu
gehört nach h. L. etwa der Straferlass bei freiwilligem Rücktritt vom
Versuch (§ 24): Der schon im Versuch liegende Bruch der Rechtsordnung entfällt zwar nicht, wird aber so wesentlich abgeschwächt, dass
auf die Strafe verzichtet und damit der Rücktritt erleichtert werden
kann (unten § 11 Rn. 67 ff).

31   Alle diese Umstände werden, wie gesagt, mit der Tatbestandsmäßigkeit, der Rechtswidrigkeit und der Schuld noch zu den materiellen Voraussetzungen der Strafbarkeit gerechnet, zu denjenigen also, von denen
schon das Recht zu strafen abhängt. Von ihnen werden die *formellen*
Voraussetzungen der Strafbarkeit unterschieden, die **Strafverfolgungsbedingungen**, die allein die Zulässigkeit des Straf*verfahrens* betreffen[14].

---

11 Dazu näher *Bemmann,* Zur Frage der objektiven Bedingungen der Strafbarkeit,
   1957; *Geisler,* Zur Vereinbarkeit objektiver Bedingungen der Strafbarkeit mit
   dem Schuldprinzip, 1998; *Schmidhäuser,* ZStrW 71 (1959), 545 ff; *Stratenwerth,*
   ZStrW 71 (1959), 565 ff.
12 Näher *Bloy,* Die dogmatische Bedeutung der Strafausschließungs- und Strafaufhebungsgründe, 1976.
13 Die Gründe sind unterschiedlich; vgl. etwa Schönke/Schröder/*Lenckner,* Rn. 127 ff
   vor §§ 32 ff.
14 Näher *Volk,* Prozeßvoraussetzungen im Strafrecht, 1978.

So darf beispielsweise niemand wegen einer bereits abgeurteilten Straftat erneut verfolgt werden (Art. 103 III GG). Dem entsprechen unterschiedliche Rechtsfolgen: Beim Fehlen materieller Voraussetzungen der Strafbarkeit muss ein Strafverfahren, wenn es zu einer Hauptverhandlung kommt, durch Freispruch abgeschlossen werden, beim Fehlen von Strafverfolgungsbedingungen durch Einstellung[15]. Doch ist die Abgrenzung nur im Grundsatz überwiegend anerkannt. Es bereitet große Schwierigkeiten, präzise Kriterien für die Einordnung der einzelnen Bedingungen der Strafbarkeit in die eine oder andere Gruppe zu formulieren. Das lässt vermuten, dass es dabei weniger um eine prinzipielle als eine pragmatisch, im Blick auf ihre Konsequenzen, zu lösende Frage geht.

---

15 Siehe nur *Jescheck/Weigend*, S. 558.

2. Kapitel Das vorsätzliche Handlungsdelikt

1   Die zuvor erläuterten strafrechtlichen Grundbegriffe zeichnen die Gliederung der nachfolgenden Darstellung weitgehend vor. Von den vier
Grundformen der Straftat ist zunächst das vorsätzliche Handlungsdelikt
zu erörtern, und zwar in der Reihenfolge der Stufen des Verbrechensaufbaus.

§ 8 Die Tatbestandsmäßigkeit

1   Der Begriff des Tatbestandes bezieht sich in seinem engsten, hier zugrunde gelegten Sinne nur auf die unrechtsbegründenden Tatumstände
(oben § 7 Rn. 13). Sein Kernstück muss – bei den Handlungsdelikten –
naturgemäß die Beschreibung der verbotenen *Handlung* sein. Handlungen aber haben eine Außen- und eine Innenseite. Deshalb ist es zweckmäßig, die einzelnen Tatbestandserfordernisse weiter aufzugliedern in
solche, die das Verhalten nach außen und solche, die es nach innen
kennzeichnen. Man unterscheidet dementsprechend zwischen objektivem und subjektivem Tatbestand, obschon es, wie sich zeigen wird,
Handlungen gibt, bei denen sich Außen- und Innenseite nicht einmal
darstellungsmäßig trennen lassen.

A. Der objektive Tatbestand

Literatur: Engisch, Die Kausalität als Merkmal der strafrechtlichen Tatbestände,
1931; *Erb*, Rechtmäßiges Alternativverhalten und seine Auswirkungen auf die
Erfolgszurechnung im Strafrecht, 1991; *Hirsch*, Zur Lehre von der objektiven
Zurechnung, in: FS Lenckner, 1998, S. 119 ff; *Armin Kaufmann*, »Objektive
Zurechnung« beim Vorsatzdelikt?, in: FS Jescheck, 1985, S. 251 ff; *Koriath*,
Grundlagen strafrechtlicher Zurechnung, 1994; *Krümpelmann*, Zur Kritik der
Lehre vom Risikovergleich bei den fahrlässigen Erfolgsdelikten, GA 131 (1984),
491 ff; *Küper*, Überlegungen zum sog. Pflichtwidrigkeitszusammmenhang beim

Fahrlässigkeitsdelikt, in: FS Lackner, 1987, S. 247 ff; *Küpper*, Grenzen der normativierenden Strafrechtsdogmatik, 1990; *Maiwald*, Kausalität und Strafrecht, 1980; *Puppe*, Der Erfolg und seine kausale Erklärung im Strafrecht, ZStrW 92 (1980), 863 ff; *dies.*, Zurechnung und Wahrscheinlichkeit, ZStrW 95 (1983), 287 ff; *dies.*, Kausalität, ZStrR 107 (1990), 141 ff; *dies.*, Die adäquate Kausalität und der Schutzzweck der Norm, in: FS Bemmann, 1997, S. 227 ff; *Samson*, Hypothetische Kausalverläufe im Strafrecht, 1972; *Walder*, Die Kausalität im Strafrecht, ZStrR 93 (1977), 113 ff; *E. A. Wolff*, Kausalität von Tun und Unterlassen, 1965; *J. Wolter*, Objektive und personale Zurechnung von Verhalten, Gefahr und Verletzung in einem funktionalen Straftatsystem, 1981.

I. Der Kreis möglicher Täter

Es empfiehlt sich, mit der Beschreibung der äußeren Merkmale des verbotenen Verhaltens beim Täter zu beginnen, also bei der Frage, *wessen* Verhalten das Gesetz mit Strafe bedroht.   2

In der Regel richtet sich das strafrechtlich sanktionierte Verbot allerdings an *jedermann* (im Geltungsbereich des deutschen Strafrechts [oben § 4]); die meisten Tatbestände nennen den Täter demgemäß ganz unbestimmt den »*wer*«. Bei einer Reihe von Delikten kann die tatbestandsmäßige Handlung jedoch nur von Personen vorgenommen werden, bei denen besondere Voraussetzungen gegeben sind. Hier wird der Kreis möglicher Täter etwa auf bestimmte Geheimnisträger (§ 203) oder auf »Amtsträger« und für den öffentlichen Dienst besonders Verpflichtete (§§ 331 ff) oder auch auf »Verwandte« (§ 173) eingeschränkt. Man spricht insoweit von (objektiv-)*täterschaftlichen* Merkmalen. Ihr Charakter ist nicht einheitlich.   3

Vielfach sollen die täterschaftlichen Erfordernisse eine *Sonderpflicht*   4
anzeigen, in deren Verletzung strafrechtlich relevantes Unrecht liegt. So steht es bei den genannten Eigenschaften des Geheimnisträgers und des Amtsträgers, aber auch bei der »approbierten Medizinalperson« (§ 278). Derart auf Träger besonderer Pflichten eingeengte Straftaten heißen *Sonderdelikte*, und zwar *echte*, wenn die Pflichtverletzung die Strafbarkeit allererst *begründet* (wie bei einer Falschbeurkundung im Amt [§ 348]), *unechte*, wenn sie sie nur *erhöht* (wie bei einer Körperverletzung im Amt [§ 340 im Verhältnis zu § 223]). Maßgebend ist dabei allein die besondere Pflicht und nicht die Stellung des Täters an sich, aus der sie folgt. Deshalb können Sonderdelikte auch auf andere Weise als durch Verwendung täterschaftlicher Merkmale zustande kommen, näm-

lich durch Umschreibung der pflichtbegründenden Situation (wie beim unerlaubten Entfernen vom Unfallort [§ 142]) oder sogar, mehr oder minder direkt, der Pflicht selbst (wie der Vermögensfürsorgepflicht bei der Untreue [§ 266]).

5   Andere täterschaftliche Qualifikationen kennzeichnen nur eine bestimmte (interpersonale) *Beziehung*, innerhalb deren sich das tatbestandsmäßige Verhalten abspielen muss, wenn es spezifisches Unrecht sein soll. Ein besonders klares Beispiel bilden der »leibliche Abkömmling«, der »leibliche Verwandte aufsteigender Linie« und die »leiblichen Geschwister« im Tatbestand des Beischlafs zwischen Verwandten (§ 173). Doch bleibt zu beachten, dass eine tatbestandlich umschriebene Beziehung auch spezielle Pflichten begründen kann (vgl. etwa §§ 174, 180 III [Vornahme oder Förderung sexueller Handlungen mit oder von Schutzbefohlenen]), in welchem Falle wiederum ein Sonderdelikt gegeben ist. Über die Zugehörigkeit täterschaftlicher Merkmale zur einen oder anderen Gruppe zu entscheiden, macht teilweise erhebliche Schwierigkeiten, ist jedoch für Fragen des Versuchs (unten § 11 Rn. 62 ff) und der Täterschaft (unten § 12 Rn. 22 f) wichtig.

6   Täterschaftliche Merkmale einer dritten Kategorie gehören nicht eigentlich zum Tatbestand (im systematischen Sinne). Wenn das Gesetz von einer »Schwangeren« spricht, die ihre Schwangerschaft abbricht (§ 218 III), so im Hinblick auf die hier vorausgesetzte persönliche Konfliktsituation; gemildert wird dadurch, wie schon festgestellt, allein die *Schuld* der Täterin. Solche Merkmale dürften also, streng genommen, auch im Verbrechensaufbau erst bei der Wertungsstufe der Schuld untergebracht werden, finden sich indessen der Einfachheit halber zumeist schon beim Tatbestand erörtert. Das ist so lange unbedenklich, wie man sich ihrer anderen Funktion bewusst bleibt.

II. Die Tathandlung

7   Die verbotene Handlung, in deren Vornahme das tatbestandsmäßige Geschehen liegt, kann im Einzelnen unterschiedlich strukturiert sein.

1. Tätigkeitsdelikte

8   Einerseits besteht die Möglichkeit, dass der bloße Vollzug eines bestimmtgearteten Aktes als solcher bereits den Tatbestand erfüllt. Man

spricht dann von einem schlichten Tätigkeitsdelikt. Zu ihm gehört kein über die Vornahme der Tathandlung hinausgehender äußerer Erfolg. Beispiele finden sich vor allem im Bereich der Sexualdelikte, wie der Beischlaf zwischen Verwandten (§ 173) oder der sexuelle Missbrauch von Kindern (§ 176). Aber auch der Meineid (§ 154) etwa lässt sich als ein reines Tätigkeitsdelikt verstehen.

Da es eines äußeren Erfolges, der von der Handlung ablösbar wäre, nicht bedarf, wird das Unrecht des tatbestandsmäßigen Geschehensablaufs hier ausschließlich durch dessen Modalitäten und Begleitumstände begründet. Auch beim Tätigkeitsdelikt von einem tatbestandsmäßigen »Erfolg« zu sprechen, der im bloßen Vollzug eben der verbotenen Handlung in Anwesenheit aller unrechtsbegründenden Umstände liegen würde, ist daher verwirrend, wenn nicht unzulässig. Das Gesetz selbst stellt Handlung und Erfolg einander gegenüber (vgl. §§ 8, 9, 78a), versteht also unter dem »Erfolg« nicht die Tatbestandserfüllung schlechthin, sondern nur den (tatbestandsmäßigen) Außenerfolg. 9

2. Erfolgsdelikte

Das Gesetz macht jedoch auch von der ganz entgegengesetzten Möglichkeit Gebrauch, die Außenseite des unrechten Verhaltens ausschließlich als Herbeiführung eines bestimmten missbilligten Erfolges zu charakterisieren. Man spricht insoweit von einem *Erfolgsdelikt.* Der Erfolg, auf den es ankommt, kann freilich vielfältiger Gestalt sein, von der rein äußerlichen Veränderung des sachlichen Substrats eines Rechtsgutes bis zum Eintritt eines bloß immateriellen Schadens. Und natürlich kann ein Erfolg nicht für sich schon, sondern nur in Verknüpfung mit dem Verhalten des Täters das Unrecht begründen. 10

a) Der Taterfolg

Häufig, aber nicht immer, umschreibt der Tatbestand ein *Tat- oder Handlungsobjekt* (Angriffsobjekt) als den körperlichen Gegenstand der verbotenen Handlung: den »Menschen« in seiner Körperlichkeit beim Tötungs- oder Körperverletzungsdelikt, die »fremde Sache« bei der Sachbeschädigung, die »Urkunde« bei der Urkundenfälschung oder -vernichtung usw. 11

Dieses Tatobjekt ist streng zu unterscheiden vom *Rechtsgut,* dem Zustand, dem der strafrechtliche Schutz insbesondere bei Straftaten gegen Individualinteressen dient (oben § 2 Rn. 5 ff). Denn erstens haben viele Rechtsgüter keinerlei körperliches oder materielles Substrat, wie etwa die Beispiele der ungestörten sexuellen Entwicklung des Kindes (§ 176), des Interesses an der Wahrung 12

101

von Privatgeheimnissen (§ 203) oder auch der Freiheit der Willensbildung (§ 240) zeigen. Hier von einem Tatobjekt zu sprechen, wäre sinnlos. Verwirrung schafft freilich der Umstand, dass die Definition des Rechtsgutes mitunter vom geschützten realen Zustand ganz abgelöst und auf den »abstrakten« oder »ideellen Wert« als solchen bezogen wird[1]; als Handlungsobjekt können dann auch unkörperliche Gegenstände oder sogar »soziale Werte« (wie der »Geltungsanspruch des Beleidigten«) bezeichnet werden[2]. Der Begriff des Handlungsobjektes verliert indessen jede selbständige Bedeutung, wenn er die Wirklichkeit des Rechtsgutes meinen soll. Zum zweiten besteht das Rechtsgut niemals allein aus seinem – wo vorhanden – körperlichen Substrat, sondern umschließt stets auch die Beziehung auf den Einzelnen oder die Gesamtheit, um derentwillen es geschützt wird. So ist Tatobjekt der menschliche Körper, Rechtsgut das »Haben« des unversehrten Körpers als einer Vorbedingung unbehinderten Lebens; Tatobjekt die fremde Sache als solche, Rechtsgut die dem Eigentumsrecht entsprechende Verfügungsmöglichkeit über sie; Tatobjekt die Urkunde, Rechtsgut deren Verlässlichkeit und Verfügbarkeit im Rechtsverkehr (§§ 267 ff), usw. Drittens endlich kann sich die deliktische Handlung auch an einem körperlichen Gegenstand vollziehen, der nicht das materielle Substrat eines Rechtsgutes bildet, wie etwa, freilich bestrittenermaßen, bei den Straftaten gegen die Umwelt (§§ 324 ff; vgl. oben § 2 Rn. 10 f).

13   Als tatbestandsmäßiger »Erfolg« kann zunächst die jeweilige *Einwirkung auf das Tatobjekt* bezeichnet werden: die Tötung oder Verletzung eines Menschen, die Zerstörung einer fremden Sache, das Beseitigen eines Rettungsgerätes, usw. Doch wäre das ein unzweckmäßig enger Sprachgebrauch. Denn einen von der verbotenen Handlung selbst abtrennbaren, mit ihr nicht zwangsläufig verbundenen Erfolg gibt es auch bei Straftaten *ohne* Tatobjekt. So muss bei den Ehrverletzungsdelikten die herabsetzende Äußerung nicht nur getan, sondern überdies von einem anderen *vernommen* (und verstanden) werden; erst dann ist der objektive Tatbestand erfüllt. Es ist sinnvoll, den Begriff des Erfolges auf solche Vorgänge auszudehnen, also auf *jede vom Tatbestand erfasste Wirkung der verbotenen Handlung, die über deren Vollzug als solchen hinausgeht.* Nicht dagegen sollte man als »Erfolg« nur die Verletzung eines geschützten Rechtsgutes gelten lassen. Einen so verstandenen Erfolg können auch reine Tätigkeitsdelikte, wie der sexuelle Missbrauch von Kindern, haben; die Gegenüberstellung der beiden Deliktskategorien würde also sinnlos. Einen bestimmten Delikterfolg kann das Gesetz außerdem auch dort voraussetzen, wo eine Rechtsgutsverletzung, wie noch einmal das Beispiel der Beseitigung von Rettungsgeräten zeigt,

---

1 Vgl. *Baumann/Weber/Mitsch*, § 3 Rn. 18; *Jescheck/Weigend*, S. 257.
2 So *Jescheck/Weigend*, S. 260.

ganz außerhalb des tatbestandsmäßigen Geschehens liegt oder, wie bei den Umweltdelikten, gänzlich fehlt.

Unklarheiten bestehen über die traditionelle andere Unterscheidung von 14
Verletzungs- und (konkreten) *Gefährdungsdelikten.* Ein erheblicher Teil der Literatur bezieht sie, zum Teil offenkundig ohne Problembewusstsein, auf die Frage, ob der Tatbestand die Verletzung oder nur die Gefährdung eines *Handlungsobjekts* voraussetzt[3]. Maßgebend kann aber nur sein, ob die Verwirklichung des Tatbestandes das geschützte *Rechtsgut* schon beeinträchtigt oder nur gefährdet[4]. Sonst wäre die schwere Brandstiftung (§ 306a I), das Paradebeispiel eines (abstrakten) Gefährdungsdelikts, als Verletzungsdelikt zu klassifizieren![5] Innerhalb der zweiten Gruppe wird außerdem überwiegend zwischen *konkreten* und *abstrakten* Gefährdungsdelikten unterschieden, und zwar danach, ob das Gesetz den Eintritt der Gefahr im Einzelfalle fordert (wie in vielen Bestimmungen, z. B. §§ 80, 94 ff, 241a, 306a II, usw.) oder eine Handlung ihrer typischen Gefährlichkeit wegen mit Strafe bedroht (wie z. B. in §§ 153 ff)[6]. Alle diese Unterscheidungen sind jedoch nur insoweit sinnvoll, wie der Unrechtsgehalt eines Deliktes eben als Rechtsgutsverletzung oder -gefährdung umschrieben werden kann, also beispielsweise wiederum *nicht* bei den Umweltdelikten[7]. Das hat in neuerer Zeit zu sachlich wenig begründeter Kritik an der Kategorie der abstrakten Gefährdungsdelikte geführt[8].

b) Die Zurechnung des Erfolges

Der durch den Tatbestand bezeichnete Erfolg ist, wie bemerkt, straf- 15
rechtlich nur bedeutsam, wenn er auf menschliches Verhalten zurück-geht. Dieses Verhalten nun kann sich als aktives Herbeiführen oder als

---

3 Siehe u. a. *Jakobs,* 8/78 f; *Jescheck/Weigend,* S. 263 f; *Lackner/Kühl,* Rn. 32 vor § 13; *Roxin,* § 10 Rn. 122 f; *Schmidhäuser,* Lb, 8/40 f; *Schönke/Schröder/ Lenckner,* Rn. 129 vor §§ 13 ff
4 So *Baumann/Weber/Mitsch,* § 8 Rn. 42 f; *Horn,* SK, Rn. 4, 15 vor § 306; *Kindhäuser,* Gefährdung als Straftat, 1989, S. 225; *Köhler,* S. 31, 128; *Maurach/Gössel/Zipf,* § 20 Rn. 29; *Otto,* § 4 Rn. 12 ff; *Schröder,* ZStrW 81 (1969), 7, 14; *Welzel,* S. 63; *Wessels/Beulke,* Rn. 27 ff (»Schutzobjekt«).
5 Siehe *Graul,* Abstrakte Gefährdungsdelikte und Präsumtionen im Strafrecht, 1991, S. 36 f, 107 ff.
6 Näher insbesondere *Kindhäuser,* aaO; zu Zwischenformen *Hoyer,* Die Eignungsdelikte, 1987; *Zieschang,* Die Gefährdungsdelikte, 1998, S. 52 ff.
7 Näher *Kuhlen,* GA 1986, 389 ff; *ders.,* ZStrW 105 (1993) 711 ff; anders *Hirsch,* in: Kühne/Miyazawa (Hrsg.), Neue Strafrechtsentwicklungen im deutsch-japanischen Vergleich, 1995, S. 15 ff.
8 Siehe u. a. *Herzog,* Gesellschaftliche Unsicherheit und strafrechtliche Daseinsvorsorge, 1991, insbes. S. 141 ff; dazu kritisch *Müssig,* Schutz abstrakter Rechtsgüter und abstrakter Rechtsgüterschutz, 1994, S. 194 ff; differenzierend *Jakobs,* ZStrW 97 (1985), 767 ff.

passives Nicht-Abwenden des Erfolges darstellen. Dem entspricht die Unterscheidung von Handlungs- und Unterlassungsdelikt (oben § 6 Rn. 17 ff). Beim Handlungsdelikt, von dem hier die Rede ist, muss der Erfolgseintritt auf menschliche Aktivität zurückgehen, zwischen beidem also ein tatsächlicher, äußerer Zusammenhang bestehen. Das ist im praktischen Regelfall kein besonderes Problem. Ist der Tod des Opfers etwa die Folge einer Schussverletzung, die Körperverletzung Folge eines Messerstichs, die Inbrandsetzung des Gebäudes Folge der Entzündung eines Molotow-Cocktails, so hat tatbestandsmäßig jedenfalls derjenige gehandelt, der den tödlichen Schuss abgegeben, den verletzenden Messerstich geführt oder den Molotow-Cocktail geworfen hat. Erhebliche Schwierigkeiten kann die Frage jedoch dann bereiten, wenn Handlung und Erfolg weiter auseinander liegen und/oder auf kompliziertere Weise miteinander zusammenhängen. Daher werden die näheren Voraussetzungen, unter denen dem Täter, seinem Verhalten, der Erfolg zugerechnet werden kann, in Rechtsprechung und Literatur seit langem eingehender diskutiert.

aa) Kausalität

16   Die ältere Lehre hat diese Frage allein als solche der Kausalität behandelt: Der Erfolg sollte einem Menschen immer dann, aber auch nur dann (objektiv) zugerechnet werden können, wenn man sagen konnte, dass er ihn verursacht habe. Damit hing alles weitere davon ab, wie man die Kausalität ihrerseits definiert.

(1) Äquivalenztheorie

17   Den Ausgangspunkt der entsprechenden Überlegungen bildet hier bis zur Gegenwart die in der zweiten Hälfte des 19. Jahrhunderts entwickelte sogenannte Bedingungs- oder Äquivalenztheorie. Ihr zufolge sind *alle* Bedingungen, die überhaupt zum Eintritt des Erfolges mitgewirkt haben, selbst die entferntesten und unwesentlichsten, *gleichwertig*: Als Ursache im strafrechtlichen Sinne gilt *jede Bedingung, die nicht hinweggedacht werden kann, ohne dass der Erfolg entfiele*[9] (Formel der *condicio sine qua non*). Jede Handlung, die eine solche Bedingung setzt, soll – beim Erfolgsdelikt – den objektiven Tatbestand erfüllen, ohne

---

9 BGHSt 1, 332 (333); 7, 112 (114); 24, 1 (34); 39, 195 (197); *Jescheck/Weigend*, S. 279 f; Schönke/Schröder/*Lenckner*, Rn. 73 vor §§ 13 ff, m.w.N.

Rücksicht darauf, welcher weiteren Bedingungen es zum Eintritt des Erfolges bedurfte, selbst wenn es unwahrscheinliche Zufälle gewesen sein sollten. Insbesondere steht danach weder ein Mitverschulden des Betroffenen noch das Eingreifen Dritter einer Zurechnung des Erfolges entgegen.

Die Formel der *condicio sine qua non* kann *nicht* zur Ermittlung eines Kau- **18** salzusammenhanges dienen, der nicht bereits bekannt ist: Um sagen zu können, dass der Erfolg entfiele, wenn eine bestimmte Bedingung hinweggedacht wird, muss man schon wissen, dass sie ihn mitverursacht hat. Daran kann es aus doppeltem Grunde fehlen. Zweifel können einerseits schon hinsichtlich der Gesetzmäßigkeiten bestehen, die den gefahrträchtigen Geschehensablauf ausgelöst haben. Das gilt z. B. dann, wenn man nicht weiß und auch nicht zu klären vermag, ob Missbildungen bei einem neugeborenen Kind auf die Verwendung eines bestimmten Medikaments während der Schwangerschaft zurückzuführen sind[10]. Man spricht insoweit von der Frage der »*generellen*« *Kausalität*[11]. Bleibt schon theoretisch unbekannt, auf welche Ursachen der Erfolg zurückgeht, so kann niemand für ihn verantwortlich gemacht werden[12]. Scheitern kann die Feststellung der Erfolgsursachen auf der anderen Seite aber auch im Anwendungsbereich an sich bekannter Naturgesetze, und zwar aus *tatsächlichen* Gründen. Haben z. B. mehrere Autofahrer einen nachts auf der Straße liegenden Betrunkenen überfahren, lässt sich aber nicht ermitteln, wer von ihnen ihm die tödlichen Verletzungen zugefügt hat, so kann der Erfolg niemandem zugerechnet werden. Der Grundsatz, dass der Zweifel nicht zu Lasten des Beschuldigten gehen darf (»in dubio pro reo«) schließt die Erfolgszurechnung hier bei jedem der Beteiligten aus. Jene Formel entscheidet also allein darüber, welche *als solche erkannten* Bedingungen strafrechtlich relevant sein sollen. Das ist heute allgemein anerkannt.

Im Übrigen ist viel Scharfsinn darauf verwandt worden, die Kausalitätsfor- **19** mel so zu fassen, dass sie *nicht* zu unsinnigen oder doch unerwünschten Ergebnissen führt[13]. Schwierigkeiten bereiten ihr erstens die Fälle sogenannter *Doppelkausalität*: Haben die Schüsse mehrerer gleichzeitig handelnder Killer zum Tode eines Menschen geführt, so darf die Haftung keines von ihnen daran

10 Vgl. den »Contergan«-Fall, JZ 1971, 507; dazu u. a. *Hilgendorf*, Strafrechtliche Produzentenhaftung in der »Risikogesellschaft«, 1993, S. 115 ff.
11 Dazu *Hassemer*, Produktverantwortung im modernen Strafrecht, 2. Aufl. 1996, S. 33 ff, 38 ff; *Armin Kaufmann*, JZ 1971, 569, 572 ff; *Kuhlen*, Fragen einer strafrechtlichen Produkthaftung, 1989, S. 63 ff; *Puppe*, NK, Rn. 86 vor § 13; *Rudolphi*, SK, Rn. 42 vor § 1; Schönke/Schröder/*Lenckner*, Rn. 75 vor §§ 13 ff.
12 Die Praxis hat in den Produkthaftungsfällen freilich (problematische) Strategien entwickelt, um diese Schwierigkeit zu überwinden; siehe BGHSt 37, 106 (111 ff) (»Lederspray«-Fall); 41, 206 (214 ff) (»Holzschutzmittel«-Fall); kritisch *Hassemer*, aaO, S. 31 ff, m.w.N.
13 Siehe etwa *Engisch*, S. 13 ff; *Puppe*, ZStrW 92, 863 ff.

scheitern, dass die Schüsse der anderen auch allein tödlich gewesen wären[14]. Ähnlich kann es sodann im Falle von *Ersatzursachen* liegen: Standen etwa bei einem Mordanschlag mehrere Killer bereit, um beim Versagen eines von ihnen einzugreifen, so kann dies offenkundig denjenigen, der das Opfer tatsächlich getötet hat, nicht entlasten. (Die Frage bedarf freilich noch näherer Erörterung [unten Rn. 41 f].) Den Vorzug verdient deshalb die zuerst von *Engisch* entwickelte Formel von der *gesetzmäßigen Bedingung*[15]: Danach kommt es allein darauf an, ob der Eintritt des Erfolges mit der vom Täter gesetzten Bedingung naturgesetzlich verbunden war.

20   Die an der Äquivalenztheorie geübte Kritik richtet sich in erster Linie gegen diese Ausweitung des möglichen Gegenstandes der strafrechtlichen Wertung. Dabei kann man zunächst vom Ergebnis her argumentieren: Schon der gesunde Menschenverstand sollte verbieten, etwa dem Hersteller einer Waffe – unter rechtlichen Gesichtspunkten! – die »Verursachung« aller Untaten zur Last zu legen, die mit ihrer Hilfe begangen werden. Nicht minder sinnlos ist die Einbeziehung ganz ungewöhnlicher Geschehensabläufe, wie etwa dann, wenn das Opfer eines Mordanschlags nur deshalb ums Leben kommt, weil der Helikopter, der es ins Krankenhaus bringen sollte, abstürzt. Prinzipieller, im Blick auf die Funktion des Strafrechts, formuliert, besagt dieser Einwand, dass die Tathandlung auch bei den Erfolgsdelikten nicht als bloßer Kausalprozess beschrieben werden kann. Verbieten lassen sich nur Handlungen, die mit einem besonderen Risiko verbunden sind, nicht aber, angesichts der Verflechtung menschlichen Handelns in unabgrenzbare Zusammenhänge, die Verursachung bestimmter Folgen als solche.

(2) Adäquanztheorie

21   Wer beim objektiven Tatbestand der Erfolgsdelikte trotzdem allein auf die Kausalität abstellen will, muss offenbar versuchen, diesen Maßstab so zu formulieren, dass er gesetzmäßige Bedingungen, auf die es rechtlich nicht ankommen kann, von vornherein nicht mehr erfasst. Das ist auf verschiedenen Wegen unternommen worden. Größere praktische Bedeutung hat jedoch allein die sogenannte Adäquanztheorie, die Lehre von der adäquaten Verursachung, erlangt. Auch sie setzt, als Ausgangspunkt der Zurechnung, den Kausalzusammenhang im Sinne der Bedin-

---

14 Vgl. BGHSt 39, 195 (198).
15 Kausalität, S. 21; dazu eingehend *Dencker*, Kausalität und Gesamttat, 1996, S. 24 ff; kritisch auch *Koriath*, Kausalität, Bedingungstheorie und psychische Kausalität, 1988, S. 128 ff; *ders.*, Grundlagen, S. 483 ff.

gungstheorie voraus. Für die rechtliche Wertung soll jedoch nicht jede, sondern *nur diejenige Bedingung als Ursache gelten, die erfahrungsgemäß geeignet ist, einen derartigen Erfolg herbeizuführen.* Unvorhersehbare Geschehensabläufe scheiden damit aus[16]. Auf diese Weise wird immerhin erreicht, dass die strafrechtliche Haftung nicht weiter reichen kann als die Fähigkeit des Menschen, Kausalabläufe zu steuern und zu beherrschen (vgl. oben § 6 Rn. 2).

Dieser offenkundige Vorzug wird freilich mit der Schwierigkeit erkauft, das **22** Kriterium der adäquaten Verursachung zu präzisieren. Über die Vorhersehbarkeit eines Geschehensablaufs muss ex ante, vom Zeitpunkt des Handelns aus, geurteilt werden. Die nachträgliche (bessere) Kenntnis der Zusammenhänge kann nicht darüber entscheiden, ob eine Handlung im Zeitpunkt ihrer Vornahme erlaubt oder verboten war. Das Ergebnis einer Prognose aber hängt davon ab, auf welchen Informationen über die Ausgangslage und auf welchem Erfahrungswissen sie beruht. Im ersten Punkt wird heute zumeist das Wissen eines hypothetischen »verständigen Beobachters«, kombiniert mit dem Sonderwissen des Täters, zugrunde gelegt. Schon das ist eine sehr unsichere Basis: Über welches *Maß* an Kenntnissen der gedachte Beobachter verfügt, lässt sich nicht näher angeben. Weiß er beispielsweise, dass das vom Täter mit einem Stein beworfene Opfer Bluter ist[17] oder weiß er das nicht? Ähnliches gilt für die Voraussicht möglicher Geschehensabläufe: Hat man hier ein durchschnittliches oder das hochspezialisierte Beurteilungsvermögen eines Experten zugrunde zu legen? Mit welchen Folgen einer Handlung erfahrungsgemäß zu rechnen ist, hängt außerdem davon ab, wie allgemein oder wie konkret die Frage gestellt wird: Dass ein Mensch, wie im vorgenannten Beispielsfall, durch einen Steinwurf getötet werden kann, ist generell nicht zu bezweifeln, während die durch einen Steinwurf zugefügte leichte Verletzung normalerweise nicht geeignet ist, diesen Erfolg herbeizuführen. Die Art der Fragestellung aber entzieht sich jeder Regelung.

Der Maßstab der Adäquanz bringt damit deutlicher als die Äquiva- **23** lenztheorie zum Ausdruck, dass die strafrechtliche Haftung bei den Erfolgsdelikten nicht an die bloße Verursachung, sondern nur an die Gefahren anknüpfen kann, die der Täter durch seine Handlung schafft. Zugleich wird klar, weshalb sich mit seiner Hilfe keine *exakten* Grenzen zwischen rechtlich erheblichen und rechtlich unerheblichen Bedingungen ziehen lassen: Die Größe einer Gefahr ist nicht quantifizierbar. Welche mit einer Handlung verbundenen Risiken als strafrechtlich relevant gelten sollen, ist daher letztlich eine *Wertungs*frage.

---

16 Vgl. *Jescheck/Weigend*, S. 285 f; *Maurach/Zipf*, § 18 Rn. 30 ff; *Roxin*, § 11 Rn. 34 ff; *Rudolphi*, SK, Rn. 54 f vor § 1.
17 Vgl. RGSt 54, 349.

24   Aus diesem Grunde an der Äquivalenztheorie festzuhalten, hat wenig Sinn. Denn auch sie enthält nicht nur naturwissenschaftlich überprüfbare Aussagen, sondern trifft eine Wertentscheidung, wenn sie prinzipiell *alle* vom Täter ausgelösten Risiken, auch die entferntesten, für strafrechtlich relevant erklärt. Im übrigen entgeht man auch mit ihr nicht den Abgrenzungsproblemen, die sich bei der Frage der Adäquanz stellen. Denn da sich die strafrechtliche Haftung im Ergebnis nicht auf unvorhersehbare Folgen erstrecken kann, werden sie im Deliktsaufbau nur an einen anderen Ort verschoben. Inadäquate Geschehensabläufe müssen dann etwa beim Vorsatz, unter dem Gesichtspunkt des Irrtums über den Kausalverlauf (unten Rn. 86 ff), oder bei dem zur Fahrlässigkeit gehörenden Sorgfaltsmangel (unten § 15 Rn. 17 ff) ausgeschieden werden.

bb) Risikozusammenhang

25   Geht man von dem die Adäquanztheorie tragenden Gedanken aus, dass das Erfordernis der Kausalität im objektiven Tatbestand der Erfolgsdelikte dazu dient, die strafrechtliche Haftung auf Handlungen einzuschränken, bei denen von vornherein die Gefahr der Erfolgsverursachung bestanden hat, so liegt auch der weitere Schritt nahe, nunmehr Art und Maß dieses rechtlich relevanten Risikos und dessen Zusammenhang mit dem missbilligten Erfolg systematisch in den Mittelpunkt der Erörterung zu stellen. Eben dies ist der gemeinsame Nenner der neueren Lehre von der objektiven Zurechnung[18].

(1) Unerlaubtes Risiko

26   Nach dieser Lehre sind zunächst die Risiken, auf deren Herbeiführung der objektive Tatbestand eines Erfolgsdeliktes sinnvollerweise bezogen werden kann, näher zu bestimmen.

27   Die Frage nach der Tatbestandsmäßigkeit einer Handlung erfordert danach (auch) die Feststellung, ob das mit ihr verbundene Risiko des Erfolgseintritts als ein rechtlich missbilligtes, *unerlaubtes* Risiko anzusehen ist. Die Trennung zwischen einer gewissermaßen wertneutralen Deskription der vom Täter geschaffenen Gefahr auf Tatbestandsebene und der Bewertung dieser Gefahr im Rahmen erst der Rechtswidrigkeit ist nicht aufrechtzuerhalten[19]. Das ermöglicht,

---

18 Vgl. *Jakobs,* 7/4 ff; *Jescheck/Weigend,* S. 277 ff; *Puppe,* NK, Rn. 83 ff vor § 13; *Roxin,* § 11 Rn. 39 ff; *Schönke/Schröder/Lenckner,* Rn. 71 ff vor §§ 13 ff; generell ablehnend *Hirsch,* S. 122 ff; *Armin Kaufmann,* S. 254 ff; *Küpper,* S. 91 ff; *Schild,* Täterschaft als Tatherrschaft, 1994, S. 40 f.
19 *Frisch,* Tatbestandsmäßiges Verhalten, S. 59 ff; anders hier noch die Vorauflage, Rn. 230.

an dieser Stelle eine Reihe von Haftungsregeln einzuordnen, deren systematischer Ort bislang unklar und umstritten war. Nach wie vor muss bei alledem aber zwischen der *generellen* Bewertung von Risiken und der anderen Frage einer (ausnahmsweisen) Rechtfertigung riskanten Verhaltens (dazu unten § 9) unterschieden werden[20].

(a) Vorab behandelt werden können in diesem Zusammenhang einige **28** **Lehrbuchprobleme**, die überhaupt nur unter der Herrschaft des Kausaldogmas ernsthaft diskutiert werden konnten. So ist beispielsweise klar, dass derjenige, der einem Messerstecher in den Arm fällt und dadurch bewirkt, dass das Opfer, statt getötet, nur verletzt wird, diese Verletzung (mit)»verursacht«[21]. Ebenso klar aber sollte sein, dass die bloße *Verminderung* der für die körperliche Integrität des Opfers bestehenden Gefahr das Gegenteil der Schaffung eines missbilligten Risikos darstellt[22]. Vorweg auszuscheiden sind aber auch die vieldiskutierten Kathederbeispiele des Musters, dass der »Täter« einem anderen von der Anbringung eines Blitzableiters abrät, damit dessen Haus abbrenne, oder dass der Neffe den reichen Erbonkel zu einer Abenteuerreise überredet in der Hoffnung, ihn endlich beerben zu können, usw. Von den mancherlei »Lösungen«, die hier vorgeschlagen worden sind[23], überzeugt am ehesten der Hinweis darauf, dass es nicht verboten sein kann, ein *allgemeines Lebensrisiko* normaler Höhe zu schaffen[24].

Was bleibt, ist allerdings die Frage, welches Maß an Risiko in diesem Sinne **29** als »normal« gelten kann: Welche beispielsweise aus Form und Material eines Kinderspielzeugs resultierenden Schädigungsmöglichkeiten oder welche möglichen Nebenwirkungen von Medikamenten gehören zu den allgemein hinzunehmenden Lebensrisiken? Das lässt sich offenbar nicht generell entscheiden.

(b) Allgemeine Lebensrisiken normaler Höhe werden seit längerem **30** auch unter dem Gesichtspunkt der sogenannten Sozialadäquanz diskutiert, ein Begriff, der freilich schon von *Welzel*, der ihn geprägt hat, auf sachlich ganz verschiedene Konstellationen bezogen worden ist[25]. Dabei geht es einerseits um eine Auslegungshilfe: Der Tatbestand kann, in sei-

---

20 Anders *Lesch*, Der Verbrechensbegriff, 1999, S. 265 ff; *Puppe*, NK, Rn. 35 vor § 13.
21 Anders auch insoweit *Puppe*, NK, Rn. 79 vor § 13.
22 Vgl. *Samson*, Hypothetische Kausalverläufe, S. 86 ff, 101 ff.
23 Vgl. *Preuß*, Untersuchungen zum erlaubten Risiko im Strafrecht, 1974, S. 64 ff, 91 ff.
24 *Jakobs*, Studien zum fahrlässigen Erfolgsdelikt, 1972, S. 52; *Puppe*, NK, Rn. 219 vor § 13; eingehend *Frisch*, Tatbestandsmäßiges Verhalten, S. 386 ff.
25 ZStrW 58 (1939) 516 ff, 527 ff.

ner abstrakten Fassung, gelegentlich Verhaltensweisen erfassen, die mit der sozialen Ordnung völlig in Einklang sind und deshalb vernünftigerweise nicht gemeint sein können[26].

31   Das vielgenannte Beispiel des Reisenden, der versehentlich den falschen Zug besteigt und deshalb trotz aller Proteste bis zum nächsten regulären Halt mitfahren muss (Freiheitsberaubung?), dürfte allerdings noch kein Gericht beschäftigt haben, ebenso wenig wie die eigenmächtige Fortnahme einer Ware in Abwesenheit des Verkäufers unter Hinterlegung des Gegenwertes (Diebstahl?). Dagegen können die Weitergabe ehrverletzender Gerüchte im engsten Familienkreis (Üble Nachrede?[27]), die nicht unerheblichen Rechtsgutsbeeinträchtigungen im Rahmen von Volksbräuchen (Beleidigung? Sachbeschädigung?[28]) oder das der Verkehrssitte entsprechende Neujahrsgeschenk an den Postboten (Vorteilsannahme?[29]) auch praktische Bedeutung beanspruchen. Soweit sich die erforderlichen Einschränkungen nicht schon im Wege sinngemäßer Interpretation der einzelnen Tatbestandsmerkmale vornehmen lassen, kann die Sozialadäquanz hier durchaus die Bedeutung eines selbständigen Korrektivs erlangen.

32   Zum anderen ist mit dem Stichwort der Sozialadäquanz seit jeher auch der Gedanke verbunden worden, dass sich nicht jede Gefährdung anderer verbieten lässt, sondern nur die Einhaltung eines bestimmten Mindestmaßes an Sorgfalt und Rücksichtnahme gefordert werden kann. Diese Einsicht tritt, bezeichnenderweise im Gefolge der Industrialisierung, erstmals in der zweiten Hälfte des 19. Jahrhunderts auf[30]. Der motorisierte Straßenverkehr bildet dafür das deutlichste, aber nicht das einzige Beispiel[31]. Die Verwendung moderner Energiequellen, die Errichtung von Hoch- und Tiefbauten, der Abbau von Bodenschätzen, die industrielle Produktion usw., das alles müsste verboten werden, wenn man jede Gefahr ausschließen wollte. Gefordert werden kann stattdessen nur, die Gefahr auf dasjenige Minimum einzuschränken, das sich gar nicht oder nur mit unverhältnismäßigem Aufwand ausschließen lässt, wenn man die entsprechende Tätigkeit überhaupt gestatten will[32]. Für die verbleibende Gefährdung hat sich der Begriff des »erlaubten Risikos« schon seit längerem eingebürgert. Dabei besteht kein Anlass, diese

26 Vgl. BGHSt 23, 226 (228).
27 Vgl. Schönke/Schröder/*Lenckner*, Rn. 9 vor §§ 185 ff.
28 Dazu etwa *Franzmann*, JZ 1956, 241 ff; *Scheying*, JZ 1959, 239 ff.
29 Vgl. Schönke/Schröder/*Cramer*, § 331 Rn. 53.
30 Zur Geschichte *Schürer-Mohr*, Erlaubte Risiken, 1998, S. 29 ff.
31 So schon bei *Welzel*, Der Allgemeine Teil des deutschen Strafrechts, 3. Aufl. 1944, S. 52.
32 Dabei lässt sich über die Begründung für das Erlaubtsein riskanten Handelns streiten; dazu *Schürer-Mohr*, aaO, S. 65 ff.

Rechtsfigur auf fahrlässiges Verhalten zu beschränken. Wenn es zulässig ist, bestimmte Risiken herbeizuführen, so muss das prinzipiell auch für vorsätzliches, das heißt für *alles* strafrechtlich relevante Handeln gelten.

(c) Unter dem Gesichtspunkt der Kausalität kann es auf das mitwirkende **33** Verschulden des Betroffenen oder Dritter für die Zurechnung des Erfolges nicht ankommen. In neuerer Zeit wird demgegenüber, wiederum im Zusammenhang mit der näheren Bestimmung erlaubter Risiken, die Frage einer **Abgrenzung der Verantwortungsbereiche** intensiver diskutiert. Dabei besteht inzwischen weitgehend Einigkeit darüber, dass kein unerlaubtes Risiko herbeiführt, wer einem verantwortlich handelnden Anderen, beispielsweise durch Überlassung einer Spritze für den Drogenkonsum, die Möglichkeit der Selbstgefährdung oder Selbstverletzung verschafft[33]. Doch ist vorerst noch sehr zweifelhaft, wie die Voraussetzungen der Eigenverantwortlichkeit des Betroffenen im einzelnen zu präzisieren sind, ob etwa jeder Mangel an Urteilsvermögen und jeder Irrtum oder Zwang sie ausschließt[34]. Weitgehend ungeklärt ist ebenso die weitere Frage, wie Handlungen bewertet werden sollen, die an sich ganz unverfänglich sind, nach Lage der Dinge aber ermöglichen oder dazu beitragen, dass ein anderer delinquiert. Auch darauf ist zurückzukommen (unten § 12 Rn. 143, 160 f). Was schließlich die Mitwirkung Dritter am Eintritt eines strafrechtlich relevanten Erfolges anbetrifft, so wird die Verantwortung des Einzelnen durch den sogenannten *Vertrauensgrundsatz*, einen Spezialfall des erlaubten Risikos, begrenzt: Danach muss das riskante Fehlverhalten Dritter prinzipiell nicht in Rechnung gestellt werden (unten § 15 Rn. 65 ff).

(2) Risikosteigerung

Die Haftung für den Erfolg ist vermittelt durch die Haftung für die **34** Gefahr, auf der er beruht[35]. Der tatbestandsmäßige Erfolg wird deshalb prinzipiell demjenigen zugerechnet, der das unerlaubte Risiko, dass er eintreten könnte, geschaffen oder gesteigert hat. Auch dieser scheinbar so einfache Satz bedarf einiger Erläuterung.

---

33 BGHSt 32, 262 ff; vgl. aber auch BGHSt 36, 1 (17 f [zu sexuellen Kontakten mit HIV-Infizierten]); ferner *Jescheck/Weigend*, S. 288; *Roxin*, § 11 Rn. 43; Schönke/Schröder/*Lenckner*, Rn. 101a ff vor §§ 13; Schönke/Schröder/*Cramer*, Rn. 148 ff zu § 15.

34 Eingehend *Frisch*, Tatbestandsmäßiges Verhalten, S. 148 ff; *Derksen*, Handeln auf eigene Gefahr, 1992, insbes. S. 229 ff; *Fiedler*, Zur Strafbarkeit der einverständlichen Fremdgefährdung, 1990; *Walther*, Eigenverantwortlichkeit und strafrechtliche Zurechnung, 1991, S. 181 ff.

35 *Stratenwerth*, in: FS Gallas, 1973, S. 238 f; *Wolter*, insbes. S. 29 ff.

35   (a) Er besagt zunächst, dass für den Erfolg nicht nur haftet, wer ein zuvor nicht bedrohtes Rechtsgut in Gefahr bringt, sondern auch, wer die Situation eines bereits bedrohten Rechtsgutes **verschlechtert**. Objektiv tatbestandsmäßig handelt deshalb beispielsweise, wer den Tod eines Sterbenden herbeiführt, den körperlichen Zustand eines Kranken verschlechtert oder das Ausmaß einer Sachbeschädigung vergrößert. Eine Steigerung der Gefahr ist es aber auch, wenn Rettungsmöglichkeiten für ein bedrohtes Rechtsgut beseitigt oder auch nur geschmälert werden: Hält jemand z. B. den Krankenwagen auf, der einem Verunglückten zu Hilfe eilen will, so ist ihm dessen Tod zuzurechnen, wenn bei rechtzeitigem Transport ins Krankenhaus größere Überlebenschancen bestanden hätten. Über die Einbeziehung dieser Fälle des Eingriffs in einen »rettenden Kausalverlauf« besteht heute in der Sache weitgehend Einigkeit[36].

36   (b) Allerdings kann sich hier eine besondere Schwierigkeit ergeben. Über die Gefahr, die der Täter geschaffen hat, muss, wie bemerkt, ex ante geurteilt werden (oben Rn. 22), während die Frage, aus welcher Gefahr der Erfolg hervorgegangen ist, ex post oder, genauer, unter Auswertung *aller* Umstände des Einzelfalles zu beantworten ist, die auf den Grad der Wahrscheinlichkeit des Erfolgseintritts Einfluss gehabt haben[37]. Dabei kann es beim Zusammentreffen des vom Täter geschaffenen Risikos mit anderen, vor allem mit schon bestehenden Gefahrenquellen im Einzelfall unmöglich sein, festzustellen, inwieweit der Erfolg der einen oder anderen dieser Gefahren zuzuschreiben ist. Das lässt sich schon am letztgenannten Beispiel illustrieren: Wie läge es, wenn der Verunglückte so schwer verletzt war, dass er *möglicherweise* auch bei unbehinderter Fahrt ins Krankenhaus nicht hätte gerettet werden können? Könnte der Täter auch in solchem Falle für seinen Tod verantwortlich gemacht werden? Die Rechtsprechung und die wohl noch herrschende Lehre verneinen diese Frage, beschränken die Zurechnung des Erfolges also auf solche Fälle, in denen er ohne die riskante Handlung *mit Sicherheit* nicht eingetreten wäre[38] – mit der ganz unannehm-

---

36 *Jakobs*, 7/22; *Puppe*, ZStrW 92, 903 ff; *Rudolphi*, SK, Rn. 43 vor § 1; Schönke/Schröder/*Lenckner*, Rn. 71 vor §§ 13 ff; *E. A. Wolff*, S. 18, 29 f.

37 Näher *Stratenwerth*, aaO, S. 229 ff; zur Formulierung *Puppe*, NK, Rn. 128 vor § 13.

38 BGHSt 11, 1 (6 f); 21, 59 (60 f); 24, 31 (34 ff); 37, 106 (127); *Frisch*, Tatbestandsmäßiges Verhalten, S. 537 ff; *Jakobs*, 7/98 ff; *Samson*, SK, Anh. zu § 16 Rn. 25 ff; Schönke/Schröder/*Cramer*, § 15 Rn. 171 ff; *Schroeder*, LK, § 16 Rn. 189 ff.

baren Konsequenz, dass die strafrechtliche Haftung umso eher ausgeschlossen ist, je größer die Gefahr war, in der sich das bedrohte Rechtsgut ohnehin befunden hat[39]. Demgegenüber lässt die nunmehr weithin akzeptierte **Risikoerhöhungslehre** genügen, dass die verbotene Handlung die Gefahr des Erfolgseintritts immerhin *gesteigert* hat, auch wenn nicht feststeht, dass er bei rechtmäßigem Verhalten ausgeblieben wäre[40].

Die Frage ist inzwischen zum Gegenstand einer weitverzweigten Diskussion geworden[41]. Dabei wird gegen das Prinzip der Risikoerhöhung in erster Linie eingewandt, dass es gegen den Grundsatz »in dubio pro reo« verstoße: Der Zweifel, was ohne die verbotene Handlung geschehen wäre, werde zu Lasten des Täters entschieden[42]. Von einer Risikosteigerung kann jedoch nur dann gesprochen werden, wenn *feststeht*, dass der Täter die für das bedrohte Rechtsgut bestehende Gefahr erhöht beziehungsweise Rettungschancen vermindert hat. Kann im Beispielsfall nach Lage der Dinge nicht ausgeschlossen werden, dass es, etwa infolge anderer Verkehrsbehinderungen, für lebensrettende Maßnahmen ohnehin zu spät geworden wäre, so muss *dieser* Zweifel dem Täter zugute kommen[43]. Jenes Prinzip setzt, mit anderen Worten voraus, dass der Täter – nachweisbar! – Maßnahmen vereitelt hat, die den strafrechtlich relevanten Erfolg mit einer gewissen, unter Umständen sogar bezifferbaren Wahrscheinlichkeit abgewendet hätten. Dass sich daraus schwierige Abgrenzungsfragen ergeben können, ist kein Gegenargument.

(3) Erfolgsrelevanz

Die Entsprechung von unerlaubtem Risiko und Erfolg kann überdies unter *normativen* Gesichtspunkten zweifelhaft sein. Dabei geht es, von der Tathandlung her gesehen, um die Frage, ob die Gefahr, aus der sich der Erfolg ergeben hat, zu denjenigen gehört, derentwegen die Handlung verboten war, oder, vom Erfolg her gesehen, ob er so, wie er eingetreten ist, gerade auf das unerlaubte Risiko zurückgeführt werden kann. Man spricht insbesondere hier, in einem engeren Sinne, vom Er-

37

38

---

39 Vgl. nur BGH, NStZ 1987, 505; OLG Koblenz, OLGSt 1981, 63.
40 *Burgstaller*, Das Fahrlässigkeitsdelikt im Strafrecht, 1974, S. 135 ff; *Jescheck/ Wiegend*, S. 584 ff; *Köhler*, S. 198 f; *Küper*, S. 282 ff; *Lackner/Kühl*, § 15 Rn. 44; *Puppe*, ZStrW 95, 293 ff; *dies.*, NK, Rn. 120 ff vor § 13; *Roxin*, § 11 Rn. 76 ff; *Rudolphi*, SK, Rn. 65 ff vor § 1; *Walder*, S. 159 ff; *Wolter*, S. 334 ff.
41 Überblicke bei *Jakobs*, aaO; *Roxin*, aaO.
42 Siehe nur *Herzberg*, MDR 1971, 882; *Toepel*, Kausalität und Pflichtwidrigkeitszusammenhang beim fahrlässigen Erfolgsdelikt, 1992, S. 153 ff; *Wessels/Beulke*, Rn. 185 f, 680 ff, m.w.N.; dazu kritisch *Puppe*, NK, Rn. 126 ff vor § 13.
43 Freilich ist auch das nicht unbestritten; anders *Roxin*, § 11 Rn. 83.

fordernis des *Risikozusammenhanges* beziehungsweise eines Verstoßes gegen den *Schutzzweck* der Norm.

39   Daran fehlt es, um Beispiele zu nennen, sicherlich dann, wenn ein Fahrzeugführer irgendwann vor dem Eintritt einer kritischen Verkehrslage eine Geschwindigkeitsübertretung begangen hat, ohne die er im Unfallzeitpunkt nicht am Unfallort gewesen wäre[44]; wenn vorschriftswidriges Überholen oder auch ein leichter Auffahrunfall den betroffenen Autofahrer so erschreckt oder aufregt, dass er einen Herzanfall erleidet[45]; wenn eine Todesnachricht beim nahen Angehörigen des Opfers einen Nervenschock auslöst[46]; aber wohl auch dann, wenn eine schwere Körperverletzung nach ihrer Ausheilung einen Dauerschaden zurücklässt, der erst Jahre später zum vorzeitigen Tod des Betroffenen führt[47].

40   Die Frage interessiert vor allem beim Fahrlässigkeitsdelikt, kann aber auch beim Vorsatzdelikt Bedeutung erlangen. Sie ist deshalb so schwierig, weil keine Norm über ihren eigenen Zweck bzw. darüber Auskunft gibt, gegen welche der mit der verbotenen Handlung verbundenen Risiken sie sich richtet. So kann beispielsweise schon zweifelhaft sein, ob Geschwindigkeitsbegrenzungen im Straßenverkehr nur die Häufigkeit oder auch die Schwere von Unfällen herabsetzen sollen. Davon hängt ab, ob demjenigen, der zu schnell fährt, aber unverschuldet in einen Unfall verwickelt wird, die schweren Folgen zuzurechnen sind, die sich allein aus seiner überhöhten Geschwindigkeit ergeben können. Die Antwort wird überwiegend im Rückgriff auf die *Typizität* der aus dem verbotenen Verhalten resultierenden Gefahren gesucht. Das strafrechtliche Verbot kann nicht den Sinn haben, atypischen Gefahren entgegenzuwirken, so wenig wie einem allgemeinen Lebensrisiko (oben Rn. 28), wird aber auf *alle* typischen Risiken, im Beispielsfalle also auch auf die Schwere möglicher Unfallfolgen, bezogen werden müssen. Im Einzelnen ist hier freilich noch manches ungeklärt[48].

---

44 BGHSt 33, 61 (64).
45 OLG Stuttgart, NJW 1959, 2320; OLG Karlsruhe, NJW 1976, 1853.
46 Dazu *Puppe*, NK, Rn. 240 vor § 13, m.w.N.
47 Eingehend *Burgstaller*, aaO, S. 96 ff; *Frisch*, Tatbestandsmäßiges Verhalten, S. 397 ff; *Krümpelmann*, in: FS Bockelmann, 1979, S. 447 ff; *Roxin*, in: FS Gallas, 1973, S. 241 ff; *Wolter*, S. 53 ff, 341 ff
48 Eingehend zuletzt *Toepel*, aaO, S. 197 ff und pass.

cc) Ersatzursachen

Auch soweit der Täter die Gefahr geschaffen oder gesteigert hat, die sich im 41 Erfolg verwirklicht, kann über die Zurechnung dieses Erfolges schließlich noch in einem Sonderfall gestritten werden: dann nämlich, wenn die vom Täter gesetzte Bedingung an die Stelle einer Ersatzursache getreten ist, die ihn sonst herbeigeführt hätte. Beim vorsätzlichen Handlungsdelikt ist die entsprechende Konstellation äußerst selten und wohl nur im konstruierten Beispiel vorstellbar: wie etwa dann, wenn eine auf dem Weg zum Flughafen entführte und wenig später ermordete Geisel beim Absturz der Maschine, die sie benutzen wollte, »ohnehin« ums Leben gekommen wäre. Im Unterschied zu den Fällen der Doppelkausalität (oben Rn. 19) oder auch der Risikosteigerung (oben Rn. 36) hat sich die Ersatzursache hier überhaupt nicht ausgewirkt; sie bildet nur eine gedankliche Alternative. Die Frage ist, ob sie für die strafrechtliche Wertung trotzdem eine Rolle spielt.

Die h. L. lehnt das in jedem Falle ab. Für sie kommt es allein darauf an, wel- 42 ches Risiko den Erfolg *tatsächlich* herbeigeführt hat[49]. Nur gelegentlich findet sich die Gegenposition vertreten, dass dem Täter der Erfolg unter Umständen dann nicht zuzurechnen sei, wenn er auch ohne sein Zutun zur selben Zeit und in der gleichen Intensität eingetreten wäre[50]. In der Tat kann sich fragen, welchen Sinn es haben soll, ein Rechtsgut, das bereits verloren ist, weiterhin zu schützen. Die Antwort liegt zum Teil bereits in dem allgemein anerkannten Satz, dass (hypothetische) Ersatzursachen in Gestalt rechtswidriger Handlungen Dritter von vornherein außer Betracht zu bleiben haben (oben Rn. 19). Wer eine Straftat begeht, kann sich nicht damit entlasten, dass sonst ein anderer sie begangen hätte. Die gegenteilige Auffassung höbe das Verbot auf, den Betroffenen anzugreifen; sie ließe ihn vogelfrei werden. Dieses Bedenken hat aber auch für die seltenen Fälle einer, wie im Ausgangsbeispiel, in der Situation angelegten Ersatzkausalität zu gelten: Ein Rechtsgut darf nicht deshalb dem deliktischen Zugriff preisgegeben werden, weil es ohnehin nicht mehr zu retten ist[51].

3. Mischformen

Die meisten Straftatbestände umschreiben weder reine Tätigkeits- noch 43 reine Erfolgsdelikte. Sie pönalisieren einerseits nicht den schieren Vollzug einer Handlung, sondern gehen von einem bestimmten Taterfolg

---

49 BGHSt 30, 228 (231 f); *Baumann/Weber/Mitsch*, S. 221 f; *Jakobs*, 7/18 f; *Jescheck/Weigend*, S. 281 f; *Köhler*, S. 146 f; Schönke/Schröder/*Lenckner*, Rn. 97 f vor §§ 13 ff; kritisch zu dieser Formel *Puppe*, NK, Rn. 84 f vor § 13.
50 *Rudolphi*, SK, Rn. 59 f vor § 1; *Samson*, S. 86 ff, 96 ff; hier die Vorauflage, Rn. 228 f.
51 *Frisch*, Tatbestandsmäßiges Verhalten, S. 566 f; *Jakobs*, in: FS Lackner, 1987, S. 62 f; *Puppe*, NK, Rn. 136 ff vor § 13.

aus. Sie begnügen sich andererseits nicht damit, die Tat als wie immer geartete Herbeiführung dieses Erfolges zu schildern, sondern kennzeichnen die Tathandlung differenzierter. Das »Eindringen« in eine fremde Wohnung beim Hausfriedensbruch (§ 123), das »Nachmachen« von Geld (§ 146), die »Beleidigung« (§ 185), das »Nötigen« eines anderen (§ 240) – das sind nur einige wenige Beispiele von tatbestandsmäßigen Verhaltensweisen, die sich als bloße Verursachungsprozesse nicht darstellen lassen.

44   Das strafrechtlich relevante Unrecht wird zumeist nicht allein durch einen negativwertigen Erfolg, sondern wesentlich auch durch die Modalitäten des Handelns begründet. Das gilt selbst für ein so stark durch den Erfolg geprägtes Verbrechen wie den Mord (§ 211): Die *besondere* Verwerflichkeit, die ihn kennzeichnet, liegt, zumindest in einem Teil der Fälle (»heimtückisch oder grausam oder mit gemeingefährlichen Mitteln«), in der besonderen Begehungsweise. Der Taterfolg ist vielfach sogar *nur* als das Ergebnis eines spezifischen Verhaltens denkbar. So setzt die durch einen Irrtum motivierte Vermögensverfügung beim Betrug (§ 263) eine *Täuschung*, das Vernehmen der ehrenkränkenden Äußerung durch einen anderen bei der Beleidigung (§ 185) eine entsprechende *Kundgabe* des Täters voraus, wenn es sich um strafrechtlich bedeutsames Geschehen handeln soll. Darin liegt mehr als eine Beschränkung der Begehungsmittel (wie sie etwa in § 224 [Körperverletzung durch »Beibringung von Gift« oder »mittels einer Waffe oder eines anderen gefährlichen Werkzeugs«] begegnet). Es handelt sich hier um Vorgänge, deren sozialer Sinn an ein ganz bestimmtes Ensemble objektiver und subjektiver Momente gebunden ist.

45   Mitunter lassen sich die objektiven Tatbestandsmerkmale nicht einmal definitorisch von den subjektiven ablösen, bilden Außen- und Innenseite des Verhaltens schon in abstracto eine untrennbare Einheit. So gibt es zum Beispiel keine Handlung, die schon ihrem äußeren Erscheinungsbild nach eindeutig als »Zueignung« (vgl. §§ 242 ff) identifiziert werden könnte. Zur Zueignung gehört, dass der Berechtigte seines Eigentums *dauernd* entsetzt werden soll, und darüber entscheidet der Wille des Täters. Ähnlich liegt es bei der Tathandlung des dem Wilde »Nachstellens« (§ 292) sowie bei jeder Umschreibung von Vorbereitungs- und Versuchshandlungen (anzutreffen besonders häufig im Staatsschutzrecht [§§ 80 ff]). Solche Erscheinungen erinnern daran, dass der objektive Tatbestand nicht ein vom subjektiven *sachlich* losgelöstes Geschehen, sondern eben die »Entäußerung« des Tatentschlusses erfasst, und verweisen damit vor auf die Einsicht, dass das strafrechtlich bedeutsame Unrecht immer nur im Zusammenspiel äußerer *und* innerer Faktoren zustande kommt (unten Rn. 47 ff).

III. Täterstrafrecht?

Ganz vereinzelt begegnen Strafbestimmungen, die nicht eine bestimmte Hand-   46
lung, sondern die »Verkörperung« einer negativ bewerteten sozialen Rolle umschreiben. Das gilt vor allem für den Tatbestand der Zuhälterei (§ 181a)[52]. Man
hat darin, freilich vor seiner Umgestaltung im Jahre 1973, eine täterstrafrechtli-
che Norm sehen wollen[53], die im Gegensatz zur Grundtendenz des geltenden
Rechts stünde (vgl. oben § 2 Rn. 23). Doch wird der Täter auch hier nicht für
sein So-Sein haftbar gemacht[54]. Der Unterschied zu den regulären Tatbeständen
erschöpft sich vielmehr darin, dass nicht schon eine einzelne Handlung, sondern erst eine Gesamtheit von Verhaltensweisen das strafbare Unrecht begründet[55].

B. Der subjektive Tatbestand

I. Der Aufbau des subjektiven Tatbestandes

Während über den Umfang des objektiven Tatbestandes, soweit er un-   47
rechtsbegründende Merkmale betrifft, grundsätzliches Einverständnis
besteht, haben hinsichtlich des subjektiven Tatbestandes um die Mitte
des jüngst vergangenen Jahrhunderts tiefe Meinungsverschiedenheiten
bestanden. Der von *v. Liszt* und *Beling* entwickelte dreistufige Verbrechensaufbau (oben § 7 Rn. 1) war ursprünglich mit der strikten Aufgliederung nach *objektiven* und *subjektiven* Verbrechensmerkmalen
verbunden: Das tatbestandliche Unrecht sollte allein durch objektive,
äußere Merkmale gekennzeichnet sein, die subjektive Beziehung des
Täters zur Tat nur unter dem Gesichtspunkt der Schuld interessieren.
Auf den geistesgeschichtlichen Hintergrund einer solchen »objektiven«
Verbrechenslehre ist hier bereits hingewiesen worden (oben § 2 Rn. 26).
Sie hatte die wichtige Konsequenz, dass Vorsatz und Fahrlässigkeit als
Schuldformen behandelt worden sind, als die sie vereinzelt weiterhin
angesehen werden. Inzwischen hat sich die deutschsprachige Straf-
rechtswissenschaft jedoch fast allgemein von jener traditionellen Ge-

---

52 Eingehend *Androulakis*, ZStrW 78 (1966), 432 ff.
53 Vgl. *Bockelmann*, Studien zum Täterstrafrecht, 1939/1940.
54 Anders RGSt 73, 183.
55 *Schmidhäuser*, Gesinnungsmerkmale im Strafrecht, 1958, S. 132 ff.

genüberstellung gelöst: Das Unrecht gilt als durch subjektive Momente mitbestimmt[56]. Dieser Wandel ist nur auf dem Hintergrund der Argumente zu verstehen, die ihn herbeigeführt haben.

48   1. Er betrifft zunächst und vor allem die **Stellung des Vorsatzes.**

49   a) Diese Frage stand zunächst im Mittelpunkt der ihrerseits von den Entwicklungen der Unrechtslehre beeinflussten Auseinandersetzung um den strafrechtlichen **Handlungsbegriff** (oben § 6 Rn. 2 ff).

50   Für die Vertreter eines »*kausalen*« Handlungsbegriffs durfte der Tatbestand der Begehungsdelikte grundsätzlich nur die Verursachung des tatbestandsmäßigen Erfolges durch willensgetragenes körperliches Verhalten umfassen. Er musste sich also in der Regel auf *objektive* Tatumstände beschränken. Für einen subjektiven Tatbestand war, von besonderen Unrechtselementen abgesehen, höchstens insofern Raum, als der Täter immerhin *willentlich* agiert haben musste. Auf den *Inhalt* seines Willens sollte es jedoch in der Wertungsstufe der Tatbestandsmäßigkeit und damit auch der Rechtswidrigkeit noch nicht ankommen[57]. Der Vorsatz hatte vielmehr als »Element« oder »Form« allein der Schuld zu gelten.

51   Sieht man dagegen, mit der *finalen* Handlungslehre, in der Finalsteuerung ein wesentliches Strukturmoment menschlichen Handelns, so versteht sich nahezu von selbst, auf Art und Maß solcher Finalsteuerung schon bei der (tatbestandlichen) Umschreibung verbotenen Verhaltens abzustellen. Die jeweils verschiedene Beziehung von Handlung und Erfolg, die die Grundformen strafrechtlich relevanten Verhaltens kennzeichnet (oben § 6 Rn. 16 ff), muss dann bereits in der Ebene des Unrechts und nicht erst der Schuld Berücksichtigung finden. Für das hier in Frage stehende vorsätzliche Handlungsdelikt folgt daraus, dass die Beschreibung der Außenseite des verbotenen Handelns stets ergänzt werden muss durch die Beschreibung seiner Innenseite: des als Verwirklichungswillen verstandenen Vorsatzes, der die jeweilige Handlung prägt.

52   Der *soziale* Handlungsbegriff schließlich präjudiziert die Frage nicht. Er schließt zwar Geschehensabläufe aus, die für den Menschen nicht »bezweckbar«, weil nicht vorhersehbar oder nicht beherrschbar, sind. Doch bleibt damit offen, ob die *innerhalb* des so abgesteckten Bereichs liegende Unterscheidung von Vorsatz und Fahrlässigkeit schon auf der Ebene des Tatbestandes oder erst

56 Vgl. *Jescheck/Weigend*, S. 240 ff, m.w.N.
57 *Baumann/Weber/Mitsch*, § 13 Rn. 11 f.

bei der Schuld zu treffen ist. Das heißt, dass es hier darauf ankommt, ob in der Tatbestands- oder Unrechtslehre selbständige Gründe zu finden sind, die dafür sprechen, den Vorsatz schon dem Tatbestand zuzuordnen. Solche Gründe gibt es in der Tat, und sie haben in dieser Frage schließlich den Ausschlag gegeben.

b) Dass sich das strafrechtlich bedeutsame Unrecht nicht zulänglich 53 kennzeichnen lässt, wenn man von der subjektiven Seite des Verhaltens absieht, zeigen Sachzusammenhänge, die vom Streit um den Handlungsbegriff ganz unabhängig sind. Einige Hinweise mögen das illustrieren.

Die Notwendigkeit, schon beim Tatbestand subjektive Momente zu 54 berücksichtigen, ist zunächst praktisch überall dort gegeben, wo die Tathandlung nicht oder doch nicht allein in der Herbeiführung eines bestimmten Erfolges besteht. Beispiele bilden einerseits die reinen Tätigkeitsdelikte (oben Rn. 8): Es gibt keinen sexuellen Missbrauch von Schutzbefohlenen oder Kindern (§§ 174, 176) ohne zumindest das Bewusstsein des sexuellen Bezugs der Handlung, es gibt keinen gutgläubig geleisteten Meineid (§ 154), und selbst der Beischlaf zwischen Verwandten (§ 173) kann nicht *unwillentlich* »vollzogen« werden. Entsprechendes gilt zum anderen aber auch bei jenen die Mehrzahl bildenden Tatbeständen, die zwar einen Taterfolg, zugleich aber die Tathandlung näher umschreiben (oben Rn. 43 ff). Es dürfte kaum gelingen, sich auch nur theoretisch vorzustellen, dass jemand *gutgläubig* »falsche Tatsachen« vorspiegelt (§ 263) oder *unwillentlich* den äußeren Tatbestand etwa des Widerstandes gegen Vollstreckungsbeamte (§ 113), des Hausfriedensbruchs (§ 123), der Amtsanmaßung (§ 132), der Geldfälschung (§ 146) usw. verwirklicht haben könnte.

Diese Einsichten sind so evident, dass sie sich entgegen einer Doktrin durch- 55 gesetzt haben, die sie konsequenterweise hätte leugnen müssen. Schon im ersten Drittel des vergangenen Jahrhunderts ist der Nachweis sogenannter *subjektiver Unrechtselemente* erbracht worden, in Abweichung von der Regel, das Unrecht werde ausschließlich durch objektiv-äußerliche Momente begründet[58]. Dieser Nachweis betraf in erster Linie die *besonderen* Tendenzen, Absichten oder Motive, deren es bei einer Reihe von Straftaten bedarf (unten Rn. 131 ff). Er wird heute kaum mehr angefochten. Für die nunmehr überwiegende Lehre aber erscheinen (auch) solche subjektiven Momente als bloße Fragmente eines umfassender zu denkenden subjektiven Tatbestandes. Stellt man sie neben die subjektiven Komponenten der zuvor schon genannten Tathandlungen, so

---

58 Grundlegend *Mezger*, Die subjektiven Unrechtselemente, GerS 89 (1924), 207 ff.

bleibt nur eine Minorität von reinen Erfolgsdelikten, bei denen allenfalls noch gesagt werden könnte, dass es für das Unrecht auf die subjektive Seite der Tat nicht ankomme.

56　　Selbst bei den reinen Erfolgsdelikten führt die Außerachtlassung der subjektiven Seite des Verhaltens aber noch zu einer Einebnung verschiedener *Grade* des Unrechts. Im objektiven Tatbestand stimmen nicht nur die meisten Fälle des Mordes und des Totschlags (§§ 211, 212), sondern auch die fahrlässige Tötung (§ 222) und die Körperverletzung mit Todesfolge (§ 227) überein. Wird das Unrecht nur durch diese objektiven Momente (Verursachung des Todes eines Menschen) bestimmt, so verletzt der aus Habgier begangene Mord die Rechtsordnung nicht schwerer als der leichtsinnig herbeigeführte Verkehrsunfall mit tödlichem Ausgang. Diese Konsequenz widerlegt die Prämisse. Denn von hier aus müsste völlig unverständlich bleiben, weshalb subjektive Momente in *anderen* Fällen das Unrecht zu steigern vermögen (wie etwa, über Diebstahl und Nötigung hinaus, beim räuberischen Diebstahl die Absicht, »sich im Besitz des gestohlenen Gutes zu erhalten« [§ 252]). Ebenso wenig wäre zu verstehen, wieso die Rechtfertigung tatbestandsmäßigen Verhaltens davon abhängen kann, mit welchem Vorsatz der Täter gehandelt hat (dazu unten § 9 Rn. 79). Und schließlich wäre für eine Unterscheidung der Beteiligungsformen (dazu unten § 12) mit Hilfe auch subjektiver Kriterien innerhalb des Unrechts kein Raum.

57　　c) Dass die ganz überwiegende Lehre den Vorsatz in Gestalt des auf den objektiven Tatbestand gerichteten Verwirklichungswillens heute dem subjektiven Tatbestand zuordnet, oder besser gesagt: ihn bei vorsätzlichen Handlungsdelikten als den Grund- und Regelbestandteil des subjektiven Tatbestandes betrachtet, überrascht nach alledem nicht. Zu bedenken bleibt jedoch noch ein **möglicher Einwand**. Es könnte sein, dass die das Unrecht mitbegründenden subjektiven Elemente mit dem Vorsatz im präzisen strafrechtlichen Sinne nicht identisch sind, dass dieser vielmehr Anforderungen umschließt, die nicht das Unrecht, sondern nur die Schuld berühren. Auch wenn man etwa bei der Wilderei (§ 292) die, wie bemerkt, mit der Tathandlung unablösbar verbundene Willensrichtung zum subjektiven Tatbestand zu rechnen hat, folgt daraus noch nicht, dass für das gleichfalls zum Vorsatz gehörende Bewusstsein der Verletzung fremden Jagdrechts dasselbe gilt[59]. *Insofern* kann über die

---

59 Siehe *Schmidhäuser*, Lb, 7/37.

angemessene Einordnung des Vorsatzes definitiv erst dann geurteilt werden, wenn seine Funktion genauer bestimmt ist (unten Rn. 61 ff). Wird seine Bedeutung jedoch, wie es hier geschieht, darin gesehen, dass er eine Entscheidung gegen das rechtlich geschützte Interesse enthält, die bei der Fahrlässigkeit fehlt, so gibt letztlich *dies* den Ausschlag für die Zuordnung zum Unrechtstatbestand: Die strafrechtlich geschützte Norm wird krasser verletzt, wenn der Täter das durch sie geschützte Interesse bewusst und gewollt angreift als wenn er es versehentlich beeinträchtigt. Der Vorsatz gehört damit zu denjenigen Momenten des mit Strafe bedrohten Verhaltens, die über das Maß der Abweichung von der Norm entscheiden, und also zum Unrecht (vgl. oben § 7 Rn. 22).

2. Noch weitergehende Übereinstimmung als über die Zuordnung 58 des Vorsatzes zum Unrecht besteht hinsichtlich der Existenz zahlreicher **besonderer**, über den Vorsatz hinausgehender subjektiver **Tatbestandsmerkmale** in Gestalt bestimmter Tendenzen, Absichten oder Beweggründe. Es ist freilich eine Frage der jeweiligen Tatbestandsfassung, ob das Gesetz solche besonderen Erfordernisse kennt. Auch sind die Gründe, aus denen das geschieht, nicht einheitlich. Das Einverständnis über die Unrechtsrelevanz mindestens eines Teils der besonderen subjektiven Merkmale beschränkt sich daher aufs Prinzip. Welche es im einzelnen sind, kann zweifelhaft sein. Darauf ist zurückzukommen (unten Rn. 131 ff).

3. Für die heute vorherrschende Auffassung, wonach auch die der 59 Verwirklichung des objektiven Tatbestandes zugrunde liegenden Intentionen dem Unrecht zuzurechnen sind, hat sich der Begriff der **personalen Unrechtslehre** eingebürgert[60]. Diese auf *Welzel* zurückgehende Bezeichnung[61] könnte dahin missverstanden werden, als hänge es von der individuellen Persönlichkeit des Täters, seinen Eigenschaften und Fähigkeiten ab, ob sein Verhalten als Unrecht anzusehen ist (»täterbezogenes« Unrecht). Diese Frage stellt sich zwar durchaus, sowohl bei den Unterlassungs- wie bei den Fahrlässigkeitsdelikten (unten § 13 Rn. 58 f; § 15 Rn. 11 ff). Der Begriff des personalen Unrechts präjudiziert sie aber nicht. Er soll lediglich zum Ausdruck bringen, dass sich

---

60 *Hirsch*, ZStrW 93 (1981), 831 ff, 94 (1982) 239 ff; *Jescheck/Weigend*, S. 240; *Armin Kaufmann*, in: FS Welzel, 1974, S. 393 ff; *Maurach/Zipf*, § 17 Rn. 1 f; *Roxin*, § 10 Rn. 88 ff; *Rudolphi*, SK, Rn. 18, 22 ff vor § 1; Schönke/Schröder/*Lenckner*, Rn. 52 ff vor §§ 13 ff.
61 AaO (oben Fn. 31), S. 44 ff.

das strafrechtlich relevante Geschehen eben nicht als bloßer Verursachungsprozess, sondern nur als das bestimmtgeartete Verhalten einer *Person* angemessen beschreiben lässt.

60   Innerhalb des so konzipierten Unrechts wird zumeist zwischen **Handlungs- und Erfolgsunwert** unterschieden. Die Terminologie ist allerdings nicht einheitlich[62]. Ein Teil der Lehre identifiziert den Handlungsunwert – beim Vorsatzdelikt – mit den subjektiven Unrechtselementen, versteht ihn also als reinen »Intentionsunwert«, und weist alle objektiven Unrechtsmerkmale dem »Sachverhalts«- oder eben Erfolgsunwert zu[63]. Überwiegend wird dagegen in den Handlungsunwert auch die Umsetzung der deliktischen Intention durch entsprechendes Verhalten einbezogen, so dass die Grenze zum Erfolgsunwert zwischen dem Versuch einerseits und dem zur Vollendung erforderlichen Erfolg andererseits verläuft[64]. Die vorliegende Darstellung folgt dieser zweiten Auffassung mit der Maßgabe, dass der *volle* Handlungsunwert erst im *beendeten* (tauglichen oder untauglichen) Versuch gesehen wird.

II. Der Vorsatz

Literatur: Engisch, Untersuchungen über Vorsatz und Fahrlässigkeit im Strafrecht, 1930; *ders.,* Die normativen Tatbestandselemente im Strafrecht, in: FS Mezger, 1954, S. 127 ff; *Frisch,* Vorsatz und Risiko, 1983; *ders.,* Vorsatz und Mitbewusstsein – Strukturen des Vorsatzes, in: GS Armin Kaufmann, 1989, S. 311 ff; *ders.,* Der Irrtum als Unrechts- und/oder Schuldausschluss im deutschen Strafrecht, in: Eser/Perron (Hrsg.), Rechtfertigung und Entschuldigung III, 1990, S. 217 ff; *Hassemer,* Kennzeichen des Vorsatzes, in: GS Armin Kaufmann, 1989, S. 289 ff; *Hillenkamp,* Die Bedeutung von Vorsatzkonkretisierungen bei abweichendem Tatverlauf, 1971; *Joerden,* Der auf die Verwirklichung von zwei Tatbeständen gerichtete Vorsatz, ZStrW 95 (1983), 565 ff; *Armin Kaufmann,* Der dolus eventualis im Deliktsaufbau, ZStrW 70 (1958), 64 ff; *Kindhäuser,* Vorsatz als Zurechnungskriterium, ZStrW 96 (1984), 1 ff; *ders.,* Rohe Tatsachen und normative Tatbestandsmerkmale, Jura 1984, 465 ff; *ders.,* Zur Unterscheidung von Tat- und Rechtsirrtum, GA 1990, 407 ff; *Köhler,* Vorsatzbegriff und Bewusstseinsform des Vorsatzes, GA 1981, 285 ff; *ders.,* Die bewusste Fahrlässigkeit, 1982; *Kuhlen,* Die Unterscheidung von vorsatzausschließendem und nicht vorsatzausschließendem Irrtum, 1987; *Maiwald,* Der »dolus generalis«, ZStrW 78 (1966), 30 ff; *Platzgummer,* Die Bewusstseinsform des Vorsatzes, 1964; *Prittwitz,* Zur Diskrepanz zwischen Tatgeschehen und Tätervorstellung, GA 1983, 110 ff; *Puppe,* Zur Revision der Lehre vom

---

62 Eingehend *Gallas,* in: FS Bockelmann, 1979, S. 155 ff, m.w.N.
63 So u. a. *Rudolphi,* in: FS Maurach, 1972, S. 51 ff.
64 *Gallas,* aaO, S. 165 f; abweichend insoweit Schönke/Schröder/*Lenckner,* Rn. 56 vor §§ 13 ff, m.w.N.

»konkreten« Vorsatz und der Beachtlichkeit der aberratio ictus, GA 1981, 1 ff; *dies.*, Tatirrtum, Rechtsirrtum, Subsumtionsirrtum, GA 1990, 145 ff; *dies.*, Vorsatz und Zurechnung, 1992; *Schild*, Der strafrechtliche Vorsatz zwischen psychischem Sachverhalt und normativem Konstrukt, in: Jakob/Usteri/Weimar (Hrsg.), Psyche – Recht – Gesellschaft, 1995, S. 119 ff; *Schlehofer*, Vorsatz und Tatabweichung, 1996; *Schlüchter*, Irrtum über normative Tatbestandsmerkmale im Strafrecht, 1983; *Schmidhäuser*, Der Begriff des bedingten Vorsatzes in der neuesten Rechtsprechung des BGH und in § 16 Komm. Entw. StGB Allg. Teil 1958, GA 1958, 161 ff; *U. Schroth*, Vorsatz als Aneignung der unrechtskonstituierenden Merkmale, 1994; *ders.*, Vorsatz und Irrtum, 1998; *Stratenwerth*, Dolus eventualis und bewusste Fahrlässigkeit, ZStrW 71 (1959), 51 ff; *ders.*, Objektsirrtum und Tatbeteiligung, in: FS Baumann, 1992, S. 57 ff; *Vest*, Vorsatznachweis und materielles Strafrecht, 1986; *E. A. Wolff*, Die Grenzen des dolus eventualis und der wissentlichen Verletzung, in: FS Gallas, 1973, S. 197 ff; *J. Wolter*, Der Irrtum über den Kausalverlauf als Problem objektiver Erfolgszurechnung, ZStrW 89 (1977), 649 ff; *Ziegert*, Vorsatz, Schuld und Vorverschulden, 1987; ferner *Lit.* oben vor Rn. 2.

1. Die Struktur des Vorsatzes

Das Gesetz definiert den Vorsatz nicht. Der traditionelle Lehrbestand   61
sagt in seiner allgemeinsten Form: Vorsatz ist »das Wissen und Wollen
der Tatbestandsverwirklichung«[65]. Zu fragen bleibt, ob diese Regel,
zumindest als Ausgangspunkt, Zustimmung verdient.

Die Antwort muss vor allem im Blick auf die *Konsequenzen* der Un-   62
terscheidung von Vorsatz und Fahrlässigkeit im Strafrecht gesucht werden. Vorsätzliches Handeln ist stets, fahrlässiges nur dann mit Strafe
bedroht, wenn das Gesetz dies ausdrücklich bestimmt (§ 15). Schon danach stehen Vorsatz und Fahrlässigkeit als Strafbarkeitsvoraussetzungen im Verhältnis von Regel und Ausnahme. Das StGB lässt auch, gemessen an der Zahl der Straftatbestände, die es enthält, Fahrlässigkeit
nur in weniger als einem Zehntel der Fälle genügen. Die Grenze des
Vorsatzes bedeutet daher zumeist auch die Grenze der Strafbarkeit. Wo
aber fahrlässiges Verhalten pönalisiert wird, ist der Strafrahmen durchweg niedriger als beim entsprechenden Vorsatzdelikt; nur ganz vereinzelt, bei ohnehin nicht allzu schweren Strafdrohungen, finden sich Vorsatz und Fahrlässigkeit gleichgestellt (so etwa bei Trunkenheit im Verkehr [§ 316] und beim Vollrausch [§ 323a]). Vorsätzlichem Verhalten
wird danach regelmäßig ein wesentlich höherer Unwert beigemessen als
fahrlässigem. Wo liegt der eigentliche Grund für diesen Unterschied?

65 *Rudolphi*, SK, § 16 Rn. 1, m.w.N.

63   Solange der Vorsatz als Element der Schuld angesehen wurde, lag es nahe, seine Bedeutung allein auf das Unrechtsbewusstsein zu beziehen: als vorsätzlich also nur das *bewusst rechtswidrige* Verhalten zu qualifizieren. Damit hätte die Unterscheidung von Vorsatz und Fahrlässigkeit ihr Eigengewicht verloren: An ihre Stelle wäre die Unterscheidung zwischen dem Handeln mit oder ohne Unrechtsbewusstsein getreten. Seiner Struktur hätte der Vorsatz von hier aus – da das als Grundlage für das Unrechtswusstsein ausreicht – bloßes »*Wissen*« um die Tatbestandsmerkmale gefordert. *Bewusste* Fahrlässigkeit hätte es nicht mehr geben können, da dem Täter, der auch nur für möglich hält, den Tatbestand zu verwirklichen, stets schon Vorsatz hätte zur Last gelegt werden müssen[66]. Diese Fixierung allein auf das Unrechtsbewusstsein erscheint heute jedoch als eine Verengung der Perspektive, die über alle vom Vorsatz abhängigen Wertungsdifferenzen im Bereich des Unrechts (vgl. oben Rn. 56) hinweggeht. Rechnet man den Vorsatz hingegen zum Unrecht, so kann er nicht gleichzeitig zum Unrechtsbewusstsein gehören: Er müsste sich sonst (absurderweise) auch auf sich selbst beziehen. Das geltende Recht lässt denn auch die Vorsatzstrafe beim (vermeidbaren) Verbotsirrtum ausdrücklich zu (§ 17 Satz 2).

64   Die Vertreter der finalen Handlungslehre haben demgegenüber vor allem auf den elementaren Unterschied verwiesen, der zwischen der (bewusst) final gesteuerten und der »ungewollten« Verwirklichung eines Sachverhaltes besteht. Danach wäre die Abgrenzung von Vorsatz und Fahrlässigkeit von vornherein und ausschließlich unter dem Gesichtspunkt vorzunehmen, welche Reichweite der Finalsteuerung zukommt: welche Tatumstände sie prinzipiell umschließt und welche nicht. Deshalb ist lebhaft diskutiert worden, ob Vorsatz und finaler Verwirklichungswille strukturell übereinstimmen[67] oder ob sich die Finalität auf das eigentliche Ziel der jeweiligen Handlung beschränkt[68], beziehungsweise, gerade umgekehrt, auf alle dem Täter *bewussten* Nebenfolgen erstreckt[69]. Der eigentliche Einwand ist hier freilich der, dass mit der Finalsteuerung, wie immer man sie definiert, zwar eine bestimmte Beziehung des Täters zu dem von ihm ausgelösten Geschehensablauf beschrieben wird, damit aber keineswegs entschieden ist, weshalb es bei der Abgrenzung von Vorsatz und Fahrlässigkeit auf sie ankommen soll. Oder anders gesagt: Wer über das Verhältnis von Vorsatz und Finalsteuerung diskutiert, *weiß* bereits, was er als Vorsatz gelten lassen möchte, während sich gerade fragt, wie solches Vorverständnis zu begründen ist.

---

66 So *H. Schröder*, in: FS Sauer, 1949, S. 207 ff; im Ergebnis ebenso *Grünwald*, in: FS H. Mayer, 1966, S. 288 f; *Maihofer*, ZStrW 70 (1958), 191 f; *Schmidhäuser*, Lb, 7/36; StuB, 7/36.
67 So *Armin Kaufmann*, ZStrW 70, S. 64 ff; *Stratenwerth*, ZStrW 71, 51 ff; anders *Frisch*, Vorsatz, S. 42 ff.
68 *Schmidhäuser*, ZStrW 66 (1954), 33 ff.
69 So zuerst *Engisch*, in: FS Kohlrausch, 1944, S. 155 f.

Die *Dogmengeschichte* zeigt, dass sich die Strafrechtsdoktrin mindes- 65
tens seit dem 17. Jahrhundert mit wechselnden Instrumenten bemüht
hat, in die Vorsatzlehre eine Gruppe von kritischen Fällen einzubeziehen, in denen zwar nicht gesagt werden kann, dass der Täter den Erfolg
im eigentlichen (umgangsprachlichen) Sinne »gewollt« habe, in denen er
sich aber auch nicht einfach nur der Möglichkeit bewusst war, dass er
als Folge seines Verhaltens eintreten könnte[70]. Ein simples Beispiel liefert der auf frischer Tat betroffene Einbrecher, der in der Dunkelheit
mit einer gefährlichen Waffe in Brusthöhe auf einen Verfolger einsticht,
um sich dessen, gleich um welchen Preis, zu entledigen, und ihn tödlich
verletzt. Der Tod des Opfers ist hier nicht das eigentliche Handlungsziel, und er ist auch nicht notwendig, um dem Täter die Flucht zu ermöglichen. Aber die Gefahr seines Eintritts liegt unter den gegebenen
Umständen derart nahe, dass das Verhalten des Täters nicht anders denn
als die Bereitschaft gedeutet werden kann, es auf ihn ankommen zu lassen. *Dies* begründet das Bedürfnis, ihm den Erfolg in solchem Falle zum
Vorsatz zuzurechnen. Seine Einstellung besagt, dass der strafrechtlich
relevante Erfolg wenn nicht sogar sein soll, so doch sein darf[71]. Sie enthält ein gewisses Einverständnis mit der Möglichkeit, dass er eintreten
könnte.

Wie man dieses Einverständnis näher zu akzentuieren hat, ob mehr 66
als intellektuelles oder als voluntatives Moment, darüber wird seit Jahrzehnten mit großer Ausdauer gestritten. Davon wird noch die Rede sein
(unten Rn. 112 ff). Mit ihm aber wird in jedem Falle eine Differenz anvisiert, die schwer genug wiegt, um die unterschiedliche Behandlung
von Vorsatz- und Fahrlässigkeitsdelikt jedenfalls im Kernbereich des
Strafrechts verständlich zu machen: *Die Vorsatz genannte Intention
läuft dem Recht unmittelbar zuwider, bloße Fahrlässigkeit nicht.* Das
wird von einem erheblichen Teil der Lehre heute schlagwortartig auf
die Formel gebracht, dass sich der vorsätzlich handelnde Täter für die
Rechtsgutverletzung, oder auch: abweichend von der rechtlichen Verhaltensnorm, entscheide[72], der bloß fahrlässig handelnde nicht. Diese
ohnehin präzisierungsbedürftige Wendung darf freilich nicht dahin
missverstanden werden, als gehe es beim Vorsatz nun doch wieder um
das Bewusstsein des Täters, rechtswidrig zu handeln. Worauf es an-

---

70 Vgl. den historischen Exkurs bei *Puppe*, ZStrW 103 (1991), 23 ff.
71 *Puppe*, NK, § 15 Rn. 89, 102.
72 *Frisch*, Vorsatz, S. 111; *Hassemer*, S. 295 ff; *Roxin*, JuS 1964, 58; *Rudolphi*, SK,
    § 16 Rn. 39; *Ziegert*, S. 142 f; hier die Vorauflage, Rn. 255.

kommt, ist vielmehr allein seine Bereitschaft, einen Sachverhalt zu verwirklichen, den zu verwirklichen verboten ist. Sie ist im bloßen Wissen um die Möglichkeit des Erfolgseintritts, wie es auch der leichtsinnig oder gar, wie vom Gesetz zunehmend gefordert (vgl. etwa §§ 239a III, 251, 261 V), leichtfertig handelnde Täter haben *kann* (nicht muss)[73], noch nicht enthalten. Insofern besagt die überkommene Definition des Vorsatzes durchaus etwas Richtiges: Zu ihm gehört außer dem Wissen um die Möglichkeit, durch das eigene Verhalten einen Straftatbestand zu verwirklichen, eine bestimmte innere Einstellung, die man, wenn man sich der Unvollkommenheit des Ausdrucks bewusst bleibt[74], mit der Tradition nach wie vor als den *Willen* zur Verwirklichung der Tat bezeichnen mag. Das geschieht in der nachfolgenden Darstellung.

2. Die Wissensseite des Vorsatzes

67   In einem strengen Sinne »wissen« kann man nur um etwas, das bereits vorhanden ist (oder mit naturgesetzlicher Notwendigkeit eintreten wird), nicht aber um bloß mögliche Begleitumstände oder Folgen des eigenen Handelns. Auch die Redeweise von der »Wissensseite« des Vorsatzes ist deshalb ungenau. Worum es hier eigentlich geht, ist eine Präzisierung dessen, was dem Täter *bewusst* sein muss, damit sein Verhalten als vorsätzliche Verwirklichung des Tatbestandes erscheinen kann. Solches Bewusstsein wiederum muss der Sache nach unterschiedlich sein, je nachdem, ob es die unrechtsbegründenden Qualitäten der Tathandlung, die »Tatumstände« (§ 16), betrifft, die nur mit mehr oder minder großer Wahrscheinlichkeit gegeben oder nicht gegeben sein können, oder aber, wo erforderlich, den durch den Täter selbst ausgelösten Geschehensablauf und damit die Zurechenbarkeit des eingetretenen Erfolges.

a) Das Wissen um die Tatumstände

aa) Prinzipielle Anforderungen

68   Das für den Vorsatz erforderliche Bewusstsein der Tatumstände ist in dreierlei Hinsicht genauer zu bestimmen.

69   (1) Da der Tatbestand Verhaltensweisen umschreibt, die typischerweise Unrecht darstellen (oben § 7 Rn. 7 ff), repräsentieren die einzel-

---

73 Vgl. *Wegscheider*, ZStrW 98 (1986), 652 f.
74 Dazu *Koriath*, Grundlagen, S. 632 ff.

nen Tatmerkmale durchweg ein Moment der **Wertung**. Zwar wird vielfach zwischen »deskriptiven« und »normativen« Tatbestandsmerkmalen unterschieden. Die einen (wie z. B. Mensch, Sache) sollen unmittelbar sinnlich wahrnehmbar, die anderen (wie z. B. der pornographische Charakter einer Veröffentlichung) eine allein im Zusammenhang mit rechtlichen oder sozialen Normen verstehbare Gegebenheit sein[75]. Selbst solche Begriffe jedoch, die sich auf reine Fakten zu beziehen scheinen, erhalten durch ihre Verwendung im Strafgesetz einen wertenden Einschlag: Das »Wild« im Sinne von § 292 muss nicht nur wahrgenommen, sondern auch als *jagdbares* Tier begriffen werden, wenn sich die Zueignung als Unrecht darstellen soll. Deshalb ist mindestens zweifelhaft, ob sich die beiden Merkmalskategorien überhaupt hinreichend klar voneinander abgrenzen lassen. Und jedenfalls dürfte es für die hier zu erörternde Frage auf jene Unterscheidung auch gar nicht ankommen[76]: ob und inwieweit nämlich für den Vorsatz das bloße Wissen um sinnlich wahrnehmbare Fakten genügt oder aber das Bewusstsein auch jener Wertung erforderlich ist. Die heute ganz h. L. favorisiert dabei einen Mittelweg.

Sie lässt auf der einen Seite die Kenntnis der »reinen« Tatsachen nicht genügen. Wer etwa meint, dass es als Verzicht auf das Eigentum zu deuten sei, wenn jemand Sammelgut für eine bestimmte Organisation an die Straße stellt[77], weiß um alle Sachverhaltsmomente, aus denen sich bei *zutreffender* rechtlicher Wertung ergibt, dass die Sachen weiterhin »fremde« im Sinne von § 242 sind. Trotzdem ist sein Wille bei der Wegnahme offenkundig nicht darauf gerichtet, fremdes Eigentum zu verletzen. Der Diebstahlsvorsatz wäre folglich zu verneinen. Nicht verlangt wird auf der anderen Seite »die richtige Subsumption der Thatsachen unter das Gesetz«[78]. Der Täter braucht um die juristisch exakte Qualifikation der Tatumstände nicht zu wissen. Sonst könnte, wie oft eingewandt worden ist, »nur der Jurist ein Verbrechen begehen«[79]. Um auch dafür ein beliebiges Beispiel zu nennen: Wer aus den Reifen eines geparkten Autos die Luft ablässt[80], kann der Meinung sein, es damit, weil seine Substanz intakt bleibt, nicht zu »beschädigen« (§ 303). Als Entscheidung gegen das Rechtsgut interpretiert, kann der Vorsatz jedoch nur erfordern, dass der Täter sich bewusst ist, in ein rechtlich geschütztes Interesse einzugreifen. Solches Verlet-

70

---

75 Die Einzelabgrenzung ist umstritten; vgl. den Überblick etwa bei *Schlüchter*, S. 7 ff.
76 *Kindhäuser*, GA 1990, 409; *Kuhlen*, S. 183 ff, 196 ff, m.w.N.
77 Vgl. BayObLG JZ 1986, 967.
78 So *v. Liszt*, Lehrbuch des Deutschen Strafrechts, 10. Aufl. 1900, S. 152.
79 *Frank*, § 59 Anm. II (S. 182).
80 Vgl. BGHSt 13, 207.

zungsbewusstsein aber dürfte er in jenem Falle haben, auch wenn er nicht weiß, dass die Minderung der Brauchbarkeit rechtlich als Beschädigung gilt.

71   Praxis und Lehre fordern für den Vorsatz dementsprechend zumindest, aber auch nur die Kenntnis des Täters, »welche besondere Bedeutung und Funktion« die im Tatbestand genannten Merkmale »im sozialen Leben besitzen, auf denen auch ihre juristische Einschätzung im Gesetz beruht«[81]. Eingebürgert hat sich die von *Mezger* geprägte Formel von einer »Parallelwertung in der Laiensphäre des Täters«[82]. Dem liegt die Vorstellung zugrunde, dass das Gesetz, zumindest im Kernbereich des Strafrechts, den Wertcharakter der Sachverhaltsmomente, die es im Tatbestand umschreibt, nicht erst schafft, sondern in der sozialen Wirklichkeit schon vorfindet. Zum Vorsatz kann nur die Kenntnis des Wertcharakters selbst gehören, nicht die der Rechtsbegriffe, in die er gefasst wird. Weitergehende Gedanken, die sich der Täter über die juristische Qualifikation seines Verhaltens machen mag, berühren den Vorsatz nicht.

72   Sieht man näher zu, so geht es freilich gar nicht um eine »Parallel«wertung, sondern um die Kenntnis exakt derjenigen Tatmerkmale (mitsamt ihrem Wertakzent), auf die der Rechtsbegriff sich bezieht[83]. Worüber sich der Täter irren oder im unklaren sein mag, ist allein der Inhalt dieses Begriffs, und darauf kann es für den Unrechtscharakter seines Verhaltens nicht ankommen. Diesbezügliche Fehlvorstellungen, wie im Autofall, gelten daher als prinzipiell unbeachtlicher *Subsumtionsirrtum*. Sie können den Täter allenfalls dann entlasten, wenn sie ihn zu der Folgerung verleiten, sein Verhalten sei gar nicht verboten, und damit einen *Verbotsirrtum* hervorrufen (unten § 10 Rn. 64 ff).

73   Allerdings bleiben schwierige Abgrenzungsfragen[84]. Sie ergeben sich vor allem daraus, dass die Wertung, die ein Tatbestandsmerkmal zum Ausdruck bringt, vielfach nur die Quintessenz aus einer Reihe von ihrerseits nicht wertneutralen Sachverhaltsmomenten darstellt, um die der Täter wissen kann, ohne doch die zusammenfassende Wertung nachzuvollziehen. Ein Beispiel bildet der Fall BGHSt 19, 352: Der Täter hatte sein infolge Trunkenheit wehrloses Opfer so heftig geschlagen, dass es wiederholt auf das Straßenpflaster gestürzt war. Genügte es hier für den Vorsatz der lebensgefährdenden Körperverletzung (§ 224 I Nr. 5), dass er die Umstände kannte, die sein Vorgehen als besonders

---

81 *Welzel*, S. 76.
82 Lehrbuch, S. 328; vgl. BGHSt 3, 248 (255); 4, 347 (352); *Jakobs*, 8/49; *Jescheck/Weigend*, S. 295; *Roxin*, § 12 Rn. 90; *Rudolphi*, SK, § 16 Rn. 23; kritisch *Puppe*, NK, Rn. 28 ff vor § 13; abweichend *Schlüchter*, S. 100 ff.
83 *Kindhäuser*, GA 1990, 417 ff; *Schwegler*, Der Subsumtionsirrtum, 1995, S. 126 ff.
84 Eingehende, vornehmlich dogmengeschichtliche Darstellung bei *Tischler*, Verbotsirrtum und Irrtum über normative Tatbestandsmerkmale, 1984.

gefährlich erscheinen ließen, oder hätte er sich der Gefährlichkeit als solcher bewusst sein müssen? Die Rechtsprechung bevorzugt tendenziell die erste Lösung[85], während das Erfordernis der Bedeutungskenntnis für die zweite Lösung spricht[86]. Eine andere, aber im Prinzip ähnliche Schwierigkeit betrifft die Abgrenzung zwischen der zum Vorsatz erforderlichen Bedeutungskenntnis hinsichtlich aller einzelnen Tatumstände und der Gesamtbewertung der Tat, dem Unrechtsbewusstsein, das gerade nicht zum Vorsatz gehört (oben Rn. 63). Sie bereitet umso größere Mühe, je weitergehend die mit einem Tatbestandsmerkmal verbundene Wertung, wie etwa die der »Pflichtwidrigkeit« (§ 356), die Gesamtbewertung der Tat präjudiziert[87].

(2) Die zum Vorsatz gehörende Kenntnis erfordert sodann, dass der Täter um die Tatumstände nicht nur weiß, sondern sich ihrer bei der Tat **bewusst** ist. Umstände, deren er sich zwar erinnern könnte, die ihm aber nicht »vor Augen stehen«, gehören nicht zu der Entscheidungslage, die den Handlungsentschluss inhaltlich prägt, nicht zum »Tatbild«, auf das sich der Verwirklichungswille richtet. 74

Hat etwa ein Arzt die Erfahrung gemacht, dass ein Medikament unter bestimmten Bedingungen einen lebensgefährlichen Kollaps hervorzurufen vermag, und verwendet er dieses Medikament später erneut, ohne zu bedenken, dass wieder die gleichen Bedingungen gegeben sind, so hat er das *aktualisierbare* Wissen um die Momente, die das Medikament in solcher Situation als »Gift« (im Sinne von § 224 I Nr. 1) kennzeichnen, aber natürlich nicht das Bewusstsein und damit nicht den Vorsatz, dem Patienten Gift beizubringen. 75

Eine überspannt intellektualistische Forderung wäre es freilich, wenn man verlangen wollte, dass der Täter sämtliche Tatumstände fortwährend explizit bedenken, sie sich »sprachgedanklich« vergegenwärtigen müsse; aktuelles Bewusstsein kann auch die Gestalt des »sachgedanklichen« (Mit-)Bewusstseins haben[88]. So wird, wer ein fünfzehnjähriges Mädchen sexuell missbraucht (§ 182), dabei selten an dessen Alter denken, das ihm, sofern er es überhaupt kennt, gleichwohl mitbewusst sein muss. Ähnliches gilt hinsichtlich etwa der Eigenschaft des Lehrers gegenüber der Schülerin beim sexuellen Missbrauch von Schutzbefohle- 76

---

85 BGHSt 19, 353 f; 36, 1 (15).
86 *Hirsch*, LK[10], § 223a Rn. 23, m.w.N.; *Schlüchter*, S. 117 f; Schönke/Schröder/ *Stree*, § 223a Rn. 13.
87 Vgl. nur BGHSt 15, 332 (338 ff); *Schlüchter*, S. 129 f.
88 *Schmidhäuser*, in: FS H. Mayer, 1966, S. 317 ff; *Platzgummer*, S. 63 ff; *Zielinski*, AK, §§ 15, 16 Rn. 23 f; kritische Vorbehalte u. a. bei *Frisch*, in: GS Armin Kaufmann, 1989, S. 311 ff; *Köhler*, GA 1981, 288 ff; eingehend *Schild*, in: FS Stree/ Wessels, 1993, S. 241 ff.

nen (§ 174) oder der des Amtsträgers bei den Amtsdelikten (§§ 331 ff): Auf sie erstreckt sich normalerweise ein »dauerndes Begleitwissen«[89], das für den Vorsatz genügt. Bestehen daran im Einzelfalle, insbesondere bei mehrdeutigen Situationen, Zweifel, so darf solches Wissen freilich nicht vermutet werden; auch hier gilt der Satz »in dubio pro reo«[90].

77   Verschiedene Autoren haben freilich, mit unterschiedlicher Begründung, die Auffassung vertreten, dass sich der Vorsatz auf »begleitende« Tatumstände, wie insbesondere die objektiv-täterschaftlichen Merkmale (oben Rn. 3), nicht zu erstrecken brauche; insoweit genüge die »jederzeit mögliche Vergegenwärtigung«[91]. Als eine der rechtlichen Verhaltensnorm unmittelbar widersprechende – und deshalb das schwerere Unrecht bildende – Intention kommt der Vorsatz jedoch nur zustande, wenn er *alle* Merkmale umfasst, durch die das Gesetz das Verhalten als Unrecht und zwar als ein bestimmtgeartetes Unrecht charakterisiert[92].

78   (3) Die zum Vorsatz unerlässliche Kenntnis hat der Täter schließlich nur dann, wenn er das Vorhandensein oder den Eintritt der objektiven Tatumstände nicht nur als abstrakte Gefahr bedenkt, sondern für **eine reale Möglichkeit** hält, die über das erlaubte Risiko hinausgeht. Für eine irreale Eventualität entscheidet man sich nicht. Schon hieran kann die äußerst umstrittene Annahme des Vorsatzes der HIV-Übertragung durch ungeschützten Sexualkontakt scheitern: Die Wahrscheinlichkeit der Ansteckung beträgt bei einem einmaligen Kontakt weniger als 1 %[93]. Bei Gefahren dieser Größenordnung ist bisher nie von Vorsatz gesprochen worden, außer, wenn der Täter das Risiko überschätzt oder gerade beabsichtigt, den (unwahrscheinlichen) Erfolg herbeizuführen (unten Rn. 102)[94].

79   Die Frage berührt sich im übrigen aufs engste mit der Abgrenzung von Eventualdolus und bewusster Fahrlässigkeit. Ein Teil der Lehre möchte sie bereits hier, auf der Wissensseite des Vorsatzes, lokalisieren, und zwar in der Weise, dass im Falle des Leichtsinns der Verdrängung der Gefahr aus dem Be-

---

89 *Platzgummer*, S. 89; siehe auch *Mylonopoulos*, Komparative und Dispositionsbegriffe im Strafrecht, 1998, S. 150 ff, 157.
90 Vgl. das Urteil BayObLG, NJW 1977, 1974, und dazu *Köhler*, GA 1981, 296 ff.
91 *Frisch*, aaO, S. 326 ff; *Kaufmann*, Lebendiges und Totes in Bindings Normentheorie, 1954, S. 142, 149 ff; *Schmidhäuser*, Lb, 13/8 mit Fn. 9.
92 Wie hier *Jakobs*, 8/5a mit Fn. 9; *Jescheck/Weigend*, S. 295; *Roxin*, § 12 Rn. 112 ff; *Schönke/Schröder/Cramer*, § 15 Rn. 42.
93 *K.-L. Kunz*, ZStrR 107 (1990) 62; *Rengier*, Jura 1989, 225 f.
94 Anders BGHSt 36, 1 (12 ff).

wusstsein[95], von »bloßem Daran-Denken ohne Urteilsqualität«[96] oder auch von »bloßer Erfassung eines Sachverhalts im Bewusstsein« im Gegensatz zu einer »verbindlichen persönlichen Sicht« gesprochen wird[97]. Darauf wird noch einzugehen sein (unten Rn. 112 ff). Hier genügt die Feststellung, dass auch solche qualifizierten Formen des Wissens allemal die Annahme des Täters voraussetzen, ein unerlaubtes Risiko zu schaffen (wobei die Bewertung *als* unerlaubt nicht schon zum Vorsatz, sondern allein zum Unrechtsbewusstsein gehört).

bb) Der Tatbestandsirrtum

Sind diese Anforderungen an die zum Vorsatz gehörende Kenntnis der 80
objektiven Tatbestandsmerkmale in irgendeiner Hinsicht nicht erfüllt, so kann auch der Vorsatz nicht gegeben sein. Das ist eine Trivialität. Das Gesetz formuliert sie in § 16 I dahin, dass nicht vorsätzlich handelt, »wer bei Begehung der Tat einen Umstand nicht kennt, der zum gesetzlichen Tatbestand gehört«[98]. Die Lehre spricht zumeist von einem vorsatzausschließenden Tatbestandsirrtum. Schon das Gesetz stellt jedoch klar, dass es dabei keines wirklichen Irrtums im Sinne einer positiven Fehlvorstellung bedarf. Eine Frau, die beim Gebrauch eines abortiv wirkenden Medikaments noch gar nicht weiß, dass sie schwanger ist, hat den Vorsatz des Schwangerschaftsabbruchs (§ 218 I, III) ebenso wenig wie eine andere, die zwar ihre Schwangerschaft kennt, aber das Medikament für unschädlich hält. Auch kann die Redeweise vom »Ausschluss« des Vorsatzes den irrigen Eindruck erwecken, als werde etwas schon Vorhandenes wieder beseitigt, während es doch nur um die schlichte Einsicht geht, dass der Vorsatz fehlt, wenn seine Voraussetzungen nicht vorliegen[99].

95 *Schmidhäuser*, Lb, 10/87, 95.
96 *Jakobs*, 8/23.
97 *Frisch*, Vorsatz und Risiko, S. 192 ff.
98 Zu der schwierigen, nicht generell zu entscheidenden Frage, wie es liegt, wenn der Täter eine andere Tatbestandsalternative zu verwirklichen glaubt als er tatsächlich verwirklicht, siehe *Warda*, in: FS Stree/Wessels, 1993, S. 267 ff.
99 Ein Teil der Lehre hält die hieraus folgende Entlastung des Täters freilich, verglichen mit der beim Verbotsirrtum geltenden »elastischen« Regelung (§ 17), für einen positivrechtlichen Fehlgriff, weil auch die Unkenntnis von Tatumständen den Täter belasten, etwa auf schierer Gleichgültigkeit (»Tatsachenblindheit«) beruhen könne (so insbesondere *Jakobs*, 8/5a f; siehe auch *Zielinski*, AK, §§ 15, 16 Rn. 11; kritisch *Köhler*, Bewußte Fahrlässigkeit, S. 369 Fn. 18; *Puppe*, NK, § 15 Rn. 118 f; *Sancinetti*, aaO [oben § 2 Fn. 48], S. 236 ff). Sie wird de lege lata aber nicht in Frage gestellt.

81   Nicht minder trivial ist die fast ausnahmslos akzeptierte Regel, dass sich der Begriff des »Umstandes«, »der zum gesetzlichen Tatbestand gehört« (§ 16 I), auf *alle* objektiven Tatbestandsmerkmale erstreckt, wenn man jede Einschränkung der zum Vorsatz gehörenden Kenntnis dieser Merkmale ablehnt (oben Rn. 77). Die frühere Unterscheidung des Reichsgerichts zwischen »tatsächlichen« und »rechtlichen« Merkmalen, mindestens ebenso unscharf wie die zwischen »deskriptiven« und »normativen« Merkmalen (oben Rn. 69), führte insofern in die Irre: Sie erweckte den Anschein, als müsse sich der Vorsatz nur auf einen Teil der Tatumstände beziehen, während sie in Wahrheit allein die *Art* des Wissens von den Tatumständen, speziell den Subsumtionsirrtum, betraf[100]. Sie ist nunmehr überholt. Auf die *subjektiven* Tatbestandsmerkmale hingegen kann sich der Vorsatz nicht beziehen. Sie sind entweder vorhanden oder nicht vorhanden, aber nicht *Gegenstand* des Verwirklichungswillens.

82   Dass dem Täter die Verwirklichung nur desjenigen Maßes an Unrecht zum Vorsatz zugerechnet werden kann, das ihm bekannt war, gilt selbstverständlich auch bei Unkenntnis von Umständen, die das Unrecht zwar nicht begründen, wohl aber *erhöhen*, und bei irriger *Annahme* von Umständen, die es *vermindern*. Der erste Fall wird schon durch § 16 I miterfasst, den zweiten regelt § 16 II ganz ebenso. Wer die Wirkung eines von ihm geworfenen Sprengkörpers unterschätzt und deshalb nicht weiß, dass er ein »gemeingefährliches Mittel« (§ 211) verwendet, dessen Vorsatz ist, wenn nicht andere Erschwerungsgründe vorliegen, nur auf einen Totschlag (§ 212) gerichtet. Ganz entsprechend hat derjenige, der sich durch das irrigerweise für ernst gemeint gehaltene Verlangen eines Schwerkranken zu dessen Tötung bestimmen lässt, nur den Vorsatz der Tötung auf Verlangen (§ 216), nicht den des Totschlags. Beide Male ist nur die mildere Strafvorschrift anzuwenden.

83   Mit dem Vorsatz fehlt der subjektive Tatbestand allein des entsprechenden vorsätzlichen Begehungsdeliktes. Nicht nur kann der Täter *andere* Deliktstatbestände vorsätzlich verwirklicht haben, wie schon der eben erwähnte Fall der Unkenntnis unrechtserschwerender Umstände zeigt, es kann allemal auch der Tatbestand eines *Fahrlässigkeitsdeliktes* erfüllt sein. Ein Autofahrer etwa, der einen des Nachts auf der Fahrbahn liegenden Betrunkenen nicht rechtzeitig bemerkt und deshalb überfährt, hat keinen Tötungsvorsatz. Wohl aber geht seine Unkenntnis möglicherweise ihrerseits auf einen Mangel an Sorgfalt, an Aufmerksamkeit, zurück, so dass sein Verhalten als fahrlässige Tötung (§ 222) erscheint. Das ist mit der Regelung von § 16 I 2 gemeint: Der Tatbe-

---

100 Näher *Kuhlen*, Unterscheidung, S. 121 ff.

standsirrtum hindert eine Bestrafung wegen fahrlässigen Verhaltens nicht, wenn er selbst auf Fahrlässigkeit beruht; nur muss allerdings die fahrlässige Verwirklichung des objektiven Tatbestandes überhaupt mit Strafe bedroht sein (was relativ selten der Fall ist).

cc) Alle diese Regeln gelten zunächst *nur* für die Merkmale des eigentlichen   84 Tatbestandes, also solche des *Unrechts*. Bei Merkmalen des (Garantie-)Tatbestandes (oben § 7 Rn. 5), die die *Schuld* berühren, muss freilich prinzipiell ebenso entschieden werden, weil schon die Annahme der schuldmindernden Situation den Täter entlastet (näher unten § 10 Rn. 118 ff). So kann die irrige Annahme, das Verlangen des Betroffenen, getötet zu werden, sei ernst gemeint gewesen, nur zu einer Bestrafung aus § 216 führen. Ohne Einfluss auf die Strafbarkeit ist hingegen ein Irrtum über sonstige materielle Voraussetzungen der Strafbarkeit (oben § 7 Rn. 29 ff), wie über eine objektive Bedingung der Strafbarkeit oder einen persönlichen Strafausschließungsgrund, die außerhalb des Schuldzusammenhanges stehen[101], und natürlich erst recht über eine bloße Strafverfolgungsbedingung (oben § 7 Rn. 31), wie das Erfordernis eines Strafantrags des Verletzten[102].

b) Die Voraussicht des Geschehensablaufs

Es versteht sich von selbst und wird deshalb in der Regel gar nicht aus-   85 drücklich erwähnt, dass der Wille des Täters bei vorsätzlichem Handeln auf die Verwirklichung des tatbestandsmäßigen Geschehens nicht als unpersönlichen Vorgang, sondern als sein eigenes Werk gerichtet sein muss. Von einer Entscheidung gegen die rechtliche Verhaltensnorm kann andernfalls nicht die Rede sein. Die Erwartung etwa, X möge umgebracht werden (oder gar: irgendwie ums Leben kommen), ist so lange ein rechtlich belangloser frommer Wunsch und kein Vorsatz, wie man nicht selbst auf diesen Erfolg hinzuwirken beschließt. Zur Wissensseite des Vorsatzes gehört deshalb das Bewusstsein, dass das *eigene* Handeln den objektiven Tatbestand, wenigstens möglicherweise, erfüllen wird. Um aber dieses Bewusstsein haben zu können, muss der Täter bei Straftaten, die einen über den Vollzug der Handlung selbst hinausgehenden Erfolg erfordern, eine Vorstellung auch von dem *Zusammenhang* zwischen Handlung und Erfolg, das heißt von dem durch ihn geschaffenen Risiko haben, das die objektive Zurechnung begründet.

---

101 Vgl. BGHSt 23, 281 (282 f); *Jescheck/Weigend*, S. 553 f, 559; *Roxin*, § 23 Rn. 30; *Rudolphi*, SK, § 16 Rn. 14.
102 BGHSt 18, 123 ff.

aa) Der Irrtum über den Kausalverlauf

86   Mit dem Gesagten verbindet sich nun allerdings die Frage, ob jede Differenz zwischen dem vom Täter bewusst geschaffenen und demjenigen Risiko, aus dem der Erfolg tatsächlich hervorgeht, dazu führen soll, dass dem Täter dieser Erfolg nicht mehr zugerechnet wird, er also nur wegen Versuchs haftet. Erörtert wird die Frage traditionell unter dem Stichwort des Irrtums über den Kausalverlauf. Die neuere Lehre ist jedoch darüber einig, dass sich die Problematik heute zumindest teilweise als eine solche schon der objektiven (und nicht erst der subjektiven) Zurechnung darstellt.

87   Illustriert man die Fragestellung mit einem der üblichen Beispiele, so mag etwa der Täter, der einen anderen auf der Stelle töten wollte, zunächst aber nur verletzt, sein Ziel schließlich doch noch erreichen: weil die Verletzung so schwer ist, dass ihr das Opfer nach einiger Zeit erliegt; weil eine Wundinfektion (Tetanus) auftritt[103]; weil bei der Behandlung ein Kunstfehler (Verwechslung von Blutkonserven) unterläuft; oder weil das Krankenauto, das den Verletzten transportiert, in einen schweren Verkehrsunfall verwickelt wird. Die bisherige Lehre hat sich hier überwiegend darauf gestützt, dass die Zahl der Kausalfaktoren ohnehin zu vielfältig sei, als dass sich künftige Geschehnisse in allen Einzelheiten verlässlich vorausberechnen ließen; die unwesentliche, den Rahmen der allgemeinen Lebenserfahrung nicht überschreitende Abweichung des wirklichen vom vorgestellten Kausalverlauf sollte deshalb unbeachtlich sein, zum Teil freilich nur mit dem vagen Vorbehalt, dass sie auch »keine andere Bewertung der Tat rechtfertigen« dürfe[104]. Nach diesem, im Kern der Adäquanztheorie (oben Rn. 21 ff) entsprechenden Maßstab kann nicht zweifelhaft sein, wie drei der vier genannten Beispielsvarianten zu entscheiden wären: Dass sich der Eintritt des Todes verzögert, ändert an seiner Vorhersehbarkeit nichts, ebenso wenig wie der »Umweg« über eine verletzungsbedingte Infektion; der Täter hätte hier also für *vollendete* Tötung zu haften. Der Verkehrsunfall dagegen könnte ihn, da unvorhersehbar, nicht belasten. Dasselbe müsste wohl, wenn auch weniger zweifelsfrei, in unseren Breiten für die Verwechslung von Blutkonserven gelten: insoweit daher nur *Versuch*.

88   Die Schwäche dieses traditionellen Maßstabes liegt nicht darin, dass seine Ergebnisse im Allgemeinen unannehmbar wären. Auch die systematische Einordnung des Problems könnte an sich als sekundär erscheinen. Von mehr als bloß theoretischer Bedeutung dürfte jedoch sein, dass die Frage, für die Schaffung welcher Risiken jemand einzustehen hat,

---

103 Vgl. RGSt 70, 257 (258 f).
104 BGHSt 7, 325 (329); 23, 133 (135); 38, 32 (34); *Maurach/Zipf*, § 23 Rn. 27; Schönke/Schröder/*Cramer*, § 15 Rn. 55; *Welzel*, S. 73.

nunmehr unter dem Gesichtspunkt der objektiven Zurechnung wesentlich differenzierter diskutiert wird. Hier kommt es nicht nur auf die Adäquanz des Geschehensablaufs, sondern, wie sich zeigte, auch auf bestimmte *normative* Kriterien an (oben Rn. 25 ff). Erinnert sei nur an die Stichworte der Abgrenzung unerlaubter von allgemeinen Lebensrisiken oder des Schutzzwecks der Norm. Damit entfallen manche Unsicherheiten, die sich aus der mangelnden Trennschärfe des Maßstabs der Vorhersehbarkeit ebenso wie aus dem inhaltsleeren Erfordernis der »rechtlich-sittlichen« Gleichwertigkeit von wirklichem und vorgestelltem Kausalverlauf ergeben.

Für den Vorsatz bleiben, als Irrtümer über den »Kausalverlauf«, rein theoretisch nur noch solche Fälle übrig, in denen sich von mehreren dem Täter objektiv zurechenbaren Risiken im Erfolg ein anderes verwirklicht hat als von ihm vorhergesehen: wie etwa, nach einem bekannten Schulbeispiel, dann, wenn das von einer Brücke ins Wasser gestürzte Opfer, das nach dem Willen des Täters ertrinken soll, des Schwimmens kundig ist, aber durch den Aufprall auf das Brückenfundament getötet wird. Hier fragt sich, ob man den Vorsatz auf die vom Täter explizit bedachten Risiken einzuschränken oder auf alle ihm zurechenbaren Risiken, dass der erstrebte Erfolg eintreten könnte, zu erstrecken hat. Im ersten Falle hätte er nur wegen Versuchs, im zweiten wegen vollendeter Tötung zu haften. Für diese zweite, von der herrschenden Lehre vertretene Lösung spricht dabei allein schon die Überlegung, dass man die Haftung für Risiken, deren Eintritt dem Täter im Hinblick auf den erstrebten Erfolg gleichgültig oder sogar erwünscht sein muss, nicht davon abhängig machen kann, dass er sie sich bewusst vor Augen geführt hat[105].   **89**

bb) Sonderfälle

Im Zusammenhang mit dem Irrtum über den Kausalverlauf werden traditionellerweise einige weitere Fallgestaltungen behandelt, deren Eigenexistenz zum Teil nur in der Dogmengeschichte begründet und deren Einordnung an dieser Stelle zum Teil sachlich nicht zu rechtfertigen ist.   **90**

(1) Es handelt sich dabei zunächst um die Konstellation, dass der Täter darüber irrt, welcher von mehreren Akten eines Handlungszusammenhanges den erstrebten Erfolg herbeiführt. Die Frage wird, einem   **91**

---

105 Wie hier im Ergebnis *Frisch*, Tatbestandsmäßiges Verhalten, S. 571 ff; *Jescheck/Weigend*, S. 312; *Rudolphi*, SK, § 16 Rn. 31; *Wolter*, S. 670 ff; anders aber *Jakobs*, 8/65; *Roxin*, § 12 Rn. 144 ff (Zurechnung zum Vorsatz nur im Rahmen des Tatplans).

der frühesten Lösungsvorschläge entsprechend, meist unter dem Stichwort des **dolus generalis** erörtert[106].

92　　Schon aus den Jahren 1795 und 1819 sind zwei Fälle bekannt, in denen die mit dem entsprechenden Vorsatz handelnden Täter ihr Opfer erschlagen bzw. erwürgt zu haben glaubten und nun dessen Selbstmord durch Erhängen vorzutäuschen versuchten, wobei der Tod jeweils erst infolge der Strangulation eintrat[107]. Im Falle RGSt 67, 258 wurde das vermeintlich bereits leblose Opfer ins Wasser geworfen, um es zu verbergen, und ertrank. Ein weiteres Beispiel findet sich in BGHSt 14, 193: Hier hatte die Täterin einer anderen Frau mit bedingtem Tötungsvorsatz zwei Hände voll Sand in den Mund gestopft, um sie am Schreien zu hindern, das danach regungslos daliegende Opfer für tot gehalten und dann in die Jauchegrube geworfen, um es zu beseitigen[108].

93　　Die vom Tatvorsatz getragene Handlung führt hier den Erfolg noch nicht (unmittelbar) herbei, die den Erfolg herbeiführende Handlung aber ist nicht mehr vom Tatvorsatz getragen. Deshalb sieht ein beträchtlicher Teil der Lehre nur einen Versuch in Verbindung allenfalls mit fahrlässiger Begehung der Tat als gegeben an[109], während sich die überwiegende Lehre unter im einzelnen unterschiedlichen Voraussetzungen für die Annahme eines vollendeten Delikts ausspricht[110]. Geht man davon aus, dass der Vorsatz alle mit der Tathandlung geschaffenen, dem Täter objektiv zurechenbaren Risiken abdeckt (oben Rn. 89), so muss es darauf ankommen, ob der spätere Erfolgseintritt auf eines dieser Risiken zurückzuführen ist. Zu diesen Risiken aber gehört nicht nur eine aus der zugefügten Verletzung naturgesetzlich resultierende Lebensgefahr[111], sondern auch die Gefahr, dass die vom Tötungsvorsatz getragene Handlung den nachfolgenden Akt des Verbergens usw. auslösen könnte. Eine solche Gefahr besteht insbesondere dann, wenn der zweite Akt von vornherein geplant war, ganz gleich, ob der Täter selbst oder ein anderer ihn vornehmen sollte. Hier wäre die Tat mithin als vollendet anzusehen. War der zweite Akt hingegen nicht von vornhe-

---

106 *Weber*, Neues Archiv des Criminalrechts, 7 (1825), 565, 576.
107 *Osenbrüggen*, Casuistik des Criminalrechts, 1854, Nr. 16, 17.
108 In der Schweiz hat sich 1981 der Fall zugetragen, dass der Täter sein Opfer, das er durch Hiebe mit einem Beilhammer getötet zu haben glaubte, erst dadurch umbrachte, dass er ihm den Kopf abtrennte (BGE 109 IV 94).
109 *Frisch*, Tatbestandsmäßiges Verhalten, S. 621 f; *Jakobs*, 8/78; *Köhler*, AT, S. 154; *Maiwald*, S. 54 ff; *Maurach/Zipf*, § 23 Rn. 35; *Schlehofer*, S. 177; *Schroeder*, LK, § 16 Rn. 31.
110 RGSt 67, 258; BGHSt 14, 193 f; *Jescheck/Weigend*, S. 314 f; *Roxin*, § 12 Rn. 165; Schönke/Schröder/*Cramer*, § 15 Rn. 58; *Welzel*, S. 74.
111 So *Frisch*, aaO; *Jakobs*, 8/78.

rein geplant, so wird man die Gefahr, dass das Opfer durch ihn ums Leben kommen könnte, ex ante, bei Vornahme der Tötungshandlung, wohl nur dann bejahen können, wenn der Täter nach Lage der Dinge an der Verdeckung interessiert sein musste. Sonst kämen hier in der Tat nur ein Versuch und eventuell eine fahrlässige Erfolgsverursachung in Betracht[112].

Bei Umkehrung der zeitlichen Reihenfolge – wenn also etwa Schläge mit einem Schraubenschlüssel, die das Opfer erst betäuben sollen, bereits den Tod herbeiführen[113] – handelt es sich jedenfalls dann um eine unerhebliche Abweichung des Geschehensablaufs, wenn der Täter den späteren, eigentlich zur Erfolgsherbeiführung bestimmten Akt noch vorgenommen hat[114]. Ist das nicht geschehen, so ist zu unterscheiden: Befand sich die Tat bei Erfolgseintritt nach dem Plan des Täters noch im Stadium der Vorbereitung, so fehlt noch jeder Verwirklichungswille. Fügt zum Beispiel die Ehefrau einem Getränk, das sie später ihrem Mann vorzusetzen beabsichtigt, Gift bei, trinkt der Mann jedoch unabhängig davon schon vorher von dem Getränk (vgl. unten § 11 Rn. 37), so haftet die Frau nur wegen fahrlässiger Tötung oder Körperverletzung. Stellen sich die vorgenommenen Teilakte hingegen jedenfalls schon als (unbeendeter) Versuch dar, so wird die Entscheidung schwierig: *Für* die Annahme eines vollendeten Delikts spricht, dass sich die Entscheidung gegen die rechtliche Verhaltensnorm schon im Beginn der Ausführung eindeutig manifestiert; sonst gäbe es keinen Versuch. *Gegen* diese Annahme soll sprechen, dass die Täterin mit dem ersten Teilakt die Tat noch nicht aus der Hand geben wollte[115], ihm »überhaupt noch kein Todesrisiko zuschreibt«[116]. Indessen: Danach zu unterscheiden, welche Vorstellungen sich der Täter im jeweiligen Stadium der Ausführung über den nunmehr erreichten Grad an Risiko für das Opfer gemacht oder auch nicht gemacht haben mag, ist allzu subtil. Als praktikabel erscheint nur eine Lösung im Sinne der h. L., die das Delikt als vollendet ansieht[117].

94

(2) Nicht in den Zusammenhang der Voraussicht des Geschehensablaufs gehört eigentlich, wie mitunter verkannt wird, der Fall der so genannten **aberratio ictus vel impetus.** Sie ist dadurch gekennzeichnet, dass der Täter nicht das von ihm angegriffene, sondern ein anderes Objekt trifft, so zum Beispiel, dass bei einem Schusswechsel zwischen rivalisierenden Gangstern ein unbeteiligter Passant durch eine verirrte Ku-

95

---

112 Ähnlich *Puppe*, NK, § 16 Rn. 104 ff; *Rudolphi*, SK, § 16 Rn. 35.
113 RG, DStrR 1939, 177.
114 So im Falle BGH, GA 1955, 123.
115 *Herzberg*, ZStrW 85 (1973) 883; *v. Scheurl*, Rücktritt vom Versuch und Tatbeteiligung mehrerer, 1972, S. 47 f; *Struensee*, in: GS Armin Kaufmann, 1989, S. 533 f.
116 *Frisch*, Tatbestandsmäßiges Verhalten, S. 623.
117 *Rudolphi*, SK, § 16 Rn. 34, m.w.N.

gel getötet wird. Hier tritt – anders als bei der *bloßen* Abweichung des Geschehensablaufs – *der* Erfolg, auf den der Verwirklichungswille des Täters sich bezog, *nicht* ein, sondern ein *anderer*, zufälligerweise gleichartiger. Der Angriff des Täters verfehlt also sein Ziel und hat deshalb die Struktur des *Versuchs*. Die Herbeiführung des anderen Erfolges, der ebensowohl auch hätte ausbleiben oder von anderem Gewicht hätte sein können als der eingetretene, kann nur ein *Fahrlässigkeitsdelikt* bilden, und dies auch nur, wenn die Voraussetzungen der Fahrlässigkeit gegeben sind (es sei denn natürlich, dass der Täter jenen Erfolg als möglich vorausgesehen und in Kauf genommen hätte).

96   Abweichend von dieser heute herrschenden Lehre[118] wird teilweise angenommen, bei tatbestandlicher Gleichwertigkeit des erstrebten und des eingetretenen Erfolges sei jedenfalls dann ein *vollendetes* Delikt gegeben, wenn sich die Abirrung im Rahmen der Adäquanz hält[119]. Das Verbot, ein rechtlich geschütztes Interesse anzugreifen, hat jedoch nicht den Sinn, zu verhindern, dass dabei ein anderes zu Schaden kommt. Erhebliche Diskussionen hat in neuerer Zeit allerdings die Frage ausgelöst, was über die Identität des angegriffenen Opfers entscheidet[120]. Maßgebend ist in erster Linie sicherlich die sinnliche Wahrnehmung durch den Täter. Wo sie nicht stattfindet, weil der Täter dem Opfer beispielsweise eine Paketbombe zusendet oder eine Falle errichtet, kann es darauf ankommen, wer die Bedingungen erfüllt, von denen der Täter den Angriff abhängig macht, und das ist, im Beispiel, diejenige Person, die das Paket öffnet oder die Falle auslöst[121]. Es handelt sich insoweit folglich *nicht* um eine aberratio ictus, sondern um einen bloßen Objektsirrtum der sogleich noch näher zu erörternden Art. Allerdings kann schon das betroffene Rechtsgut seiner Natur nach ein nicht oder kaum individualisierbares sein. Das gilt zwar nicht schon dann, wenn es, wie etwa das Eigentum, materieller Natur ist[122]; denn auch dann gilt der Schutz prinzipiell der *Person*. Wohl aber dürfte es insbesondere bei Delikten gegen Gemeininteressen, z. B. gegen die Rechtspflege, auf die Individualität des Tatobjektes oder der betroffenen Person zumeist nicht ankommen[123].

---

118 RGSt 58, 28; BGHSt 34, 53 (55); *Frisch,* Tatbestandsmäßiges Verhalten, S. 616 f; *Jakobs,* 8/80; *Jescheck/Weigend,* S. 313; *Rudolphi,* SK, § 16 Rn. 33; Schönke/Schröder/*Cramer,* § 16 Rn. 57; weitgehend auch *Roxin,* § 12 Rn. 154.
119 *Kuhlen,* Unterscheidung, S. 492; *Puppe,* GA 1981, S. 20; *Welzel,* S. 73.
120 Vgl. besonders *Jakobs,* 8/81; *Kuhlen,* aaO, S. 480 ff; *Prittwitz,* S. 127 f; *Puppe,* aaO, S. 4 ff.
121 Näher *Stratenwerth,* in: FS Baumann, S. 58 ff.
122 So aber *Hillenkamp,* S. 112 ff; gegen ihn *Kuhlen,* aaO, S. 485 f; *Prittwitz,* S. 131; *Rudolphi,* ZStrW 86 (1974), 94 f.
123 Vgl. den Fall BGHSt 9, 240; wie hier *Rudolphi,* SK, § 164 Rn. 32; Schönke/Schröder/*Lenckner,* § 164 Rn. 31; anders *Roxin,* § 12 Rn. 153.

(3) Nur zur Abgrenzung ist schließlich noch der Fall des sogenannten   97
error in objecto vel persona zu erwähnen. Hier entspricht der wirkliche völlig dem erwarteten Geschehensablauf: Die Bombe explodiert beim Öffnen des Pakets durch den Empfänger. Der Täter trifft, mit diesem Empfänger, auch durchaus *das* Opfer, das er, nach dem soeben Ausgeführten, angegriffen hat. Nur befindet er sich im Irrtum über dessen *Identität*: Er hatte erwartet, dass der Adressat das Paket öffnen werde. Dass ein solcher Objektsirrtum die Haftung nicht berührt, weil das Gesetz ja nicht die Verletzung eines bestimmten Individuums, sondern *jedes* Menschen verbietet, kann nicht zweifelhaft sein und ist unbestritten. Irrt der Täter allerdings *auch* über die rechtlich erheblichen Qualitäten des von ihm angegriffenen Objekts, schießt er nachts auf einen Baumstrunk in der Meinung, das erwartete Opfer vor sich zu haben, so bleibt es bei der Kombination von Versuch und eventueller Fahrlässigkeitshaftung. Die eine wie die andere Lösung versteht sich nach den allgemeinen Regeln von selbst, so dass der error in objecto keinerlei Sonderstellung beanspruchen kann.

Nur für die *Teilnahme* gibt es keine voll befriedigende Lösung. Nach einem   98
Teil der Lehre soll der Irrtum für den Anstifter oder Gehilfen ebenso unbeachtlich sein wie für den Täter[124]. Irrt sich ein in fremdem Auftrag handelnder Berufskiller über die Identität des Opfers, so wäre der Auftraggeber also stets wegen Anstiftung zum vollendeten Tötungsdelikt zu bestrafen, wie es auch im berühmt gewordenen Fall Rose-Rosahl von 1858[125] und erneut in einem jüngeren Parallelfall geschehen ist[126]. Schon *Binding* hat dem die Frage entgegengehalten, wie entschieden werden solle, wenn der Täter den Irrtum bemerkt und nun auch noch das vorbestimmte Opfer umbringt, womöglich nach weiteren Verwechslungsfällen: Soll der Auftraggeber dann »der Anstifter zu dem ganzen Gemetzel« sein?[127] Die wohl überwiegende Auffassung ist deshalb heute die, dass der error in objecto für den Anstifter eine aberratio ictus bilde, weil der Täter eine *andere* Tat ausführe als die, auf die der Vorsatz des Teilnehmers gerichtet war[128]. Man wird demgegenüber differenzieren müssen, und zwar danach, ob das Verwechslungsrisiko schon in den Weisungen des Anstifters begründet war oder dem Angestifteten zur Last fällt. Im ersten Fall haftet er für das vollendete Delikt, im zweiten nur, aber immerhin, für die Teilnahme

---

124 So u. a. *Maurach/Zipf*, § 23 Rn. 26; *Rudolphi*, SK, § 16 Rn. 30; Schönke/Schröder/*Cramer*, § 26 Rn. 19.
125 GA 7, 322 ff.
126 BGHSt 37, 214 ff.
127 Normen III, S. 214 Fn. 9; dazu *Puppe*, NK, § 16 Rn. 128.
128 Siehe u. a. *Bemmann*, MDR 1958, 817 ff; *Hillenkamp*, S. 65 f; *Jescheck/Weigend*, S. 690; *Roxin*, § 12 Rn. 180; *Rudolphi*, SK, § 16 Rn. 30; hier die Vorauflage, Rn. 287.

am Versuch[129], während ein Teil der Lehre hier bloß eine versuchte Teilnahme, strafbar nur bei Anstiftung zum Verbrechen (§ 30), annehmen will.

99 Nach denselben Grundsätzen ist die Wirkung der Objektsverwechslung durch einen Mittäter oder den Tatmittler für andere Mittäter oder den mittelbaren Täter zu beurteilen: Der error in objecto des unmittelbar Handelnden ist dem Hintermann oder Mittäter umso eher zuzurechnen, je weitmaschiger die Direktiven für die Auswahl des Angriffsobjektes waren und je näher nach der Situation, auf die sie sich bezogen, die Möglichkeit einer Verwechslung lag. Umgekehrt formuliert, erscheint der Irrtum des Handelnden für den Hintermann oder Mittäter umso eher als aberratio ictus, je unwahrscheinlicher er nach Lage der Dinge war[130].

3. Die Willensseite des Vorsatzes

100 Wie sich zeigte (oben Rn. 66), genügt es für den Vorsatz nicht, dass der Täter sich bewusst ist, den tatbestandsmäßigen Erfolg möglicherweise herbeizuführen. Als Entscheidung gegen die rechtliche Verhaltensnorm interpretiert, erfordert der Vorsatz vielmehr auch die Bereitschaft, die Verwirklichung des Tatbestandes als Folge des eigenen Verhaltens hinzunehmen. Solche Bereitschaft steht außer Frage, wo die Tatbestandsverwirklichung ganz auf der Linie der vom Täter verfolgten Ziele liegt. Es ist das der Bereich des traditionellerweise so genannten *direkten* Vorsatzes (dolus directus). Äußerst zweifelhaft und umstritten ist dagegen, nach welchen Kriterien über den Vorsatz geurteilt und wie er ermittelt werden soll, wenn der Täter einen tatbestandsmäßigen Erfolg nur möglicherweise ins Kalkül gezogen hat. Man spricht hier von einem bloß *bedingten* Vorsatz (dolus eventualis), der den Gegenstand immer neuer theoretischer Bemühungen bildet.

a) Direkter Vorsatz

101 Unter dem Begriff des direkten Vorsatzes werden mehrere unterschiedlich strukturierte Fälle zusammengefasst. Ihre einheitliche Benennung ist nur darin begründet, dass sie für die große Mehrzahl der Autoren sämtlich außer Zweifel stehen.

---

129 Näher *Stratenwerth*, in: FS Baumann, S. 62 ff, 66 ff; zustimmend *Streng*, ZStrW 109 (1997), 896; vgl. auch *Lackner/Kühl*, § 26 Rn. 6.

130 Dem Urteil BGHSt 37, 214 dürfte deshalb darin zuzustimmen sein, dass der eingetretene Erfolg hier (auch) dem Anstifter zuzurechnen war, während die Frage im vieldiskutierten Fall BGHSt 11, 268 wohl im gegenteiligen Sinne hätte entschieden werden müssen.

aa) Von direktem Vorsatz wird zunächst dann gesprochen, wenn die   102
Tatbestandsverwirklichung das eigentliche **Ziel** der Handlung bildet.
Denn hier scheint evident, dass sich der Täter für die Verwirklichung
des Tatbestandes entschieden hat, und dies nach weit überwiegender
Lehre ganz unabhängig davon, als wie wahrscheinlich ihm der Erfolgseintritt erschienen ist, sofern er ihn nur überhaupt für möglich
gehalten hat[131]. Auch wer die Chance gering veranschlagt, dass ein anderer etwa auf betrügerische Vorspiegelungen hereinfallen könnte, handelt vorsätzlich, wenn er trotzdem sein Glück versucht[132].

Geht es dem Täter gerade um den tatbestandsmäßigen Erfolg, so bezeichnet   103
man seine Intention auch als *Absicht*[133]. Das ist so lange unbedenklich, wie man
sich bewusst bleibt, damit eine bestimmte Form der Beziehung des Willens auf
den Erfolg *innerhalb* der Spielarten des Vorsatzes hervorzuheben. Daneben
gibt es den technischen Begriff der Absicht als eines vom Vorsatz zu *unterscheidenden* subjektiven Erfordernisses (unten Rn. 139 ff). Die Vermengung der
beiden Begriffe kann zu praktischen Fehlentscheidungen führen.

bb) Der direkte Vorsatz erstreckt sich sodann auf alle tatbestandsmä-   104
ßigen Erfolge, deren Verwirklichung in der Sicht des Täters als **notwendige Voraussetzung oder Durchgangsstufe** zur Erreichung des
eigentlichen Handlungsziels erscheint. Wer seinen Schuldner *nur* dadurch zur Zahlung glaubt bewegen zu können, dass er seine Mahnung
mit der Drohung verbindet, eine an sich ganz außerhalb der gegenseiti-
gen Beziehung liegende Straftat anzuzeigen, handelt mit dem direkten
Vorsatz der Nötigung (§ 240).

Mit Rücksicht auf manche missverständlichen Formulierungen in der Literatur   105
ist dabei zu betonen, dass es hier allein auf die Notwendigkeit der *Verbindung* einer Vor- oder Durchgangsstufe zur Verwirklichung des eigentlichen Handlungsziels mit diesem selbst ankommt, nicht auf die Notwendigkeit des *Eintritts* des erstrebten Geschehensablaufs: Hält es der Täter – in unserem Beispielsfall – für sehr
wohl möglich, dass der die Drohung enthaltende Brief den vagabundierenden
Schuldner nicht erreichen könnte, so ist ungewiss, ob der Tatbestand der Nötigung erfüllt werden wird; trotzdem ist dolus directus gegeben. Anders liegt es dagegen, wenn schon jene *Verbindung* dem Täter als zweifelhaft erscheint, er also

---

131 Vgl. BGHSt 18, 246 (248); 21, 283 (284 f).
132 Anders freilich *Puppe*, die nur die wissentliche Setzung einer *qualifizierten*
     Gefahr als Vorsatz gelten lassen möchte (Vorsatz und Zurechnung, 1992,
     S. 45 f; NK, § 15 Rn. 85 ff). Aber der Maßstab der »generell geeigneten Strate-
     gie« zur Herbeiführung des Erfolges, die diese Gefahr schaffen soll, begrenzt
     entweder, als Adäquanzurteil, schon die objektive Zurechnung oder ist völlig
     unbestimmt (vgl. unten Rn. 114).
133 Vgl. *Jescheck/Weigend*, S. 297; Schönke/Schröder/*Cramer*, § 15 Rn. 65.

nicht weiß, ob es der Straftat zur Erreichung des eigentlichen Handlungsziels überhaupt bedarf. Um das Beispiel noch einmal abzuwandeln: Der Täter könnte davon ausgehen, dass vielleicht, falls nämlich der Schuldner die Rechnung nur verlegt hat, die Mahnung allein schon genügt, um die Zahlung zu veranlassen, und die Drohung nur für den anderen Fall fehlender Zahlungsbereitschaft hinzufügen; dann ist ungewiss, ob sich das Handlungsziel mit oder ohne Nötigung wird erreichen lassen, scheidet also dolus directus aus, kann aber dolus eventualis gegeben sein (vgl. zu dieser Konstellation unten Rn. 123).

106   Das Beispiel lehrt im Übrigen, dass die Erreichung des Handlungs*ziels* an sich in diesen Fällen keinen Straftatbestand zu erfüllen braucht; es genügt, wenn der Einsatz der Handlungs*mittel* das Strafgesetz verletzt.

107   cc) Direkter Vorsatz wird schließlich auch bezüglich solcher **Nebenfolgen** angenommen, deren Eintritt der Täter für den Fall der Verwirklichung des Handlungsziels oder schon seiner Vorbedingungen als **unvermeidlich** ansieht. Wer im Flugzeug eines Politikers eine Bombe unterbringt, um ihn zu ermorden, hat den direkten Vorsatz der Tötung auch hinsichtlich der Begleitpersonen. Dass ihm diese Nebenfolge unter Umständen äußerst zuwider ist, dass er sie gefühlsmäßig weder »billigt« noch gar wünscht, ändert daran nichts. Der Täter kann nicht Konsequenzen seines Handelns, die ihm als unausweichlich erscheinen, bloß deshalb aus seinem Verwirklichungswillen ausklammern, weil sie ihm unangenehm sind.

108   Wiederum zeigt sich im übrigen, dass der Täter nicht den *Eintritt* der tatbestandsmäßigen Nebenfolge, sondern nur deren *Verbindung* mit dem eigentlich erstrebten Geschehensablauf als gewiss ansehen muss: Selbst wenn er es für möglich hält, dass die Bombe vorzeitig entdeckt werden oder versagen könnte, wäre die Tötung der Begleitpersonen, weil mit dem beabsichtigten Attentat notwendig verknüpft, vom direkten Vorsatz umfasst. Und auch hier gilt, dass das Handlungsziel nicht seinerseits kriminellen Charakter zu haben braucht: Transplantiert ein Arzt ein lebenswichtiges Organ statt auf einen Patienten, der darauf das Anrecht hätte, zum Zwecke der Lebensrettung auf einen anderen, so führt er den Tod des ersten – weder Ziel der Handlung noch dessen Vorbedingung, aber eben unvermeidliche Nebenfolge – mit dolus directus herbei.

109   Der direkte Vorsatz bezieht sich danach – zusammengefasst – auf das eigentliche Handlungsziel des Täters sowie auf alle Umstände und Geschehnisse, die ihm als *notwendige* Voraussetzung oder Folge der Erreichung jenes Ziels erscheinen.

b) Eventualvorsatz

110   Die Fälle des Eventualvorsatzes sind zunächst negativ dadurch gekennzeichnet, dass die Verwirklichung des Tatbestandes *nicht* auf der Linie

des vom Täter verfolgten Handlungszieles liegt, sondern damit nur in einer **möglichen Verbindung** steht. Dass der Täter auch hier mit der Bereitschaft handeln kann, den strafrechtlich relevanten Erfolg hinzunehmen, und dann für Vorsatz haften muss, wird im Ergebnis nicht bezweifelt. Das Beispiel des nächtlichen Einbrechers, der seinem Verfolger um jeden Preis zu entkommen sucht, wurde schon genannt (oben Rn. 65). Fraglich bleibt, wie ein so gearteter Vorsatz näher von bloßer Fahrlässigkeit, in der Form insbesondere von Leichtsinn, abzugrenzen ist.

Eine Grenze muss allerdings auch in anderer Hinsicht gezogen werden. Dass der Eventualdolus vielfach als »bedingter« Vorsatz bezeichnet wird[134], kann zu dem Missverständnis führen, dass der Handlungsentschluss selbst noch von irgendwelchen künftigen Bedingungen abhängen dürfe. Auch der Eventualvorsatz erfordert jedoch *unbedingte* Tatentschlossenheit. Für jene andere Konstellation hat sich demgegenüber der Begriff des »*bedingten Handlungswillens*« eingebürgert, der (noch) kein Vorsatz ist[135]: Wer bei einer Auseinandersetzung, um der möglichen Bedrohung durch den anderen gewachsen zu sein, einen Revolver auf den Tisch legt, hat nicht den Vorsatz der Tötung oder Körperverletzung, wenn sich schon dabei ein Schuss löst; er hatte über das Ob und Wie einer Verwendung der Waffe noch nicht entschieden[136]. Anders liegt es dagegen, wenn der Täter etwa, zur Tötung entschlossen, dem Opfer mit schussbereiter Waffe auflauert, ohne sicher zu sein, dass es erscheinen wird; dann ist nur die weitere *Ausführung* der Tat »bedingt« durch das Erscheinen des Opfers, steht der Vorsatz aber außer Frage[137]. 111

aa) Für die **Abgrenzung** von Eventualvorsatz und (bewusster) Fahrlässigkeit wird inzwischen eine verwirrende Fülle von Kriterien angeboten, wobei die Unterschiede freilich eher in der Formulierung als im praktischen Ergebnis liegen. Die Mehrzahl der Lösungsvorschläge lässt sich einer von drei Grundpositionen zuordnen. 112

(1) Man kann zunächst versuchen, den Eventualdolus mit Hilfe eines kognitiv-intellektuellen Moments näher zu bestimmen, also von der **Wissensseite** auszugehen. Wenn der bloße Gedanke an mögliche Gefahren nicht genügen soll, muss dabei allerdings ein wie immer *qualifiziertes* Wissen vorausgesetzt werden. 113

---

134 Siehe nur *Jakobs,* 8/21 ff; *Jescheck/Weigend,* S. 299 ff; *Maurach/Zipf,* § 22 Rn. 30 ff; *Roxin,* § 12 Rn. 21 ff.
135 Eingehend *W. Schmid,* ZStrW 74 (1962), 48 ff; *Schroeder,* LK, § 16 Rn. 101 ff.
136 Vgl. RGSt 68, 339 (341).
137 Vgl. RGSt 77, 1; ferner BGHSt 12, 306 (309 f); 21, 14 (17 f).

114   Das ist früher vor allem in der Weise geschehen, dass für den Vorsatz das Bewusstsein nicht nur der Möglichkeit, sondern der Wahrscheinlichkeit der Verwirklichung des Tatbestandes gefordert wurde[138]. Diese »*Wahrscheinlichkeitstheorie*« trifft sicherlich insofern ein wesentliches Symptom, als der Täter desto eher mit dem Eintritt des Erfolges rechnen wird, je näher er in seinen Augen liegt. Sie entspricht auch, mit dem Rückschluss von der Wahrscheinlichkeit des Erfolgseintritts auf den Vorsatz des Täters, der in der Praxis bei Beweisschwierigkeiten bevorzugten Strategie[139]. Für den Vorsatz *allein* auf die (dem Täter bewusste) Wahrscheinlichkeit des Erfolgseintritts abzustellen, ist jedoch dem doppelten Einwand ausgesetzt, dass es zum einen keine Möglichkeit gibt, den *Grad* der Wahrscheinlichkeit, auf den es dabei ankommen soll, näher zu bestimmen, und dass der Täter zum anderen, wie schon bemerkt, auch das in diesem Sinne Unwahrscheinliche wollen, etwa sein Opfer aus sehr großer Entfernung tödlich zu treffen versuchen (und damit Erfolg haben) kann (oben Rn. 102).

115   Die neueren, zumeist als »*Möglichkeitstheorien*« apostrophierten Versionen dieses Ansatzes suchen das für den Vorsatz kennzeichnende Moment daher vielfach in einer besonderen *Qualität* des Wissens um die Möglichkeit der Tatbestandsverwirklichung. Wird dabei für maßgebend erklärt, ob der Täter die Tatbestandsverwirklichung »konkret« für möglich hält[140], sie nach für ihn »gültigem« Urteil als nicht unwahrscheinlich ansieht[141] oder nach seiner »verbindlichen persönlichen Sicht« davon ausgeht[142], so nähern sich diese Lehren bis auf Nuancen, die kaum mehr als semantische Bedeutung haben, der dritten Grundposition[143] (unten Rn. 117).

116   (2) Eine ähnliche Entwicklung hat sich bei dem prinzipiell entgegengesetzten Versuch ergeben, auf der **Willensseite** des Vorsatzes anzusetzen. Hier ist zunächst vielfach darauf abgestellt worden, ob der Täter

138 So besonders *H. Mayer*, AT, S. 250 f; vgl. aber auch *Puppe*, NK, § 15 Rn. 92, 103, nach der die Chance oder Wahrscheinlichkeit der Herbeiführung des Erfolges »relativ hoch« sein muss.
139 Siehe etwa BGHSt 36, 1 (10); vgl. die Rechtsprechungsübersichten bei *Frisch*, Vorsatz und Risiko, S. 381 ff; *Köhler*, Bewußte Fahrlässigkeit, S. 45 ff; ferner *Vest*, S. 103 ff. Soll dieser Schluss auch noch unabhängig davon gezogen werden dürfen, ob sich der Täter der Größe der von ihm geschaffenen Gefahr bewusst war (*Puppe*, NK, § 15 Rn. 99, 116 f), so läuft das auf eine *unwiderlegliche* Vorsatzvermutung hinaus, die mit dem Schuldprinzip unvereinbar wäre.
140 *Schmidhäuser*, Lb, 10/88.
141 *Jakobs*, 8/23.
142 *Frisch*, Vorsatz und Risiko, S. 193; auch *Kindhäuser*, Zurechnungskriterium, S. 25.
143 Vgl. *Küper*, GA 1987, 506 ff; *Zielinski*, AK, §§ 15, 16 Rn. 78.

den möglichen Erfolg »*innerlich gebilligt*«, zumindest gleichgültig hingenommen oder aber als unerwünscht »innerlich abgelehnt« und auf sein Ausbleiben gehofft habe[144]. Man nennt das die »Einwilligungs«- oder besser »*Billigungstheorie*«. Auch sie hebt einen wesentlichen Zusammenhang hervor. Dass der Täter sich gegen das rechtlich geschützte Interesse entschieden hat, liegt näher, wenn ihm der tatbestandsmäßige Erfolg willkommen als wenn er ihm unerwünscht war, und umgekehrt. Indessen kann man *auch* eine Folge, die an sich höchst unerwünscht ist, um höherbewerteter Ziele willen hinzunehmen bereit sein. Zum meistzitierten Schulbeispiel ist insoweit der Fall geworden, den *Lacmann* in einer sonst kaum noch beachteten Abhandlung gebildet hat[145]: Der Täter wettet mit einem anderen, er könne dem Schießbudenmädchen eine Glaskugel aus der Hand schießen. Er ist sich dabei der Möglichkeit eines das Mädchen verletzenden Fehlschusses sehr wohl bewusst, wünscht aber natürlich, die Wette zu gewinnen. Auch wenn der Täter die Verletzung unter solchen Umständen als ein Übel empfinden muss, kann er die Möglichkeit ihres Eintritts als das kleinere Übel im Kauf nehmen. Dann liegt darin die den Vorsatz begründende Entscheidung gegen die Verhaltensnorm. Die Praxis hat dementsprechend von einem Billigen »im Rechtssinne« schon dann gesprochen, wenn der Täter, »um des erstrebten Zieles willen, notfalls, d. h. sofern er anders sein Ziel nicht erreichen kann, sich auch damit abfindet, daß seine Handlung den an sich unerwünschten Erfolg herbeiführt«[146]. Danach bleiben auch von hier aus kaum noch Differenzen zu der an dritter Stelle zu nennenden Position:

(3) Die heute herrschende, »Entscheidungs-« oder »*Einstellungs-* 117 *theorie*« genannte Auffassung lässt es für den bedingten Vorsatz genügen, dass sich der Täter mit der möglichen Tatbestandsverwirklichung abfindet[147]. Sie geht davon aus, dass der Vorsatz mehr als das Wissen um die Gefahr der Tatbestandsverwirklichung voraussetzt. Der Täter kann, trotz solchen Wissens, leichtsinnig darauf vertrauen, dass der Er-

---

144 So vor allem *Engisch*, Untersuchungen, S. 380 ff; RGSt 72, 36 (43 f); BGH, bei *Schmidhäuser*, GA 1958, 163 ff; ferner wohl noch *Baumann/Weber/Mitsch*, § 20 Rn. 54; *Maurach/Zipf*, § 22 Rn. 37.
145 GA 58 (1911) 159.
146 BGHSt 7, 363 (369) im sog. »Lederriemen«-Fall; ferner BGHSt 36, 1 (9 f), m.w.N.
147 So u. a. *Ambrosius*, Untersuchungen zur Vorsatzabgrenzung, 1966, S. 70 f; *Jescheck/Weigend*, S. 299 f; *Köhler*, AT, S. 164; *Roxin*, § 12 Rn. 22 ff; *Rudolphi*, SK, § 16 Rn. 43.

folg nicht eintreten werde, und handelt dann nur (bewusst) fahrlässig. Nur wenn er jene Gefahr ernst nimmt, sie in Rechnung stellt, muss er sich darüber schlüssig werden, ob das, was er erreichen will, in seinen Augen notfalls den Preis der Verwirklichung des Tatbestandes wert ist: Handelt er dann, so liegt darin die Entscheidung gegen die rechtliche Verhaltensnorm, und dies ganz unabhängig davon, wie unwillkommen ihm die negative Folge sein mag. Von Eventualvorsatz wird, mit anderen Worten, hinsichtlich aller Umstände oder Folgen gesprochen, die der Täter um des eigentlichen Handlungszieles willen in Kauf nimmt.

118   Damit sind freilich, auch abgesehen von mancherlei Nuancen der Formulierung, keineswegs alle Abgrenzungsschwierigkeiten gelöst. Zunächst kann sich fragen, wie bei völliger *Gleichgültigkeit* des Täters gegenüber dem gefährdeten Rechtsgut zu entscheiden ist. Leugnet man in solchem Falle, dass er *überhaupt* irgendeinen Anlass hat, zu der Möglichkeit des Erfolgseintritts Stellung zu nehmen, so bleibt nur die Wahl zwischen zwei gleichermaßen unbefriedigenden Auswegen. Der eine besteht darin, für den Vorsatz, mit einer verbreiteten Lehre, ergänzend oder sogar allein auf das Kriterium der Gleichgültigkeit abzustellen[148], womit er tendenziell freilich überdehnt werden dürfte[149]. Der andere wird in der hypothetischen Frage gesucht, wie der Täter sich entschieden *hätte*, wenn ihm der Erfolg nicht gleichgültig gewesen wäre[150], was auf bloße Unterstellungen hinausläuft[151]. Richtiger scheint demgegenüber die Annahme zu sein, dass auch ein Täter, dem eine in ihrer Wertrelevanz erkannte Folge an sich gleichgültig ist, die Möglichkeit ihres Eintritts leicht- oder ernstnehmen kann[152], so dass es in diesen Fällen keiner zusätzlichen Kriterien bedarf.

119   Anders liegt es dort, wo schon der Unrechtstatbestand Verhaltensweisen erfasst, deren Wertrelevanz, weil erst durch die rechtliche Regelung vermittelt, keiner Parallel«wertung» in der Laiensphäre (oben Rn. 71 f) zugänglich ist, wo es also um mehr oder minder reines Verwaltungsunrecht (oben § 1 Rn. 47) geht. Hier führt keines der zur Diskussion stehenden Kriterien für die Abgrenzung von Vorsatz und Fahrlässigkeit zu besonders überzeugenden Ergebnissen. Von einer Entscheidung gegen die rechtliche Verhaltensnorm kann insoweit auch kaum mehr die Rede sein. Daher wird es *sinnlos*, Vorsatz und Fahrlässigkeit mit unterschiedlichen Rechtsfolgen auszustatten; nur das *bewusst verbotswidrige* Handeln mag hier noch höhere Strafe verdienen[153]. Ähnliches gilt, wenn das Gesetz einen für die Bewertung wesentlichen Umstand formalisiert: also etwa beim sexuellen Missbrauch von Kindern (§ 176) nicht auf die eigentlich aus-

---

148 Schönke/Schröder/*Cramer*, § 15 Rn. 82, 84; *Schroeder*, LK, § 16 Rn. 93.
149 Kritisch *Frisch*, Vorsatz und Risiko, S. 7 ff.
150 *E. A. Wolff*, S. 205 ff, 219 ff.
151 Auch dazu *Frisch*, aaO, S. 12.
152 *Ziegert*, S. 151 ff.
153 Näher *Jenny*, ZStrR 107 (1990), 252 ff.

schlaggebende individuelle Unreife, sondern stattdessen generell auf das Alter abstellt. Insoweit bleibt keine andere Möglichkeit, als den Vorsatz davon abhängig zu machen, ob der Täter (mehr oder minder zufällig) weiß oder doch damit rechnet, dass das Alter noch unter der Schutzgrenze liegt.

bb) Die **Fälle**, in denen ein bedingter Vorsatz in Betracht kommt, entsprechen in ihrer Struktur denen des direkten Vorsatzes, nur dass statt der dort erforderlichen gradlinigen die bloß mögliche Verbindung des tatbestandsmäßigen Erfolges mit dem eigentlichen Handlungsziel des Täters genügt.   120

Von Eventualvorsatz kann dementsprechend zunächst dann gesprochen werden, wenn der Täter neben dem eigentlichen Handlungsziel *aushilfsweise* ein *zweites Handlungsziel* verfolgt: Er schießt auf ein Ehepaar, an dem er sich rächen will, um den Mann zu töten, ist gegebenenfalls aber auch damit einverstanden, die Frau zu treffen. Das zweite Handlungsziel steht dann in *Konkurrenz* zum ersten, weshalb der auf die Tötung des Mannes gerichtete dolus directus es nicht umfassen kann. Die für den Eventualdolus charakteristische Abgrenzungsfrage kann sich freilich schon hier stellen, wenn der Täter etwa an die Möglichkeit, die Frau zu treffen, zwar denkt, sie ihm aber unerwünscht ist, weil er dann wiederum die Rache des Mannes zu fürchten hätte. Nach den zuvor erörterten Regeln käme es darauf an, ob er selbst auf die Gefahr hin handelt, sich solcher Gegenaktion auszusetzen.   121

Ein Spezialfall der Konkurrenz von Handlungszielen ist es, wenn der Täter keinem der möglichen Erfolge den Vorzug gibt, ihm also beispielsweise gleichgültig ist, wen von den beiden Ehepartnern er trifft. Die Lehre spricht hier häufig von einem dolus alternativus[154], was so lange unbedenklich ist, wie man sich bewusst bleibt, dass es sich der Sache nach um nichts anderes als einen dolus eventualis hinsichtlich *beider* Taterfolge handelt. Sehr streitig ist allerdings, ob hier eines oder mehrere Delikte vorliegen und wie, im zweitgenannten Fall, das Konkurrenzverhältnis entschieden werden muss[155]. Praktikabel dürfte allein die der h. M. entsprechende Annahme von Tateinheit sein, die den Unrechtsgehalt der Tat in jeder Hinsicht abdeckt, ohne den Täter von den Rechtsfolgen her unangemessen zu belasten[156].   122

Bedingter Vorsatz ist auch dann denkbar, wenn der Täter voraussieht, dass er sein Handlungsziel möglicherweise nur auf deliktischem Wege   123

---

154 *Jakobs*, 8/33; *Jescheck/Weigend*, S. 304; *Roxin*, § 12 Rn. 84; Schönke/Schröder/ *Cramer*, § 15 Rn. 90.
155 Eingehend *Wessels/Beulke*, Rn. 231 ff.
156 *Köhler*, AT, S. 169 f; *Puppe*, NK, § 15 Rn. 155 f, mit Nachweisen.

wird erreichen können, wenn die Tatbestandsverwirklichung also, anders gesagt, zwar keine notwendige, wohl aber eine *mögliche Durchgangsstufe* auf dem Wege zum eigentlichen Handlungsziel bildet: Der Täter setzt sich über den anfänglichen Widerstand einer Frau beim Beischlaf hinweg, ohne sich schlüssig zu sein, ob ihr Widerstand ernst gemeint ist (§ 177 II Nr. 1). Wie ohne weiteres ersichtlich, kommt es hier für den Vorsatz wiederum darauf an, ob der Täter in Kauf nimmt, der Frau Gewalt anzutun, oder aber doch auf ihr Einverständnis vertraut.

124   Eine dritte Gruppe von Fällen des Eventualdolus schließlich betrifft die *möglichen Nebenfolgen* der Verwirklichung des Handlungszieles: Der Täter entzündet im Freien ein Feuer ohne Rücksicht auf die ihm bewusste Gefahr eines Waldbrandes. Die bloße Nebenfolge wird dem Täter in aller Regel durchaus unerwünscht sein, so dass diese Variante praktisch die größten Abgrenzungsschwierigkeiten bereitet. Das illustriert zunächst der schon genannte *Lacmann*sche Schießbudenfall (oben Rn. 116): Nur wenn der Schütze seine Wette auch um den Preis einer Verletzung des Mädchens zu gewinnen versucht, handelt er vorsätzlich.

125   In neuerer Zeit hat vor allem der »Lederriemen«-Fall (oben Fn. 146) als Ausgangspunkt der Diskussion gedient[157]: Die Täter hatten zunächst erwogen, den Betroffenen, dessen Wohnung sie ausplündern wollten, mit einem Lederriemen zu drosseln, um ihn kampfunfähig zu machen, dann aber wegen der damit verbundenen Lebensgefahr beschlossen, ihn stattdessen mit einem Sandsack zu betäuben; erst als dieses Mittel versagte, wurde das Opfer mit dem Riemen gedrosselt, wobei sich die Täter alle erdenkliche Mühe gaben, die Drosselung so zu dosieren, dass nur Bewusstlosigkeit, nicht der Tod eintrat. Später versuchten die Täter sogar – vergeblich – eine Wiederbelebung. Das ändert nichts daran, dass sie das mit der Drosselung trotz allem noch verbundene Risiko, ihr Opfer zu töten, zur Erreichung ihres Ziels in Kauf genommen hatten, so dass der BGH den Vorsatz zu Recht bejaht hat.

126   Im Vordergrund der Auseinandersetzung steht nunmehr allerdings die Frage nach dem Vorsatz bei ungeschützten Sexualkontakten einer über ihre HIV-Infektion informierten Person. Dazu gibt es inzwischen eine kaum noch übersehbare Flut von Stellungnahmen[158]. Für die Annahme des Vorsatzes der gefährlichen Körperverletzung[159] oder gar der Tötung spricht hier offenkundig das elementare Interesse an der Aids-Prävention. Besondere Schwierigkeiten bereitet jedoch nicht nur der schon erwähnte Umstand, dass das Risiko der In-

---

157 Eingehend schon *Roxin*, JuS 1964, 53 ff.
158 Zusammenfassend *Frisch*, JuS 1990, 362 ff; vgl. auch Schönke/Schröder/*Cramer*, § 15 Rn. 87a.
159 So BGHSt 36, 1 (12 ff).

fektion im einzelnen Fall als sehr gering eingeschätzt wird (oben Rn. 78), sondern auch die damit verbundene Konsequenz, dass zumindest der über das geringe Infektionsrisiko informierte Täter in der Regel darauf vertrauen wird, dass im konkreten Fall schon nichts passieren wird, statt die Ansteckung in Kauf zu nehmen. Die Verneinung des Vorsatzes liegt daher in den Aids-Fällen »entschieden näher« als die Bejahung[160]. Auch die Zahl der Sexualkontakte, die das Risiko statistisch erhöht, erleichtert gegenteilige Feststellungen nicht, sowenig wie etwa bei häufigen riskanten Überholmanövern im Straßenverkehr.

cc) Alle Beispielsfälle, an denen sich die Schwierigkeit der Abgren- 127
zung von Eventualdolus und bewusster Fahrlässigkeit demonstrieren lässt, legen zugleich die weitere Frage nahe, auf welche Weise die entsprechenden Nuancen der inneren Einstellung des Täters eigentlich **ermittelt** werden sollen. Die Einschätzung der Wahrscheinlichkeit des Erfolgseintritts wie der auf ihn bezügliche »Wille« sind, ganz gleich, wie man sie näher bestimmt, innerpsychische Vorgänge, die sich jeder direkten Wahrnehmung durch andere entziehen. Wer wirklich sagen kann, was er »gewollt« hat und was nicht, ist allein der Handelnde. Aber selbst wenn er bereit sein sollte, darüber wahrheitsgemäß Auskunft zu geben, ist keineswegs sicher, dass es gelingt, seine Angaben sachlich zutreffend in die juristischen Kategorien zu übertragen. Noch größer sind die Fehlerquellen, wenn er die Kooperation verweigert oder sich aufs Leugnen verlegt. Dann kann oft nur versucht werden, mit Hilfe mehr oder minder verlässlicher Erfahrungsregeln aus dem äußeren Geschehen auf die subjektive Seite zurückzuschließen[161]. Dabei liegt die Versuchung nahe, täterstrafrechtlich zu argumentieren, also danach zu urteilen, ob man einem *solchen* Täter (mit diesem Vorleben, diesem Verhalten im Ermittlungsverfahren, usw.) »zutraut«, vorsätzlich gehandelt zu haben, oder nicht. Dies alles nährt die Befürchtung oder, je nach Standort, den Verdacht, dass es bei der Entscheidung über den Vorsatz letztlich weniger um eine Feststellung als um eine Zuschreibung geht und dass die verschiedenen Abgrenzungsformeln offen oder verdeckt zumindest auch darauf abzielen, eine solche Zuschreibung zu erleich-

160 *Frisch*, aaO, S. 367; ferner *M. Bruns*, NJW 1987, 2281 f; *Prittwitz*, StV 1989, 123 ff; *Rengier*, Jura 1989, 228.
161 Aus diesem Grunde die Abgrenzung völlig in den *objektiven* Tatbestand zu verlegen (so *Herzberg*, JuS 1987, 777 ff; NJW 1987, 1463 ff; JZ 1988, 635 ff) oder doch mit Hilfe konkret zu bestimmender äußerer Indikatoren vorzunehmen (*Hassemer*, in: GS Armin Kaufmann, 1989, S. 289 ff), wäre mit dem Grundsatz der freien Beweiswürdigung nicht zu vereinbaren bzw. liefe wiederum auf eine Vorsatz*vermutung* hinaus (vgl. oben Fn. 139).

tern[162]. Diese Schwierigkeiten sind nicht aus der Welt zu schaffen, wenn man auf die Unterscheidung von Vorsatz und Fahrlässigkeit nicht verzichten, also eine reine Erfolgshaftung praktizieren will, die sich von selbst verbietet. Das heißt, dass Abhilfe wohl nur in der strikten Befolgung der Zweifelsregel gefunden werden kann.

128   c) Wo immer das Gesetz Vorsatz erfordert, stehen dessen beide Formen – dolus directus und dolus eventualis – einander **völlig gleich**. Insoweit hat die Unterscheidung keinerlei praktische Konsequenzen.

129   Allerdings werden die Anforderungen an die subjektive Seite der Handlung mitunter durch andere Wendungen umschrieben. Dabei genügt für das Handeln »**wider besseres Wissen**« (§§ 164, 187 usw.) stets nur das *sichere* Wissen um die Unrichtigkeit der Äußerung, also nicht einmal jede Form des direkten Vorsatzes (der ja keineswegs immer sicheres Wissen um das Vorliegen oder Eintreten der Tatumstände erfordert [oben Rn. 102, 105, 108]). Der Ausdruck »**wissentlich**« hingegen bezeichnet nach dem nunmehr einheitlichen Sprachgebrauch des Gesetzes stets den direkten Vorsatz (z. B. in §§ 87 I, 109g, 134, 145, 258 usw.). Der Begriff der »**Absicht**« endlich, der in der Sache auch den Vorsatz meinen kann, ist vieldeutig (vgl. unten Rn. 132 ff).

130   4. Da man nicht verwirklichen wollen kann, was schon geschehen ist, stellt sich die bloße nachträgliche »Billigung« eines bereits eingetretenen Erfolges niemals als Vorsatz dar. Den sogenannten **dolus subsequens** gibt es nicht.

III. Besondere subjektive Tatbestandsmerkmale

Literatur: Affolter-Eijsten, Die Absicht im Strafrecht, 1983; *Gehrig*, Der Absichtsbegriff in den Straftatbeständen des Besonderen Teils des StGB, 1986; *Lampe*, Das personale Unrecht, 1967; *Schmidhäuser*, Gesinnungsmerkmale im Strafrecht, 1958; *Stratenwerth*, Zur Funktion strafrechtlicher Gesinnungsmerkmale, in: FS v. Weber, 1963, S. 171 ff.

131   Der Vorsatz ist formal dadurch definiert, dass er sich auf die objektiven Tatumstände bezieht; die besonderen subjektiven Tatbestandsmerkmale sind es dadurch, dass sie im objektiven Tatbestand *kein* Gegenstück haben. Zwar können auch sie in dem Willen zur Verwirklichung eines bestimmten Sachverhalts bestehen; doch liegt dieser Sach-

---

162 Näher *Hruschka*, in: FS Kleinknecht, 1985, S. 193 f; *Krauß*, in: Jung/Müller-Dietz (Hrsg.), Dogmatik und Praxis des Strafverfahrens, 1988, S. 1, 5 f.; *Vest*, S. 93 ff.

verhalt dann außerhalb des objektiven Tatbestandes. Und häufig geht es bei ihnen nicht oder nicht nur um äußeres Geschehen, sondern um innere Gegebenheiten und Beziehungen. Im Übrigen sind die subjektiven Tatumstände vielfältiger und komplexer Natur; sie lassen sich hier nicht erschöpfend darstellen.

1. In ihrer sachlichen Struktur dem Vorsatz am nächsten stehen die   132
besonderen **Absichten**, deren es bei vielen Straftatbeständen bedarf.
Allerdings ist der Begriff der »Absicht«, auch im gesetzlichen Sprachgebrauch, vieldeutig.

a) Er kann zunächst denselben Verwirklichungswillen bezeichnen wie   133
der Begriff des *Vorsatzes*. Allein der Umstand eben, dass der zugehörige Erfolg jenseits des objektiven Tatbestandes liegt, rechtfertigt es in diesen Fällen, von Absicht statt von Vorsatz zu sprechen.

Diese strukturell mit dem Vorsatz übereinstimmende Absicht kann   134
nur dort auftreten, wo das Gesetz aus kriminalpolitischen Gründen von der Regel abweicht, im Tatbestand das sachlich *vollendete* Delikt, die volle Verwirklichung des Unrechts, zu beschreiben und die Erfassung seiner Vorstadien der allgemeinen Versuchsstrafdrohung (§ 23) zu überlassen. Als selbständige, »vollendete« Tat werden hier also schon der Versuch oder gar die Vorbereitung des eigentlichen Deliktes mit Strafe bedroht. Die Verkürzung des objektiven Unrechtstatbestandes wird dann dadurch ausgeglichen, dass die Vollendung der Tat immerhin »beabsichtigt« gewesen sein muss.

So liegt bei der Urkundenfälschung der eigentliche Angriff auf den ge-   135
schützten Rechtsverkehr erst darin, dass von dem Falsifikat *Gebrauch gemacht* wird. Das Gesetz aber erhebt schon die *Herstellung* des Falsifikats, da außerordentlich gefährliche Vorbereitungshandlung, zum selbständigen, vollendeten Delikt, *sofern* sie in Täuschungs»absicht« (§ 267: »*zur* Täuschung im Rechtsverkehr«) erfolgt. Der zweite, eigentlich ausschlaggebende Akt braucht nicht ausgeführt, sondern eben nur beabsichtigt zu werden (sog. »verkümmertzweiaktiges« Delikt). Die Täuschungsabsicht besteht hier der Sache nach in dem Wissen um den Zweck des Falsifikats, auch wenn noch keineswegs feststeht, ob die Situation, in der es zur Täuschung dienen soll, jemals eintreten wird, und der Vorsatz insofern nur ein bedingter ist[163]. Ist sich der Täter freilich noch nicht schlüssig, ob er den zweiten Akt vornehmen, das Falsifikat tatsächlich verwenden will, so hat er insoweit nur den »bedingten Handlungswil-

---

163 Unklar BGHSt 5, 149 (152); wie hier *Gehrig*, S. 79 ff, 92; *Jakobs*, 8/39; vgl. auch *Herzberg*, ZStrW 88 (1976), S. 95 f.

len« (oben Rn. 111) und noch keinen Vorsatz. Ganz die gleichen Regeln gelten natürlich auch für alle anderen verkümmert-zweiaktigen Delikte. Muss die Absicht des Täters allerdings nur dahin gehen, den zweiten Akt, wie etwa das Inverkehrbringen von Falschgeld, zu »*ermöglichen*« (§ 146 I Nr. 1), so kann sie, da eben auf eine bloße Möglichkeit bezogen, sinngemäß als »zielgerichtetes Wollen«, das heißt als direkter Vorsatz verstanden werden[164].

136   Ähnlich liegt es bei einem Delikt wie der Vorteilsgewährung (§ 333), das sich, zumindest in der Tatvariante des »Anbietens«, als der Versuch darstellt, den Amtsträger zu korrumpieren. Dieser Erfolg braucht nicht einzutreten, sondern nur beabsichtigt zu sein, liegt also außerhalb des objektiven Tatbestandes (sog. »kupiertes Erfolgsdelikt«): Dass der Vorteil für eine künftige Handlung angeboten wird, muss der Amtsträger nicht einmal erkennen[165]. Die Absicht ist der Sache nach wiederum ein Vorsatz unter Einschluss des Eventualdolus: Der Tatbestand wird auch erfüllt, wenn der Täter nicht sicher ist, aber immerhin damit rechnet, dass die Handlung noch bevorstehen könnte.

137   b) Der Begriff der »Absicht« kann sodann Intentionen meinen, die dem *direkten* Vorsatz entsprechen. Bedingter Verwirklichungswille (im Sinne des Eventualdolus) genügt insoweit nicht.

138   Das gilt, nach freilich zumeist umstrittener Auslegung, beispielsweise für die Absicht, ein behördliches Verfahren herbeizuführen, bei der falschen Verdächtigung (§ 164)[166] oder für die »Absicht, einem anderen Nachteil zuzufügen«, bei der Urkundenunterdrückung (§ 274)[167], usw.

139   c) Um einen noch engeren Begriff der »Absicht« handelt es sich, wenn damit der auf die Verwirklichung des *eigentlichen* Handlungszieles gerichtete Wille bezeichnet wird. Hier ist nur noch ein Ausschnitt des direkten Vorsatzes erfasst; die Hinnahme von Nebenfolgen scheidet aus, selbst wenn sie dem Täter als unvermeidlich erscheinen (vgl. oben Rn. 107).

140   Bei dieser besonders wichtigen Form der Absicht bestehen freilich manche Unklarheiten. Sie betreffen vor allem die Frage, ob solche Absicht sich nur auf das eigentliche Handlungsziel oder aber auch auf die zu seiner Verwirklichung unerlässlichen *Vorbedingungen* (Vor- und Durchgangsstufen des Geschehens) bezieht. Die Absicht kann jedoch schon hinsichtlich des »eigentlichen« Handlungsziels nicht davon abhängen, ob der Täter dieses Ziel nur als Etappe auf dem Wege zur Erreichung weitergehender, vielleicht letzter Ziele versteht oder

---

164 BGHSt 27, 255 (259); 35, 21 (22 f.).
165 BGHSt 15, 88 (102).
166 Vgl. BGHSt 13, 219 (221 f.); 18, 204 (206); Schönke/Schröder/*Lenckner*, § 164 Rn. 32.
167 Vgl. Schönke/Schröder/*Cramer*, § 274 Rn. 15.

über solche weiteren Ziele noch keine klaren Vorstellungen hat: ob er also etwa das Geld, das er zu erbeuten unternimmt, von vornherein für einen bestimmten Zweck verwenden will oder ob es ihn zunächst nur als solches interessiert. Infolgedessen ist die Verwirklichung der vom Täter für notwendig gehaltenen Vorbedingungen von ihm ganz ebenso beabsichtigt wie die des »eigentlichen« Handlungsziels; die Intention hat in beiden Hinsichten dieselbe Struktur. Absichtlich – in diesem Sinne – handelt der Täter bezüglich aller Erfolge, auf deren Verwirklichung es ihm (um ihrer selbst willen oder zur Erreichung weiterer Ziele) *ankommt*[168].

Das Gesetz fordert diese auf Zielvorstellungen beschränkte Absicht zunächst   141
überall dort, wo es die Formel »absichtlich oder wissentlich« verwendet (wie z. B. in §§ 87 I, 145, 167a, 258, 344): Da »wissentlich« den dolus directus bezeichnet (oben Rn. 129), kann »absichtlich« nur auf das Handlungsziel bezogen werden (dies übrigens auch dann, wenn der Begriff allein auftritt (wie in §§ 88, 89, 90 III usw.). Der auf das Handlungsziel gerichtete Wille ist ferner, wiederum vielfach bestrittenermaßen, gemeint mit der »Absicht« etwa beim Diebstahl (§ 242)[169], beim Betrug (§ 263)[170] und beim Völkermord (§ 220a)[171].

2. Gelegentlich stellt das Gesetz auf den **Beweggrund** des Täters ab,   142
der die Strafbarkeit begründen, erhöhen oder auch vermindern kann. Die Beweggründe gehören wie die Absichten noch in den Bereich der verstandesmäßigen, nicht der affektiven psychischen Gegebenheiten.

Beweggrund und Absicht im zuvor erörterten Sinn voneinander abzugren-   143
zen, bereitet besondere Schwierigkeiten. Das hat seinen Grund in der Sache selbst. Wo nämlich der Beweggrund zur Wahl eines Handlungszieles führt (und damit strafrechtlich erfassbar wird), lassen sich Motiv und Ziel kaum noch auseinanderhalten: Veranlasst etwa die Wunschvorstellung, von finanziellen Sorgen befreit zu sein, den Täter zu Vermögensdelikten, so wird sie zum Motiv und umschließt zugleich den »Idealzustand«, auf dessen Verwirklichung die Handlung abzielt. Der Beweggrund, sich zu bereichern, und die Absicht, bestimmte Vermögensvorteile zu erlangen, kommen praktisch zur Deckung. Eine Trennung ist im Prinzip nur dahin möglich, dass der Beweggrund die hinter dem Verhalten des Täters liegende Leitvorstellung bildet, während die Absicht auf sein vor ihm liegendes Handlungsziel verweist[172]: Wer einen anderen in der Absicht, ein behördliches Verfahren gegen ihn herbeizuführen, wider besseres Wissen einer Straftat verdächtigt, kann dies zum Beispiel ebenso tun, um sich

---

168 Vgl. BGHSt 18, 151, 246; BGH, GA 1985, 321.
169 Vgl. Schönke/Schröder/*Eser*, § 242 Rn. 61.
170 Dazu BGHSt 16, 1; ferner Schönke/Schröder/*Cramer*, § 263 Rn. 176.
171 Vgl. ferner §§ 100, 203 V, 249, 257 usw.
172 Näher *Affolter-Eijsten*, S. 117 ff; *Lampe*, S. 140 ff.

an ihm zu rächen, wie ausschließlich aus dem Beweggrund, sich selbst zu entlasten (§ 164)[173].

144   Um Beweggründe geht es, nach wiederum teilweise zweifelhafter Interpretation, wenn der Täter »seines Vermögensvorteils wegen« (§ 181a I Nr. 2) oder auch zur Abwendung der Gefahr einer Strafverfolgung (§ 157) gehandelt haben muss. Das erstgenannte Beispiel zeigt zugleich allerdings, dass die Entscheidung über die Zugehörigkeit eines bestimmten subjektiven Merkmals – wie der Bereicherungsabsicht – mangels exakter Kriterien an Willkür grenzen kann. Zusätzliche Verwirrung schafft das Gesetz dadurch, dass es an der einzigen Stelle, an der es den Begriff des »Beweggrundes« verwendet, nämlich bei den »niedrigen Beweggründen« in § 211, unter anderem »Mordlust« und »Habgier« als Beispiel nennt, also *affektive* Triebfedern, die wiederum zu einer anderen, der im folgenden zu nennenden Kategorie subjektiver Erfordernisse gehören.

145   3. Bei den **affektiven Antrieben** (Strebungen, Triebfedern) des Täters, auf die es ebenfalls nicht selten ankommt, wird gewissermaßen noch hinter die Motive auf die psychischen Triebkräfte zurückgegriffen, die sich im Auftreten jener Motive und in der Wahl der Handlungsziele äußern[174].

146   Beispiele bilden etwa die Tendenz, sich oder einen anderen »sexuell zu erregen« (§ 174 II), ferner, wie erwähnt, die »Mordlust« und die »Habgier« beim Mord (§ 211) und wohl auch die »Gewinnsucht« (§ 283a Satz 2 Nr. 1), die sich allerdings von einem Motiv wie dem der Bereicherung kaum mehr abheben lässt. Man kann deshalb zweifeln, ob die Abgrenzung überhaupt notwendig ist[175]. Die Rechtsprechung jedenfalls verwendet die Begriffe »Beweggrund« und »Triebfeder« unterschiedslos[176].

147   4. Das Gesetz stellt schließlich in einer Reihe von Strafbestimmungen auf Umstände ab, für die sich der Begriff der »**Gesinnungsmerkmale**« eingebürgert hat.

148   Zu nennen sind etwa die »grausame« oder »heimtückische« Tötung (§ 211), die »rohe« Misshandlung oder »böswillige« Vernachlässigung von Schutzbefohlenen (§ 225) oder die »rücksichtslose« Verletzung von Verkehrsregeln (§ 315c I Nr. 2).

149   Diese Merkmale bezeichnen nicht – wie die bisher genannten subjektiven Tatbestandserfordernisse – bestimmte psychische Intentionen, Motive oder Strebungen, sondern formulieren ein *abschließendes Wert-*

---

173 Vgl. BGHSt 13, 219.
174 Näher *Lampe*, S. 123 ff.
175 *Jakobs*, 8/95.
176 BGHSt 15, 53 (55); 16, 1 (Leitsatz).

urteil über den Gesamtzusammenhang von äußerem und innerem Tatgeschehen, von Handlungssituation und Handlungszielen. Der Gesetzgeber hat hier – aus Unvermögen oder um einer fragwürdigen »Verfeinerung« der Maßstäbe willen – *nicht* das strafbare Verhalten selbst hinreichend umschrieben, sondern stattdessen das sozialethische Wertprädikat in den Tatbestand aufgenommen, das es verdient. Daraus ergibt sich für den Richter die schwierige Aufgabe nachzuholen, was der Gesetzgeber hätte tun sollen: die tatbestandliche Beschreibung des verbotenen Verhaltens durch die »Aufschlüsselung« der Gesinnungsmerkmale zu ergänzen und zu vervollständigen, also die *eigentlich* gemeinten Sachverhalte zu ermitteln.

Praktische Bedeutung erlangt das im Irrtumsfalle. So setzt beispielsweise die 150
Grausamkeit voraus, dass das Opfer die ihm zugefügten Leiden auch als schwer empfindet[177]. Damit stellt sich die Frage, ob auch derjenige wegen Mordes zu bestrafen ist, der nicht bemerkt, dass das Opfer, dem er besondere Qualen zuzufügen glaubt, das Bewusstsein bereits verloren hat. Die Frage kann wohl nur so entschieden werden, dass der gesinnungsrelevante Sachverhalt selbst gegeben sein muss, nicht nur die Gesinnung, die er offenbart. Sonst wird nicht nur, im Widerspruch zu rechtsstaatlichen Grundsätzen, die Gesinnung als solche getroffen, sondern auch die Gefahr geschaffen, dass bei der Gesetzesanwendung an die Stelle sorgsamer Sachverhaltsermittlung Pauschalurteile über die Gesinnung treten.

Gesinnungsmerkmale zu verwenden, bleibt in jedem Falle äußerst 151
bedenklich. Sie sind vage genug, um höchst unterschiedlich ausgelegt werden zu können, gefährden daher die Bestimmtheit des Strafgesetzes, seine Garantiefunktion (oben § 3 Rn. 14 ff), und die Gleichmäßigkeit der Rechtsanwendung. Da sich die Umstände, auf die es für die Gesinnung ankommt, über alle Wertungsstufen des Verbrechensaufbaus verteilen, ergeben sich außerdem überall dort kaum lösbare Abgrenzungsschwierigkeiten, wo Unrecht und Schuld, wie etwa bei der Teilnahme, gerade zu trennen sind (unten § 12 Rn. 196 f).

177 Schönke/Schröder/*Eser*, § 211 Rn. 27.

§ 9   Die Rechtswidrigkeit

Literatur: Gallas, Zur Struktur des strafrechtlichen Unrechtsbegriffs, in: FS Bockelmann, 1979, S. 155 ff; *Günther,* Strafrechtswidrigkeit und Strafunrechtsausschluss, 1983; *Hruschka,* Extrasystematische Rechtfertigungsgründe, in: FS Dreher, 1977, S. 189 ff; *Noll,* Übergesetzliche Rechtfertigungsgründe, im Besonderen die Einwilligung des Verletzten, 1955; *Renzikowski,* Notstand und Notwehr, 1994; *Röttger,* Unrechtsbegründung und Unrechtsausschluss, 1993; *Rudolphi,* Rechtfertigungsgründe im Strafrecht, in: GS Armin Kaufmann, 1989, S. 371 ff; *Stratenwerth,* Prinzipien der Rechtfertigung, ZStrW 68 (1956), 41 ff; *Zielinski,* Handlungs- und Erfolgsunwert im Unrechtsbegriff, 1973.

1   Wie früher ausgeführt, umschließt der Tatbestand prinzipiell sämtliche unrechtsbegründenden Merkmale (oben § 7 Rn. 9). Nur ganz vereinzelt begegnen Strafbestimmungen, die so unbestimmt formuliert sind, dass sie strafrechtlich relevantes und völlig »normales« Verhalten in gleicher Weise umfassen. Hier genügt die Tatbestandsmäßigkeit nicht, um die Rechtswidrigkeit zu begründen. Das klarste Beispiel eines solchen »offenen«, gewissermaßen unvollständigen Tatbestandes ist der der Nötigung (§ 240). Die Rechtswidrigkeit bedarf hier, von Fall zu Fall, einer *zusätzlichen* Begründung anhand eines sehr vagen Maßstabes, der Frage nämlich, ob »die Anwendung der Gewalt oder die Androhung des Übels zu dem angestrebten Zweck als verwerflich anzusehen« war (§ 240 II) – ein unter rechtsstaatlichen Gesichtspunkten mehr als bedenkliches Verfahren[1]. Aber auch wenn ein bestimmtes Verhalten alle Eigenschaften aufweist, deren es zur Begründung des Unrechts bedarf, muss es nicht in jedem Falle rechtswidrig sein. Nicht nur verallgemeinert der Tatbestand, wie sich zeigte, bei der Unrechtsbeschreibung notwendigerweise, sondern schon unsere sozialethischen Wertungen folgen weithin dem Schema von Regel und Ausnahme (und vollziehen sich nicht in der Form punktueller, ganz der jeweiligen Situation verhafteter Urteile). Das Verbot »Du sollst nicht töten« etwa hat stets nur als ein Grundsatz gegolten, der durchaus Einschränkungen – insbesondere für Akte der Notwehr, die Todesstrafe und Kriegshandlungen – erfuhr. Auch die Einschränkungen freilich lassen sich verallgemeinern

---

1 Das BVerfG hat freilich alle diesbezüglichen Einwände zurückgewiesen (BVerfGE 73, 206 [234 ff]; 92, 1 [11 ff]); vgl. Schönke/Schröder/*Eser*, § 240 Rn. 1 b, c, m.w.N.

und gewinnen dann die Gestalt von Unrechtsausschließungs- oder Rechtfertigungsgründen, von denen nun die Rede sein muss.

Die Zahl solcher Rechtfertigungsgründe lässt sich nicht abschließend be- 2 stimmen; sie hängt vom Grade der Verallgemeinerung ab. In der dogmengeschichtlichen Entwicklung hat sich eine gewisse Mittellösung eingespielt, die sich gleichermaßen fernhält von allzu konkreter Regelung (die noch die Carolina von 1532 charakterisiert, wenn von der Notwehr nur bei der Tötung gehandelt wird, dort aber in großer Ausführlichkeit [Art. 139 ff]) wie von zu weit getriebener Abstraktion (die zu leeren Formeln führt wie die sog. Zwecktheorie, derzufolge die tatbestandsmäßige Handlung dann nicht rechtswidrig ist, wenn sie sich als angemessenes Mittel zur Erreichung eines rechtlich anerkannten Zweckes darstellt[2]). Das geltende Recht kennt daher eine verhältnismäßig große Zahl von Rechtfertigungsgründen, die kein geschlossenes System bilden, sondern manche Überschneidungen und Lücken aufweisen. Sie werden hier nicht sämtlich erörtert. Reihenfolge und Auswahl der Darstellung sind vielmehr von der Absicht geleitet, die wesentlichen Grundprinzipien des Unrechtsausschlusses hervortreten zu lassen.

A. Einzelne Rechtfertigungsgründe

I. Die Einwilligung des Verletzten

Literatur: Amelung, Die Einwilligung in die Beeinträchtigung eines Grundrechtsgutes, 1981; *ders.*, Die Zulässigkeit der Einwilligung bei den Amtsdelikten, in: FS Dünnebier, 1982, S. 487 ff; *ders.*, Die Einwilligung des Unfreien, ZStrW 95 (1983), 1 ff; *ders.*, Willensmängel bei der Einwilligung als Tatzurechnungsproblem, ZStrW 109 (1997), 490 ff; *Arzt*, Willensmängel bei der Einwilligung, o.J. (1971); *Geerds*, Einwilligung und Einverständnis des Verletzten im Strafgesetzentwurf, ZStrW 72 (1960), 42 ff; *Geilen*, Einwilligung und ärztliche Aufklärungspflicht, 1963; *Geppert*, Rechtfertigende »Einwilligung« des verletzten Mitfahrers bei Fahrlässigkeitsstraftaten im Straßenverkehr?, ZStrW 83 (1971), 947 ff; *Göbel*, Die Einwilligung im Strafrecht als Ausprägung des Selbstbestimmungsrechts, 1992; *Hirsch*, Einwilligung und Selbstbestimmung, in: FS Welzel, 1974, S. 775 ff; *Kientzy*, Der Mangel am Straftatbestand infolge Einwilligung des Rechtsgutsträgers, 1970; *Lenckner*, Die Einwilligung Minderjähriger und deren gesetzlicher Vertreter, ZStrW 72 (1960), 446 ff; *Niedermair*, Körperverletzung mit Einwilligung und die Guten Sitten, 1999; *Roxin*, Verwerflichkeit und Sittenwidrigkeit als unrechtsbegründende Merkmale im Strafrecht, JuS 1964, 373 ff; *Schlehofer*, Einwilligung und Einverständnis, 1985;

---

2 *v. Liszt/Schmidt*, S. 187 f, 206 f.

Weigend, Über die Beweggründe der Straflosigkeit bei Einwilligung des Betroffenen, ZStrW 98 (1986), 44 ff.

3   Dass tatbestandsmäßiges Verhalten in bestimmten Grenzen durch die Einwilligung des Verletzten gerechtfertigt werden kann, wird im Gesetz nicht allgemein ausgesprochen. Nur bei den Körperverletzungsdelikten ist nachträglich (1933) eine Regelung eingefügt worden, die der Einwilligung hier prinzipiell rechtfertigende Wirkung beilegt (§ 228). Rechtsprechung und Lehre jedoch erkennen die Einwilligung des Verletzten auch bei der Mehrzahl der übrigen gegen Individualinteressen gerichteten Straftaten als Unrechtsausschließungsgrund an, im Einklang mit einer jahrhundertealten Tradition[3] und so einmütig, dass man ohne weiteres von Gewohnheitsrecht (oben § 3 Rn. 27) sprechen kann.

1. Der Grundgedanke

4   Anwendungsbereich und Voraussetzungen eines Unrechtsausschlusses durch Einwilligung des Verletzten hängen weitgehend davon ab, welches der Grundgedanke ist, auf dem sie beruht.

5   Insoweit bestehen noch immer Meinungsverschiedenheiten. Ein Teil der Lehre deutet die rechtfertigende Einwilligung als durch das Selbstbestimmungsrecht legitimierten *»Verzicht auf den Rechtsschutz«*[4]. Damit wird stillschweigend vorausgesetzt, dass die Einwilligung an der Verletzung des Rechtsguts als solcher nichts ändert und eben nur der Grund entfällt, sie strafrechtlich zu sanktionieren. Nicht wesentlich anders liegt es, wenn die Wirksamkeit der Einwilligung auf den Gedanken der *Interessenabwägung* gestützt wird, dergestalt, dass der Wert der »Verfügungsfreiheit des einzelnen über seine Rechtsgüter« unter Umständen groß genug sein soll, um den »Unwert« der mit Einwilligung begangenen Tat aufzuwiegen[5]. Was bei einem (individuellen) Rechtsgut geschützt wird, ist jedoch niemals sein körperliches Substrat allein, das es vielfach gar nicht gibt, sondern vielmehr die Freiheit des Einzelnen, über bestimmte seiner Interessen zu verfügen (vgl. oben § 8 Rn. 12). Diese Beziehung kann durch die Einwilligung des Betroffenen so verändert werden, dass der tatbestandsmäßige Eingriff das Rechtsgut gerade nicht mehr verletzt[6]. Zu diesem Ergebnis kommt freilich auch, wer das materielle Substrat des Rechtsgutes streicht und dieses völlig in die »autonome Herrschaft des Berechtigten« auf-

---

3 Dazu *Honig*, Die Einwilligung des Verletzten, 1919, S. 1 ff.
4 Schönke/Schröder/*Lenckner*, Rn. 33 vor § 32, mit Nachweisen.
5 So *Noll*, S. 74 ff; ebenso *Geppert*, S. 952 f; *Jescheck/Weigend*, S. 377; kritisch *Amelung*, Beeinträchtigung, S. 33.
6 Kritisch auch insoweit *Amelung*, aaO, S. 26 f.

löst[7]. Nur wäre dann bei allen Delikten gegen Individualinteressen letztlich nur noch ein und dasselbe Rechtsgut ungestörter Willensherrschaft betroffen und also auch die Körperverletzung beispielsweise nur ein Delikt gegen die persönliche Freiheit. Erst wenn man beide Aspekte des Rechtsguts, den materiellen wie den »geistigen«, als Einheit begreift, lässt sich die Wirksamkeit der Einwilligung, auch in problematischen Einzelfragen, angemessen bestimmen[8].

Zahlreiche Individualgüter werden strafrechtlich nur deshalb ge- 6
schützt, weil sie die Grundlage für ein Minimum an Freiheit bilden, Freiheit von Abhängigkeiten wie körperlicher Behinderung, materieller Not, Inanspruchnahme durch andere usw. Die Beeinträchtigung solcher Güter kann dann kein Unrecht sein, wenn sie sich, durch den Willen des Betroffenen gedeckt, mit freier Selbstbestimmung gerade im Einklang und nicht im Widerspruch befindet. Darauf beruht grundsätzlich die Wirkung der Einwilligung des Verletzten. Man kann, vergröbernd, von einem Verzicht auf das Rechts*gut* (und nicht nur den Rechts*schutz*) sprechen. Allerdings ist zu berücksichtigen, dass die Freiheit des Einzelnen, über seine Güter zu verfügen, keine schrankenlose ist, sondern, aus noch zu erörternden Gründen, nur in bestimmten Grenzen rechtlich anerkannt wird.

2. Systematische Einordnung

Auch wenn man die Wirksamkeit der Einwilligung des Verletzten in 7
solcher Weise begründet, kann zweifelhaft sein, welcher Stufe des Verbrechensaufbaus sie zuzuordnen ist. Nach wohl noch herrschender Ansicht muss dabei zwischen einer tatbestandsausschließenden und einer rechtfertigenden Einwilligung *unterschieden* werden[9]. Doch wird zunehmend die Auffassung vertreten, dass die Einwilligung *stets* schon die Tatbestandsmäßigkeit des Verhaltens aufhebe[10].

Außer Frage steht, dass es zahlreiche Tatbestände gibt, die ein Handeln ge- 8
gen oder ohne den Willen des Betroffenen voraussetzen, mit dessen »Einverständnis«, wie die Einwilligung hier zumeist genannt wird, im Regelfalle also gar nicht erfüllt werden können. Das gilt zunächst überall dort, wo die Selbstbestimmung des oder der Einzelnen das (einzige) Schutzobjekt bildet, wie

---

7 So *Schmidhäuser*, Lb, 8/124; kritisch *Geppert*, S. 964 ff.
8 Wie hier *Arzt*, S. 45 ff; *Roxin*, § 13 Rn. 12; *Weigend*, S. 60 f.
9 Vgl. *Hirsch*, LK, Rn. 96 ff vor § 32; *Jakobs*, 7/111 ff, 14/1; *Jescheck/Weigend*, S. 373 mit Fn. 4; Schönke/Schröder/*Lenckner*, Rn. 33 vor § 32; jeweils m.w.N.
10 *Kientzy*, S. 82 f; *Roxin*, § 13 Rn. 12; *Schlehofer*, S. 1 f; *Schmidhäuser*, Lb, S. 268 f; *Weigend*, S. 61.

etwa beim Hausfriedensbruch (§ 123), bei der Vergewaltigung und der sexuellen Nötigung (§ 177) oder bei der Freiheitsberaubung und dem allgemeinen Delikt der Nötigung (§§ 239, 240). Aber auch ein Diebstahl (§ 242) kann nicht *mit* dem Willen des Gewahrsamsinhabers begangen werden. Hier überall gehört der Widerspruch gegen den Willen des Betroffenen immer schon zur *Begründung* des tatbestandlichen Unrechts.

9   Für die *generell* tatbestandsausschließende Wirkung der Einwilligung soll vor allem sprechen, dass es dort, wo das Strafrecht die Dispositionsfreiheit des Einzelnen schützt, an jeder Rechtsgutsverletzung fehle, wenn der Eingriff mit Zustimmung des Betroffenen erfolgt. Aber dieses Argument steht schon deshalb auf schwachen Füßen, weil der tatbestandliche Erfolg, auch im Bereich der Delikte gegen Individualinteressen, vielfach gar nicht erfordert, dass das geschützte Rechtsgut verletzt wird (vgl. oben § 8 Rn. 13). Jene Lehre widerspricht im Übrigen der allgemein anerkannten These, dass die Feststellung der Tatbestandsmäßigkeit eines Verhaltens bei einem dreistufigen Verbrechensaufbau (oben § 7 Rn. 11) durchaus kein *abschließendes* Urteil über dessen Rechtswidrigkeit enthält, sondern nur bedeutet, dass es die *typischerweise* unrechtsbegründenden Merkmale aufweist. Es ist gerade die Funktion der Rechtfertigungsgründe, diese Unrechtsindikation zu entkräften, und das kann auch durch den Nachweis geschehen, dass das tatbestandsmäßige Verhalten, eben wegen der an spezielle Voraussetzungen gebundenen Einwilligung des Verletzten, kein Rechtsgut verletzt.

10   Nicht entschieden ist damit schon die Frage, wie die tatbestandsausschließende und die rechtfertigende Einwilligung genauer voneinander abzugrenzen sind. Die Antwort sollte hier aber doch wohl nicht von der mehr oder minder zufälligen Fassung des gesetzlichen Tatbestandes abhängen. In Beispielsfällen wie dem der »Beschädigung« einer Sache im Auftrag des Eigentümers nach dem Muster der Holzfäller im Staatsforst oder der »Körperverletzung« durch einen mit Einwilligung des Patienten kunstgerecht vorgenommenen ärztlichen Heileingriff liegt es in der Tat nahe, schon die Tatbestandsmäßigkeit auszuschließen. Das ergibt sich hier jedoch nicht aus der Einwilligung der Berechtigten allein, sondern erst aus der Gesamtheit der Umstände, die sie als völlig *normale* Disposition über das Eigentum oder die körperliche Integrität erscheinen lassen, mit der Konsequenz, dass die entsprechenden Tatbestände bereits unter dem Gesichtspunkt der Sozialadäquanz (oben § 8 Rn. 30 f) ausscheiden sollten[11]. Ob und inwieweit das gilt, darüber kann natürlich, wie gerade das Beispiel des ärztlichen Heileingriffs zeigt[12], im Einzelnen gestritten werden.

---

11 *Hirsch*, ZStrW 74 (1962), 102 ff, 130 f.
12 Vgl. Schönke/Schröder/*Eser*, § 223 Rn. 28 ff.

Die eigentliche Sachfrage wird freilich mit dem Streit über die   11
»richtige« systematische Einordnung der Einwilligung des Verletzten
gar nicht getroffen: Was in erster Linie interessiert, sind die Voraussetzungen ihrer Wirksamkeit. Insoweit aber hat sich inzwischen *jede*
schematische Lösung als unangemessen erwiesen. Weder genügt für eine
»tatbestandsausschließende« Einwilligung stets das bloße faktische Einverständnis des Betroffenen, wie zunächst weithin angenommen worden ist[13], noch müssen bei einer »rechtfertigenden« Einwilligung stets
die strengen Erfordernisse erfüllt sein, die Rechtsprechung und Lehre
hier entwickelt haben (unten Rn. 13 ff). Geboten ist vielmehr eine differenzierende Betrachtungsweise, die wesentlich auf die Natur des betroffenen Rechtsguts und des konkreten Eingriffs abstellt.

Für die »tatbestandsausschließende« Einwilligung hat vor allem *Lenckner*   12
den Nachweis erbracht, dass es wesentlich auf diese Kriterien ankommt[14]. Wo
die Verletzung ein faktisches Herrschaftsverhältnis betrifft, wie etwa der Diebstahl den Gewahrsam, muss für die Einwilligung das »natürliche« Einverständnis genügen, dessen auch Kinder und Geisteskranke fähig sind, während schon
bei einer Freiheitsberaubung, erst recht aber einer Operation angesichts der
größeren Intensität des Eingriffs die Einsicht des Einwilligenden in dessen
Tragweite und Bedeutung als unerlässlich erscheint. In solcher Weise zu unterscheiden, hat sich, weitgehend unabhängig von der Zuordnungsfrage, nunmehr
überwiegend durchgesetzt[15]. Dass damit die starre Gegenüberstellung verschiedener Formen der Einwilligung ihren Sinn verliert, spricht auch hinsichtlich der
übrigen Rechtsfolgen für ihre Gleichbehandlung: in dem Sinne, dass bei irriger
Unkenntnis der Einwilligung stets Versuchsgrundsätze anzuwenden sind
(unten Rn. 146 ff), bei irriger Annahme stets die Vorsatzstrafe auszuschließen
ist (unten Rn. 150 ff).

3. Einzelerfordernisse

Die Anforderungen, die an eine rechtfertigende Einwilligung zu stellen   13
sind, lassen sich danach nicht in jeder Hinsicht einheitlich bestimmen.
Sie gelten so, wie sie üblicherweise genannt werden, nur für den praktischen Regelfall.

a) **Betroffen** sein muss zunächst ein Rechtsgut, dass ausschließlich im   14
Individualinteresse geschützt wird. Nur dann kann das Unrecht als

---

13 *Geerds*, S. 45; *Welzel*, S. 95; aber auch noch *Wessels/Beulke*, Rn. 366 ff.
14 ZStrW 72, 448 ff.
15 Siehe noch *Arzt*, S. 10 ff; *Jakobs*, 7/105 ff; *Jescheck/Weigend*, S. 374 f; *Roxin*,
   § 13 Rn. 30.

Missachtung fremder Selbstbestimmung verstanden und durch die Einwilligung aufgehoben werden. In Betracht kommen also – in der üblichen Systematik des Besonderen Teils – von vornherein nur Straftaten gegen die Person und gegen deren Vermögen.

15   Fraglich bleibt, in welchem Umfang der Einzelne über seine Rechtsgüter im Wege der Einwilligung verfügen kann. Hier liegt die eigentliche Schwierigkeit dieses Rechtfertigungsgrundes. Denn *dass* die Dispositionsfreiheit rechtlich keine unbeschränkte ist, folgt schon aus dem Gesetz: dem Verbot der auf Verlangen oder gar mit bloßer Einwilligung des Betroffenen begangenen Tötung eines Menschen (§ 216) und der durch die »guten Sitten« begrenzten Wirksamkeit der Einwilligung in eine Körperverletzung (§ 228). Gestritten wird über den Grund und damit über die Tragweite dieser Schranken.

16   Er wird von einem Teil der Lehre in einem »Gemeinschaftsinteresse« an der Erhaltung der elementaren Individualrechtsgüter gesucht[16], das heißt in der These, dass die Allgemeinheit dem Einzelnen im Blick auf seine gesellschaftlichen Aufgaben verwehre, sie preiszugeben. In der Konsequenz dieses Ansatzes läge es jedoch, dem Rechtsgutsträger auch die *Selbstzerstörung* zu verbieten, was von niemandem gefordert wird (auch wenn es gelegentlich dazu dienen soll, die Strafwürdigkeit des Drogenkonsums zu begünden). Öffentliche Interessen kommen hier überhaupt nur insofern ins Spiel, als die Norm, das Selbstbestimmungsrecht des Einzelnen zu respektieren, zu den Grundlagen unserer sozialen Ordnung gehört[17], und nur die Notwendigkeit, sie zu schützen, eine Strafdrohung rechtfertigen kann (vgl. oben § 1 Rn. 15). Das ändert nichts daran, dass es bei ihr ausschließlich um die Interessen des Einzelnen geht.

17   Eine andere Überlegung geht dahin, dass es in bestimmten Grenzen als geboten erscheinen kann, die Rechtsgüter des Einzelnen als die Basis eines Mindestmaßes an Freiheit gegen den augenblicklichen Gebrauch dieser Freiheit durch ihn selbst zu schützen, dort nämlich, wo sie unwiderruflich oder doch tiefgreifend beeinträchtigt würden[18]. Dass dies eine »paternalistische« Lösung wäre, ist kein zwingendes Gegenargument[19]: Mitmenschliche Solidarität dürfte gelegentlich durchaus gebieten, das Dogma zu relativieren, dass jedermann der beste Anwalt seiner wohlverstandenen Interessen sei. Unvernunft ist ubiquitär. Hingegen bleibt bei dieser Sicht der Dinge die Schwierigkeit, dass sie zwar durchaus erlaubt, die Wirksamkeit der Einwilligung bei der schweren Körperverletzung zu begrenzen, nicht aber, das *generelle* Verbot der Tötung auf ein

---

16 *Hirsch*, Einwilligung, S. 799 f; *Jescheck/Weigend*, S. 378 f.
17 So mit Recht *Weigend*, S. 59 f.
18 So hier die Vorauflage, Rn. 374 f.
19 Anders *Göbel*, S. 34 ff; *Hirsch*, Einwilligung, S. 783, im Anschluss an *Hoerster*, JZ 1971, 123 ff.

ausdrückliches und ernstliches Verlangen des Betroffenen verständlich zu machen, das zu äußern er im Grenzfall nur allzu gute Gründe haben kann[20].

Außer Frage steht allein, dass das geltende Recht niemandem die   18
Freiheit zubilligt, *andern gegenüber* auf sie selbst als ganze oder ohne
triftige Gründe in wesentlicher Hinsicht zu verzichten. Die elementaren
Persönlichkeitsrechte bleiben für Dritte auch dann unantastbar, wenn
ihr Träger sich ihrer entäußern möchte[21]. So steht, um ein krasses Beispiel zu nennen, außer Frage, dass die Einwilligung, sich versklaven zu
lassen, unwirksam wäre, obschon sie bei der Freiheitsberaubung als tatbestandsausschließend gilt. Zwar darf der Einzelne selber über sein Leben und seine Gesundheit verfügen. Ihm ist prinzipiell nicht verboten,
sich selbst zu töten oder zu verstümmeln. Sein Selbstbestimmungsrecht
schließt zweifellos auch die Befugnis ein, etwa als Patient lebensverlängernde Maßnahmen oder medizinisch dringend indizierte Operationen
abzulehnen, mögen seine Beweggründe noch so unverständlich sein.
Daraus folgt jedoch nicht, dass sein Einverständnis Eingriffe anderer
von vergleichbarer Schwere rechtfertigen könnte.

Dass das geltende Recht in solcher Weise unterscheidet, begründet die Not-   19
wendigkeit der im einzelnen höchst kontroversen Abgrenzung zwischen
(strafloser) Mitwirkung am Suizid, bei dem das Opfer über sich selbst verfügt,
und eben einer Tötung auf Verlangen, bei der dies durch einen anderen geschieht (vgl. unten § 12 Rn. 68 ff). Analoge Fragen stellen sich auch bei der
Einwilligung in eine bloße *Gefährdung* des Lebens, je nachdem, ob sie als
Selbst- oder als Fremdgefährdung erscheint. Davon wird im Zusammenhang
mit dem Unrechtsausschluss beim Fahrlässigkeitsdelikt näher die Rede sein
(unten § 15 Rn. 36).

Erhebliche Meinungsverschiedenheiten bestehen hinsichtlich der Wirksam-   20
keit einer Einwilligung des Betroffenen in die Verletzung seiner *körperlichen
Integrität*. Dass hier einerseits, vor allem beim lege artis ausgeführten ärztlichen
Heileingriff, schon die Tatbestandsmäßigkeit entfallen kann, wurde bereits gesagt (oben Rn. 10). Andererseits soll die Einwilligung, wie ebenfalls schon bemerkt, nicht einmal die Rechtswidrigkeit ausschließen können, wenn die Tat
trotzdem »gegen die guten Sitten verstößt« (§ 228). Die »guten Sitten« sind
freilich ein höchst unpräziser, wenn nicht sachwidriger Maßstab. Nähme man

---

20 *Merkel*, in: Hegselmann/Merkel (Hrsg.), Zur Debatte über Euthanasie, 1991,
   S. 85 f.
21 Sachlich übereinstimmend sagt Art. 27 Abs. 2 des schweizerischen Zivilgesetzbuchs ausdrücklich, dass niemand »sich seiner Freiheit entäußern oder sich in ihrem Gebrauch in einem das Recht oder die Sittlichkeit verletzenden Grade beschränken« könne.

das Gesetz beim Wort, so wäre auf die »Moralwidrigkeit« des Verhaltens abzustellen[22], die dann vor allem noch in sexueller Abnormität und Anstößigkeit gefunden werden könnte[23] – mit der abstrusen Konsequenz, dass das Verfolgungsinteresse in Einwilligungsfällen in erster Linie sadomasochistische Verletzungen beträfe! Stattdessen kann auch hier nur maßgebend sein, inwieweit die Freiheit des Betroffenen als unverzichtbar zu gelten hat. Das bedeutet, konkret gesprochen, dass die mit Einwilligung zugefügte *leichte*, bloß vorübergehende Verletzung *niemals* gegen die »guten Sitten« verstößt, welche Motive und Zwecke auch immer im Spiel sein mögen; die Grundlage der Selbstbestimmung des Betroffenen wird hier nicht nachhaltig beeinträchtigt. Weit weniger klar ist die Lage bei schweren Körperverletzungen (§ 226), insbesondere bei Verstümmelungen mit Einschluss der umstrittenen sog. Gefälligkeitssterilisation[24]. Ein derart tiefgreifender und unwiderruflicher Eingriff wird nur dann als zulässig angesehen werden können, wenn er auf Gründen beruht, die ihn als sachlich zumindest vertretbar erscheinen lassen[25], wie z. B. dann, wenn jemand aus uneigennützigen Gründen ein Organ zum Zwecke der Transplantation opfert. Allerdings kann sich fragen, ob die entsprechenden Fälle heute nicht durch Spezialgesetze, wie das Kastrations- und das Transplantationsgesetz, abschließend geregelt werden, so dass § 228 seine ursprüngliche Bedeutung verloren hat[26].

21   Da Eingriffe in *andere Individualrechtsgüter* als Leben und körperliche Unversehrtheit kaum vergleichbar schwer und irreversibel sein können, besteht kein Anlass, die Regelung des § 228, so wie sie hier verstanden wird, zu verallgemeinern[27].

22   Erst recht hat die Sittenwidrigkeit der *Einwilligung* außer Betracht zu bleiben, und zwar ohne Rücksicht darauf, ob es überhaupt möglich ist, sie gegen die Sittenwidrigkeit der *Tat* sinnvoll abzugrenzen. Die Verletzung fremder Selbstbestimmung entfällt auch dort, wo der Betroffene aus unmoralischen

---

22 *Roxin*, JuS 1964, 375 f, 379 ff
23 Aufschlussreich etwa RGSt 74, 91 (93 ff).
24 Dazu *Hirsch*, LK[10], § 226a Rn. 39 ff; *Kunz*, JZ 1982, 791 ff; *Schönke/Schröder/ Eser*, § 223 Rn. 59 ff; jeweils mit Nachweisen. Die »paternalistische« Version besteht hier darin, die zur Einwilligung erforderliche Einsichtsfähigkeit, in Anlehnung an § 2 I Nr. 3 des G. über die freiwillige Kastration vom 15.8.1969, bei jungen Menschen bis zu 25 Jahren zu verneinen (*Hirsch*, aaO, Rn. 41; *Jescheck/Weigend*, S. 380 Fn. 37; *Schönke/Schröder/Eser*, aaO, Rn. 62).
25 Im Ergebnis weitgehend übereinstimmend *Jakobs*, 14/4 f, 9; *Köhler*, S. 256 f.
26 So *Niedermair*, pass.
27 Übereinstimmend die nunmehr herrschende Auffassung: *Baumann/Weber/ Mitsch*, § 17 Rn. 112; *Hirsch*, LK, Rn. 124 f vor § 32; *Jescheck/Weigend*, S. 378 f; *Maurach/Zipf*, § 17 Rn. 65; *Roxin*, § 13 Rn. 41; *Schönke/Schröder/Lenckner*, Rn. 37 vor §§ 32 ff; anders noch *Welzel*, S. 97.

Gründen einwilligt, ganz abgesehen davon, dass die Unmoral des Betroffenen nicht das Verhalten des Täters strafwürdig machen kann[28].

b) Die Einwilligung muss jedoch, um wirksam zu sein, nicht nur die 23 allgemeinen Grenzen der Verfügungsbefugnis des Einzelnen wahren. Sie muss sich überdies im konkreten Fall als ein **Akt wirklicher Selbstbestimmung** darstellen. Das erfordert einerseits, dass der Betroffene die *Fähigkeit* besitzt, Bedeutung und Tragweite des tatbestandsmäßigen Eingriffs zu beurteilen: dazu alt genug und geistig intakt (nicht geisteskrank, berauscht usw.) ist. Maßgebend sind allein die individuellen Verhältnisse und weder die Schuld- oder Deliktsfähigkeit, die einen anderen Bereich des Urteilsvermögens betrifft, noch die zivilrechtliche Geschäftsfähigkeit mit ihren auf die Bedürfnisse des Rechtsverkehrs zugeschnittenen allgemeinen Altersgrenzen (§§ 104 ff BGB).

Abweichend von dieser heute herrschenden Auffassung[29] verlangt ein Teil 24 der Lehre[30] bei der Einwilligung in die Verletzung von *Vermögensrechten* stets Verfügungsfähigkeit im zivilrechtlichen Sinne, d. h. in der Regel volle Geschäftsfähigkeit, weil ein und derselbe Vorgang nicht strafrechtlich als rechtmäßig, zivilrechtlich als rechtswidrig beurteilt werden dürfe. Doch ist diese Überlegung nicht schlüssig. Die wirksame Einwilligung macht die Handlung nicht in positivem Sinne »rechtmäßig«, sondern beseitigt nur den Widerspruch zur Selbstbestimmung des Betroffenen und damit eben das strafrechtlich relevante Unrecht[31]; über die zivilrechtliche Wirksamkeit der Verfügung ist damit nichts gesagt. Es wäre übrigens auch seltsam, wenn ein 17jähriger zwar in eine Verletzung seines Körpers, nicht aber seines Eigentums rechtfertigend einwilligen könnte.

Fehlt es an der Einwilligungsfähigkeit, so kann der Sorgeberechtigte 25 (vgl. §§ 1626, 1793, 1901 BGB) die Einwilligung erteilen, freilich stets nur im Rahmen seiner Sorgepflicht[32].

Ausdruck der Selbstbestimmung ist die Einwilligung auf der anderen 26 Seite nur dann, wenn der Betroffene ihre Tragweite tatsächlich überblickt und ihm die Freiheit der Entscheidung nicht durch außerhalb der Sache liegende Einflüsse genommen wird. Täuschung und Drohung, Irrtum und Zwang machen deshalb die Einwilligung grundsätzlich un-

---

28 Wie hier BGHSt 4, 88 (91); h. M.
29 Siehe u. a. *Hirsch*, LK, Rn. 118 vor § 32, m.w.N.
30 *Jakobs*, 7/114; Schönke/Schröder/*Lenckner*, Rn. 39 vor §§ 32 ff.
31 *Günther*, S. 347 ff.
32 Eingehend *Lenckner*, Einwilligung, S. 458 ff; siehe auch *Köhler*, S. 251 ff.

wirksam[33]. Schließlich behebt nur das wirkliche, im Zeitpunkt der Tat bestehende Einverständnis den Widerspruch zur Selbstbestimmung des Betroffenen, nicht schon die bloße Duldung, die passive Hinnahme der tatbestandsmäßigen Handlung, der Mangel an Gegenwehr.

27   c) Nach heute praktisch unbestrittener Lehre entfaltet die Einwilligung ihre volle Wirkung allerdings nicht schon dann, wenn alle diese Voraussetzungen *objektiv* gegeben sind. Vielmehr wird gefordert, dass der Täter **die Einwilligung kennt**[34], zum Teil auch, dass er – wie eine verschiedentlich verwendete Formel lautet, die auf den Handlungszweck oder das Motiv bezogen wird – »*auf Grund*« der Einwilligung handelt[35]. Doch kann erst in größerem Zusammenhang für die Rechtfertigungsgründe entschieden werden, wie die subjektiven Voraussetzungen im Einzelnen beschaffen sein müssen und welche Bedeutung es hat, wenn sie fehlen (unten Rn. 142 ff).

28   Der traditionelle Gegensatz zwischen *Willensrichtungs-* und *Willenserklärungstheorie* betrifft jedenfalls schon seit Jahrzehnten eine andere Frage, als es teilweise dargestellt wird[36]: Nur wenige Autoren haben die Wirkung der Einwilligung je ganz »ohne Rücksicht auf die Kenntnis des Täters« eintreten lassen, also *ausschließlich* auf die Willensrichtung beim Betroffenen abgestellt[37]; zumeist wurde vielmehr auch früher immerhin noch ein *Versuch* angenommen, wenn die Einwilligung zwar gegeben, dem Täter jedoch unbekannt war[38]. Auf der anderen Seite stimmen die Anhänger der sog. Willenserklärungstheorie nur darin überein, dass die *volle* Rechtfertigung durch Einwilligung von der Kenntnis des Täters abhängt, nicht aber darin, ob bei Unkenntnis wegen *Versuchs*[39] oder *vollendeten* Delikts[40] zu strafen ist. Zur Diskussion steht also allein noch die Alternative von Versuchs- oder Vollendungsstrafe (dazu unten Rn. 146 ff).

33 BGHSt 267 (269 f); zur tatbestandsausschließenden Einwilligung; näher, teilweise abweichend, *Hirsch*, LK, Rn. 119 ff vor § 32, m.w.N.; zuletzt *Amelung*, ZStrW 109, 490 ff.
34 *Baumann/Weber/Mitsch*, § 17 Rn. 113; *Roxin*, § 13 Rn. 86, § 14 Rn. 94; Schönke/Schröder/*Lenckner*, Rn. 51 vor §§ 32 ff;
35 *Hirsch*, LK, Rn. 57, 126 vor § 32; *Jescheck/Weigend*, S. 383; *Welzel*, S. 97.
36 Vgl. *Jescheck/Weigend*, S. 381 f; *Schmidhäuser*, Lb, 8/145.
37 So aber wohl *Frank*, III vor § 51 (S. 143).
38 So u. a. *Binding*, Normen III, S. 125 Fn. 25, 564; *v. Hippel* II, S. 248; *Mezger*, LK[8], 1957, Anm. 10 vor § 51 (S. 336).
39 So u. a. *Baumann/Weber/Mitsch*, § 16 Rn. 68; *Jescheck/Weigend*, S. 384; *Roxin*, § 14 Rn. 101; *Schmidhäuser*, aaO, 8/144; anders *ders.*, StuB, 6/24; Schönke/Schröder/*Lenckner*, Rn. 15 vor §§ 32 ff.
40 So *Hirsch*, LK, Rn. 61 f vor § 32; *Noll*, S. 134; *Welzel*, S. 97.

II. Die mutmaßliche Einwilligung

Literatur: Müller-Dietz, Mutmaßliche Einwilligung und Operationserweiterung, JuS 1989, 280; *Roxin*, Über die mutmaßliche Einwilligung, in: FS Welzel, 1974, S. 447 ff; *Schroth*, Die berechtigte Geschäftsführung ohne Auftrag als Rechtfertigungsgrund im Strafrecht, JuS 1992, 476 ff; *Tiedemann*, Die mutmaßliche Einwilligung, JuS 1970, 108 ff.

Unter dem Gesichtspunkt der mutmaßlichen Einwilligung werden   29
traditionell vor allem Eingriffe in die Rechtsgüter eines anderen diskutiert, denen der Betroffene zwar nicht zugestimmt *hat*, aber doch vermutlich zugestimmt *hätte*, wenn es ihm möglich gewesen wäre. Solche Situationen sind, wenn auch nicht allzu häufig, durchaus nicht ohne praktische Bedeutung.

Als Beispiele werden zumeist Fälle genannt, in denen der Täter im wirklichen   30
oder vermeintlichen Interesse des Betroffenen in dessen Rechtsgüter eingreift: wie dann, wenn eine Notfalloperation an einem Bewusstlosen vorgenommen wird (Körperverletzung?), wenn jemand in das Haus seines abwesenden Nachbarn eindringt, um die schadhafte Wasserleitung abzustellen (Hausfriedensbruch? Sachbeschädigung?) oder einen an den verreisten Freund gerichteten Brief öffnet, damit eine wichtige Anfrage beantwortet werde (Verletzung des Briefgeheimnisses?), usw. Doch sind auch Fälle denkbar, in denen es um das Interesse des Täters selbst oder eines Dritten geht, wie z. B. dann, wenn das Eindringen beim abwesenden Nachbarn erfolgt, um sein Telefon für einen Notruf zu benutzen.

Von mutmaßlicher Einwilligung wird in neuerer Zeit freilich auch bei der   31
Frage gesprochen, ob und wann lebensverlängernde Maßnahmen bei irreversibel bewusstlosen Patienten abgebrochen werden dürfen[41]. Dabei geht es jedoch nicht um einen Eingriff in die Rechtsgüter des Betroffenen, der – was bei vorsätzlicher Tötung ohnehin ausgeschlossen ist (oben Rn. 15) – durch seine Einwilligung zu legitimieren wäre, sondern um die seinem Selbstbestimmungsrecht entsprechende Abwehr weiterer Einwirkung in seine Rechtssphäre, mit der Konsequenz entsprechender Begrenzung der Garantenpflicht des Arztes (vgl. unten § 13 Rn. 11 ff).

1. Dass die mutmaßliche Einwilligung die Rechtswidrigkeit in be-   32
stimmten Grenzen ausschließen muss, steht außer Frage. Doch ist es wiederum notwendig, den **Grundgedanken** der Rechtfertigung zu präzisieren.

---

41 Siehe etwa BGH, NStZ 1988, 127; BGHSt 40, 257 ff; eingehend *Rieger*, Die mutmaßliche Einwilligung in den Behandlungsabbruch, 1998.

33   Zwei verschiedene Gesichtspunkte werden insoweit vertreten. Einerseits soll es ausschließlich oder doch in erster Linie darauf ankommen, ob der Eingriff »materiell im *Interesse* des Betroffenen« liegt, dessen mutmaßlicher Wille also nur als Schranke gegen die übereifrige Einmischung Dritter dienen[42]. Andererseits wird grundsätzlich auf diesen *Willen* abgestellt und die Gleichsetzung einer Situation, in der der Betroffene bei Kenntnis der Sachlage vermutlich eingewilligt hätte, mit einer wirklich erteilten Einwilligung als der eigentliche Grundgedanke des Instituts betrachtet[43]. Die zweite Auffassung verdient den Vorzug. Dass Interessen des Betroffenen wahrgenommen werden, ist auch dort noch kein zureichender Grund, seine Selbstbestimmung zu missachten, wo übereifrige Fürsorge ausscheidet. Es liefe auf eine unannehmbare Bevormundung hinaus, wenn etwa der Wille eines Patienten, der Bluttransfusionen als Zeuge Jehovas kategorisch ablehnt, ohne weiteres unter Berufung auf sein »wahres« Interesse ignoriert werden könnte, ohne dass auch nur geprüft wird, ob die sehr viel strengeren Voraussetzungen des rechtfertigenden Notstandes (unten Rn. 94 ff) vorliegen. Mit dem Abstellen auf die Interessenlage werden hier überdies, zu Unrecht, von vornherein diejenigen Fälle ausgeschieden, in denen der Betroffene den Eingriff beispielsweise aus Solidarität mit dem Täter oder einem Dritten gebilligt hätte.

34   Der Grundgedanke der Rechtfertigung durch mutmaßliche Einwilligung liegt also darin, dass die Missachtung fremder Selbstbestimmung und mit ihr das Unrecht entfällt, wenn fremde Entscheidungsbefugnisse in einem Entscheidungsnotstand hilfsweise ausgeübt werden: Die Entscheidung muss unaufschiebbar, der Betroffene selbst aber außerstande sein, sie zu treffen, und deshalb ein anderer an seiner Stelle und nach seinem mutmaßlichen Willen handeln. Das »Interesse« des Betroffenen ist nicht mehr als ein (widerlegbares) Indiz dafür, wie er selbst vermutlich entschieden hätte.

35   2. Die **Einzelerfordernisse** sind dementsprechend die folgenden:

36   Da die mutmaßliche die Stelle eine wirklich erteilten Einwilligung vertritt, ist sie wie diese an den Rahmen der Verfügungsbefugnis des Einzelnen gebunden (oben Rn. 14 ff).

37   Praktisch ist ihr Anwendungsbereich sogar beträchtlich enger: *Alle* denkbaren Fälle sind solche, in denen der Eingriff, mit Einwilligung des Betroffenen vorgenommen, den Tatbestand gar nicht erfüllt oder doch völlig im Rahmen

---

42 *Noll*, S. 137 f; *Schmidhäuser*, Lb, 9/49 f; *Welzel*, S. 92; so wohl auch *Schroth*, S. 479.
43 BGHSt 35, 246 (249 f); *Hirsch*, LK, Rn. 132 vor § 32; *Roxin*, § 18 Rn. 5; Schönke/Schröder/*Lenckner*, Rn. 56 vor §§ 32 ff; im Ergebnis auch *Jescheck/Weigend*, S. 387 f.

des sozial Üblichen gelegen und deshalb tatbestandsausschließende Wirkung gehabt hätte, so wie sie hier verstanden worden ist (oben Rn. 8, 10). Wo die strengeren Anforderungen der rechtfertigenden Einwilligung zu gelten haben, wie etwa bei einem medizinischen Eingriff zu *experimentellen* Zwecken, ist ein Entscheidungsnotstand nicht vorstellbar.

Zusammentreffen müssen sodann der Zwang zu einer augenblickli- 38 chen Entscheidung und die Unmöglichkeit, dass der an sich dazu Berufene sie selber trifft. Gemeint sind Situationen, in denen nicht abgewartet werden kann, wie dieser selbst verfügen würde, weil eine Verzögerung des Eingriffs ihm jede Wahlmöglichkeit nähme oder für ihn doch mit unverhältnismäßigen Risiken verbunden wäre[44].

Von mutmaßlicher Einwilligung kann schließlich prinzipiell nur dort 39 die Rede sein, wo im Sinne des Betroffenen gehandelt wird. Allerdings bleiben hier Schwierigkeiten. Zunächst fragt sich, ob eine Rechtfertigung auch dann in Betracht kommt, wenn die vom Täter nach sorgfältiger Abwägung aller Umstände getroffene Entscheidung dem wahren Willen des Verletzten, wie sich nachträglich herausstellt, *nicht* entspricht. Da der Täter hier, wie sich von selbst versteht (vgl. § 16!), allemal straflos bleibt, kann die Frage praktische Bedeutung wohl nur im Hinblick auf die Nothilfe (unten Rn. 91) erlangen und wird dann im Sinne des Unrechtsausschlusses entschieden werden müssen[45], da eben nicht der Wille des Betroffenen als solcher, sondern der Entscheidungsnotstand die Rechtfertigung trägt.

Zum anderen kann ungewiss bleiben, wie die Entscheidung des Be- 40 troffenen, hätte er im Zeitpunkt der Tat Stellung nehmen können, ausgefallen wäre; sein eigenes nachträgliches Urteil darüber ist, da eben nachträglich gebildet, nicht verlässlich. In solchen Fällen wird man zugunsten des Täters unterstellen müssen, dass der Betroffene so reagiert hätte, wie es gemeinhin als normal und vernünftig gilt. Aber auch *nur* in solchen Fällen: Steht der Wille des Betroffenen, mag er auch noch so unvernünftig sein, dem Eingriff erkennbar entgegen, so scheidet eine Rechtfertigung unter dem Gesichtspunkt der mutmaßlichen Einwilli-

---

44 Das gilt insbesondere für die Fälle einer sog. Operationserweiterung; vgl. dazu BGHSt 35, 246 (249); *Geppert*, JZ 1988, 1024 ff; *Müller-Dietz*, S. 283.
45 *Jescheck/Weigend*, S. 387 f; *Roxin*, Mutmaßliche Einwilligung, S. 449, 453 ff (mit detaillierter Erörterung der an die Prüfungspflicht zu stellenden Anforderungen); Schönke/Schröder/*Lenckner*, Rn. 58 vor §§ 32 ff, m.w.N.

gung aus[46]. Soweit der Eingriff in die fremde Rechtssphäre ausnahmsweise zur Erfüllung einer Rechtspflicht des Betroffenen erfolgt, kann sich die strafrechtliche Wertung jedoch nicht darüber hinwegsetzen, dass § 679 BGB ihn rechtfertigt (auch wenn man diese Bestimmung für nicht unbedenklich hält)[47].

III. Sog. zivilrechtlicher Notstand

Literatur: Hellmann, Die Anwendbarkeit der zivilrechtlichen Rechtfertigungsgründe im Strafrecht, 1987; *Lars Otte,* Der durch Menschen ausgelöste Defensivnotstand, 1998.

41   Die Verletzung von Individualrechtsgütern ist Unrecht, weil sie die tatsächliche Grundlage eines Mindestmaßes an Freiheit schmälert. Einwilligung und mutmaßliche Einwilligung schließen das Unrecht dadurch aus, dass sie den Widerspruch der tatbestandsmäßigen Handlung zur Freiheit des Einzelnen aufheben. Daneben besteht eine grundsätzlich andere Möglichkeit der Rechtfertigung: die, dass der tatbestandsmäßige Eingriff der Rettung höherrangiger Güter dient (Prinzip der Güterabwägung oder des überwiegenden Interesses). Hier bleibt die Verletzung fremder Selbstbestimmung, jedenfalls bei Individualrechtsgütern, bestehen, wird jedoch zur Verhütung größeren Unheils hingenommen[48]. Eine allgemeine Regelung hat der auf dem Gedanken der Güterabwägung beruhende Unrechtsausschluss in § 34 erfahren. Diese Bestimmung lässt jedoch wesentliche Fragen offen, so dass es sich empfiehlt, zwei im BGB geregelte Spezialfälle voranzustellen, die bedeutsame Hinweise für die Interpretation auch der strafrechtlichen Vorschrift vermitteln.

---

46 BGHSt 35, 246 (249 f); *Jescheck/Weigend,* S. 387; *Roxin,* Mutmaßliche Einwilligung, S. 450 f; Schönke/Schröder/*Lenckner,* Rn. 57 vor §§ 32 ff.
47 *Günther,* S. 364; *Roxin,* § 18 Rn. 9; *Schroth,* S. 479; *Welzel,* S. 93; anders *Hirsch,* LK, Rn. 130 vor § 32; *Jakobs,* 15/18; *Jescheck/Weigend,* S. 388; Schönke/Schröder/*Lenckner,* Rn. 55, 57 vor §§ 32 ff; auch noch *Roxin,* Mutmaßliche Einwilligung, S. 452 Fn. 23; und hier die Vorauflage, Rn. 397.
48 Zur – problematischen – Rechtfertigung dieses Prinzips *Merkel,* in: Institut für Kriminalwissenschaften Frankfurt a. M. (Hrsg.), Vom unmöglichen Zustand des Strafrechts, 1995, S. 175 ff; prinzipielle Kritik auch bei *Meißner,* Die Interessenabwägungsformel in der Vorschrift über den rechtfertigenden Notstand (§ 34 StGB), 1990, S. 164 ff, 182 ff, und pass.

1. Der aggressive Notstand

Nach § 904 BGB darf in fremdes Eigentum eingegriffen werden, wenn 42
das erforderlich ist, um einen unverhältnismäßig größeren Schaden abzuwenden.

Zu denken ist an Fälle wie den, dass jemand mit seinem Auto in ein geparktes 43
Fahrzeug hineinfährt, um einem plötzlich über die Straße laufenden Kind auszuweichen, oder dass beim Löschen eines Brandes Zaun und Garten des Nach-
bargrundstücks in Mitleidenschaft gezogen werden.

Vorausgesetzt wird eine Sachlage, bei der ein rechtlich geschütztes 44
Gut nur auf Kosten eines anderen gerettet werden kann (sog. *Güterkol-*
lision); es darf keinen anderen, mit geringerem Schaden verbundenen
Ausweg geben. Aus demselben Grunde muss die drohende Gefahr nach
dem Gesetzestext überdies eine *gegenwärtige* sein, ist der Notstandseingriff also erst im letzten Moment zulässig: Zuvor lässt sich die
Möglichkeit, die Gefahr noch auf andere Weise abzuwenden, nicht ausschließen.

Über die Rechtfertigung entscheidet eine Abwägung der kollidieren- 45
den Güter oder, genauer, des abgewendeten und des angerichteten
Schadens. Dabei genügt allerdings nicht jeder positive »Saldo«.

Bei plötzlichem Platzregen darf eine Frau, nach einem Beispiel *Welzels*[49], 46
nicht einer anderen, einfach gekleideten den Regenschirm entwinden, um ihr
teures Kleid zu retten.

Es muss vielmehr ein *unverhältnismäßig* größerer Schaden gedroht 47
haben[50]. Denn da der Notstandseingriff einen Unbeteiligten trifft, verletzt er nicht nur das fremde Sachgut, sondern auch die fremde Selbstbestimmung. Die Sachsubstanz darf ohnehin nicht für das eigentliche
Rechtsgut gehalten werden (oben § 8 Rn. 12). Insofern erweist sich die
Abweichung vom Prinzip der Güterabwägung als eine nur scheinbare:
Der drohende Nachteil muss eben deshalb unverhältnismäßig größer
sein als der durch die Rettungshandlung angerichtete materielle Schaden, weil er nur dann (auch) den Eingriff in fremde Selbstbestimmung
aufzuwiegen und damit zu rechtfertigen vermag[51].

---

49 Das Deutsche Strafrecht, 2. Aufl. 1949, S. 54.
50 *Hellmann*, S. 158; *Jakobs*, 13/46; *Jescheck/Weigend*, S. 358.
51 Wie hier *Roxin*, § 16 Rn. 41, 93.

48   Dass es sich tatsächlich um einen Rechtfertigungsgrund handelt, lässt das Gesetz unzweideutig erkennen, indem es dem Eigentümer das Recht abspricht, die Einwirkung auf die Sache zu verbieten. Die Duldungspflicht des Betroffenen ist ein untrügliches Kennzeichen für die Rechtmäßigkeit des Eingriffs. Die Verpflichtung des Notstandstäters, Schadensersatz zu leisten (§ 904 Satz 2 BGB), bildet keinen Einwand; sie trägt nur dem Umstand Rechnung, dass der drohende Schaden zunächst auf einen Unbeteiligten abgewälzt worden ist.

2. Der defensive Notstand

49   § 228 BGB gestattet, eine fremde Sache zu beschädigen oder zu zerstören, wenn das erforderlich ist, um eine durch sie drohende Gefahr abzuwenden; dabei darf der angerichtete Schaden nicht außer Verhältnis zu der Gefahr stehen.

50   Die Vorschrift ist geschaffen worden, um der Streitfrage, ob gegen Tierangriffe Notwehr zulässig sei, die Spitze abzubrechen. Ein Beispiel liefert dementsprechend etwa der Abschuss eines in einem Hühnerhof »wildernden« fremden Hundes.

51   Wiederum also geht es um eine *Güterkollision*. Dass die drohende Gefahr eine gegenwärtige sein müsse, wird nicht ausdrücklich gesagt; doch darf jedenfalls auch keine weniger einschneidende Möglichkeit der Abwehr bestehen.

52   Was die *Güterabwägung* anbetrifft, so bildet der defensive Notstand hingegen das genaue Gegenstück zum aggressiven: Zulässig ist die Herbeiführung sogar eines größeren als des drohenden Schadens. Erst an dessen Unverhältnismäßigkeit findet das Notrecht seine Grenze[52]. Dafür ist im Grunde dasselbe Moment bestimmend, das auch beim aggressiven Notstand ins Gewicht fällt, nämlich die Integrität der Selbstbestimmung. Nur wirkt sich dieses Moment hier, anders als dort, zugunsten des Notstandstäters und nicht des Betroffenen aus. Die Gefahr muss von der fremden Sache ausgehen, so dass diese, »als Person gedacht, wie ein Angreifer zu behandeln und durch eine angemessene Abwehrhandlung unschädlich zu machen wäre«[53]. Die von der Notstandshandlung betroffene Sache also »bedroht« hier die reguläre Ordnung, nicht die Abwendung der Gefahr durch den Bedrohten.

52 *Hellmann*, S. 166 f; *Jakobs*, 13/46; *Jescheck/Weigend*, S. 356; *Roxin*, § 16 Rn. 97.
53 RGZ 88, 214.

Anders als § 904 BGB sagt § 228 BGB ausdrücklich, dass der Täter gehandelt 53
haben müsse, *um* die Gefahr abzuwenden, verlangt mithin ein subjektives Moment. Es liegt auf der Hand, dass für die beiden Notstandsfälle in dieser Hinsicht die gleichen Anforderungen zu stellen sind. Auf deren Ausmaß ist zurückzukommen (unten Rn. 142 ff).

Dass der defensive Notstand das Unrecht ausschließt, steht außer 54
Zweifel; das Gesetz selbst bezeichnet die Handlung als »nicht widerrechtlich«.

IV. Die Notwehr

Literatur: Alwart, Zum Begriff der Notwehr, JuS 1996, 953 ff; *Bertel*, Notwehr gegen verschuldete Angriffe, ZStrW 84 (1972), 1 ff; *Bockelmann*, Notrechtsbefugnisse der Polizei, in: FS Dreher, 1977, S. 235 ff; *Hassemer*, Die provozierte Provokation oder Über die Zukunft des Notwehrrechts, in: FS Bockelmann, 1979, S. 225 ff; *Hirsch*, Die Notwehrvoraussetzung der Rechtswidrigkeit des Angriffs, in: FS Dreher, 1977, S. 211 ff; *Kargl*, Die intersubjektive Begründung und Begrenzung der Notwehr, ZStrW 110 (1998), 38 ff; *Kratzsch*, Der »Angriff« – ein Schlüsselbegriff des Notwehrrechts, StV 1987, 224 ff; *Kühl*, »Sozialethische« Einschränkungen der Notwehr, Jura 1990, 244 ff; *ders.*, Die Notwehrprovokation, Jura 1991, 57 ff, 175 ff; *Kunz*, Die organisierte Nothilfe, ZStrW 95 (1983), 973 ff; *ders.*, Die automatisierte Gegenwehr, GA 1984, 539 ff; *Marxen*, Die »sozialethischen« Grenzen der Notwehr, 1979; *ders.*, Die Grenzen der Notwehr bei Auseinandersetzungen in der Ehe, in: Lüderssen/Sack (Hrsg.), Vom Nutzen und Nachteil der Sozialwissenschaften für das Strafrecht, Teilbd. 1, 1980, S. 63 ff; *Schaffstein*, Die strafrechtlichen Notrechte des Staates, in: GS Schröder, 1978, S. 97 ff; *Schlüchter*, Antizipierte Notwehr, in: FS Lenckner, 1998, S. 313 ff; *Schmidhäuser*, Über die Wertstruktur der Notwehr, in: FS Honig, 1970, S. 185 ff; *Seelmann*, Grenzen privater Nothilfe, ZStrW 89 (1977), 36 ff; *Seier*, Umfang und Grenzen der Nothilfe im Strafrecht, NJW 1987, 2476 ff; *Wagner*, Individualistische oder überindividualistische Notwehrbegründung, 1984; *Warda*, Die Eignung der Verteidigung als Rechtfertigungselement bei der Notwehr (§§ 32 StGB, 227 BGB), Jura 1990, 344 ff, 393 ff.

Tatbestandsmäßiges Verhalten ist nach § 32 auch dann nicht rechts- 55
widrig, wenn es erforderlich war, um einen gegenwärtigen rechtswidrigen Angriff vom Täter oder einem anderen abzuwenden.

1. Der Grundgedanke

Da das Gesetz hier vom Rangverhältnis des abgewendeten und des an- 56
gerichteten Schadens schweigt, könnte vermutet werden, dass die

Rechtfertigung bei der Notwehr auf völlig anderen Gründen beruhe als beim zivilrechtlichen Notstand. In Wahrheit besteht eine sehr enge Verwandtschaft. Der Grundgedanke der Notwehr ist bereits von *Berner* dahin formuliert worden, dass das Recht dem Unrecht nicht zu weichen brauche[54]. Dieser Satz lässt allerdings noch verschiedene Deutungen zu. Er sollte nicht in dem überindividualistischen Sinn verstanden werden, dass der Angegriffene »in seinem Recht zugleich die Gemeininteressen und das objektive Recht« verteidige[55]. Es geht nicht um eine »Übertragung des staatlichen Strafmonopols auf Private«[56], sondern um die Wahrung des Rechts in der Person des Angegriffenen[57]. Wiederum ist, auf seiner Seite, nicht nur ein bestimmtes Gut, sondern auch die Integrität seiner Freiheitssphäre bedroht, hier jedoch mit der zusätzlichen Maßgabe, dass die Bedrohung aus dem rechtswidrigen Verhalten eines anderen resultiert. Er muss sich demgegenüber in seinem Recht behaupten dürfen, weshalb das überwiegende Interesse auch dann auf seiner Seite gesehen werden kann, wenn die Verletzung, die er dem Angreifer zufügen muss, weitaus schwerer wiegt als diejenige, die dadurch abgewehrt wird. Das wird im Prinzip allgemein anerkannt. Unbestritten ist aber auch, dass dieser Regel bestimmte Grenzen zu ziehen sind. Lebhaft erörtert wird dagegen, in welcher Weise und, vor allem, mit welcher Begründung das zu geschehen hat.

57   Es gibt wenige Themen der Strafrechtsdogmatik, die in den letzten Jahren so eingehend diskutiert worden sind. Die Gründe sind in erster Linie wohl darin zu suchen, dass die Interpretation des Notwehrrechts wesentlich davon abhängt, wie man das Verhältnis der Einzelnen zueinander und zum Gemeinwesen näher bestimmt. Unterscheiden lassen sich überindividualistische, individualistische und »intersubjektive« Konzeptionen[58]. In dieser Beziehung vollzieht sich jedoch offenkundig ein tiefgreifender Wandlungsprozess. Dabei hat die Tendenz zur Beschränkung eines »schneidigen« Notwehrrechts langfristig erheblich an Boden gewonnen, und zwar so sehr, dass man ohne Übertreibung von einer »Erosion der Notwehrdogmatik« sprechen kann[59]. Von – zum Teil gegenläufiger – Bedeutung dürfte allerdings die steigende Bedenkenlosigkeit sein, mit der, beispielsweise in Fällen der Geiselnahme, brutale Gewalt als Mit-

---

54 Lehrbuch des deutschen Strafrechts, 14. Aufl. 1886, S. 102.
55 *Rudolf Merkel*, Die Kollision rechtmäßiger Interessen, 1895, S. 66; sachlich ebenso BGHSt 24, 256 (259); *Schmidhäuser*, S. 193 f; hier die Vorauflage, Rn. 413; eingehend kritisch *Renzikowski*, S. 76 ff.
56 *Hassemer*, S. 240.
57 Eingehend *Kargl*, S. 55 ff; in der Sache auch *Renzikowski*, S. 275 ff.
58 Näher *Kargl*, S. 39 f.
59 *Hassemer*, S. 232, 237.

tel der Deliktsbegehung eingesetzt wird. Die Frage der Abwehrbefugnisse, legitimer Gegengewalt, ist hier von elementarem Interesse.

2. Einzelerfordernisse

Die Voraussetzungen einer Rechtfertigung durch Notwehr sind die folgenden: 58

a) Begründet wird die Notwehrlage durch einen **gegenwärtigen,** 59 **rechtswidrigen Angriff** (§ 32 II).

aa) Unter einem *Angriff* ist dabei die auf menschlichem Verhalten beruhende Bedrohung eines rechtlich geschützten Individualrechtsgutes zu verstehen. 60

Die Beschränkung auf *menschliches* Verhalten ergibt sich aus dem Grundgedanken der Notwehr: Nur Menschen können das Recht verletzen. (Im Übrigen kann natürlich § 228 BGB eingreifen.) Als Angriff kommt dabei nicht nur aktives Handeln, sondern auch Unterlassen entgegen einer Rechtspflicht in Betracht[60]: Der bei einem Unglücksfall untätig bleibende Bademeister darf, wenn nötig, mit vorgehaltener Waffe zur Hilfeleistung gezwungen werden. Umstritten ist allerdings die Frage, ob das Nichtstun einer Garantenpflicht (unten § 13 Rn. 11 ff) widersprechen muss, wenn es ein Angriff sein soll[61], oder ob die Verletzung anderer Rechtspflichten genügt[62]. Für die engere Auffassung spricht, dass die zwangsweise Durchsetzung einer Rettungspflicht eher als vertretbar erscheint, wenn dem Untätigen der drohende Erfolg zugerechnet werden könnte. 61

Das bedrohte *Gut* muss rechtlich, nicht auch strafrechtlich geschützt sein. So kann beispielsweise die Intimsphäre einer Person gegen eine Ausspähung verteidigt werden, die – etwa mit einer verborgenen Kamera betrieben – vom Strafrecht noch nicht erfasst wird (während § 201 I Nr. 1 die Verwendung von Abhörgeräten mit Strafe bedroht). Umstritten ist jedoch, ob die Notwehr auch Güter der *Allgemeinheit* schützen darf. Zwei Fälle sind dabei zu unterscheiden. Der Angriff kann sich einerseits gegen »*Lebensinteressen*« oder »höchste Güter« des *Staates* richten. Insoweit wird darüber gestritten, ob die Regeln der Notwehr oder des rechtfertigenden Notstandes Anwendung finden sollten[63]. 62

---

60 Prinzipiell ablehnend aber Schönke/Schröder/*Lenckner*, § 32 Rn. 10 f.
61 So *Roxin*, § 15 Rn. 11, 13; *Welzel*, S. 84; wohl auch *Samson*, SK, § 32 Rn. 16; mit prinzipieller Beschränkung auf Gefahren aus der Sphäre des Unterlassenden *Maurach/Zipf*, § 26 Rn. 9.
62 So *Baumann/Weber/Mitsch*, § 17 Rn. 6; *Herzog*, NK, § 32 Rn. 13; *Jescheck/Weigend*, S. 339.
63 Vgl. *Jakobs*, 12/9 ff; *Jescheck/Weigend*, S. 340 f; *Roxin*, § 15 Rn. 36 ff; Schönke/Schröder/*Lenckner*, § 32 Rn. 6 ff; jeweils m.w.N.

Eine praktisch bedeutsame Zweifelsfrage entscheidet dabei Art. 20 IV GG: Abweichend von den für die Notwehr geltenden Regeln (unten Rn. 75) darf Widerstand sogar bei Bedrohung der freiheitlich demokratischen Ordnung nur geübt werden, »wenn andere Abhilfe nicht möglich ist«. Solche Subsidiarität des Abwehrrechtes muss entsprechend auch für andere Angriffe auf den Staat gelten. Hingegen dürfte die für den Notstand geltende Einschränkung der Proportionalität hier keine Rolle spielen[64]. Bei Angriffen auf *andere* Rechtsgüter der Allgemeinheit kommt es darauf an, ob dadurch unmittelbar Güter (Lebensinteressen) einzelner gefährdet werden: nur dann ist Notwehr zulässig, sonst nicht, also z. B. nicht bei einem Delikt wie der Ausübung verbotener Prostitution (§ 184a) oder bei einer Verletzung von Verkehrsregeln. Hier fehlt der für die Notwehr charakteristische Güterkonflikt; eine »Verteidigung« liefe auf die eigenmächtige Ausübung polizeilicher Funktionen hinaus[65].

63   Höchst zweifelhaft ist, wie geurteilt werden soll, wenn jemand nur zum Schein oder mit einer Scheinwaffe bedroht wird[66]. Da der »Angreifer« hier den Anschein der Bedrohung bewusst hervorruft, spricht vieles dafür, dem Betroffenen ein Notwehrrecht zuzusprechen. Demgegenüber bleibt jedoch zu bedenken, dass nur ein *wirklicher* Angriff jene Güterkollision begründet, die es rechtfertigt, die Rechtsgüter des Angreifers in dem zur Abwehr erforderlichen Umfang preiszugeben. Für den scheinbar Bedrohten gelten folglich die Regeln der Putativnotwehr (unten Rn. 150 ff). Ein Notwehrrecht des »Angreifers« aber scheitert an seiner Provokation (unten Rn. 83).

64   bb) Der Angriff muss ein *gegenwärtiger* sein, das heißt unmittelbar bevorstehen oder noch andauern. Die Abwehr darf also erst im letzten Zeitpunkt einsetzen, in dem sie noch Erfolg verspricht; erst dann lässt sich das Risiko, dass sie unnötig sein könnte, mit hinreichender Sicherheit ausschließen[67]. Die h. L. hält es allerdings für erlaubt, die Gegenwehr, vor allem durch automatische Vorrichtungen (wie Selbstschussanlagen usw.), auch dann schon vorzubereiten, wenn noch keinerlei Angriff stattfindet, sofern nur sichergestellt ist, dass erst ein Angriff sie auslösen kann, und natürlich auch die übrigen Voraussetzungen einer

---

64 *Jakobs*, 12/12; Schönke/Schröder/*Lenckner*, § 32 Rn. 7.

65 Im Ergebnis ebenso BGHSt 5, 245 (247); h. M.

66 Dazu näher *Rudolphi*, in: GS Armin Kaufmann, 1989, S. 381 ff; vgl. auch *Kühl*, § 7 Rn. 21 ff; Schönke/Schröder/*Lenckner*, Rn. 10a vor §§ 32 ff; je m.w.N.

67 *Kratzsch*, S. 228. Unzutreffend daher das umstrittene Urteil RGSt 53, 132 (133 f): Ein mit der Waffe fliehender Wilddieb, der keinerlei Angriffsabsicht erkennen lässt, dürfe niedergeschossen werden, weil »ein Angriff im nächsten Augenblick erfolgen könne«!

Rechtfertigung (Erforderlichkeit der Verteidigung [unten Rn. 76], Verletzung *nur* des Angreifers [unten Rn. 72]) erfüllt sind[68].

Der letzte Zeitpunkt, zu dem eine wirksame Verteidigung noch möglich wäre, kann allerdings schon eintreten, wenn der rechtswidrige Angriff noch nicht unmittelbar bevorsteht. Als Beispiel dient vor allem der Fall einer heimlichen Tonbandaufnahme, die als der einzige Weg erscheinen könnte, um etwa die von einem Zeugen drohende belastende Falschaussage zu entkräften[69]. Ein Teil der Lehre befürwortet daher einen in Analogie zu § 32 zu bildenden Rechtfertigungsgrund der *»notwehrähnlichen Lage«*[70]. Indessen steht nicht nur der Wortlaut (»gegenwärtiger« Angriff), sondern auch der Grundgedanke der Notwehrregelung solcher Analogie entgegen: Der Betroffene ist hier gerade noch nicht unmittelbar bedroht, so dass nur ein *subsidiäres* Notrecht in Betracht kommt, wie es bei rechtfertigendem Notstand (§ 34) besteht[71].   65

Andererseits erscheint die Verteidigung so lange als zulässig, wie die Gefahr nicht entweder völlig abgewendet oder umgekehrt völlig in den Unrechtserfolg umgeschlagen ist; denn ebenso lange kann die endgültige Verletzung des Rechts noch verhindert, später allenfalls die bereits eingetretene Verletzung wiedergutgemacht werden[72].   66

Da die Rechtsgutsverletzung entscheidet, nicht die *formelle* Vollendung der im Angriff etwa liegenden Straftat (unten § 11 Rn. 14), soll Notwehr auch gegen den mit der Beute fliehenden Dieb noch geübt werden dürfen, solange er erreichbar bleibt[73]. Dem wird man im Ergebnis mit Rücksicht auf § 859 II BGB, der gewaltsame Besitzwehr auch noch gegenüber dem auf frischer Tat *verfolgten* Täter zulässt, zustimmen müssen, wiewohl sich fragt, ob die Rechtsgutsverletzung beim Diebstahl nicht schon mit dem Gewahrsamswechsel eintritt.   67

cc) Allein der *rechtswidrige* Angriff schließlich begründet eine Notwehrlage. Hinzunehmen sind nicht nur diejenigen Einwirkungen auf rechtlich geschützte Güter, die – wie etwa Immissionen im Rahmen des § 906 BGB – der allgemeinen Sozialbindung, der in jeder menschlichen Gesellschaft unerlässlichen Beschränkung der Herrschaftsbereiche, entsprechen, sondern selbstverständlich auch solche Eingriffe, die ihrerseits   68

---

68 *Jakobs*, 12/35; *Jescheck/Weigend*, S. 342; *Roxin*, § 15 Rn. 29; Schönke/Schröder/ *Lenckner*, § 32 Rn. 18a.
69 Vgl. BGHZ 27, 284 (289); BGHSt 14, 358 (361); 19, 325 (332).
70 Eingehend *Suppert*, Studien zur Notwehr und »notwehrähnlichen Lage«, 1973, S. 372 ff; vgl. auch *Jakobs*, 12/27.
71 Ebenso Schönke/Schröder/*Lenckner*, § 32 Rn. 17, m.w.N.
72 Vgl. BGHSt 27, 336 (339).
73 RGSt 55, 82 (84 f); *Jakobs*, 12/23; *Jescheck/Weigend*, S. 342; *Roxin*, § 15 Rn. 28; *Samson*, SK, § 32 Rn. 31; Schönke/Schröder/*Lenckner*, § 32 Rn. 15.

auf einer besonderen Befugnis beruhen, wie beispielsweise bei einer Verhaftung nach §§ 112 ff StPO. Eine Duldungspflicht des Betroffenen schließt Notwehr zwingend aus.

69   Fraglich ist hingegen, ob sich die in § 32 vorausgesetzte Rechtswidrigkeit des Angriffs schon daraus ergibt, dass er ein rechtlich geschütztes Gut bedroht[74], oder ob das entsprechende Verhalten überdies, nach der nunmehr überwiegenden Auffassung, zumindest *objektiv pflichtwidrig* sein muss[75]. Die Frage ist eher von dogmatischer als von praktischer Bedeutung. Richtig dürfte aber sein, dass die Verwirklichung eines erlaubten Risikos (oben § 8 Rn. 32) der Rechtsordnung gerade nicht widerspricht und deshalb auch nicht als rechtswidriger Angriff zu qualifizieren ist. Das heißt nicht, dass der etwa Gefährdete die Rechtsgutsverletzung hinnehmen müsste. Doch bleibt die Abhilfe an die beim rechtfertigenden Notstand (§ 34) geltenden Regeln gebunden.

70   Im übrigen muss die Bedrohung des geschützten Gutes *allgemeinen*, für jedermann geltenden rechtlichen Normen zuwiderlaufen, wenn sie einen Angriff auf das Recht enthalten, rechtswidrig im Sinne des § 32 sein soll. Die Verletzung *vertraglich* begründeter, nur im Verhältnis der Beteiligten zueinander geltender Pflichten genügt nicht. Gegen den abredewidrig Klavier spielenden Nachbarn kann nicht zur Notwehr, sondern allenfalls zu der an engere Voraussetzungen gebundenen Selbsthilfe nach § 229 BGB (unten Rn. 135) gegriffen werden.

71   b) Gerechtfertigt ist die zur Abwehr des Angriffs **erforderliche Verteidigung.**

72   aa) Als *Verteidigung* gelten dabei ausschließlich Handlungen, die sich gegen den Angreifer richten. Nur dessen Rechtsgüter haben (in Gestalt etwa seiner körperlichen Integrität, Bewegungsfreiheit usw.) den rechtlichen Schutz insoweit verwirkt, wie sie bei der Abwehr beeinträchtigt werden müssen[76].

73   Wer auf den Angreifer mit einer Latte einschlägt, die er zu diesem Zweck aus einem Zaun herausgebrochen hat, kann sich nur hinsichtlich der Körperverletzung auf Notwehr berufen, während die Beschädigung des Zaunes eines Unbeteiligten allein als Notstandshandlung (§ 904 BGB) zu rechtfertigen ist. Eine Ausnahme soll allerdings bei solchen *sachlichen* Gütern Unbeteiligter gelten,

---

74 *Bockelmann/Volk*, S. 90; *Gallas*, in: FS Bockelmann, 1979, S. 163 Fn. 21; *Jescheck/Weigend*, S. 341; *Welzel*, S. 85.

75 *Baumann/Weber/Mitsch*, § 17 Rn. 17; *Hirsch*, in: FS Dreher, 1977, S. 224 ff; *Roxin*, § 15 Rn. 14; *Samson*, SK, § 32 Rn. 34; Schönke/Schröder/*Lenckner*, § 32 Rn. 21.

76 Die engere Formulierung der Vorauflage (Rn. 428; dagegen *Jakobs*, 12/28; *Roxin*, § 15 Rn. 110) gebe ich auf.

die der Angreifer etwa als Waffe benutzt[77]. Das mag mit der Erwägung begründet werden, dass der Schutz einer dem Angriff dienenden Sache stets, ohne Rücksicht auf die Eigentumsverhältnisse, zurücktreten muss, soweit die Verteidigung es erfordert. Doch lässt sich diese Regel keinesfalls ausweiten: Die Verletzung eines vom Angreifer z. B. als Deckung benutzten Unbeteiligten wird durch Notwehr nicht gerechtfertigt. Insoweit kann aber unter Umständen die Schuld ausgeschlossen sein (unten § 10 Rn. 102 ff), wie etwa auch bei einem in Lebensgefahr zur Verteidigung abgegebenen Schrotschuss, der Passanten in Mitleidenschaft zieht.

Umstritten ist, ob sich als Verteidigung nur solche Handlungen rechtfertigen   74
lassen, die dazu auch *geeignet* sind, die also, ex ante betrachtet, zumindest die »naheliegende Möglichkeit der erfolgreichen Abwehr des Angriffs« eröffnen[78]. Eine solche Deutung hätte jedoch die völlig unannehmbare Konsequenz, dass das zu einer Abwehr zu schwache Opfer den Angriff kampflos dulden müsste[79]: Auch wer, von einer Übermacht angegriffen, wenigstens einige der Angreifer treffen will, bevor er unterliegt, muss das tun dürfen![80]

Keine Verteidigung ist es demgegenüber, dem Angriff auszuweichen. Trotz-   75
dem hat die Rechtsprechung vom Angegriffenen immer dann verlangt, wenn er es tun kann, »ohne seiner Ehre etwas zu vergeben oder sonst seine Belange zu verletzen«[81]. Das steht im Widerspruch zum Gesetz, das die Verteidigung gerade erlaubt. Die überwiegende Lehre kennt daher keine Pflicht zum Ausweichen[82], außer in Sonderfällen, auf die zurückzukommen ist (unten Rn. 81 ff). Ebenso liegt es prinzipiell bei der Inanspruchnahme der Hilfe Dritter[83]: Das Notwehrrecht ist in diesem Sinne *nicht subsidiär*.

bb) Dass nur die *erforderliche* Verteidigung erlaubt ist, folgt schon   76
aus den allgemeinen Voraussetzungen einer Güterkollision, die überhaupt nur insoweit besteht, wie es als unerlässlich erscheint, zur Rettung eines Rechtsgutes in ein anderes einzugreifen. Gibt es mehrere Möglichkeiten der Verteidigung, so muss demnach diejenige gewählt werden, die den Angreifer am wenigsten verletzt oder gefährdet: Wo der Faustschlag genügt, ist die Benutzung einer Waffe nicht erlaubt, wo

---

77 RGSt 58, 27 (29); *Spendel*, LK, § 32 Rn. 211; *Welzel*, S. 87; dagegen aber *Baumann/Weber/Mitsch*, § 17 Rn. 21; *Jakobs*, 15/28; *Roxin*, § 15 Rn. 109; *Samson*, SK, § 32 Rn. 38.
78 *Rudolphi*, in: GS Armin Kaufmann, S. 386; eingehend *Warda*, S. 344 ff.
79 So in der Tat *Jakobs*, 12/34; kritisch *Alwart*, S. 954 ff.
80 Ebenso wohl Schönke/Schröder/*Lenckner*, § 32 Rn. 35.
81 BGHSt 5, 245 (248); abschwächend BGHSt 24, 356 (359).
82 Vgl. *Jakobs*, 12/36; *Roxin*, § 15 Rn. 49; Schönke/Schröder/*Lenckner*, § 32 Rn. 40, m.w.N.
83 Vgl. aber BGHSt 39, 133 (137 f); näher *Roxin*, § 15 Rn. 50; Schönke/Schröder/ *Lenckner*, § 32 Rn. 41.

der Angreifer schon durch eine Verletzung abzuwehren wäre, darf er nicht getötet werden, usw.

77   So klar das im Prinzip sein mag, so schwierig kann es freilich im Einzelfall sein, herauszufinden, *welches* das leichteste Mittel der Verteidigung gewesen wäre. Denn häufig ließe sich der Zweifel, ob nicht ein leichteres als das gewählte Mittel – die Drohung statt des Schusses, der Warnschuss statt des gezielten Schusses usw. – genügt hätte, nur beheben, wenn der Angegriffene es tatsächlich erprobt und dabei freilich riskiert hätte, die Gelegenheit zur wirksamen Abwehr zu verpassen. Nur selten bleibt genügend Zeit zu einer sorgfältig abgestuften »Eskalation« der Verteidigungsmittel. Dem Verteidiger muss daher gestattet sein, statt unsicherer sogleich voraussichtlich wirksame Mittel zu benutzen, wenn es sonst für eine Gegenwehr womöglich zu spät wäre[84].

78   Bei selbsttätigen Schutzvorrichtungen wird immerhin verlangt werden müssen, dass der Verteidiger den mit der Anlage in Berührung kommenden Personenkreis auf deren Gefährlichkeit erkennbar hinweist[85].

79   Darüber hinaus muss es bei der Frage nach dem leichtesten Abwehrmittel auch auf die *Fähigkeiten* des Verteidigers ankommen: Ist er etwa ein schlechter Schütze, der gezielte Schuss aber die einzige Möglichkeit der Abwehr, so sind alle mit dem Schuss *unvermeidbar* verbundenen Risiken (bis zu dem der Tötung) durch die Notwehr gedeckt, selbst wenn es an sich nur einer relativ leichten Verletzung bedurft hätte[86]. Schließlich versteht sich von selbst, dass nicht ein abstrakter Vergleich der Abwehrmittel entscheidet, sondern der *konkrete Gebrauch*, den der Bedrohte von ihnen macht. Kann der Angreifer nur noch durch einen Schuss abgewehrt werden, wobei eine Verletzung jedoch genügen würde, so wäre ein *gezielter* Kopfschuss nicht zu rechtfertigen.

80   c) Diese traditionellen, auf den Wortlaut von § 32 II gestützten Erfordernisse der Notwehr sind in neuerer Zeit, wie einleitend bemerkt (oben Rn. 57), unter verschiedenen Gesichtspunkten **eingeschränkt** oder **modifiziert** worden. Dabei kann, wer will, an die in § 32 I enthaltene Wendung anknüpfen, das die Tat durch Notwehr (auch) »geboten« sein müsse. Sie ist explizit in den Gesetzestext aufgenommen worden,

---

84 BGHSt 24, 356 (358); 27, 336 (337 f); BGH, NStZ 1982, 285; 1983, 117; vgl. auch BGHSt 26, 143 (147 f), 256 (257).
85 *Kunz*, Automatisierte Gegenwehr, S. 551 f; *Schlüchter*, S. 322 f; Schönke/Schröder/*Lenckner*, § 32 Rn. 37; *Spendel*, LK, § 32 Rn. 250.
86 BGHSt 27, 313; Schönke/Schröder/*Lenckner*, § 32 Rn. 38, m.w.N. Das gilt natürlich nur, wenn das mit der Abwehr verbundene Risiko auf diese Weise nicht unverhältnismäßig groß wird (unten Rn. 86).

um eine »sozialethische« Begrenzung dieses Rechtfertigungsgrundes zu ermöglichen[87]. Es handelt sich jedoch um eine bloße Leerformel[88]. Ob sich die Einschränkungen überhaupt auf einen gemeinsamen Nenner bringen lassen, ist zweifelhaft, klar im Grunde nur, dass es ganz bestimmte Konstellationen sind, bei denen sie in Betracht kommen. Der Streitstand kann hier nur in den Grundlinien angedeutet werden.

aa) Eine erste Gruppe von problematischen Fällen lässt sich dahin zu- 81
sammenfassen, dass der Angriff, obwohl rechtswidrig, *nicht als eindeutige Missachtung* der Rechte des Betroffenen erscheint. Der Bedrohte darf dann nicht ohne weiteres Notwehr üben. Ihm wird zugemutet, dem Angriff nach Möglichkeit auszuweichen oder die Hilfe Dritter in Anspruch zu nehmen. Zusätzliche Anforderungen werden hier zum Teil auch in Bezug auf die Verhältnismäßigkeit der Verteidigung gestellt.

Einschränkungen gelten zunächst, wie praktisch allgemein anerkannt wird, 82
bei Angriffen von *Schuldunfähigen* (Kindern, Geisteskranken usw.) und von *Irrenden*. Möglichste Schonung des »Angreifers« sollte sich in solchem Falle von selbst verstehen. Eine rechtsgutsverletzende Verteidigung erscheint deshalb nur subsidiär als zulässig, dort, wo es keinen anderen Ausweg gibt. Sie wird dem schuldlosen oder irrenden Angreifer überdies keinen Schaden zufügen dürfen, der außer Verhältnis zur drohenden Verletzung steht. Damit gelten hier der Sache nach dieselben Maßstäbe wie beim defensiven Notstand (oben Rn. 49 ff), nur dass es auch um andere Rechtsgüter als um fremdes Eigentum gehen kann[89]. Dies bedeutet nichts anderes, als dass das eigentliche Notwehrrecht, allen entgegenstehenden prinzipiellen Versicherungen zum Trotz, im Grunde auf die Abwehr des *bewussten* Rechtsbruchs des *verantwortlichen* Rechtsbrechers beschränkt wird[90]. Die Diskussion um die an die Rechtswidrigkeit des Angriffs zu stellenden Anforderungen (oben Rn. 69) verliert damit jeden Rest an praktischer Bedeutung.

Auch im Falle der *Provokation* des Angriffs durch rechtlich oder sozial 83
missbilligtes Verhalten des späteren Verteidigers fehlt es an jener klaren Missachtung fremden Rechts, aus der sich die Befugnis zur Notwehr ergibt. Die

---

87 Vgl. *Roxin*, § 15 Rn. 53.
88 *Schönke/Schröder/Lenckner*, § 32 Rn. 44.
89 Zumindest im Ergebnis ebenso *Jakobs*, 12/17 ff, 47; *Jescheck/Weigend*, S. 345 f; *Köhler*, S. 273; *Neumann* (Lit. unten § 10 vor Rn. 20), S. 167; *Roxin*, § 15 Rn. 57 ff; *Samson*, SK, § 32 Rn. 45; *Schönke/Schröder/Lenckner*, § 32 Rn. 52, m.w.N.
90 So schon *H. Mayer*, StuB, S. 98; explizit in diesem Sinne auch *Renzikowski*, S. 283 ff

Frage wird freilich in neuerer Zeit lebhaft diskutiert[91]. Dabei besteht im Ergebnis weitgehende Einigkeit immerhin darüber, dass beim in solcher Weise *absichtlich* oder *vorsätzlich* provozierten Angriff jedes Abwehrrecht entfällt: Wer selbst für den Angriff verantwortlich ist, verteidigt nicht mehr das Recht gegen das Unrecht[92]. Der Provokateur kann höchstens noch in eine Notstandslage (§§ 34, 35) geraten. Bei der *ungewollten* Provokation dagegen gehen die Meinungen sowohl darüber auseinander, *ob* die Notwehr einzuschränken sei[93], als auch darüber, *wie* das zu geschehen habe[94]: Der Verteidiger soll entweder an den Rahmen des defensiven Notstands gebunden sein oder doch zunächst dem Angriff ausweichen und alle Möglichkeiten der »Schutzwehr« ausschöpfen müssen, bevor er zur »Trutzwehr« übergehen darf[95] oder jedenfalls für die *Herbeiführung* der Notwehrlage (unter Fahrlässigkeitsgesichtspunkten) haftbar sein[96], dies wiederum unter der schon genannten Voraussetzung, dass das provozierende Verhalten rechtlich oder sozial missbilligt, in diesem Sinne also eine wirkliche Provokation ist. Es geht bei alledem um eine Abwägung zwischen (abgestuften) Graden der Verantwortung für das tatbestandsmäßige Geschehen einerseits des Provokateurs und andererseits des Provozierten, die mit dogmatisch-konstruktiven Mitteln allein nicht zu entscheiden, eine Wertungsfrage also, über die ein Konsens vorerst offenbar nicht zu erzielen ist.

84   bb) Bei einer zweiten Gruppe von Fällen erfolgt die Beschränkung des Notwehrrechts eher in direktem Rückgriff auf den Gedanken der *Güterabwägung*: Auch wenn der Angegriffene mit seinem Gut zugleich das Recht verteidigt, so darf doch die Wertdifferenz zwischen der verhinderten und der zur Abwehr erforderlichen Rechtsgutsverletzung nicht jedes Maß überschreiten. Die früher weithin anerkannte Regel, es komme auf die »Verhältnismäßigkeit der beiderseitigen Rechtsgüter, die der Verteidiger einerseits schützt und andererseits bedroht«, nicht an[97], ist überholt.

---

91 Ein Überblick bei *Neumann*, aaO, S. 143 ff.
92 *Herzog*, NK, § 32 Rn. 115; *Roxin*, § 15 Rn. 61 ff; *Samson*, SK, § 32 Rn. 53; Schönke/Schröder/*Lenckner*, § 32 Rn. 54 ff, m.w.N.; anders *Baumann/Weber/ Mitsch*, § 17 Rn. 38; *Bockelmann/Volk*, S. 92 f; *Hassemer*, S. 243 f; einschränkend auch BGHSt 39, 374 (379); *Jakobs*, 12/50; *Jescheck/Weigend*, S. 346 f; *Köhler*, S. 273.
93 Vgl. die generell ablehnenden Stimmen in der vorstehenden Fußnote.
94 Ein Überblick bei *Kühl*, Jura 1991, 180 f.
95 BGHSt 24, 356 (358); 26, 143 (145 f); 42, 97 (100); *Herzog*, NK, § 32 Rn. 124; *Jescheck/Weigend*, S. 347; *Köhler*, S. 274 f; Schönke/Schröder/*Lenckner*, § 32 Rn. 60.
96 *Bertel*, S. 13 ff; *Schmidhäuser*, Lb, 9/110.
97 RGSt 55, 82 (86); *Frank*, § 53 Anm. II (S. 163); *v. Hippel* II, S. 211 f; *v. Liszt/ Schmidt*, S. 197 f; *Mezger*, S. 236.

Relativ früh diskutiert worden ist die Beschränkung der Notwehr auf eine   85
Abwehr, die »nicht außer Verhältnis zur Bedeutung des Angriffs stehen« dürfe,
allerdings bei der sogenannten *Unfugabwehr*[98] gegenüber bloßen Belästigun-
gen, wie etwa dem ruhestörenden Lärm Betrunkener, bei dem die kalte Dusche
gerechtfertigt ist, nicht aber, bleibt sie ohne Wirkung, der scharfe Schuss, der
nun das letzte Mittel wäre. Darüber besteht heute Einigkeit. Fragen kann sich
höchstens noch, ob es in solchen Fällen nicht schon an einem (ernst zu neh-
menden) Angriff fehlt[99].

Heute wird die Notwehr ganz überwiegend auch bei ernsteren Angriffen für   86
unzulässig gehalten, wenn das durch die Abwehrhandlung betroffene Rechtsgut
zu dem geschützten in einem *unerträglichen Missverhältnis* steht, wie etwa in
dem überall zitierten Fall der Tötung eines Diebes, der mit einer Beute im
Werte von 10 Pf flieht[100]. Diese Einschränkung ist nicht identisch mit derjenigen, die beim defensiven Notstand gilt (oben Rn. 52): Die dem Angreifer zugefügte Verletzung darf erheblich schwerer wiegen als die von ihm etwa für
Sachgüter drohende Gefahr, zu dieser also »außer Verhältnis« (§ 228 BGB) stehen; nur allzu krass (»unerträglich«) darf sie nicht sein[101]. Wie bei einem solchen Maßstab nicht anders zu erwarten, ist allerdings wiederum streitig, welche
Umstände bei der auch hier erforderlichen Abwägung zu berücksichtigen sind
und *wie* krass das Missverhältnis zwischen den einander gegenüberstehenden
Rechtsgütern sein muss. Eine gewisse Hilfe bildet dabei Art. 2 IIa EMRK, der
die *absichtliche* Tötung eines Menschen nur zur Abwehr von Gewalt gegenüber
der Person zulässt. Auch wenn man sich auf den Standpunkt stellen kann, dass
die Konvention nur *hoheitliche* Eingriffe beschränke[102], ist eine Rückwirkung
auf das private Notwehrrecht kaum abzuweisen[103]: Soll dem Angegriffenen gestattet sein, was dem Polizisten neben ihm verboten wäre? Nur führt das nicht
sehr viel weiter. Denn einerseits wird die Verteidigung von bloßen Sachgütern
kaum jemals mehr erfordern, als dass das Leben des Angreifers *gefährdet* wird,
und andererseits bleibt von hier aus offen, ob auch *leichtere* Gewalt, beispielsweise ein tätlicher Angriff, durch die Tötung des Angreifers abgewehrt werden
darf, wenn es keinen anderen Ausweg geben sollte. Auch darüber besteht bis
auf weiteres keine Klarheit.

---

98 *M. E. Mayer*, Der allgemeine Teil des deutschen Strafrechts, 2. Aufl. 1923,
   S. 281 mit Fn. 14.
99 *Herzog*, NK, § 32 Rn. 105; *Jescheck/Weigend*, S. 348; *Roxin*, § 15 Rn. 75;
   Schönke/Schröder/*Lenckner*, § 32 Rn. 49, m.w.N.
100 OLG Stuttgart, DRZ 1949, 42.
101 Prinzipiell ebenso *Herzog*, NK, § 32 Rn. 106 ff; *Jakobs*, 12/46 ff; *Jescheck/
    Weigend*, S. 348 f; Schönke/Schröder/*Lenckner*, § 32 Rn. 50 f; jeweils m.w.N.;
    kritisch *Renzikowski*, S. 314 ff.
102 Siehe nur *Jescheck/Weigend*, 349 f.
103 *Roxin*, § 15 Rn. 77.

87   cc) Zum dritten kann sich eine Begrenzung der Notwehrbefugnisse im Blick auf *besondere Pflichten* rechtfertigen, die im Verhältnis der Beteiligten zueinander bestehen. Praktisch geworden ist dies bisher vor allem bei Auseinandersetzungen unter Ehegatten. Verlangt wird überwiegend, zumindest bei intakten Partnerschaftsverhältnissen, weitgehende Schonung des Angreifers: Der Bedrohte soll dem Angriff möglichst ausweichen, von mehreren ihm zur Verfügung stehenden Mitteln der Abwehr das mildeste, wenn auch weniger sichere wählen und auf eine lebensgefährdende Verteidigung verzichten, solange ihm keine ernstere Gefahr droht[104]. Im einzelnen gehen die Meinungen wiederum nicht unerheblich auseinander.

88   Die Frage wird in neuerer Zeit, auch anhand einiger praktischer Fälle[105], näher diskutiert[106]. Streitig ist schon, ob die Gründe für die genannten Einschränkungen eher in der persönlichen Beziehung der Beteiligten als solcher, in Rücksichten auf den Fortbestand der Lebensgemeinschaft oder in der Garantenpflicht des oder der Bedrohten gesucht werden sollen. Außer Frage sollte immerhin stehen, dass die menschliche Verbundenheit in einer (voraussichtlich fortdauernden) engen Partnerschaft nicht erlaubt, einen Konflikt so zu lösen, wie es im Verhältnis zu beliebigen Dritten vertretbar wäre. Ebenso klar ist auf der anderen Seite, dass prügelnden Ehemännern kein Freibrief für die fortgesetzte Misshandlung ihrer Frauen ausgestellt werden darf. Bei den Einzelheiten geht es natürlich auch hier wieder um eine Abwägungsfrage, die je nach Standort verschieden beantwortet werden kann.

89   dd) Äußerst umstritten ist schließlich, ob auch *hoheitliches*, insbesondere polizeiliches Handeln zur Abwehr eines rechtswidrigen Angriffs auf § 32 gestützt werden kann. Ein Teil der Lehre schließt dies kategorisch aus, und zwar in erster Linie mit dem Argument, dass sonst die polizeirechtlichen Regelungen vor allem des Schusswaffengebrauchs leerliefen[107]. Für die heute überwiegende Gegenansicht spricht demgegenüber vor allem die Tatsache, dass die Polizeigesetze den Schusswaffengebrauch durchweg auf die Abwehr besonders schwerwiegender, zumeist mit Gefahr für Leib oder Leben verbundener Angriffe be-

---

104 So im ganzen *Herzog*, NK, Rn. 110 f; *Jakobs*, 12/58; *Jescheck/Weigend*, S. 346; *Köhler*, S. 275; *Roxin*, § 15 Rn. 84 f; Schönke/Schröder/*Lenckner*, § 32 Rn. 53; ablehnend *Freund*, § 3 Rn. 124 f.

105 BGH, NJW 1969, 802; 1975, 62 f; 1984, 986; NStZ 1994, 581.

106 Nachweise bei Schönke/Schröder/*Lenckner*, § 32 Rn. 53; ferner *Kratzsch*, JuS 1975, 435 ff; *Marxen*, in: Lüderssen/Sack, S. 63 ff; *Zenz*, ebda., S. 77 ff; *Schroth*, NJW 1984, 2562; *Spendel*, JZ 1984, 507; *Wohlers*, JZ 1999, 434 ff.

107 So u. a. *Jakobs*, 12/42; *Kunz*, Organisierte Nothilfe, S. 983 ff; *Renzikowski*, S. 297; *Samson*, SK, § 32 Rn. 61.

schränken, so dass etwa schon die Zerstörung eines unersetzlichen Kunstwerks (vgl. § 304) nicht mehr durch den (maßvollen) Gebrauch der Schusswaffe abgewendet werden dürfte[108]. Allerdings wird dabei zumeist betont, das sich (auch) hier das Gebot möglichster Schonung des Angreifers entweder aus dem für alles staatliche Handeln geltenden Grundsatz der Verhältnismäßigkeit oder aus den besonderen Schutzpflichten der Hoheitsträger nicht nur gegenüber dem Bedrohten, sondern auch gegenüber dem Angreifer (wie gegenüber *jedem* Bürger) oder doch aus tatsächlichen Gründen ergebe, wie der besonderen Schulung und der besseren Eingriffsmöglichkeiten eines Polizisten (dies alles unabhängig von den *generellen* Schranken, die Art. 2 IIa EMRK hoheitlichem Handeln zieht [oben Rn. 86]).

d) Auch bei der Notwehr werden **subjektive Elemente** allgemein für erforderlich gehalten: Nur wer in Kenntnis der Notwehrlage und mit dem Willen handelt, sich zu verteidigen, soll nach h. M. gerechtfertigt sein[109]. Darauf ist zurückzukommen (unten Rn. 138 ff). Hat der Täter den tatsächlich eintretenden Erfolg seiner Abwehrhandlung nicht vorausgesehen oder nicht gewollt, weil sich beispielsweise aus der Waffe, mit der er nur zuschlagen wollte, ein den Angreifer verletzender Schuss gelöst hat, so genügt es, dass die Handlung als solche vom Willen zur Verteidigung gedeckt war, vorausgesetzt nur, dass der Erfolg objektiv im Rahmen des Zulässigen blieb[110].   90

3. Nothilfe

Da es beim Rechtfertigungsgrund der Notwehr um die Wahrung höherwertiger Interessen geht, ist die erforderliche Verteidigung nicht nur dem Angegriffenen, sondern, als sog. Nothilfe, *jedermann* gestattet. Die Befugnisse des Nothelfers sind dabei keine anderen als die des Angegriffenen[111]. Der Bedrohte kann allerdings, beispielsweise aus prinzipieller Überzeugung, auf Gegenwehr verzichten und darf dann, nach überwiegender Auffassung, nicht gegen seinen Willen verteidigt wer-   91

---

108 Mit besonderem Nachdruck Schönke/Schröder/*Lenckner*, § 32 Rn. 42b f, mit eingehenden Nachweisen; ferner *Bockelmann*, pass.; *Köhler*, S. 277; *Roxin*, § 15 Rn. 95 ff; *Schaffstein*, S. 99 ff.
109 Siehe Schönke/Schröder/*Lenckner*, § 32 Rn. 63, m.w.N.
110 BGHSt 25, 229 (232); 27, 313.
111 Vgl. BGHSt 27, 313 f; einschränkend *Seelmann*, S. 56 ff.

den[112]; sonst wird der Gedanke der Verteidigung des Rechts gegen das Unrecht überbetont.

4. Notwehrexzess

92 Nicht in den Zusammenhang der Rechtfertigungsgründe, wohl aber in den der Notwehr gehört schließlich die Sonderregelung für den Notwehrexzess: Straflos bleibt, wer die Grenzen der Notwehr aus Verwirrung, Furcht oder Schrecken überschreitet (§ 33). Hier handelt es sich um einen bloßen *Schuldausschließungsgrund*.

93 Über die Tragweite dieser Vorschrift bestehen allerdings einige Meinungsverschiedenheiten. Zwar ist man sich über den Grund des Strafverzichts weitgehend einig: Er liegt in einer *doppelten Schuldmilderung*, die sich sowohl aus dem durch die Notwehrlage verminderten Unrecht der Tat[113] wie daraus ergibt, dass die genannten Affekte die zutreffende Beurteilung und Bemessung der erforderlichen Abwehr erschweren. Die etwa verbleibende Schuld des Täters ist deshalb so gering, dass sie unterhalb der Schwelle krimineller Erheblichkeit liegt[114]. Doch fragt sich, ob nur die *unbewusste* oder auch die *bewusste* Überschreitung der Grenzen zulässiger Verteidigung straflos bleiben soll[115]. Da eine präzise Abgrenzung der beiden Fälle bei affektivem Handeln äußerst schwierig ist und das Gesetz überdies keinerlei Beschränkung auf unbewusste Exzesse enthält, verdient die weitergehende Auffassung den Vorzug. Allerdings gilt das nur für die im Gesetz ausdrücklich genannten asthenischen Affekte, nicht auch für die sthenischen wie Zorn oder Rachegefühle usw., und nach h. L. auch nur für den sog. *intensiven*, das Maß der erforderlichen Verteidigung (oben Rn. 76 ff) überschreitenden, nicht auch für den *extensiven* Exzess, bei dem es an der Gegenwärtigkeit des Angriffs fehlt, dieser also noch nicht un-

112 BGHSt 5, 245 (248); h.M.; anders *Schmidhäuser*, Lb, 9/107; differenzierend *Jakobs*, 12/59 ff; *Seier*, S. 2478 ff.

113 Kritisch dazu *Frister*, Die Struktur des »voluntativen Schuldelements«, 1993, S. 227 f.

114 *Schönke/Schröder/Lenckner*, § 33 Rn. 2, m.w.N.; zur Frage, ob dies auch im Falle eines *provozierten* Angriffs zu gelten hat, *Renzikowski*, in: FS Lenckner, 1998, S. 249 ff.

115 Für die erstgenannte Beschränkung u. a. *Schmidhäuser*, Lb, 11/26; *Schönke/Schröder/Lenckner*, § 33 Rn. 6; *Welzel*, S. 88; anders die h.L: BGHSt 39, 133 (139); *Frister*, aaO, S. 230 f; *Jakobs*, 20/30; *Jescheck/Weigend*, S. 492; *Roxin*, § 22 Rn. 82.

mittelbar bevorsteht oder schon abgeschlossen ist (oben Rn. 64 ff), so dass sich die strafbefreiende Situation auch kaum mehr präzis abgrenzen ließe[116].

V. Der rechtfertigende Notstand

Literatur: Gallas, Pflichtenkollision als Schuldausschließungsgrund, in: FS Mezger, 1954, S. 311 ff; *Küper*, Grund- und Grenzfragen der rechtfertigenden Pflichtenkollision im Strafrecht, 1979; *Meißner*, Die Interessenabwägungsformel in der Vorschrift über den rechtfertigenden Notstand (§ 34 StGB), 1990; *Otto*, Pflichtenkollision und Rechtswidrigkeitsurteil, 3. Aufl. 1978; *Rudolphi*, Die pflichtgemäße Prüfung als Erfordernis der Rechtfertigung, in: GS Schröder, 1978, S. 73 ff; *Schaffstein*, Der Maßstab für das Gefahrurteil beim rechtfertigenden Notstand, in: FS Bruns, 1978, 89 ff; *Seelmann*, Das Verhältnis von § 34 StGB zu anderen Rechtfertigungsgründen, 1978.

1. Systematische Bedeutung

Das StGB hat den Gedanken der Güterabwägung ursprünglich nicht   94 allgemein ausgesprochen. Bei den Fällen des zivilrechtlichen Notstandes geht es jedoch nur um die Verletzung von *Sachgütern*, bei der Notwehr allein um den Sonderfall des *rechtswidrigen* Angriffs. Die verbleibenden Lücken zu schließen, musste sich in dem Augenblick als unumgänglich erweisen, in dem erstmals um eines höherwertigen Interesses willen Güter verletzt wurden, die weder materieller Natur noch solche eines Angreifers waren. Das geschah, nach wesentlichen Vorarbeiten der Lehre, Ende der 20er Jahre zuerst in Fällen des medizinisch indizierten Schwangerschaftsabbruchs: mit der Anerkennung eines allgemeinen »übergesetzlichen« Rechtfertigungsgrundes der Güter- und Pflichtenabwägung in zwei grundlegenden Urteilen des Reichsgerichts [117]. Bei der Strafrechtsreform von 1975 ist dieser rechtfertigende Notstand sodann, inzwischen als Gewohnheitsrecht geltend, in seiner heutigen Form gesetzlich geregelt worden (§ 34), freilich noch immer nicht in allen seinen Varianten. Die Fälle der Güterkollision und die der Pflichtenkollision folgen zum Teil unterschiedlichen Regeln, und nur auf die erstgenannten bezieht sich die gesetzliche Vorschrift.

---

116 Sehr streitig; vgl. BGH NStZ 1987, 20; *Frister*, aaO, S. 232 f; *Herzog*, NK, § 33 Rn. 9 ff; *Jakobs*, 20/31; *Jescheck/Weigend*, S. 493; *Roxin*, § 22 Rn. 88; Schönke/Schröder/*Lenckner*, § 33 Rn. 7; jeweils m.w.N.

117 RGSt 61, 242; 62, 137; seitdem ständige Praxis, zuletzt BGHSt 12, 300 (304 ff); 14, 1.

95   Zweifelhaft und zum Teil äußerst umstritten ist die systematische Tragweite des § 34. Das gilt zunächst im Verhältnis zu anderen auf dem *Güterabwägungsprinzip* beruhenden Rechtfertigungsgründen, wie etwa denen des zivilrechtlichen Notstandes (oben Rn. 41 ff). Dabei steht außer Frage, dass sie sämtlich so interpretiert werden müssen, dass keine Wertungswidersprüche auftreten. Wird eine bestimmte Konfliktlage durch eine spezielle Regelung (wie eben §§ 228, 904 BGB) entschieden, so bedeutet dies eine bindende Konkretisierung der allgemeinen Formeln des § 34. Diese Bestimmung darf folglich nicht dazu benutzt werden, die speziellen Regelungen zu überspielen, etwa dadurch, dass man bei einem Notstandseingriff in fremdes Eigentum, statt eine »unverhältnismäßig« größere Gefahr vorauszusetzen, entgegen § 904 BGB für die Rechtfertigung genügen lässt, dass das geschützte Interesse »wesentlich« überwiegt[118]. § 34 ist, mit anderen Worten, nur auf »gesetzlich nicht vertypte Konflikte« anwendbar[119]. Auf der anderen Seite enthält auch § 34 gewisse Konkretisierungen, insbesondere in Gestalt der Angemessenheitsklausel des Satz 2 (unten Rn. 107 ff), die auf die Interpretation der besonderen Rechtfertigungsgründe zurückwirken können.

96   Nach denselben Grundsätzen dürfte die weitere, besonders schwierige Frage zu lösen sein, ob § 34 auch auf *hoheitliches* Handeln anwendbar ist, wenn eine spezielle Eingriffsermächtigung fehlt. Wo die einem bekannten öffentlichen Interesse dienenden staatlichen Eingriffe eine abschließende Regelung gefunden haben, kann die Notstandsnorm *keine* weitergehenden Befugnisse eröffnen, also nicht etwa eine Verhaftung rechtfertigen, bei der die gesetzlichen Voraussetzungen (§§ 112 StPO) fehlen, usw. Darüber besteht auch bei den Vertretern der h. M., die die Möglichkeit einer Rechtfertigung hoheitlicher Maßnahmen durch § 34 grundsätzlich bejahen, weitgehend Einigkeit[120]. Anders wird aber geurteilt werden müssen, wenn schwerwiegende öffentliche Interessen unter außergewöhnlichen Umständen, die von keinem Gesetzgeber vorauszusehen waren, auf dem Spiel stehen, wenn das Fehlen einer Eingriffsermächtigung folglich auch nicht als eine Entscheidung gegen sie gedeutet werden kann. Ein Beispiel bildet der Fall Schleyer, in dem es geboten schien, alle Kontakte der inhaftierten Terroristen zur Außenwelt, entgegen § 148 StPO auch zu ihren Verteidigern, zu unterbrechen[121]. Keine Lösung ist demgegenüber der Vorschlag, die Anwendung von § 34 bei Eingriffen in die Rechts- und Freiheitssphäre des Einzelnen kategorisch auszuschließen, bei der Beeinträchtigung kollektiver Rechtsgüter dagegen zuzulassen[122] – als wäre der Kontakt eines Inhaftierten mit seinem Rechtsbeistand *kein* Freiheitsrecht!

---

118 So aber *Hellmann* (Lit. oben vor Rn. 41), S. 160.
119 *Seelmann*, S. 60, 72 f, 76; *Renzikowski*, S. 253 f; *Roxin*, § 14 Rn. 47; Schönke/Schröder/*Lenckner*, § 34 Rn. 6.
120 Schönke/Schröder/*Lenckner*, § 34 Rn. 7, mit eingehenden Nachweisen.
121 BGHSt 27, 260; siehe auch BGHSt 31, 304 (307); 34, 39 (51 f); ablehnend auch in solchem Falle aber u. a. *Jakobs*, 13/42; *Samson*, SK, § 34 Rn. 10 f.
122 *Herzog*, NK, § 34 Rn. 113 ff; *Hirsch*, LK, § 34 Rn. 6 ff.

2. Güterkollision

a) Die *Notstandslage* setzt voraus, dass sich eine »Gefahr für Leben, **97**
Leib, Freiheit, Ehre, Eigentum oder ein anderes Rechtsgut« nur abwenden oder doch vermindern lässt, wenn ein anderes Rechtsgut verletzt
oder gefährdet wird (§ 34 Satz 1). Geschützt werden dürfen danach
grundsätzlich alle Rechtsgüter des einzelnen wie der Allgemeinheit,
auch solche, die *strafrechtlich* keinen Schutz genießen. Sie müssen *wirklich* in Gefahr sein. Nur dann lässt sich rechtfertigen, dass dem vom
Notstandseingriff Betroffenen eine Duldungspflicht obliegt (vgl. oben
Rn. 48)[123]. Begründet wird die Notstandslage im übrigen kraft ausdrücklicher gesetzlicher Anordnung nur durch eine »gegenwärtige«
Gefahr. Die Rettungshandlung ist also, wie die Verteidigung bei der
Notwehr (oben Rn. 64), erst im letztmöglichen Zeitpunkt zulässig. Anders als diese ist sie außerdem gegenüber jeder sonstigen Abhilfe, die
fremde Rechtsgüter weniger oder gar nicht in Mitleidenschaft zieht,
strikt subsidiär.

Höchst umstritten ist, ob ein rechtfertigender Notstand auch durch rechts- **98**
widrige Drohungen eines Dritten begründet werden kann, etwa dann, wenn ein
Zeuge durch Todesdrohungen zu einer falschen Aussage genötigt wird (sog.
Nötigungsnotstand)[124]. Ein Teil der Lehre lehnt dies mit dem Argument ab,
dass der Betroffene hier, »wenn auch gezwungenermaßen, auf die Seite des Unrechts tritt«, was das Recht nicht hinnehmen könne, und billigt ihm, unter den
Voraussetzungen von § 35, nur einen Schuldausschließungsgrund zu (vgl. unten § 10 Rn. 102 ff)[125]. Der Rang des bedrohten Rechtsgutes und die Berechtigung des Gedankens, es durch Preisgabe eines geringerwertigen Gutes zu retten, hängen jedoch nicht von der Quelle der Bedrohung ab. Wird das Erfordernis *wesentlichen* Überwiegens des geschützten Interesses, bei Notstandsein-
griffen in die Rechtssphäre eines Unteiligten sogar seines *unverhältnismäßig*
höheren Wertes (unten Rn. 108), aber ernst genommen, so dürfte auch durch-

---

123 Zweifelhaft und umstritten; dazu näher *Schaffstein*, pass.; *Jakobs*, 13/13;
   Schönke/Schröder/*Lenckner*, § 34 Rn. 12 ff, m.w.N.
124 Eine Übersicht über den Stand der Meinungen bei *Kelker*, Der Nötigungsnotstand, 1993, S. 35 ff.
125 Schönke/Schröder/*Lenckner*, § 34 Rn. 41 b, m.w.N.; zustimmend u. a. *Hassemer*, in: FS Lenckner, 1998, S. 115; *Jescheck/Weigend*, S. 484; *Kelker*, aaO,
   S. 162 ff; *Kühl*, § 8 Rn. 127 ff; *Spendel*, LK, § 32 Rn. 212; *Wessels/Beulke*,
   Rn. 443.

aus vertretbar sein, ihm eine Duldungspflicht aufzuerlegen, die dann nicht auf die Hinnahme schwerwiegender Einbußen hinauslaufen kann[126].

99   Ein der Güterkollision entsprechender Konflikt ist auch dort gegeben, wo nicht *mehrere* Rechtsgüter in Frage stehen, sondern wo ein und dasselbe Rechtsgut aus einer akuten Gefahr nur dadurch befreit werden kann, dass man es – wie etwa bei dem alltäglichen Vorgang einer riskanten lebensrettenden Operation – einer *anderen* Gefahr aussetzt. Hier kann zunächst der Rechtfertigungsgrund der mutmaßlichen Einwilligung eingreifen, für deren Wirksamkeit dann freilich, soweit es um *Lebensgefährdungen* geht, auch die Notstandslage von Bedeutung sein kann (vgl. unten § 15 Rn. 36). Doch gibt es Situationen, in denen der Gesichtspunkt der Einwilligung völlig ausscheidet, wie in dem viel erörterten Fall des Vaters, der sein Kind, um es aus einem brennenden Haus zu retten, aus großer Höhe in die Arme auffangbereiter Dritter werfen müsste[127]. Hier können nur die Notstandsregeln weiterhelfen[128].

100   b) Die Lösung des Konfliktes folgt in erster Linie dem *Prinzip des überwiegenden Interesses*. Das Gesetz fordert die »Abwägung der widerstreitenden Interessen, namentlich der betroffenen Rechtsgüter und des Grades der ihnen drohenden Gefahren«, einen Vergleich also der möglichen Geschehensabläufe im Hinblick auf das Ausmaß der jeweils mit ihnen verbundenen Rechtsgutsverletzung oder -gefährdung. Maßgebend ist danach zunächst der *Rang* der kollidierenden Rechtsgüter.

101   Es kann freilich erhebliche Schwierigkeiten bereiten oder ganz unmöglich sein, das Rangverhältnis zu bestimmen. Nicht mehr als einen Anhaltspunkt liefert die Höhe der gesetzlichen Strafdrohung, durch die ein Rechtsgut geschützt wird, da insoweit mannigfache andere Faktoren mitspielen, wie die Modalitäten der Tat, das Ausmaß der Schuld oder kriminalpolitische Gesichtspunkte. Auch die Sozialethik liefert keine feste Rangordnung. Manche Rechtsgüter sind gänzlich unvergleichbar: Ob die Verzögerung ärztlicher Hilfe bei einer nicht allzu schwer wiegenden körperlichen Verletzung von größerem Gewicht ist als die Störung einer Bestattungsfeier (§ 167a), die erforderlich wäre, um den Arzt herbeizuholen, lässt sich kaum noch entscheiden[129]. Das wird man dem Täter

---

126 Wie hier u. a. *Baumann/Weber/Mitsch*, § 17 Rn. 80 f; *Freund*, § 3 Rn. 34; *Jakobs*, 13/14; *Renzikowski*, S. 65 ff; *Samson*, SK, § 34 Rn. 31; *Schmidhäuser*, StuB, 6/37; im wesentlichen auch *Neumann*, NK, § 34 Rn. 53 ff; differenzierend *Hirsch*, LK, § 34 Rn 69a; *Köhler*, S. 292 f; *Roxin*, § 16 Rn. 58 ff.
127 Vgl. BGH bei Dallinger, MDR 1971, 361 f; dort wurde ihm zur Last gelegt, dies *nicht* getan zu haben.
128 So auch *Hirsch*, LK, § 34 Rn. 59, 61; *Jakobs*, 13/30; Schönke/Schröder/*Lenckner*, § 34 Rn. 8a; *Welzel*, S. 91 f; anders *Samson*, SK, § 34 Rn. 12 ff; *Schmidhäuser*, Lb, 8/120, 9/67.
129 Vgl. RGSt 5, 259 (zu § 167).

zumindest dann zugute halten müssen, wenn er in (nicht notwehrfähige) Rechtsgüter der Allgemeinheit eingreift (unten Rn. 111).

Eine Rolle spielen muss aber auch, ob die völlige Vernichtung oder 102 nur eine partielle oder vorübergehende Verletzung der kollidierenden Rechtsgüter in Frage steht. Es kommt auf die *Schwere* des Eingriffs an. Obschon die körperliche Unversehrtheit im Regelfalle höher einzustufen ist als bloße Sachwerte, kann es etwa bei einem Schadenfeuer zulässig sein, Schaulustige, die helfenden Nachbarn im Wege stehen, beiseite zu stoßen und damit körperlich zu »misshandeln« (§ 223).

Wo sich die Rechtsgutsverletzung nicht als sicher, sondern nur als 103 mehr oder weniger wahrscheinlich darstellt, ist – wie § 34 ausdrücklich hervorhebt – schließlich die *Größe der Gefahr* zu berücksichtigen, die abgewendet oder durch die Rettungshandlung geschaffen wird. Gefährdet der Fahrer einer Ambulanz, der einen lebensgefährlich Verletzten ins Krankenhaus zu bringen hat, das Leben anderer Verkehrsteilnehmer, so ist sein Verhalten trotz der Gleichwertigkeit der Rechtsgüter erlaubt, wenn und soweit die abzuwendende Gefahr unverhältnismäßig größer ist als die mit der Rettungshandlung verbundene.

Es fragt sich, ob dieser Gesichtspunkt auch zur Lösung der umstrittenen 104 Fälle beitragen kann, in denen der Täter einzelne von mehreren gleichwertigen Rechtsgütern, die sonst *sämtlich* verloren wären, auf Kosten der übrigen rettet. Droht, nach einem viel zitierten Schulbeispiel, ein bei einer Bergpartie abgestürzter, im Seil hängender Teilnehmer andere mitzureißen, wenn das Seil nicht sofort gekappt wird, so wird die Gefahr beim betroffenen Rechtsgut durch diese Handlung praktisch nicht mehr erhöht, beim geretteten aber höchste Gefahr abgewendet. Ein Teil der Lehre hält die Rettungshandlung deshalb für zulässig, obwohl sie den Tod des Verunglückten herbeiführt[130], während nach überwiegender Ansicht nur ein Schuldausschluss in Betracht kommt (unten § 10 Rn. 122 ff)[131]. Den Ausschlag für diese herrschende Lehre dürfte dabei der Gedanke geben, dass die Schutzwürdigkeit menschlichen Lebens (auch) dann nicht relativiert werden darf, wenn es verloren scheint.

Gerechtfertigt ist das tatbestandsmäßige Verhalten im Falle der Gü- 105 terkollision nur bei Wahrung des »wesentlich« überwiegenden Interesses: bei Rettung des höherrangigen Rechtsgutes, Abwendung der schwereren Verletzung oder der größeren Gefahr. Dass die Wertdiffe-

---

130 *Herzog*, NK, § 34 Rn. 77; *Hirsch*, LK, § 34 Rn. 74; *Otto*, S. 107 ff; *Eb. Schmidt*, SJZ 1949, 565.
131 *Jakobs*, 13/23; *Meißner*, S. 201 f; *Roxin*, § 16 Rn. 33; *Samson*, SK, § 34 Rn. 50; *Schönke/Schröder/Lenckner*, § 34 Rn. 24.

renz eine *wesentliche* sein muss, trägt dem Umstand Rechnung, dass die Rettungshandlung hier, anders als bei der Notwehr, im allgemeinen die Interessen Unbeteiligter trifft; sie soll deshalb nur in klaren Fällen zulässig sein. Bei (annähernder) Gleichwertigkeit der Alternativen scheidet eine Rechtfertigung aus.

106   Der Wert *höchstpersönlicher* Rechtsgüter, wie des Lebens, der körperlichen Unversehrtheit, Ehre usw., wird durch numerische Vervielfachung nicht erhöht. Das gibt den Ausschlag im sog. Weichenstellerfall[132]: Ein Bahnbeamter lenkt einen zu Tal rasenden Güterwagen, der auf einen Personenzug aufzuprallen und dabei den Tod vieler Menschen zu verursachen droht, auf ein Nebengleis um, wo drei zuvor nicht gefährdete Streckenarbeiter getötet werden. Das Leben *eines* oder weniger Menschen ist rechtlich von gleichem Rang wie das Leben vieler; die Handlung bleibt daher rechtswidrig[133]. Das hat auch in den Fällen der sog. *Gefahrengemeinschaft* zu gelten, etwa dann, wenn bei einer durch Hormonbehandlung herbeigeführten Mehrlingsschwangerschaft Embryonen getötet werden müssen, um zu ermöglichen, dass andere überleben: Hier entscheidet, im Unterschied zum Bergsteigerfall (oben Rn. 104), erst der Arzt, welche Nascituri geopfert werden müssen. Daher bleibt nur die Möglichkeit des (übergesetzlichen) Schuldausschlusses (unten § 10 Rn. 122 ff).

107   c) Das Prinzip der Güter- und Gefahrenabwägung gilt freilich nicht uneingeschränkt. § 34 Satz 2 fügt die Klausel hinzu, dass die Tat ein »angemessenes Mittel« sein müsse, die Gefahr abzuwenden. Man kann darüber streiten, ob darin ein selbständiges Korrektiv liegt oder nicht. Jedenfalls werden hier einige zusätzliche Regeln eingeordnet.

108   Über die Interessenabwägung hinaus muss insbesondere berücksichtigt werden, ob der Notstandsakt unmittelbar in die Rechtssphäre eines Unbeteiligten eingreift (und nicht nur allgemein in Drittinteressen) oder sie umgekehrt gerade schützt. Das hat sich in den Spezialfällen des zivilrechtlichen Notstandes und der Notwehr bereits gezeigt (oben Rn. 47, 52, 56) und muss auch bei § 34 gelten. Ein Notstandseingriff in fremde Individualrechtsgüter lässt sich danach, konkreter gesprochen, im allgemeinen nicht schon rechtfertigen, wenn er wesentlich überwiegende, sondern nur, wenn er *unverhältnismäßig* höhere Interessen schützt[134].

---

132 Gebildet von *Welzel*, ZStrW 63 (1951), 51.
133 H. M.; *Jakobs*, 13/21; *Jescheck/Weigend*, S. 361; *Küper*, JZ 1981, 785 ff; *Meißner*, S. 199 f; *Otto*, Pflichtenkollision, S. 107; *Roxin*, § 16 Rn. 29 f; Schönke/Schröder/*Lenckner*, § 34 Rn. 24.
134 *Roxin*, § 16 Rn. 41 f; Schönke/Schröder/*Lenckner*, § 34 Rn. 38.

Im Hinblick auf den Unwert der Verletzung fremder Selbstbestimmung wäre 109
die Rettung des Lebens eines Menschen unter Verletzung der körperlichen Unversehrtheit eines Unbeteiligten (wie im Schulbeispiel gewaltsamer Blutentnahme für eine Transfusion) nicht zu rechtfertigen; das bedrohte Rechtsgut ist
nicht von *unverhältnismäßig* höherem Rang[135]. Anders liegt es natürlich, wenn
der Unbeteiligte dem Eingriff (beispielsweise einer Nierentransplantation) zu-
stimmt, seine Selbstbestimmung also nicht verletzt wird. In der Rücksicht auf
die Selbstbestimmung liegt auch der Grund, weshalb ein Schwangerschaftsabbruch allemal nur zulässig ist, wenn er mit dem Willen der betroffenen Frau
erfolgt (§ 218a II, III).

»Unangemessen« sind Notstandshandlungen aber auch dann, wenn der Be- 110
drohte verpflichtet ist, besondere Gefahren hinzunehmen (wie der Polizist oder
Feuerwehrmann), oder sich gegen sie nur mit bestimmten, rechtlich geregelten
Mitteln zur Wehr setzen darf (wie der Angeklagte in einem Strafverfahren)[136].

Nicht nur wegen der Unvergleichbarkeit mancher Rechtsgüter, sondern auch 111
wegen der Vielfalt der Faktoren, die bei der Güterabwägung eine Rolle spielen,
wird sich häufig – aus *rechtlichen* Gründen! – nicht eindeutig entscheiden lassen, ob das vom Täter wahrgenommene Interesse im *erforderlichen* – wesentlichen – Maße überwiegt (oder ob das nicht der Fall ist). Im Blick auf den Täter
spricht hier alles dafür, ihm solche Unsicherheit der rechtlichen Maßstäbe immerhin dann zugute zu halten, wenn er in Rechtsgüter der Allgemeinheit eingreift. Verletzt die Notstandshandlung notwehrfähige Rechtsgüter, so stellt sich
die Frage allerdings zugleich aus der Perspektive des Betroffenen, zu dessen
Lasten der Zweifel ebenso wenig gehen sollte. Überwiegend wird dem Notstandstäter deshalb hier das Eingriffsrecht abgesprochen[137]. Wo es keine eindeutige rechtliche Lösung gibt, muss bei ihm zumindest aber jeder Schuldvorwurf entfallen (vgl. unten § 10 Rn. 122 ff).

d) Da nicht eine persönliche Zwangslage, sondern die Wahrung des 112
überwiegenden Interesses die Rettungshandlung rechtfertigt, kann jedermann, nicht nur der Bedrohte, sie vornehmen. Das sagt das Gesetz
ausdrücklich (»von sich oder einem anderen«).

---

135 Ganz herrschende, in neuerer Zeit freilich in Zweifel gezogene Lehre; siehe ei-
    nerseits *Hirsch*, LK, § 34 Rn. 68, mit Nachweisen; *Jescheck/Weigend*, S. 364;
    andererseits *Roxin*, § 16 Rn. 43 f; vgl. auch *Jakobs*, 13/25.
136 *Jescheck/Weigend*, aaO; *Samson*, SK, § 34 Rn. 46, 52.
137 *Jakobs*, 13/35; *Küper*, GA 1983, 297; *Roxin*, § 16 Rn. 79; Schönke/Schröder/
    Lenckner, § 34 Rn. 45.

3. Pflichtenkollision

113   Eine Pflichtenkollision ist dann gegeben, wenn zwei (oder mehrere) Pflichten in der konkreten Situation so zusammentreffen, dass keine von ihnen ohne Verletzung der anderen erfüllt werden kann.

114   Innerhalb der Pflichtenkollision trifft die Lehre vielfältige Unterscheidungen[138]. Insbesondere soll nur ein *scheinbarer* Konflikt gegeben sein, wenn er sich allein daraus ergibt, dass eine der beiden Pflichten, die in Wahrheit durch die andere begrenzt wird, zu allgemein *formuliert* worden ist. Die Pflicht des Autofahrers beispielsweise, sich vor dem Linksabbiegen möglichst weit links einzuordnen (§ 9 I 2 StVO), muss zurücktreten, wenn er dabei einer von hinten herannahenden Straßenbahn die Durchfahrt versperren würde (§ 9 I 3 StVO); die Pflicht zum Einordnen besteht in solchem Falle gar nicht. Ein *wirklicher* Konflikt wäre danach nur gegeben, wenn sich die kollidierenden Pflichten nicht gegenseitig beschränken, sondern mit ihrem vollen Anspruch aufeinandertreffen, wie etwa bei der Dorffeuerwehr, die gleichzeitig zu verschiedenen Brandstellen gerufen wird. Doch muss die Lösung beider Arten von Kollisionen nach denselben Grundsätzen erfolgen, ob nun die eine Pflicht die andere begrenzt oder ihr vorgezogen zu werden verdient.

115   Da es auch bei einander widerstreitenden Rechtspflichten unmittelbar oder mittelbar um die Erhaltung von Rechtsgütern geht, stimmt die Pflichten- mit der Güterkollision in der Grundstruktur überein. § 34 erwähnt sie allerdings nicht. Trotzdem steht außer Frage, dass die Rechtfertigung vom *Rangverhältnis* der Pflichten abhängen und die Erfüllung jedenfalls einer höheren Pflicht rechtmäßig sein muss.

116   Die soeben genannte Dorffeuerwehr hat natürlich den größeren oder gefährlicheren Brand zuerst zu bekämpfen, der Arzt, an eine Unfallstelle mit mehreren Verletzten gerufen, Hilfe in der Reihenfolge der Dringlichkeit zu leisten, usw.

117   Der Rang der Pflicht bestimmt sich freilich nicht allein nach dem Gewicht des Rechtsgutes, um das es geht, oder nach dem Ausmaß der drohenden Gefahr, sondern etwa auch nach dem Grade der Verbundenheit zwischen dem Verpflichteten und dem Betroffenen: Eine besondere Obhuts- oder Sicherungspflicht (Garantenpflicht: unten § 13 Rn. 11 ff) beispielsweise wiegt schwerer als allgemeine Hilfeleistungspflichten nach § 323c[139].

118   Umstritten sind die Fälle, in denen *gleichrangige* Pflichten zusammentreffen. Ein Teil der Lehre glaubt, dass hier keine der Pflichten zu-

---

138 *Küper*, Grundfragen, S. 36 f; *Otto*, S. 38 ff.
139 So auch *Roxin*, § 16 Rn. 109; Schönke/Schröder/*Lenckner*, Rn. 75 vor §§ 32 ff; anders *Schmidhäuser*, Stub, 12/64.

rücktreten, keines der bedrohten (gleichwertigen) Rechtsgüter »freigegeben« werden könne, zumindest dann nicht, wenn besondere Schutz- und Rettungspflichten in Frage stehen, wie im Schulbeispiel des Vaters, der nach einem Bootsunfall nur eines seiner vom Ertrinken bedrohten Kinder retten kann; hier soll allein die Schuld des Täters ausgeschlossen sein[140]. Demgegenüber wird man darauf abstellen müssen, dass es dem Täter bei einer Pflichtenkollision *nicht* freisteht, ob er in den Konflikt eingreifen will oder nicht. Er muss wenigstens eine der beiden Pflichten erfüllen. Macht er sich damit auch die Erfüllung der anderen Pflicht unmöglich, so kann sein Verhalten doch, da es einem rechtlichen Gebot entspricht, nicht rechtswidrig sein. Insofern also unterscheidet sich die Pflichten- von der Güterkollision: dass Gleichrangigkeit der kollidierenden Pflichten prinzipiell zur Rechtfertigung führt, Gleichrangigkeit der kollidierenden Güter nicht[141].

Der Zwang zum Eingreifen besteht freilich allein dort, wo beide kollidierende Pflichten auf (Rettungs-)*Handlungen* gerichtet sind, nicht auch dort, wo es bei einer oder beiden nur darum geht, die Verletzung fremder Rechtsgüter zu *unterlassen*. Denn hier ist *nicht* schon entschieden, dass der Täter eingreifen muss. Vielmehr kann sich erst aus der Abwägung der beiderseits auf dem Spiel stehenden Interessen ergeben, wie gehandelt werden darf oder soll. Es müssen also die Regeln der Güterkollision gelten[142]: Kein Arzt darf, um das Leben »seines« Patienten zu retten, in andere als unverhältnismäßig geringerwertige Rechtsgüter Unbeteiligter eingreifen (vgl. oben Rn. 108 f).   119

4. Subjektive Anforderungen

In den subjektiven Voraussetzungen dürften beide Formen des recht-   120 fertigenden Notstandes wieder übereinstimmen. Der Täter muss die Konfliktssituation kennen und, wegen des Wortlauts von § 34 (»*um* die Gefahr abz*u*wenden«), nach verbreiteter Ansicht mit dem Willen zur Wahrung des überwiegenden Interesses bzw. zur Erfüllung der höher- oder gleichrangigen Pflicht handeln[143]. Wer etwa ein vermeintlich nur leicht verletztes Unfallopfer mit überhöhter Geschwindigkeit ins Kran-

---

140 *Gallas*, S. 332; *Jescheck/Weigend*, S. 367.
141 H. M.; eingehend *Küper*, Grundfragen, S. 19 ff, 27 ff.
142 *Küper*, aaO, S. 33 f; *Roxin*, § 16 Rn. 102 f; *Schönke/Schröder/Lenckner*, § 34 Rn. 4, m.w.N.
143 *Hirsch*, LK, § 34 Rn. 45; *Jescheck/Weigend*, S. 329; *Samson*, SK, § 34 Rn. 54; anders *Jakobs*, 11/21; *Roxin*, § 14 Rn. 94 ff; grundsätzlich auch Schönke/Schröder/Lenckner, Rn. 14 vor §§ 32 ff, § 34 Rn. 48.

kenhaus bringt, handelt nicht schon dann rechtmäßig, wenn sich *nachträglich* herausstellt, dass es in Lebensgefahr schwebte.

121   Insbesondere bei der Pflichtenkollision zeigt sich freilich, wie fragwürdig das Erfordernis des *Rettungswillens* ist[144]: Welche Bedeutung soll es haben, wenn man z. B. von einem Arzt, der von zwei Schwerverletzten nur einen retten kann, nicht nur die Kenntnis der Sachlage und die Rettung eines der Opfer verlangt, sondern auch den »Willen«, seine Pflicht zu tun? Hier scheinen in Wahrheit die Handlungsmotive gemeint zu sein, und dem wäre entschieden zu widersprechen (unten Rn. 143).

122   Die Rechtsprechung zum übergesetzlichen Notstand (oben Rn. 94) hat den Täter bei der Güter- oder Pflichtenkollision sogar nur dann rechtfertigen wollen, wenn er »vorher *gewissenhaft geprüft* hat, ob ein Widerstreit rechtlich geschützter Güter vorliege, der *nur* durch Verletzung des einen Gutes gelöst werden könne«[145]. Damit sollte offenbar die leichtfertige Berufung auf angeblichen Notstand abgeschnitten werden. Doch scheitert die Annahme einer Prüfungspflicht schon an der unhaltbaren Konsequenz, dass danach ein Notstandstäter bestraft werden müsste, der die Lage nur äußerst oberflächlich geprüft, trotzdem aber zutreffend beurteilt hat. Überdies geht es beim rechtfertigenden Notstand, wie bemerkt, um die allgemeine Formulierung eines Prinzips, das für verschiedene Sonderfälle (zivilrechtlicher Notstand, Notwehr) seit langem gesetzliche Anerkennung gefunden hat, ohne dass die Rechtfertigung in diesen Fällen jemals von gewissenhafter Prüfung der Sachlage abhängig gemacht worden wäre. Das Prüfungserfordernis ist daher verfehlt[146]. Auch § 34 erwähnt es nicht.

VI. Weitere Rechtfertigungsgründe

123   Die bisher dargestellten Rechtfertigungsgründe bilden nur eine Auswahl. Wenigstens im Überblick seien außerdem, ohne Anspruch auf Vollständigkeit, noch genannt:

1. Amtliches Handeln

a) Eingriffsrechte

124   Das Verhältnis der Unterordnung unter die Hoheitsgewalt des Staates ermächtigt diejenigen, die solche Gewalt ausüben, nicht zu beliebigen

---

144 Kritisch insbesondere *Küper*, Grundfragen, S. 27 ff.
145 BGHSt 2, 111 (114); 3, 7 (9); 14, 1 (2).
146 H. L.; eingehend zuletzt *Rudolphi*, in: GS Schröder, S. 73 ff.

Eingriffen in die Rechtsgüter der ihr Unterworfenen. Das ist für den Rechtsstaat der Gegenwart selbstverständlich. Wohl aber können, kraft solcher Unterordnung, Verhaltensweisen zulässig sein, die im Verhältnis der Gleichordnung verboten wären (wie dies etwa schon für die Androhung von Zwang gilt, die einen belastenden Verwaltungsakt begleitet).

Im Einzelnen sind hier zahlreiche hoheitsrechtliche Befugnisse zu nennen, 125 etwa zu strafprozessualen Zwangsmaßnahmen wie der Verhaftung, der körperlichen Untersuchung, der Hausdurchsuchung oder der Beschlagnahme usw., ferner zur Vollstreckung von Urteilen oder zur Anwendung unmittelbaren Zwanges[147]. Dabei müssen, wie sich aus der Gesetzesbindung der öffentlichen Gewalt (Art. 20 III GG) ergibt, stets die besonderen – vielfach allerdings sehr unbestimmt gefassten – gesetzlichen Voraussetzungen für den Eingriff erfüllt sein. Amtliches Handeln bildet nicht an sich schon einen Rechtfertigungsgrund.

Ob die gesetzlichen Voraussetzungen des Eingriffs vorliegen, kann 126 allerdings zweifelhaft sein. Hier ist zu unterscheiden: Macht das Gesetz die Amtshandlung ohnehin (nur) von einer *Gefahr* oder einem *Verdacht* abhängig, so muss es genügen, wenn die entsprechende Annahme ex ante als begründet anzusehen war, mag sie sich auch nachträglich als gegenstandslos erweisen. Schwieriger liegt es bei den *unbedingten* gesetzlichen Erfordernissen eines Eingriffs. Über sie kann der Amtsträger in *tatsächlicher* Hinsicht irren, wie etwa dann, wenn sich herausstellt, dass der von ihm für eine Blutentnahme angeforderte Arzt (§ 81a StPO) in Wahrheit ein bloßer Medizinalassistent war. In solchem Falle ist der Eingriff nach h. L. jedenfalls dann rechtmäßig, Notwehr des Betroffenen also ausgeschlossen, wenn der Beamte mit pflichtgemäßer Sorgfalt gehandelt hat[148]. Die gegenteilige Lösung wird ganz überwiegend bei einem Irrtum über die *rechtlichen* Voraussetzungen des Eingriffs vertreten[149]: Hier soll der Eingriff auch dann rechtswidrig sein, wenn der Amtsträger eine schwierige Rechtsfrage, wie etwa die nach der Pfändbarkeit einer Sache (§ 811 ZPO), bei pflichtgemäßer Prüfung anders entscheidet, als es später die Gerichte tun.

---

147 Zum polizeilichen Schusswaffengebrauch vgl. BGHSt 26, 99; *Hirsch*, LK, Rn. 150 ff vor § 32.
148 BGHSt 24, 125 (130); ferner Schönke/Schröder/*Lenckner*, Rn. 86 vor §§ 32 ff, m.w.N.; dagegen *Jakobs*, 16/5; *Roxin*, § 17 Rn. 9 ff, ebenfalls m.w.N.
149 Abweichend *v. Bubnoff*, LK, § 113 Rn. 34, m.w.N.; *Stratenwerth* (Lit. unten vor Rn. 127), S. 190.

b) Amtliche oder dienstliche Weisungen

Literatur: Amelung, Die Rechtfertigung von Polizeivollzugsbeamten, JuS 1986, 329 ff; *Hoyer,* Die strafrechtliche Verantwortung innerhalb von Weisungsverhältnissen, 1998; *Lehleiter,* Der rechtswidrige verbindliche Befehl, 1995; *Lenckner,* Der »rechtswidrige verbindliche Befehl« im Strafrecht – nur noch ein Relikt?, in: FS Stree/Wessels, 1993, S. 223 ff; *Stratenwerth,* Verantwortung und Gehorsam, 1958.

127   Tatbestandsmäßiges Verhalten erfolgt oft auf amtliche oder dienstliche Weisung, so dass sich fragt, ob eine solche Weisung das Verhalten auch dann rechtfertigen kann, wenn sie selbst rechtswidrig ist. Das wird auf weite Strecken positivrechtlich entschieden, so etwa wenn ein Befehl, durch dessen Ausführung eine Straftat begangen würde, nach § 11 II 1 SoldatenG nicht befolgt werden darf. In allen übrigen Fällen hängt die Antwort davon ab, ob und inwieweit (auch) eine rechtswidrige Weisung für den Empfänger verbindlich ist, also eine Gehorsamspflicht begründet. Das wird im allgemeinen dann angenommen, wenn sie die formellen Erfordernisse (Zuständigkeit, vorschriebene Form) wahrt und wenn das, was sie verlangt, dem Recht nicht *offensichtlich* widerspricht[150]. In solchem Falle kann der Widerspruch zwischen der Gehorsamspflicht und der Pflicht, nicht gegen die Strafnorm zu verstoßen, nur danach entschieden werden, welche dieser beiden Pflichten als höherrangig einzustufen ist (vgl. oben Rn. 115 ff)[151]: Ist dies nach Lage der Dinge (ausnahmsweise) die Gehorsamspflicht, so bildet die rechtswidrige Weisung nach überwiegender Auffassung einen Rechtfertigungsgrund[152].

c) Behördliche Genehmigung

Literatur: Frisch, Verwaltungsakzessorietät und Tatbestandsverständnis im Umweltstrafrecht, 1993; *Goldmann,* Die behördliche Genehmigung als Rechtfertigungsgrund, 1967; *Heine,* Verwaltungsakzessorietät des Umweltstrafrechts, NJW 1990, 2425 ff; *Lenckner,* Behördliche Genehmigungen und der Gedanke des Rechtsmissbrauchs im Strafrecht, in: FS Pfeiffer, 1987, S. 27 ff; *Rengier,* Die

---

150 Vgl. BGHSt 42, 356 (361 f); 44, 204 (209).
151 *Hoyer,* S. 17; *Stratenwerth,* S. 167 f, 181 ff.
152 *Hirsch,* LK, Rn. 177 vor § 32; *Jakobs,* 16/11, 14; *Jescheck/Weigend,* S. 393 ff; *Kühl,* § 9 Rn. 118d; *Lenckner,* S. 224; *Roxin,* § 17 Rn. 19; Schönke/Schröder/ *Lenckner,* Rn. 89 vor §§ 32 ff, m.w.N.; anders, für bloße Entschuldigung, *Amelung,* S. 337; *Baumann/Weber/Mitsch,* § 23 Rn. 50 ff; *Maurach/Zipf,* § 29 Rn. 7 ff.

öffentlich-rechtliche Genehmigung im Strafrecht, ZStrW 101 (1989), 874 ff; *Winkelbauer*, Zur Verwaltungsakzessorietät des Umweltstrafrechts, 1985; *ders.*, Die behördliche Genehmigung im Strafrecht, NStZ 1988, 201 ff.

Vor allem mit dem Umweltstrafrecht hat die behördliche Genehmi- 128
gung, die in diesem Bereich eine besondere Rolle spielt, steigende Bedeutung erlangt. Der heutige Stand der Diskussion ist, in den Grundzügen, folgender:

Zunächst wird auch bei der behördlichen Genehmigung, wie bei der 129
Einwilligung des Verletzten, danach unterschieden, ob sie bereits die
Tatbestandsmäßigkeit oder erst die Rechtswidrigkeit des entsprechenden Verhaltens ausschließt (oben Rn. 7 ff). Dabei kann hier jedoch, anders als dort, von vornherein nicht der Gesetzeswortlaut maßgebend
sein: Die Behörde ist nicht Träger des geschützten Rechtsgutes, das
Nichteinholen ihrer Genehmigung im Regelfalle nicht das eigentliche
Unrecht. Stattdessen dürfte es darauf ankommen, ob die strafrechtlich
relevante Tätigkeit, *mit* der erforderlichen Genehmigung ausgeführt, als
ein völlig normaler, sozialadäquater Vorgang erscheint oder ob sie auch
dann Ausnahmecharakter aufweist[153]. Ein Beispiel für die erste Variante
bildet das Autofahren mit der nach § 2 StVO erforderlichen Fahrerlaubnis, für die andere das in der Regel verbotene öffentliche Veran-
stalten von Glücksspielen (§ 284). Im Einzelnen kann die Abgrenzung
wiederum unklar sein.

Praktische Bedeutung kann sie allerdings nur bei einer *fehlerhaften* 130
behördlichen Genehmigung erlangen, das heißt bei einer solchen, die
aus tatsächlichen oder rechtlichen Gründen nicht hätte erteilt werden
dürfen oder aber zurückgenommen werden müsste. Über ihre strafrechtliche Wirkung gehen die Meinungen erheblich auseinander. Außer
Frage steht nur, dass eine nach § 44 VwVfG *nichtige* Genehmigung
auch strafrechtlich unbeachtlich ist. Im Übrigen stehen im Wesentlichen
drei Positionen einander gegenüber.

Ein Teil der Lehre möchte die Genehmigung strafrechtlich nur dann als 131
wirksam anerkennen, wenn sie dem materiellen Recht entspricht, sich also gerade *nicht* als fehlerhaft darstellt (sog. Verwaltungs*rechts*akzessorietät)[154]. Diese
Lösung wäre jedoch zumindest dort mit Art. 103 II GG nicht zu vereinbaren,
wo das Gesetz die Strafbarkeit ausdrücklich vom Fehlen der behördlichen Er-

---

153 Im wesentlichen ebenso *Hirsch*, LK, Rn. 160 vor § 32; *Roxin*, § 17 Rn. 44 ff;
Schönke/Schröder/*Lenckner*, Rn. 61 vor §§ 32 ff, m.w.N.
154 Siehe insbesondere *Goldmann*, S. 153, 246.

laubnis oder Genehmigung abhängig macht (wie etwa in §§ 284, 327). Sie führt außerdem zu dem Widerspruch, dass verwaltungsrechtlich erlaubtes Verhalten strafrechtlich als verboten zu gelten hätte. Nach der Gegenposition soll es deshalb allein auf die Maßstäbe des Verwaltungsrechts ankommen: Auch die fehlerhafte, aber wirksame Genehmigung würde danach bis zu ihrer Rücknahme den Tatbestand oder die Rechtswidrigkeit ausschließen (sog. strenge Verwaltungs*akt*akzessorietät)[155]. Gegen diese Lehre wird vor allem eingewandt, dass sie zu Strafbarkeitslücken führen kann, wenn die Genehmigung durch Nötigung, Täuschung oder Bestechung herbeigeführt worden ist. Die überwiegende Meinung geht deshalb dahin, die Genehmigung strafrechtlich als unwirksam zu behandeln, wenn ihr Gebrauch als Rechtsmissbrauch erscheint (sog. eingeschränkte Verwaltungsaktakzessorietät)[156]. Sie nimmt damit freilich um des erwünschten Ergebnisses willen Widersprüche zum Verwaltungsrecht in Kauf.

132   Widerspruchsfrei begründen lässt sich nur eine Lösung, die an die verwaltungsrechtlichen Maßstäbe anknüpft, prinzipiell also auch einer fehlerhaften, nicht geradezu nichtigen Genehmigung tatbestandsausschließende oder rechtfertigende Wirkung zuerkennt. Das dürfte im Blick auf Art. 103 II GG zumindest insoweit unbestreitbar sein, wie der Tatbestand schon nach seinem Wortlaut ein Handeln *ohne* behördliche Erlaubnis oder Genehmigung voraussetzt[157], sofern das Gesetz nicht selbst, wie in § 330d Nr. 5, die durch Drohung, Bestechung oder Kollusion erwirkte oder durch falsche oder unvollständige Angaben erschlichene Genehmigung ausschließt. Aber auch die bloß rechtfertigende behördliche Genehmigung kann durch einen ihr vorangehenden oder in ihrem Gebrauch liegenden Rechtsmissbrauch nicht einfach unbeachtlich werden. Was bleibt, ist allein die Frage, inwieweit sich die im Falle des Rechtsmissbrauchs bestehenden Strafbedürfnisse auf legitime Weise befriedigen lassen: durch Tatbestände (wie etwa §§ 240, 331 ff), die schon die unzulässige Einwirkung auf die Behörde erfassen[158], durch die Haftung für die strafbare Mitwirkung an einem unter Umständen in der Erteilung der Genehmigung liegenden Delikt[159] oder auch durch eine Betrachtungsweise, die den Stellenwert der behördlichen Genehmigung

---

155 Siehe insbesondere *Rengier*, S. 892 ff; ferner *Rogall*, NStZ 1992, 565 f; *Wimmer*, JZ 1993, 70.

156 BGHSt 39, 381 (387); *Lenckner*, S. 37 ff, m.w.N.; *Roxin*, § 17 Rn. 48.

157 Allerdings lässt sich dort, wo das Gesetz die Genehmigung als »erforderlich« bezeichnet, ohne allzu große Schwierigkeiten mit dem Wortsinn vereinbaren, ihr diese Erforderlichkeit bei rechtsmissbräuchlicher Erlangung gerade abzusprechen (*Frisch*, S. 112 ff).

158 Vgl. nur *Rengier*, S. 898 ff.

159 Vgl. *Hirsch*, LK, Rn. 165 vor § 32; *Jakobs*, 17/29a.

verändert: ihr nicht mehr als solcher, sondern allein ihrer Orientierungsfunktion entlastende Wirkung zuschreibt[160]. Diese Frage ist noch nicht ausdiskutiert.

2. Handeln anstelle von Staatsorganen

Zum modernen Staatswesen gehört grundsätzlich das Monopol der Anwendung von Gewalt zur Durchsetzung des Rechts; das Faustrecht ist aufgehoben. Nur im Vorfeld hoheitlicher Zwangsmaßnahmen kann der Einzelne unter Umständen, bei drohender Rechtsvereitelung, vorläufige Maßnahmen treffen.   133

a) Vorläufige Festnahme

Um die *Strafverfolgung* in Fällen eines evidenten Bruchs der Rechtsordnung sicherzustellen, hat jedermann das Recht, einen auf frischer Tat betroffenen oder verfolgten Täter vorläufig festzunehmen, wenn dieser der Flucht verdächtig oder seine Identität nicht sofort feststellbar ist (§ 127 I StPO). Gerechtfertigt wird dabei nur der Eingriff in die persönliche Freiheit des Betroffenen, nicht auch eine körperliche Verletzung zur Vereitelung der Flucht[161]. Auch muss der Festgenommene unverzüglich dem Richter vorgeführt werden, der über die Fortdauer des Freiheitsentzuges zu entscheiden hat (§ 128 StPO).   134

b) Selbsthilfe

Bei *zivilrechtlichen* Ansprüchen ist Selbsthilfe gestattet, wenn ohne sofortiges Eingreifen die Gefahr besteht, dass die Durchsetzung des Rechts vereitelt oder wesentlich erschwert werden könnte und amtliche Hilfe nicht rechtzeitig zu erlangen ist. Zulässig sind, soweit erforderlich, die Wegnahme, Zerstörung oder Beschädigung einer Sache, die Festnahme eines Fluchtverdächtigen und die Beseitigung des Widerstandes des Verpflichteten gegen eine Handlung, die er zu dulden hat (§ 229 BGB). Da kein unmittelbarer Angriff auf die Rechtsordnung droht, darf der Eingriff in die Rechtsgüter des Betroffenen nicht unverhältnismäßig schwer sein[162]. Auch hier gebührt die weitere Verfügung über die Frei-   135

---

160 *Frisch*, S. 60 ff.
161 Schönke/Schröder/*Lenckner*, Rn. 82 vor §§ 32 ff, m.w.N.
162 RGSt 69, 308; *Hirsch*, LK, Rn. 158 vor § 32, m.w.N.

heit eines Festgenommenen oder über eine weggenommene Sache dem Richter (§ 230 BGB).

3. Das Züchtigungsrecht

U. Schneider, Körperliche Gewaltanwendung in der Familie, 1987.

136   Ein Züchtigungsrecht wird heute nur noch *Eltern und Vormündern* im Verhältnis zu minderjährigen Kindern zugesprochen; doch ist es auch in dieser Beziehung umstritten[163]. Diskutiert wird es vor allem unter dem Gesichtspunkt von Eingriffen in die körperliche Integrität Unmündiger: Körperstrafen sollen nach (noch) überwiegender Auffassung zulässig sein, wenn sie aus hinreichendem Anlass erfolgen, maßvoll sind und erzieherische Zwecke verfolgen[164]. Dabei verengen sich allerdings zunehmend die Grenzen dessen, was noch als »maßvoll« gelten kann. Von Bedeutung bleibt das Züchtigungsrecht von Eltern und Vormündern aber in jedem Falle bei einem Tatbestand wie dem der Freiheitsberaubung (§ 239), wenn etwa »Hausarrest« verhängt wird, und das Erziehungsrecht auch in Bezug auf Tatbestände wie den des Hausfriedensbruchs (§ 123) oder der Verletzung des Briefgeheimnisses (§ 202).

137   Ein Züchtigungsrecht des *Lehrers* gegenüber seinen Schülern lässt sich, angesichts veränderter Anschauungen, nicht mehr auf Gewohnheitsrecht stützen; damit hat es jede Grundlage verloren[165]. Erst recht haben beliebige Dritte, im Verhältnis zu *fremden* Kindern, keinerlei Befugnis zu körperlicher Züchtigung. Auch die mutmaßliche Einwilligung der (abwesenden) Eltern kann hier nicht helfen[166], da der tatbestandliche Eingriff nicht ihr Erziehungsrecht, sondern die körperliche Unversehrtheit des Unmündigen betrifft.

---

163 Nachweise etwa bei *Schneider*, S. 202.
164 *Hirsch*, LK[10], § 223 Rn. 22; *Horn*, SK, § 223 Rn. 13; *Jakobs*, 16/33; *Jescheck/ Weigend*, S. 397; *Roxin*, § 17 Rn. 34 f; im Ergebnis auch Schönke/Schröder/ *Eser*, § 223 Rn. 20.
165 H. M.; eingehend *Hirsch*, LK[10], § 223 Rn. 24; anders noch BGHSt 11, 241 (247 ff); 14, 52 (53); offen gelassen aber bereits in BGH, NJW 1976, 1949.
166 Vgl. aber *Maurach/Zipf*, § 28 Rn. 31.

B. Die subjektiven Elemente der Rechtfertigung

Literatur: Alwart, Der Begriff des Motivbündels im Strafrecht, GA 1983, 433 ff; *Gallas*, Zur Struktur des strafrechtlichen Unrechtsbegriffs, in: FS Bockelmann, 1979, S. 155 ff; *Herzberg*, Handeln in Unkenntnis einer Rechtfertigungslage, JA 1986, 190 ff; *Loos*, Zum Inhalt der subjektiven Rechtfertigungselemente, in: FS Oehler, 1985, S. 227 ff; *Rohrer*, Über die Nichtexistenz subjektiver Rechtfertigungselemente, JA 1986, 363; *Rudolphi*, Inhalt und Funktion des Handlungsunwertes im Rahmen der personalen Unrechtslehre, in: FS Maurach, 1972, S. 51 ff; *Waider*, Die Bedeutung der Lehre von den subjektiven Rechtfertigungselementen, 1970.

Bei der Darstellung der einzelnen Rechtfertigungsgründe ist das Erfordernis subjektiver Elemente der Rechtfertigung wiederholt vermerkt worden. Welcher Art solche Elemente sind, weshalb und in welchem Umfang es ihrer bedarf und wie zu urteilen ist, wenn sie fehlen, muss jedoch noch genauer untersucht werden.   138

I. Grundsätzliche Anforderungen

Gleichzeitig mit den subjektiven Unrechtselementen (oben § 8 Rn. 55) 139 haben sich auch die subjektiven Rechtfertigungselemente schrittweise Anerkennung verschafft. Heute wird nur vereinzelt noch bestritten[167], dass die (volle) Rechtfertigung tatbestandsmäßigen Verhaltens in *allen* Fällen von der Kenntnis der unrechtsausschließenden Sachlage, vielleicht auch von einem bestimmt gearteten Willen des Täters abhängt, jedenfalls bei vorsätzlichem Handeln.

Diese Lehre kann nicht mehr allein auf den Wortlaut einzelner Bestimmun- 140 gen (§ 32: »Verteidigung«; § 34 [und § 228 BGB]: »um ... abzuwenden«; § 229 BGB: »zum Zwecke der Selbsthilfe«, usw.) gestützt werden. Sie findet ihre allgemeine Begründung darin, dass die *objektiven* Elemente der Rechtfertigung immer nur den in der Verwirklichung des objektiven Tatbestandes liegenden *Erfolg*sunwert des Verhaltens aufzuheben oder aufzuwiegen vermögen. Was bei Unkenntnis der objektiven Rechtfertigungslage bleibt, ist die Betätigung eines Verwirklichungswillens, der sich auf tatbestandsmäßiges Unrecht richtet: der *Handlungs*unwert. Dieser Handlungsunwert kann seinerseits nur entfallen, wenn der Wille des Täters auch die Sachverhaltsmomente umschließt, die das

---

167 So vor allem von *Spendel*, LK, § 32 Rn. 138 ff; siehe auch *Rohrer*, S. 363 ff.

Verhalten objektiv als rechtmäßig erscheinen lassen, und also mit der Rechtsordnung im Einklang ist[168].

141   Bilden die subjektiven Rechtfertigungselemente das Gegenstück zu den subjektiven Elementen des Tatbestandes, so bestätigt sich zunächst, dass sie im Bereich der Vorsatzdelikte zu *jedem* Rechtfertigungsgrund gehören. Es gibt hier keinen vollen Ausschluss des Unrechts allein durch objektive, dem Täter unbekannte Umstände.

142   Sodann aber sind wesentliche Folgerungen auch für die Frage zu ziehen, welcher *Art* die subjektiven Rechtfertigungselemente sein müssen.

143   Teilweise wird die bloße *Kenntnis* der objektiven Voraussetzungen einer Rechtfertigung nicht als ausreichend angesehen, sondern außerdem eine bestimmte *Willensrichtung* verlangt: Der Täter müsse »zur Ausübung« der ihm durch die rechtfertigende Situation »verliehenen Befugnis« oder »zur Erfüllung« der ihm durch sie auferlegten Pflicht gehandelt haben[169]. Soweit die Rechtfertigung nach solchen oder ähnlichen Formulierungen von den Motiven des Täters abhängen soll, werden Kriterien der sittlichen Bewertung unzulässigerweise in den Bereich des Rechts übertragen. Wie aus rechtsstaatlichen Gründen seit der Aufklärung prinzipiell anerkannt wird, ist das Motiv desjenigen, der sich mit seinem Handeln objektiv in den Grenzen des Rechts hält, *rechtlich* stets belanglos. Deshalb kann es auf den Beweggrund etwa einer wahrheitsgemäßen, zu rechtmäßiger Verurteilung führenden Denunziation nicht ankommen[170]. Für objektiv gerechtfertigtes Handeln muss Entsprechendes gelten. Es sind auch keine praktischen Gründe ersichtlich, weshalb man beispielsweise bei der rechtfertigenden Einwilligung die Kenntnis von ihrem Vorhandensein nicht genügen lassen, sondern eine motivierende Einwirkung fordern sollte (vgl. oben Rn. 27). Ebenso wenig kann es in der Regel auf die *Absichten* des Täters ankommen. Wer sich in einer Notwehrlage verteidigt, befindet sich auch dann in äußerer Übereinstimmung mit dem Recht, wenn ihm nichts an der Abwehr des Angriffs, wohl aber an der Verletzung des Angreifers liegt; dass er den Verteidigungszweck verfolgt (oben Rn. 90), ist demnach entbehrlich. Nicht anders liegt es beim rechtfertigenden Notstand in Bezug auf die Forderung, der Täter müsse die Rettung des höherwertigen Rechtsgutes *bezweckt* haben (oben Rn. 120 f): Will man wirklich einen Arzt bestrafen, dem das Schicksal des Verunglückten, dem er unter Verletzung von Verkehrsvorschriften zu Hilfe eilt, gleichgültig ist, nicht aber das Honorar, das ihm die Hilfe einträgt? Das scheint hier freilich sogar der Wortlaut von § 34 zu gebieten, wenn er verlangt, dass der Notstandstäter gehandelt haben müsse, »um« die Gefahr abzuwenden. Aber

---

168 Eingehend *Frisch*, in: FS Lackner, 1987, S. 115 ff; *Puppe*, in: FS Stree/Wessels, 1993, S. 183 ff.
169 *Jescheck/Weigend*, S. 328, mit Nachweisen.
170 BGHSt 3, 110 (113 ff); vgl. BGHSt 40, 125 (134 f); 42, 275 (277 f; ferner *Rudolphi*, S. 57 f; *Welzel*, S. 105.

diese Interpretation ist nicht zwingend[171], und selbst wenn sie es wäre, läge darin nicht mehr als eine positivrechtliche Ausnahme.

Bestimmt man die Anforderungen an die subjektiven Elemente der 144 Rechtfertigung im Blick auf ihre Aufgabe, den Handlungsunwert des Verhaltens auszuschließen, so muss im allgemeinen genügen, dass der Täter in *Kenntnis* der rechtfertigenden Sachlage handelt. Genauer ist zu sagen: Soweit der Täter die objektiven Voraussetzungen der Rechtfertigung *sicher* für gegeben hält, kann sein Wille nicht zugleich auf die Verwirklichung des bloßen Unrechtstatbestandes gerichtet sein, nicht einmal auf eine solche Möglichkeit. Soweit der Täter dagegen nur für *möglich* hält, dass die objektiven Elemente der Rechtfertigung vorliegen, muss er auf ihr Vorhandensein zumindest vertrauen; dann kann er die Verwirklichung des bloßen Unrechtstatbestandes nicht zugleich in Kauf nehmen (vgl. oben § 8 Rn. 117). Die subjektiven Erfordernisse der Rechtfertigung bilden, so gesehen, das genaue Gegenstück zum Vorsatz. Weitergehende Anforderungen sind, sofern sie nicht der Gesetzeswortlaut erzwingen sollte, im Regelfalle unbegründet[172].

Vereinzelt kann allerdings die *Struktur* des Rechtfertigungsgrundes zu einem 145 anderen Ergebnis führen, insbesondere dort, wo das (höhere) Interesse, das die tatbestandsmäßige Handlung rechtfertigen soll, gar nicht *gewahrt* wird, wenn der Täter nicht einen bestimmten Zweck verfolgt. So hängt die Rechtfertigung insbesondere bei der vorläufigen Festnahme (§ 127 StPO) davon ab, dass sie erfolgt, *um* den Betroffenen der Strafverfolgung zu überliefern[173]. Von der auf solche Zwecke gerichteten Absicht, die hier zu fordern ist, sind aber immer noch die Beweggründe des Täters zu unterscheiden (oben § 8 Rn. 143), die außer Betracht zu bleiben haben. Streitig ist die Frage dagegen beim Züchtigungsrecht. Doch sprechen auch hier gute Gründe für die Annahme, dass eine körperliche »Misshandlung«, soll sie überhaupt zulässig sein, von vornherein jede erzieherische Wirkung verfehlt, wenn der Täter keinen erzieherischen Zweck verfolgt, sondern beispielsweise nur seinem Sadismus freien Lauf lässt[174].

---

171 Siehe *Loos*, S. 236; *Roxin*, § 14 Rn. 97; *Waider*, S. 93 f.
172 So die heute überwiegende Lehre, siehe *Frisch*, aaO, S. 134 ff; *Jakobs*, 11/21; *Roxin*, § 14 Rn. 94 ff; Schönke/Schröder/*Lenckner*, Rn. 14 vor §§ 32 ff; jeweils m.w.N.
173 Dazu *Lampe*, GA 1978, 7 ff; den Ausnahmecharakter leugnen auch hier *Frisch*, aaO, S. 145 ff; *Jakobs*, 11/21; *Loos*, S. 237 ff; *Roxin*, § 14 Rn. 100.
174 *H.-J.Bruns*, JZ 1957, 417; wie hier auch *Günther*, SK, Rn. 94 vor § 32; *Hirsch*, LK[10], § 223 Rn. 30; *Horn*, SK, § 223 Rn. 14; anders *Jakobs*, 16/33; *Roxin*, § 17 Rn. 35; Schönke/Schröder/*Eser*, § 223 Rn. 24.

II. Praktische Folgerungen

146   Gehören bestimmte subjektive Elemente zu den Voraussetzungen der Rechtfertigung jedenfalls der vorsätzlichen Verwirklichung eines Straftatbestandes, so ist damit schon gesagt, dass das Verhalten nicht rechtmäßig sein kann, wenn sie fehlen. Doch bleibt dann immer noch die Frage, ob sich das Delikt hier, sofern zumindest die objektiven Voraussetzungen der Rechtfertigung erfüllt sind, als *vollendet* oder aber nur als *versucht* darstellt (vgl. oben Rn. 28).

147   Als Beispiel diene etwa der Fall, dass der Täter eine fremde Katze abschießt, ohne bemerkt zu haben, dass sie in seinem Fischweiher wilderte. Dass er hier wegen *vollendeter* Sachbeschädigung (§ 303) bestraft werden müsse, wird vor allem auf zwei Argumente gestützt. Erstens soll die Rechtswidrigkeit beim Eingreifen eines Rechtfertigungsgrundes nur deshalb entfallen, weil der »Täter die objektiven und subjektiven Merkmale eines Ausnahmesatzes realisiert«, zum anderen Versuch deshalb ausgeschlossen sein, weil »der tatbestandsmäßige Erfolg« hier allemal vorliegt[175]. Das erste Argument unterstellt jedoch, was gerade zu beweisen wäre: dass es allein auf den Fortbestand des Handlungsunwertes ankommt, der Fortfall des Erfolgsunwertes hingegen gleichgültig ist. Zum anderen besteht hier am Eintritt des tatbestandsmäßigen Erfolges allerdings kein Zweifel – im Beispielsfalle *wird* die Katze getötet, also eine fremde »Sache« zerstört –, und deshalb handelt es sich in der Tat *formal* nicht um einen Versuch, bei dem es daran eben fehlt. Sachlich aber, im Hinblick auf den Unrechtsgehalt der Tat, stimmen der Versuch und die nur objektiv gerechtfertigte Tatbestandsverwirklichung im wesentlichen überein: Beide Male ist allein der Handlungsunwert gegeben, der Erfolgsunwert nicht – sei es, dass kein rechtlich geschütztes Interesse verletzt, sei es, dass die Verletzung durch überwiegende Interessen aufgewogen wird.

148   Im Ergebnis verdient folglich die Anwendung der für den *Versuch* geltenden Regeln den Vorzug, wobei formalen Bedenken dadurch Rechnung getragen werden mag, dass man von einer *Analogie* (zu Gunsten des Täters) spricht[176].

149   Anders liegt es wiederum nur dort, wo allein die Verfolgung eines bestimmten *Zweckes* die Rechtfertigung vermittelt (oben Rn. 145). Hier kann von einer objektiv rechtfertigenden Sachlage keine Rede sein, bleibt also das Unrecht voll bestehen, wenn jener Zweck nicht verfolgt wird: Die vorläufige Festnahme zum

175 *Hirsch*, LK, Rn. 61 vor § 32.
176 H.L.: BGHSt 38, 144 (155 f); *Frisch*, aaO, S. 138 ff; *Jakobs*, 11/23; *Jescheck/ Weigend*, S. 330; *Roxin*, § 14 Rn. 101 f; Schönke/Schröder/*Lenckner*, Rn. 15 vor §§ 32 ff, m.w.N.; abweichend aber auch *Alwart*, S. 454 f; *Köhler*, S. 323 f; *Schmidhäuser*, StuB, 6/24; *Zielinski*, S. 262 ff.

Zweck eigenmächtiger »Bestrafung« des Betroffenen bleibt eine *vollendete* Freiheitsberaubung, auch wenn eine vorläufige Festnahme nach Lage der Dinge an sich zulässig wäre[177].

C. Die irrige Annahme einer objektiven Rechtfertigungslage

Literatur: Dreher, Der Irrtum über Rechtfertigungsgründe, in: FS Heinitz, 1972, S. 207 ff; *Engisch,* Tatbestandsirrtum und Verbotsirrtum bei den Rechtfertigungsgründen, ZStrW 70 (1958), 566 ff; *Frisch,* Grund- und Grenzprobleme des sog. subjektiven Rechtfertigungselements, in: FS Lackner, 1987, S. 113 ff; *Gössel,* Überlegungen zum Verhältnis von Norm, Tatbestand und Irrtum über das Vorliegen eines rechtfertigenden Sachverhaltes, in: FS Triffterer, 1996, S. 93 ff; *Grünwald,* Zu den Varianten der eingeschränkten Schuldtheorie, in: GS Noll, 1984, S. 183 ff; *Hirsch,* Die Lehre von den negativen Tatbestandsmerkmalen, 1960; *Arthur Kaufmann,* Die Irrtumsregelung im Strafgesetz-Entwurf 1962, ZStrW 76 (1964), 543 ff; *Krümpelmann,* Die strafrechtliche Behandlung des Irrtums, in: Jescheck (Hrsg.), Deutsche strafrechtliche Landesreferate zum X. Internationalen Kongress für Rechtsvergleichung, 1978, S. 6 ff; *Schroth,* Vorsatz und Irrtum, 1998.

Dass die objektiven Elemente der Rechtfertigung gegeben sind, nicht aber die subjektiven, ist nur *ein* Fall der Inkongruenz beider Seiten des Unrechtsausschlusses. Auch die umgekehrte Konstellation kann auftreten, dass nur die subjektiven Elemente der Rechtfertigung gegeben sind, nicht aber die objektiven. Hier wäre das Verhalten, ginge es nach der Vorstellung und dem Willen des Täters, rechtmäßig; die rechtfertigende Sachlage fehlt jedoch. Man spricht von *Putativrechtfertigung* oder auch von einem *Erlaubnistatbestandsirrtum.*   150

Der Täter kann zum Beispiel annehmen, dass der Betroffene dem tatbestandsmäßigen Eingriff in seine Rechtsgüter zugestimmt habe (Putativeinwilligung), dass ein anderer im Begriff sei, ihn rechtswidrig anzugreifen (Putativnotwehr) oder dass ein überwiegendes Interesse nur durch tatbestandsmäßiges Handeln gerettet werden könne, etwa bei dem Verunglückten, zu dem er als Arzt gerufen wird, akute Lebensgefahr bestehe, so dass besondere Eile geboten sei (Putativnotstand), usw.   151

---

177 *Lampe,* aaO, S. 12; *Roxin,* § 14 Rn. 103; Schönke/Schröder/*Lenckner,* Rn. 16 f vor §§ 32 ff; ähnlich, aber weitere Rechtfertigungsgründe einbeziehend, auch *Gallas,* S. 172 ff.

152   Von vornherein *nicht* in diesen Zusammenhang gehören die Fälle, in denen der Täter glaubt, durch einen Rechtfertigungsgrund gedeckt zu sein, den es gar nicht oder doch im vermeintlichen Umfang nicht gibt, wie beispielsweise bei der Annahme (entgegen § 216), die Tötung auf Verlangen sei gestattet, oder (entgegen § 32), man dürfe den in flagranti ertappten Ehebrecher töten, oder (entgegen § 5 WehrstrafG), der Befehl des militärischen Vorgesetzten rechtfertige die Ausführung auch einer als solche erkannten Straftat, usw. Solcher Glaube enthält in Wahrheit nicht die subjektiven Elemente eines *wirklichen* Rechtfertigungsgrundes, die ja doch stets dessen objektiven Elementen entsprechen müssen, sondern bildet einen reinen Wertungsirrtum (Verbotsirrtum; unten § 10 Rn. 70 f).

153   Wie die irrige Annahme der objektiven Rechtfertigungslage dogmatisch einzuordnen und zu beurteilen ist, gehört noch immer zu den umstrittensten Fragen der strafrechtlichen Irrtumslehre. Dabei geht es im Wesentlichen um eine Entscheidung über die »richtigen« Rechtsfolgen: ob hier eher die Regeln für die Behandlung des Tatbestandsirrtums (§ 16) oder die des Verbotsirrtums (§ 17) Anwendung finden sollten. Der Gesetzgeber hat sich einer Stellungnahme bei der Neufassung des Allgemeinen Teils im Jahre 1975 bewusst enthalten.

154   Den Ausgangspunkt des Streites hat die Kontroverse zwischen Vorsatz- und Schuldtheorie gebildet (dazu unten § 10 Rn. 75 ff). Nach der Vorsatztheorie sollten Tatbestands- und Verbotsirrtum und mithin auch die irrige Annahme einer rechtfertigenden Sachlage ohnehin sämtlich den Vorsatz ausschließen und, wenn vermeidbar, allenfalls noch eine Fahrlässigkeitshaftung begründen. Innerhalb der Schuldtheorie hingegen gingen die Meinungen von vornherein darüber auseinander, ob nur der *reine* Wertungsirrtum nach den Regeln des heutigen § 17 behandelt werden sollte oder aber *jeder* Irrtum über die Rechtswidrigkeit, eben auch die irrige Annahme einer rechtfertigenden Sachlage (*eingeschränkte* bzw. *strenge Schuldtheorie*).

155   Die Lösung der eingeschränkten Schuldtheorie, den Erlaubnistatbestandsirrtum wie einen Irrtum über Tatumstände, also nach § 16, zu behandeln, kann ihrerseits unterschiedlich begründet werden. Sie ergibt sich zum ersten zwingend aus der Lehre, die (objektiven) Voraussetzungen der Rechtfertigung seien *negative Tatbestandsmerkmale* (oben § 7 Rn. 12): Wenn deren Vorliegen die Tatbestandsmäßigkeit des Verhaltens ebenso aufhebt wie das Fehlen »positiver« Tatbestandsmerkmale, dann ist es nur folgerichtig, den Irrtum bezüglich beider Arten von Tatumständen gleich zu behandeln[178]. Man kann sich zum zweiten auch schlicht und einfach auf den Umstand stützen, dass die Putativrechtfertigung mit dem Tatbestandsirrtum darin übereinstimmt, dass sich der Wille des Täters auf die Verwirklichung eines Sachverhaltes richtet, den zu verwirklichen

---

178 So u. a. *Arthur Kaufmann*, S. 564 f.

rechtmäßig ist: Beide Male sind »die Gedanken des Täters über Recht und Unrecht konform ... mit der Rechtsordnung selbst«[179]. Von hier aus liegt es nahe, die irrige Annahme einer rechtfertigenden Sachlage zumindest *entsprechend* § 16 zu behandeln. Und man kann drittens zwar die Eigenständigkeit dieses Irrtums betonen und ihm keine vorsatzausschließende Wirkung beilegen, trotzdem aber die Anwendung von § 16 vom *Ergebnis* her für richtig halten (sog. *rechtsfolgenverweisende Schuldtheorie*)[180].

Die strenge Schuldtheorie hat demgegenüber vor allem geltend gemacht, dass 156 es sachlich unangemessen sei, den Erlaubnistatbestandsirrtum dem Irrtum über Tatumstände gleichzustellen: Der Täter wisse hier um die Erfüllung des Tatbestandes, was ihm, da sich tatbestandsmäßiges Verhalten zumeist immerhin als *irregulär* darstellt, »die Impulse gibt oder geben sollte, die Annahme eines rechtfertigenden Sachverhaltes nachzuprüfen«[181]. Der Irrtum soll daher nicht den Vorsatz, sondern, wenn er unvermeidbar war, nur die Schuld ausschließen und die Strafe sonst allenfalls nach § 17 Satz 2 gemildert werden können. Damit entfällt beim vermeidbaren Irrtum auch die mit der Anwendung von § 16 verbundene, hier als sachwidrig empfundene Beschränkung auf das Vorhandensein einer Fahrlässigkeitsstrafdrohung.

Für die Entscheidung zwischen den beiden Grundpositionen dürfte 157 zunächst wesentlich sein, dass es zwischen der Einschränkung des tatbestandsmäßigen Verhaltens auf die Herbeiführung unerlaubter Risiken (oben § 8 Rn. 26 ff) und dem auf besonderen Rechtfertigungsgründen beruhenden Unrechtsausschluss *keine* scharfe Grenze gibt. Die irrige Annahme von Umständen aber, die etwa das Tatbestandskorrektiv der Sozialadäquanz eingreifen ließen, kann nichts anderes sein als ein Tatbestandsirrtum. Es wäre ungerecht, sachlich gleichliegende Fälle des Rechtfertigungsirrtums nach den sehr viel strengeren Regeln zu behandeln, die für den Verbotsirrtum gelten (unten § 10 Rn. 80). Das gilt umso mehr, als Tatbestands- und Unrechtsausschluss auch bei den besonderen Rechtfertigungsgründen, wie das Beispiel der Einwilligung zeigt (oben Rn. 7 ff), nicht überall scharf zu trennen sind. Die These von der selbständigen Bedeutung der Wertungsstufe der Tatbestandsmäßigkeit (oben § 7 Rn. 11) erweist sich damit, soll sie ausnahmslos gelten, als unzulässige Verallgemeinerung. Sie liefert keinen zureichenden Grund, die Annahme einer rechtfertigenden Sachlage dem Verbotsirrtum gleichzustellen. Selbst dort aber, wo – wie bei der Notwehr – das tatbestands-

---

179 *Engisch*, S. 600; so u. a. auch *Roxin*, § 14 Rn. 62.
180 So zuerst *Gallas*, ZStrW 67 (1955), 45 Fn. 89; ferner *Dreher*, S. 223 ff; *Jescheck/ Weigend*, S. 464 f; weitgehend auch *Krümpelmann*, S. 47 ff; ähnlich *Jakobs*, 11/58.
181 *Welzel*, S. 168; eingehend *Hirsch*, S. 278 ff; ferner u. a. *Gössel*, S. 98 f.

mäßige Verhalten zumeist Ausnahmecharakter hat, stimmt die Einstellung etwa eines überängstlichen Täters, der bei seiner nächtlichen Heimkehr den »Überfall« eines harmlosen Passanten mit der Pistole abwehrt, immer noch eher mit der eines leichtfertigen Schützen überein, als mit der eines Gewaltverbrechers, der bedenkenlos von der Schusswaffe Gebrauch macht. Das heißt, dass die nähere Verwandtschaft zum Tatbestands-, nicht zum Verbotsirrtum besteht: Die irrige Annahme einer objektiven Rechtfertigungslage sollte die Bestrafung wegen vorsätzlicher Begehung des Deliktes ausschließen[182].

158 Nur diese Lösung steht auch in Einklang mit der Tatsache, dass die Annahme einer Rechtfertigungslage regelmäßig die – auf den Vorsatz als ihr Gegenstück bezogene – subjektive Seite der Rechtfertigung uneingeschränkt erfüllt. Der Vorsatz wird dadurch zwar nicht in *dem* Sinne ausgeschlossen, dass dem Täter der auf den Tatbestand bezogene Verwirklichungswille fehlen würde; auch wer in Notwehr tötet, tötet willentlich. (Darauf stützt sich die rechtsfolgenverweisende Schuldtheorie.) Wohl aber wird der sonst durch den Vorsatz begründete *Handlungsunwert* aufgehoben, wenn der Täter von einer rechtfertigenden Sachlage ausgeht. Ebenso wie die objektiven Elemente der Rechtfertigung den Erfolgsunwert ausschließen oder aufwiegen (oben Rn. 140), so die subjektiven Elemente der Rechtfertigung den Handlungsunwert (des Vorsatzdeliktes). Wo *nur* die subjektive Seite der Rechtfertigung gegeben ist, bleibt der Erfolgsunwert bestehen und damit der Anknüpfungspunkt für eine Fahrlässigkeitshaftung.

159 Hätte der Täter den Irrtum über die rechtfertigende Sachlage bei pflichtgemäßer Sorgfalt vermeiden können, so kommt, bei entsprechender Anwendung von § 16 I 2, nur eine Bestrafung wegen fahrlässiger Deliktsbegehung in Betracht, und dies auch nur dort, wo die fahrlässige Begehung mit Strafe bedroht ist (oben § 8 Rn. 83). Darin vor allem wird eine Schwäche der eingeschränkten Schuldtheorie gesehen: Die Auswahl der Delikte, bei denen Fahrlässigkeit unter Strafe steht, ist nicht im Blick auf mögliche Irrtümer über eine Rechtfertigungslage erfolgt, die praktisch bei allen Tatbeständen denkbar sind. Hieraus ergeben sich gewisse Strafbarkeitslücken. Doch ist dieser Nachteil eher hinzunehmen als die Konsequenz der strengen Schuldtheorie, dass prinzipiell rechtstreue Täter wegen vorsätzlicher Deliktsbegehung zu verurteilen sind.

---

182 H. L.: BGHSt 31, 264 (286 f); Schönke/Schröder/*Cramer*, § 16 Rn. 14 ff, m.w.N.; Schönke/Schröder/*Lenckner*, Rn. 21 vor §§ 32 ff.

Auch sind jene Strafbarkeitslücken längst nicht so gravierend, wie gelegent- 160
lich behauptet worden ist[183]; sonst hätten sie sich in der Praxis längst zeigen
müssen. Abhilfe könnte im übrigen nur eine gesetzliche Regelung der Putativrechtfertigung schaffen, wie sie gelegentlich gefordert worden ist[184]. Stattdessen
in den Fahrlässigkeitsfällen schon nach geltendem Recht eine Strafmilderung
nur nach § 49 vorzunehmen, wie vereinzelt vorgeschlagen worden ist[185], würde
hinsichtlich der Obergrenze des Strafrahmens eine unangemessene Härte bedeuten, auch dann, wenn man die Analogie auf Abs. 2 der Vorschrift – trotz deren ausdrücklichem Gesetzesvorbehalt! – glaubt erstrecken zu können. De lege
lata gibt es folglich keine dogmatisch »einwandfreie« Lösung, die ohne Rest
aufginge, so dass, soll nicht Doktrinarismus betrieben werden, nur die offene,
auch die Folgen einbeziehende Abwägung der Lösungsmöglichkeiten bleibt.

§ 10 Die Schuld

Dass jemand tatbestandsmäßig und dass er rechtswidrig gehandelt hat, 1
reicht – wie schon erörtert (oben § 7 Rn. 24 ff) – nicht aus, um eine Bestrafung zu rechtfertigen. Vielmehr kann das mit der Strafe verbundene
Unwerturteil allenfalls dort ausgesprochen werden, wo wir dem Täter
überdies den Vorwurf machen können: er habe im Augenblick der Tat
die Möglichkeit gehabt, sich anders, nämlich zum rechtlich Gebotenen
zu bestimmen. Auch davon war schon die Rede, dass richterlichem Urteil immer nur die Vorbedingungen solcher Freiheit in Gestalt von
Schuldfähigkeit, (virtueller) Verbotskenntnis und Zumutbarkeit zugänglich sind. Diese Voraussetzungen der Schuld werden nun näher
dargestellt. Entwicklung und Stand der strafrechtlichen Schuldlehre erfordern freilich noch einige Vorbemerkungen.

183 *Hirsch*, S. 336 ff; anders *Jakobs*, 11/56; *Roxin*, § 14 Rn. 66 f.
184 So insbesondere *Dreher*, S. 226 ff.
185 *Krümpelmann*, S. 50 f.

A. Der strafrechtliche Begriff der Schuld

Literatur: Achenbach, Historische und dogmatische Grundlagen der strafrechtssystematischen Schuldlehre, 1974; *Frister,* Die Struktur des »voluntativen Schuldelements«, 1993; *Jakobs,* Schuld und Prävention, 1976; *Schöneborn,* Grenzen einer generalpräventiven Rekonstruktion des strafrechtlichen Schuldprinzips, ZStrW 92 (1980), 682 ff; *Arthur Kaufmann,* Das Schuldprinzip, 2. Aufl. 1976; *Roxin,* Zur jüngsten Diskussion über Schuld, Prävention und Verantwortlichkeit im Strafrecht, in: FS Bockelmann, 1979, S. 279 ff; *Stratenwerth,* Die Zukunft des strafrechtlichen Schuldprinzips, 1977; *Streng,* Schuld ohne Freiheit? Der funktionale Schuldbegriff auf dem Prüfstand, ZStrW 101 (1989), 273 ff.

2 Erst gegen Ende des 19. Jahrhunderts ist der strafrechtsdogmatische Begriff der Schuld eindeutig gegen den der Rechtswidrigkeit abgegrenzt worden. In dieser Form hat er in das von *v. Liszt* und *Beling* entwickelte dreigliedrige Verbrechenssystem Eingang gefunden. Damit war, wie schon ausgeführt (oben § 8 Rn. 47), zunächst das Dogma verbunden, dass die *Schuld* ausschließlich durch *subjektive* Momente begründet werde: »Schuld besteht in der psychischen Beziehung des Täters zur Tat in ihrer objektiven Bedeutung, im seelischen Spiegelbild von der Wirklichkeit«[1]. Der entsprechende Schuldbegriff wird demgemäß ein **psychologischer** genannt. Eigentlicher Kern der Schuld sollen der Vorsatz oder die Fahrlässigkeit als die beiden verschiedenen Arten der psychischen Beziehung des Täters zur Tat sein. Weitere Erfordernisse finden keinen rechten Platz: Da die Schuldfähigkeit nicht zum subjektiven Spiegelbild der Tat gehört, kann sie nicht als Bestandteil, sondern nur als »Voraussetzung« der Schuld etikettiert werden; die Zumutbarkeit erscheint überhaupt noch nicht als Element der Schuld.

3 Diesem psychologischen Schuldbegriff sind freilich schon um die Wende zum 20. Jahrhundert Auffassungen entgegengetreten, für die der Begriff der Schuld nicht nur psychische Gegebenheiten, sondern auch normative Momente umschloss[2]. Großen Einfluss hat dabei eine Abhandlung von *Frank* erlangt, die unter anderem auf den entschuldigenden Notstand (unten Rn. 102 ff) verwies[3]: Da der Täter hier möglicherweise vorsätzlich und doch nicht schuldhaft handelt, ist mit dem bloßen Vorhandensein bestimmter psychischer Fakten über die Schuld offenbar

---

1 *Beling,* Die Lehre vom Verbrechen, 1906, S. 10.
2 Eingehend *Achenbach,* S. 49 ff.
3 Über den Aufbau des Schuldbegriffs, 1907.

nicht entschieden. Maßgebend ist stattdessen auch die Wertung der psychischen Beziehung des Täters zur Tat unter dem Gesichtspunkt, ob ihm das rechtswidrige Verhalten vorgeworfen werden könne. *Frank* hat für die Schuld demgemäß den Begriff der »*Vorwerfbarkeit*« geprägt. Seitdem wird von einem **normativen** Schuldbegriff gesprochen, den die finale Handlungslehre mit der Zuordnung des Vorsatzes zum tatbestandsmäßigen Unrecht erstmals in voller Reinheit verwirklicht haben soll[4]. Demgegenüber ist festzuhalten, dass der das tatbestandsmäßige Unrecht bildende Sachverhalt auch im Rahmen einer normativen Schuldlehre nicht einfach erneut, nur unter einem anderen Gesichtswinkel als auf den vorhergehenden Wertungsstufen, »beurteilt« wird, so als kämen keine neuen sachlichen Momente hinzu. Es sind, wie sich im folgenden zeigen wird, sogar höchst komplexe Sachverhalte, die unter dem Stichwort der Schuld geprüft werden.

Schuld als Vorwerfbarkeit des tatbestandsmäßigen und rechtswidri- 4
gen Verhaltens begreifen heißt, nach der persönlichen Verantwortung des Täters fragen, danach, ob er die rechtliche Sollensforderung hätte erkennen und sich nach ihr richten können[5]. Diese Frage zielt an sich auf die ganz konkrete äußere und innere Befindlichkeit des individuellen Täters im Zeitpunkt der Tat, und so ist sie lange Zeit überwiegend auch verstanden worden. Die in der zweiten Hälfte des jüngst vergangenen Jahrhunderts geführte Diskussion hat jedoch über jeden Zweifel hinaus deutlich werden lassen, dass die für einen wirklichen Schuldvorwurf geforderte »extreme Individualisierung« des Urteils[6] schlicht nicht möglich ist. Handlungsfreiheit ist nicht beweisbar, schon gar nicht in den Formen und mit den Mitteln des Strafverfahrens. Vielmehr enthält jedes Urteil über die Schuld eines anderen bereits insofern ein Moment der Generalisierung, als die Voraussetzung, dass er auch anders hätte handeln können, immer eine Unterstellung ist. Schon deshalb scheint keine andere Möglichkeit zu bestehen, als das Schuldurteil auf eine Durchschnittsperson in der Situation des Täters zu beziehen, und das

---

4 *Maurach/Zipf*, § 30 Rn. 28; *Welzel*, S. 140.
5 Vgl. die berühmten Sätze von BGHSt 2, 194 (200): »Strafe setzt Schuld voraus. Schuld ist Vorwerfbarkeit. ... Der innere Grund des Schuldvorwurfs liegt darin, dass der Mensch auf freie, verantwortliche, sittliche Selbstbestimmung angelegt und deshalb befähigt ist, sich für das Recht und gegen das Unrecht zu entscheiden.«
6 *Maurach*, Deutsches Strafrecht, Allg. Teil, 3. Aufl. 1965, S. 309.

heißt: generelle und gerade nicht individuelle Maßstäbe anzulegen[7]. Überdies hat die genauere Analyse der einzelnen Erfordernisse strafrechtlicher Schuld, in Verbindung vor allem mit neueren Erkenntnissen der Psychiatrie, der Psychologie usw., deutlich werden lassen, dass der Schuldbegriff des Strafrechts auch durch erhebliche Zugeständnisse an wirkliche oder vermeintliche Bedürfnisse der Kriminalpolitik geprägt ist[8]. Um nur ein Beispiel zu nennen: Bei hochgradigem Affekt etwa, auf den eine große Zahl von Tötungsdelikten zurückgeht, müsste nach dem heutigen Stande des Wissens die Schuld eigentlich als ausgeschlossen gelten – eine Konsequenz, der man nur durch eine entsprechende Vergröberung des Schuldvorwurfs entgeht[9].

5   *Maurach* hat deshalb schon 1948 die Lehre von der sogenannten Tatverantwortung als einer der Schuld vorgelagerten Stufe des Verbrechensaufbaus entwickelt. Er wollte damit dem Umstand Rechnung tragen, dass es insbesondere beim entschuldigenden Notstand (§ 35) nicht darauf ankommt, ob und inwieweit sich der individuelle Täter durch die gegebene Zwangslage in seinem Handeln hat bestimmen lassen: Deren »psychologische Wirkung ... wird unbesehen unterstellt«, sie wird generalisierend vermutet[10]. Das heißt natürlich umgekehrt auch, dass weniger gravierenden Zwangslagen die entschuldigende Wirkung ohne Rücksicht darauf abgesprochen wird, wie sie den individuellen Täter beeinflusst haben könnten. Ein bestimmtes Maß an seelischer Widerstandskraft wird »normativ« vorausgesetzt. Ähnliches gilt jedoch, wie sich noch zeigen wird, auch für die Schuldfähigkeit und die Verbotskenntnis. Das nimmt der Gegenüberstellung von Tatverantwortung und Schuld ihr sachliches Recht.

6   Ein Teil der Lehre hat in dieser Situation versucht, die Einheit des strafrechtlichen Schuldbegriffs durch einen radikalen Wechsel der Perspektive wiederherzustellen, und zwar durch den Vorschlag, die Voraussetzungen des Schuldvorwurfs nicht mehr auf den Gesichtspunkt der Vorwerfbarkeit, sondern auf wirkliche oder vermeintliche Erfordernisse der Prävention zurückzuführen. An die Stelle der Frage, ob der Täter anders hätte handeln können, soll danach die grundverschiedene Überlegung treten, ob es im Blick auf mögliche Strafzwecke geboten oder entbehrlich ist, ihn für einen bestimmten Rechtsbruch verantwortlich zu machen. Vertreten wird ein in diesem Sinne **funktionaler** Schuldbe-

---

7 *Jescheck/Weigend*, S. 427.
8 Näher *Stratenwerth*, Schuldbegriff, S. 12 ff.
9 Vgl. *Behrendt* (Lit. unten vor Rn. 20), pass.; *Krümpelmann*, Affekt und Schuldfähigkeit, 1988, pass.; *Ziegert*, S. 17 ff, 173 ff.
10 Schuld und Verantwortung im Strafrecht, 1948, S. 42; *Maurach/Zipf*, § 30 Rn. 37.

griff[11]. Gegen ihn ist jedoch der prinzipielle Einwand zu erheben, dass er sich trotz des großen theoretischen Aufwandes, mit dem er begründet wird, darin erschöpft, die Erfordernisse strafrechtlicher Schuld anders als bisher zu deuten, ohne sie begründen zu können.

Die Funktionalisierung des Schuldbegriffs ist inzwischen zum Gegenstand 7 einer ausgedehnten wissenschaftlichen Diskussion geworden, die hier nur angedeutet werden kann[12]. Dabei wird in erster Linie geltend gemacht, dass der Stand der empirischen Forschung bezüglich der möglichen Wirkungen der Strafe differenzierte Aussagen darüber, wie der Schuldvorwurf auszugestalten wäre, um die Funktion der Deliktsprävention angemessen zu erfüllen, gar nicht erlaubt (oben § 1 Rn. 20, 24, 27). Was in dieser Beziehung gesagt werden kann, hat vielmehr überwiegend den Status bloßer Alltagstheorien. Schon deshalb bleibt auf weite Strecken nichts anderes übrig, als die Bedürfnisse der Prävention, von denen das Schuldurteil abhängen soll, doch wieder aus diesem selbst herzuleiten. Darüber hinaus lässt sich zeigen, dass die Kriterien der strafrechtlichen Zurechnung auch theoretisch unter dem Gesichtspunkt der (positiven) Generalprävention keine anderen sein können als die des traditionellen Schuldbegriffs[13]. Die funktionale Deutung des Schulderfordernisses erschöpft sich insofern in einer bloßen Vertauschung der Begriffe. An bloße Zwecke ausgeliefert, würde das Schuldprinzip auch nicht mehr dazu taugen, den Einzelnen gegen eine aus beliebigen kriminalpolitischen Gründen betriebene Manipulation des Strafrechts zu schützen. Es als verfassungsrechtliche Garantie zu verstehen, bestünde von hier aus kein Grund[14].

Unter diesen Umständen bleibt kein anderer Weg, als bei der Frage 8 nach der Schuld des Täters weiterhin an die »vorpositiven Regeln der moralischen Zurechnung« anzuknüpfen und sie zunächst so präzis wie möglich »auf den Begriff zu bringen«[15]. Nur so kann deutlich werden, welche Konzessionen an wirkliche oder vermeintliche kriminalpolitische Bedürfnisse mit den spezifischen Schuldmaßstäben des Strafrechts verbunden sind. Ihretwegen wird heute vielfach von einem *sozialen* Schuldbegriff gesprochen[16]. Das kann jedoch nicht heißen, dass man sich mit ihnen fraglos abzufinden hätte. Ohne Schuld ist Strafe nicht zu rechtfertigen (oben § 1 Rn. 25, 31), und leitender Gesichtspunkt für das

---

11 Siehe die Entwürfe insbesondere von *Jakobs*, Schuld und Prävention, pass., und *Roxin*, Kriminalpolitik und Strafrechtssystem, 1970.
12 Ein Überblick bei Schönke/Schröder/*Lenckner*, Rn. 117 vor §§ 13 ff.
13 Das hat *Frister*, S. 79 ff, überzeugend nachgewiesen.
14 So aber insbesondere BVerfGE 20, 323 (331).
15 *Frister*, S. 26 (unter Verwendung einer von *Hegel* geprägten Formel).
16 Siehe nur *Jescheck/Weigend*, S. 427; *Krümpelmann*, ZStrW 88 (1976), 31 f; Schönke/Schröder/*Lenckner*, Rn. 109 vor §§ 13 ff, m.w.N.

Schuldurteil *bleibt* die Frage nach der Verantwortlichkeit des Täters. Daher kommt es auch bei einem sozialen Schuldbegriff wesentlich darauf an, genauer zu untersuchen, welche Abstriche von den eigentlichen Voraussetzungen eines Schuldvorwurfs mit ihm verbunden und inwieweit sie sachlich zu rechtfertigen sind.

B. Die einzelnen Schulderfordernisse

I. Die Schuldfähigkeit

9
Es ist die erste Voraussetzung jeden Schuldvorwurfs, dass der Täter im Zeitpunkt der Tat überhaupt *fähig* war, verantwortlich zu handeln: das Unerlaubte der Tat einzusehen und sich durch diese Einsicht bestimmen, nämlich von der Tat abhalten zu lassen. Allerdings kann die Schuldfähigkeit nicht positiv festgestellt, sondern nur in der Abwesenheit bestimmter Ausschlussgründe gefasst werden. Als solche gelten einerseits jugendliches Alter, andererseits abnorme Ausfälle oder Veränderungen der Persönlichkeit.

1. Schuldunfähigkeit infolge jugendlichen Alters

Literatur: P.-A. Albrecht, Jugendstrafrecht, 2. Aufl. 1993; *Schaffstein/Beulke,* Jugendstrafrecht, 13. Aufl. 1998.

10
Dass die strafrechtliche Verantwortlichkeit beim noch nicht erwachsenen Menschen ausgeschlossen oder eingeschränkt sein muss, ist im Prinzip, soweit ersichtlich, nie bestritten worden. Im Verlaufe der historischen Entwicklung haben sich jedoch nicht nur die Altersgrenzen verschoben, die man hier als maßgebend ansieht, sondern hat die Schuldfähigkeit im Jugendstrafrecht auch wesentlich an Bedeutung verloren.

11
Die Carolina (Art. 164) enthielt eine sachliche Regelung nur für die »jungen Diebe« *unter* 14 Jahren, die »ohne besondere Ursache« nicht zum Tode verurteilt werden sollten; in allen anderen Fällen der Jugendlichkeit wurde auf den Rat der Rechtsfakultäten und Obergerichte verwiesen. Damit erhielt die gemeinrechtliche Wissenschaft das letzte Wort. Sie entwickelte im Anschluss an die italienische Jurisprudenz des Spätmittelalters eine Dreiteilung, die im Grunde noch heute gilt; nur die Altersgrenzen haben sich verschoben. Unterschieden wurden die *infantes* (bis zum 7. Lebensjahr), die in der Regel straflos blieben;

sodann die *impuberes* (7.–14. Lebensjahr), die, je nachdem, ob sie als »infantiae proximi« oder als »pubertati proximi« galten, regelmäßig straflos waren oder aber regelmäßig, obschon milder, strafbar; und schließlich die *minores* (14.–25. Lebensjahr), die in der Regel – außer bei geringer Überschreitung des 14. Lebensjahres oder bei »magna stupiditas« – als Erwachsene behandelt wurden[17].

Das geltende Recht kennt folgende *drei* Gruppen: 12

a) *Kinder* (Personen unter 14 Jahren) sind »*schuldunfähig*« (§ 19). Bei   13
ihnen scheiden strafrechtliche Sanktionen demnach aus. Doch kann das Vormundschaftsgericht unter Umständen Erziehungsmaßnahmen anordnen (vgl. §§ 1631 III, 1666 BGB).

b) *Jugendliche* (Personen über 14, aber unter 18 Jahren [§ 1 II JGG])   14
sind strafrechtlich verantwortlich, wenn sie zur Zeit der Tat nach ihrer sittlichen und geistigen Entwicklung reif genug sind, das Unrecht der Tat einzusehen und nach dieser Einsicht zu handeln (§ 3 JGG). Man spricht von bedingter Strafmündigkeit oder Schuldfähigkeit.

Das Gesetz verbindet hier verschiedenartige Kriterien miteinander. Es stellt   15
nicht allein darauf ab, ob der jugendliche Täter fähig war, das Unrecht der Tat zu erkennen (Einsichtsfähigkeit) und dementsprechend zu handeln (»Handlungsfähigkeit«), sondern bezeichnet – mit dem Stand der »sittlichen und geistigen Entwicklung« – zugleich den »biologischen« Grund, auf dem ein Mangel an solcher Fähigkeit gegebenenfalls beruhen muss. Damit wird die entwicklungsbedingte nicht nur von der auf psychische Störungen beruhenden Schuldunfähigkeit (im Sinne von § 20) abgegrenzt[18], sondern auch von jedem durch sonstige Störungen der Persönlichkeit etwa bedingten Manko an Selbstbestimmung, deren rechtliche Anerkennung zweifelhaft ist (vgl. unten Rn. 24, 28). Auf der anderen Seite ist der Entwicklungsstand nicht als solcher, sondern nur im Hinblick auf eben die Einsichts- und Handlungsfähigkeit von Interesse (traditionellerweise als »*psychologisches*« Kriterium etikettiert). Als ganze trägt die kombinierte Regelung danach den Titel der *gemischten* (»biologisch-psychologischen«) *Methode*.

Die Einsicht, zu welcher der Täter befähigt sein muss, ist auf den Un-   16
rechtsgehalt der *konkreten* Tat zu beziehen. Ein Jugendlicher mag etwa längst um die Rechtswidrigkeit grober Eigentumsverletzungen wissen und doch noch außerstande sein zu begreifen, dass die Beteiligung am Glücksspiel (§ 285) rechtlich verboten ist. Ähnliches gilt für das Hemmungsvermögen, das gegenüber manchen Antrieben schon entwickelt sein mag, während es – gerade in der Pubertät – anderen gegenüber

---

17 Zum ganzen *Schaffstein/Beulke*, S. 28 f.
18 *Albrecht*, S. 102; *Roxin*, § 20 Rn. 53; *Schaffstein/Beulke*, S. 60 f.

noch unzureichend ist[19]. Es gibt daher bei Jugendlichen eine auf bestimmt geartete Delikte beschränkte *partielle* Schuldfähigkeit.

17   Der Erwachsene gilt in der Regel als schuldfähig, weshalb es besonderer Anhaltspunkte bedarf, wenn insoweit eine Nachprüfung stattfinden soll. Beim Jugendlichen hingegen ist die Frage völlig offen und in *jedem* Falle zu untersuchen. Dieser Umstand wird häufig dahin formuliert, dass die Schuldfähigkeit gemäß § 3 JGG *»stets positiv festgestellt«* werden müsse[20]. Solche Wendungen betreffen nur den Prüfungs- und Begründungszwang. Sie ändern nichts an der Unmöglichkeit, über die Freiheit der Selbstbestimmung affirmativ zu urteilen (oben § 1 Rn. 8). Was »positiv« festgestellt werden kann, ist vielmehr nur die *Abwesenheit* entwicklungsbedingter Defizite der Einsichts- oder Handlungsfähigkeit, und auch insoweit weicht die Praxis vielfach in formelhafte Wendungen aus[21].

18   c) *Heranwachsende* (Personen über 18, aber unter 21 Jahren [§ 1 II JGG]) sind voll strafmündig (vgl. § 105 JGG)[22]. Ihre Schuldfähigkeit beurteilt sich allein nach den Regeln des Erwachsenenstrafrechts.

19   Für die rechtliche Reaktion auf die Delikte Minderjähriger ist deren Schuldfähigkeit freilich von begrenzter Bedeutung. Nur die Verhängung von Sanktionen, die den Charakter der Strafe oder des Zuchtmittels (§ 13 JGG) haben, setzt stets die Verantwortlichkeit des Jugendlichen voraus. Die jugendstrafrechtlichen Erziehungsmaßregeln (§ 9 JGG) dagegen bestehen, außer in Weisungen (§ 12 JGG), in der Anordnung von Erziehungshilfen, die im Jugendhilferecht geregelt sind (§§ 30, 34 SGB VIII) und vom Vormundschaftsgericht auch aus rein erzieherischen Gründen angeordnet werden können; im Falle der Schuldunfähigkeit darf der Jugendrichter selbst an Stelle des Vormundschaftsrichters tätig werden (§ 3 Satz 2 JGG). Ob bei Heranwachsenden noch Jugendstrafrecht Anwendung findet, ist ebenfalls keine Frage der Schuldfähigkeit, sondern des Entwicklungsstandes des Täters oder der Natur seiner Verfehlung (§ 105 JGG). Dass erzieherische Gesichtspunkte auf solche Weise reine Schuldgesichtspunkte zurückdrängen, ist prinzipiell sinnvoll.

2. Schuldunfähigkeit infolge psychischer Störungen

Literatur: Amsel-Kainarou/Nelles (Hrsg.), Forensische Psychiatrie, 1993; *Behrendt*, Affekt und Vorverschulden, 1983; *Bernsmann*, Probleme des strafrechtlichen Krankheitsbegriffs, 1978; *ders.*, Affekt und Opferverhalten, NStZ 1989,

---

19 Eingehend kritisch zu diesem herkömmlichen Verständnis der Handlungs- oder Steuerungsfähigkeit *Frister* (Lit. oben vor Rn. 2), S. 103 ff.
20 *Schaffstein/Beulke*, S. 56; *Albrecht*, S. 96.
21 Näher *Albrecht*, S. 97 ff.
22 BGHSt 5, 207 (209).

160; *Bauer/Thoss*, Die Schuldunfähigkeit des Straftäters als interdisziplinäres Problem, NJW 1983, 305 ff; *Frisch*, Grundprobleme der Bestrafung »verschuldeter« Affekttaten, ZStrW 101 (1989), 538 ff; *Geilen*, Zur Problematik des schuldausschließenden Affekts, in: FS Maurach, 1972, S. 173 ff; *Haffke*, Zur Ambivalenz des § 21 StGB, Recht & Psychiatrie 9 (1991), 94 ff; *Hettinger*, Die »actio libera in causa«: Strafbarkeit wegen Begehungstat trotz Schuldunfähigkeit?, 1988; *Hruschka*, Methodenprobleme bei der Tatzurechnung trotz Schuldunfähigkeit des Täters, ZStrR 90 (1974), 48 ff; *Kotsalis*, Verminderte Schuldfähigkeit und Schuldprinzip, in: FS Baumann, 1992, S. 33 ff; *Krümpelmann*, Motivation und Handlung im Affekt, in: FS Welzel, 1974, S. 327 ff; *ders.*, Die Neugestaltung der Vorschriften über die Schuldfähigkeit durch das Zweite Strafrechtsreformgesetz vom 4. Juli 1969, ZStrW 88 (1976), 6 ff; *ders.*, Schuldzurechnung unter Affekt und alkoholisch bedingter Schuldunfähigkeit, ZStrW 99 (1987), 191 ff; *ders.*, Affekt und Schuldfähigkeit, 1988 (1972); *Lenckner*, Strafe, Schuld und Schuldfähigkeit, in: Göppinger/Witter (Hrsg.), Handbuch der forensischen Psychiatrie, Bd. 1, S. 3 ff; *Luthe*, Forensische Psychopathologie, 1988; *ders.*, Die zweifelhafte Schuldfähigkeit, 1996; *Nedopil*, Forensische Psychiatrie, 1996; *Neumann*, Zurechnung und »Vorverschulden«, 1985; *Paeffgen*, Actio libera in causa und § 323a StGB, ZStrW 97 (1985), 513 ff; *Rasch*, Forensische Psychiatrie, 1986; *Rudolphi*, Affekt und Schuld, in: FS Henkel, 1974, S. 199 ff; *Schmidhäuser*, Die actio libera in causa: ein symptomatisches Problem der deutschen Strafrechtswissenschaft, 1992; *K. Schneider*, Die Beurteilung der Zurechnungsfähigkeit, 4. Aufl. 1961; *Stratenwerth*, Vermeidbarer Schuldausschluss, in: GS Armin Kaufmann, 1989, S. 485 ff; *Ziegert*, Vorsatz, Schuld und Vorverschulden, 1987.

Auch bei pathologisch begründeter Schuldunfähigkeit erkennen   20
schon die ältesten Rechte die Notwendigkeit einer Sonderregel an.

Bei offenkundiger Idiotie etwa versteht sich die Unverantwortlichkeit von   21
selbst[23]. Die Carolina verwies wiederum auf den Rat der Rechtsverständigen (nach Art. 150 bei der Tötung und nach Art. 179 allgemein bei Übeltätern, »die, Jugent oder anderer sachen halber, jre synne nit haben«).

So klar jedoch der Grundsatz sein mag, so schwierig ist bis zur Ge-   22
genwart die Entscheidung der Frage, in *welchen* Fällen die Schuldfähigkeit als aufgehoben oder eingeschränkt angesehen werden muss. Das geltende Recht unterscheidet zwischen völligem Ausschluss und bloßer Verminderung der Schuldfähigkeit.

---

23 Zur Geschichte eingehend *Lenckner*, Schuldfähigkeit, S. 78 ff.

a) Völlige Schuldunfähigkeit

23 Schuldunfähig ist nach dem Gesetzeswortlaut, wer bei Begehung der Tat wegen einer krankhaften seelischen Störung, wegen einer tiefgreifenden Bewusstseinsstörung oder wegen Schwachsinns oder einer schweren anderen seelischen Abartigkeit unfähig ist, das Unrecht der Tat einzusehen oder nach dieser Einsicht zu handeln (§ 20).

24 Das Gesetz bedient sich also auch hier wieder – wie bei der entwicklungsbedingten Schuldunfähigkeit – der sog. gemischten Methode: Der Ausschluss der Einsichts- und Handlungsfähigkeit allein entscheidet nicht. Er muss sich vielmehr aus einer der abschließend aufgezählten psychischen Störungen ergeben, die herkömmlicherweise, aber mit sehr zweifelhaftem Recht »biologische« Auschlussgründe genannt werden. Der eigentliche Sinn einer solchen Aufzählung ist, den Schuldausschluss in Schranken zu halten. Inwieweit das auch für das geltende Recht zutrifft, wird noch zu erörtern sein (unten Rn. 28). Hinsichtlich der Einsichtsfähigkeit wird jede Begrenzung des Schuldausschlusses durch »biologische« Voraussetzungen nach überwiegender Lehre jedenfalls schon durch die für den Verbotsirrtum getroffene Regelung aufgehoben (dazu unten Rn. 54 ff)[24].

25 aa) Die gesetzliche Umschreibung **möglicher Gründe** für den Ausschluss der Schuldfähigkeit bereitet freilich besondere Schwierigkeiten. Sie lehnt sich an psychiatrische Klassifikationssysteme an, die umstritten und mindestens teilweise überholt sind. Das betrifft schon die »*krankhafte seelische Störung*«, die hier praktisch weitaus im Vordergrund steht. »Krankhaft« ist ein weder medizinisch noch umgangssprachlich hinreichend präzis definierter Begriff. Das heute international anerkannte Klassifikationssystem der WHO (ICD-10) verwendet ihn deshalb nicht. Unter rechtlichen Gesichtspunkten hier einzuordnen ist jedoch sicherlich und in erster Linie die *Psychose*, über deren Definition freilich wiederum auch innerhalb der Psychiatrie keine Einigkeit besteht.

26 Nach traditioneller Auffassung sollte sie auf einem körperlichen (organischen) Defekt oder Prozess beruhen, der freilich nur bei den durch äußere Ursachen bewirkten (exogenen) Psychosen, wie der Paralyse, nachweisbar war, während er bei den von »innen« entstandenen (endogenen) Psychosen, wie der Schizophrenie, lediglich »postuliert« werden konnte. Die neuere Lehre neigt dazu, die endogenen Psychosen demgegenüber nicht mehr (oder nicht nur) auf körperliche, sondern auf im weitesten Sinne lebensgeschichtliche (soziale, fami-

---

24 Siehe *Roxin*, § 20 Rn. 28; Schönke/Schröder/*Lenckner*, § 20 Rn. 4, m.w.N.; anders *Frister*, aaO, S. 203 ff; *Schild*, AK, §§ 20, 21 Rn. 175.

liäre usw.) Faktoren zurückzuführen. Damit wird die Abgrenzung zu der nach überkommener Definition entwicklungsbedingten Neurose prinzipiell in Frage gestellt. Entscheidende Bedeutung für die Psychose erlangt stattdessen ihre *Symptomatik*[25].

Als *exogene* Psychosen werden nunmehr zumeist genannt: außer der Paraly-   27
se sklerotisch bedingte Delirien (zum Teil aber nicht die senile Demenz als solche), Entziehungspsychosen bei Süchtigen (Delirium tremens), Intoxikationen aller Art (insbesondere durch psychotrope Substanzen), soweit sie eine Bewusstseinstrübung zur Folge haben, und durch Hirnverletzungen bewirkte psychopathologische Zustände. Bei den *endogenen* Psychosen steht die schon genannte Schizophrenie (in ihren verschiedenen Erscheinungsformen) im Vordergrund; doch gehören hierher auch affektive Störungen (wie das manisch-depressive »Irresein«). *Nicht* mehr ohne weiteres als Psychose gilt die ebenfalls in ganz verschiedener Form auftretende Epilepsie, die freilich zu psychotischen Ausfallerscheinungen führen kann.

Besonders umstritten war und ist, ob und inwieweit auch die tradi-   28
tionell als Psychopathien, Neurosen und sexuelle Triebstörungen klassifizierten psychischen Anomalien die Schuldfähigkeit ausschließen oder vermindern können. Auf der Basis des früheren Rechts hat die Rechtsprechung nicht nur Psychosen, sondern *alle* »Arten von Störungen der Verstandestätigkeit sowie des Willens-, Gefühls- und Trieblebens, welche die bei einem normalen und geistig reifen Menschen vorhandenen, zur Willensbildung befähigenden Vorstellungen und Gefühle beeinträchtigen«, als krankhafte seelische Störungen anerkannt, freilich nur in jenen seltenen Fällen, in denen sie nach ihrem Schweregrad einer Psychose gleichstehen, »Krankheitswert« haben[26]. Als »*schwere andere seelische Abartigkeit*« bezieht das geltende Recht sie nunmehr ausdrücklich ein. Damit hat die gesetzliche Aufzählung psychischer Störungen jede »Siebwirkung« für die Beurteilung der Schuldfähigkeit verloren; sie erscheint nur noch als gesetzliche Erläuterung der möglichen Gründe eines Schuldausschlusses[27]. An den Schwierigkeiten der Abgrenzung hat sich daher nichts geändert[28].

Die lange Zeit als Psychopathien etikettierten Persönlichkeitsstörungen, die   29
Neurosen und die sexuellen Verhaltensabweichungen und -störungen (ICD-10, Nr. 300–302) stimmen sämtlich darin überein, dass sie *keine* körperliche

---

25 Zum ganzen *Bernsmann*, Probleme, S. 21 ff.
26 BGHSt 14, 30 (32); 23, 176 (190).
27 *Frister*, aaO, S. 172 ff. *Schild*, AK, §§ 20, 21 Rn. 24 ff, bestreitet hier sogar die
    Möglichkeit einer sinnvollen Interpretation.
28 Vgl. BGHSt 34, 22 (24 ff).

Grundlage haben, die Abweichung also nur das *psychische* Geschehen betrifft. Demzufolge kann es letzten Endes nur auf das als »schwer« umschriebene *Maß* dieser Abweichung ankommen, das sich nicht präzis bestimmen lässt. Die frühere Praxis wollte danach abgrenzen, ob die Abweichung von der Norm in »bloßer« Willensschwäche oder »reinen« Charaktermängeln besteht oder ob sie ihrerseits auf einer (krankhaften) Persönlichkeitsentartung beruht[29]; sie stellt heute darauf ab, ob die genannten Defekte den krankhaften seelischen Störungen »gleichgewichtig« sind[30]. Die Notwendigkeit wie die Schwierigkeit näherer Begrenzung ist in dem Umstand begründet, dass die große Mehrzahl der schwere oder zahlreiche Delikte begehenden Täter unter erheblichen psychischen Störungen leiden dürfte. Dies stets entlastend zu berücksichtigen, könnte ein an der Schuld orientiertes Strafrecht aus den Angeln heben. Von der Aufnahme der »schweren seelischen Abartigkeit« in §§ 20, 21 ist dementsprechend vielfach ein »Dammbruch« befürchtet worden[31]. Darin besteht eines der wesentlichen Argumente für einen »sozialen« Schuldbegriff (oben Rn. 8)[32]. Immerhin wäre es krass ungerecht, die Schuldfähigkeit aus kriminalpolitischen Gründen selbst dort noch zu bejahen, wo sie nach heute weit überwiegender Auffassung nicht gegeben ist, wie bei einer schweren Neurose, die zumindest in ihrem Erscheinungsbild, wenn nicht in der Sache, in die Schizophrenie übergehen kann.

30   Als abnormen Zustand nennt das Gesetz weiter die *»tiefgreifende Bewusstseinsstörung«*. Soweit damit *pathologische* Erscheinungen gemeint sein können, geht es allerdings um nichts anderes als Fälle der schon erörterten krankhaften seelischen Störung (wie etwa beim Alkoholrausch, bei sonstigen Intoxikationen und bei Fieberdelirien, die hier gelegentlich noch als Beispiele genannt werden). Infolgedessen bleiben nur die nicht-krankhaften Störungen, seien sie *physiologischer* Natur, wie insbesondere bei völliger Übermüdung oder Schlaftrunkenheit, oder auch *psychologischer* Natur, wie bei hypnotischen Dämmerzuständen und im höchsten Affekt.

31   Dabei verbinden sich freilich besonders mit dem *Affekt* sehr schwierige, trotz einer kaum mehr übersehbaren Spezialliteratur noch keineswegs ausdiskutierte Probleme. Seit BGHSt 11, 20 ff wird überwiegend anerkannt, dass auch der normalpsychologisch motivierte, nicht von weiteren Ausfallerscheinungen (wie z. B. Schlaftrunkenheit, Hypnose, Fieber usw.) begleitete Affekt die Schuldfä-

29 Kritisch *Bernsmann*, Probleme, S. 96 ff.
30 BGHSt 34, 22 (24 f); 35, 76 (78 f); 37, 397 (401 f).
31 *Stratenwerth*, Schuldprinzip, S. 13 ff, mit Nachweisen. Zur Entstehungsgeschichte ausführlich *Schild*, AK, §§ 20, 21 Rn. 16 ff.
32 Siehe vor allem *Krümpelmann*, ZStrW 88, 30 ff.

higkeit prinzipiell auszuschließen vermag[33]. Rechtsprechung und Lehre zweifeln jedoch, dass dies bei *jedem* Affekt von genügender Stärke gelten kann; sonst müsste vermutlich bei einem großen Teil der vorsätzlichen Tötungsdelikte Freispruch erfolgen[34]. Die wohl h. M. geht infolgedessen dahin, die schuldausschließende (oder -mildernde) Wirkung von §§ 20, 21 entgegen deren Wortlaut (»bei Begehung der Tat«), nur beim *nicht (vor)verschuldeten* Affekt anzuerkennen[35]. Davon wird im Zusammenhang mit der actio libera in causa noch die Rede sein (unten Rn. 43 ff). Unabhängig davon liegt auf der Hand, dass hier erneut kriminalpolitische Bedürfnisse im Spiel sind.

Der an dritter Stelle genannte »*Schwachsinn*« könnte an sich auch als   32
Unterfall der schweren seelischen Abartigkeit verstanden werden. Bei ihm geht es jedenfalls allein um die Intelligenzschwäche ohne nachweisbaren Organbefund (in ihren Stufen der Idiotie, Imbezillität und Debilität). Intelligenzdefekte als Folge intrauteriner, geburtstraumatischer oder frühkindlicher Hirnschädigungen werden bereits zu den krankhaften seelischen Störungen gerechnet[36].

bb) Alle diese abnormen psychischen Erscheinungen nun heben die   33
Schuldfähigkeit, wie schon bemerkt, nur dann auf, wenn der Täter ihretwegen **unfähig** ist, das Unrecht der Tat einzusehen oder nach dieser Einsicht zu handeln[37]. Einsichtsfähigkeit und Hemmungsvermögen müssen wiederum, wie beim Jugendlichen (oben Rn. 16), auf das *konkrete* Delikt bezogen werden: Offenkundig vermag beispielsweise Schwachsinn das Unrechtsbewusstsein bei einer Personenstandsfälschung leichter auszuschließen als beim Mord, etwa eine Triebanomalie das Hemmungsvermögen beim Sexualdelikt eher als beim Betrug.

Nicht verwechselt werden dürfen Einsichts- und Hemmungsvermögen mit   34
der Fähigkeit zu zweckrationalem Handeln, wie sie etwa auch beim relativ kleinen Kinde in bestimmtem Umfang schon gegeben ist und durch psychische Störungen nicht ohne weiteres ausgeschlossen wird[38]. Geschehensabläufe nach Erfahrungsregeln zu steuern ist etwas grundsätzlich anderes, als sich nach so-

---

33 Zur Entwicklung eingehend *Frisch*, S. 543 ff; *Geilen*, S. 173 ff; vgl. BGH, NStZ 1988, 268; ferner *Krümpelmann*, Affekt und Schuldfähigkeit, pass.; *Behrendt*, S. 13 ff; *Köhler*, S. 417 ff; *Neumann*, S. 240 ff.
34 *Krümpelmann*, ZStrW 88, 26.
35 BGHSt 35, 143 (144 f); *Schönke/Schröder/Lenckner*, § 20 Rn. 15a, m.w.N.; *Stratenwerth*, S. 491 ff (entgegen der Vorauflage, Rn. 536).
36 *Lenckner*, S. 118; *Roxin*, § 20 Rn. 21.
37 Die Brauchbarkeit dieser Definition der Schuldfähigkeit wird von *Frister*, aaO, S. 103 ff, 166 ff, mit eindrucksvollen Argumenten in Frage gestellt, beherrscht aber, da gesetzlich festgeschrieben, weiterhin Praxis und Literatur.
38 BGHSt 34, 22 (26).

zialen oder rechtlichen Normen zu richten. Das ist insbesondere beim *Alkohol-rausch* zu beachten, der in erster Linie Hemmungen beseitigt: Auch aus plan-mäßigem und zielgerichtetem Handeln kann hier nicht ohne weiteres auf Schuldfähigkeit geschlossen werden[39].

35   Positiv geurteilt werden kann im Übrigen allenfalls über die Ein-sichtsfähigkeit des Täters, nicht aber über sein Hemmungsvermögen[40]. Wenn das Gesetz dieses Vermögen gleichwohl ausdrücklich nennt, so hat das praktische Bedeutung vor allem in zwei Hinsichten. Es stellt ei-nerseits klar, dass psychische Störungen die Schuldfähigkeit auch dann auszuschließen vermögen, wenn das Unrechtsbewusstsein intakt ist.

36   Nur vom – leichter fassbaren – intellektuellen Unterscheidungsvermögen auszugehen, ist bei der Beurteilung der Schuldfähigkeit eine traditionelle Versu-chung. Das StGB selbst stellte ursprünglich bei Jugendlichen von 12–17 Jahren (bis 1923) und bei Taubstummen (bis 1933) ausschließlich auf die zur Erkennt-nis der Strafbarkeit erforderliche »Einsicht« ab (§§ 56–58 damaliger Fassung). Das entsprach, bei den Minderjährigen, der Regelung des französischen Code pénal von 1810. Auch die englischen und amerikanischen Gerichte haben bis in die zweite Hälfte des 20. Jahrhunderts weitgehend allein nach der Einsichtsfä-higkeit geurteilt (McNaghten Rule von 1843), obwohl dagegen seit langem ein-gewandt wurde, dass der geistig kranke Täter bei voller Einsichtsfähigkeit unter zwanghaften Antrieben handeln kann[41].

37   Andererseits sichert die ausdrückliche Nennung des Hemmungsver-mögens dem Richter hinreichenden Spielraum für die *normative* Beur-teilung der psychischen Störung: Gerade weil sich jenes Vermögen em-pirisch nicht hinreichend nachweisen lässt, kann die Feststellung, es sei aufgehoben, auf die *schwereren* Grade seiner Beeinträchtigung be-schränkt werden. Hier vor allem also besteht in der Praxis die Möglich-keit, der kriminalpolitisch motivierten Besorgnis einer zu weitgehenden Exkulpation psychisch gestörter Täter (oben Rn. 29) entgegenzuwirken.

38   cc) Wird anerkannt, dass der Täter zur Zeit der Tat nicht schuldfähig war, so muss er von einem Schuldvorwurf grundsätzlich **freigesprochen** werden, Strafe also ausscheiden. Zulässig bleiben jedoch Maßregeln der Besserung und Sicherung, wenn es ihrer bedarf, um einer vom Täter

---

39 BGHSt 1, 384 (385); 35, 308 (311); 37, 231 (241 f.).
40 Besonders BGHSt 37, 231 (233 ff), mit eingehenden Nachweisen.
41 Vgl. *Fletcher*, Rethinking Criminal Law, 1978, S. 837 ff; *J. Hall*, Studies in Ju-risprudence, 1958, S. 281 ff; *Honig*, Das amerikanische Strafrecht, in: Mezger/ Schönke/Jescheck (Hrsg.), Das ausländische Strafrecht der Gegenwart, Bd. 4, 1962, S. 79 ff.

ausgehenden Gefährdung zu begegnen (§§ 63, 64 [Unterbringung in einem psychiatrischen Krankenhaus oder in einer Entziehungsanstalt], § 69 [Entziehung der Fahrerlaubnis], § 70 [Berufsverbot]).

b) Verminderte Schuldfähigkeit

War die Fähigkeit des Täters, das Unrecht der Tat einzusehen oder nach   39
dieser Einsicht zu handeln, bei Begehung der Tat aus einem der in § 20
genannten Gründe erheblich vermindert, so ist seine Schuldfähigkeit
entsprechend herabgesetzt. Das *kann* zu einer Strafmilderung nach § 49
I führen (§ 21).

Es sind also prinzipiell dieselben psychischen Störungen, die die Schuldfä-   40
higkeit vermindern wie ausschließen können. Als »biologische« Gründe kommen auch hier echte Psychosen in Betracht, freilich nur in milderer Form, zum
Beispiel arteriosklerotisch oder toxisch bedingte psychopathologische Zustände, bei denen fast beliebige Abstufungen möglich sind. Die Unterschiede im
Grade der Schuldfähigkeit sind danach wesentlich *normativer* Natur, solche
von schweren und weniger schweren Fällen. Dabei versucht das Gesetz, durch
das Erfordernis *erheblicher* Verminderung des Einsichts- oder Hemmungsver-
mögens wiederum einer allzu weitgehenden Anerkennung eingeschränkter
Schuldfähigkeit entgegenzuwirken.

Dass die Strafe nach § 21 nur gemildert werden *kann*, nicht muss, ist ein ein-   41
deutiger Verstoß gegen das Schuldprinzip: Der hier vorausgesetzten erheblichen Verminderung der Schuldfähigkeit wird nur mit dem Wechsel auf den
milderen Strafrahmen des § 49 hinreichend Rechnung getragen[42]. Keines der
Argumente, die gegen diese Lösung vorgebracht werden, überzeugt. Dass der
Verminderung der Schuldfähigkeit im Einzelfall schulderhöhende Umstände
gegenüberstehen können, ändert nichts daran, dass die Strafe auch in solchem
Falle deutlich milder sein muss, als sie im Falle voller Schuldfähigkeit hätte sein
dürfen[43]. Und dass ein vermindert schuldfähiger Täter möglicherweise gefährli-
cher ist als andere, so dass das Bedürfnis besteht, die Allgemeinheit stärker vor
ihm zu schützen, kann keine Überschreitung der schuldangemessenen Strafe,
sondern nur die Anordnung einer bessernden oder sichernden Maßregel rechtfertigen[44]. § 21 sollte deshalb im Sinne einer *obligatorischen* Strafmilderung ge-
handhabt werden[45]. Das würde nicht nur die Verhängung der Höchststrafe des

---

42 Sehr streitig; anders mit eingehender Begründung *Bruns*, Strafzumessungsrecht,
   2. Aufl. 1974, S. 517 ff; vgl. im übrigen die Nachweise bei Schönke/Schröder/
   Lenckner, § 21 Rn. 13 ff.
43 Anders insoweit BGHSt 7, 28; *Roxin*, § 20 Rn. 40.
44 BGHSt 20, 264 (266 f).
45 Wie hier *Lenckner*, S. 237 ff.

Regelstrafrahmens, sondern, wie auch die Anhänger dieser Lösung nicht immer klar zum Ausdruck bringen[46], dessen Anwendung überhaupt ausschließen.

c) Verschuldeter Ausschluss der Schuldfähigkeit

42   Von der Regel, dass Schuldunfähigkeit von Strafe befreit, verminderte Schuldfähigkeit die Strafe mildern sollte, können – scheinbare – Ausnahmen gelten, wenn die Beeinträchtigung der Schuldfähigkeit ihrerseits auf Verschulden beruht. Zwei Konstellationen sind insoweit zu unterscheiden.

43   aa) Zum ersten kann der schuldfähige Täter, der den Zustand ausgeschlossener oder verminderter Schuldfähigkeit herbeiführt, als mehr oder minder wahrscheinlich vorausgesehen haben, dass er in diesem Zustand ein bestimmtes oder doch ein bestimmtgeartetes Delikt begehen wird, oder es kann dies doch für ihn vorhersehbar gewesen sein. Man spricht dann vom verantwortlichen In-Gang-Setzen des tatbestandsmäßigen Geschehensablaufs, von einer **actio libera in causa**[47].

44   Im einfachsten, aber außerordentlich seltenen Fall plant der (noch) schuldfähige Täter das spätere Delikt und trinkt sich beispielsweise vor der Ausführung Mut an, wobei er damit rechnet, seine Schuldfähigkeit einzubüßen oder zu vermindern. Hier ist die actio libera in causa vom Vorsatz getragen. Das Gleiche gilt, wenn er immerhin in Kauf nimmt, er könne im Zustand ausgeschlossener oder verminderter Schuldfähigkeit etwa ein bestimmtgeartetes Sexualdelikt begehen, und sich trotzdem betrinkt. Sehr viel schwieriger liegt es in dem praktisch häufigeren Fall des Täters, der in den Rausch »hineinschlittert«, also *nicht* damit rechnet, dass er seine Schuldfähigkeit einbüßen oder vermindern könnte, dies aber immerhin hätte vorhersehen können, und nun ein Delikt begeht, das er entweder schon geplant hatte[48] oder dessen vorsätzliche oder fahrlässige Begehung für ihn doch vorhersehbar gewesen wäre.

45   Dass die strafrechtliche Haftung in solchen Fällen an das Vorverschulden des Täters anknüpfen oder es doch belastend berücksichtigen muss, steht für die weit überwiegende Lehre im Ergebnis außer Frage[49]. Sehr streitig ist aber nicht nur, wie das begründet werden kann, sondern auch, welche Regeln hier im einzelnen gelten sollten.

46 Vgl. *Maurach/Zipf*, § 36 Rn. 76 ff; *Rudolphi*, SK, § 21 Rn. 5 ff.
47 Siehe dazu die umfassende historisch-dogmatische Untersuchung von *Hettinger*, pass.
48 Siehe den Fall BGHSt 21, 381.
49 Eingehend kritisch dagegen *Hettinger*, pass.; prinzipiell ablehnend auch *Köhler*, S. 397.

Die Schwierigkeit der Begründung ergibt sich daraus, dass die §§ 20,   46
21 vom Ausschluss bzw. der Verminderung der Schuldfähigkeit »bei
Begehung der Tat« sprechen, an welchem Erfordernis sich ja durch das
Vorverschulden an sich nichts ändert. Infolgedessen scheint es hier nur
zwei mögliche Auswege zu geben. Der eine besteht darin, dass man die
Haftung für die actio libera in causa zu einer (gewohnheitsrechtlich anerkannten) »Ausnahme« vom Erfordernis der Koinzidenz von Tat und
Schuld erklärt[50], die andere, dass man die Begehung des Delikts gewissermaßen vorverlegt, indem man sie bereits im Zeitpunkt des Vorverschuldens beginnen lässt[51]. Die beiden Lösungen widersprechen einander weniger, als es scheinen könnte.

Im Blick auf Art. 103 II GG sollte außer Frage stehen, dass die Strafbarkeit   47
auch hier durch Gewohnheitsrecht *nicht* begründet werden kann (oben § 3
Rn. 25). Ein »Ausnahmemodell« ist daher nur zu rechtfertigen, wenn es in
Wahrheit um die (sinngemäße) Auslegung von §§ 20, 21 geht. Das aber lässt
sich gut vertreten: Das Gesetz wollte hier offenkundig nur klarstellen, dass es
für die Schuldfähigkeit nicht auf den Zeitpunkt der *Aburteilung*, sondern den
der *Tat* ankommt. Als deren »Begehung« könnte und müsste dann das eigentlich tatbestandsmäßige Verhalten *mitsamt* dem vorausgehenden Verschulden
verstanden werden[52]. Exakt dies ist auch die Quintessenz der Tatbestandslö-
sung: Wenn schon das Sich-Berauschen im Vorfeld eines Deliktes als der Beginn seiner Ausführung angesehen werden soll, dann muss der Begriff der
»Begehung« ebenso extensiv ausgelegt werden, wie dies nach dem anderen Modell geschieht.

Was die rechtlichen Konsequenzen anbetrifft, so gibt es über die Fälle   48
des Doppel-Vorsatzes und der Doppel-Fahrlässigkeit bei § 20 kaum
Meinungsverschiedenheiten: Führt der Täter seine Schuldunfähigkeit
mit dem Vorsatz herbei, in diesem Zustand vorsätzlich zu delinquieren,
und begeht er dieses Delikt dann tatsächlich, so versteht sich die Vorsatzhaftung nahezu von selbst. Nicht wesentlich anders liegt es hinsichtlich der Fahrlässigkeitshaftung, wenn der Eintritt der Schuldunfä-

---

50 »Ausnahmemodell«; vertreten u. a. von *Hruschka*, ZStrR 90, S. 74; *Jescheck/*
   Weigend, S. 445 f; *Neumann*, S. 24 ff; Schönke/Schröder/*Lenckner*, § 20 Rn. 35,
   m.w.N.; ablehnend BGHSt 42, 235 (241).
51 »Tatbestandsmodell«; vertreten u. a. von BGHSt 17, 333 (335); *Frisch*, ZStrW
   101, 608 f; *Jakobs*, 17/68; *ders.*, in: FS Nishihara, 1998, S. 105 ff; *Roxin*, § 20
   Rn. 58 ff; *Rudolphi*, SK, § 20 Rn. 28b; *Schmidhäuser*, Lb, 8/96 f, 10/25; bei eigenhändigen Delikten mit Recht ablehnend BGHSt 42, 235 (238 ff).
52 In der Sache ebenso *Schmidhäuser*, Actio libera, S. 33 f; strikt ablehnend aber,
   unter Berufung auf die Wortlautgrenze der Auslegung (oben § 3 Rn. 31 ff), *Het-*
   tinger, S. 404 ff.

higkeit vom Täter nicht gewollt, aber für ihn vermeidbar war, und er dann ein Fahrlässigkeitsdelikt begeht, das er hätte voraussehen sollen und können. Analog sind die Fälle bloß verminderter Schuldfähigkeit zu lösen[53]. Allerdings hält ein Teil der Lehre hier, wo der Täter bei Begehung der Tat nicht schuldunfähig ist, die Regeln der actio libera in causa für unanwendbar. Stattdessen wird die Strafmilderung ausgeschlossen, die § 21 fakultativ vorsieht (oben Rn. 39)[54] – was im Ergebnis auf dasselbe hinausläuft.

49   Klar ist auch noch die Behandlung der Kombination von vorsätzlicher Herbeiführung der Schuldunfähigkeit mit nachfolgender Begehung eines Fahrlässigkeitsdeliktes, wie etwa dann, wenn sich der Täter betrinkt, obwohl er weiß oder damit rechnet, dass er später noch Auto fahren wird. Hier kann man zwar sagen, dass der Täter die unfallträchtige Situation vorsätzlich geschaffen habe. Aber da sein Vorsatz zu keinem Zeitpunkt auf den Erfolg selbst gerichtet ist, kommt nur eine Fahrlässigkeitshaftung in Betracht, in Fällen bloß verminderter Schuldfähigkeit aus den zuvor genannten Gründen wiederum ohne Strafmilderung nach § 21. Was von den Grundfällen bleibt, ist schließlich die umgekehrte Kombination von fahrlässiger (vermeidbarer) Herbeiführung des Ausschlusses oder der Verminderung der Schuldfähigkeit mit nachfolgender Begehung eines Vorsatzdeliktes. Hier soll der Täter bei Schuldunfähigkeit im Zeitpunkt der eigentlichen Tat nach h. L. selbst dann nur wegen Fahrlässigkeit haften, wenn er den Vorsatz von vornherein gefasst hatte[55], während bei bloß verminderter Schuldfähigkeit an der Vorsatzhaftung nicht gezweifelt werden kann.

50   Es gibt freilich gute Gründe, an der Richtigkeit dieser Lösung zu zweifeln. Wird dem *vermeidbaren* Affekt die schuldausschließende Wirkung abgesprochen (oben Rn. 31), so muss dies auch bei vermeidbarer Herbeiführung eines anders, beispielsweise durch Drogenkonsum, begründeten Ausschlusses der Schuldfähigkeit gelten. In dieselbe Richtung weist die Parallele zu den beim Verbotsirrtum und, freilich umstrittermaßen, beim schuldausschließenden Notstand geltenden Regeln: Hier überall haftet der Täter oder sollte er doch schon dann für Vorsatz haften, wenn er den Zustand ausgeschlossener Schuld, in dem er die Tat begeht, in vermeidbarer Weise herbeigeführt hat und dabei das späte-

---

53 BGHSt 21, 381 f. Schönke/Schröder/*Lenckner*, § 21 Rn. 11, m.w.N.
54 *Neumann*, S. 38; *Roxin*, § 20 Rn. 67; *Rudolphi*, SK, § 20 Rn. 29.
55 So u. a. *Roxin*, § 20 Rn. 65; Schönke/Schröder/*Lenckner*, § 20 Rn. 38; anders *Neumann*, S. 28 ff.

re (Vorsatz-)Delikt zumindest hätte voraussehen können (unten Rn. 93, 109)[56]. Offenkundig bleibt nur die Alternative, entweder, was den Sachproblemen nicht gerecht wird, das im vermeidbaren Affekt begangene Delikt so zu behandeln, wie es die h. L. bei der actio libera in causa befürwortet, oder aber die actio libera in causa so zu behandeln, wie es bei den anderen Gründen des Schuldausschlusses geschieht.

bb) Die Umstände, unter denen jemand die eigene Schuldfähigkeit   51
herabsetzt oder ausschließt, können – das ist die zweite mögliche Konstellation und praktisch der Regelfall – durchaus auch so beschaffen sein, dass sich die spätere Begehung eines bestimmten Deliktes *nicht* voraussehen lässt. Dann müsste dem Täter an sich der Ausschluss oder die Verminderung der Schuldfähigkeit voll zugute gehalten werden. Doch wird diese Konsequenz nur für den Fall der Verminderung der Schuldfähigkeit uneingeschränkt anerkannt, und dies wohl auch nur deshalb, weil § 21 ausreichende Möglichkeiten der Bestrafung offenhält. Im Falle des selbstverschuldeten Ausschlusses der Schuldfähigkeit hingegen, besonders bei der Volltrunkenheit, wird es weithin, und wohl wieder in erster Linie unter Gesichtspunkten der Generalprävention, als unannehmbar empfunden, den Täter straflos zu lassen. Dem trägt die – 1933 eingefügte – Strafvorschrift des § 323a Rechnung.

Die sehr ausgedehnte Diskussion um § 323a hat deutlich gemacht, dass dieser   52
Tatbestand zwei grundsätzlich verschiedene Interpretationen erfahren kann. Einerseits besteht die Möglichkeit, ihn auf solche Täter einzuschränken, die erfahrungsgemäß im Rausch zu Straftaten neigen und das wissen, sich aber trotzdem wieder in den gefährlichen Zustand versetzen. Für den Täter muss dann, wenn er nach § 323a bestraft werden soll, zumindest vorhersehbar gewesen sein, dass er im Rausch strafbare Handlungen *irgendwelcher* Art begehen könnte[57], während sich die Vorhersehbarkeit bei der actio libera in causa auf ein *bestimmtes* Delikt zu beziehen hat[58]. Bei solcher Interpretation lässt § 323a den Täter haften für die Herbeiführung eines, wie er weiß oder wissen sollte, konkreten Einzelfall gefährlichen Zustandes. Auf der anderen Seite kann man davon ausgehen, dass es *immer* gefährlich sei, die Schuldfähigkeit durch

---

56   Näher *Stratenwerth*, Schuldausschluss, S. 485 ff. Ein gewichtiger Einwand gegen diese Gleichstellung liegt freilich in dem Umstand, dass beim Verbotsirrtum wie beim entschuldigenden Notstand, wenn auch nicht beim Affekt, *gesetzliche* Regelungen bestehen, die es erlauben bzw. gebieten, dem Täter das Vorverschulden zur Last zu legen, wärend bei § 20 eine solche Regelung fehlt; so *Hettinger*, S. 405 ff; *Paeffgen*, S. 521 f; kritisch zur Gleichstellung auch *Schmidhäuser*, S. 18 ff. Immerhin werden jene Regelungen, bei entsprechender Interpretation, *nicht* als sachwidrig empfunden.
57   BGHSt 10, 247.
58   Eingehend BGHSt 21, 381.

Rauschgifte auszuschließen, und dass deshalb das von § 323a erfasste strafwürdige Verhalten schon in der verschuldeten Herbeiführung des Rauschzustandes als solcher bestehe[59]; dann würde die Strafbarkeit nicht davon abhängen, ob für den Täter im konkreten Falle auch nur Straftaten irgendwelcher Art vorhersehbar waren. Diese zweite Interpretation gerät freilich mit dem Umstand in Konflikt, dass sich nach § 323a II die Höhe der Strafdrohung nach der Schwere der im Rausch begangenen Straftat richtet.

53   Wie immer man § 323a aber auch auslegen mag – außer Zweifel steht, dass die Vorschrift nicht das Verhalten des Schuldunfähigen mit Strafe bedroht, sondern das Verhalten, das zur Schuldunfähigkeit führt. Deshalb liegt in ihr nur eine wenn auch problematische Ergänzung, nicht eigentlich ein Widerspruch zu § 20.

II. Die (virtuelle) Verbotskenntnis

Literatur: Horn, Verbotsirrtum und Vorwerfbarkeit, 1969; *Arthur Kaufmann,* Das Unrechtsbewusstsein in der Schuldlehre des Strafrechts, 1949 (Neudruck 1985); *Rudolphi,* Unrechtsbewusstsein, Verbotsirrtum und Vermeidbarkeit des Verbotsirrtums, 1969; *Schmidhäuser,* Über Aktualität und Potenzialität des Unrechtsbewusstseins, in: FS Hellmuth Mayer, 1966, S. 317 ff; *Timpe,* Normatives und Psychisches im Begriff der Vermeidbarkeit eines Verbotsirrtums, GA 1984, 51 ff; *Warda,* Schuld und Strafe beim Handeln mit bedingtem Unrechtsbewußtsein, in: FS Welzel, 1974, S. 499 ff.

54   Auch wenn der Täter seiner psychischen Verfassung nach über die Fähigkeit verfügt, das Unrecht der Tat einzusehen, kann er an solcher Einsicht im konkreten Falle durch andere Gründe gehindert sein, die etwa in seiner Lebensgeschichte (wie in der Herkunft aus einer anderen Kultur) oder in äußeren Umständen liegen mögen (wie in einer falschen Rechtsauskunft). Wer jedoch im Zeitpunkt der Tat nicht weiß und auch nicht wissen konnte, dass sein Verhalten rechtlichen Normen widerspricht, gegen den kann ein Schuldvorwurf nicht erhoben werden. Das Strafgesetzbuch enthielt diesen Grundsatz ursprünglich nicht. Doch bestand über ihn im wesentlichen bereits Einigkeit, bevor § 17 ihn zum Gesetz erhob.

55   Die im 19. Jahrhundert in zahlreiche Partikularstrafgesetzbücher aufgenommene, der damals durchaus herrschenden Auffassung entsprechende und heute noch im Allgemeinbewusstsein fortlebende Regel, Unkenntnis des Gesetzes

---

[59] BGHSt 16, 124; Schönke/Schröder/*Cramer,* § 323a Rn. 1, m.w.N.

schütze nicht vor Strafe, ist auf römische Quellen gestützt worden (»error iuris nocet«), die den *zivilrechtlichen* Rechtsfolgenirrtum betrafen[60], und jedenfalls in der Sache überholt. Das Reichsgericht freilich hat die Anerkennung des Verbotsirrtums gegen den entschiedenen und fast einmütigen Widerspruch der Lehre über Jahrzehnte hinweg unbeirrbar abgelehnt[61]. Das ließ sich jedoch nur solange einigermaßen rechtfertigen, wie sich das Strafrecht auf die Ahndung elementarster Verstöße gegen soziale Normen beschränkte und wie zudem der Einzelne die Grenzen seines engeren Lebensbezirkes oder gar des Landes selten überschritt: Unter solchen Umständen konnte praktisch jedermann, dem die rechtliche Ordnung nicht von vornherein gleichgültig war, um die strafrechtlich geschützten Normen wissen, war also eine *entschuldbare* Unkenntnis des Strafgesetzes kaum denkbar. Seit aber das Strafgesetz weit über den Kernbereich elementarer sozialer Normen hinausgewuchert ist und der Wechsel über kulturelle Grenzen zum Alltag gehört, musste sich die Regel, dass der Verbotsirrtum den Täter nicht entlaste, *weil* er unentschuldbar sei, in die andere Regel verwandeln, dass der Verbotsirrtum den Täter nicht entlastet, *wenn* er unentschuldbar ist. Die erste rechtliche Regelung, die das ausdrücklich sagte, eine Bundesrats-VO von 1917, betraf bezeichnenderweise die Übertretung kriegsrechtlicher Ausnahmebestimmungen; sie befreite den Täter von Strafe, wenn er »in *unverschuldetem* Irrtum über das Bestehen oder die Anwendbarkeit der übertretenen Vorschrift die Tat für erlaubt gehalten« hatte. Dem sind weitere ähnliche Sondervorschriften gefolgt[62]. Die Rechtsprechung vollzog den Wandel erst nach dem Zweiten Weltkrieg, zunächst in einer Reihe von Urteilen der Oberlandesgerichte[63], dann in der grundlegenden Entscheidung des BGH vom 18. März 1952[64].

Auch nach der gesetzlichen Anerkennung des Grundsatzes, dass der unvermeidbare Verbotsirrtum die Schuld ausschließt (und der vermeidbare sie mindern kann), bleiben viele Zweifelsfragen. Sie betreffen sowohl die Anforderungen, die an die Verbotskenntnis zu stellen sind, wie die Voraussetzungen, unter denen die Unkenntnis den Täter entlastet, wie endlich das Ausmaß solcher Entlastung. 56

---

60 Vgl. D. 22, 6, 9.
61 Näher *v. Hippel* II, S. 340 ff; *Maurach/Zipf*, § 37 Rn. 5 ff.
62 Z. B. § 395 ReichsAbgO von 1931, § 31 WirtschaftsstrafG von 1949, § 12 OWiG von 1952.
63 Oldenburg SJZ 1950, 834; Freiburg JZ 1951, 85.
64 BGHSt (GrS) 2, 194.

1. Die Abgrenzung des Verbotsirrtums

a) Das Unrechtsbewusstsein

57   Zu klären ist zunächst, was der Täter wissen muss, um die Verbotskenntnis (oder das Unrechtsbewusstsein) zu haben, deren es als Voraussetzung strafrechtlicher Schuld bedarf. Zumeist wird die Einsicht in das
»Unrechtmäßige der Tat« gefordert, nicht in rechtstechnischer Beurteilung, sondern in einer der Gedankenwelt des Täters entsprechenden
allgemeinen Wertung[65].

58   Danach erscheint einerseits, entsprechend der heute ganz herrschenden Lehre, das Bewusstsein der *Sittenwidrigkeit* des Verhaltens nicht als
ausreichend[66]. Und allerdings kann der gegen den Täter zu richtende
Vorwurf nur lauten, dass er sich in seinem Verhalten durch die Normen
des *Rechts* nicht habe bestimmen lassen. Sittliche Normen gehen über
das rechtlich geschützte »ethische Minimum« (oben § 2 Rn. 2) weit hinaus, können, im Gewissen des Einzelnen begründet, mit rechtlichen
Vorschriften aber auch in Konflikt geraten. Daher steht sittenwidriges
Verhalten mit der Rechtsordnung häufig im Einklang, sittengemäßes zu
ihr mitunter im Widerspruch.

59   Dass der Täter aufgrund einer religiösen, sittlichen oder politischen Überzeugung handelt, die ihn *verpflichtet*, rechtliche Normen zu übertreten, berührt
infolgedessen das Unrechtsbewusstsein nicht. Die Problematik des sog. *Über-
zeugungsverbrechers* löst sich nicht etwa auf dem Wege über den Ausschluss
der Schuld von selbst. Das StGB hat der Ehrenhaftigkeit der Motive des Überzeugungstäters ursprünglich dadurch Rechnung getragen, dass es bei einer ganzen Reihe von – vor allem politischen – Delikten wahlweise oder ausschließlich
eine »custodia honesta«, d. h. einen nicht diskriminierenden Freiheitsentzug
vorsah (zunächst »Festungshaft«, später »Einschließung« genannt). Das geltende Recht kennt eine solche besondere Sanktion seit 1969 nicht mehr: Sie war,
wie schon der Name andeutet, nach ihrer geschichtlichen Herkunft die Strafe
für den Täter von Stand, den man respektierte, und Respekt für den politischen
Gegner lässt auch die Ideologisierung der politischen Gegensätze nur noch in
sehr engen Grenzen zu. Im Hinblick auf die in Art. 4 I GG ausgesprochene Garantie der Gewissensfreiheit stellt sich aber die Frage, ob es sich nicht unter bestimmten Voraussetzungen verbietet, jemanden mit dem Mittel der Strafe zu
einem Verhalten zu zwingen, das sein Gewissen verletzt; diskutiert wird ein be-

---

65 BGHSt 2, 194 (202); 10, 35 (41).
66 *Jakobs*, 19/23; *Jescheck/Weigend*, S. 454; *Neumann*, NK, § 17 Rn. 13; *Roxin*,
   § 21 Rn. 12; *Rudolphi*, SK, § 17 Rn. 4; anders wohl *Schmidhäuser*, Lb, 10/72.

sonderer Schuldausschließungsgrund, der dann freilich selbständige Bedeutung hätte (näher unten Rn. 114 ff)[67].

Auf der anderen Seite soll die Verbotskenntnis, das Unrechtsbewusst-   60
sein, »weder die Kenntnis der Strafbarkeit noch die Kenntnis der das Verbot enthaltenden gesetzlichen Vorschrift« erfordern[68]. Das ist weniger selbstverständlich, als es scheinen könnte. Was das Bewusstsein der Strafbarkeit anbetrifft, so kann man freilich sagen, dass der Täter schon dann die Möglichkeit hat, sich der Rechtsordnung zu fügen, wenn er die rechtliche Verhaltensnorm als solche kennt, unabhängig von der Strafdrohung. Immerhin vermittelt die Kenntnis der Strafdrohung unter Umständen erst das Bewusstsein des besonderen Ranges einer Norm, die sozialethisch nicht unmittelbar bedeutsam ist, und beeinflusst damit mindestens das *Maß* der Schuld[69].

Nicht so klar liegt es dagegen bei der These, dass die Verbotskenntnis   61
keine rechtstechnische Beurteilung voraussetze, ja nicht einmal bewussten Gesetzesungehorsam[70], sondern etwa allein »die laienhafte Wertung, dass das Tun nach dem Willen der Rechtsordnung ›nicht sein darf‹«[71]. Gewiss kann es nicht genauer Gesetzeskenntnis bedürfen, über die nur wenige verfügen, und das schon deshalb nicht, weil das Gesetz nicht die einzige Rechtsquelle bildet (oben § 3 Rn. 24). Mit Entschiedenheit ist aber zu betonen, dass sich das erforderliche Wissen auf den *Rechts*charakter der etwa verletzten Norm beziehen muss, wenn der Täter die Freiheit haben soll, das *rechtlich* Gebotene zu tun.

Bei der Tendenz der Rechtsprechung und eines Teils der Lehre, dieses Erfor-   62
dernis abzuschwächen, spielen offenbar verschiedene Erwägungen mit: sowohl der Gedanke, dass die Verwerflichkeit des mit Strafe bedrohten Verhaltens in der Regel nicht erst durch das gesetzliche Verbot begründet wird (und dementsprechend das Bewusstsein der Verwerflichkeit nicht erst durch die Kenntnis des Gesetzes), als auch die Besorgnis, der auf Gesetzeskenntnis bezogene Verbotsirrtum könne den Täter in allzu weitem Umfang entlasten. Doch muss man nicht zum Positivismus neigen, sondern kann gute rechtsstaatliche Gründe geltend machen, wenn man auf der reinlichen Scheidung von Recht und Moral beharrt: Kein Bewusstsein der sozialethischen Verwerflichkeit, Wertwidrigkeit,

---

67 Zum Ganzen *Ebert*, Der Überzeugungstäter in der neueren Rechtsentwicklung, 1975; *Gödan*, Die Rechtsfigur des Überzeugungstäters, 1975; *Sproß*, Die Unrechts- und Strafbegründung bei dem Überzeugungs- und Gewissenstäter, 1991.
68 BGHSt 2, 194 (202); 10, 35 (41).
69 Ähnlich *Jakobs*, 19/23; weitergehend *Schroeder*, LK, § 17 Rn. 7.
70 *Arthur Kaufmann*, S. 143; *Schmidhäuser*, Unrechtsbewußtsein, S. 329.
71 *Maurach/Zipf*, § 38 Rn. 12.

Sozialschädlichkeit usw. des Verhaltens schließt bereits die Kenntnis des *Recht*scharakters der übertretenen Norm ein. Ein verlässliches Kriterium des Rechts bildet allein die Art der Sanktion: Um das Unrechtsbewusstsein zu haben, muss der Täter wissen, dass die Tat *staatlichen* Zwang auslösen kann, gleichviel in welcher Form (der des gerichtlichen Entscheides, des polizeilichen Einschreitens oder anderer behördlicher Maßnahmen)[72].

63   Im Übrigen erfordert das Unrechtsbewusstsein die Kenntnis des Widerspruchs gerade gegen *diejenige* Norm, deren Verletzung dem Täter vorgeworfen wird. Wer irrigerweise annimmt, die Tötung auf Verlangen sei gestattet, hat die Verbotskenntnis bezüglich § 216 nicht etwa deshalb, weil er weiß, dass das Gesetz ihm den Besitz der zur Tat benutzten Waffe untersagt. Das Unrechtsbewusstsein ist tatbestandsbezogen und damit »teilbar«: Es muss sich stets »auf das dem jeweiligen Tatbestand zugrunde liegende Verbot erstrecken«[73].

b) Arten des Verbotsirrtums

64   Ein Verbotsirrtum ist dann gegeben, wenn dem Täter das so gekennzeichnete Unrechtsbewusstsein trotz Kenntnis des unrechtsbegründenden Sachverhalts fehlt.

65   Da das Unrechtsbewusstsein, wie soeben ausgeführt, nicht abstrakt sein kann, sondern sich gerade auf diejenigen Momente der Tat stützen muss, die sie als rechtlich verboten erscheinen lassen, entfällt es mit Notwendigkeit schon bei einem Irrtum über Tatumstände oder bei irriger Annahme einer rechtfertigenden Sachlage. In solchen Fällen greifen die für den Tatbestandsirrtum geltenden Regeln ein: Der Täter kann nicht wegen vorsätzlicher, sondern allenfalls wegen fahrlässiger Tatbestandsverwirklichung bestraft werden (oben § 8 Rn. 80 ff, § 9 Rn. 150 ff). Deshalb gehört zur Definition des eigentlichen Verbotsirrtums die Einschränkung, dass er *nicht* in einem Sachverhaltsirrtum begründet sein darf.

66   Wer nicht weiß, dass eine Sache, die er zerstört, in fremdem Eigentum steht, weiß erst recht nicht, dass die Zerstörung verboten ist; gleiches gilt für denjenigen, der irrigerweise glaubt, er nehme die Handlung mit Einwilligung des Eigentümers vor. Sollte der Täter die Tat aus *anderen* Gründen für rechtswidrig halten, etwa weil die zerstörte Sache ein Kunstwerk war, an dem öffentliches Interesse bestand, so wäre das – wenn nicht § 304 eingreift – ein reines Wahndelikt (unten § 11 Rn. 25).

---

72 Wie hier *Jakobs*, 19/23; *Neumann*, NK, § 17 Rn. 20.
73 BGHSt 10, 35 (39); 22, 314 (318); einmütige Lehre.

Übrig bleiben danach nur *zwei* Grundkonstellationen. Zum Ersten 67
kann dem Täter jegliche Kenntnis der übertretenen Norm fehlen, das
Verhalten also *von vornherein als rechtlich unverboten* erscheinen. Da
es beim Erfordernis des Unrechtsbewusstseins um die Möglichkeit geht,
sich am Recht zu orientieren, ist schon die unreflektierte *Abwesenheit*
solchen Bewusstseins ein »vollwertiger« Verbotsirrtum, nicht nur die
irrige *positive* Annahme, das Verhalten sei mit der Rechtsordnung im
Einklang. Das soll auch die Formulierung von § 17 zum Ausdruck
bringen (»*Fehlt* dem Täter bei Begehung der Tat die Einsicht, Unrecht
zu tun ...«).

Beispiele sind im Kernbereich des Strafrechts seltener als in den Randzonen, 68
zahlreiche frühere Entscheidungen auch durch Gesetzesänderungen gegenstandslos geworden. Genannt seien noch folgende Irrtümer: die unentgeltliche
Weggabe von Sachen, die für den Eigentümer ohne Wert sind, an Dritte stelle
keine verbotene Zueignung dar[74]; beiden Parteien in derselben Rechtssache
trotz bestehenden Interessengegensatzes zu dienen, sei (entgegen § 356) aus irgendwelchen Gründen zulässig, z. B. weil die Beteiligten damit einverstanden
sind[75]; eine nach Lage der Dinge verwerfliche Nötigung (vgl. § 240 II) halte
sich noch im Rahmen des Erlaubten[76]; man sei (entgegen § 138) nicht verpflichtet, das Vorhaben eines Raubüberfalls, von dem man erfährt, anzuzeigen[77]; ein Autofahrer habe nicht die Pflicht, eine Vergewaltigung zu verhindern, die in seinem Auto begangen wird[78]; oder, es sei zulässig, lebenserhalten-
de Maßnahmen bei einem unheilbar erkrankten, nicht mehr entscheidungsfähi-
gen Patienten auch ohne hinreichende Anhaltspunkte für dessen mutmaßliches
Einverständnis abzubrechen[79].

Ein weites Feld für Verbotsirrtümer eröffnet sich im Bereich des Nebenstraf- 69
rechts bei sozialethisch nicht unmittelbar relevanten Vorschriften[80], wie bei
Verstößen gegen die Straßenverkehrszulassungsordnung[81]; gegen Polizeiver-
ordnungen[82]; gegen das Gesetz über das Kreditwesen[83]; das Weingesetz[84]; das

---

74 BGHSt 4, 236 (242).
75 BGHSt 4, 80 (84 ff); 5, 284 (289); 7, 17 (22 f); 9, 341 (347); 15, 332 (340); 18, 192
   (196 f).
76 BGHSt 2, 194.
77 BGHSt 19, 295 (297 f).
78 BGHSt 16, 155 (158).
79 BGHSt 40, 257 (263 ff).
80 Vgl. BGHSt 2, 194 (203); 4, 1 (4).
81 BGHSt 2, 188 (193).
82 BGHSt 4, 1 ff.
83 BGHSt 4, 347 (352 f).
84 BGHSt 13, 135 (138).

Gesetz über die Führung akademischer Grade[85]; das Kartellgesetz[86]; oder das Abfallgesetz[87].

70   Die andere grundsätzliche Möglichkeit ist die, dass der Täter zwar um den Widerspruch seines Verhaltens zur allgemeinen Verhaltensnorm weiß, aber (irrigerweise) einen *Rechtfertigungsgrund* annimmt, den es gar nicht oder doch im vermeintlichen Umfang *nicht gibt*.

71   Beispiele sind bereits genannt worden (oben § 9 Rn. 152). Hier seien aus der Rechtsprechung noch hinzugefügt die irrigen Annahmen: schwerwiegende Straftaten könnten durch offensichtlich rechtswidrige Geheimerlasse vorgesetzter Behörden, verbrecherische Befehle militärischer Vorgesetzter oder auch ein menschenrechtswidrig weit ausgelegtes Gesetz gerechtfertigt werden[88]; man dürfe, als Zeuge unter Eid vernommen, die Unwahrheit sagen, um sich selbst der Bestrafung zu entziehen[89]; die Wirksamkeit einer Einwilligung setze keine Aufklärung über ihre Tragweite und das Risiko des geplanten Eingriffs voraus[90]; im Wege der Selbsthilfe dürften Beweisschwierigkeiten beseitigt und die Erfüllung, nicht nur die Sicherung eines Anspruchs durchgesetzt werden[91]; oder endlich, man dürfe illegale Zustände öffentlich rügen, auch wenn man dabei Staatsgeheimnisse offenbaren muss[92].

72   Allerdings gehen die beiden Gruppen von Verbotsirrtümern ineinander über: Ob der Täter mit der Annahme, sein Verhalten sei nicht rechtswidrig, den Umfang des strafbewehrten Verbotes von vornherein unterschätzt oder aber lediglich eine nicht existierende Erlaubnis voraussetzt, das Verbot zu übertreten, diese sonst anhand des Gesetzes zu beantwortende Frage lässt sich bei einer nur in der Vorstellung des Täters bestehenden Regelung mitunter nicht entscheiden.

73   Die Annahme, bei Einverständnis der Beteiligten sei es gestattet, beide Parteien in derselben Rechtssache zu vertreten, kann sowohl als irrige Einschränkung der Verbotsnorm des Parteiverrats (§ 356) wie als Irrtum über die Tragweite des Rechtfertigungsgrundes der Einwilligung aufgefasst werden.

---

85 BGHSt 14, 223 (228).
86 BGHSt 21, 18; 27, 196, (201 f); 30, 270 (276 f).
87 BGHSt 37, 21 (29).
88 BGHSt 3, 271, 357 (364 f); 22, 223; 39, 1 (35), 168 (190 ff); 40, 48 (54).
89 BGHSt 10, 8 (15).
90 BGHSt 12, 379 (383); 16, 309 (313 f).
91 BGHSt 17, 328 (330 f).
92 BGHSt 20, 342 (371 f).

Doch dient diese interne Abgrenzung ohnehin nur der Klassifikation;   74
sie hat keine praktische Bedeutung. Für beide Arten von Verbotsirrtümern gelten dieselben Regeln.

2. Die Behandlung des Verbotsirrtums

a) Das Grundkonzept

Die Behandlung des Verbotsirrtums war lange Zeit außerordentlich um-   75
stritten. Zwar hatte sich, wie einleitend bereits bemerkt, in den Jahren
nach 1945 Einigkeit im wesentlichen darüber ergeben, dass der *unvermeidbare* Verbotsirrtum, der dem Täter die Möglichkeit nimmt, sich
nach der rechtlichen Sollensforderung zu richten, die Schuld ausschließt, also zur Straflosigkeit führen muss. § 17 Satz 1 kodifiziert insofern eine allgemein anerkannte Regel. Über deren dogmatische Begründung und damit zugleich über die Frage, welche Wirkung dem
vermeidbaren Verbotsirrtum beizumessen sei, gingen die Meinungen
hingegen weit auseinander. Zwei Grundauffassungen standen insoweit
einander gegenüber.

Einerseits wurde angenommen, im Unrechtsbewusstsein, in der be-   76
wussten Auflehnung gegen die Gebote des rechtlichen Sollens liege, jedenfalls beim Vorsatzdelikt, der Kern der Schuld. Der Vorsatz sollte
danach nur die Funktion haben, auf dem Wege über die Kenntnis der
Tatumstände die Verbotskenntnis zu vermitteln (vgl. oben § 8 Rn. 63).
Die auf die vorsätzliche Deliktsverwirklichung angedrohte Strafe war
danach unter Schuldgesichtspunkten nur zu rechtfertigen, »wenn der
Täter sich bewusst über das Recht hinweggesetzt hat«[93]. Sie musste
entfallen, wenn dem Täter (ausnahmsweise) trotz Tatvorsatz die Un-
rechtskenntnis fehlte; als zulässig konnte allein die Bestrafung wegen
Fahrlässigkeit erscheinen, sofern der Verbotsirrtum vermeidbar war *und*
das Gesetz die fahrlässige Deliktsverwirklichung mit Strafe bedroht.
Der Verbotsirrtum unterlag danach im Ergebnis denselben Regeln wie
der Tatbestandsirrtum (sog. **Vorsatztheorie**).

Diese Lehre war vor allem dem Einwand ausgesetzt, dass die Freiheit, das   77
rechtlich Gebotene zu tun, nicht geschmälert ist, wenn dem Täter das Unrechtsbewusstsein nur deshalb fehlt, weil ihm die Anforderungen der Rechtsordnung von vornherein äußerst gleichgültig sind. Hier die Vorsatzstrafe auszuschließen, bedeutet eine sachwidrige Bevorzugung der völligen Indifferenz

---

93 *Schmidhäuser,* Lb, 10/64; *ders.,* StuB, 7/68.

gegenüber den Normen des Rechts, zumal sich das Gesetz bei der Auswahl der Fälle, in denen es die Fahrlässigkeit mit Strafe bedroht, am Leitbild unvorsichtigen Verhaltens – der Tatfahrlässigkeit – orientiert hat (so dass zwar die fahrlässige Körperverletzung, nicht aber beispielsweise die fahrlässige Urkundenfälschung strafbar ist).

78   Die andere Grundauffassung betonte demgegenüber den sachlichen Unterschied, der zwischen Tatbestands- und Verbotsirrtum besteht: Der vorsätzlich, aber ohne Unrechtsbewusstsein handelnde Täter kennt allemal die Tatumstände, an die das rechtliche Verbot oder Gebot anknüpft. Ist er sich trotzdem der Rechtswidrigkeit der Tat nicht bewusst, so ist ein solcher Irrtum in der Regel weniger verzeihlich als ein Irrtum über den unrechtsbegründenden Sachverhalt. Der Verbotsirrtum sollte daher die Vorsatzstrafe nicht in jedem Falle ausschließen, kann aber die Schuld des Täters bis zum völligen Ausschluss mindern, je nachdem, ob und inwieweit es dem Täter im Einzelfalle erschwert war, um das rechtliche Verbot zu wissen (sog. **Schuldtheorie**).

79   Mit dieser Lösung verbindet sich zunächst der Vorzug, dass sie bei völliger Gleichgültigkeit des Täters gegenüber rechtlichen Anforderungen die Vorsatzstrafe zulässt, im Grenzfall ohne Milderung. Sodann gestattet sie die gleichmäßige Abstufung der Strafe je nach dem Grade der Vermeidbarkeit des Verbotsirrtums für den Täter. Sie beseitigt endlich, da stets vom Vorsatzstrafrahmen auszugehen ist, die sachwidrige Abhängigkeit der Rechtsfolgen des Verbotsirrtums von der Verteilung der Fahrlässigkeitsstrafdrohungen im Gesetz.

80   Das geltende Recht hat prinzipiell die Schuldtheorie übernommen: Ist der Verbotsirrtum vermeidbar, so *kann* die (Vorsatz-)Strafe gemildert werden (§ 17 Satz 2). Maßgebend ist allerdings der Milderungsschlüssel des *§ 49 Abs. 1.* Das ist insofern nicht ganz sachgerecht, als der Richter danach an zum Teil erhebliche Strafminima gebunden bleibt, während die Schuld des im vermeidbaren Verbotsirrtum handelnden Täters sehr gering sein kann. Richtiger wäre es gewesen, das Gericht zur Strafmilderung nach seinem Ermessen (§ 49 Abs. 2) zu ermächtigen. § 17 Satz 2 soll freilich nicht gegen das Grundgesetz verstoßen, insbesondere mit dem Schuldgrundsatz vereinbar sein[94].

---

94 BVerfGE 41, 121 (124 ff); kritisch, nur wieder auf dem Boden der Vorsatztheorie, *Schmidhäuser*, JZ 1979, 361 ff.

b) Die Vermeidbarkeit des Verbotsirrtums

Nach geltendem Recht stellt sich die entscheidende Frage dahin, nach 81
welchen Maßstäben über die Vermeidbarkeit des Verbotsirrtums im
Einzelfalle geurteilt werden soll[95].

aa) Die Praxis verwendet hier verschiedene Formeln. Danach soll es 82
zum einen darauf ankommen, ob der Täter das Unrecht der Tat »bei der
ihm zuzumutenden *Anspannung des Gewissens* hätte kennen können«[96]. Das Gewissen kann jedoch nicht die eigentlich maßgebende Instanz sein. Rechtsnormen sind auf diesem Wege, außer bei ohnehin
kaum verzeihlichen Irrtümern im Kernbereich des Strafrechts, nicht in
Erfahrung zu bringen, ganz abgesehen davon, dass die Gewissensüber-
zeugung mit dem Recht durchaus nicht übereinzustimmen braucht[97].
Wohl aus diesem Grunde wird, zum anderen, zugleich viel allgemeiner
gefordert, der Mensch habe »bei allem, was er zu tun im Begriff steht,
sich bewußt zu machen, ob es mit den Sätzen des rechtlichen Sollens in
Einklang steht«, und Zweifel »durch *Nachdenken oder Erkundigung* zu
beseitigen«[98]. Indessen überschreitet die Annahme einer solchen allgemeinen Pflicht, das eigene Verhalten unablässig auf seine Rechtmäßigkeit zu überprüfen, jedes vernünftige Maß. Unvermeidbare Verbotsirrtümer wären dann auch gar nicht mehr denkbar, außer vielleicht in jenen seltenen Fällen, in denen man sich nach der Rechtsprechung auf
(unzutreffende) Auskünfte sachverständiger Personen verlassen darf.
Infolgedessen muss in erster Linie näher bestimmt werden, unter welchen Voraussetzungen überhaupt hinreichender Anlass bestehen kann,
sich der Rechtmäßigkeit des eigenen Verhaltens zu vergewissern.

Prinzipiell dürfte das zunächst dann der Fall sein, wenn der Täter 83
gewusst oder doch für möglich gehalten hat, dass sein Verhalten in einem durch Rechtsvorschriften geregelten Bereich liegt.

Dabei sind freilich mehrere Konstellationen zu unterscheiden. In Betracht 84
kommt zunächst der Fall, dass der Täter zwar nicht sicher ist, aber immerhin
für möglich hält, dass eine bestimmte Verhaltensweise rechtswidrig sein könnte

---

95 Eingehend *Rudolphi*, S. 217 ff. Zu dem einem funktionalen Schuldbegriff (oben
Rn. 6) entsprechenden Vorschlag, die Frage unter dem Gesichtspunkt »der sozialen Notwendigkeit von Zurechnung« zu entscheiden, besonders *Timpe*, pass.
96 BGHSt 2, 194 (209); 9, 164 (172); 21, 18 (20).
97 Kritisch auch *Jakobs*, 19/41; *Neumann*, NK, § 17 Rn. 55; *Rudolphi*, S. 224 ff;
Schönke/Schröder/Cramer, § 17 Rn. 15.
98 BGHSt 2, 194 (201); 4, 1 (5), 236 (242 f).

(sog. *bedingtes* Unrechtsbewusstsein). Hier wird man von ihm nicht ohne weiteres verlangen können, auf sie zu verzichten, z. B. dann nicht, wenn wesentliche Interessen auf dem Spiel stehen und die Entscheidung keinen Aufschub verträgt. Die Frage bedarf vielmehr einer differenzierten Beurteilung[99]. Zweifelhaft ist nur, auf welche Weise sie vorgenommen werden soll. Praxis und Lehre stellen den Unrechtszweifel überwiegend der sicheren Verbotskenntnis gleich, zumindest dann, wenn der Täter die Rechtsverletzung in Kauf genommen hat, schließen die Anwendung von § 17 also aus[100]. Dem Täter soll unter Umständen jedoch die *Unzumutbarkeit* einer Klärung der Rechtslage zugute gehalten werden können[101]. Denkbar ist aber auch die andere Lösung, dass man den Unrechtszweifel nach den Regeln des Verbotsirrtums behandelt, es also als eine Frage der *Vermeidbarkeit* betrachtet, ob und inwieweit es dem Täter nach Lage der Dinge möglich war, Gewissheit über die Rechtslage zu erlangen. Zumeist wird der Irrtum freilich als vermeidbar angesehen werden müssen, wenn der Täter selbst an der Rechtmäßigkeit seines Verhaltens gezweifelt hat[102].

85   Aber auch ein Täter, der sein Verhalten für rechtmäßig hält, kann hinreichenden Anlass haben, daran zu zweifeln, etwa weil ein dem seinen ähnliches Verhalten, wie er weiß, verboten ist[103], oder weil seiner Auffassung bekanntermaßen Gerichtsurteile oder andere behördliche Äußerungen entgegenstehen[104]. Entsprechendes gilt, wenn er um die Existenz von Rechtsregeln weiß, die sein Verhalten betreffen, sich über deren möglichen Inhalt aber nicht informiert.

86   Die Einsicht in das Unrecht der Tat ist dem Täter in der Regel auch dann zugänglich, wenn er sich bewusst war, *elementare soziale Normen zu verletzen.* Das Bewusstsein der Sittenwidrigkeit kann also zwar das Unrechtsbewusstsein nicht ersetzen, wohl aber den Verbotsirrtum als vermeidbar erscheinen lassen. Da sich Recht und Sittlichkeit nicht decken, hat der Täter freilich nur dann hinreichenden Anlass, ein entsprechendes rechtliches Verbot anzunehmen, wenn er weiß, dass es eine *grundlegende* soziale Norm ist, gegen die er verstößt, und wenn dies in schwerwiegender Weise geschieht.

87   Es bleibt die Frage, ob es weitere Fälle gibt, in denen gesagt werden kann, dass der Täter trotz seines Verbotsirrtums die Möglichkeit gehabt

99 Eingehend *Warda*, S. 499 ff.
100 Vgl. BGHSt 27, 196 (202); *Jescheck/Weigend*, S. 454 f; *Rudolphi*, S. 118 ff; *ders.*, SK, § 17 Rn. 12.
101 *Jakobs*, 19/30; *Neumann*, NK, § 17 Rn. 36; *Rudolphi*, SK, § 17 Rn. 13; Schönke/Schröder/*Cramer*, § 17 Rn. 21; *Warda*, S. 526 ff.
102 Vgl. noch BGHSt 3, 99 (101); 4, 352; 20, 342 (371 f).
103 Vgl. BGHSt 15, 377 (382 ff); anders *Neumann*, NK, § 17 Rn. 62.
104 Vgl. BGHSt 21, 18 (21 f); *Neumann*, NK, § 17 Rn. 61; *Rudolphi*, SK, § 17 Rn. 31.

habe, sich am Recht zu orientieren (obwohl er also weder für möglich hielt, dass sein Verhalten rechtlicher Regelung unterliege, noch zu dieser Annahme durch das Bewusstsein eines elementaren Sittenverstoßes hätte veranlasst werden können). Die Lösung muss wiederum zwischen zwei Extrempositionen gesucht werden. Auf der einen Seite steht die hier bereits als überspannt zurückgewiesene Forderung, das eigene Verhalten beständig auf seine Rechtmäßigkeit zu überprüfen. Andererseits kann der Einzelne nicht nur dann gehalten sein, sich dessen zu vergewissern, wenn er daran schon irgendwelche Zweifel hatte[105]; sonst wird die Indifferenz prämiert. Danach kommen in diesem Zusammenhang wohl nur noch Sachverhalte in Betracht, bei denen eine rechtliche Regelung derart naheliegt, dass es *äußerster Gleichgültigkeit* gegenüber den Anforderungen des Rechts bedarf, um diese Möglichkeit nicht zu erkennen.

Beispiele sind im Kernbereich des Strafrechts kaum zu bilden, so unwahr-   88
scheinlich ist es, dass jemand die vorsätzliche Tötung, den Diebstahl, die Vergewaltigung usw. für sowohl rechtlich wie sozialethisch indifferent halten könnte. Zu denken ist aber an die Unkenntnis etwa der Existenz rechtlicher Regeln für die Ausübung bestimmter Berufe (wie z. B. über das Führen von Handelsbüchern, §§ 238 HGB, 283b StGB), die niemandem, den es angeht, unbekannt bleiben kann, wenn er ihr auch nur die geringste Aufmerksamkeit zuwendet.

bb) Bestimmt werden müssen jedoch nicht nur die Voraussetzungen,   89
unter denen der Verbotsirrtum grundsätzlich als vermeidbar erscheinen kann, sondern auch das *Maß an Sorgfalt,* das in dieser Hinsicht zu erbringen ist. Die Praxis stellt insoweit sehr hohe Ansprüche. Entlastet wird der Täter nur, wenn er »trotz der ihm nach den Umständen des Falles, seiner Persönlichkeit sowie seinem Lebens- und Berufskreis zuzumutenden Anspannung des Gewissens die Einsicht in das Unrechtmäßige seines Handelns nicht zu gewinnen vermochte«[106]. Er habe »alle seine geistigen Erkenntniskräfte und alle seine sittlichen Wertvorstellungen einzusetzen, wenn es gilt, sich über die Rechtmäßigkeit oder Rechtswidrigkeit eines bestimmten Verhaltens ein Urteil zu bilden«[107]. Doch soll es auf seine individuellen Fähigkeiten offenkundig nur inso-

---

105 So aber *Horn*, S. 69, 105 und pass.; dazu kritisch *Stratenwerth*, ZStrW 85 (1973), 482 ff.
106 BGHSt 21, 18 (20); ähnlich schon BGHSt 2, 194 (201); 4, 236 (243).
107 BGHSt 4, 1 (5); vgl. 9, 164 (172).

weit ankommen, wie sie über dem Durchschnitt liegen[108]. Insgesamt wird, und zwar ausdrücklich, ein höheres Maß an Anspannung gefordert als unter dem Gesichtspunkt der Fahrlässigkeitshaftung zur Vermeidung der Gefährdung oder Verletzung von Rechtsgütern[109].

90   Dies soll deshalb gelten, »weil mit der Tatbestandsmäßigkeit eines Verhaltens seine Rechtswidrigkeit in der Regel gegeben und dies allgemein bekannt« sei[110]. Indessen vermittelt die Kenntnis der Tatumstände keineswegs ohne weiteres die Kenntnis der Rechtswidrigkeit, wie nicht nur, aber besonders deutlich wiederum das Beispiel der Ordnungsvorschriften zeigt, und wenn dem wirklich so wäre, bedürfte es keiner besonderen Aufmerksamkeit, um das Unrecht zu erkennen. Jene gesteigerten Anforderungen können also wohl nur dann gestellt werden, wenn sich der Täter – anders als bei fahrlässigem Handeln, anders aber auch als bei gänzlicher Unkenntnis des Verbots – bewußt ist, eine Rechtsnorm zu verletzen, und das aufgrund irgendeiner rechtlich nicht anerkannten Erlaubnis glaubt tun zu dürfen: Hier belastet ihn schon die geringste Nachlässigkeit[111].

91   Dass die Praxis zu hohe Anforderungen stellt, zeigt sich vor allem in der Frage, welche Bedeutung beim Verbotsirrtum der Stellungnahme anderer Personen oder Instanzen beigemessen wird. Hier gilt die Regel: dass jede der Auffassung des Täters entgegenstehende Äußerung ihn *belastet*[112], eine seiner Auffassung entsprechende Äußerung ihn jedoch keineswegs ohne weiteres *entlastet*. Eine *Belastung* ist mitunter sogar dann angenommen worden, wenn zu einer Rechtsfrage gegensätzliche höchstrichterliche Entscheidungen ergangen waren[113] – mit der unhaltbaren Konsequenz, dass jede falsche Entscheidung den Freiheitsspielraum des Einzelnen beschränkt. Eine *Entlastung* setzt demgegenüber nicht nur voraus, dass der Täter die befragte Person als verlässlich ansehen[114], sondern auch, dass er die Auskunft selbst für überzeugend halten darf. Das gilt beispielsweise zwar bei einer Auffassung, die von »namhaften Juristen« vertreten und vom BGH nicht gänzlich verworfen wird[115], nicht aber bei der unzutreffenden Rechtsauskunft der zuständigen (!) Polizeibehörde, wenn bei

---

108 BGHSt 3, 357 (366) hebt hervor, dass es sich beim Täter »um einen humanistisch und juristisch gebildeten, lebenserfahrenen hohen Staatsbeamten« handele, während BGHSt 9, 164 (172) den Maßstab eines »sorgfältigen Weinbauern« zugrunde legt.
109 BGHSt 4, 1 (5); 9, 164 (172); 21, 18 (20); dazu kritisch *Jakobs*, 19/38; *Jescheck/ Weigend*, S. 458; *Neumann*, NK, § 17 Rn. 58; *Roxin*, § 21 Rn. 44; *Rudolphi*, SK, § 17 Rn. 30a.
110 BGHSt 4, 236 (243).
111 Zustimmend *Neumann*, NK, § 17 Rn. 59.
112 Vgl. etwa BGHSt 39, 1 (35).
113 OLG Bremen, NJW 1960, 164; OLG Köln, GA 1960, 318.
114 Vgl. BGHSt 4, 347 (353); 40, 257 (264).
115 BGHSt 20, 342 (371 f.).

geringem Nachdenken einzusehen ist, dass der vermeintliche Rechtszustand schwere Gefahr für andere in sich bergen würde[116], und schon gar nicht bei »bloßen Rechtsauskünften«, die den Täter zu dem Glauben verleiten, »durch eine Lücke des Strafgesetzes schlüpfen zu können«[117], als sei es illegitim, das zu tun! Der Täter kann sich also »der ihm obliegenden persönlichen Entscheidung über Recht und Unrecht seines Tuns nicht schlechthin dadurch entziehen ..., dass er eine Meinungsäußerung eines Rechtskundigen einholt«[118]. Selbst die Rechtsauskunft einer als verlässlich anzusehenden Person entlastet ihn nicht ohne weiteres, wenn bei entsprechender (!) Anwendung einer Gesetzesbestimmung gesagt werden kann, dass er sich auch noch bei einer Behörde hätte erkundigen sollen[119].

Im ganzen spielen bei der Frage der Vermeidbarkeit des Verbotsirrtums unübersehbar wiederum kriminalpolitische Rücksichten eine erhebliche Rolle[120]. Das zeigt sich in gleicher Weise an der außerordentlichen Weite der Erkundigungspflichten, die dem Täter auferlegt werden, wie am Grad der von ihm geforderten Sorgfalt oder am Standard der Fähigkeiten zur Unrechtseinsicht, die dabei maßgebend sein sollen. Ein Mindestmaß an »Können« wird offenkundig normativ vorausgesetzt[121] – eine weitere Konzession an einen »sozialen« Schuldbegriff (oben Rn. 8).   92

cc) Rechtsprechung und Lehre stimmen heute weitgehend darin überein, dass ein Verbotsirrtum unter Umständen auch dann als vermeidbar anzusehen ist, wenn er für den Täter im Zeitpunkt der Tat gerade nicht (mehr) vermeidbar war. Das gilt insbesondere bei Informationsdefiziten, die einen ganzen Lebens- oder Tätigkeitsbereich betreffen. Hier hätte sich der Täter die nötigen Rechtskenntnisse zumeist längst vor der Tat verschaffen müssen. Damit stellt sich, wie schon bei der actio libera in causa (oben Rn. 43 ff), erneut die Frage nach der Bedeutung des Vorverschuldens: Was dem Täter vorgeworfen werden kann, ist, dass er sich zu diesem *früheren* Zeitpunkt nicht um die Vermeidung von Irrtümern bemüht hat[122]. Da es nicht um eine bloße Fahrlässigkeitshaftung geht, hilft der Gedanke des Übernahmeverschul-   93

116 BGHSt 2, 188 (193).
117 BGHSt 3, 99 (101).
118 BGHSt 21, 18 (21).
119 BGHSt 40, 257 (264).
120 *Neumann*, NK, § 17 Rn. 57; *Rudolphi*, Jbl 1981, 295 ff.
121 Zustimmend *Neumann*, NK, § 17 Rn. 53.
122 So bereits *Rudolphi*, S. 254 ff; *ders.*, SK, § 17 Rn. 44 f; Schönke/Schröder/ *Cramer*, § 17 Rn. 17; ferner *Stratenwerth* (Lit. oben vor Rn. 20), S. 486 ff.

dens (unten § 15 Rn. 22) hier nicht weiter[123]. Auch der Rekurs auf eine sog. Lebensführungsschuld[124] kann die Verantwortung für die konkrete Tat nicht begründen. Vielmehr bleibt wiederum nur die andere, hier schon vor allem im Blick auf den vermeidbaren Affekt vertretene Lösung, den Täter für ein im Zustand ausgeschlossener Schuld begangenes Vorsatzdelikt auch dann haften zu lassen, wenn er diesen Zustand in vermeidbarer Weise herbeigeführt hat und dabei das spätere Delikt zumindest voraussehen konnte (oben Rn. 50)[125].

III. Die Zumutbarkeit

Literatur: Bernsmann, »Entschuldigung« durch Notstand, 1989; *v. Burski,* Die Zeugen Jehovas, die Gewissensfreiheit und das Strafrecht, 1970: *Ebert,* Der Überzeugungstäter in der neueren Rechtsentwicklung, 1975; *Rudolphi,* Die Bedeutung eines Gewissensentscheides für das Strafrecht, in: FS Welzel, 1974, S. 605 ff; *Timpe,* Strafmilderungen des Allgemeinen Teils des StGB und das Doppelverwertungsverbot, 1983.

94   Andere Gründe als psychische Störungen können dem Täter nicht nur die *Einsicht* in das Unrecht der Tat, sondern auch den *Entschluss* erschweren, nach dieser Einsicht zu handeln. Neben den Schuldausschluss durch verzeihlichen Verbotsirrtum tritt deshalb der Schuldausschluss unter dem Gesichtspunkt der Unzumutbarkeit: in Gestalt außergewöhnlicher Hemmnisse für eine normgemäße Entscheidung.

1. Der Grundgedanke

95   Der Grundgedanke schuldausschließender Unzumutbarkeit steht freilich nicht außer Zweifel; möglicherweise handelt es sich um einen Sammelbegriff, der verschiedene Fälle umfasst.

96   Den Ausgangspunkt bilden Situationen, in denen der Täter bei Begehung der Tat unter so starkem *psychischen Druck* steht, dass rechtmäßiges Verhalten nicht mehr erwartet werden kann.

---

123 Anders *Roxin,* § 21 Rn. 49.
124 Anders BGHSt 2, 194 (208 f); *Rudolphi,* aaO; dagegen *Roxin,* § 19 Rn. 58 f, § 21 Rn. 47, 50.
125 Näher *Stratenwerth,* aaO, S. 488 ff.; anders *Jakobs,* 19/37, der in diesen Fällen für Straflosigkeit optiert.

Von großem Einfluss war hier die Entschiedenheit, mit der *Kant* – unter Be- 97
zugnahme auf einen bereits von *Karneades* (* 214 v. Chr.) gebildeten Grenzfall
– für Straflosigkeit eingetreten ist: »Es kann … kein Strafgesetz geben, welches
demjenigen den Tod zuerkennete, der im Schiffbruche, mit einem anderen in
gleicher Lebensgefahr schwebend, diesen von dem Brette, worauf er sich gerettet hat, wegstieße, um sich selbst zu retten. Denn die durchs Gesetz angedrohte
Strafe könnte doch nicht größer sein, als die des Verlusts des Lebens des erste-
ren. Nun kann ein solches Strafgesetz die beabsichtigte Wirkung gar nicht haben; denn die Bedrohung mit einem Übel, was noch *ungewiß* ist (dem Tode
durch den richterlichen Ausspruch), kann die Furcht vor dem Übel, was *gewiss*
ist (nämlich dem Ersaufen), nicht überwiegen«[126].

Dass übermächtiger psychischer Zwang, wie ihn besonders der 98
Selbsterhaltungstrieb ausüben kann, den Schuldausschluss unter dem
Gesichtswinkel der Unzumutbarkeit trägt, wird jedoch fraglich, wenn
man in die Einzelheiten geht. Die Logik dieses Gedankens würde die
Beschränkung des Schuldausschlusses auf Situationen höchster Bedrohung des Lebens fordern. Nach geltendem Recht genügt jedoch unter
Umständen schon die Gefahr einer nicht ganz unerheblichen Gesundheitsschädigung oder des vorübergehenden Verlusts der Freiheit, und
sie genügt auch dann, wenn sie unmittelbar gar nicht den Täter, sondern
eine ihm »nahestehende« Person trifft (§ 35). Die exkulpierende Wirkung des psychischen Drucks hängt überdies nicht nur von seinem
Ausmaß, sondern auch davon ab, ob dem Täter »nach den Umständen«
zugemutet werden kann, die Gefahr hinzunehmen (§ 35 I 2). Die Lehre
hat sich deshalb um zusätzliche oder gänzlich andere Erklärungen des
Schuldausschlusses bemüht.

Dabei steht der Gedanke im Vordergrund, dass es sich beim entschuldigen- 99
den wie beim rechtfertigenden Notstand, objektiv betrachtet, um eine *Güterkollision* handelt, die hier zwar, im Blick auf das Wertverhältnis der betroffenen
Güter oder Interessen, das Unrecht nicht ausschließen, wohl aber vermindern
kann[127]. Es erscheint bei der verbleibenden, eher geringen Wertdifferenz nicht
als unverständlich, wenn der Täter demjenigen Interesse den Vorzug gibt, das
ihm näher steht[128]. Deshalb liegt die Schuld, sofern sie nicht ganz entfällt, in der

---

126 AaO (oben § 1 Fn. 3), S. 343. Vgl. demgegenüber die Entscheidung eines engli-
     schen Gerichts im ähnlich liegenden Mignonette-Fall von 1884 (*Radbruch*,
     Geist des englischen Rechts, 2. Aufl. 1947, S. 74 ff, 93 ff).
127 So wohl zuerst *Noll*, ZStrW 77 (1965), 17 f.
128 Vgl. *Frister* (Lit. oben vor Rn. 2), S. 153 ff, der die Entschuldigung des Not-
     standseingriffs im ganzen als Ergebnis ihrer Bewertung aus der Perspektive des
     Betroffenen interpretiert.

Regel doch unterhalb der Schwelle des strafrechtlich Erheblichen[129]. Diese Sicht der Unzumutbarkeit hat nicht die Nachteile der ausschließlich psychologisierenden Erklärung. Sie erfordert keinen übermächtigen psychischen Zwang, sondern kann immer dann eingreifen, wenn der Täter ein eigenes Interesse wahrt, das hinter dem durch die Tat verletzten nicht wesentlich zurückbleibt. Sie gerät jedoch in Schwierigkeiten, wenn die Notstandstat menschliches Leben betrifft, das sich jeder Abwägung entzieht (oben § 9 Rn. 106), und sie kann nicht begründen, weshalb das Gesetz die Entschuldigung auf Gefahren für Leben, Leib oder Freiheit beschränkt[130].

100   Daneben stehen Versuche, den Schuldausschließungsgrund der Unzumutbarkeit auf Strafzweckerwägungen zurückzuführen: Generalpräventive Bedürfnisse sollen in den Notstandsfällen »wegen der Seltenheit dieser Situationen«, die als »Zufall« definiert werden könnten, in der Regel nicht bestehen[131], die Notstandstäter »auch spezialpräventiver Einwirkung nicht bedürfen« [132]. Aber dabei handelt es sich, wie gegen funktionale Schuldlehren insgesamt einzuwenden ist, um Behauptungen rein spekulativer Natur (oben Rn. 6 f)[133], die hier ihre Überzeugungskraft allein daraus beziehen, dass der Schuldausschluss in den Notstandsfällen schon unter dem Gesichtspunkt mangelnder Vorwerfbarkeit einleuchtet. Dass präventive Bedürfnisse fehlen, erklärt sich in den Fällen der Unzumutbarkeit rechtmäßigen Verhaltens aus dem Mangel an substantieller Schuld, nicht umgekehrt.

101   Es scheint danach, als gebe es keine »Theorie«, aus der sich die Regelung des entschuldigenden Notstandes in allen ihren Einzelheiten ableiten ließe. Das überrascht insofern nicht, als sie offenkundig auch nicht aus einer in sich geschlossenen Konzeption hervorgegangen ist. Der Schuldausschluss wird hier aber sicher dadurch getragen, dass es (auch) um die Rettung bedrohter Rechtsgüter geht, und zwar solcher, deren Verletzung besonders tief in die Persönlichkeitssphäre des Betroffenen eingreift. Die Güterkollision ist im Übrigen der gemeinsame Nenner, auf den sich alle Fälle der Unzumutbarkeit bringen lassen. Sie unterscheiden sich vom Notstand nur durch ihre weiteren Erfordernisse: Beim straflosen Notwehrexzess ist es der durch den Angriff ausgelöste Affekt, der die Tat als entschuldbar erscheinen lässt (§ 33), bei der zugunsten eines Angehörigen begangenen Strafvereitelung die traditio-

---

129 H. M.; siehe *Hirsch*, LK, § 35 Rn. 3 f; *Jescheck/Weigend*, S. 478; *Rudolphi*, SK, § 35 Rn. 2 f; Schönke/Schröder/*Lenckner*, Rn. 111 vor §§ 32 ff; hier die Vorauflage, Rn. 601.

130 Näher *Bernsmann*, S. 204 ff; auch *Jakobs*, 20/3; *Roxin*, § 22 Rn. 9 f; *Timpe*, S. 291 ff.

131 *Jakobs*, 20/4; *Roxin*, § 22 Rn. 6; *Timpe*, S. 298 f.

132 *Roxin*, § 22 Rn. 6, 12.

133 Eingehend kritisch *Bernsmann*, S. 215 ff.

nelle Solidarität innerhalb der Familie, die dem Täter zugute gehalten wird (§ 258 VI). *Insofern* kann die Unzumutbarkeit *nicht* auf einen einheitlichen Grundgedanken zurückgeführt werden oder doch nur auf einen so abstrakten, dass er nicht als Prinzip taugt, aus dem weitere Schuldausschließungsgründe – über die gesetzlich vorgesehenen hinaus – entwickelt werden könnten. Das schließt eine fallweise Ausdehnung der gesetzlichen Einzelvorschrift im Wege der Analogie zwar nicht grundsätzlich aus. Wohl aber verdient von hier aus die heute ganz überwiegend anerkannte Regel Zustimmung, dass die Unzumutbarkeit – jedenfalls beim vorsätzlichen Handlungsdelikt – keinen *allgemeinen* (übergesetzlichen) Schuldausschließungsgrund bildet[134].

2. Die Einzelfälle der Unzumutbarkeit

a) Der entschuldigende Notstand

Schuldhaft handelt in der Regel nicht, wer eine rechtswidrige Tat begeht, um eine gegenwärtige, nicht anders abwendbare Gefahr für Leben, Leib oder Freiheit von sich selbst, seinem Angehörigen oder einer anderen ihm nahestehenden Person abzuwenden (§ 35 I).   102

Vorausgesetzt wird zunächst also, wie schon bemerkt, eine *Güterkollision*. Die Tat muss die einzige Möglichkeit der Rettung bilden. Da es jedoch nicht um die Wahrung höherwertiger Interessen, sondern um die Unzumutbarkeit rechtmäßigen Verhaltens geht, sind nach dem Gesetzeswortlaut nicht beliebige, sondern nur bestimmte elementare, dem Täter besonders nahestehende Individualrechtsgüter notstandsfähig. Im einzelnen bleiben Zweifel. So ist sehr streitig, ob Notstand auch durch die Bedrohung *ungeborenen Lebens* begründet werden kann, dem aber zumindest noch die vom Gesetz ebenfalls vorausgesetzte Personqualität fehlt[135]. Fraglich ist sodann, ob als Gefahren für den *Leib* nur eigentliche Körperverletzungen oder auch andere Eingriffe in die körperliche Integrität, insbesondere in Gestalt sexuellen Missbrauchs, anzusehen sind; hier spricht einiges für die weitere Auslegung[136]. Bei der *Freiheit*   103

---

134 Siehe nur RGSt 66, 397 (399); *Hirsch*, LK, Rn. 196 vor § 32; *Jescheck/Weigend*, S. 503 f; *Roxin*, § 22 Rn. 142 ff; Schönke/Schröder/*Lenckner*, Rn. 122 vor § 32.
135 *Bernsmann*, S. 41 f; *Hirsch*, LK, § 35 Rn. 12; *Roxin*, § 22 Rn. 24; anders *Jakobs*, 20/8; *Rudolphi*, SK, § 35 Rn.5; Schönke/Schröder/*Lenckner*, § 35 Rn. 5.
136 *Jakobs*, aaO; *Jescheck/Weigend*, S. 481; anders *Bernsmann*, Notstand, S. 387 ff; einschränkend auch Schönke/Schröder/*Lenckner*, § 35 Rn. 6.

schließlich kann es, anders als bei § 34, nur um die körperliche Bewegungsfreiheit (im Sinne von § 239), nicht um die allgemeine Handlungsfreiheit gehen; sonst wäre die mit der Aufzählung notstandsfähiger Güter angestrebte Beschränkung des Schuldausschlusses praktisch aufgehoben[137]. Die Gefahr *unerheblicher* Einbußen an körperlicher Unversehrtheit oder persönlicher Freiheit scheidet ohnehin aus[138].

104   Auch wenn man das gesetzgeberische Bestreben, den Gesichtspunkt der Unzumutbarkeit nicht ausufern zu lassen, im Prinzip anerkennt, kann der Numerus clausus der notstandsfähigen Güter im Blick auf *vergleichbar* schwere Bedrohungen doch als problematisch erscheinen. Als Beispiel wird etwa die Gefahr des Verlustes aller persönlichen Habe durch einen Brand genannt[139]. Eine Ausweitung des § 35 im Wege der Analogie soll nach h. M. trotzdem nicht zulässig sein, eben weil die mit ihm verbundene Beschränkung vom Gesetzgeber ausdrücklich gewollt sei[140]. Der Wille des historischen Gesetzgebers kann jedoch eine systematische Gesetzesinterpretation nicht hindern. Dabei darf aber natürlich eine ähnliche wie die in § 35 umschriebene Situation nicht etwa dann schon angenommen werden, wenn der Rang des verletzten fremden Interesses zu dem des geretteten noch in einem erträglichen Verhältnis steht, sondern nur, wenn es überdies um Interessen geht, die – wie die ausdrücklich genannten – besonders »persönlichkeitsnah« sind. Mit dieser Maßgabe aber kann die Analogie nicht unzulässig sein[141], und sie wird von einem Teil der Lehre in der Sache auch beim *Gewissenstäter* befürwortet (unten Rn. 115), obschon nicht immer als solche bezeichnet.

105   Die Gefahr, die den Notstand begründet, muss eine *gegenwärtige* sein, die Rettungshandlung also aufgeschoben werden, bis es bei weiterem Zögern für sie zu spät sein könnte. Unter dieser Voraussetzung anerkennt die Praxis Notstand jedoch auch bei *Dauergefahren*, die jederzeit in eine Schädigung umschlagen können (wie bei einem baufälligen Haus, das einzustürzen droht[142]) oder sich zu einem späteren Zeitpunkt nicht mehr abwenden ließen (wie bei einem unter massiven Druck gesetzten Zeugen[143]).

137 *Bernsmann*, S. 74 f; Schönke/Schröder/*Lenckner*, § 35 Rn. 8, m.w.N.
138 Dazu schon RGSt 29, 77 (78); 66, 397 (399 f).
139 *Stree*, JuS 1973, 469.
140 *Bernsmann*, S. 389 f; *Roxin*, § 22 Rn. 23; *Rudolphi*, SK, § 35 Rn. 5; Schönke/Schröder/*Lenckner*, § 35 Rn. 4; anders *Jakobs*, 20/9; *Köhler*, S. 335; *Timpe*, JuS 1984, 863 f.
141 So auch *Köhler*, aaO.
142 RGSt 59, 69.
143 RGSt 66, 98, 222 (225); BGHSt 5, 371 (373); vgl. auch BGHSt 39, 133 (137).

Zu den regulären Erfordernissen des entschuldigenden Notstandes   106
gehört schließlich auch, dass die Schwere des in der Rettungshandlung
liegenden Eingriffs in rechtlich geschützte Interessen zur Größe der abgewendeten Gefahr *nicht außer Verhältnis* stehen darf[144]. Eine dem Betroffenen angedrohte Körperverletzung mag beispielsweise, wenn sie
nicht zu leicht wiegt, einen Meineid als verzeihlich erscheinen lassen,
nicht aber, außer in Extremfällen, eine vorsätzliche Tötung[145].

Das wird im Gesetz nicht ausdrücklich gesagt, entspricht aber dem Grund-   107
gedanken der Bestimmung (oben Rn. 99, 101) und wird zumeist, als einer ihrer
Anwendungsfälle, in die sogleich zu erörternde Ausnahmeregel von § 35 I 2 hi-
neingelesen. Sieht man es im Zusammenhang mit der Güterabwägung beim
rechtfertigenden Notstand, so ergibt sich, dass eine Entschuldigung in insgesamt drei Fällen in Betracht kommt: erstens insoweit, wie die miteinander kollidierenden Rechtsgüter *gleichwertig* sind; bei Eingriffen in die Rechtssphäre
eines Unbeteiligten zweitens auch dann, wenn das gerettete Rechtsgut *nicht* von
unverhältnismäßig höherem Rang ist (oben § 9 Rn. 108), und schließlich drittens, sofern das durch die Notstandshandlung *betroffene* Rechtsgut überwiegt,
aber nicht unverhältnismäßig (wobei schwierige Grenzfragen auftreten: wie bei
der Tötung eines Menschen zur Abwehr einer schweren Verstümmelung).

Im Übrigen gilt die allgemeine Einschränkung, dass der Täter die   108
Gefahr hinzunehmen hat, soweit ihm das nach den Umständen zugemutet werden kann (§ 35 I 2). Dabei nennt das Gesetz, als Beispiele einer *gesteigerten Pflicht zur Gefahrtragung*, ausdrücklich die Fälle, dass
der Täter »die Gefahr selbst verursacht hat« oder »in einem besonderen
Rechtsverhältnis« steht.

Die erstgenannte Konstellation ist freilich selten und in ihrer rechtlichen Be-   109
deutung umstritten. Die Entschuldigung *immer* dann zu versagen, wenn der
Täter die Gefahr (auch nur im Sinne der Adäquanztheorie [oben § 8 Rn. 21])
»verursacht« hat, wäre offenbar ganz verfehlt. Sonst müsste selbst derjenige
strafbar sein, der etwa bei der Abwehr des von ihm durch ein unbedachtes
Wort ausgelösten Angriffs eines Jähzornigen einen Unbeteiligten verletzt. Abhilfe ist hier nur so möglich, dass man die Klausel, nach einem Vorschlag von
Lenckner, nur anwendet, »*wenn und soweit*« dem Täter wegen der Verursachung der Gefahr deren Hinnahme zugemutet werden kann[146]. Dann bleibt
freilich die Frage nach den weiteren Voraussetzungen der Gefahrtragungspflicht. Klar dürfte nur der Fall bewusster Herbeiführung der Notstandslage,
also nicht nur der Güterkollision, sondern auch des Ausschlusses aller anderen
Rettungsmöglichkeiten, sein; hier ist die Abwälzung der Gefahr auf unbeteiligte

---

144 H. M.; siehe Schönke/Schröder/*Lenckner*, § 35 Rn. 33, m.w.N.
145 Näher *Bernsmann*, S. 409 ff.
146 Schönke/Schröder/*Lenckner*, § 35 Rn. 20.

Rechtsgüter nicht zu tolerieren. Zweifelhaft aber wird die Wertung bei bloß »fahrlässiger« Herbeiführung der Notstandslage[147]. Folgt man der hier schon bei actio libera in causa und beim vermeidbaren Verbotsirrtum vertretenen Regel (oben Rn. 50, 93), so wäre zu sagen: »Verursacht« hat der Täter die Gefahr schon dann, wenn er sie selbst *und* die Notwendigkeit hätte voraussehen können, sich aus ihr durch ein Vorsatzdelikt zu befreien. Die Strafe kann aber in solchem Falle, ganz ebenso wie beim vermeidbaren Verbotsirrtum (§ 17 Satz 2), nach § 49 I gemildert werden (§ 35 I 2, 2. Halbsatz).

110   Mit dem wenig präzisen Begriff des »besonderen Rechtsverhältnisses« sind einerseits bestimmte Berufe oder soziale Positionen gemeint, mit denen sich die *Pflicht* verbindet, besondere (typische) *Gefahren zu bestehen* (wie beim Polizisten, Feuerwehrmann, Seemann oder auch Soldaten [§ 6 WehrstrafG]); im einzelnen kann die Abgrenzung freilich zweifelhaft sein[148]. Andererseits werden hier auch *Duldungspflichten* eingeordnet, gerichtet auf die Hinnahme der Rechtsgutsbeeinträchtigung, wie etwa gegenüber einem rechtskräftigen Strafurteil; die Einzelheiten sind, etwa hinsichtlich der Grenzen, in denen man sich fehlerhaften Urteilen zu fügen hat, wiederum problematisch[149]. Das »besondere Rechtsverhältnis« ist jedenfalls im Blick auch auf den 2. Halbsatz der Vorschrift, der die Möglichkeit der Strafmilderung hier nicht vorsieht, zu bestimmen, und das heißt: entsprechend eng auszulegen.

111   Zumutbar dürfte die Hinnahme der Gefahr über diese Beispielsfälle hinaus insbesondere noch bei freiwillig eingegangener *Gefahrengemeinschaft* sein, wie etwa bei einer Bergtour, bei der Rettungshandlungen zu Lasten einzelner Beteiligter als unentschuldbar erscheinen, oder dort, wo dem Täter besondere *Obhuts- oder Sorgepflichten* gegenüber dem Betroffenen obliegen. Eine vollständige Aufzählung ist freilich kaum möglich.

112   Dass der Notstand nur dann entschuldigende Wirkung haben kann, wenn der Täter auch *subjektiv* den Zweck der Rettung des bedrohten Gutes verfolgt hat, ergibt sich schon aus dem Gesetzeswortlaut (»um … abzuwenden«), vor allem aber aus dem Grundgedanken der Vorschrift, wonach ja (auch) die persönliche Zwangslage des Täters seine Schuld wesentlich herabsetzt oder ausschließt. Allerdings wird nicht geprüft, ob der Täter nach seiner Individualität genug psychische Widerstandskraft besessen hätte, um die Gefahr zu ertragen; es kommt allein auf die schon erörterten »Umstände« an. Das Gesetz legt also einen objektiven

---

147 Ein Überblick bei *Roxin*, § 22 Rn. 45 ff.
148 Näher *Lugert*, Zu den erhöht Gefahrtragungspflichtigen im differenzierten Notstand, 1991, S. 40 ff, 126 ff.
149 Näher *Bernsmann*, S. 126 ff.

Maßstab zugrunde. Jede andere Lösung wäre nicht nur praktisch undurchführbar. Sie würde auch die Umkehrung herausfordern, dass die Entschuldigung bei einem besonders ängstlichen oder schwächlichen Täter schon früher einzusetzen hätte als bei anderen. Demgegenüber geht es auch hier wieder um eine *normativ* bestimmte Grenze: Ein Mindestmaß an Widerstandskraft wird generell vorausgesetzt.

Sind *nur* die objektiven Momente des entschuldigenden Notstandes gegeben, 113 so wird die Schuld nicht berührt, anders als im Parallelfall, beim rechtfertigenden Notstand, das Unrecht (oben § 9 Rn. 146 ff).

b) Der Gewissensnotstand

In der neueren Lehre wird eingehend diskutiert, ob auch für *Gewis-* 114 *senstäter* unter bestimmten Umständen ein besonderer Schuldausschließungsgrund anerkannt werden sollte, für Menschen also, die sich, zumeist aus religiöser Überzeugung, verpflichtet fühlen, eine Straftat zu begehen. Am Anfang hat hier der Fall eines Ehemannes gestanden, der seiner Frau von einer lebensrettenden Bluttransfusion abgeraten hatte[150], wie sie etwa von den Zeugen Jehovas verweigert wird[151]. Die wohl noch herrschende Lehre lehnt eine Entschuldigung aus Gewissensgründen jedenfalls beim Begehungsdelikt prinzipiell ab[152]. Im Übrigen ist streitig, wie sie zu begründen wäre.

Ein Teil der Lehre möchte einen Schuldausschließungsgrund unmit- 115 telbar aus Art. 4 I GG ableiten[153], während andere für die analoge Anwendung von § 35 mit dem Argument eintreten, dass für den Täter der Verlust des »ewigen Lebens« nicht weniger schwer wiege als der des zeitlichen[154]. Die Bezugnahme auf Art. 4 I GG hilft hier jedoch nicht weiter. Soweit die Verfassung die Freiheit nicht nur der Gewissensbildung, sondern auch der Gewissensbetätigung schützt, kann das entsprechende Verhalten rechtlich nicht verboten sein, und wo es, umgekehrt, auch im Blick auf Art. 4 I GG rechtlich verboten bleibt, kann die Gewissensfreiheit es weder rechtfertigen noch entschuldigen. Demgegenüber kann das Strafrecht unter dem Gesichtspunkt der Vorwerfbarkeit

---

150 BVerfGE 32, 98 ff.
151 Näher *v. Burski*, S. 18 ff.
152 Schönke/Schröder/*Lenckner*, Rn. 119 vor §§ 32 ff, m.w.N.
153 *Ebert*, S. 65 ff; *Kühl*, § 12 Rn. 116 ff; *Roxin*, § 22 Rn. 123 f; *Rudolphi*, S. 630 ff; ders., SK, Rn. 7 vor § 19.
154 *Peters*, JZ 1966, 457 ff; *v. Burski*, S. 112 f.

auch die persönliche Zwangslage des Täters berücksichtigen, ohne die von ihm verletzte Rechtsnorm als solche in Frage zu stellen, und nur darum geht es beim Gewissenstäter. Es kommt daher allein darauf an, ob man eine Gewissensbindung, die so stark ist, dass sie den Täter unter Umständen sogar den Verlust engster Angehöriger in Kauf nehmen lässt, der Bedrängnis gleichstellen kann, die das Gesetz bei einer Bedrohung der in § 35 genannten Rechtsgüter voraussetzt, und das sollte im Prinzip nicht zweifelhaft sein.

116 Nur dieser Ansatz erlaubt auch, anders als der Rekurs auf Art. 4 I GG, zwanglos alle die Einschränkungen vorzunehmen, die hier geboten sind. So ist vor allem zu betonen, dass nur ein der gesetzlich geregelten Notstandslage *vergleichbarer* Gewissenskonflikt entschuldigende Wirkung haben darf. Dazu genügt es nicht, dass sich der Täter überhaupt auf sein Gewissen berufen kann, wie etwa dann, wenn er beispielsweise einen unheilbar erkrankten Angehörigen oder ein schwer missgebildetes Kind aus Mitleid tötet[155]. Vielmehr muss die Beeinträchtigung seiner Interessen, die er bei rechtmäßigem Verhalten hinnehmen müsste, ebenso »persönlichkeitsnah« sein, wie es die Verletzung der notstandsfähigen Rechtsgüter auch sonst in der Regel ist, und das heisst: Es muss um *elementare* Gewissensgebote gehen, die der Täter nicht übertreten kann, ohne sich als (sittliche) Person in Frage zu stellen, seine Persönlichkeit in diesem Sinne zu »zerstören«[156]. Geltung beansprucht aber auch der Grundsatz von § 35 I 2, insbesondere die Schranke der Proportionalität. Eine Entschuldigung kommt nur in Betracht, wenn die Zuwiderhandlung gegen Gewissensüberzeugungen, die das Recht im konkreten Einzelfall vom Täter verlangt, unter den gegebenen Umständen, auch im Blick auf Art und Schwere der Notstandstat, so gravierend ist, dass sie als unzumutbar erscheint.

c) Sonstige Fälle

117 Die weiteren Fälle des Schuldausschlusses beim vorsätzlichen Handlungsdelikt, die dem Prinzip der Unzumutbarkeit zugeordnet werden können, sind hier bereits erörtert worden, wie der Notwehrexzess (oben § 9 Rn. 92 f), oder gehören, wie das Angehörigenprivileg bei der Strafvereitelung (§ 258 VI), in eine Darstellung des Besonderen Teils.

3. Die irrige Annahme der schuldausschließenden Sachlage

118 Wie bei den Rechtfertigungsgründen (oben § 9 Rn. 150 ff), so kann auch bei den auf Unzumutbarkeit beruhenden Schuldausschließungsgründen der Fall eintreten, dass nur die subjektiven, nicht aber die ob-

155 Anders *Ebert*, S. 69; *Roxin*, § 22 Rn. 118.
156 *Rudolphi*, S. 630.

jektiven Elemente gegeben sind: Der Täter nimmt irrigerweise an, sich in der schuldausschließenden Situation zu befinden.

Diese Konstellation bereitet zunächst insofern keine Schwierigkeiten,   119
als die nur vermeintliche Zwangslage ganz dieselbe motivatorische Kraft hat wie die wirkliche, an sich also auch die Schuld in gleicher Weise ausschließen muss. Man könnte sogar meinen, dass es unter dem Gesichtspunkt der Unzumutbarkeit *allein* darauf ankommen sollte, wie sich die Situation aus dem Blickwinkel des Täters dargestellt hat. Dabei bliebe jedoch außer Acht, dass in der Annahme der schuldausschließenden Situation selber schon ein gewisses Verschulden liegen kann. Das Gesetz hat die Frage deshalb für die irrige Annahme, es liege die Situation eines schuldausschließenden *Notstandes* vor (Putativnotstand), dahin geregelt, dass der Täter nur bei unvermeidbarem Irrtum entschuldigt wird, während die Strafe beim vermeidbaren Irrtum nach § 49 I zu mildern ist (§ 35 II).

Ein einfaches Beispiel liefert der Fall des *Karneades* (oben Rn. 97), wenn der   120
Täter leichtfertig davon ausgeht, die Tragfähigkeit der Planke reiche nicht für beide Schiffbrüchigen, sondern nur für einen Menschen aus. Ein solcher Irrtum berührt den Vorsatz nicht, sowenig wie eine wirkliche Notstandslage, und er bildet auch keinen Verbotsirrtum, dem er aber im Falle der Vermeidbarkeit in der Rechtsfolge gleichgestellt wird (vgl. § 17 Satz 2), nur mit dem Unterschied, dass die Strafmilderung nach § 35 II 2 eine *obligatorische* ist. Die Vermeidbarkeit des Irrtums kann wiederum in bloßem Vorverschulden bestehen (vgl. oben Rn. 93), und deshalb hielte ein Teil der Lehre, wie bei der actio libera in causa, eine bloße Fahrlässigkeitshaftung für richtiger[157], während die gesetzliche Regelung der hier generell beim vermeidbaren Schuldausschluss befürworteten Lösung entspricht (vgl. oben Rn. 50). Allerdings wird das *Maß* des Verschuldens beim vermeidbaren Putativnotstand selten größer sein als bei fahrlässigem Verhalten; die Strafe sollte deshalb entsprechend niedrig angesetzt werden.

Diese Regeln beanspruchen Geltung auch für den *Exzess* in einer nur   121
vermeintlichen *Notwehrlage*. Da der Täter hier die Grenzen überschreitet, die der Verteidigung selbst bei der von ihm vorausgesetzten Sachlage gezogen wären (sonst Putativnotwehr [oben § 9 Rn. 150 ff]), handelt er vorsätzlich. Verwirrung, Furcht oder Schrecken entschuldigen ihn jedoch nicht minder als bei einem wirklichen Angriff. Deshalb

---

157 *Frisch*, in: Eser/Perron (Hrsg.), Rechtfertigung und Entschuldigung III, 1990, S. 275; *Schmidhäuser*, StuB, 8/27 f.

kann es wiederum nur darauf ankommen, ob der Irrtum vermeidbar war. Es empfiehlt sich die analoge Anwendung von § 35 II[158].

IV. Übergesetzlicher Schuldausschluss

Literatur: Gallas, Pflichtenkollision als Schuldausschließungsgrund, in: Beiträge zur Verbrechenslehre, 1968, S. 59 ff; *Hirsch,* Strafrecht und rechtsfreier Raum, in: FS Bockelmann, 1979, S. 89 ff; *Arthur Kaufmann,* Rechtsfreier Raum und eigenverantwortliche Entscheidung, in: FS Maurach, 1972, S. 327 ff; *Mangakis,* Die Pflichtenkollision als Grenzsituation des Strafrechts, ZStrW 84 (1972), 447 ff.

122   Rechtmäßig ist im Falle der Güterkollision nur die Wahrung überwiegender Interessen; die Wahrung anderer Interessen lässt sich allenfalls entschuldigen, wenn sie dem Täter nahe stehen. Das sind die Regeln, die das Gesetz in §§ 34, 35 ausspricht. Mit ihrer Hilfe lassen sich jedoch besondere Konfliktsituationen, in die der Einzelne vor allem durch kriminelle Akte der Staatsgewalt geraten kann, nicht sachgemäß beurteilen: dann nämlich, wenn er etwa das Leben einer größeren Zahl von Menschen nur dadurch retten kann, dass er das Leben anderer vernichtet.

123   Das hat sich bei den Strafverfahren gegen Ärzte von Heil- und Pflegeanstalten gezeigt, die an der von Hitler befohlenen Tötung ihrer Patienten ausschließlich deshalb mitwirkten, um möglichst viele von ihnen zu retten[159]. Hätten die Ärzte jede Mitwirkung verweigert, so wären sie – wie es in anderen Fällen tatsächlich geschehen ist – durch willfährige Anhänger des Regimes ersetzt worden, so dass die Tötungsaktion eine noch größere Zahl von Opfern gefordert hätte. *Jede* mögliche Entscheidung verstieß in dieser Situation gegen Rechtspflichten: die Mitwirkung gegen das Tötungsverbot, die Verweigerung der Mitwirkung (mit der Folge der Auslieferung der Patienten an ihre Henker) gegen die dem Arzt kraft seiner Garantenstellung (unten § 13 Rn. 22 ff) obliegende Pflicht, die Gefahr der Tötung von den Patienten abzuwenden.

124   Angesichts der Gleichwertigkeit der kollidierenden Rechtsgüter scheidet eine Rechtfertigung bei solcher Sachlage aus[160].

---

158 Im Ergebnis ebenso *Hirsch,* LK, § 35 Rn. 79; *Jakobs,* 17/83; *Rudolphi,* SK, § 33 Rn. 6; wohl auch Schönke/Schröder/*Lenckner,* § 33 Rn. 8.
159 OGHSt 1, 321; 2, 117.
160 Anders, für Unrechtsausschluss, u. a. *Arthur Kaufmann,* S. 337 f; *Köhler,* S. 341 f; *Mangakis,* S. 465 f.

Das ist hier bereits anhand des sog. Weichenstellerfalles, des Schulbeispiels   125
für die in Frage stehende Problematik, dargetan worden (oben § 9 Rn. 106). Als
rechtswidrig wäre das Verhalten der Ärzte im Übrigen auch dann zu bewerten,
wenn das Schicksal *sämtlicher* Kranken, an deren Tötung sie mitwirkten, be-
siegelt gewesen wäre, so dass die Rettung eines Teils der Patienten *nicht* die
Rettungschancen anderer zunichte gemacht hätte: Die Schutzwürdigkeit darf
menschlichem Leben nicht deshalb abgesprochen werden, weil es schon verloren ist (oben § 9 Rn. 104).

Auch eine Entschuldigung unter dem Gesichtspunkt der Unzumut-   126
barkeit kommt nicht in Betracht, da es nicht um Rechtsgüter des Täters
oder ihm nahestehender Personen geht.

Das Gesetz hat die Frage bewusst offen gelassen. Sie muss dahin ent-   127
schieden werden, dass ein rechtlicher Schuldvorwurf nicht erhoben
werden kann. Strafe setzt die krasse Verletzung sozialer Normen voraus. Für die hier erörterten Konflikte gibt es jedoch keine Entschei-
dungsmaßstäbe und keine Lösung, die allgemeine Geltung beanspruchen könnte. Der Einzelne, von der Rechtsordnung im Stich gelassen,
sieht sich ganz auf die Instanz des eigenen Gewissens zurückverwiesen.
Dann aber muss seine Entscheidung, solange er nicht die Grenze zum
eindeutig Verbotenen überschreitet, vom Recht auch respektiert werden
– wie immer sie ausfallen mag. Dogmatisch erfordert das die Anerkennung eines entsprechend gefassten übergesetzlichen Schuldausschließungsgrundes[161], während die Rechtsprechung nur einen persönlichen
Strafausschließungsgrund anerkannt hat[162].

---

161 So im Ergebnis, wenn auch mit unterschiedlicher Begründung, die h. L.: siehe
   etwa *Hirsch*, LK, Rn. 212 vor § 32; *Jakobs*, 20/40; *Rudolphi*, SK, Rn. 8 vor § 19;
   Schönke/Schröder/*Lenckner*, Rn. 115 ff vor §§ 32 ff, jeweils m.w.N.
162 OGHSt 1, 321 (335); 2, 117 (122); offen gelassen in BGHSt 35, 347 (350 f).

§ 11   Vorbereitung und Versuch

1   Der Regelfall, den der gesetzliche Tatbestand der vorsätzlichen Handlungsdelikte beschreibt, ist die Verwirklichung des verbotenen Verhaltens nach seiner objektiven wie nach seiner subjektiven Seite. Doch
kann die Kongruenz objektiver und subjektiver Tatumstände gestört
sein. Erfüllt das Verhalten des Täters zwar den objektiven, nicht aber
oder nur teilweise den subjektiven Tatbestand, so sprechen wir, wenn es
am erforderlichen Wissen fehlt, von einem Tatbestandsirrtum (oben § 8
Rn. 80 ff); eine Haftung kommt jedenfalls nur noch wegen eines Fahrlässigkeitsdeliktes (oder natürlich *anderer* Vorsatzdelikte) in Betracht.
Die umgekehrte Konstellation, dass zwar der subjektive, nicht aber oder
nur teilweise der objektive Tatbestand eines vorsätzlichen Handlungs-
deliktes verwirklicht ist, muss dagegen noch erörtert werden.

A.   Die Verwirklichungsstufen der vorsätzlichen Handlung

Literatur: Beck, Unrechtsbegründung und Vorfeldkriminalisierung, 1992;
Jakobs, Kriminalisierung im Vorfeld einer Rechtsgutsverletzung, ZStrW 97
(1985), 751 ff.

2   Geht man von dem Modell der rational durchformten Willenshand-
lung aus, so fasst der Täter eines Deliktes zunächst den Handlungsentschluss, den er sodann zielstrebig in die Tat umsetzt (oben § 6 Rn. 6)[1].
In der Wirklichkeit liegt es nicht selten anders: Der Täter kann die
Ausführung eines Deliktes sehr weitgehend vorbereiten, ohne schon die
letzte Entscheidung darüber, ob er es begehen will, getroffen zu haben.
Das zeigt sich beispielsweise an der schon erwähnten Konstellation des
bedingten Handlungswillens (oben § 8 Rn. 111). Trotzdem lassen sich
an jenem Modell die Grundsätze erläutern, die für die Frage gelten, an
welchem Punkt des deliktischen Geschehens die strafrechtliche Haftung
einsetzt.

---

1 Der Begriff der Verwirklichungs*stufe* gilt im strengen Sinn nur für dieses Modell
der schließlich vollendeten Tat, nicht, wenn es bei einem der Vorstadien bleibt
(*Alwart* [Lit. unten vor Rn. 16], S. 131 ff).

I. Ein **Handlungsentschluss,** mit dessen Verwirklichung noch nicht   3
begonnen worden ist, bleibt stets straflos.

Da das Strafrecht nicht die sittliche Bildung des Einzelnen zu fördern,   4
sondern die soziale Ordnung zu schützen hat, kann Unrecht nur die
Verletzung dieser Ordnung sein. Der Entschluss aber ist ein rein inter-
ner Vorgang; er verletzt nichts und niemanden.

Es gibt freilich Fälle, in denen die Persönlichkeit des »Täters« es als praktisch   5
gewiss erscheinen lässt, dass der einmal gefasste Entschluss seine Verwirklichung finden wird. Man könnte es deshalb für zweckmäßig halten, hier schon
im Stadium einer beispielsweise durch Informanten in Erfahrung gebrachten
Verbrechensplanung einzugreifen. Damit würde indessen nicht nur die Einsicht
verleugnet, dass jede derartige Prognose falsch sein kann, es müsste dann vielmehr auch die Willensbildung als solche schon unter Strafe gestellt und das
rechtsstaatlich elementare Verbot durchbrochen werden, jemandes Gesinnung
und Gedanken zu erforschen, dessen *Handlungen* mit der Rechtsordnung völlig im Einklang sind. Für die bloße *Mitteilung* eines Deliktsentschlusses kann
grundsätzlich nichts anderes gelten (sofern sie nicht etwa eine Drohung enthält); verfehlt daher die Regelung von § 30 II (dazu unten § 12 Rn. 179).

II. Straflos bleibt in der Regel auch die **Vorbereitung** einer Straftat.   6

Das ist zunächst nicht mehr als eine *formale* Aussage. Wenn das Ge-   7
setz etwa denjenigen mit Strafe bedroht, der einen Menschen »tötet«
oder ihn zu töten »versucht« (§§ 212, 22), so sind eben dies die verbotenen Handlungen, und nicht auch ihre Vorbereitung. Definiert man die
Vorbereitung als ein Verhalten, das der eigentlichen, tatbestandsmäßigen Ausführung des Verbrechens und dem entsprechenden Versuch
zeitlich und sachlich voraufgeht, so ist sie schon begrifflich das (noch)
nicht strafbare Vorstadium der strafbaren Tat. Der Einkauf von Pfeffer
beispielsweise, der dem Opfer eines Raubüberfalls ins Gesicht geworfen
werden soll, bedeutet noch keine Anwendung von Gewalt, wie das Gesetz sie erfordert (§ 249), und auch noch keinen Versuch, sie anzuwenden.

Systematische Bedeutung erlangt der Begriff der Vorbereitung erst,   8
wenn man ihn von der *Sache,* vom Angriff auf die eigentlich geschützte
soziale Norm, her definiert. Dann zeigt sich, dass es durchaus Straftatbestände gibt, die schon die Vorbereitung dieses Angriffs erfassen (wie
beispielsweise § 149 I, der bereits die Herstellung oder Anschaffung
usw. von Falschmünzer*werkzeugen* oder entsprechendem Papier unter
Strafe stellt). Doch sind das Ausnahmen. Denn die materiell verstandene
Vorbereitungshandlung ist ihrem äußeren Erscheinungsbild nach zu-

meist mit der sozialen Ordnung völlig im Einklang (wie der Einkauf von Pfeffer im genannten Beispielsfall). Sie ungeachtet dessen mit Strafe zu bedrohen, liefe deshalb darauf hinaus, zahllose Verhaltensweisen als kriminell zu verdächtigen, die es durchaus nicht sind[2]. Auch würde die strafrechtliche Sanktion einen Täter treffen, der den Entschluss zur Verübung eines Deliktes noch gar nicht gefasst haben muss oder ihn doch jederzeit wieder aufgeben kann.

9   Vorbereitungshandlungen zu pönalisieren, erscheint deshalb nur im Grenzfall als vertretbar, dann nämlich, wenn sie bereits eindeutig auf das Delikt vorverweisen, auf das sie abzielen, *und* wenn die wirksame Bekämpfung entsprechender Kriminalität frühzeitiges Eingreifen erfordert (wie eben bei den Gelddelikten oder aber etwa auch bei hochverräterischer Konspiration [§ 83], usw.). Auch in diesen Ausnahmefällen hat die Feststellung, dass es bei dem mit Strafe bedrohten Verhalten um bloße Vorbereitungshandlungen geht, in zweierlei Hinsicht praktische Konsequenzen: Erstens sollte der *Versuch*, den Tatbestand eines Vorbereitungsdeliktes zu verwirklichen, unabhängig von den allgemeinen Regeln (unten Rn. 46) insoweit straflos bleiben, wie er in noch *entfernteren* Vorbereitungshandlungen besteht, als das Gesetz bereits pönalisiert. Zum zweiten kann die Vorbereitungshandlung dann nicht mehr selbständig strafbar sein, wenn der zugehörige eigentliche Angriff auf die Rechtsordnung stattgefunden hat und seinerseits strafbar ist. Hier muss unechte Konkurrenz angenommen werden (unten § 18 Rn. 15); verschiedene Entwicklungsstufen desselben Deliktes gesondert in Rechnung zu stellen hieße, dem Täter den seltsamen Vorwurf zu machen, dass er das Delikt nicht nur begangen, sondern auch noch vorbereitet habe.

10   III. Der **Versuch** der Begehung eines Deliktes kann demgegenüber grundsätzlich strafbar sein. Wer »zur Verwirklichung des Tatbestandes unmittelbar ansetzt« (§ 22), verletzt bereits die strafrechtlich sanktionierte Verhaltensnorm, die durch die Strafdrohung gesichert werden soll.

11   Dass der Versuch als Teilverwirklichung des Unrechts, auf das sich die gesetzliche Strafdrohung bezieht, schon einen Bruch der rechtlichen Ordnung enthält, würde auch dann gelten, wenn er im Gesetz nicht erwähnt wäre. § 23 begründet nicht die Rechtswidrigkeit des Versuchs, sondern nur seine Strafbarkeit. Denn die Strafdrohungen der Besonderen Bestimmungen des StGB (§§ 80 ff) handeln allerdings (in der Regel) vom *vollendeten* Delikt und können deshalb – im Hinblick auf den Grundsatz »nulla poena sine lege« (oben § 3 Rn. 2 ff) – nicht ohne ausdrückliche gesetzliche Ermächtigung auf die bloße Teilverwirklichung der Straftat, den Versuch, ausgedehnt werden.

---

2 Siehe insbesondere *Jakobs*, S. 761 ff.

Die Definition des Versuchs als unmittelbares Ansetzen zur Tatbe- 12
standsverwirklichung hat wiederum rein formalen Charakter. *Welche*
Handlung das Delikt »verwirklicht«, hängt von der Tatbestandsfassung
ab. Der Sache nach werden dabei unter Umständen schon Vor- oder
Zwischenstufen des eigentlichen Angriffs auf die Rechtsordnung erfasst:
Wie die Vorbereitung, so kann auch ein Verhalten, das strukturell noch
einen Versuch darstellt, als selbständiges Delikt ausgestaltet sein.

Beispiele bilden nicht nur die »Unternehmensdelikte« (vgl. nur §§ 81, 82, 184 13
I Nr. 4, 8, 9 usw.), bei denen der Versuch der Vollendung gleichgestellt ist (§ 11
I Nr. 6), sondern auch Straftaten wie die falsche Verdächtigung (§ 164), die Be-
günstigung (§ 257) oder die Vorteilsgewährung (§ 333). Als *vollendet* behandelt
das Gesetz hier das Delikt schon *vor* dem Eintritt des Unrechtserfolges, um den
es eigentlich geht (die unbegründete behördliche Verfolgungsmaßnahme, die
Vorteilssicherung, die Unrechtsvereinbarung[3] usw.), sofern der Täter diesen
Erfolg immerhin angestrebt oder »beabsichtigt« hat (vgl. oben § 8 Rn. 132 ff).

Dass sich das tatbestandsmäßige Verhalten in solchen Fällen unter Sachge- 14
sichtspunkten als Versuch darstellt, hat erhebliche praktische Bedeutung. Die
allgemeinen Regeln über Abgrenzung und Strafbarkeit des Versuchs, die Vorschriften der §§ 22–24, gelten zwar grundsätzlich nur für Handlungen, die auch
formell noch als Versuch erscheinen. Doch muss beim selbständigen Versuchsdelikt zunächst jede sachgemäße Auslegung der Tatbestandserfordernisse, besonders hinsichtlich der subjektiven Seite, vom Versuchscharakter des pönalisierten Verhaltens ausgehen. Sodann wird über die Strafbarkeit des Versuchs,
ein selbständiges Versuchsdelikt zu begehen, nicht ohne weiteres nach den allgemeinen Regeln entschieden werden können. Stellt sich dieser Versuch des
Versuchs nämlich, vom eigentlich deliktischen Verhalten her gesehen, der Sache
nach als bloße Vorbereitungshandlung dar, so muss er straflos bleiben, sofern
das Gesetz nicht, wie etwa in § 83, ausdrücklich das Gegenteil bestimmt. Und
schließlich ist bei selbständigen Versuchsdelikten zu beachten, dass sie mit der
Vornahme eben der tatbestandsmäßigen Versuchshandlung nur in einem *formellen* Sinne vollendet sind, während die *materielle* Vollendung (Beendigung)
erst mit dem eigentlichen Unrechtserfolg eintritt. Darauf kommt es sowohl bei
der Teilnahme an, die grundsätzlich einsetzen muss, *bevor* das Delikt vollendet
ist (unten § 12 Rn. 130 ff), wie beim Zusammentreffen mehrerer Straftaten
(unten § 18 Rn. 31).

Dass der Versuch als Teilverwirklichung des verbotenen Verhaltens prinzipi- 15
ell unter Strafe gestellt werden kann, diese Behauptung muss allerdings noch
näher begründet werden (unten Rn. 16 ff). Erst dann lässt sich der Versuch genauer abgrenzen (unten Rn. 29 ff) und der Umfang, in dem das geltende Recht
ihn mit Strafe bedroht, im Einzelnen diskutieren (unten Rn. 45 ff).

---

3 Vgl. BGHSt 15, 88 (97), 239 (242), 350 (355).

B. Der Versuch

Literatur: P. Albrecht, Der untaugliche Versuch, 1973; *Alwart,* Strafwürdiges Versuchen, 1982; *Berz,* Grundlagen des Versuchsbeginns, Jura 1984, 511 ff; *Bockelmann,* Zur Abgrenzung der Vorbereitung vom Versuch, in: Strafrechtliche Untersuchungen, 1957, S. 135 ff; *Bruns,* Der untaugliche Täter im Strafrecht, 1955; *Frisch,* Die Strafrahmenmilderung beim Versuch, in: FS Spendel, 1992, S. 381 ff; *Heidingsfelder,* Der umgekehrte Subsumtionsirrtum, 1991; *Kühl,* Grundfälle zu Vorbereitung, Versuch, Vollendung und Beendigung, JuS 1979, 718 ff, 874 ff; 1980, 120 ff, 273 ff, 506 ff, 650 ff, 811 ff; 1981, 193 ff; 1982, 110 ff, 189 ff; *Murmann,* Versuchsunrecht und Rücktritt, 1999; *Papageorgiou-Gonatas,* Wo liegt die Grenze zwischen Vorbereitungshandlungen und Versuch?, 1988; *Roxin,* Der Anfang des beendeten Versuchs, in: FS Maurach, 1972, S. 213 ff; *ders.,* Über den Tatentschluss, in: GS Schröder, 1978, S. 145 ff; *ders.,* Tatentschluss und Anfang der Ausführung beim Versuch, JuS 1979, 1 ff; *ders.,* Die Abgrenzung von untauglichem Versuch und Wahndelikt, JZ 1996, 981 ff; *ders.,* Über den Strafgrund des Versuchs, in: FS Nishihara, 1998, S. 157 ff; *Schmid,* »Bedingter Handlungswille« beim Versuch und im Bereich der strafbaren Vorbereitungshandlungen, ZStrW 74 (1962), 48 ff; *Spendel,* Zur Neubegründung der objektiven Versuchstheorie, in: FS Stock, 1966, S. 89 ff; *Stratenwerth,* Die fakultative Strafmilderung beim Versuch, in: Festgabe zum Schweizerischen Juristentag 1963, S. 247 ff; *ders.,* Zum Versuch des untauglichen Subjekts, in: FS Bruns, 1978, S. 59 ff; *Stree,* Beginn des Versuchs bei qualifizierten Straftaten, in: FS Peters, 1974, S. 179 ff; *Streng,* Der Irrtum beim Versuch – ein Irrtum?, ZStrW 109 (1997), 862 ff; *Timpe,* Strafmilderungen des Allgemeinen Teils des StGB und das Doppelverwertungsverbot, 1983; *Zaczyk,* Das Unrecht der versuchten Tat, 1989.

I. Der Strafgrund des Versuchs

16   Grund und Grenzen der Strafbarkeit des Versuchs haben, da sie den Kern der strafrechtlichen Unrechtslehre berühren, über Jahrzehnte hinweg eines der am meisten diskutierten und umstrittenen Themen der Dogmatik des Allgemeinen Teils gebildet[4]. An keinem anderen Punkt hat sich der Gegensatz von objektiven und subjektiven Verbrechenslehren (oben § 2 Rn. 25 ff) stärker ausgewirkt als an diesem. Das lässt sich bis in die Regelung des geltenden Rechts verfolgen.

17   Am Ausgangspunkt der neueren Entwicklung steht wiederum *Feuerbach*. Er hat den Versuch als »eine auf Hervorbringung des Verbrechens

---

4 Zur dogmengeschichtlichen Entwicklung *Zaczyk,* S. 41 ff.

absichtlich gerichtete äussere Handlung« definiert, die »objectiv gefährlich« sein müsse, und dies dahin erläutert, dass eine Handlung »nur
dann (äußerlich) rechtswidrig« sei, »wenn sie das Recht verletzt oder
gefährdet«; »die rechtswidrige Absicht allein« gebe »keiner Handlung
das Merkmal der Rechtswidrigkeit«[5]. Gefordert wird also, übrigens
unter ausdrücklicher Bezugnahme auf die der Aufklärung zu verdankende prinzipielle Trennung von Recht und Moral, nicht nur die Betätigung des auf die Straftat gerichteten Willens durch ein nach außen in
Erscheinung tretendes Verhalten, sondern ein Verhalten bestimmter
Qualität, das der Rechtsordnung widerspricht, sie eben verletzt oder
gefährdet. Diese Voraussetzung schien *Feuerbach* dann gegeben, wenn
»der Verbrecher schon die Haupthandlung, d. i. diejenige Handlung an-
gefangen hatte, deren Endigung den gesetzwidrigen Erfolg unmittelbar
hervorbringen sollte und konnte«[6]. Damit wurde einerseits die Abgrenzung zur (straflosen) Vorbereitung anvisiert, mit der die »Haupthandlung« gerade noch nicht beginnt. Andererseits war hier noch nicht entschieden, ob das Gewicht beim Versuch mehr auf die subjektive oder
die objektive Seite zu legen ist, darauf, was die Handlung nach dem
Willen des Täters bewirken »sollte«, oder darauf, was sie tatsächlich
bewirken »konnte«. Um diesen Punkt dreht sich der Meinungsstreit der
Folgezeit. Er ist ein Streit um die Rechtswidrigkeit des Versuchs, das
heißt um die Frage, *aus welchem Grunde* (und damit in welchen Grenzen) auch ein Verhalten, das den strafrechtlichen Tatbestand nicht (voll)
erfüllt, der Rechtsordnung widersprechen kann.

Erblickt man den Schwerpunkt des Verbrechens in der äußeren Verletzung 18
rechtlich geschützter Güter oder Interessen (oben § 2 Rn. 26), so erscheint die
Strafbarkeit des Versuchs, der gerade kein Rechtsgut verletzt, von vornherein
als eine – eng zu begrenzende – Ausnahme. Begründen lässt sie sich, wie *Feuerbach* das bereits angedeutet hat, allein mit dem Gedanken, dass ein vom Verlet-
zungswillen getragenes Verhalten das Rechtsgut, je nach Lage der Dinge, immerhin ernstlich zu *gefährden* vermag. Dies ist denn auch der gemeinsame
Nenner der *objektiven* Versuchstheorien. Für sie musste alles weitere Bemühen
darauf gerichtet sein, die Umstände zu präzisieren, unter denen ein Versuch als
gefährlich (»tauglich«) und daher strafbar oder als ungefährlich (»untauglich«)
und straflos anzusehen ist.

---

5 Lehrbuch des gemeinen in Deutschland gültigen peinlichen Rechts, 9. Aufl. 1826,
   S. 42 f.
6 AaO, S. 43.

19   Für eine subjektive Verbrechenslehre, die den deliktischen Willen in den Vordergrund stellt (oben § 2 Rn. 27 ff), liegt das strafrechtlich relevante Unrecht demgegenüber schon in der *Zuwiderhandlung* gegen die geschützte Norm als solcher, in jedem Verhalten, durch das der Täter, aus seiner Perspektive gesehen, ein rechtliches Verbot oder Gebot übertritt. Das ist der Angelpunkt der entsprechenden *subjektiven* Versuchstheorien. Auf den Eintritt oder auch nur auf die Gefahr des Eintritts einer konkreten Rechtsgutsverletzung kann es danach nicht ankommen. Infolgedessen besteht hier auch kein Grund, das versuchte und das vollendete Delikt unterschiedlich zu behandeln oder die Strafbarkeit des Versuchs von seiner Gefährlichkeit abhängig zu machen.

20   Wie in der Verbrechenslehre überhaupt, so hat die Auseinandersetzung auch über den Strafgrund des Versuchs heute zu einer weitgehenden Annäherung der Standpunkte geführt. Dabei haben letztlich Argumente den Ausschlag gegeben, die nicht die Folgerichtigkeit der gegensätzlichen Konzeptionen, sondern die Vertretbarkeit der Ergebnisse betrafen, zu denen sie eigentlich hätten führen müssen. So war einerseits nicht einsichtig zu machen, dass der Versuch in jedem Falle ein Rechtsgut *wirklich* in Gefahr bringen muss: Auch wer im Dunkeln auf einen sich bewegenden Schatten schießt, den er infolge einer optischen Täuschung für einen Menschen hält, begeht einen ernstzunehmenden Tötungsversuch. Gesteht man dementsprechend aber zu, dass das Urteil über die Gefährlichkeit des Versuchs, wenn davon seine Strafbarkeit abhängen sollte, *ex ante* gefällt werden müsste, so ist der Ansatz der objektiven Versuchstheorien schon verlassen. Das geltende Recht geht insofern noch weiter, als es mit einer Sonderregelung, die nur den »aus grobem Unverstand« begangenen Versuch betrifft (§ 23 III), prinzipiell die Strafbarkeit auch des ungefährlichen Versuchs voraussetzt (unten Rn. 56). Auf der anderen Seite konnten die subjektiven Theorien, konsequent durchgeführt, nicht erklären, weshalb eben dieser unverständige Versuch weniger strafwürdig sein sollte als andere, und vor allem nicht, weshalb das Gesetz, im Einklang mit dem allgemeinen Rechtsempfinden, den Versuch nicht bei allen Delikten und auch nicht mit derselben Strafe bedroht wie die vollendete Tat (§ 23 I, II).

21   Unter diesen Umständen war es sinnvoll, die Frage nach dem Strafgrund des Versuchs direkt als die seiner Strafwürdigkeit zu stellen. Unrecht ist der Versuch, wie bemerkt, schon dann, wenn (und weil) er die entsprechende Norm eindeutig verletzt (oben Rn. 10 f). Das macht es nötig, ihn näher von der bloßen Vorbereitung abzugrenzen. Als straf-

würdig dagegen erscheint er erst dann, wenn er sich (auch) als ernstlicher Angriff auf die rechtlich geschützte Ordnung darstellt[7]. Das wiederum hängt für die heute überwiegende Lehre davon ab, ob er geeignet ist, das Vertrauen der Allgemeinheit in die Geltung dieser Ordnung zu erschüttern. Man spricht von einer *Eindruckstheorie*[8]. Doch handelt es sich dabei nicht mehr, wie bei den traditionellen Versuchslehren, um eine ausformulierte Unrechtslehre, aus der präzise Folgerungen abgeleitet werden könnten, sondern um ein bloßes Etikett für den unvermittelten Rückgriff auf die Strafzwecklehre, und zwar auf Gesichtspunkte der positiven Generalprävention. Demgegenüber ist hier erneut auf das völlige Fehlen verlässlichen Erfahrungswissens darüber zu verweisen, wann wieviel Strafe generalpräventiv erforderlich wäre (oben § 1 Rn. 27 f). Das heißt, dass in Wahrheit niemand sagen kann, wann ein Versuch, von klaren Grenzfällen abgesehen, im einzelnen tatsächlich jenen geltungserschütternden »Eindruck« machen könnte. Die »Theorie« erschöpft sich vielmehr erneut, auf der Basis sehr anspruchsloser Alltagstheorien, in reinen Zirkelschlüssen: Der Versuch soll das Vertrauen auf die Geltung der rechtlich geschützten Ordnung dann gefährden, wenn er als strafwürdig erscheint, und umgekehrt.

II. Die Elemente des Versuchs

Nach der gesetzlichen Begriffsbestimmung begeht den Versuch einer   22
Straftat, »wer nach seiner Vorstellung von der Tat zur Verwirklichung des Tatbestandes unmittelbar ansetzt« (§ 22). Erforderlich ist danach einerseits, wie die Bezugnahme auf die »Vorstellung« des Täters außer Zweifel stellt, der Entschluss, eine Straftat zu begehen, und andererseits ein Verhalten, das diesen Entschluss deutlich in Erscheinung treten lässt.

1. Der Tatentschluss

Der subjektive Tatbestand des Versuchs kann kein anderer sein als der   23
des vollendeten Delikts. Zum *Entschluss*, eine Straftat zu begehen, ge-

---

7 Vgl. BGHSt 30, 363 (366); 40, 299 (303).
8 *Jescheck/Weigend*, S. 514; ferner *Maurach/Gössel/Zipf*, § 40 Rn. 40; *Rudolphi*, SK, Rn. 13 vor § 22; Schönke/Schröder/*Eser*, Rn. 22 vor § 22, § 22 Rn. 65, jeweils m.w.N.; kritisch *Alwart*, S. 210 ff; *Jakobs*, 25/20; *Kühl*, § 15 Rn. 40 ff; *Murmann*, S. 4 f; *Zaczyk*, S. 21 ff, 29 ff.

hört daher die Gesamtheit der subjektiven Tatbestandserfordernisse: der auf die Verwirklichung des objektiven Tatbestandes gerichtete Vorsatz und die besonderen subjektiven Momente, die das Gesetz etwa verlangt (oben § 8 Rn. 131 ff). Wo das Tatgeschehen frühzeitig abbricht, kann freilich sehr zweifelhaft sein, ob sich der Täter überhaupt schon für die Ausführung der Tat entschieden hatte[9]. Denn hier haben diejenigen Teilakte der Tatbestandsverwirklichung noch nicht stattgefunden, die den auf Vollendung gerichteten Willen manifestieren[10]. Ein bloß bedingter Handlungswille (oben § 8 Rn. 111) genügt aber selbstverständlich nicht[11].

24   Ein unvorsätzlich unternommener Versuch wird nicht nur durch die gesetzliche Definition nicht erfasst, sondern ist gar nicht denkbar[12]. Allein der über das objektive Geschehen hinausgreifende Wille kennzeichnet die Tat als Versuch, indem er die Verbindung zu einem gerade nicht eingetretenen deliktischen Erfolg herstellt. Deshalb entscheidet sich allein nach dem Inhalt dieses Willens, ob ein Delikt und welches Delikt etwa begangen werden sollte. Natürlich kann man fremde Rechtsgüter auch unvorsätzlich in höchste Gefahr bringen (wofür der Straßenverkehr ständig Beispiele liefert), und solche Gefährdung mag bereits durchaus strafwürdig sein (vgl. § 315c III). Doch hat der Täter damit nicht etwa »versucht«, alle die Erfolge – von der Sachbeschädigung bis zur Tötung – herbeizuführen, zu denen das gefährliche Verhalten nach Lage der Dinge führen konnte.

25   Mit dem Vorsatz der Deliktsbegehung wird zum Entschluss, wie an sich selbstverständlich ist, ein Verwirklichungswille gefordert, der auf einen *tatbestandsmäßigen Sachverhalt* abzielt. Die bloße irrige Annahme, eine in Wahrheit straflose Handlung sei strafrechtlich verboten, begründet keinen Versuch. Man spricht insoweit vielmehr von einem *Wahndelikt* (Putativdelikt), das nach völlig unbestrittener Auffassung schon deshalb straflos bleiben muss, weil es gar keine Strafdrohung gibt, die auf das Verhalten angewendet werden könnte; der Irrtum des Täters kann eine gesetzliche Strafbestimmung nicht ersetzen.

---

9 Näher *Roxin*, in: GS Schröder, pass.
10 In diesem Sinne ist der Tatentschluss beim unbeendeten Versuch (unten Rn. 73 f) noch defizitär; dazu *Struensee*, in: GS Armin Kaufmann, 1989, S. 523 ff; siehe auch *Dencker*, Kausalität und Gesamttat, 1996, S. 154 f.
11 H. M.; siehe nur Schönke/Schröder/*Eser*, § 22 Rn. 18 ff, m.w.N.
12 Außer man bezieht den Begriff auf beliebige Erfolgsbemühungen, die aus der Sicht *anderer* die Teilverwirklichung eines Straftatbestandes enthalten; so u. a. *Jakobs*, 25/28; *Maurach/Gössel/Zipf*, § 40 Rn. 72; *Rudolphi*, SK, § 22 Rn. 1.

Hält sich der »Täter« etwa für strafbar, weil er einen anderen in dessen Ent- 26
schluss, Selbstmord zu begehen, bestärkt hat, so fehlt es sowohl an einer Verbotsnorm, die er verletzt haben, wie an einer Vorschrift, nach der er bestraft
werden könnte.

So klar das im Prinzip sein mag, so schwierig und umstritten kann die Ab- 27
grenzung von Versuch und Wahnverbrechen im einzelnen sein. Zum Vorsatz
gehört neben der Tatsachen- die Bedeutungskenntnis (oben § 8 Rn. 69 ff), und
damit eröffnet sich die Möglichkeit eines verzwickten Irrtums: dass nämlich der
»Täter« die strafrechtlich relevante Bedeutung infolge ausdehnender Interpretation einem Sachverhalt beilegt, dem sie nicht zukommt. Er mag etwa glauben,
er stelle eine unechte »Urkunde« her, wenn er Schriftstücke nachmacht, die
mangels Angabe des Ausstellers und mangels Beweisbestimmung keine sind[13].
Hier wird der »Wahn«, strafbar zu sein oder doch verbotswidrig zu handeln,
durch die irrige Subsumtion des Verhaltens unter einen Straftatbestand begründet, der zwar nicht eingreift, aber – anders als im Regelfalle des Wahndelikts –
tatsächlich existiert (sog. *umgekehrter Subsumtionsirrtum*). Trotzdem fehlt es
an einem Tatentschluss, wie der Versuch ihn erfordert: Der *Sachverhalt*, auf
dessen Verwirklichung der Wille des »Täters« gerichtet ist, erfüllt keinen Straftatbestand[14].

Die Frage gilt dort jedoch als nicht abschließend geklärt, wo das Gesetz bei 28
der Tatbestandsbildung (reine) Rechtsbegriffe verwendet[15]. Auch insoweit wird
man freilich darauf abstellen müssen, ob der Täter von einem Sachverhalt ausgeht, dem der tatbestandliche Bedeutungsgehalt zugeschrieben werden kann.
Das ist beispielsweise nicht der Fall, wenn er glaubt, auch ein von ihm zutreffend als solcher erkannter Justizbeamter sei zur Abnahme von Eiden »zuständig«; auf *diesen* Sachverhalt kann § 154 nicht angewendet werden. Es handelt sich folglich um ein bloßes Wahndelikt[16]. Anders liegt es, wenn der Täter
etwa eine Sache infolge zivilrechtlicher Fehlvorstellungen irrigerweise für
»fremd« halten sollte. Damit überdehnt er nicht die strafrechtliche Norm: Die
Sache *könnte* immerhin fremd sein, sodass er, wenn er sie zerstört, einen (untauglichen) Versuch der Sachbeschädigung (§ 303) begeht. Wie schon im umgekehrten Fall, bei der Unkenntnis von Tatumständen, kann es nicht auf die
möglichen Gründe eines Irrtums, sondern allein darauf ankommen, ob das Vorstellungsbild des Täters dem Tatbestand entspricht oder nicht.

2. Beginn der Ausführung

Zum Versuch gehört ferner, dass der Tatentschluss in Handlungen um- 29
gesetzt wird, die sich nicht mehr als bloße Vorbereitung, sondern be-

---

13 BGHSt 13, 235.
14 Ebenso BGHSt 8, 263 (268); 13, 235 (240 f); *Roxin*, JZ 1996, 981 f.
15 Dazu zuletzt *Roxin*, aaO, 982 ff, mit eingehenden Nachweisen.
16 Anders BGHSt 10, 272 (275 f); 12, 56 (58).

reits als der Beginn der eigentlichen Ausführung des Delikts darstellen. Erst darin liegt ein Verstoß gegen die strafrechtlich geschützte Verhaltensnorm. Wie man den Versuch im Einzelnen von der Vorbereitung abgrenzen sollte, das allerdings ist eine der traditionellen Schwierigkeiten im Spannungsfeld der Auseinandersetzungen über den Strafgrund des Versuchs (oben Rn. 16 ff). Ein Rückblick auf die Dogmengeschichte erleichtert auch hier das Verständnis der Art und Weise, wie § 22 die Frage, in der Verbindung von objektiven und subjektiven Momenten, zu lösen versucht.

30   a) Das **historisch** früheste und sachlich am nächsten liegende Abgrenzungskriterium lautet, zum Versuch müsse wenigstens ein *Teilstück* derjenigen Handlung gegeben sein, »die logisch bereits als tatbestandsmäßig unter den Deliktstatbestand fällt«, von dem dort verwendeten Tätigkeitswort getroffen wird[17]. Man nennt dies die *formell*-objektive Theorie. Für sie sprechen elementare rechtsstaatliche Gründe: Der Bezugspunkt der Abgrenzung kann allein in dem tatbestandlich umschriebenen, mit Strafe bedrohten Verhalten gefunden werden. Bei näherem Zusehen zeigt sich jedoch, dass der Hinweis auf den Tatbestand die entscheidende Frage, *welche* auf Deliktsverwirklichung gerichtete Aktivität bereits als Bestandteil der eigentlichen Ausführung angesehen werden kann, gerade in den kritischen Fällen nicht löst. Hier bleibt vielmehr keine andere Möglichkeit, als die Entscheidung, mehr oder minder unreflektiert, dem natürlichen Sprachgebrauch zu überlassen, und das ist ein wenig verlässliches Kriterium.

31   Danach lässt sich zwar mit einiger Sicherheit sagen, dass beispielsweise in der Verabredung von Zeit und Ort des Zusammentreffens mit einem Kinde unmöglich schon ein Anfang der »Vornahme« sexueller Handlungen (§ 176 I) gesehen werden kann[18], ebenso wenig wie in der Beschaffung eines Nachschlüssels schon ein Anfang des noch gar nicht ins Werk gesetzten »Wegnehmens« eines Autos (§ 242)[19]. Hingegen erlaubt der Sprachgebrauch nicht, etwa die Frage zu entscheiden, ob das vom Täuschungswillen getragene Fälschen einer Urkunde den Betrug (§ 263) bloß *vorbereitet*, weil es »noch kein Tatbestandsmerkmal des Betrugs« enthält[20], oder ob die entsprechende Manipulation des Sachverhalts, wie z. B. das Arrangieren eines angeblichen Raubüberfalls zur Irreführung der Versicherung, nicht doch schon den *Versuch* des Betruges ent-

---

17 *v. Hippel* II, S. 398; *v. Liszt/Schmidt*, S. 182, 305.
18 Anders noch BGHSt 6, 302; vgl. aber BGHSt 35, 6 (8 ff).
19 BGHSt 28, 162.
20 RGSt 58, 213; in der Sache auch BGHSt 37, 294.

hält[21]. Auch zeigt sich schon hier, dass sich die Frage nicht ohne Rücksicht auf den Tatplan des Täters, also auf die subjektiven Vorstellungen entscheiden lässt, denen er folgt.

An diesem Punkt weiterzukommen, haben sodann, auf vielfach ver-   **32** schiedene Weise, die sogenannten *materiell*-objektiven Theorien versucht. Eine erhebliche Rolle hat dabei die von *Frank* entwickelte Formel gespielt, ein Beginn der Ausführung sei »in allen Tätigkeitsakten zu finden, die vermöge ihrer notwendigen Zusammengehörigkeit mit der Tatbestandshandlung für die natürliche Auffassung als deren Bestandteile erscheinen«[22]. Diese Regel ist häufig als Erweiterung der formell-objektiven Theorie verstanden worden, verdeutlicht im Grunde aber nur ihre Tragweite: Sie beschränkt sich expressis verbis auf Verhaltensweisen, die einen »Bestandteil« der Tathandlung bilden, und stellt nur klar, dass die »natürliche Auffassung« darüber entscheidet, ob das der Fall ist. Zum Teil ist aber auch, in direktem Rückgriff auf den Grundgedanken der objektiven Versuchstheorien (oben Rn. 17 f), der Gesichtspunkt der unmittelbaren *Gefährdung* des geschützten Rechtsguts herangezogen worden, ohne dass damit ein Gewinn an Genauigkeit verbunden gewesen wäre[23]. Denn da die Gefährdung des Rechtsgutes im Grunde schon mit der ersten Vorbereitungshandlung beginnt, kommt hier alles darauf an, welches *Ausmaß* sie erreichen muss, damit von einem Versuch gesprochen werden kann, und dieses Ausmaß lässt sich, als »unmittelbare« oder »ernsthafte« Gefahr, wiederum nur einigermaßen unbestimmt umschreiben.

Außerdem ist einzuwenden, dass Tatbestandsverwirklichung und Rechts-   **33** gutsverletzung nicht identisch sind. Auf die (unmittelbare) Gefährdung des Rechtsgutes kann es daher von vornherein dort nicht ankommen, wo es ihrer, wie etwa bei den abstrakten Gefährdungsdelikten (oben § 8 Rn. 14), selbst zur Vollendung des Deliktes gar nicht bedarf. Das Urteil über die Gefährlichkeit muss überdies, nicht nur im Blick auf die Strafbarkeit des untauglichen Versuchs (unten Rn. 56), *subjektiviert* werden: Wie gefährlich ein bestimmtes Verhalten ist, hängt wiederum (auch) vom Plan des Täters ab, davon, wie nahe er mit diesem Teilakt dem Erfolg kommen wollte. Auch damit wird der Ansatz einer rein objektiven Theorie verlassen.

Für eine *subjektive* Versuchstheorie ist es demgegenüber nicht mehr   **34** als folgerichtig, die Grenze zwischen Vorbereitung und Versuch nach

---

21 So noch RGSt 72, 66; anders BGHSt 40, 299 (302): bloße Vorbereitung.
22 *Frank*, § 43 Anm. II 2b (S. 87).
23 Kritisch schon *v. Hippel* II, S. 399 f; siehe auch *Rudolphi*, SK, § 22 Rn. 10.

der *Qualität des Willens* zu bestimmen, der sich in dem auf Deliktsverwirklichung gerichteten Verhalten äußert. Auch für diese Qualität müssen aber natürlich nähere Maßstäbe angegeben werden. Da es Täter gibt, die bis zur Vollendung des Delikts unsicher und gehemmt bleiben, hat ein Teil der Lehre vorgeschlagen, nicht auf das Urteil Dritter, sondern auf die Selbsteinschätzung des Täters abzustellen, darauf, ob er »selbst bei seiner Tat überzeugt und gewillt war, nun unwiderruflich das Verbrechen auszuführen«[24]. Ob eine Handlung die Rechtsordnung verletzt, kann jedoch nicht von der individuellen Willensstärke des Täters oder gar davon abhängen, wie er selbst sie beurteilt. Auch eine subjektive Versuchstheorie muss über die Qualität des Willens daher nach dem Stand der Verwirklichung des geplanten Delikts urteilen, unter dem Gesichtswinkel, ob »der Verbrechensvorsatz die Feuerprobe der kritischen Situation bestanden hat«[25]. Für die Frage, welches die »kritische« Situation ist, kann es dabei aber kaum auf andere Maßstäbe als wieder die der objektiven Theorien ankommen. Insofern bestätigt sich auch von hier aus die Notwendigkeit, bei der Abgrenzung von Vorbereitung und Versuch objektive und subjektive Aspekte des Verhaltens miteinander zu verbinden.

35   b) Nach dieser Entwicklung bedeutet § 22 die **Kodifikation** einer Lösung, in der die Rechtsprechung und große Teile der Lehre schon vorher im wesentlichen übereinstimmten. So wurde etwa als maßgebend angesehen, ob der Täter nach seiner Vorstellung mit derjenigen Handlung begonnen hatte, die unmittelbar zur Tatbestandserfüllung führen sollte[26], oder auch, ob er »nach der Anlage seines Verbrechensplans zur Tatbestandsverwirklichung unmittelbar angesetzt« hatte[27]. Dem entspricht das heutige Gesetz. Bei dessen Einzelinterpretation spielen daher Versatzstücke noch aller Theorien eine Rolle, die die Vorgeschichte geprägt haben.

36   Ob das vom Tatentschluss getragene Verhalten des Täters das Stadium des (strafbaren) Versuchs erreicht hat, das ist, wie schon die Legaldefinition sagt, »nach seiner Vorstellung von der Tat« zu entscheiden. Insofern bildet also die subjektive Seite der Tat unzweifelhaft den Aus-

24 *Germann*, Das Verbrechen im neuen Strafrecht, 1943, S. 71 f.
25 *Bockelmann*, S. 146.
26 RGSt 51, 342; 54, 36; BGHSt 20, 150 (152); 26, 201 (203), m.w.N.
27 *Welzel*, S. 190 f. Auf diese von § 24 AE weitgehend übernommene Formel geht § 22 im Wesentlichen zurück.

gangspunkt der Beurteilung. Die Praxis hat dies gelegentlich noch stärker betont, wenn es heißt, der Versuch beginne dort, wo der Täter »subjektiv die Schwelle zum ›jetzt geht es los‹ überschreitet und objektiv zur tatbestandsmäßigen Angriffshandlung ansetzt«[28]. Das mag eine relativ anschauliche Umschreibung sein. Sie darf jedoch nicht dahin missverstanden werden, als könne der Täter entscheiden, ab wann sein Verhalten als Versuch erscheint. Wohl aber kommt es dabei auf seinen *konkreten Tatplan* an.

Äußerlich vollkommen übereinstimmendes Verhalten kann, je nach dem   37
Stellenwert, den es aus der Sicht des Täters bei der Verwirklichung seiner Pläne hat, rechtlich von ganz unterschiedlicher Bedeutung sein. Stellt beispielsweise die Frau, die ihren Mann vergiften will, ein vergiftetes Getränk bereit, so liegt darin bereits ein Versuch, wenn sie erwartet, dass der Mann sich demnächst selbst bedienen werde (vgl. unten § 12 Rn. 106). Hier ist sogar alles geschehen, was von ihrer Seite zur Herbeiführung des Erfolges getan werden sollte. Noch um bloße Vorbereitung ginge es dagegen, wenn sie ihm das Getränk erst zu einem späteren Zeitpunkt vorsetzen will; dann hat sie, nach ihrem Tatplan, zur Tatbestandsverwirklichung noch nicht unmittelbar angesetzt. Würde der Mann unvorhergesehenerweise schon vorher zu dem Getränk greifen, so käme nur eine Fahrlässigkeitshaftung in Betracht.

Nach seiner objektiven Seite ist ein Versuch für die Praxis in der Re-   38
gel zunächst dann gegeben, wenn der Täter bereits eine der Beschreibung des gesetzlichen Tatbestandes entsprechende Handlung vorgenommen, bei einem Betrug etwa das Opfer getäuscht hat[29]. Das ist eine Anleihe bei der formell-objektiven Theorie. Zugleich wird jedoch betont, dass es einer solchen Teilerfüllung des Tatbestandes gerade noch nicht bedarf, sondern dass auch eine Handlung genügt, die »der Verwirklichung eines Tatbestandsmerkmals unmittelbar vorgelagert ist oder in unmittelbarem räumlichen und zeitlichen Zusammenhang mit der Tatbestandserfüllung steht«[30]. Ob und inwieweit diese Formulierungen über das Erfordernis der objektiven Theorien, der Täter müsse bereits einen *Bestandteil* der Ausführungshandlung verwirklicht haben, hinausgehen, ist allerdings mindestens zweifelhaft.

Die tatbestandsmäßige Ausführungshandlung beginnt nicht erst mit der Er-   39
füllung eines Tatbestandsmerkmals. Beim Raub (§ 249) etwa wird eine der Beschreibung des Tatbestandes entsprechende Handlung erst mit der Bedrohung

---

28 BGHSt 28, 162 (163); 36, 249 (250); 37, 294 (297 f); 40, 257 (268).
29 Vgl. BGHSt 31, 178 (182); 43, 177 (179); dazu auch *Vogler*, in: FS Stree/Wessels, 1993, S. 297 ff.
30 BGHSt 26, 201 (202 f); zuletzt BGHSt 43, 177 (179), m.w.N.

des Opfers vorgenommen, während das ihr *vorgelagerte* Ziehen der Waffe durchaus schon als *Teil* der Ausführungshandlung erscheinen kann. Deshalb dürfte auch die sog. Teilaktstheorie nicht zur Ausweitung des Versuchs auf Handlungen führen, die der *Ausführung* des Deliktes vorgelagert sind[31]. Sie definiert den Versuch als eine Handlung, »die – weil ... zwischen ihr und der eigentlichen Tatbestandshandlung keine weiteren wesentlichen Teilakte liegen – für eine natürliche Auffassung als deren Bestandteil erscheint«[32]. Was als *Bestandteil* der Ausführung erscheint, ist ihr, auch wenn es noch kein Tatbestandsmerkmal verwirklicht, nicht mehr vorgelagert. Doch mag das, angesichts der Unbestimmtheit des Kriteriums der »natürlichen Auffassung« (vgl. oben Rn. 32), eine eher semantische Frage sein. In der Sache dürfte Einigkeit darüber zu erzielen sein, dass für den Versuch Handlungen genügen, die »in die Tatbestandshandlung unmittelbar einmünden«, »in ungestörtem Fortgang unmittelbar zur Tatbestandserfüllung führen«, »ohne Zwischenakte« in sie übergehen sollen[33].

40   Daneben spielt in Praxis und Lehre weiterhin auch der Gesichtspunkt der unmittelbaren *Gefährdung* des jeweils geschützten Rechtsguts, beurteilt wiederum auf der Grundlage der Vorstellungen des Täters, eine nicht unerhebliche Rolle[34]. Dieses Kriterium dürfte jedoch, von allen anderen Einwänden abgesehen (oben Rn. 32 f), über die schon genannten Formeln nicht hinausführen, wenn am Erfordernis der Unmittelbarkeit der Gefährdung genügend strikt festgehalten wird. Immerhin lässt sich hier die Einschränkung anbringen, dass der Täter bereits eine *tätige* (nicht nur gedankliche) Beziehung zum Angriffsgegenstand hergestellt haben muss[35].

41   Das ist insbesondere dort von Bedeutung, wo dem Opfer, wie etwa im sog. »Pfeffertüten«-Fall[36], nach Abschluss der Vorbereitungshandlungen aufgelauert oder ihm eine Falle gestellt wird und es dann nicht erscheint[37]. Dass kriminelle

---

31 Anders *Kühl*, § 15 Rn. 57 ff.

32 *Rudolphi*, SK, § 22 Rn. 13.

33 BGHSt 28, 162 (163); 30, 363 (364); 31, 178 (181 f); 35, 6 (8 f); 37, 294 (297 f); 40, 257 (268); 43, 177 (179).

34 Vgl. BGHSt 30, 363 (364); 38, 83 (85); 40, 257 (268); 43, 177 (180); Schönke/Schröder/*Eser*, § 22 Rn. 42 ff; kritisch *Jakobs*, 25/57; *Maurach/Gössel/Zipf*, § 40 Rn. 46; *Rudolphi*, SK, § 22 Rn. 10.

35 Vgl. BGHSt 4, 333 (334); zustimmend *Kühl*, § 15 Rn. 72 ff; *Wessels/Beulke*, Rn. 601.

36 BGH NJW 1952, 514, mit krit. Anm. von *Mezger*. Der Täter hatte, mit Pfeffer zur Blendung des Opfers ausgerüstet, den Kassenboten, der dann nicht erschienen war, an der Straßenbahnhaltestelle erwartet, während für die Flucht ein Auto mit laufendem Motor bereitstand.

37 Illustrativ BGHSt 43, 177 (181 f).

Absichten schon nachweisbar sein und kriminalpolitische Gründe dafür sprechen mögen, den Täter in solchem Falle, nachdem man seiner habhaft geworden ist, nicht straffrei ausgehen zu lassen, ändert nichts daran, dass die Schwelle zur wirklichen Zuwiderhandlung gegen das strafrechtlich geschützte Verbot solange nicht überschritten wird, wie von *unmittelbarer* Gefährdung des geschützten Rechtsgutes (und damit von einem *unmittelbaren* Ansetzen zur Verwirklichung des Tatbestandes) noch nicht gesprochen werden kann. Insofern liegt es anders, wenn der Täter, wie im »Tankstellen«-Fall[38], in der Rechtssphäre des Opfers vergeblich nach ihm sucht.

Insgesamt scheint es, als lasse sich die Grenze zwischen Vorbereitung   42 und Versuch trotz aller bisher entwickelten Formeln niemals wirklich exakt bestimmen, sondern immer nur annäherungsweise umschreiben. Auch das ist eine schon häufig getroffene Feststellung[39]. Abhilfe lässt sich hier am ehesten durch die Bildung von Fallgruppen schaffen, die anschaulicher zeigen, wie etwa verfahren werden sollte[40]. Doch geht das über den Rahmen der vorliegenden Darstellung hinaus.

c) Bei **qualifizierten Delikten** beginnt der Versuch immer dann,   43 wenn der Täter unmittelbar zur Verwirklichung des *Gesamt*unrechts ansetzt: Folgt die qualifizierende Handlung dem Grunddelikt nach (wie beim räuberischen Diebstahl [§ 252]), so ist *ihr* Beginn maßgebend; geht sie dem Grunddelikt vorauf (wie etwa bei besonders schwerer Brandstiftung nach vorgängiger Entfernung von Löschgeräten [§ 306b II Nr. 3]), so gilt dies nur, wenn im unmittelbaren Anschluss auch der Grundtatbestand verwirklicht werden soll. Sinngemäß dasselbe hat für den Versuch besonders schwerer Fälle eines Deliktes zu gelten, für die das Gesetz Regelbeispiele nennt[41].

d) Bei **komplexeren** Deliktsstrukturen, wie bei der mittelbaren Täterschaft,   44 und auch bei den Unterlassungsdelikten ist mit der Legaldefinition des Versuchs wenig anzufangen. Hier bedarf es jeweils zusätzlicher Überlegungen, um den Beginn der Ausführung zu bestimmen (unten § 12 Rn. 102 ff; § 14 Rn. 4).

---

38 BGHSt 26, 201. Hier hatten die Täter, mit der Waffe in der Hand, an der Tür des zu beraubenden Opfers vergeblich geläutet.
39 Siehe nur *v. Hippel* II, S. 400.
40 Dazu etwa *Berz*, S. 517 ff; *Kühl*, JuS 1980, S. 507 ff, 650 ff; *Roxin*, JuS 1979, S. 4 ff.
41 *Kühl*, § 15 Rn. 50 ff; *Rudolphi*, SK, § 22 Rn. 18; *Stree*, S. 182 ff; *Vogler*, LK[10], § 22 Rn. 78 ff.

III. Die Strafbarkeit des Versuchs

45   Die jahrzehntelange Auseinandersetzung über den Grund der Strafbarkeit des Versuchs hat immerhin soviel ergeben, dass nur der *ernstliche* Angriff auf die rechtliche Ordnung eine Strafsanktion rechtfertigen kann (oben Rn. 21). Nicht jeder Versuch, der die gesetzlichen Voraussetzungen von § 22 erfüllt, muss sich daher als *strafwürdiges* Unrecht darstellen, und auch wo dies der Fall ist, wird die Sanktion eine mildere sein müssen als beim vollendeten Delikt. Zu erörtern ist nunmehr, wie das geltende Recht die Frage regelt. Die entsprechenden Bestimmungen sind allerdings zum Teil wenig geglückt und daher im Wege der Auslegung noch zu präzisieren.

1. Allgemeine Regel

46   Generell strafbar ist der Versuch nur bei Verbrechen; bei Vergehen muss er ausdrücklich mit Strafe bedroht sein (§ 23 I). Der Umfang, in dem der Versuch als strafwürdig erscheint, richtet sich also offensichtlich vor allem nach der *Schwere* der Straftat, wie sich einerseits an der Korrelation zur Verbrechenszweiteilung (oben § 5) und andererseits daran zeigt, dass bei der großen Gruppe der Vergehen nur relativ wenige Versuchsstrafdrohungen zu finden sind.

2. Der reguläre Strafrahmen

47   Soweit der Versuch unter Strafe steht, kann er milder bestraft werden als das vollendete Delikt (§ 23 II), und zwar nach dem allgemein für solche Milderung geltenden Schlüssel (§ 49 I). Näherer Erläuterung bedarf dabei der Umstand, dass die Strafmilderung nicht zwingend vorgeschrieben, sondern eben nur eine *fakultative* ist. Da der Erfolgsunwert ausbleibt, wiegt der Versuch grundsätzlich weniger schwer als das vollendete Delikt. Eine an der Schwere der Tat orientierte Strafe sollte daher *stets* entsprechend niedriger sein[42].

48   Bis 1939 war die Strafmilderung denn auch obligatorisch. Die heutige Regelung sollte dem Richter demgegenüber ermöglichen, ganz auf das »Maß der Willensschuld« abzustellen, den »vielfach von Zufälligkeiten abhängigen Ein-

---

[42] *Jescheck/Weigend*, S. 523; *Köhler*, S. 485; *Timpe*, S, 99 f; differenzierend *Frisch*, in: FS Spendel, 1992, S. 399 ff.

tritt des Erfolges« also außer Acht zu lassen[43]. Wäre das richtig, so enthielte die Vorschrift eine Aussage von erheblicher systematischer Tragweite über die Rolle, die der Erfolgsunwert bei der Unrechtsbegründung spielt. In Wahrheit war die Regelung jedoch nicht hinreichend durchdacht. Für ein allein auf den kriminellen Willen abstellendes Strafrecht, wie es damals propagiert wurde (vgl. oben § 2 Rn. 28)[44], müsste nicht nur das Ausbleiben, sondern auch der *Eintritt* des Erfolges gleichgültig sein: Die Tat eines mit geringer krimineller Energie handelnden Täters, der nur dank »zufälliger« Abwesenheit aller Hindernisse Erfolg hat, dürfte konsequenterweise nicht mit der Vollendungs-, sondern allein mit der seiner »Willensschuld« angemessenen *Versuchs*strafe geahndet werden. Das aber gestattete das Gesetz (natürlich) auch in seiner Fassung von 1939 *nicht*.

Die bloße Milderungsbefugnis wird nunmehr mit der Überlegung be- 49 gründet, dass auch bei einer Straftat, die im Versuch steckenbleibt, im Ergebnis die Vollendungsstrafe als angemessen erscheinen könne: wenn nämlich das Ausbleiben des Erfolges durch allgemein strafschärfende Momente, wie z. B. besondere Rücksichtslosigkeit des Täters, aufgewogen werde[45]. Dieser Gedanke setzt jedoch die strafmildernde Wirkung der Erfolglosigkeit, gegen die er sich wenden soll, seinerseits voraus; sonst wäre jedes Gegengewicht in Gestalt strafschärfender Umstände überflüssig. Verglichen mit derjenigen Strafe, die bei *demselben* Täter und *derselben* Tat im Falle der Vollendung als angemessen erschienen wäre, sollte also das Ausbleiben des Erfolges stets zu einer Reduktion des Strafmaßes führen. Allerdings muss die gebotene Milderung nicht so weit gehen, dass es nötig wäre, den Straf*rahmen* zu wechseln, wie dies nach § 49 I geschieht. So verstanden, lässt sich mit der Kann-Vorschrift noch ein vertretbarer Sinn verbinden: Obligatorisch sollte, im Vergleich zum vollendeten Delikt, zwar die Strafmilderung als solche sein, *nicht* aber ist es der Übergang auf den milderen Sonderstrafrahmen[46].

---

43 Amtl. Begründung zu § 4 der VO gegen Gewaltverbrecher vom 5.12.1939 (RGBl I 2378), Deutsche Justiz 1939, S. 1856; siehe *Vogler*, LK[10], vor § 23 Rn. 1.
44 Kritisch *Nagler*, GerS 115 (1941), S. 27 ff mit Fn. 8.
45 Vgl. BGHSt 16, 351; wohl auch BGHSt 36, 1 (18 f); eingehend *Bruns*, Strafzumessungsrecht, 2. Aufl. 1974, S. 438 ff; ferner *Baumann/Weber/Mitsch*, § 26 Rn. 59; *Tröndle/Fischer*, § 23 Rn. 3.
46 Wie hier *Jakobs*, 25/80; *Vogler*, LK[10], § 22 Rn. 9; für regelmäßige Strafrahmenmilderung aber *Köhler*, S. 485.

3. Der grob unverständige Versuch

50   Die weitergehende Möglichkeit, von Strafe völlig abzusehen oder sie nach § 49 II zu mildern, räumt § 23 III dem Gericht ein, wenn »der Täter aus grobem Unverstand verkannt [hat], dass der Versuch nach der Art des Gegenstandes, an dem, oder des Mittels, mit dem die Tat begangen werden sollte, überhaupt nicht zur Vollendung führen konnte«. Die praktische Bedeutung dieser erst 1975 in das StGB eingefügten Bestimmung ist gering, ihre systematische Tragweite im Streit der Versuchstheorien (oben Rn. 16 ff) dagegen erheblich. Die Einzelinterpretation bereitet allerdings einige Schwierigkeiten.

51   a) Wenn das Gesetz hier zunächst voraussetzt, »dass der Versuch nach der Art des Gegenstandes, an dem, oder des Mittels, mit dem die Tat begangen werden sollte, **überhaupt nicht zur Vollendung führen konnte**«, so bezieht es sich auf längst überholte Unterscheidungen einer älteren Versuchslehre.

52   Aus dem Erfordernis, dass der Versuch »objectiv gefährlich« sein müsse (oben Rn. 17), hatte *Feuerbach* gefolgert, die Beibringung »*vermeintlichen* Gifts« oder die »Tödtung eines *Leichnams* und dergl.« seien nicht rechtswidrig[47]. Einen solchen Versuch, der *keinesfalls* zum Erfolg führen kann, nannte die ältere Lehre *absolut untauglich*. Ihm stellte sie den bloß *relativ* untauglichen, nur »zufällig« scheiternden Versuch gegenüber (gegeben etwa, wenn das Opfer das vergiftete Getränk zufällig verschüttete), der als strafbar angesehen wurde[48]. Die beiden Formen der Untauglichkeit in überzeugender Weise voneinander abzugrenzen, hat sich jedoch trotz vieler Anstrengungen als unmöglich erwiesen: Ist der Schuss auf einen »zufällig« durch eine Kugelweste geschützten Menschen oder mit einem »zufällig« ungeladenen Gewehr absolut oder relativ untauglich? Die Unterscheidung wurde daher schon vor mehr als einem Jahrhundert zunehmend aufgegeben – was den Gesetzgeber nicht gehindert hat, sie in § 23 III erneut aufzugreifen, wenn er von Versuchen spricht, die »überhaupt« nicht zur Vollendung führen können.

53   Es bleibt daher nur die Möglichkeit, auf den Grundgedanken zurückzugehen, den jene Lehren verfolgten: Ausgegrenzt werden sollte der *ungefährliche* Versuch. Das war auch das auf unterschiedlichen Wegen verfolgte Bestreben der neueren objektiven Versuchstheorien.

54   Eine ihrer Varianten war die besonders von *Graf zu Dohna* verfochtene Lehre vom »*Mangel am Tatbestand*«, nach der es schon begrifflich kein Versuch

---

47 AaO (oben Fn. 5), S. 43.
48 *v. Hippel* II, S. 417.

sein sollte, wenn ein zum Tatbestand gehörender Umstand von vornherein fehlt, also nicht nur der vom Täter zu bewirkende Erfolg ausbleibt, wie etwa dann, wenn jemand eine eigene Sache in der irrigen Annahme zerstört, sie sei eine fremde (§ 303)[49]. Als unlösbar erwiesen sich von hier aus aber vor allem die Fälle, in denen sich dort, wo der Täter es vermutet, kein Tatobjekt befindet: Der Schuss auf den für einen Menschen gehaltenen Schatten und der Abtreibungsversuch der Nichtschwangeren ließen sich nicht überzeugend voneinander trennen, obwohl das unter dem Gesichtspunkt der Gefährlichkeit gerade geboten gewesen wäre[50].

Da ein Versuch, der scheitert, ex post betrachtet immer untauglich 55 war, gibt es für die Frage, ob er »überhaupt« hätte zur Vollendung führen können oder nicht, keine andere praktikable Lösung als eine nachträgliche Prognose *ex ante*: Als gefährlich erscheint der Versuch, »wenn für verständiges Urteil nach Lage der Verhältnisse zur Zeit der Tat die Verwirklichung des Deliktstatbestandes möglich«, als ungefährlich, »wenn dies ausgeschlossen war«[51]. Was hier entscheiden soll, ist also der Maßstab der adäquaten Kausalität. Damit kommen zunächst alle die Unsicherheiten ins Spiel, die ihn belasten (oben § 8 Rn. 22). Darüber hinaus bleibt wiederum fraglich, ob in den Kreis der untauglichen Versuche auch die Fälle einzubeziehen sind, in denen sich ex post herausstellt, dass ein Tatobjekt, das ex ante durchaus für vorhanden gehalten werden konnte oder musste, in Wahrheit nicht vorhanden war. Ist das Aufschweißen eines ex ante vermutlich gefüllten, ex post leeren Tresors ein Versuch, der »überhaupt« nicht zur Vollendung führen konnte? Und wenn man diese Frage bejaht[52]: Wie steht es dann mit dem viel diskutierten Griff des Taschendiebes in die »falsche« Tasche?

Was hier an Unsicherheit bleibt, fällt allerdings nach geltendem Recht 56 nicht allzu schwer ins Gewicht. Die eigentliche systematische Pointe von § 23 III ist nämlich die, dass er den untauglichen Versuch gerade *nicht*, wie dies die objektiven Theorien wollten, für straflos erklärt. Er zwingt vielmehr zu dem Umkehrschluss, dass es, vom Grenzfall des groben Unverstandes abgesehen, für die Strafbarkeit des Versuchs auf seine Gefährlichkeit überhaupt nicht ankommt. Das Gesetz hat hier vielmehr, wenigstens grundsätzlich, die subjektive Versuchstheorie

---

49 Der Mangel am Tatbestand, in: FS Güterbock, 1910, S. 35 ff; auch noch *ders.*, Der Aufbau der Verbrechenslehre, 4. Aufl. 1950, S. 56 ff.
50 Näher *Albrecht*, S. 15 ff.
51 *v. Hippel* II, S. 431.
52 So *Spendel*, S. 105 f; anders *v. Hippel* II, S. 429.

übernommen (oben Rn. 19), die das Reichsgericht in dieser Frage von Anfang an vertreten[53] und der sich, nach jahrzehntelangem Widerstand, schließlich auch die Lehre überwiegend angeschlossen hatte[54].

57   b) Auf die Untauglichkeit des Versuchs kommt es nur insofern noch an, als sie die Möglichkeit des Absehens von Strafe oder ihrer Milderung auf ein Mindestmaß eröffnet, wenn der Täter sie »aus grobem Unverstand verkannt« oder, anders gesagt, den Versuch aus solchem Unverstand für gefährlich gehalten hat. Die Tragweite auch dieser Formel ist umstritten.

58   *Eine* Ausnahme von der Strafbarkeit des Versuchs mussten von jeher auch die subjektiven Versuchstheorien machen, wenn sie sich nicht der Lächerlichkeit aussetzen wollten, nämlich für den sog. *abergläubischen* Versuch, schon von *Feuerbach* exemplifiziert an jenem »Baiern, der nach einer Kapelle wallfahrtete, um da seinen Nachbar – tod zu beten«[55]. Dieser Versuch sollte nach fast einmütiger Lehre straflos bleiben, obwohl auch bei ihm an der subjektiven Missachtung des Tötungsverbots kaum zu zweifeln ist[56]. Das war nicht ganz leicht zu begründen. Heute fragt sich, ob sich § 23 III auch auf diesen Fall erstreckt.

59   Dazu muss man zunächst wissen, dass Praxis und Lehre das Kriterium des »Aberglaubens« seit langem präzisiert und damit verallgemeinert hatten. Als bis heute vielfach genanntes Beispiel diente etwa der Fall, dass jemand glaubt, einen anderen durch Zucker töten zu können[57], was sicher kein »Aberglauben« ist. Alle Bemühungen um eine nähere Abgrenzung liefen (und laufen) dabei in der Sache auf die Feststellung hinaus, dass es nicht strafwürdig sei, wenn der Täter den Erfolg mit Mitteln erreichen will, die dazu *von vornherein offensichtlich nicht geeignet* sind. Die Bezeichnung »abergläubischer« Versuch wurde deshalb zumeist durch den weiteren Begriff des »irrealen« Versuchs ersetzt.

60   Entgegen dieser ganz herrschenden Auffassung hat es der Gesetzgeber für nötig befunden, in § 23 III die Möglichkeit einer Bestrafung auch des »völlig untauglichen, ja sogar törichten oder abergläubischen« Versuchs zu eröffnen,

---

53 RGSt 1, 439 (Vereinigte Strafsenate).
54 Näher *Albrecht*, S. 22 ff; kritisch wieder *Köhler*, S. 462 f.
55 AaO (oben Fn. 5), S. 43.
56 Allerdings ist, in Verkennung der möglichen Stärke auch abwegiger Überzeugungen, immer wieder behauptet worden, hier fehle schon der Vorsatz der Tatbestandsverwirklichung; so u. a. *Frank*, § 43 Anm. III 2 (S. 90); ferner noch *Baumann/Weber/Mitsch*, § 26 Rn. 36; *Tröndle/Fischer*, § 23 Rn. 5 (»vielfach«); *Jakobs*, 25/22; *Jescheck/Weigend*, S. 532 (»in der Regel«); *Schmidhäuser*, Lb, 15/45; *Wessels/Beulke*, Rn. 620.
57 Siehe nur *Frank*, aaO; *Alwart*, S. 202 f, 231; Schönke/Schröder/*Eser*, § 23 Rn. 17.

und zwar mit der Begründung, »auch in ihm [könne] ein erheblicher verbrecherischer Wille zutage treten, der befürchten lässt, dass er sich nach dem Fehlschlag auf andere, taugliche Weise durchzusetzen sucht«[58]. Aber dieses Argument ist illegitim. Die Strafe unmittelbar auf die kriminelle Neigung des Täters zu beziehen, über die man im allgemeinen nur Spekulationen anstellen kann (oben § 1 Rn. 20), verbietet sich für ein *Tat*strafrecht[59]. Damit stellt sich die Frage, ob man sich hier nicht über den Willen des (historischen) Gesetzgebers hinwegsetzen müsste.

Die fast einhellige Lehre möchte auch im Blick auf § 23 III daran   61
festhalten, dass der abergläubische oder irreale Versuch gar kein Versuch oder jedenfalls straflos ist[60]. Die zuvor für diese Lösung vorgebrachten Argumente hätten sonst offenkundig widerrufen werden müssen. Hinzu kommt, dass eine Begründung auch in der Eindruckstheorie (oben Rn. 21) gefunden werden kann: Irgendeine Gefährdung des Rechtsfriedens ist hier nicht ersichtlich, eine strafrechtliche Sanktion daher sinnlos. Der Preis für dieses Beharren auf überkommenen Positionen besteht freilich darin, dass es nunmehr die größte Mühe bereitet, für § 23 III überhaupt noch einen Anwendungsbereich zu finden. Angeboten werden so subtile Unterscheidungen wie die zwischen dem Vertrauen auf »übersinnliche, nicht mehr der Welt des realen Seins ... angehörende Kräfte« einerseits und bloßer »– wenn auch grob unverständiger – Verkennung von Seinsgesetzen« andererseits[61]. Theoretisch klar und praktisch durchführbar ist demgegenüber nur die Abgrenzung danach, ob der Täter »bei der Tatausführung von völlig abwegigen Vorstellungen über gemeinhin bekannte Ursachenzusammenhänge ausgeht«, so dass die Ungefährlichkeit des Versuchs »für jeden Menschen mit durchschnittlichem Erfahrungswissen offenkundig, ja geradezu handgreiflich« ist[62]. § 23 III wäre in jedem solchen Falle anzuwenden, ganz gleich, ob Aberglaube im Spiel war. Im *Ergebnis* freilich besteht insoweit wieder Einigkeit, als hier *stets*, und nicht nur in der Regel, von Strafe abgesehen werden sollte.

---

58 E 1962, Amtl. Begründung, S. 145.
59 *Alwart*, S. 212 f (anders S. 235?).
60 Außer den oben in Fn. 56 Genannten etwa noch *Alwart*, S. 235; *Köhler*, S. 463; *Kühl*, § 15 Rn. 93; *Maurach/Gössel/Zipf*, § 40 Rn. 142; *Rudolphi*, SK, § 23 Rn. 8; *Schönke/Schröder/Eser*, § 23 Rn. Rn. 13; *Vogler*, LK[10], § 23 Rn. 30, m.w.N.; *Zaczyk*, S. 252; anders *Baumann/Weber/Mitsch*, § 26 Rn. 37; *Otto*, § 18 Rn. 62 f.
61 *Schönke/Schröder/Eser*, § 23 Rn. 13a; ähnlich *Kühl*, § 15 Rn. 94; *Roxin*, JuS 1973, S. 331; *Rudolphi*, SK, § 23 Rn. 8; *Vogler*, LK[10], § 23 Rn. 30, 34; siehe auch *Jakobs*, in: GS Armin Kaufmann, 1989, S. 287 Fn. 32.
62 BGHSt 41, 94 (95).

4. Das untaugliche Subjekt

62   Die Regelung von § 23 III beschränkt sich auf solche Fälle, in denen die Ungefährlichkeit des Versuchs in der Art des Gegenstandes oder des Mittels der Tat begründet ist, im traditionellen Sprachgebrauch: auf Versuche am untauglichen Objekt oder mit untauglichem Mittel. Daneben gibt es als dritten denkbaren Fall den des untauglichen *Subjekts* (bzw. untauglichen Täters). Bei einer ganzen Reihe von Delikten kann nicht jedermann Täter sein, sondern nur eine Person, die bestimmte täterschaftliche Qualifikationen aufweist (oben § 8 Rn. 3 ff). Handelt der Täter in der irrigen Annahme, diese Qualifikation zu besitzen, so ergibt sich eine weitere Spielart des (in der Regel ungefährlichen) Versuchs. Als Beispiel diene etwa der den Nachlass schädigende Testamentsvollstrecker (§ 266), der nicht weiß, dass sein Amt erst mit der Annahmeerklärung beginnt (vgl. § 2202 BGB). Das Gesetz schweigt, wie gesagt, von dieser Konstellation, und zwar absichtlich[63]. Daher verhilft hier auch ein Umkehrschluss aus § 23 III (vgl. oben Rn. 56), der übrigens schon rein formal nicht möglich wäre, nicht zu einer Lösung[64]. Die Frage ist dementsprechend kontrovers.

63   Das gilt natürlich von vornherein nur für solche Fälle, in denen an sich alle Elemente des Versuchs gegeben sind, insbesondere der auf einen tatbestandsmäßigen *Sachverhalt* bezogene Entschluss. Legt sich eine Behördenputzfrau Beamtenqualität bei und glaubt sie, sich in dieser Eigenschaft der Bestechlichkeit (§§ 331, 332) schuldig zu machen, so geht sie *nicht* von einer Sachlage aus, bei der der Tatbestand erfüllt wäre; sie hat daher keinen Deliktsvorsatz. Es handelt sich hier vielmehr um einen »umgekehrten Subsumtionsirrtum«, einen Fall des straflosen Wahndelikts (oben Rn. 27 f)[65].

64   In neuerer Zeit überwiegt die früher nur ganz vereinzelt vertretene Auffassung, auch der untaugliche Täter begehe einen strafbaren Versuch. Gestützt wird sie vor allem auf das Argument, innerhalb der Tatumstände lasse sich nicht unterscheiden zwischen Merkmalen, die durch die Vorstellung des Täters ersetzt werden können, und solchen, bei denen das nicht der Fall sein soll[66]. Doch behauptet sich auch die gegenteilige Lehre, die den Versuch des untauglichen Täters insoweit für

63 E 1962, Amtl. Begründung, S. 143 f.
64 Siehe aber *Rudolphi*, SK, § 22 Rn. 28.
65 Eingehend *Bruns*, Der untaugliche Täter, S. 18 ff.
66 *Bruns*, aaO, pass.; *ders.*, GA 1979, S. 161 ff; *Baumann/Weber/Mitsch*, § 26 Rn. 30; *Jescheck/Weigend*, S. 535 f; *Kühl*, § 15 Rn. 105; *Rudolphi*, SK, § 22 Rn. 28; Schönke/Schröder/*Eser*, § 22 Rn. 76; m.w.N.

straflos hält, wie die täterschaftlichen Erfordernisse eine *Sonderpflicht* anzeigen: Zuwiderhandeln könne einer solchen Pflicht nur derjenige, dem sie *wirklich* obliegt; die bloße irrige Annahme der Pflicht sei deshalb ein Wahndelikt[67].

Diese Mindermeinung verdient prinzipiell den Vorzug. Schon ein   65
flüchtiger Blick in die strafrechtliche Literatur widerlegt die Behauptung, dass sich zwischen Tat- und Tätermerkmalen nicht unterscheiden lasse. Und auch deren vorgebliche »logische« Gleichwertigkeit kann nicht bewirken, dass in der Zuwiderhandlung nicht nur gegen tatsächliche, sondern ganz ebenso gegen eingebildete Pflichten strafrechtlich relevantes Unrecht liegt. Die Option für eine subjektive Versuchstheorie ändert daran nichts. Unrecht ist für sie die Zuwiderhandlung gegen eine Verhaltensnorm, deren Adressat der Täter *ist* (oben Rn. 19) und nicht nur zu sein vermeint[68]. Wer, um im Beispiel zu bleiben, das Amt des Testamentsvollstreckers (noch) nicht angenommen hat, hat auch nicht die Pflicht, fremde Vermögensinteressen wahrzunehmen, und kann sie folglich nicht verletzen. Der Versuch des untauglichen Täters muss daher straflos bleiben.

Fraglich ist allerdings weiterhin, bei welchen Verhaltensnormen von einem in   66
solchem Sinne beschränkten Adressatenkreis gesprochen werden kann. Es handelt sich um das alte Problem einer angemessenen Abgrenzung der Sonderdelikte[69]. Die Vorauflage (Rn. 699) hat hier auch die Fälle einbezogen, in denen eine Sonderpflicht nicht durch besondere Tätereigenschaften, sondern auf andere Weise, etwa, wie bei der Garantenpflicht aus Ingerenz (unten § 13 Rn. 26 ff), durch ein bestimmtes Vorverhalten begründet wird. Demgegenüber hat der Vorschlag von *Vogler* vieles für sich, von einem untauglichen Täter nur bei den »eigentlichen« Sonderdelikten zu sprechen, bei denen die Täterqualität auf einem Rechtsakt beruht und sich nicht nur aus faktischen Vorbedingungen ergibt[70]. Genauer wäre es vielleicht, danach zu unterscheiden, ob der Tatbestand, wie etwa bei den Amtsdelikten, eine besondere Pflichten*stellung* voraussetzt oder nur eine bestimmte einzelne Pflicht, wie etwa die zur wahrheitsgemäßen Zeugenaussage, und den Versuch des untauglichen Täters nur im ersten Fall

---

67 *Jakobs*, 25/43; *Armin Kaufmann*, in: FS Klug, 1983, S. 286; *Otto*, § 18 Rn. 77; *Schmidhäuser*, Lb, 15/59; *Welzel*, S. 194 f; *Zielinski*, AK, §§ 15, 16 Rn. 35; eingehend *Stratenwerth*, in: FS Bruns, 1978, S. 59 ff; *Zaczyk*, S. 268 ff.
68 Darin liegt der von *Niepoth* (Der untaugliche Versuch beim unechten Unterlassungsdelikt, 1994, S. 226 Fn. 365) vermisste Unterschied zum mit untauglichen Mitteln oder am untauglichen Objekt begangenen Versuch.
69 Dazu *Langer*, Das Sonderverbrechen, 1972.
70 LK[10], § 23 Rn. 158 ff; zustimmend *Schünemann*, GA 1986, 317 ff; in der Sache auch *Zielinski*, AK, §§ 15, 16 Rn. 35.

straflos zu lassen. Die Eindrucks»theorie« jedenfalls liefert auch hier keine präzisen Kriterien.

IV. Der strafbefreiende Rücktritt

Literatur: Bergmann, Einzelakts- oder Gesamtbetrachtung beim Rücktritt vom Versuch?, ZStrW 100 (1988), 329 ff; *Bloy,* Zurechnungsstrukturen des Rücktritts vom beendeten Versuch und Mitwirkung Dritter an der Verhinderung der Tatvollendung, JuS 1987, 528 ff; *Bockelmann,* Wann ist der Rücktritt vom Versuch freiwillig?, in: Strafrechtliche Untersuchungen, 1957, S. 171 ff; *Bottke,* Strafrechtswissenschaftliche Methodik und Systematik bei der Lehre vom strafbefreienden und strafmildernden Täterverhalten, 1979; *Burkhardt,* Der »Rücktritt« als Rechtsfolgenbestimmung, 1975; *v. Heintschel-Heinegg,* Versuch und Rücktritt, ZStrW 109 (1997), 29 ff; *Herzberg,* Grund und Grenzen der Strafbefreiung beim Rücktritt vom Versuch, in: FS Lackner, 1987, S. 325 ff; *R. v. Hippel,* Untersuchungen über den Rücktritt vom Versuch, 1966; *Chr. Jäger,* Der Rücktritt vom Versuch als zurechenbare Gefährdungsumkehr, 1996; *Jakobs,* Rücktritt als Tatänderung versus allgemeines Nachtatverhalten, ZStrW 104 (1992), 82 ff; *Puppe,* Der halbherzige Rücktritt, NStZ 1984, 488 ff; *Roxin,* Über den Rücktritt vom unbeendeten Versuch, in: FS Heinitz, 1972, S. 251 ff; *Sancinetti,* Subjektive Unrechtsbegründung und Rücktritt vom Versuch, 1995; *v. Scheurl,* Rücktritt vom Versuch und Tatbeteiligung mehrerer, 1972; *Ulsenheimer,* Grundfragen des Rücktritts vom Versuch in Theorie und Praxis, 1976; *ders.,* Zur Problematik des Rücktritts vom Versuch erfolgsqualifizierter Delikte, in: FS Bockelmann, 1979, S. 405 ff; ferner Lit. oben vor Rn. 16.

67   Gibt der Täter die weitere Verwirklichung deliktischer Absichten in irgendeinem Zeitpunkt auf oder bemüht er sich, bereits begangenes Unrecht wiedergutzumachen, so befreit ihn das normalerweise nicht von einer bereits verwirkten Strafe, sondern kann nur zu ihrer Herabsetzung, im Grenzfall auch zu ihrem Erlass führen (vgl. §§ 46 II, 46a). Für den Versuch gelten jedoch besondere Regeln: Er bleibt bei freiwilligem Rücktritt straflos.

1. Der Grundgedanke

68   In der Frage, *weshalb* dem Täter dieser besondere Strafaufhebungsgrund (oben § 7 Rn. 30) zugebilligt wird, gehen die Meinungen auseinander.

69   Man unterscheidet heute drei Grundpositionen. Die frühere Lehre nahm überwiegend an, dass der Rücktritt am Unrechts- und Schuldgehalt der Tat nichts ändere, der Straferlass vielmehr ausschließlich in dem Kalkül begründet

sei, dass sich der Täter leichter zum Rücktritt entschließen werde, wenn man ihm eine *goldene Brücke* baut[71]. Dem wird heute meist entgegengehalten, solches Kalkül sei lebensfremd: Das Privileg des § 24 sei dem Täter selten bekannt und noch seltener Motiv seines Rücktritts[72]. Doch beruht auf ihm auch der neuerdings stärker ins Spiel gebrachte Gedanke des *Opferschutzes*[73]. Wenig weiter führt demgegenüber eine *Prämientheorie* (Gnadentheorie), die sich auf die Feststellung beschränkt, der Täter werde für den freiwilligen Rücktritt belohnt[74]; denn damit bleibt die Frage offen, *weshalb* das Gesetz eine so weitgehende Belohnung gerade beim Versuch (und nur bei ihm) gewährt. Die *Strafzwecktheorie* schließlich sucht die Antwort im Rückgriff auf den traditionellen Katalog der Strafzwecke, wobei, je nachdem, die (nachträgliche) Verminderung, wenn nicht Tilgung der Schuld[75], die Rücknahme des geltungserschütternden Eindrucks der Tat[76], der sich im Rücktritt äußernde Mangel an verbrecherischer Energie (deshalb auch: Indiztheorie) oder auch eine Verbindung solcher Gründe die Bestrafung unter Vergeltungs- und/oder Präventionsgesichtspunkten als entbehrlich erscheinen lassen soll[77]. Damit wird freilich zunächst auch nicht mehr als die Trivialität ausgesprochen, dass die Sanktion der Strafe dort, wo das Gesetz auf sie verzichtet, offenbar nicht zwingend geboten ist.

Alles in allem dürften es verschiedene Gesichtspunkte sein, die in § 24 **70** zusammentreffen. Der freiwillige Rücktritt *mindert* zweifellos die Strafwürdigkeit des Verhaltens: Die im Versuch liegende Schuld wird durch die Umkehr des Täters jedenfalls teilweise wieder aufgehoben, und geringer ist auch das Bedürfnis, die Geltung der Norm durch eine Sanktion zu bekräftigen, wenn der Täter selbst sie wieder anerkennt. Dass die Strafe *völlig* erlassen (und nicht nur gemildert) wird, ist damit allein jedoch nicht zu erklären, wenn man sich nicht mit der formalen Versicherung begnügen will, für die in geringerem Maße strafwürdige Tat bestehe kein Straf*bedürfnis* mehr[78]. Insoweit dürfte vielmehr auch das kriminalpolitische Kalkül im Spiel sein, dass der Täter durch die Aussicht auf vollen Straferlass am ehesten zur Umkehr bewogen wer-

---

71 RGSt 73, 52 (60); *Puppe*, S. 490, m.w.N.
72 Siehe etwa BGHSt 9, 48 (52); *Jakobs*, S. 84 f.
73 BGHSt (GrS) 39, 221 (232).
74 *Bockelmann/Volk*, S. 214; *Jescheck/Weigend*, S. 539.
75 *Herzberg*, in: FS Lackner, 1987, S. 325 ff (»Schulderfüllungstheorie«); siehe auch *Welzel*, S. 196.
76 *Bergmann*, S. 334 f; *Freund*, § 9 Rn. 15 ff; der Sache nach auch *v. Heintschel-Heinegg*, S. 43 f; *Jakobs*, 26/2 (»Tatänderung«); *Köhler*, S. 469; *Murmann*, S. 28 ff.
77 BGHSt 9, 48 (52); 14, 75 (80); *Baumann/Weber/Mitsch*, § 27 Rn. 8; *Kühl*, § 16 Rn. 5 f; *Schmidhäuser*, Lb, 15/69; Schönke/Schröder/*Eser*, § 24 Rn. 2b; *Streng*, ZStrW 101 (1989), 323 ff.
78 Dazu *Ulsenheimer*, Grundfragen, S. 78 ff.

den könne – wie realistisch eine solche Überlegung auch immer sein mag.

71 Mit den unterschiedlichen Erklärungsversuchen für die strafbefreiende Wirkung des Rücktritts hängen die Differenzen über seine straftatsystematische Einordnung relativ eng zusammen. Ihn als *negatives Tatbestandsmerkmal* zu behandeln, weil er den rechtsfriedenstörenden »Eindruck« aufhebe[79], legt diesem Aspekt zu große Bedeutung bei und führt bei der Teilnahme, die ja strafbar bleiben muss (unten § 12 Rn. 189), zu dogmatischen Friktionen. Ähnliches gilt für die Annahme eines *Schuldausschließungsgrundes*[80]. Bei der Wertungsstufe der Schuld geht es um die Verantwortlichkeit des Täters im Zeitpunkt der *Tat*. Sie kann der Rücktritt nicht nachträglich beseitigen und damit etwa bewirken, dass aus Anstiftung post festum eine mittelbare Täterschaft würde (vgl. unten § 12 Rn. 46 ff). Geht man davon aus, dass es für § 24 *keinen* einheitlichen Nenner gibt, so bleibt vielmehr nur, ihn mit der h. L. als (persönlichen) *Strafaufhebungsgrund* zu qualifizieren[81], obwohl damit in der *Sache* wenig ausgesagt wird[82].

2. Einzelerfordernisse

72 Vorausgesetzt wird in § 24, wie angedeutet, allemal, dass der zur Vollendung des Delikts gehörende Erfolg tatsächlich ausbleibt, und grundsätzlich auch, dass dies dem Täter selbst zu verdanken ist.

a) Unbeendeter/beendeter Versuch

73 Was zu geschehen hat, wenn die Vollendung eines Delikts verhindert werden soll, hängt davon ab, wie nahe der Versuch der Vollendung bereits gekommen ist. Soweit der Täter noch nicht alle von ihm zu verwirklichenden Bedingungen für den Eintritt des tatbestandsmäßigen Erfolges geschaffen hat, genügt es, wenn er seine deliktischen Bemühungen abbricht, indem er es zum Beispiel unterlässt, den Schuss auszulösen, der das Opfer töten sollte. Hat er dagegen alle jene Bedingungen bereits herbeigeführt, so bedarf es eines aktiven Eingriffs, um das auf den Erfolgseintritt hinauslaufende Geschehen zu blockieren, also etwa der Herbeiholung eines Arztes zur Rettung des lebensgefährlich

---

79 *v. Scheurl*, S. 28; vgl. auch *R. v. Hippel*, S. 58 ff.
80 *Köhler*, S. 469 f; *Rudolphi*, SK, § 24 Rn. 6, m.w.N.
81 *Freund*, § 9 Rn. 8; *Jescheck/Weigend*, S. 548; *Kühl*, § 16 Rn. 8; Schönke/Schröder/*Eser*, § 24 Rn. 4, m.w.N.
82 *Ulsenheimer*, Grundfragen, S. 119 ff.

verletzten Opfers. Man unterscheidet dementsprechend zwischen dem *unbeendeten* und dem *beendeten* Versuch.

Dabei liegt es nahe zu meinen, allein der *objektive* Stand der Dinge   74 könne darüber entscheiden, ob ein Versuch bereits so weit gediehen ist, dass sich der Eintritt des Erfolges nur noch durch aktive Gegenmaßnahmen verhindern lässt. Demgegenüber kommt es, nach fast einhelliger Praxis und Lehre, auf die *Vorstellungen* des Täters über den Stand der Verwirklichung seiner Tat an: darauf, ob er bereits alles getan hat, was er zur Herbeiführung des tatbestandsmäßigen Erfolges tun wollte, und dessen Eintritt nunmehr für möglich hält. Subjektive Momente mit zu berücksichtigen, ist in der Tat unabweisbar, wenn sie schon bei der Frage, ob die Tat *überhaupt* das Stadium des Versuchs erreicht hat, im Spiel sind (oben Rn. 36 f). Auch kann vom Täter nichts anderes verlangt werden, als dass er sich so verhält, wie es aus *seiner* Sicht zur Erfolgsabwendung erforderlich ist. Der subjektivierte Maßstab führt jedoch zu heiklen Irrtumsfragen (unten Rn. 82).

Besondere Schwierigkeiten macht die Abgrenzung zwischen dem unbeende   75 ten und dem beendeten Versuch dort, wo der Täter entschlossen war oder doch ohne weiteres die Möglichkeit hatte, erforderlichenfalls durch *mehrere* Einzelakte oder mit *verschiedenen* Mitteln auf den deliktischen Erfolg hinzuwirken, also etwa so lange zu schießen, bis das Opfer tödlich getroffen wurde, oder zum Messer zu greifen, wenn die bloße Faust versagt, und nicht alle diese Schritte realisiert. Würde man hier, wie es früher weithin geschehen ist, strikt auf den *Tatplan* abstellen, so würde der Täter benachteiligt, der nicht alle Möglichkeiten einkalkuliert, sondern angenommen hat, sein erster Versuch werde gelingen, und danach aufgibt[83], während dem gefährlicheren, das Misslingen einkalkulierenden Täter in derselben Situation der Rücktritt bis zur Erschöpfung aller von ihm vorbedachten Möglichkeiten offenstünde, und dies, solange nichts passiert, in Form des bloßen Verzichts auf weitere Versuche. Dass eine solche Lösung weder gerecht noch kriminalpolitisch sinnvoll wäre, wird heute allgemein anerkannt. Die in neuerer Zeit sehr eingehend geführte, noch immer nicht abgeschlossene Diskussion der Frage hat demgegenüber zu zwei grundverschiedenen, im Einzelnen freilich mannigfach nuancierten Positionen geführt. Ein Teil der Lehre erklärt den Versuch schon für beendet, wenn der Täter auch nur eine auf Erfolgsherbeiführung gerichtete Handlung vorgenommen hat und damit gescheitert ist, *ohne* Rücksicht darauf, ob er zu einer Wiederholung oder Fortsetzung entschlossen oder immerhin in der Lage war (»Einzelakts-

---

83 Vgl. den Fall BGHSt 22, 176.

theorie«)[84]. Damit werden Wertungswidersprüche wie der zuvor geschilderte vermieden, allerdings um den Preis äußerster Beschränkung der Rücktrittsmöglichkeiten: Trifft der erste Schuss, so ist das Delikt vollendet, geht er vorbei, so ist der Versuch beendet und ein Rücktritt ausgeschlossen; und nur zwischen diesen Alternativen, wenn der Schuss das Opfer zwar verletzt, sein Tod aber noch abgewendet werden kann, bleibt allenfalls Raum für die Anwendung von § 24. Die Rechtsprechung und die überwiegende Lehre favorisieren demgegenüber eine Lösung, bei der es auf den »Rücktrittshorizont« ankommen soll, darauf, ob der Täter »nach anfänglichem Mißlingen des vorgestellten Tatablaufs sogleich zu der Annahme gelangt, er könne ohne zeitliche Zäsur mit den bereits eingesetzten oder anderen bereitstehenden Mitteln die Tat noch vollenden« (»Gesamtbetrachtung«)[85]. Kommen solche Fortsetzungs- oder Wiederholungsakte noch in Betracht, so wäre der Versuch erst beendet, wenn der Täter wenigstens für *möglich* hält, dass der Erfolg nunmehr eintreten könnte[86]. Diese »rücktrittsfreundliche« Lösung dürfte prinzipiell den Vorzug verdienen, auch wenn zuzugeben ist, dass die völlige Straffreiheit, zu der das Rücktrittsprivileg dank seiner starren Regelung de lege lata führt, ein unbefriedigendes Ergebnis sein kann.

76   Ein strafbefreiender Rücktritt ist ausgeschlossen, wenn der Täter die weitere Ausführung der Tat aufgibt, weil er glaubt, den Erfolg nicht mehr erreichen zu können. Das kann sowohl beim unbeendeten Versuch der Fall sein, wenn sich etwa der Tresor, aus dem gestohlen werden soll, nicht öffnen lässt, wie beim beendeten Versuch, wenn dieser sich etwa als untauglich herausstellt. Die neuere Lehre verwendet hier vielfach den Begriff des *fehlgeschlagenen* Versuchs[87]. Auf den Fehlschlag als solchen kommt es jedoch nicht an: Der Täter kann vom Versuch der Täuschung zurücktreten, solange er nicht merkt, dass ihn der andere längst durchschaut hat, und er kann nicht mehr zurücktreten, wenn er einen Versuch für gescheitert hält, der es gar nicht wäre. Grenzfragen stellen sich hier im Übrigen unter dem Gesichtspunkt der Freiwilligkeit des Rücktritts (unten Rn. 86). Als eigenständige Rechts-

---

84 Siehe nur *Bergmann*, S. 351 ff; *Burkhardt*, S. 90 ff; *Freund*, § 9 Rn. 42 ff; *v. Heintschel-Heinegg*, S. 54 ff; *Jakobs*, 26/14 ff; Schönke/Schröder/*Eser*, § 24 Rn. 20 f; *Ulsenheimer*, Grundfragen, S. 232 ff; jeweils m.w.N.
85 BGHSt (GrS) 39, 221 (227 ff); 40, 75 (76 f); so seit 33, 295; 34, 53 (56 f); 35, 90 (91 ff); ferner *Jescheck/Weigend*, S. 541 f; *Rudolphi*, SK, § 24 Rn. 14; *Vogler*, LK[10], § 24 Rn. 65 ff; kritisch *Schlüchter*, in: FS Baumann, 1992, S. 71 ff; jeweils m.w.N.
86 BGHSt 31, 170 (175).
87 Näher *Vogler*, LK[10], § 24 Rn. 23 ff, m.w.N.; vgl. auch *Freund*, § 9 Rn. 22 ff; *Kühl*, § 16 Rn. 9 ff.

figur ist der fehlgeschlagene Versuch daher in der Sache völlig entbehrlich.

b) Der Rücktritt vom unbeendeten Versuch

Das Gesetz fordert in seiner ersten Variante, dass der Täter die weitere   77
Ausführung der Tat aufgibt und dass dies freiwillig geschieht (§ 24 I 1).

aa) Hier wird zunächst schon darüber gestritten, unter welchen Vor-   78
aussetzungen überhaupt gesagt werden kann, dass der Täter die Ausführung des Deliktes *aufgegeben* habe. Einigermaßen klar ist dies nur
dann, wenn der Täter auf Handlungen verzichtet, die er im Zeitpunkt
des Rücktritts (noch) für nötig hält, um den deliktischen Erfolg herbeizuführen.

Problematisch sind insoweit aber zunächst die Fälle, in denen der Täter von   79
weiteren deliktischen Handlungen absieht, weil er sein Handlungsziel (wirklich
oder vermeintlich) auch ohne sie erreicht hat. Ein Beispiel bildet der Fall, dass
die von einem Vergewaltigungsversuch betroffene Frau dem Täter vorspiegelt,
mit dem Geschlechtsverkehr einverstanden zu sein, und er deshalb auf weiteren
Zwang verzichtet. Hier kann von einer Aufgabe der geplanten Tat nicht gesprochen werden[88]. Das gleiche muss gelten, wenn der Täter bei einem im Sinne
der Gesamtbetrachtung (oben Rn. 75) unbeendeten Versuch nach Erreichung
seines außertatbestandlichen Handlungsziels auf Fortsetzungsakte verzichtet.
So lag es etwa dort, wo der Täter dem Opfer mit bedingtem Tötungsvorsatz ein
Messer in den Leib stieß, um ihm einen »Denkzettel« zu verpassen, und dann
von ihm abließ, obwohl er es »nur« verletzt hatte. Auch hier trat er von nichts
zurück[89].

Sodann fragt sich, ob und in welchem Sinn der Verzicht des Täters auf die   80
weitere Ausführung des Delikts ein *endgültiger* sein muss. Ist es schon ein
Rücktritt, wenn der Täter, der entschlossen bleibt, notfalls Gewalt anzuwenden, zunächst vom Vergewaltigungsversuch ablässt, weil das Opfer ihm vorspiegelt, nach einer Ruhepause zum Verkehr mit ihm bereit zu sein?[90] Hier besteht heute praktisch Einigkeit darüber, dass es keinen Rücktritt bedeutet, wenn
der Täter die Erreichung seines Handlungsziels kurzfristig aufschiebt oder die
Begehungsweise ändert, bei einem Gewaltdelikt beispielsweise von der Brachialgewalt zur Drohung mit einer Waffe übergeht. Allgemein anerkannt wird
aber auch, dass der innere Vorbehalt, den Versuch zu anderer Zeit oder mit an-

---

88 BGHSt 39, 244 (247); *Lackner/Kühl*, § 24 Rn. 11.
89 Anders BGHSt (GrS) 39, 221 (228 ff). Die Entscheidung wird überwiegend zu
 Recht abgelehnt; siehe etwa *Freund*, § 9 Rn. 39 ff; *Kühl*, § 16 Rn. 41; *Roxin*, JZ
 1993, 896; *Rudolphi*, SK, § 24 Rn. 14a; *Wessels/Beulke*, Rn. 634.
90 BGHSt 7, 296.

deren Mitteln zu wiederholen, dem Rücktritt nicht entgegensteht; die Forderung, der Täter müsse die Durchführung seines Entschlusses »im ganzen und endgültig« aufgegeben haben, ist insofern missverständlich[91]. Zweifelhaft kann nur noch sein, wie man diese beiden Konstellationen genauer gegeneinander abzugrenzen hat, unter welchen Voraussetzungen also die Fortsetzung des deliktischen Verhaltens als weitere Ausführung *derselben* Tat oder aber als ein neuer, *selbständiger* Versuch erscheint (bzw. erscheinen würde). Die Rechtsprechung stellt hier darauf ab, ob »die vorausgegangenen, erfolglos gebliebenen Teilakte mit dem neuen Anlauf, auf den der Täter schließlich verzichtet hat, einen einheitlichen Lebensvorgang bilden« oder nicht[92], und die Lehre stimmt dem in der Sache überwiegend zu[93]. Im vorangestellten Beispielsfall stünde die Erneuerung des Versuchs der Vergewaltigung in einem so engen räumlichen und zeitlichen Zusammenhang mit dem ersten Angriff, dass beide sich als Einheit darstellen würden; der Aufschub enthält dementsprechend keinen Rücktritt. Anders läge es, wenn der Täter, der etwa einen Raubversuch begeht, von seinem Opfer abließe, weil es sein Mitleid erregt, aber weiterhin die Absicht hätte, überhaupt jemanden zu berauben: Das zweite Delikt wäre eine selbständige Tat; vom ersten Versuch wäre er (strafbefreiend) zurückgetreten[94].

81   bb) Weiter wird grundsätzlich gefordert werden müssen, dass der Rücktritt des Täters zum *Ausbleiben* des deliktischen Erfolges führt. Dieses Erfordernis versteht sich auch beim unbeendeten Versuch nicht von selbst, weil, wie schon bemerkt, über die Beendigung prinzipiell nach dem Vorstellungsbild des Täters zu urteilen ist.

82   Der Täter kann, ohne es zu wissen, bereits alle Voraussetzungen für den Eintritt des Erfolges geschaffen, etwa dem Opfer bereits eine Dosis Gift beigebracht haben, die tödlich wirkt, während er noch glaubt, das Opfer werde überleben, wenn er die Tat nicht fortführt. Ein Teil der Lehre ist der Auffassung, der Täter könne auch hier noch strafbefreiend zurücktreten, solange der Erfolg nicht eingetreten sei, und hafte für dessen Eintritt höchstens wegen Fahrlässigkeit[95]. Die Entscheidung hängt davon ab, wie man den entsprechenden Irrtum über den Kausalverlauf behandelt (oben § 8 Rn. 94): Wird dem Täter der spätere Erfolg zum Vorsatz zugerechnet, so vollendet sich das Delikt, und für einen Rücktritt bleibt kein Raum. Dass der Täter geglaubt hat, der Er-

---

91 Vgl. BGHSt 7, 296 (297); 33, 142 (145); 35, 184 (187); *Jescheck/Weigend*, S. 543 f; Schönke/Schröder/*Eser*, § 24 Rn. 38; *Welzel*, S. 198.

92 BGHSt 40, 75 (77); siehe schon BGHSt 33, 142 (145 f); 34, 53 (57f).

93 *Freund*, § 9 Rn. 49 ff; *Kühl*, § 16 Rn. 42 ff; *Maurach/Gössel/Zipf*, § 41 Rn. 54; Schönke/Schröder/*Eser*, § 24 Rn.40; *Vogler*, LK[10], § 24 Rn,. 79 ff; *Wessels/Beulke*, Rn. 641.

94 Das hat erst recht zu gelten, wenn der Täter statt des Delikts, von dem er zurücktritt, einen anderen Tatbestand erfüllt; näher *Günther*, in: GS Armin Kaufmann, 1989, S. 546 ff.

95 *Jakobs*, 26/13; Schönke/Schröder/*Eser*, § 24 Rn. 24; *Schroeder*, LK, § 16 Rn. 34.

folg werde ausbleiben, wenn er von der weiteren Ausführung der Tat absteht, kann ihm dann, ganz ebenso wie das vergebliche Bemühen um Erfolgsabwendung beim beendeten Versuch (unten Rn. 90 f), nur im Rahmen der Strafzumessung zugute gehalten werden[96]. Das gilt erst recht, wenn der Erfolg schon *vor* dem Rücktritt vom (vermeintlich) unbeendeten Versuch eintritt.

Nur dann kann der als solcher einflusslose Rücktritt vom unbeendeten Versuch den Täter von Strafe befreien, wenn der Erfolg aus *anderen* Gründen ausbleibt, etwa weil der Versuch ungefährlich oder doch im Zeitpunkt des Rücktritts in Wirklichkeit schon gescheitert war oder auch nachträglich, z. B. dank des Eingreifens Dritter, fehlschlägt (vgl. § 24 I 2; unten Rn. 92).　83

cc) Schließlich muss der Täter die weitere Ausführung der Tat *»freiwillig«* aufgegeben haben. Auch über die sachgemäße Interpretation dieses Erfordernisses gehen die Meinungen erheblich auseinander.　84

Außer Frage steht nur, dass es weder unter dem Gesichtspunkt der Strafwürdigkeit noch unter dem des kriminalpolitischen Kalküls sinnvoll wäre, den *erzwungenen* Abbruch deliktischer Bemühungen strafausschließend zu honorieren. Die verbleibenden beiden Grundpositionen werden als »psychologisierende« und »normative« Betrachtungsweise einander gegenübergestellt, je nachdem, ob es für die Freiwilligkeit allein auf die vom Maß des psychischen Drucks abhängige Entschließungsfreiheit des Täters[97] oder (auch) darauf ankommen soll, ob er die Straffreiheit im Blick auf die das Rücktrittsprivileg tragenden Gründe »verdient«[98]. Eine rein psychologisierende Lösung ist jedoch weder praktikabel noch sinnvoll. Tritt der Täter beispielsweise zurück, weil ihm plötzlich bewusst wird, was er anzurichten im Begriff ist, so lässt sich die Frage, ob dies für ihn ein *»zwingender* Grund zur Verbrechensaufgabe war, so dass ihm keine andere Wahl verblieb«[99], gar nicht beantworten, und könnte, wenn es anders läge, auch gar nicht massgebend sein. Führt der Täter hingegen einen Mordversuch nicht weiter, weil er fürchtet, sonst das nächste Mordopfer zu »verpassen«, so erscheint es als geradezu absurd, ihm Straffreiheit zu gewähren, weil sich »das Abstandnehmen als das Ergebnis einer nüchternen Abwägung« darstellt[100]. Weder unter Schuldgesichtspunkten noch unter solchen der Prävention lässt sich rechtfertigen, einen solchen »Rücktritt« strafbefreiend zu honorieren. Auf der anderen Seite wäre es eine Überspannung der normativen Betrachtungsweise, auf »die sittliche Qualität der Antriebe zum Rücktritt« ab-　85

96 Wie hier *Kühl*, § 16 Rn. 79 f; *Rudolphi*, SK, § 24 Rn. 16; *Schmidhäuser*, Lb, 15/76; *Vogler*, LK[10], § 24 Rn. 148 ff, m.w.N.
97 *Lackner*, § 24 Rn. 18; ferner u. a. *Jescheck/Weigend*, S. 544; *Kühl*, § 16 Rn. 54
98 *Freund*, § 9 Rn. 57 f; *Roxin*, in: FS Heinitz, 1972, S. 255 ff; *Rudolphi*, SK, § 24 Rn. 25;
99 BGHSt 7, 297 (299).
100 So aber BGHSt 35, 184 (186).

zustellen[101]. Bewertet werden sollten die Motive des Täters nur unter dem einzigen Gesichtspunkt, der letztlich bei allen Erklärungen für das Privileg von § 24 eine wesentliche Rolle spielt: ob der Rücktritt bedeutet, dass der Täter von sich aus in die Legalität zurückkehrt.

86   Ausgangspunkt der näheren Auslegung des Erfordernisses der Freiwilligkeit muss schon nach dem Wortsinn des Gesetzes die Frage sein, ob und inwieweit der Täter die weitere Ausführung des Deliktes *aus eigenem Antrieb* aufgegeben hat[102]. Das ist, wie schon bemerkt (oben Rn. 76), sicher nicht der Fall, wenn er glaubt, sein Handlungsziel nicht mehr erreichen zu können, etwa weil die vorgefundene Diebesbeute seinen Erwartungen nicht entspricht[103], oder weil er doch gewärtigen muss, von der Polizei, die sich in einem Streifenwagen nähert, an der Vollendung gehindert zu werden[104]. Aber auch dann sind es äußere Umstände, die den Täter zum Rücktritt bewegen, wenn er die Tat als solche zwar noch ausführen könnte, aber damit rechnen muss, alle Vorteile, die er sich von ihr verspricht, sogleich wieder einzubüßen, wie der Bankräuber, der bei Ertönen der Alarmanlage ohne Beute flieht, weil er sonst auf der Flucht gestellt zu werden befürchtet. Schwieriger liegt es dagegen, wenn die weitere Ausführung der Tat für den Täter mit größeren Gefahren oder Nachteilen verbunden wäre, als er vorausberechnet hat. Insoweit hilft die vielfach vertretene Lösung, zwischen *autonomen* und *heteronomen* Rücktrittsmotiven zu unterscheiden[105], nicht weiter. Denn hier geht es nicht um eine einfache Alternative, sondern darum, den *Grad* oder das *Maß* an äußeren Hemmnissen zu bestimmen, bei dem der Rücktritt als unfreiwillig zu gelten hat. Sonst würde jede Erschwerung des deliktischen Verhaltens, jede Vergrößerung des Aufwandes, den die Ausführung erfordert, und jede Zunahme der Entdeckungsgefahr, die den Täter zur Aufgabe seines deliktischen Vorhabens bewegt, bereits die Freiwilligkeit des Rücktritts ausschlie-

---

101 So *Bockelmann*, Rücktritt, S. 183, freilich schon damals mit dem Zusatz, es sei »Verdienst genug, wenn der Täter aus Furcht vor Strafe zurücktritt«; vgl. jetzt *Bockelmann/Volk*, S. 214 f.
102 Nach der früheren Gesetzesfassung durfte der Täter, sachlich übereinstimmend, an der Ausführung der Tat nicht durch Umstände gehindert worden sein, »welche von seinem Willen unabhängig waren« (§ 46 Nr. 1 a. F.).
103 Vgl. BGHSt 4, 56.
104 Vgl. BGHSt 4, 219.
105 Siehe u. a. *Jescheck/Weigend*, S. 544; *Kühl*, § 16 Rn. 55; *Maurach/Gössel/Zipf*, § 41 Rn. 100, 109; *Schönke/Schröder/Eser*, § 24 Rn. 43; *Vogler*, LK[10], § 24 Rn. 86.

ßen, während sich in der Kapitulation vor einem geringfügigen Hindernis doch gerade die mangelnde Entschlossenheit eines Täters äußern kann, dem man den Rückweg nicht verlegen sollte[106]. Es dürfte deshalb richtiger sein, nur dann von einem unfreiwilligen Rücktritt zu sprechen, wenn die Nachteile oder Gefahren, die mit der Fortsetzung der Tat verbunden wären, in der Sicht des Täters, gemessen an den erstrebten Vorteilen, *unverhältnismäßig* schwer ins Gewicht fielen, so dass es offenbar unvernünftig wäre, sie in Kauf zu nehmen[107]. Bricht der Täter hier die weitere Ausführung ab, schreckt er also vor dem zu hohen Preis zurück, den er für das Delikt zahlen müsste, so liegt in seinem Rücktritt keinerlei Verdienst.

Um diese Feststellung zu treffen, ist es weder notwendig noch sinnvoll, auf einen so mit Denkklischees belasteten Maßstab wie die »Normen der Verbrechervernunft« (oder gar: der »Verbrecher*zunft*«) zurückzugreifen und den Rücktritt nur dann als freiwillig anzuerkennen, wenn er ihnen widerspricht[108]. Um was es geht, ist die Frage, ob der Rücktritt als das Ergebnis einer reinen Kosten-Nutzen-Abwägung erscheint; dann gibt es keinen Grund, ihn zu privilegieren. *Welche* Interessen in diese Abwägung eingehen, muss jedoch aus der Perspektive des individuellen Täters gesehen werden. *Den* »Verbrecher« gibt es nicht. So kann etwa der Umstand, dass der Täter eines Vergewaltigungsversuchs erkennen muss, eine Bekannte angefallen zu haben, die Freiwilligkeit seines Rücktritts ausschließen, *wenn* es die Gefahr der Strafverfolgung ist, die ihn dazu bewegt, nicht aber, wenn er sich scheut, gerade dieser Frau Gewalt anzutun[109]. 87

Dass den Täter keine äußeren Gründe an der weiteren Ausführung der Tat gehindert haben, sollte freilich nicht genügen, um ihm Straffreiheit zu gewähren, wenn der Rücktritt nicht zugleich als »Rückkehr in die Bahnen des Rechts«[110] erscheint. Insofern ist ein Rückgriff auf den (oder die) Grundgedanken des Privilegs unabweisbar. Praktische Bedeutung erlangt diese Einschränkung vor allem dort, wo der Täter die Ausführung eines Deliktes nur abbricht, um, wie in dem schon er- 88

---

106 Vgl. BGHSt 9, 48 (52).
107 In diese Richtung geht auch die Rechtsprechung, wenn sie darauf abstellt, ob der Täter »das mit der Tat verbundene Wagnis nunmehr als *unvertretbar hoch* einschätzt« (BGH, NStZ 1992, 537; 1993, 76, 279; StV 1993, 189).
108 *Roxin*, in: FS Heinitz, 1972, S. 256 ff; sachlich ebenso *Rudolphi*, SK, § 24 Rn. 25.
109 BGHSt 9, 48.
110 Vgl. *Ulsenheimer*, Grundfragen, S. 314 ff.

wähnten Fall BGHSt 35, 184, ein anderes begehen zu können, das ihm aus irgendwelchen Gründen wichtiger ist[111].

c) Der Rücktritt vom beendeten Versuch

89   Der beendete Versuch bleibt straflos, wenn der Täter freiwillig die Vollendung der Tat verhindert (sog. »tätige Reue«; § 24 I 1).

90   Die bloße Aufgabe des Tatplans genügt beim beendeten Versuch nicht, weil der Täter bereits alle ihm erforderlich erscheinenden Voraussetzungen für den Eintritt des Erfolges geschaffen hat. Er muss deshalb, und zwar willentlich, durch geeignete Gegenmaßnahmen bewirken, dass der Erfolg ausbleibt. Dabei gibt es keinen Grund, vom Täter *optimales* Abwendungsverhalten, die Ausschöpfung aller ihm zur Verfügung stehenden Verhinderungsmöglichkeiten, zu fordern[112]. Was verlangt werden darf, ist nur, dass ihm das Ausbleiben der Tatvollendung als sein Werk zugerechnet werden kann[113]. Deshalb darf er selbstverständlich auch Dritte, wie den Arzt oder die Feuerwehr, beiziehen. Gelingt es ihm trotz seines dahin gehenden Bemühens nicht, den Erfolg abzuwenden, so bleibt er wegen vollendeten Deliktes strafbar.

91   Das gilt sogar dann, wenn gerade *die* Handlung den Erfolg herbeiführt, den ihn vereiteln soll, z. B. weil der Täter beim Transport des schwerverletzten Opfers ins Krankenhaus so unsachgemäß vorgeht, dass eine tödliche Komplikation eintritt. Dabei hilft es dem Täter nicht, dass er den Erfolg im Augenblick des Eintritts nicht mehr »will«: Vom Vorsatz getragen sein muss nur die Vornahme der tatbestandsmäßigen Handlung. Was übrig bleibt, ist eine Abweichung des wirklichen vom zunächst vorgestellten Kausalverlauf, die jedenfalls im Beispielsfalle, aber auch sonst meist unwesentlich sein dürfte (oben § 8 Rn. 86 ff).

92   Verhindern andere Gründe als die Gegenmaßnahmen des Zurücktretenden den Eintritt des Erfolges, so befreit ihn von Strafe schon das ernsthafte und freiwillige Bemühen, die Vollendung zu verhindern (§ 24 I 2). In der Tat wäre es eine ungerechte Überspitzung des Prämiengedankens, zumal auf dem Boden der subjektiven Versuchstheorie, den Täter nur deshalb zu bestrafen, weil der Erfolg ohnehin nicht oder nicht mehr eintreten konnte. Die Regelung gilt sowohl für den von vornherein untauglichen wie für den später scheiternden

---

111 Vgl. auch das Beispiel der Wegelagerer, die von einem Opfer ablassen, weil ein anderes erscheint, das größere Beute verspricht; *Freund*, § 9 Rn. 55 mit Fn. 52; *Roxin*, aaO, S. 262.
112 So aber BGHSt 31, 46 (48); anders BGH, NJW 1985, 813.
113 Näher *Bloy*, S. 533 ff.

(fehlschlagenden) Versuch; nur darf der Täter noch nicht wissen, dass der Erfolg ohnehin ausbleiben wird. »Ernsthaft« sind seine Bemühungen dann, wenn er alles unternimmt, was er auch sonst zur Verhinderung des Erfolges hätte tun müssen[114].

In jedem Falle muss der Rücktritt auch beim beendeten Versuch freiwillig erfolgen. Insofern gelten uneingeschränkt die bereits beim unbeendeten Versuch erörterten Grundsätze (oben Rn. 84 ff).   93

3. Rechtsfolgen

Sind alle Voraussetzungen eines Rücktritts nach § 24 I erfüllt, so wird der Täter »wegen Versuchs« nicht bestraft. Das Gesetz selbst bringt mit dieser Wendung zum Ausdruck, dass der Straferlass sich nicht auf vollendete Delikte erstrecken kann, die – in welchem Konkurrenzverhältnis (unten § 18) auch immer – möglicherweise in einem weitergehenden Versuch enthalten sind, wie eine vollendete Körperverletzung im Versuch des Raubes oder eine vollendete Freiheitsberaubung im Versuch der Vergewaltigung usw. (sog. »qualifizierter« Versuch). Es wäre sinnwidrig, das vollendete Delikt bloß deshalb straflos zu lassen, weil der Täter noch andere oder schwerere Delikte zu begehen im Begriff war (vgl. aber unten § 18 Rn. 24).   94

Im Übrigen ist die Wirkung des Rücktritts eine streng persönliche: Der Zurücktretende kann immer nur sich selbst Straffreiheit verdienen, nicht etwa sonstigen am Delikt Beteiligten. Das versteht sich nach dem Grundgedanken der Vorschrift von selbst. Allerdings kommt *allen* Beteiligten die für den Versuch geltende Strafmilderung (§ 23 II) zugute, wenn der Rücktritt eines von ihnen die Vollendung der Tat verhindert.   95

Auf den Rücktritt von den verschiedenen Formen der Tatbeteiligung wird zurückzukommen sein (unten § 12 Rn. 109 ff, 167 f, 177, 180).   96

4. Rücktritt vom vollendeten Delikt

Die Rücktrittsvorschrift des § 24 greift nur ein, solange das Delikt *noch nicht vollendet* ist. Dabei hält die fast einhellige Lehre den Zeitpunkt der *formellen*, nicht den der materiellen Vollendung (oben Rn. 14) für maßgebend. Für diese Lösung spricht in der Tat, dass sich die §§ 22–24 grundsätzlich nur auf Verhaltensweisen beziehen, die sich formal als   97

---

114 Näher *Maiwald*, in: FS E. A. Wolff, 1998, S. 337 ff.

Versuch, als *Teil*verwirklichung des *tatbestandsmäßigen* Unrechts darstellen. Von der Sache her ist aber schwerlich einzusehen, weshalb der Straferlass nicht davon abhängen soll, ob der Täter den eigentlichen Unrechtserfolg verhindert, sondern davon, ob er vor dem oft willkürlich genug festgesetzten Zeitpunkt der formellen Vollendung zurücktritt. An sich wäre deshalb zumindest die *analoge* Anwendung des § 24 auf den Rücktritt vom materiell noch nicht vollendeten Delikt geboten.

98   Dem steht jedoch entgegen, dass das Gesetz dort, wo es schon die Vorbereitung oder den Versuch der Herbeiführung des eigentlichen Unrechtserfolges als (formell) vollendetes Delikt behandelt, mitunter besondere Rücktrittsvorschriften kennt, deren Existenz den Umkehrschluss erzwingt, dass der Gesetzgeber § 24 hier als unanwendbar angesehen hat. Diese Sondervorschriften gehen in der Privilegierung regelmäßig weniger weit als § 24, insofern sie nur die *Möglichkeit* eröffnen, die Strafe herabzusetzen oder auf sie zu verzichten (vgl. etwa §§ 83a, 84 V, 129 VI, 129a V, 314a, 320, 330b). Angesichts dessen dürfte zumindest geboten sein, die hier vorgesehene Milderung der Strafdrohung im Wege der Analogie *allgemein* auf den nach formeller, aber vor materieller Vollendung des Deliktes vollzogenen Rücktritt zu erstrecken[115].

99   Dabei macht es die differenzierte Regelung des Rücktritts in Bestimmungen wie §§ 314a, 320 und 330b allerdings nötig, jeweils genauer zu prüfen, zu *welchem* dieser explizit geregelten Fälle eine Parallele besteht, ob also etwa nur eine Strafmilderung nach Ermessen des Gerichts (§ 49 II) oder auch der fakultative Erlass der Strafe in Betracht gezogen werden kann[116].

§ 12   Täterschaft und Teilnahme

Literatur: Bloy, Die Beteiligungsform als Zurechnungstypus im Strafrecht, 1985; *Gallas,* Täterschaft und Teilnahme, in: Beiträge zur Verbrechenslehre,

---

115 Ebenso Schönke/Schröder/*Eser*, § 24 Rn. 116. Der BGH hat eine solche Analogie immerhin bei Tatbeständen anerkannt, die, wie § 234 a III, *Vorbereitungshandlungen* unter Strafe stellen (BGHSt 6, 85 [87]), sie dagegen abgelehnt, wo das Delikt nach seiner Auffassung (materiell) bereits vollendet (BGHSt 14, 213 [217]) bzw. das geschützte Rechtsgut schon verletzt worden war (BGHSt 15, 198 [200]).
116 Näher *Berz*, in: FS Stree/Wessels, 1993, S. 331 ff.

1968, S. 78 ff; *Herzberg*, Täterschaft und Teilnahme, 1977; *Kienapfel,* Der Einheitstäter im Strafrecht, 1971; *Maiwald*, Historische und dogmatische Aspekte der Einheitstäterlösung, in: FS Bockelmann, 1979, S. 343 ff; *Stein*, Die strafrechtliche Beteiligungsformenlehre, 1988.

Die bisherige Darstellung hat im allgemeinen stillschweigend einen 1 »Täter« vorausgesetzt, der das tatbestandsmäßige Unrecht allein und mit eigener Hand verwirklicht. Diese Konstellation ist nicht die einzig mögliche. Im deliktischen Erfolg kann vielmehr das Verhalten mehrerer Personen zusammenwirken, die dadurch sämtlich im weitesten Sinne zu »Beteiligten« werden. Damit stellt sich die Frage, ob man alle denkbaren Formen solcher Beteiligung in einem umfassenden Begriff der Urheberschaft zusammenfassen und prinzipiell gleich behandeln sollte oder ob es richtiger ist, sie nach Grundtypen aufzugliedern und mit unterschiedlichen Rechtsfolgen auszustatten. Das OWiG folgt der ersten Lösung (§ 14), das StGB mit guten Gründen der zweiten[1]. Unterschieden werden Täterschaft und Teilnahme und innerhalb der Teilnahme wiederum Anstiftung und Beihilfe (§§ 25 ff)[2]. Abgrenzung und strafrechtliche Bewertung dieser verschiedenen Beteiligungsrollen sind im Folgenden näher zu erörtern, zunächst für die Täterschaft und sodann für die Teilnahme (unten Rn. 113 ff).

A. Die Täterschaft

Literatur: Bottke, Täterschaft und Gestaltungsherrschaft, 1992; *Cramer*, Gedanken zur Abgrenzung von Täterschaft und Teilnahme, in: FS Bockelmann, 1979, S. 389 ff; *Dencker*, Kausalität und Gesamttat, 1996; *Geilen*, Suizid und Mitverantwortung, JZ 1974, 145 ff; *Hoyer*, Die strafrechtliche Verantwortlichkeit innerhalb von Weisungsverhältnissen, 1998; *Hruschka*, Regressverbot, Anstiftungsbegriff und die Konsequenzen, ZStrW 110 (1998), 581 ff; *Jakobs*, Objektive Zurechnung bei mittelbarer Täterschaft durch ein vorsatzloses Werkzeug, GA 144 (1997), 553 ff; *Küpper*, Der gemeinsame Tatentschluss als unverzichtbares Moment der Mittäterschaft, ZStrW 105 (1993), 295 ff; *Lesch*, Die Begründung mittäterschaftlicher Haftung als Moment der objektiven Zurechnung, ZStrW 105 (1993), 271 ff; *M.-K. Meyer*, Ausschluss der Autonomie durch Irrtum, 1984; *Murmann*, Die Nebentäterschaft im Strafrecht, 1993; *Neumann*, Strafbarkeit der Suizidbeteiligung als Problem der Eigenverantwortlichkeit des »Opfers«, JA 1987, 244 ff; *Renzikowski*, Restriktiver Täterbegriff und fahrlässi-

---

1 Näher *Maiwald*, pass.
2 Zur Geschichte *Bloy*, S. 47 ff.

ge Beteiligung, 1997; *Roxin*, Täterschaft und Tatherrschaft, 7. Aufl. 1999; *ders.*, Bemerkungen zum »Täter hinter dem Täter«, in: FS Lange, 1976, S. 173 ff; *ders.*, Die Mitwirkung beim Suizid – ein Tötungsdelikt?, in: FS Dreher, 1977, S. 331 ff; *ders.*, Zum Strafgrund der Teilnahme, in: FS Stree/Wessels, 1993, S. 365 ff; *Rudolphi*, Zur Tatbestandsbezogenheit des Tatherrschaftsbegriffs bei der Mittäterschaft, in: FS Bockelmann, 1979, S. 369 ff; *Schaffstein*, Der Täter hinter dem Täter bei vermeidbarem Verbotsirrtum und verminderter Schuldfähigkeit des Tatmittlers, NStZ 1989, 153 ff; *Schild*, Täterschaft als Tatherrschaft, 1994; *Schmidhäuser*, Selbstmord und Beteiligung am Selbstmord in strafrechtlicher Sicht, in: FS Welzel, 1974, S. 801 ff; *Schroeder*, Der Täter hinter dem Täter, 1965; *H. Schumann*, Strafrechtliches Handlungsunrecht und das Prinzip der Selbstverantwortung der Anderen, 1986; *Wohlers*, Der Erlass rechtsfehlerhafter Genehmigungsbescheide als Grundlage mittelbarer Täterschaft, ZStrW 108 (1996), 61 ff; *Zieschang*, Mittäterschaft bei bloßer Mitwirkung im Vorbereitungsstadium?, ZStrW 107 (1995), 361 ff.

2   Bei der strafrechtlichen Täterlehre geht es um eine im Ausgangspunkt sehr einfache Frage, nämlich darum, von wem man sagen kann, er habe die tatbestandsmäßige Handlung vorgenommen. Das bringt auch das Gesetz unzweideutig zum Ausdruck, wenn es als »Täter« denjenigen bezeichnet, der »die Straftat ... *begeht*« (§ 25 I). Über die Täterschaft braucht deshalb kein Wort verloren zu werden, wenn im konkreten Fall von vornherein nur eine einzige Person als Urheber des tatbestandsmäßigen Geschehens in Betracht kommt: Hat sie den Straftatbestand seiner objektiven und subjektiven Seite nach verwirklicht, dabei auch rechtswidrig (und womöglich schuldhaft) gehandelt, so ist sie aus eben diesem Grunde Täter, und es wäre eine Tautologie, sie ausdrücklich so zu *nennen*. Erst dort, wo mehrere beteiligt sein können, erst in der Entgegensetzung zu anderen Formen der Beteiligung hat der Begriff der Täterschaft seine Funktion. Er lässt sich deshalb nicht isoliert entwickeln, sondern nur am Leitfaden der Frage, wem von mehreren Personen, die am deliktischen Geschehen mitgewirkt haben, die Rolle des Täters zufällt. Dabei liegt das Schwergewicht der Abgrenzung nicht auf den allgemeinen Grundsätzen, die hier gelten müssen, sondern bei deren Konkretisierung insbesondere dort, wo jemand sich eines anderen zur Deliktsbegehung bedient (mittelbare Täterschaft) oder das Delikt mit anderen gemeinsam verübt (Mittäterschaft).

I. Allgemeine Lehren

1. Formell-objektive Theorie

Wie bei der Abgrenzung von Vorbereitung und Versuch (oben § 11   3
Rn. 29 ff), so steht auch bei der Abgrenzung von Täterschaft und
Teilnahme, und dies aus denselben Gründen, eine formell-objektive
Theorie historisch und sachlich am Anfang. Beide Male bildet die
(Teil-)Verwirklichung der im Tatbestand umschriebenen Handlung das
entscheidende Kriterium. Als Täter wird dementsprechend – in einer
ersten Definition – derjenige bestimmt, der die tatbestandsmäßige Aus-
führungshandlung (ganz oder teilweise) vornimmt[3].

Hier wie dort erweist es sich jedoch als notwendig, den Begriff der »Ausfüh-   4
rungshandlung« seinerseits näher abzugrenzen: Führt auch derjenige das Delikt
der vorsätzlichen Tötung aus, der das Opfer in die Falle lockt, oder allein derjenige, der dann den tödlichen Schuss abfeuert? Die Vertreter der formell-
objektiven Theorie haben in erster Linie geantwortet, Täter sei nur, wer den
Tatbestand »*in eigener Person*« verwirkliche[4]. Aber damit waren einerseits die
Schwierigkeiten nicht behoben: Mit welchem Recht will man im Beispielsfall
sagen, nur der Schütze habe die tatbestandsmäßige Handlung in eigener Person
ausgeführt, oder umgekehrt: mit welchem Recht auch den anderen als Mittäter
einbeziehen? Andererseits traten neue Schwierigkeiten auf, wie insbesondere
dann, wenn sich der »Täter« zur Begehung des Delikts eines beispielsweise gutgläubigen Mittelsmanns bedient, die Tat also gerade nicht eigenhändig ausführt.
Diese Komplikationen liessen der formell-objektiven Theorie nur den Ausweg,
den Maßstab namhaft zu machen, von dem sie eigentlich ausgegangen war: vom
»einfachen Lebenssprachgebrauch« nämlich, der es dann durchaus gestatten
mag, die im Gesetz benutzten Verben (»töten«, »wegnehmen« usw.) auch auf
Fälle instrumenteller Benutzung eines anderen Menschen, fremdhändiger Begehung also, zu erstrecken[5]. Nur bedeutet der Rückgriff auf den (bloßen) Sprachgebrauch den Verzicht auf präzise Abgrenzungskriterien. Die formell-objektive
Theorie kann daher, wie beim Versuch, nur einen ersten Anhaltspunkt vermitteln.

Wenn das bloße Sprachgefühl keine hinreichend klaren Kriterien für   5
die genauere Bestimmung dessen liefert, was es heißt, ein Delikt zu
»begehen«, so muss, wie fast immer in der Strafrechtsdogmatik, versucht werden, gewissermaßen hinter die Sprache zurückzugreifen: diejenigen Merkmale des Verhaltens aufzudecken, an denen wir uns

---

3 Siehe etwa *v. Hippel* II, S. 454.
4 *Graf zu Dohna*, Der Aufbau der Verbrechenslehre, 4. Aufl. 1950, S. 59.
5 *Beling*, Grundzüge des Strafrechts, 11. Aufl. 1930, S. 37, 39 f.

(vorbewusst) beim Gebrauch der die tatbestandsmäßige Ausführungshandlung bezeichnenden Begriffe orientieren.

2. Materiell-objektive Theorien

6   In dieser Beziehung waren zunächst vielfältige Bemühungen darauf gerichtet, die entscheidenden Differenzen auf der *objektiven* Seite des Verhaltens dingfest zu machen. Sie werden mit dem Sammelbegriff der materiell-objektiven Theorien bezeichnet. Doch hat sich keiner der im einzelnen sehr unterschiedlichen Abgrenzungsvorschläge, die hier gemacht worden sind[6], durchsetzen können.

7   Das Charakteristikum der Ausführungshandlung in einer besonders intensiven *Kausalbeziehung* zum tatbestandsmäßigen Erfolg zu suchen, hat sich als undurchführbar erwiesen: Weder lässt sich die notwendige oder unentbehrliche Ursache von der bloß förderlichen abgrenzen[7], noch die Ursache von der Bedingung oder die physisch vermittelte von der psychisch vermittelten Kausalität[8], und selbst wenn es anders wäre, träfen doch alle solche Unterscheidungen nicht den Kern der Sache, wie schon daran deutlich wird, dass die Täterschaft (zumindest *auch*) von subjektiven Momenten, wie dem Maß der Sachverhaltskenntnis, abhängen muss. Eben diesem Einwand unterliegen naturgemäß auch alle anderen Lehren, die allein auf äußerlich-objektive Kriterien abstellen wollten.

3. Subjektive Theorien

8   Eine beherrschende Stellung haben demgegenüber für längere Zeit die subjektiven Theorien erlangt, die bis heute in der Rechtsprechung[9] und vereinzelt auch noch in der Lehre[10] von Einfluss sind. Sie bilden die scheinbar zwingende Konsequenz aus dem Scheitern aller Versuche, die Täterschaft von der objektiven Seite her verlässlich abzugrenzen.

9   Die Entwicklung ist zwar nicht so geradlinig verlaufen, die subjektive Theorie vielmehr schon zu Beginn des 19. Jahrhunderts zur objektiven in Konkurrenz getreten. Die dogmengeschichtliche Situation, in der sich die subjektive Theorie in der Praxis durchgesetzt hat, entsprach jedoch ganz dem angedeuteten Sachzusammenhang: Das Reichsgericht hatte unter dem Einfluss seines

---

6 Eingehend *Roxin*, Täterschaft, S. 38 ff.
7 So *Feuerbach*, Lehrbuch des gemeinen in Deutschland gültigen peinlichen Rechts, 9. Aufl. 1826, S. 44 f.
8 So *Frank*, Anm. II vor § 47 (S. 104).
9 Siehe zuletzt etwa BGHSt 37, 289 (291 ff); zur Entwicklung *Bloy*, S. 99 ff.
10 *Baumann/Weber/Mitsch*, § 29 Rn. 59 ff.

Mitglieds *v. Buri* die Äquivalenztheorie (oben § 8 Rn. 17) übernommen, so dass
– angesichts der Gleichwertigkeit aller, auch der etwa vom Teilnehmer gesetzten objektiven Bedingungen für den Erfolg – gar keine andere Möglichkeit zu
bleiben schien, als Täterschaft und Teilnahme, entsprechend der wiederum von
v. Buri nachdrücklich verfochtenen Lehre, allein nach der Willensrichtung der
Beteiligten voneinander zu scheiden.

Die Kriterien, auf die es dabei ankommen soll, haben schon in der 10
grundlegenden Entscheidung RGSt 3, 181 eine Formulierung gefunden,
die nicht mehr übertroffen worden ist. Der (Mit-)Täter will danach
»seine eigene That zur Vollendung bringen, der Gehilfe aber nur eine
fremde That, diejenige des Thäters, unterstützen«, und das besagt, »daß
der Gehilfe nur einen von demjenigen des Thäters abhängigen Willen
haben darf, er also seinen Willen demjenigen des Thäters dergestalt unterwirft, daß er es ihm anheimstellt, ob die That zur Vollendung kommen solle oder nicht«, während »der Mitthäter einen den seinen beherrschenden Willen« nicht anerkennt[11].

Gemessen werden muss auch diese Lehre an der nunmehr durch 11
§ 25 I vorgegebenen Ausgangsfrage, ob sie denjenigen, der das Delikt
begangen – und nicht nur andere dazu veranlasst oder dabei unterstützt
– hat, zutreffend umschreibt. Dann aber liegt zunächst der Einwand
nahe, dass die innere Einstellung der Tatbeteiligten nicht allein darüber
entscheiden kann, ob das, was sie tun, eine tatbestandsmäßige Ausführungshandlung ist oder nicht: Wer wegen Mordes bestraft werden soll,
muss *wirklich* einen Menschen getötet haben; dass er bloß meint, sein in
Wahrheit untergeordneter Beitrag sei die eigentliche Tat, oder das
»will«, kann ihn nicht zum Täter machen. Eine rein subjektive Theorie
wird deshalb heute vielfach als mit dem geltenden Recht unvereinbar
angesehen[12].

Allerdings sind es zwei verschiedene Positionen, die eine subjektive Theorie 12
einnehmen kann. Von vornherein unhaltbar wäre es, den Einzelnen über den
Charakter seiner Beteiligung selbst urteilen zu lassen, also gewissermaßen darauf abzustellen, welchen Titel er sich zulegt; darin läge ein Verzicht auf rechtliche Maßstäbe. Versucht man stattdessen, allgemein verbindlich zu sagen, wie
der Wille eines Beteiligten beschaffen sein muss, wenn er Täter sein soll, so

---

11 AaO, S. 182 f.
12 *Cramer*, S. 392 f; *Freund*, § 10 Rn. 40; *Jescheck/Weigend*, S. 651; *Kühl*, § 20
   Rn. 23; *Roxin*, LK, § 25 Rn. 23, 30; Schönke/Schröder/*Cramer*, Rn. 59 vor
   §§ 25 ff; *Wessels/Beulke*, Rn. 517.

bleibt keine andere Möglichkeit, als vom *Inhalt* dieses Willens auszugehen: Der Täterwille kann nur durch die Verhaltensweise definiert werden, auf die er sich richtet. Der Rückgriff auf die objektiven Merkmale solchen Verhaltens ist dann unabweisbar. Die subjektive Theorie drängt also über sich selbst hinaus. Sie erfordert die Umschreibung der verschiedenen Beteiligungsrollen auch nach ihrer äußeren Seite. Damit engt sich die Fragestellung wesentlich ein. Es bleibt allein die Alternative: ob maßgebend sein soll, welche der verschiedenen Rollen ein Beteiligter spielen *wollte*, oder aber, welche dieser Rollen er tatsächlich gespielt *hat*. Das ist nur noch bei einem Irrtum über die Beteiligungsverhältnisse (unten Rn. 213 ff) von praktischer Bedeutung.

13   Ausschließlich auf die subjektive Seite abzustellen, ist zum anderen, wie die Praxis gezeigt hat, mit der Gefahr verbunden, dass die Frage, wer die Tat begangen hat, danach entschieden wird, welche Strafe ein Beteiligter verdient: Täter ist dann derjenige, dessen Verhalten, ganz gleich, wie groß sein Tatbeitrag war, am verwerflichsten erscheint, oder umgekehrt derjenige nicht, der zwar den Tatbestand erfüllt, dessen Verhalten aber aus irgendwelchen Gründen als weniger verwerflich eingestuft wird. Von gesetzlicher Bestimmtheit der Strafe kann bei einem solchen Verfahren nicht die Rede sein.

14   Schon das Reichsgericht hat die ursprünglich formulierten Gesichtspunkte (oben Rn. 10) später nicht fortentwickelt, sondern häufig formelhaft darauf abgestellt, ob ein Beteiligter die Tat »als eigene« oder »als fremde« gewollt, mit dem »animus auctoris« oder dem »animus socii« gehandelt habe[13]. Neben dieses Kriterium oder an seine Stelle trat vielfach auch der Grad des Interesses am Deliktserfolg, obwohl Täterschaft, wie beim Alleintäter außer Zweifel steht, durch uneigennützige Motive keineswegs ausgeschlossen wird. Entsprechende Wendungen begegnen in der Rechtsprechung bis zur Gegenwart[14]. Auf diese Weise kann die Frage, wer die Tat *begangen* habe, völlig beiseite geschoben werden, wie sich besonders krass im sog. »Badewannen«-Fall gezeigt hat: Hier hatte die Täterin das außereheliche Kind ihrer Schwester auf deren Veranlassung unmittelbar nach der Geburt ertränkt. Das RG legte der Vorinstanz nahe, sie nicht wegen Mordes, sondern nur wegen Beihilfe zur Kindestötung (§ 217 a. F.), begangen durch die im Bett liegende Schwester (!), zu verurteilen, da sie die Tat, mangels Interesse am Erfolg, wohl nicht »als eigene« gewollt haben werde[15]. Ähnlich hat der BGH – nach einigen Ansätzen, der Redeweise vom

---

13 Vgl. RGSt 37, 55 (58); 64, 273 (275); 71, 364.
14 Siehe etwa BGHSt 37, 289 (293): Hier wird die »Wertung« der Vorinstanz, »der Angeklagte habe die Tat als eigene gewollt«, ebenso gebilligt wie darauf hingewiesen, dass er »aus eigenem Interesse am Taterfolg« gehandelt habe.
15 RGSt 74, 84 (85). Sie sollte damit, wie ein Mitglied des Gerichts später offenbart hat (*Hartung*, JZ 1954, 430), vor der Todesstrafe bewahrt werden.

»Täterwillen« wieder einen fassbaren Sinn zu geben[16] – im Stachynskij-Urteil entschieden: Ein sowjetischer Agent, der in höherem Auftrag zwei in Westdeutschland lebende Exilpolitiker ermordet hatte, sollte danach nur Gehilfe bei den von seinen Auftraggebern verübten Taten gewesen sein[17]. Im Hintergrund der Entscheidung standen offenbar wiederum Erwägungen zum Strafmaß. Auch wenn man diese Urteile im Ergebnis billigen sollte, lautet der Einwand gegen die Animus-Theorie, dass sie solche Manipulationen zulässt – womit nicht die Beteiligungsrolle über die mögliche Sanktion, sondern die erwünschte Sanktion über die Beteiligungsrolle entscheidet.

4. Die Tatherrschaftslehren

Die subjektive Theorie enthielt in ihrer ursprünglichen Form (oben   15
Rn. 10) bereits einen Gedanken, der, zuerst von *Welzel* zum Ausgangspunkt der Täterlehre gemacht[18], den Mittelpunkt der heutigen Diskussion bildet: dass nämlich der Täter, insofern er »einen den seinen beherrschenden Willen« *nicht* anerkennt, als Herr über das zur Tatbestandsverwirklichung führende Geschehen erscheint, während der Gehilfe, der dem Täter »anheimstellt, ob die Tat zur Vollendung kommen soll«, keine solche Herrschaft über die Tat ausübt. Die Lehren, die dieses Kriterium der »Tatherrschaft« verwenden, werden zum Teil *final-objektive* oder auch wieder (neuere) materiell-objektive Theorien genannt.

Von einem finalen Handlungsbegriff aus scheint es nahezu selbstverständ-   16
lich, das Charakteristikum der Täterschaft in der Tatherrschaft zu suchen. Stellt sich die menschliche Handlung als ein vom zwecktätigen Willen beherrschtes, final gesteuertes Geschehen dar (oben § 6 Rn. 6), so verweist die Frage, *wer* eine (tatbestandsmäßige) Handlung vorgenommen habe und also Täter sei, auf eben denjenigen, der das Geschehen kraft finaler Steuerung beherrscht hat[19]. Aber auch auf anderer Grundlage wird dem Kriterium der Tatherrschaft heute, zumindest als einem Anhaltspunkt für die innere Einstellung des Täters[20], wesentliche Bedeutung zuerkannt[21]. Der Gedanke, dass es für die Täterschaft da-

---

16 BGHSt 8, 393 (396); 11, 268 (271 f); 14, 123 (129).
17 BGHSt 18, 87 (95 f); eingehend kritisch *Roxin*, Täterschaft, S. 562 ff; *Sax*, JZ 1963, 329 ff.
18 ZStrW 58 (1939), 539 ff; zur Vorgeschichte *Roxin*, Täterschaft, S. 60 ff.
19 Siehe insbesondere *Welzel*, S. 98 ff.
20 So vor allem die Rechtsprechung: BGHSt 37, 289 (291); 38, 315 (319); aber auch *Baumann/Weber/Mitsch*, § 29 Rn. 44 f.
21 Siehe nur *Jakobs*, 21/32 ff; *Jescheck/Weigend*, S. 651 ff; *Maurach/Gössel/Zipf*, § 47 Rn. 84 ff; *Roxin*, Täterschaft, pass.; *ders.*, LK, § 25 Rn. 30 ff; *Samson*, SK, § 25 Rn. 31 f; Schönke/Schröder/*Cramer*, Rn. 71 vor §§ 25 ff.

rauf ankomme, wer den tatbestandserfüllenden Geschehensablauf »in den Händen hält«[22], leuchtet denn auch von der Sache her unmittelbar ein[23].

17   Bei näherer Betrachtung zeigt sich freilich sehr rasch, dass der Begriff der Tatherrschaft keineswegs eindeutig ist. Wo immer mehrere Personen auf die Tatbestandsverwirklichung von Einfluss waren – und nur dort ist es nötig, die entsprechenden Beteiligungsrollen abzugrenzen –, können ihre Tatbeiträge miteinander konkurrieren. Es gibt offenkundig verschiedene Formen und verschiedene Grade der Herrschaft über einen Geschehensablauf. Wer etwa einen Paranoiker dazu veranlasst, seinen vermeintlichen Verfolger zu töten, steuert ihn kraft seiner geistigen Überlegenheit, während der so Beeinflusste seinerseits das unmittelbare Tatgeschehen beherrscht. Und wer mit anderen gemeinsam einen gestohlenen Tresor abtransportiert, den er allein nicht von der Stelle brächte, hat das Geschehen höchstens mit diesen zusammen in der Hand, wenn seine Mitwirkung nicht sogar entbehrlich wäre. Die Lehre ist deshalb praktisch darin einig, dass das Prinzip der Tatherrschaft keine einfachen Deduktionen erlaubt. Es ist zunächst nicht mehr als ein leitender Gesichtspunkt, der in differenzierter Auseinandersetzung mit den möglichen Varianten des Zusammenwirkens mehrerer konkretisiert werden muss.

5. Zusätzliche Erfordernisse

18   Die Regel, dass die Tatherrschaft Kriterium der Täterschaft sei, muss freilich zuvor noch eingeschränkt werden. Das folgt bereits aus dem Gedankengang, der sie begründet: Der Hinweis auf die Tatherrschaft kann grundsätzlich nur die Frage beantworten, wer die tatbestandsmäßige Ausführungshandlung vorgenommen hat. In einer ganzen Reihe von Fällen genügt jedoch die (vorsätzliche) Verwirklichung dieser Handlung *nicht* zur Täterschaft, und zwar deshalb nicht, weil der Tatbestand zusätzliche Anforderungen enthält.

22 *Kühl*, § 20 Rn. 26; *Maurach/Gössel/Zipf*, § 47 Rn. 85; *Samson*, SK, § 25 Rn. 10.
23 Eingehend kritisch demgegenüber, in Verfolg eines den angeblichen Bedürfnissen des Rechtsgüterschutzes entsprechenden Funktionalismus, *Stein*, S. 188 ff; dazu wiederum kritisch *Küper*, ZStrW 105 (1993), 445 ff; ferner *Roxin*, LK, § 25 Rn. 13; *Samson*, SK, § 25 Rn. 26; Schönke/Schröder/*Cramer*, Rn. 68 vor §§ 25 ff.

Vor allem im Blick auf solche Einschränkungen wird gelegentlich gesagt, zur 19
Abgrenzung der Täterschaft gebe es überhaupt »kein für alle Deliktsarten geltendes ›oberstes Leitprinzip‹«[24]. Das ist zumindest irreführend. Zwar kann die
Täterschaft, wie sogleich zu belegen sein wird, an Voraussetzungen gebunden
sein, die über das Erfordernis der Tatherrschaft *hinausgehen*. Damit wird dieses
Erfordernis unter bestimmten Voraussetzungen aber eben nur ergänzt und
nicht etwa ersetzt: Beim vorsätzlichen Begehungsdelikt gibt es auf die Grund-
frage, wer die tatbestandsmäßige Ausführungshandlung vorgenommen hat,
keine andere Antwort. Bei Unterlassungs- und Fahrlässigkeitsdelikten ist der
Gesichtspunkt der Tatherrschaft freilich, aus noch zu erörternden Gründen,
unanwendbar. Aber dort tritt gerade kein anderes Prinzip an seine Stelle, sondern lassen sich Täterschaft und Teilnahme überhaupt *nicht mehr* unterscheiden
(vgl. unten §§ 14 Rn. 7 ff, 15 Rn. 73 ff).

a) Zusätzliche Anforderungen gelten für die Täterschaft zunächst 20
dort, wo der Tatbestand *besondere*, über den Vorsatz hinausgehende
subjektive Merkmale in Gestalt von Absichten, Beweggründen, affektiven Antrieben oder Gesinnungen umfasst (oben § 8 Rn. 131 ff). Hier
erfüllt den Tatbestand nur, kann also Täter nur sein, wer die tatbestandsmäßige Handlung mit der entsprechenden subjektiven Einstellung vornimmt. Die Herrschaft über den Geschehensablauf als solchen,
in der eben nur die Vornahme der Tathandlung liegt, genügt nicht.

So kann etwa derjenige, der mit einem anderen bei einer räuberischen Erpres- 21
sung (§§ 253, 255) zusammenwirkt, nur dann (Mit-)Täter bei der Begehung dieses Deliktes sein, wenn er in der Absicht handelt, sich oder seinen Komplizen
zu bereichern[25].

b) Ähnlich liegt es sodann bei den *Sonderdelikten* (oben § 8 Rn. 4). 22
Wiederum begründet nicht schon die Vornahme einer bestimmten
Handlung das tatbestandsmäßige Unrecht, sondern allein die Vornahme
dieser Handlung im Widerspruch zu einer Sonderpflicht[26]. Zur Täterschaft genügt die Tatherrschaft auch hier infolgedessen nicht. Täter
kann vielmehr nur derjenige sein, dem die Sonderpflicht obliegt.

Das ist im Grunde selbstverständlich, sofern man die Figur des Sonderdelik- 23
tes überhaupt anerkennt. Die eigentlich schwierige Frage ist denn auch die, ob
der Sonderpflichtige auch dann Täter sein kann, wenn er in irgendeiner Form

---

24 Schönke/Schröder/*Cramer*, Rn. 70 vor §§ 25 ff; *ders.*, in: FS Bockelmann,
S. 394 ff.
25 Vgl. BGHSt 27, 10 (11 f).
26 *Roxin*, Täterschaft, S. 352 ff, spricht deshalb von *Pflichtdelikten* und hat damit
vielfach Nachfolge gefunden; siehe nur *Jakobs*, 7/70, 21/115 ff; Schönke/Schrö-
der/*Cramer*, Rn. 84a vor §§ 25 ff; *Wessels/Beulke*, Rn. 521.

bei der Tat mitwirkt, *ohne* die Herrschaft über das Tatgeschehen innezuhaben. Dann würde das Erfordernis der Tatherrschaft bei bestimmten Delikten nicht nur ergänzt, sondern eben doch *ersetzt* werden müssen. Darauf ist zurückzukommen (unten Rn. 38 ff).

24   c) Einer Einschränkung unterliegt das Kriterium der Tatherrschaft schließlich bei den sog. *eigenhändigen Delikten,* das heißt solchen, bei denen das tatbestandsmäßige Unrecht nur zustande kommt, wenn der Täter die Tathandlung in eigener Person vornimmt. Als Beispiele werden etwa der Meineid (§ 154) oder der Beischlaf zwischen Verwandten (§ 173) genannt; im Einzelnen ist vieles streitig[27]. Für die Täterlehre ergibt sich aus der Anerkennung des Erfordernisses eigenhändiger Tatbestandsverwirklichung jedenfalls die Konsequenz, dass die Beherrschung eines äußerlich den Tatbestand erfüllenden Geschehens noch keine Täterschaft begründet; es bedarf zudem des *körperlichen* Vollzugs der verbotenen Handlung.

25   Wer einen Gutgläubigen dazu veranlasst, eine – wie der Veranlassende weiß – objektiv falsche Aussage zu beschwören, leistet evidentermaßen keinen Meineid. Eben deshalb entstünde eine Strafbarkeitslücke, die durch den Tatbestand der Verleitung zur Falschaussage (§ 160) geschlossen wird.

II. Die einzelnen Formen der Täterschaft

26   Täterschaftliche Haftung wird schon nach dem Gesetz durch verschiedene Weisen der Beteiligung am tatbestandserfüllenden Geschehen begründet.

1. Unmittelbare Täterschaft

27   Als Täter wird nach § 25 I 1. Variante zunächst bestraft, wer die Straftat »selbst begeht«. Er ist *unmittelbarer* Täter. Doch ist keineswegs hinreichend geklärt, unter welchen Voraussetzungen gesagt werden kann, jemand habe das Delikt in dieser Rolle, also *selbst* und nicht durch einen anderen oder gemeinsam mit anderen, begangen[28].

---

27 Eingehend *Auerbach*, Die eigenhändigen Delikte unter besonderer Berücksichtigung der Sexualdelikte des 4. StrRG, 1978; *Herzberg*, ZStrW 82 (1970), 896 ff; *Roxin*, Täterschaft, S. 399.
28 *Samson*, SK, § 25 Rn. 33 ff.

Abgesehen von dem völlig unproblematischen Fall, dass überhaupt 28
nur *eine* Person den tatbestandserfüllenden Geschehensablauf in Gang
gesetzt hat, von der so umschriebenen *Alleintäterschaft*[29], wird unmittelbare Täterschaft überwiegend zumindest dann angenommen, wenn
jemand eigenhändig alle objektiven und subjektiven Erfordernisse des
tatbestandsmäßigen Unrechts voll verantwortlich verwirklicht[30]. Das
anerkennt, in Abkehr von früheren extrem-subjektiven Positionen
(oben Rn. 14), im Prinzip nunmehr auch die Rechtsprechung[31].

Zweifelhaft ist die Frage jedoch dann, wenn sich jemand den Tatentschluss 29
oder Tatbeiträge eines anderen zunutze macht, wie beispielsweise dann, wenn
er dafür sorgt, dass ein Berufskiller sein Opfer findet. Das Kriterium der Tatherrschaft erlaubt hier keine einfache Lösung. Wer eine Bedingung dafür setzt,
dass ein anderer seinen Tatentschluss verwirklichen kann, hat *insofern* Anteil an
der Herrschaft über den tatbestandserfüllenden Geschehensablauf. Wollte man
jedoch annehmen, dass schon die »Beherrschung« einer beliebigen Bedingung
für den Deliktserfolg die Tatherrschaft und folglich Täterschaft begründet, so
könnte jeder Teilnehmer Täter sein. Also dürfte wohl nur die Möglichkeit bleiben, nach verschiedenen *Arten oder Graden* der Herrschaft über das Tatgeschehen zu urteilen. Man könnte dabei einerseits versuchen, darauf abzustellen,
wie *wesentlich* der Tatanteil des einzelnen Beteiligten war, ob er etwa eine unerlässliche Bedingung für den Eintritt des Erfolges geschaffen oder ihn nur
»gefördert« hat. Damit geriete man jedoch in alle die Unsicherheiten der Abgrenzung, an denen schon die materiell-objektiven Theorien (oben Rn. 6 f) gescheitert sind: Ob der Berufskiller im genannten Beispielsfall sein Opfer ohne
die Hilfe des anderen gefunden hätte, lässt sich nicht entscheiden. Also bleibt
nur die andere Lösung, darauf abzustellen, ob die Handlung des anderen Beteiligten noch bevorsteht oder schon vollzogen ist: Steht sie, wie im Ausgangsbeispiel, noch bevor, so muss der zuerst Handelnde dem anderen notwendigerweise »anheimstellen«, ob die Tat zur Vollendung kommt, wäre er also nur Gehilfe[32]; ist sie dagegen schon vollzogen, so fällt dem an zweiter Stelle Handelnden die Entscheidung über den Erfolgseintritt zu, wäre er folglich Täter (wie
z. B. dann, wenn er verhindert, dass dem von einem anderen mit Tötungsvorsatz niedergeschossenen Opfer rechtzeitig ärztliche Hilfe zuteil wird)[33]. Doch
kommt es bei alledem auch noch darauf an, ob der Zweithandelnde vom Erst-
handelnden so beherrscht wird, dass er als jemand erscheint, *durch* den dieser

---

29 Alleintäterschaft ist aber natürlich auch dann gegeben, wenn andere nur als *Teilnehmer* an der Tat mitwirken.
30 *Jakobs*, 21/37; *Jescheck/Weigend*, S. 652; *Köhler*, S. 505; *Kühl*, § 20 Rn. 36;
   Roxin, LK, § 25 Rn. 47 ff; Schönke/Schröder/*Cramer*, Rn. 75 vor §§ 25 ff.
31 BGHSt 38, 315 (316 ff).
32 Anders *Welzel*, S. 111, für den »die Ausnützung fremden Verbrechensplans für
   eigene Zwecke« (stets) unmittelbare *Täterschaft* begründet.
33 So im Ergebnis auch *Jakobs*, 21/37; *Samson*, SK, § 25 Rn. 49.

als *mittelbarer* Täter das Delikt begeht (dazu sogleich Rn. 30 ff), oder ob beide aufgrund eines gemeinsamen Tatentschlusses als *Mittäter* handeln (unten Rn. 77 ff).

2. Mittelbare Täterschaft

30   Täter ist nach § 25 I 2. Variante auch derjenige, der die Straftat »durch einen anderen begeht«. Diese Wendung bezieht sich auf die *mittelbare* Täterschaft, eine Rechtsfigur, die seit der Mitte des 19. Jahrhunderts aus dem Begriff der Urheberschaft ausgegliedert worden ist, vor allem um Strafbarkeitslücken zu schließen, die sich ergeben, wenn bei der Anstiftung eine *schuldhaft* begangene Haupttat vorausgesetzt wird (vgl. unten Rn. 125)[34]. Sehr umstritten ist jedoch, wann genau von solcher Begehung des Delikts *durch einen anderen* gesprochen werden kann. Außer Frage steht kaum mehr als der abstrakte Grundgedanke, dass es um Konstellationen geht, in denen jemand als der Herr des tatbestandserfüllenden Geschehens erscheint, obwohl er die Tat eben nicht mit eigener Hand begeht. Im Einzelnen stehen folgende Fälle zur Diskussion:

a) Tatbestandslos handelndes Werkzeug

31   Als verhältnismäßig gesichert kann die Möglichkeit der mittelbaren Täterschaft grundsätzlich dann gelten, wenn das Verhalten des unmittelbar Handelnden, des Tatmittlers oder »Werkzeugs«, den entsprechenden Straftatbestand *nicht erfüllt*.

32   aa) Von vornherein auszuscheiden sind dabei allerdings die Fälle, in denen der »Tatmittler« gar *nicht handelt*, sondern von jemand anderem bei der Begehung eines Deliktes ausschließlich körperhaft oder als naturhaftes Wesen benutzt wird. Zu denken ist etwa an die Verwendung eines Menschen als »Wurfgeschoss« bei einer Rauferei oder auch an die Ausnutzung bloßer Reflexe eines anderen, die keine strafrechtlich relevante Handlung darstellen (oben § 6 Rn. 5). Hier ist derjenige, der das Geschehen in der Hand hat, *unmittelbarer* Täter[35].

33   Unmittelbarer Täter bleibt aber auch derjenige, der sich den *untergeordneten*, allenfalls eine Beihilfe enthaltenden Tatbeitrag eines anderen, wie die Lieferung einer Waffe, für seine Deliktspläne zunutze macht.

---

34 Zur Geschichte *Hruschka*, S. 596 ff.
35 *Samson*, SK, § 25 Rn. 44.

bb) Mittelbare Täterschaft kommt infolgedessen erst dort in Betracht,   34
wo der Tatmittler zumindest eine Handlung vornimmt, die, vom Hintermann selbst vorgenommen, dem objektiven Tatbestand eines vorsätzlichen Begehungsdeliktes entsprochen hätte, dabei aber den subjektiven Tatbestand nicht erfüllt. Im Vordergrund steht hier seit jeher der
Fall des *unvorsätzlich* handelnden Werkzeugs, das sich im Tatbestandsirrtum befindet, also zum Beispiel nicht weiß, dass mit dem Paket, das
es einem anderen zustellt, ein Sprengstoffanschlag verübt wird. Hier
begründet das überlegene Wissen des Hintermanns dessen Herrschaft
über die Tat[36].

Im Umfeld dieses Standardfalls liegen verschiedene zweifelhafte Konstella-   35
tionen. Dabei geht es zunächst um die Frage, ob der Hintermann auch dann
mittelbarer Täter sein soll, wenn beim Tatmittler nicht das zum Vorsatz erforderliche Wissen, sondern nur der Verwirklichungs*wille* fehlt, er also leichtsinnig (bewusst fahrlässig) handelt. Als Beispiel kann der *Lacmann*sche »Schieß-
buden«-Fall (oben § 8 Rn. 116) dienen, wenn man ihn dahin abwandelt, dass
zwar der Schütze darauf vertraut, er werde das Mädchen nicht verletzen, es dem
Wettpartner aber gerade um die Verletzung geht (oder er sie doch in Kauf
nimmt). Überblicken beide Beteiligte den Sachverhalt in gleicher Weise, so fragt
sich, ob die Differenz der inneren Einstellung genügt, um den Hintermann zum
mittelbaren Täter zu machen; nur dann kommt bei ihm eine Vorsatzhaftung in
Betracht. Immerhin lässt sich sagen, dass auch derjenige das Geschehen steuert,
der den Leichtsinn eines anderen ausnutzt[37].

Zweifelhaft ist sodann, wie zu entscheiden ist, wenn der Hintermann den   36
Sachverhalt zwar, im Unterschied zum Vordermann, überblickt, den Geschehensablauf aber nicht anstößt, sondern nur einen *untergeordneten* Beitrag dazu
leistet: Ist A, der erkennt, dass B sich im Irrtum über die Eigentumsverhältnisse
anschickt, ein vermeintlich ererbtes Möbelstück zu zerschlagen, und ihm trotzdem eine Axt leiht, mittelbarer Täter? Kann man sagen, er habe die Sachbeschädigung (§ 303) »begangen«? Die Frage ist umstritten, wird nunmehr jedoch
überwiegend bejaht[38]. In der Tat liegt auf der Hand, dass die intellektuellen
Voraussetzungen der Tatherrschaft bei A gegeben sind. Dass er objektiv nur die

36 Wird sog. »Tatsachenblindheit« dem Vorsatz in der Sache gleichgestellt (oben
   § 8 Rn. 80 Fn. 99), so liegt allerdings die Konsequenz nahe, mittelbare Täterschaft nur dort anzuerkennen, wo das »Werkzeug« seine Unkenntnis nicht zu
   verantworten hat; siehe *Jakobs*, S. 564.
37 So jetzt auch *Roxin*, LK, § 25 Rn. 77; anders noch *ders.*, Täterschaft, S. 189 ff.
   Jescheck/Weigend, S. 666, nennen demgegenüber nur den (klaren) Fall des *unbewusst* fahrlässig handelnden Vordermanns.
38 Eingehend *Roxin*, Täterschaft, S. 173 ff, mit Nachweisen; ferner *ders.*, LK, § 25
   Rn. 75; *Schild*, S. 19; Schönke/Schröder/*Cramer*, § 25 Rn. 15; anders *Schmidhäuser*, Lb, 14/42; *Schumann*, S. 99 ff.

Rolle eines Gehilfen spielt, steht der herrschenden Meinung nicht entgegen. Täter sein kann auch, wer bloße Naturereignisse »unterstützt«: So begeht zweifellos Brandstiftung, wer bei einem durch Blitzschlag verursachten Schadenfeuer die Feuerwehrsirene außer Funktion setzt. Dem entspricht es, wenn A im genannten Beispielsfall als mittelbarer Täter haftet. Dass die bloße Unterstützung eines schuldlos handelnden Vordermanns jemanden *nicht* zum mittelbaren Täter machen soll (unten Rn. 48 f), steht dazu nicht in Widerspruch[39]: Unkenntnis des Sachverhalts beim Tatmittler begründet im Regelfall eine stärkere Handlungsherrschaft des Hintermanns als bloßer Schuldausschluss bei ihm – sonst müsste schon Fahrlässigkeit des Mittlers der Annahme mittelbarer Täterschaft entgegenstehen.

37   In den Zusammenhang des Fehlens subjektiver Deliktserfordernisse beim unmittelbar Handelnden gehört schließlich auch die Problematik des sog. *absichtlos-dolosen* Werkzeugs. Wo der Tatbestand besondere, über den Vorsatz hinausgehende subjektive Merkmale voraussetzt, kann, wie schon erörtert (oben Rn. 20), Täter nur sein, wer die entsprechende Absicht usw. hat. Handelt der Vordermann in solchem Falle in voller Kenntnis der Zusammenhänge, also vorsätzlich, aber ohne diese weitergehende Intention, so hat er zwar die Herrschaft über das tatbestandserfüllende Geschehen, ist aber nicht Täter. Der mit der besonderen Intention handelnde Hintermann hingegen kann nicht Täter sein, weil er das Geschehen nicht beherrscht, wenn er sich darauf beschränkt, den Vordermann zur Tat zu bestimmen oder bei ihr zu unterstützen, und er kann nicht Teilnehmer sein, wenn der Vordermann nicht Täter ist. Um dieses unbefriedigende Ergebnis zu vermeiden, ist hier dem Hintermann von einem Teil der Lehre eine *allein* durch seine Intention begründete »normative« Tatherrschaft zugesprochen worden[40]. Das Hauptbeispiel für diese Schwierigkeit ist mit der Neufassung von § 242 freilich weggefallen[41]. Im Übrigen bilden besondere subjektive Tatbestandsmerkmale bei der Bestimmung der Täterschaft ein *zusätzliches* Erfordernis. Sie können die an die Tatherrschaft gebundene Vornahme der Tathandlung nicht ersetzen. Die Figur des absichtslos-dolosen Werkzeugs sollte deshalb aufgegeben werden[42].

38   cc) Diskutiert wird die Möglichkeit der mittelbaren Täterschaft ferner beim sog. *qualifikationlosen* Werkzeug. Bei den Sonderdelikten kann,

---

39 So aber *Schumann*, S. 101.

40 *Cramer*, in: FS Bockelmann, 1979, S. 398; *Jescheck/Weigend*, S. 669 f, m.w.N.; vgl. auch *Kühl*, § 20 Rn. 54 ff (im Nachtrag gestrichen); ablehnend *Köhler*, S. 512.

41 Es war der Bauer, der in Zueignungsabsicht fremde Hühner von einem Knecht, der die Sachlage erkennt, in seinen Stall treiben lässt (*Welzel*, S. 104). § 242 a. F. verlangte stets die Absicht des Täters, *sich* die Sache zuzueignen, und das war beim Knecht zumindest zweifelhaft. Jetzt kann Täter eines Diebstahls auch sein, wer die Sache *einem Dritten* zueignen will.

42 Ebenso *Freund*, § 10 Rn. 69 ff; *Roxin*, LK, § 25 Rn. 140 f, m.w.N.

wie erwähnt (oben Rn. 22), Täter nur sein, wer die entsprechende Sonderpflicht hat. Nimmt ein Nichtqualifizierter (Extraneus) die tatbestandsmäßige Handlung auf Veranlassung eines Sonderpflichtigen (Intraneus) vor, so hat er unter Umständen zwar die Herrschaft über das Tatgeschehen, ist aber, eben mangels der erforderlichen Qualifikation, nicht Täter. Der Sonderpflichtige wäre dann, nach den allgemeinen Grundsätzen, nicht einmal wegen Anstiftung haftbar zu machen; Anstiftung setzt die Täterschaft eines anderen voraus. Um diese Strafbarkeitslücke zu schließen, befürwortet die h. M. auch hier die Verlegenheitsauskunft, den Intraneus zum mittelbaren Täter zu machen[43].

Beispiele sind bei echten Sonderdelikten (oben § 8 Rn. 4) selten. Genannt   39
wird etwa der Fall, dass ein Vermögensverwalter von Amerika aus einen unbeteiligten Dritten bittet, das Geld ins Ausland zu schaffen (§ 266)[44]. Der vielgenannte Fall des Beamten, der durch einen Nichtbeamten eine falsche Eintragung in ein öffentliches Register vornehmen lässt (§ 348 I), ist nicht besonders lebensnah[45]. Trotzdem hat die Frage für die Täterlehre einige Bedeutung.

Ein Teil der Lehre möchte die Tatherrschaft des Hintermannes dabei   40
erneut »*normativ* begründen«, mit dem Hinweis, dass die Straftat ohne seine Mitwirkung gar nicht begangen werden könne[46]. Aber das ist nicht mehr als eine Scheinlösung, die das Erfordernis der Sonderpflicht umdeutet in ein Moment der Herrschaft über das Tatgeschehen, auf die es doch allein für die Frage ankommen kann, wer das Delikt *ausführt*[47]. Deshalb wird auch vorgeschlagen, bei den »Pflichtdelikten« einen *anderen* Täterbegriff zugrunde zu legen als bei den »Herrschaftsdelikten« und *allein* auf die Verletzung der Sonderpflicht, nicht auf die Tatherrschaft abzustellen[48]. Soll dies jedoch bedeuten, dass jede, auch die entfernteste Mitwirkung des Intraneus an einer Handlung, die – von ihm selbst vorgenommen – den Tatbestand erfüllen würde, zur Täterschaft

---

43 *Baumann/Weber/Mitsch*, § 29 Rn. 127; *Jescheck/Weigend*, S. 670; *Roxin*, Täterschaft, S. 360 ff; *Schönke/Schröder/Cramer*, § 25 Rn. 44.
44 *Roxin*, Täterschaft, S. 356.
45 Die hier mitunter zitierte Entscheidung RGSt 28, 109 f betraf einen Fall von § 348 II früherer Fassung, ein *unechtes* Sonderdelikt.
46 *Jescheck/Weigend*, S. 670; in diesem Sinne auch *Gallas*, S. 102; *Welzel*, S. 104; unklar *Maurach/Gössel/Zipf*, § 48 Rn. 57 (»Indiz für eine Tatherrschaft«).
47 Deshalb kritisch auch *Cramer*, S. 399; *Freund*, § 10 Rn. 73; *Herzberg*, S. 32; *Köhler*, S. 511 f; *Roxin*, LK, § 25 Rn. 137 f; *Samson*, SK, § 25 Rn. 109.
48 So insbesondere *Roxin*, Täterschaft, S. 352 ff; ferner *Cramer*, aaO; *Herzberg*, S. 33; *Jakobs*, 21/104, 116; *Schönke/Schröder/Cramer*, Rn. 84 vor §§ 25 ff.

befördert wird[49], so liegt darin ein klarer Verstoß gegen den Grundsatz »nullum crimen sine lege« (oben § 3 Rn. 2 ff): Wer einen anderen bloß veranlasst, eine Falschbeurkundung zu begehen (§ 348), beurkundet nichts. Soll jener Vorschlag dagegen nur für Tatbestände gelten, die gar keine bestimmte Tathandlung umschreiben, sondern, wie der der Untreue (§ 266), *jede* Verletzung der Sonderpflicht mit Strafe bedrohen, so erfüllt den Tatbestand selbstverständlich auch ein Intraneus, der andere veranlasst oder ihnen hilft, das ihm anvertraute Vermögen zu schädigen. Nur ist er dann *unmittelbarer* Täter[50]. Die Annahme mittelbarer Täterschaft ist hier folglich eine Fehlkonstruktion.

41   Gelegentlich wird allerdings der Gesichtspunkt der Unterlassungstäterschaft des Sonderpflichtigen ergänzend herangezogen[51]. Das lässt sich jedoch nur dort vertreten, wo schon der Tatbestand des (echten) Sonderdelikts das Unterlassen einbezieht oder wo doch ein Unterlassen denkbar ist, das dem geforderten Tun entspricht (§ 13). Der Beamte, der eine Falschbeurkundung nicht hindert, begeht sie jedoch auch durch Unterlassen nicht. Im übrigen wäre er, läge es anders, wiederum *unmittelbarer* (Unterlassungs-)Täter[52].

b) Rechtmäßig handelndes Werkzeug

42   Mittelbare Täterschaft wird weiterhin für Fälle diskutiert, in denen der Tatmittler zwar den gesamten Deliktstatbestand erfüllt, dabei aber *rechtmäßig* handelt. Allerdings kann der Umstand allein, dass jemand zu rechtmäßigem Verhalten veranlasst wird, noch kein Grund sein, den Veranlasser seinerseits strafrechtlich haftbar zu machen. Mittelbare Täterschaft kommt hier also nur aus *anderen* Gründen oder gar nicht in Betracht.

43   Zur Debatte steht in diesem Zusammenhang in erster Linie die Irreführung von Gerichten oder anderen Staatsorganen mit der Folge einer Inhaftierung oder, wie etwa beim Prozessbetrug, sonstiger Benachteiligung des Betroffenen[53]. Die mittelbare Täterschaft wird hier vielfach mit dem überlegenen Wissen des Hintermanns begründet[54]. Dieser Gesichtspunkt genügt allein jedoch nicht: Wer beispielsweise voraussieht, dass seine auf tatsächlich bestehende

49 Anders *Hake* (Lit. unten vor Rn. 182), S. 173 f; *Hirsch*, LK[10], § 340 Rn. 9: Nur eine *Veranlassungshandlung* des Hintermanns, die freilich auch keine Ausführungshandlung ist, soll danach mittelbare Täterschaft begründen.
50 So auch *Sánchez-Vera*, Pflichtdelikt und Beteiligung, 1999, S. 161 ff.
51 *Samson*, SK, § 25 Rn. 109; *Schmidhäuser*, Lb, 14/51.
52 Wie hier *Bloy*, S. 240 f.
53 BGHSt 3, 4 (6); 10, 306 (307).
54 *Freund*, § 10 Rn. 56 ff; *Kühl*, § 20 Rn. 58.

Verdachtsgründe gestützte Strafanzeige zur Inhaftierung des, wie der Anzeigende weiß, in Wahrheit unschuldigen Betroffenen führen wird, begeht keine Freiheitsberaubung in mittelbarer Täterschaft. Der Hintermann muss die Staatsorgane vielmehr *täuschen* und sie *dadurch* zu »Werkzeugen« machen, wie es nur bei einer inhaltlich unwahren Anzeige oder bei falschem Zeugnis geschieht. Von selbst versteht sich ohnehin, dass kein Delikt begeht, wer, aus welchen Gründen auch immer, die Verurteilung eines anderen durch *wahrheitsgemäße* Angaben bewirkt[55].

Sehr zweifelhaft und umstritten sind die weiteren Fälle der Herbeiführung 44
einer Notwehr- oder Notstandslage, aus der sich der Bedrohte durch eine unter diesen Umständen gerechtfertigte Verletzungshandlung befreit. Hier wird die Annahme mittelbarer Täterschaft des Hintermannes von den unterschiedlichsten Anforderungen an sein Verhalten oder an die Situation des oder der am Konflikt Beteiligten (Nötigung? Irrtum? sonstige Inferiorität?) abhängig gemacht[56]. Leitend bei der Lösung dieser Fälle sollte aber doch wohl der einfache Gedanke sein, dass derjenige, der vorsätzlich eine Zwangslage herbeiführt, die dann nur durch Verletzung eines der involvierten Rechtsgüter behoben werden kann, strafrechtlich für diese Verletzung haften muss. Insofern kann es hier nicht anders liegen als bei der absichtlich provozierten Notwehrlage (oben § 9 Rn. 83), in der sich der Angegriffene gewissermaßen selbst als rechtmäßig handelndes Werkzeug benutzt.

Rechtmäßig (oder schon nicht tatbestandsmäßig) handelt möglicherweise 45
auch, wer aufgrund einer fehlerhaften, aber nicht nichtigen behördlichen Genehmigung tätig wird (oben § 9 Rn. 128 ff). In solchem Falle kann sich fragen, ob immerhin der Amtsträger, der die Genehmigung in Kenntnis ihrer Fehlerhaftigkeit erteilt hat, als mittelbarer Täter anzusehen ist. Da der unmittelbar Handelnde weder über Tatumstände irrt noch genötigt wird, könnte sonst vielfach niemand für ein womöglich schwerwiegendes Umweltdelikt strafrechtlich haftbar gemacht werden. Die h. L. bejaht deshalb eine spezielle Form der mittelbaren Täterschaft, überwiegend mit der Begründung, dass der Amtsträger hier durch seine Genehmigung eine entscheidende »Rechtsschranke« für die Herbeiführung des tatbestandsmäßigen Erfolges öffne[57]. So wünschenswert eine solche Haftung indessen sein mag – der Vergleich mit der Konstellation des Handelns auf verbindliche Weisung (unten Rn. 58) zeigt, dass dieser Umstand allein nicht genügt, um dem Amtsträger das Geschehen als *seine* Tat zuzurechnen: Dem Adressaten der Genehmigung steht es völlig frei, ob er von ihr Gebrauch machen will oder nicht[58].

---

55 H. L.; siehe Schönke/Schröder/*Cramer*, § 25 Rn. 27, m.w.N.
56 Vgl. *Jakobs*, 21/81 ff; *Jescheck/Weigend*, S. 667 f; *Roxin*, Täterschaft, S. 163 ff; *Samson*, SK, § 25 Rn. 80 ff; Schönke/Schröder/*Cramer*, § 25 Rn. 28.
57 BGHSt 39, 381 (388); Schönke/Schröder/*Cramer*, Rn. 30 ff vor §§ 324 ff; vgl. *Wohlers*, S. 62 ff; je mit zahlreichen Nachweisen.
58 Eingehend kritisch *Wohlers*, S. 72 ff.

c) Schuldlos handelndes Werkzeug

46 Mittelbare Täterschaft wird in mehr oder weniger weitem Umfang aber auch dann angenommen, wenn jemand ein Delikt mit Hilfe eines Tatmittlers begeht, der *nicht oder doch nicht voll schuldhaft* handelt. In diesem Bereich geht es, seit Anerkennung der sog. limitierten Akzessorietät der Teilnahme (unten Rn. 126), nicht mehr um den Zweck, den die Konstruktion der mittelbaren Täterschaft ursprünglich erfüllt hat: Strafbarkeitslücken zu schließen, die sich ergeben, wenn die Beteiligung an fremder Tat die Schuld des anderen voraussetzt. Der Gedanke der Tatherrschaft hat sich gewissermaßen verselbständigt. Er kann offenbar auch dann eingreifen, wenn der unmittelbar Handelnde das Tatgeschehen als solches durchaus beherrscht, seinerseits aber, infolge eingeschränkter Verantwortlichkeit, dem bestimmenden Einfluss eines anderen unterliegt. Die reine Handlungsherrschaft kann von anderen Formen der Steuerung des Tatgeschehens überlagert werden. Die Frage ist nur, welche dieser Formen der Tatherrschaft dann bei der Bestimmung der Täterrolle den Ausschlag geben soll. Das ist für die einzelnen Fälle ausgeschlossener oder eingeschränkter Schuld gesondert zu erörtern.

47 aa) In Betracht kommt hier zunächst die Konstellation, dass ein im Gegensatz zum Hintermann *schuldunfähiger* oder nur *vermindert schuldfähiger* Tatmittler den Tatbestand eines vorsätzlichen Begehungsdeliktes erfüllt. Da er in solchem Falle immerhin die Fähigkeit besitzen muss, zweckrational zu handeln (vgl. oben § 10 Rn. 34), fällt ihm insoweit die Handlungsherrschaft zu. Trotzdem wird dem Hintermann hier ganz überwiegend stets oder doch unter bestimmten weiteren, im einzelnen streitigen Voraussetzungen die Täterrolle zugesprochen.

48 Bei Benutzung eines schuld*unfähigen* Werkzeugs wird die Annahme mittelbarer Täterschaft des Hintermannes nur vereinzelt von den konkreten Umständen des Einzelfalles, wie davon abhängig gemacht, dass der Tatmittler kein eigenes Verständnis von der Tat oder keinen eigenen Willen besaß[59]. Die h. L. sieht den Hintermann dagegen zumindest immer dann als mittelbaren Täter an,

---

[59] So aber RGSt 61, 265 (267); *Schmidhäuser*, Lb, 14/48; *Welzel*, S. 103; vgl. auch *Maurach/Gössel/Zipf*, § 48 Rn. 79 (»nur bei Tatherrschaft des Hintermannes«); differenzierend ferner *Bockelmann/Volk*, S. 194; generell ablehnend *Köhler*, S. 509.

wenn er den Schuldunfähigen zur Tat veranlasst (und nicht nur bei ihr unterstützt) hat[60].

Wie man hier sich entscheidet, hängt wesentlich davon ab, worauf   49
man abstellen soll: ob darauf, wer rein faktisch welchen Anteil am deliktischen Geschehen gehabt hat, oder aber (auch) darauf, wer unter rechtlichen Gesichtspunkten dafür verantwortlich gemacht werden kann. Das erstgenannte Kriterium führt zu unlösbaren Abgrenzungsschwierigkeiten: Ein Kind oder ein Geisteskranker können, auch wenn sie (noch) nicht schuldfähig sind, offenkundig mehr oder minder selbständig handeln, und der Grad dieser Selbständigkeit lässt sich nicht näher bestimmen. Vorzuziehen ist daher die andere Lösung, den Hintermann jedenfalls dort als mittelbaren Täter haften zu lassen, wo er einen Schuldunfähigen für sich handeln lässt und die Tat daher rechtlich allein zu verantworten hat (»Verantwortungsprinzip«)[61].

Sehr zweifelhaft und streitig bleibt aber, ob diese Regel auch in der   50
Umkehrung gelten sollte, in dem Sinne, dass der Hintermann *nur* dort als mittelbarer Täter anzusehen ist, wo er sich eines rechtlich nicht verantwortlichen Tatmittlers bedient. Die Frage stellt sich hier zunächst bei der Benutzung eines (nur) *vermindert* Schuldfähigen durch einen anderen. In solchem Falle partizipieren beide, Hintermann und Vordermann, nicht nur an der Handlungsherrschaft, sondern auch an der Verantwortung für das Tatgeschehen. Das macht die Entscheidung zu einem »offenen Wertungsproblem«[62].

Schwierig ist die Lösung vor allem deshalb, weil es bei der Verminderung der   51
Schuldfähigkeit um gleitende Übergänge geht (vgl. oben § 10 Rn. 28 f, 40). Weshalb als mittelbarer Täter haften sollte, wer einen psychisch nicht allzu schwer gestörten, beispielsweise debilen Täter zur Begehung eines Deliktes veranlasst, ist nicht einzusehen, während diese Konsequenz allerdings dann naheliegt, wenn dessen Schwachsinn an der Grenze zur Idiotie liegt. Man könnte die Entscheidung deshalb von Fall zu Fall, je nach Art und Ausmaß der Herrschaft des Hintermannes über den unmittelbar Handelnden, treffen wollen, etwa auch danach, ob dieser sich, wegen verminderter Einsichtsfähigkeit, im Verbotsirr-

---

60 *Baumann/Weber/Mitsch*, § 29 Rn. 137; *Freund*, § 10 Rn. 77 f; *Jakobs*, 21/91; *Jescheck/Weigend*, S. 668; *Kühl*, § 20 Rn. 66 f; *Roxin*, LK, § 25 Rn. 118; *Schönke/Schröder/Cramer*, § 25 Rn. 39 ff.
61 Vgl. *Roxin*, Täterschaft, S. 147 f; eingehend kritisch *Schaffstein*, S. 156 ff.
62 BGHSt 35, 347 (353).

tum befand oder nicht[63]. Solche Unsicherheit ist aber nur dort einigermaßen erträglich, wo es darum geht, ob der Hintermann als Täter oder Anstifter haftet. Sie kann dagegen schwerlich hingenommen werden, wenn der Vordermann zur Selbsttötung oder Selbstverletzung veranlasst wird, so dass Strafbarkeit oder Straflosigkeit des Hintermannes von ihr abhängen (näher unten Rn. 68 ff).

52   Klare Verhältnisse können hier nur geschaffen werden, wenn eine mit Schulddefiziten begründete mittelbare Täterschaft auf die Fälle völliger Exkulpation des Vordermannes beschränkt, das Verantwortungsprinzip also auch in diesem Sinne als maßgebend angesehen wird. Das schließt selbstverständlich nicht aus, den Hintermann aus *anderen* Gründen, wie gegebenenfalls wegen seiner Organisationsherrschaft (unten Rn. 65 ff), als mittelbaren Täter zu qualifizieren. Es schließt auch nicht aus, ihn als *Mittäter* haftbar zu machen, wenn er den unmittelbar Handelnden nicht nur zur Tat veranlasst, sondern deren Planung und Ausführung, wie im sog. »Katzenkönig«-Fall[64], bis in die Einzelheiten steuert (vgl. unten Rn. 93 f)[65]. Nur die verminderte Schuldfähigkeit als solche dürfte nicht ausreichen, bei anderen Tatbeteiligten mittelbare Täterschaft zu begründen.

53   bb) Dem Tatmittler kann sodann, im Gegensatz zum Hintermann, die zur Schuld prinzipiell erforderliche *Verbotskenntnis* fehlen. Nach dem Verantwortungsprinzip kann die Lösung nicht zweifelhaft sein: Der *unvermeidbare*, nicht aber der bloß vermeidbare Verbotsirrtum des unmittelbar Handelnden macht den Hintermann zum mittelbaren Täter.

54   Triftige Gründe, von dieser Lösung abzuweichen, sind nicht ersichtlich. Der unvermeidbare Verbotsirrtum stimmt in seiner Wirkung mit dem Fehlen der Einsichtsfähigkeit, aus dem er sich ergeben kann, im entscheidenden Punkt überein: Er nimmt dem Tatmittler die Möglichkeit, sich am Recht zu orientieren. Dass der Hintermann, der um das Unrecht weiß, hier mittelbarer Täter ist, wird heute allgemein anerkannt[66].

---

63 So die wohl h. M.: *Baumann/Weber/Mitsch*, § 29 Rn. 141; *Herzberg*, S. 31; *Kühl*, § 20 Rn. 68; *Roxin*, LK, § 25 Rn. 120; *Schaffstein*, S. 157 f; *Schönke/Schröder/ Cramer*, § 25 Rn. 41, m.w.N.
64 BGHSt 35, 347 (354 f). Deshalb wäre die Annahme mittelbarer Täterschaft hier entbehrlich gewesen.
65 Darauf verweist auch *Jakobs*, 21/94.
66 Siehe nur *Freund*, § 10 Rn. 79; *Jescheck/Weigend*, S. 669; wohl auch *Roxin*, LK, § 25 Rn. 83 ff, je m.w.N.; anders aber noch *Welzel*, S. 103.

Ist der Verbotsirrtum vermeidbar, so könnte man allerdings darauf verwei- 55
sen, dass auch hier – je nach der Intensität des Einflusses, den der Hintermann
auf den unmittelbar Handelnden genommen hat, und der Schwere des Vor-
wurfs, der diesen trifft – höchst unterschiedliche Konstellationen denkbar sind,
weshalb die Frage wiederum fallweise entschieden werden sollte[67]. Will man die
damit verbundene Rechtsunsicherheit vermeiden, so bleibt nur die generelle
Bejahung[68] oder Verneinung[69] mittelbarer Täterschaft. Im ersten Falle leuchtet
jedoch nicht ein, dass mittelbarer Täter etwa auch derjenige sein soll, der einen
anderen, dem rechtliche Anforderungen ohnehin gleichgültig sind, zur Tat veranlasst. Die andere Alternative, der Ausschluss mittelbarer Täterschaft bei bloß
gemilderter Schuld, dürfte deshalb auch hier den Vorzug verdienen. Das gilt
selbst dann, wenn der Hintermann den Verbotsirrtum des unmittelbar Handelnden gezielt herbeiführt: Wer einen anderen in bestimmtem Sinne indoktri-
niert, erscheint nicht schon deshalb als mittelbarer Täter.

cc) Es bleiben die Fälle, in denen jemand einen anderen durch Her- 56
beiführung oder unter Ausnutzung einer *psychischen Zwangslage* oder
psychischer Abhängigkeit als *unfrei* handelndes Werkzeug zur Begehung
eines Deliktes veranlasst[70]. Folgt man dem Verantwortungsprinzip, so
kommt mittelbare Täterschaft ein weiteres Mal nur in Betracht, wenn
dadurch die Schuld des unmittelbar Handelnden nicht nur vermindert,
sondern ausgeschlossen wird.

Auch in diesem Zusammenhang stehen verschiedene Fragen zur Diskussion. 57
Dabei geht es zunächst um den einigermaßen klaren Fall einer durch *Nötigung*
bewirkten Steuerung des Vordermanns. Solche Nötigung kann sogar dazu führen, dass das erzwungene Verhalten des Betroffenen durch Notstand *gerechtfertigt* wird (§ 34); dann ist er ein rechtmäßig handelndes Werkzeug (oben
Rn. 44)[71]. Im Übrigen muss wieder der *Grad* des ausgeübten Zwanges entscheiden. Erreicht er das zum Schuldausschluss wegen Notstandes erforderliche
Maß (§ 35), so ist der Hintermann nach allgemeiner Auffassung ebenfalls mittelbarer Täter[72]. Erreicht er dieses Maß nicht, so wird vereinzelt auch hier wieder mittelbare Täterschaft für möglich gehalten[73]. Das überzeugt jedoch umso

---

67 BGHSt 35, 347 (354); 40, 257 (267); differenzierend auch *Roxin*, LK, § 25
   Rn. 89 ff; *Schaffstein*, S. 156 f.
68 *Baumann/Weber/Mitsch*, § 29 Rn. 139; *Herzberg*, S. 23; Schönke/Schröder/
   Cramer, § 25 Rn. 38, m.w.N.
69 *Jakobs*, 21/94; *Jescheck/Weigend*, S. 669, m.w.N.; dieser Auffassung zuneigend
   auch *Kühl*, § 20 Rn. 70, 77 ff.
70 Insoweit generell ablehnend *Köhler*, S. 510.
71 *Freund*, § 10 Rn. 79.
72 *Kühl*, § 20 Rn. 62 ff; *Maurach/Gössel/Zipf*, § 48 Rn. 76; *Roxin*, LK, § 25 Rn. 61;
   Schönke/Schröder/*Cramer*, § 25 Rn. 33, m.w.N.; abweichend aber *Köhler*,
   S. 510.
73 Siehe etwa *Schroeder*, S. 120 ff.

weniger, als der Genötigte in solchem Falle, anders als bei verminderter Schuldfähigkeit oder vermeidbarem Verbotsirrtum, voll verantwortlich bleibt[74]. Auch ist die Drohung, wie sich noch zeigen wird, ein »klassisches« Mittel der Anstiftung (unten Rn. 143). Deshalb kann es zur Begründung mittelbarer Täterschaft beispielsweise nicht genügen, wenn jemand eine »leicht beeinflussbare, ihm sexuell und psychologisch vollkommen hörige Frau« mit der Drohung, sie sonst zu verlassen, zu deliktischem Handeln bestimmt[75].

58 Unter dem hier gelegentlich verwendeten Stichwort der Willensherrschaft kann ferner die mittelbare Täterschaft desjenigen abgehandelt werden, der einen anderen durch rechtswidrige, aber *verbindliche Weisung* zur Begehung einer Straftat veranlasst[76]. Da der Vorgesetzte hier eine Pflichtenkollision schafft, die das Verhalten des Untergebenen, *soweit* die Gehorsamspflicht überwiegt, nach der hier vertretenen Auffassung rechtfertigt (oben § 9 Rn. 127), nach anderer Ansicht zumindest entschuldigt, erscheint er schon aus diesem Grunde als mittelbarer Täter[77]. Hält der Untergebene die Weisung irrigerweise für verbindlich oder für höherrangig als die Pflicht zur Unterlassung des Delikts, so greifen die bei einem Verbotsirrtum des Tatmittlers geltenden Regeln ein (oben Rn. 53 ff). Was erneut bleibt, ist die Frage, ob auch eine unverbindliche (und vom Untergebenen zutreffend als solche erkannte) Weisung den Vorgesetzten immerhin für einen »Teil des Unrechtsquantums« zum mittelbaren Täter machen kann[78]. Indessen ist wiederum nicht zu sehen, wie ein solches Quantum abgegrenzt werden könnte, und auch nicht, welchen Tatbestand es erfüllen sollte.

d) Voll verantwortlich handelndes »Werkzeug«

59 Zwei sehr unterschiedlich strukturierte Sonderfälle schließlich bleiben, bei denen sich fragt, ob dem Hintermann die Rolle des mittelbaren Täters auch dann zugesprochen werden kann, wenn der Vordermann uneingeschränkt verantwortlich handelt.

60 aa) Selbst wenn der Tatmittler das tatbestandliche Unrecht seines Verhaltens an sich durchaus überblickt, kann er über andere Umstände irren, die es charakterisieren. Man spricht insoweit von einem Irrtum über den »*konkreten Handlungssinn*«. Von einem Teil der Lehre wird mittelbare Täterschaft desjenigen angenommen, der einen solchen Irrtum beim unmittelbar Handelnden herbeiführt oder ausnutzt, und zwar vor allem mit dem Argument, dass sonst unerträgliche Strafbarkeitslü-

---

74 *Roxin*, LK, § 25 Rn. 62.
75 Anders *Maurach/Gössel/Zipf*, § 48 Rn. 86.
76 *Hoyer*, S. 19.
77 *Jakobs*, 21/96; Schönke/Schröder/*Cramer*, § 25 Rn. 29.
78 So *Hoyer*, aaO.

cken entstünden[79]. Ob das zutrifft, lässt sich nur anhand der einzelnen Fallgruppen entscheiden, die hier diskutiert werden.

Roxin nennt deren drei[80]. Dabei geht es zunächst um Irrtümer des Vorder-   **61** manns über *quantifizierbare Unrechts- oder Schuldmaße*, nach dem Muster, dass A den B zur Zerstörung einer sehr wertvollen fremden Sache veranlasst, die dieser für wertlos hält. B kennt hier alle rechtlich relevanten Tatumstände. Im Blick auf die Beteiligungsrolle des A ist jedoch zu unterscheiden: Sollte B's Einschätzung des Wertes der zerstörten Sache für seinen Tatentschluss ganz gleichgültig gewesen sein, so begründet das bessere Wissen des A ohnehin keinerlei Herrschaft; es bleibt von vornherein bei Anstiftung. Sollte sich B jedoch nur deshalb zu der Tat entschlossen haben, *weil* er die Sache für wertlos hielt, so ergibt sich die Schwierigkeit, dass sich zwischen dieser Art von Irrtum und bloßen Motivirrtümern, die nach völlig herrschender Auffassung nicht zu mittelbarer Täterschaft führen, keine klare Grenze ziehen lässt. Man sieht aber auch dann nicht, weshalb dies nötig sein sollte: A haftet wiederum jedenfalls als Anstifter, das heißt nach demselben Strafrahmen wie B (§ 26), und nichts hindert, sein Wissen um das wirkliche Maß des von ihm herbeigeführten Unrechts bei der Strafzumessung belastend zu berücksichtigen.

Eine zweite Fallgruppe umfasst die Herbeiführung oder Ausnutzung eines   **62** *Irrtums über qualifizierende Tatumstände*, illustriert am Fall jener amerikanischen Soldaten, die 1945 einen zu Unrecht der Tötung mehrerer Fremdarbeiter beschuldigten Gendarmen erschossen haben[81]. Hier hat der Irrtum sie in gewissem Sinne tatsächlich zu Werkzeugen des Denunzianten gemacht. Die Tat blieb jedoch ein vorsätzlich und schuldhaft begangener rechtswidriger Totschlag (§ 212), so dass der Hintermann wegen Anstiftung, und zwar, im Blick auf seine niedrigen Beweggründe, wegen Anstiftung zum Mord (§ 211), haftbar gemacht werden konnte (vgl. unten Rn. 194 f). Eine Strafbarkeitslücke bestand wiederum nicht. Begründet ist die mittelbare Täterschaft aber immerhin dort, wo der unmittelbar Handelnde, im Gegensatz zum Hintermann, eine *tatbestandliche* Qualifikation seines Verhaltens nicht kennt, also beispielsweise nicht weiß, dass das von ihm in Brand gesetzte Gebäude der Wohnung von Menschen dient (§§ 306, 306a I Nr. 1). Nur erscheint er dann insoweit als ein *unvorsätzlich* handelndes Werkzeug (oben Rn. 34).

Mittelbare Täterschaft kraft eines Irrtums über den konkreten Handlungs-   **63** sinn soll drittens schließlich vorliegen, wenn der Hintermann beim unmittelbar Handelnden einen *error in persona* hervorruft, der ja dessen Vorsatzhaftung nicht berührt (oben § 8 Rn. 97), im Schulbeispiel bei einem Berufskiller, dem

---

79 So *Roxin*, Täterschaft, S. 213 ff; *ders.*, in: FS Lange, S. 184 ff; in unterschiedlichem Umfang zustimmend *Kühl*, § 20 Rn. 74 f; Schönke/Schröder/*Cramer*, § 25 Rn. 23 f; generell ablehnend *Jakobs*, 21/101; *Jescheck/Weigend*, S. 667; *Samson*, SK, § 25 Rn. 104; eingehend kritisch *Bloy*, S. 351 ff.
80 In: FS Lange, aaO; ebenso LK, § 25 Rn. 96 ff.
81 BGHSt 1, 368 ff.

vorgespiegelt wird, eine – in Wahrheit unbeteiligte – Person sei sein vorbe-
stimmtes Opfer. In solchem Falle gerät man zunächst in alle die Schwierigkeiten, die die Bestimmung der Beteiligungsrollen ohnehin schon bei der Ausnutzung fremder Tatentschlossenheit bereitet (siehe oben Rn. 29). Entscheidet man
sich dort (und folglich auch hier) für *unmittelbare* Täterschaft, so geht es in der
Tat nur noch um eine »terminologische Frage«[82]. Betrachtet man aber denjenigen, der mitwirkt, *bevor* der Tatentschlossene handelt, als bloßen Teilnehmer,
so ist im Falle der Manipulation des Sachverhalts von Anstiftung und nicht nur
von Beihilfe auszugehen: Der Hintermann ruft beim unmittelbar Handelnden
überhaupt erst den Entschluss hervor, *diese* konkrete Person anzugreifen[83].

64   Es zeigt sich also, dass die Konstruktion einer speziellen Form von
mittelbarer Täterschaft in keinem Falle nötig ist, um zu einem vertretbaren Ergebnis zu gelangen. Der Hintermann haftet stets zumindest wegen Anstiftung. Das sollte den dogmatischen Aufwand, der mit der näheren Abgrenzung des Irrtums über den konkreten Handlungssinn verbunden ist, entbehrlich machen.

65   bb) In einem anderen Sonderfall wird dem Hintermann die Rolle des
mittelbaren Täters allerdings ohne Rücksicht darauf zugesprochen werden müssen, dass auch der Vordermann als Täter haftet: bei dem durch
einen Machtapparat organisierten Verbrechen[84]. Man spricht hier von
mittelbarer Täterschaft kraft *Organisationsherrschaft*. Bei ihr erscheint
der »Schreibtischtäter«, der an der Ausführung der Tat nicht selber
mitwirkt, insoweit als der eigentliche Herr des Geschehens, wie die von
ihm ausgenutzten Organisationsstrukturen sicherstellen, dass seine Anordnungen durch beliebig auswechselbare »Werkzeuge« in die Tat um-
gesetzt werden[85].

66   Das extremste Beispiel bilden die vom NS-Regime bürokratisch geplanten
und durchgeführten Massentötungen[86]. Für die Tötung von Flüchtlingen an
der Grenze der DDR hat der BGH aber auch die Mitglieder des »Nationalen
Verteidigungsrates« als mittelbare Täter verantwortlich gemacht[87]. Ein Teil der
Lehre optiert hier, in Überdehnung des Verantwortungsprinzips (oben Rn. 49),

---

82 *Roxin*, in: FS Lange, S. 192.
83 Für diese Lösung eingehend auch *Bloy*, S. 358 ff.
84 Eingehend *Roxin*, Täterschaft, S. 242 ff; prinzipiell ebenso *Freund*, § 10 Rn. 91;
    Herzberg, s. 42 f; *Kühl*, § 20 Rn. 73 ff; *Maurach/Gössel/Zipf*, § 48 Rn. 88;
    Schönke/Schröder/*Cramer*, § 25 Rn. 25; ablehnend *Hruschka*, S. 606 ff; *Köhler*,
    S. 510 f; *Renzikowski*, S. 87 ff.
85 Eine »kritische Bestandsaufnahme« bei *Ambos*, GA 1998, 226 ff.
86 Dazu *Jäger*, Verbrechen unter totalitärer Herrschaft, 1967.
87 BGHSt 40, 218 (236 ff); bestätigt von BGHSt 40, 307 (316); 44, 204 (206 f).

statt für mittelbare für die Annahme von Mittäterschaft[88]. Die Abgrenzung kann im einzelnen schwierig sein. Es bleibt aber der prinzipielle Unterschied, dass der der Organisationsherrschaft unterworfene Tatmittler dank seiner Auswechselbarkeit höchstens darüber entscheiden kann, ob er selbst (oder ein anderer) die Tat ausführt, während es der Mittäter in der Hand haben muss, ob die Tat überhaupt begangen wird (unten Rn. 93).

Der Machtapparat, dessen sich der Täter in diesen Fällen bedient,   67 muss nicht unbedingt staatlichen Charakter haben. Auch innerhalb eines Gangstersyndikats etwa kann eine vergleichbare Organisationsherrschaft bestehen. Zum Teil wird sogar angenommen, dass sich auch das Problem der Verantwortlichkeit beim Betrieb wirtschaftlicher Unternehmen von hier aus lösen lasse[89]. Erforderlich ist einerseits jedenfalls, dass die Organisation über ein genügend großes Reservoir an Personen verfügt, deren sie sich notfalls bedienen kann; sonst ist der Einzelne nicht ohne weiteres ersetzbar. Andererseits wird der Hintermann innerhalb der Organisation ein Mindestmaß an Macht haben müssen und nicht nur »Briefbote« sein dürfen, wenn er an der Herrschaft über das Geschehen teilhaben soll. Die nähere Abgrenzung ist vorerst noch zweifelhaft.

e) Das Opfer als Werkzeug

Den Veranlasser einer Straftat als mittelbaren Täter zu qualifizieren, ist,   68 wie sich zeigte, von geringer praktischer Bedeutung, wenn daneben die Möglichkeit besteht, ihn als Anstifter haftbar zu machen. Anders liegt es bei der Mitwirkung an der Selbsttötung oder Selbstverletzung eines anderen. Hier gibt die Abgrenzung zwischen mittelbarer Täterschaft und Anstiftung den Ausschlag dafür, ob der Veranlasser wegen vorsätzlicher Tötung oder Körperverletzung bestraft werden kann: Suizid und Selbstverletzung erfüllen als solche keinen Straftatbestand, weshalb die bloße *Teilnahme* (Anstiftung oder Beihilfe) straflos bleiben muss, während der Tod oder die Verletzung dem Mitwirkenden dort, wo er *Täter* ist, als *sein* Werk zugerechnet wird, so dass von Selbstmord oder Selbstverletzung im Grunde auch nicht mehr gesprochen werden kann. Wie man hier die Grenze ziehen soll, ist im Einzelnen höchst zweifel-

---

88 *Baumann/Weber/Mitsch*, § 29 Rn. 146 f; *Jakobs*, 21/103; *Jescheck/Weigend*, S. 670; *Samson*, SK, § 25 Rn. 110; ablehnend *Hruschka*, S. 606 ff.
89 BGHSt 40, 218 (236 f); *Ransiek*, Unternehmensstrafrecht, 1996, S. 46 ff; Schönke/Schröder/*Cramer*, § 25 Rn. 25; kritisch *Roxin*, JZ 1995, S. 51 f; eher ablehnend auch *Hoyer*, S. 28 f.

haft. Mittelbare Täterschaft wird jedoch ganz allgemein zumindest dort angenommen, wo das Opfer dem Außenstehenden in vergleichbarer Weise unterlegen ist, wie wenn es als bloßes Werkzeug zur Begehung eines Delikts benutzt würde.

69   Mögliche Analogien gibt es praktisch zu jeder der zuvor erörterten Konstellationen mittelbarer Täterschaft. Dem unvorsätzlich handelnden Werkzeug entsprechen Fälle wie die, dass das Opfer veranlasst wird, ahnungslos ein Getränk zu sich zu nehmen, dem ein tödliches Gift beigefügt worden ist[90], oder auch, dass es sich in den aberwitzigen Glauben versetzen lässt, nach der Zerstörung seines gegenwärtigen Körpers in einem anderen weiterzuleben[91]. Eine Parallele zum rechtmäßig handelnden Werkzeug besteht, wenn der Betroffene in eine Situation versetzt wird, in der er eines seiner Rechtsgüter nur auf Kosten eines anderen, geringerwertigen retten kann[92], zum schuldlos handelnden Werkzeug, wenn das Opfer zu jung oder psychisch zu schwer gestört ist, um für sein Verhalten verantwortlich zu sein, oder wenn es in einer Weise bedroht wird, die dem entschuldigenden Notstand entspricht[93].

70   Ein Teil der Lehre möchte in diesem Bereich aber schon geringere Defizite an Selbstbestimmung des Opfers genügen lassen, um mittelbare Täterschaft desjenigen zu begründen, der sie herbeiführt oder ausnutzt, wie etwa dann, wenn der Betroffene irrigerweise befürchtet, unheilbar erkrankt zu sein, oder wenn er sich in einer schweren Depression oder Konfliktsituation befindet. Danach sollen hier prinzipiell dieselben Regeln gelten wie bei der rechtfertigenden Einwilligung in Verletzungshandlungen Dritter, die hinreichendes Urteilsvermögen ebenso wie die Freiheit von Irrtum und Zwang voraussetzt (oben § 9 Rn. 23, 26)[94].

71   In der Tat ist es wenig befriedigend, wenn etwa derjenige straflos bleibt, der die Verzweiflung eines anderen über dessen finanziellen Ruin ausnutzt, um ihn in den Selbstmord zu treiben. Im Ergebnis unannehmbar ist es freilich auch, wenn *jede* Beeinträchtigung der Selbstbestimmung des Betroffenen den Außenstehenden, der ihn zur Selbstschädigung veranlasst oder sie fördert (oder, als Garant [unten § 13 Rn. 11 ff] nicht vor ihr bewahrt), so für sie verantwortlich machen soll, wie wenn er selbst sie herbeigeführt hätte (zumal das dann auch bei bloßer Fahrlässigkeit gelten müsste): Dann wäre wegen vorsätzlicher oder

---

90 Vgl. den Fall BGHSt 43, 177.
91 BGHSt 32, 38 (»Sirius«-Fall).
92 Siehe besonders *M.-K. Meyer*, S. 161.
93 Vgl. den Fall OGHSt 2, 5 ff.
94 So insbesondere *Geilen*, S. 150 ff; *M.-K. Meyer*, S. 139 ff; ferner *Frisch*, Tatbestandsmäßiges Verhalten, S. 166 ff; *Herzberg*, S. 39 ff; *Horn*, SK, § 212 Rn. 11 ff; *Maurach/Gössel/Zipf*, § 48 Rn. 91; tendenziell auch *Kühl*, § 20 Rn. 46, 51; differenzierend *Neumann*, S. 254.

fahrlässiger Tötung zu bestrafen, wer eine Strafanzeige erstattet, obwohl der Betroffene gedroht hat, sich in solchem Falle umzubringen.

Die h. L. hält demgegenüber an der »klassischen« Parallele zur mit- 72 telbaren Täterschaft bei deliktischem Handeln des Vordermannes fest[95]. Eine angemessene Lösung der Problemfälle wäre wohl nur im Rahmen eines Sondertatbestandes (der Mitwirkung am Selbstmord) möglich, der die von der Mindermeinung vorgeschlagene Ausdehnung der Strafbarkeit mit einem entsprechend milderen Strafrahmen (vgl. § 216!) verbände.

f) Der Ausschluss mittelbarer Täterschaft

Ein Tatbeteiligter, bei dem die besonderen täterschaftlichen Merkmale 73 (oben Rn. 18 ff) nicht gegeben sind, kann nicht Täter sein und damit auch nicht mittelbarer Täter. Zu entscheiden bleibt, wie geurteilt werden soll, wenn er immerhin das Tatgeschehen beherrscht.

Es handelt sich dabei um das Gegenstück zu den Fällen des qualifikationslo- 74 sen und des absichtslosen Tatmittlers (oben Rn. 37 ff): Während dem Hintermann dort die Tatherrschaft fehlt, fehlen ihm hier die anderen Voraussetzungen der Täterschaft. Der »absichtslose« Hintermann ist allerdings ohne praktische Bedeutung, da die Absichten beim irrenden oder unter Zwang handelnden Vordermann regelmäßig nicht weiter reichen werden als beim Hintermann, und dann bleibt der Tatbestand ohnehin unanwendbar. Beim Sonderdelikt hingegen liegt die Möglichkeit nahe, dass der qualifizierte Intraneus vom nichtqualifizierten Extraneus durch Täuschung oder Nötigung veranlasst wird, den Tatbestand zu erfüllen. Auch beim eigenhändigen Delikt sind entsprechende Konstellationen denkbar.

Hier ist gelegentlich vorgeschlagen worden, den Extraneus gewisser- 75 maßen ersatzweise als Anstifter oder Gehilfen zu bestrafen[96]. Das wäre auch insofern nicht unangemessen, als er ja bewirkt, dass der Intraneus den Tatbestand des Sonderdelikts oder des eigenhändigen Delikts zumindest objektiv erfüllt. Die Frage stellt sich jedoch vor allem dann, wenn der Intraneus unvorsätzlich handelt: der getäuschte Richter gutgläubig falsch entscheidet (§ 339), der zum Geschlechtsverkehr Veranlasste nicht weiß, dass die Partnerin seine Halbschwester ist (§ 173),

---

95 Eingehend *Roxin*, in: FS Dreher, S. 331 ff; ferner u. a. *Jakobs*, 21/97 ff; *Jescheck/ Weigend*, S. 666; *Renzikowski*, S. 94 ff; *Roxin*, LK, § 25 Rn. 66 ff, 106 ff; *Samson*, SK, § 25 Rn. 87 f; Schönke/Schröder/*Cramer*, § 25 Rn. 10 ff.
96 *Welzel*, S. 103.

usw. In diesen Fällen könnte man die für die Teilnahme geltenden Strafdrohungen nur dann aushilfsweise anwenden, wenn es möglich wäre, auf das Erfordernis einer *vorsätzlich* begangenen rechtswidrigen Tat (§§ 26, 27) zu verzichten – ein im Blick auf § 1 unzulässiges Verfahren.

76   Allerdings enthält das Gesetz für einige dieser Fälle, wie für die Verleitung zur (unvorsätzlichen) Falschaussage (§ 160) oder zur unvorsätzlichen Falschbeurkundung (§ 271), Sonderstrafdrohungen. Im übrigen kann der Extraneus nur dann Anstifter oder Gehilfe sein, wenn seine Tatherrschaft auf anderen Gründen, wie Schuldunfähigkeit oder Nötigung des Intraneus, beruht, dessen Vorsatz aber unberührt bleibt.

3. Mittäterschaft

77   Als Täter wird nach § 25 II schließlich auch bestraft, wer die Straftat mit anderen »gemeinschaftlich« begeht. Das ist die Konstellation der *Mittäterschaft*. Man kann sich fragen, ob das Gesetz sie überhaupt ausdrücklich hätte regeln müssen. Da der Mittäter das Tatgeschehen jedoch weder allein noch über einen Tatmittler, sondern eben nur gemeinsam mit anderen beherrscht, kann von ihm nicht ohne weiteres gesagt werden, dass er die tatbestandsmäßige Handlung vorgenommen habe. Illustrativ ist das Beispiel zweier Bankräuber, von denen der eine die Angestellten und das Publikum mit einer Waffe in Schach hält, während der andere das Geld zusammenrafft. Die zum Tatbestand des Raubes (§ 249) gehörenden Akte einerseits der Drohung mit gegenwärtiger Gefahr für Leib oder Leben und andererseits der Wegnahme fremder beweglicher Sachen werden hier durch verschiedene Personen vorgenommen, *ohne* dass eine von ihnen als das Werkzeug der anderen betrachtet werden könnte. Die Tatherrschaft liegt hier in den Händen des »Kollektivs« als solchem; der einzelne Mittäter ist an ihr, als Glied des Kollektivs, lediglich beteiligt[97]. *Insofern* erweitert § 25 II die täterschaftliche Haftung.

78   Der allgemeine Täterbegriff muss freilich auch hier den Ausgangspunkt bilden. Das Gesetz hebt, völlig zu Recht, bei der Mittäterschaft auf die gemeinschaftliche *Begehung* der Tat ab. Nur stellt sich die Frage nunmehr dahin: unter welchen Voraussetzungen gesagt werden kann, dass jemand an der eigentlichen Ausführung teilgenommen, an der ge-

---

97 Zustimmend *Bloy*, S. 170 f.

meinsam ausgeübten Tatherrschaft partizipiert habe. Das unterliegt im Einzelnen manchem Zweifel.

a) Grundsätzlich werden für die Mittäterschaft zwei Erfordernisse 79 genannt: der gemeinsame Tatentschluss und die gemeinsame (»arbeitsteilige«) Verwirklichung dieses Entschlusses.

aa) Der **gemeinsame Tatentschluss** begründet und begrenzt die Ein- 80 heit der Mittäter.

Weshalb es dieses gemeinsamen Entschlusses bedarf, wird deutlich, wenn 81 man das Verhalten der Beteiligten nach den allgemeinen Regeln zu beurteilen versucht. Der Einzelne beherrscht zunächst nur seinen eigenen Anteil am tatbestandserfüllenden Geschehen. Er haftet ohne weiteres für Delikte, die er damit etwa schon in eigener Person begeht, im Beispielsfall der beiden Bankräuber der eine also für die Nötigung, der andere für den Diebstahl, noch keiner von beiden dagegen für den Raub. Weiß derjenige, der die Nötigung verübt, vom Entschluss des anderen, in dieser Situation den Diebstahl auszuführen, so hat er, als Gehilfe, zwar dafür einzustehen, dass er eine Voraussetzung für ihn schafft. *Täter* des Diebstahls ist er damit aber noch nicht: Dazu würde gehören, dass (auch) von ihm gesagt werden kann, er habe die Sachen *weggenommen*. Erst recht kann demjenigen, der die Wegnahme vollzieht, die Nötigung, zu der er nichts beiträgt, allein dann zugerechnet werden, wenn ein gemeinsamer Entschluss die Einzelakte zur Einheit verbindet[98].

Der gemeinsame Tatentschluss stellt danach allererst einen Zusam- 82 menhang zwischen den Tatanteilen der mehreren am Delikt Mitwirkenden her, der es gestattet, jedem von ihn auch den Tatanteil der anderen zur Last zu legen. Er kann nach Rechtsprechung und h. L. »durch ausdrückliche oder auch durch konkludente Handlungen gefaßt werden«[99].

Fraglich ist jedoch, wie dieser gemeinsame Tatentschluss beschaffen 83 sein muss. Das gegenseitige Einverständnis der an der Tat vorsätzlich Mitwirkenden allein kann offenbar nicht genügen; es besteht in der Regel auch zwischen dem Täter und dem Gehilfen. Hinsichtlich der weiteren Erfordernisse hilft daher nur ein Rückgriff auf den Grundgedanken der täterschaftlichen Haftung: Die Tat begeht, wer den tatbestandser-

---

98 Näheres Nachdenken verdient aber zweifellos der von *Dencker*, S. 142 ff und pass., entwickelte Gedanke, das verbindende Element der einzelnen Tatbeiträge stattdessen (schon) in ihrer bewussten Einpassung in ein Gesamtprojekt zu finden.
99 BGHSt 37, 289 (292); *Freund*, § 10 Rn. 158; *Jescheck/Weigend*, S. 678; *Kühl*, § 20 Rn. 104; *Roxin*, LK, § 25 Rn. 173.

füllenden Geschehensablauf in den Händen hält (oben Rn. 16). Ob jemand am gemeinsamen Tatentschluss teilhat, muss deshalb in erster Linie im Blick auf die *Rolle* entschieden werden, die er bei der Ausführung der Tat (willentlich) übernimmt. Sie muss so beschaffen sein, dass sie »seinen Tatbeitrag nicht als bloße Förderung fremden Tuns, sondern als einen Teil der Tätigkeit aller und dementsprechend die Handlungen der anderen als eine Ergänzung seines eigenen Tatanteils erscheinen lässt«[100]. Insofern hängt alles weitere von der Frage ob, welche *Art von Mitwirkung* am Tatgeschehen diese Voraussetzungen erfüllt (unten Rn. 90 ff).

84   Der »Täterwille« kann im Prinzip auch hier nur durch die Verhaltensweise definiert werden, auf die er sich richtet (oben Rn. 12). Einem Tatbeitrag ist allerdings unter Umständen äußerlich nicht anzusehen, ob er auf wechselseitiger Tatentschlossenheit beruht oder die Begehung des Delikts durch einen anderen lediglich ermöglichen oder unterstützen soll. Erinnert sei nur an das Beispiel desjenigen, der dazu beiträgt, dass ein Killer sein Opfer findet (oben Rn. 29). Deshalb ist vorgeschlagen worden, die Mittäterschaft auf solche Fälle zu beschränken, in denen sich die Beteiligten eindeutig über ihr gemeinsames Handeln verständigt haben[101]. Das dürfte jedoch dort entbehrlich sein, wo das Verhalten, wie etwa bei einer Schlägerei, nur als (spontane) Übereinkunft zu gemeinschaftlichem Vorgehen interpretiert werden kann. Auf der anderen Seite lässt die mögliche Ambivalenz menschlichen Handelns nicht zu, dessen »sozialen Sinn« stets unabhängig von den Intentionen der Beteiligten festzustellen[102]. Das sollte die jahrzehntelange Diskussion über den Stellenwert subjektiver Unrechtsmerkmale hinreichend erwiesen haben. Deshalb bleibt in Grenzfällen – und nur in ihnen – gar keine andere Möglichkeit, als auf das *Maß* der Entschlossenheit eines Tatbeteiligten abzustellen, d. h. darauf, ob er seinen Willen demjenigen anderer Tatbeteiligter unterwirft oder nicht (vgl. oben Rn. 10). Darin liegt das relative Recht der subjektiven Theorien.

85   Der Umfang des wechselseitigen Einverständnisses ist nur insofern noch bedeutsam, als er den Rahmen der mittäterschaftlichen Haftung absteckt. Geht die Verabredung etwa dahin, gemeinsam einen Menschen zu töten, und handelt einer der Beteiligten dabei in der den anderen nicht bekannten Absicht, das Opfer anschließend auszuplündern, so wird nur das Tötungsdelikt, nicht der Raub in Mittäterschaft begangen.

---

100 So, obschon von seinem grundsätzlich subjektiven Täterbegriff aus, BGHSt 8, 393 (396); 14, 123 (129); sachlich übereinstimmend BGHSt 24, 286 (287); 37, 289 (291); 38, 315 (319).
101 *Puppe*, NStZ 1991, 571.
102 So aber *Lesch*, S. 276 ff.

Man spricht hier von einem *Exzess,* für den der auf eigene Faust Handelnde allein als Täter einzustehen hat.

Zweifelhaft ist, welche Konsequenzen es hat, wenn ein Mittäter seinen Tatentschluss vorzeitig aufgibt. Im Prinzip kann es jedoch nicht anders liegen als beim Alleintäter: Der Verwirklichungswille muss (nur) in dem Zeitpunkt vorhanden sein, in dem er seinen Beitrag zum tatbestandserfüllenden Geschehensablauf erbringt. Soll ein Mittäter nach dem Tatplan nur im Stadium der Vorbereitung mitwirken (was freilich in der Regel nicht genügt, um ihn an der Tatherrschaft teilhaben zu lassen [unten Rn. 93 f]), so hilft es ihm nichts, wenn er sein Einverständnis danach widerruft; das gleiche gilt, wenn das Delikt bei seinem Tatbeitrag noch als Versuch erscheint und er dann den Erfolg nicht mehr »will« [103]. Für alles weitere kommt es auf die Voraussetzungen des strafbefreienden Rücktritts an (unten Rn. 111 f).   **86**

Nach diesen Regeln verdient die umstrittene, überwiegend abgelehnte Entscheidung BGHSt 37, 289 insoweit Zustimmung, wie sie die bloße innere Rücknahme des Einverständnisses mit der gemeinsam geplanten Tat bei fortwirkendem Tatbeitrag nicht genügen lässt, um Mittäterschaft auszuschließen. Der Tatbeitrag der beiden Mittäter hätte hier jedoch nicht nur in der wechselseitigen Unterstützung durch ihre Präsenz als solche und das ständige Tragen einer Schusswaffe bestehen sollen, sondern auch in der Bereitschaft, eine Festnahme notfalls durch das Erschießen von Polizeibeamten zu verhindern. Demgegenüber machte nur der eine Täter bei einer Konfrontation mit der Polizei von der Schusswaffe Gebrauch, während der andere seine Waffe nicht zog und kurz darauf flüchtete, also schon seinen Tatbeitrag nicht erbrachte. *Dieser* Umstand und nicht eine spätere Sinnesänderung stand der Annahme von Mittäterschaft entgegen[104].   **87**

Schwierigkeiten kann auch die gewissermaßen entgegengesetzte Konstellation bereiten, dass sich einer der Mittäter dem Unternehmen erst nachträglich, nach bereits erfolgter Teilverwirklichung des Delikts durch andere, anschließt (sog. *sukzessive* Mittäterschaft). Dass dies möglich ist, steht prinzipiell außer Frage, und ebenso, dass der Hinzutretende für dasjenige Unrecht haftet, das *nach* seinem Beitritt noch begangen wird. Sehr streitig ist hingegen, ob er sich auch Tatteile, insbesondere Erschwerungsgründe, anrechnen lassen muss, die er schon vorfindet. Die neuere Rechtsprechung hat die Frage bejaht, und zwar vor   **88**

---

103 BGHSt 28, 346 (347 f); anders u. a. *Kühl,* § 20 Rn. 105; *Lackner/Kühl,* § 25 Rn. 10.
104 Vgl. *Roxin,* JR 1991, 207.

allem mit dem Argument, dass es bei einem erst im Verlauf der Tat hinzukommenden Gehilfen ebenso gehalten werde[105]. Das läuft jedoch auf die Anerkennung eines dolus subsequens (oben § 8 Rn. 130) hinaus: Der gemeinsame Tatentschluss kann nicht zurückwirken, muss also auch in dieser Hinsicht die mittäterschaftliche Haftung begrenzen[106].

89   Im Fall BGHSt 2, 344 hatte P. nachts einen Kiosk aufgebrochen, dort Lebensmittel entwendet und sie in die Wohnung des N. gebracht. N., nunmehr von der Tat unterrichtet, holte mit P. zusammen weitere Waren aus dem Kiosk; die Gesamtbeute wurde geteilt. Die Frage war, ob P. hier als Mittäter nur beim einfachen oder aber beim Einbruchsdiebstahl (§§ 242, 243 I Nr. 1) anzusehen war. Die vom BGH zur (sukzessiven) Beihilfe gezogene Parallele ist jedenfalls nicht zwingend. Über die Frage wird vielmehr auch dort gestritten (unten Rn. 133 ff). Erstreckt man die Haftung des Gehilfen aber auf Erschwerungsgründe, die der Täter schon verwirklicht hat, so hätte N. im vorliegenden Fall nicht nur wegen Mittäterschaft beim einfachen Diebstahl, sondern immerhin auch wegen Beihilfe zum Einbruchsdiebstahl haftbar gemacht werden können[107].

90   bb) Dass die Mittäterschaft nicht nur die Beteiligung am gemeinsamen Tatentschluss, sondern auch einen **objektiven Beitrag** zur Tat erfordert, ist praktisch unbestritten. Nur darüber gehen die Meinungen auseinander, was als ein solcher Beitrag angesehen werden kann.

91   Praktisch ausnahmslos anerkannt wird heute allerdings, dass derjenige, der die eigentliche Tathandlung *allein* vornimmt, stets (Mit-)Täter ist, sofern ihm nicht besondere täterschaftliche Qualifikationen fehlen (unten Rn. 97 f), ganz gleich, in welcher Weise andere bei der Tat mitwirken mögen (oben Rn. 28). Auch bei eigenhändiger Verwirklichung wenigstens eines tatbestandlich umschriebenen Teilstücks der Ausführungshandlung, wie im Beispiel der beiden Bankräuber (oben Rn. 81), steht die Mittäterschaft außer Frage. Umstritten ist die Frage aber bei Tatbeiträgen, die schon im Stadium der Vorbereitung der eigentlichen Tat geleistet werden oder deren Ausführung nur erleichtern. Beispiele bilden einerseits die Planung und Organisation etwa des von einem Kollektiv mit verteilten Rollen begangenen Einbruchs in eine Bank, an

---

105 BGHSt 2, 344 (346 f); zustimmend u. a. *Jescheck/Weigend*, S. 678; *Welzel*, S. 107.
106 So die frühere Rechtsprechung und die nunmehr h. L.: RGSt 59, 79 (82); *Freund*, § 10 Rn. 160; *Kühl*, § 20 Rn. 129; *Maurach/Gössel/Zipf*, § 49 Rn. 74; *Roxin*, LK, § 25 Rn. 192; *Samson*, SK, § 25 Rn. 124; Schönke/Schröder/ *Cramer*, § 25 Rn. 91.
107 So insbesondere *Roxin*, Täterschaft, S. 289 ff.

dererseits Handlungen wie das Chauffieren des für die Fahrt zum Tatort oder zur Flucht benutzten Autos, das Schmierestehen usw.

Die Rechtsprechung stellt hier darauf ab, ob der Tatbeteiligte einen Beitrag 92
leistet, der sich nach seiner Willensrichtung nicht als bloße Förderung fremden Tuns, sondern als Teil der Tätigkeit aller darstellt, und der die Handlungen der anderen als Ergänzung seines eigenen Tatanteils erscheinen lässt. Ob das der Fall ist, soll in »wertender Betrachtung« ermittelt werden. Wesentliche Anhaltspunkte sollen dabei der Grad des eigenen Interesses am Erfolg, der Umfang der Tatbeteiligung, die Tatherrschaft oder wenigstens der Wille zur Tatherrschaft sein[108]. Dabei bleibt völlig offen, welches Gewicht diesen Teilmomenten für sich allein und im Verhältnis zueinander beizumessen ist. Die Gesamtwertung ist praktisch nicht überprüfbar. Über sie kann, wie schon bei der (reinen) Animus-Theorie, weitgehend vom Ergebnis her entschieden werden (vgl. oben Rn. 14). Die genannten Formeln haben die Praxis denn auch nicht gehindert, schon eine relativ geringfügige, im Stadium der Vorbereitung geleistete oder die Ausführung der Tat nur begleitende Mitwirkung an ihr als Mittäterschaft zu qualifizieren[109].

Stellt man auch hier auf die Tatherrschaft ab, so kann Mittäter nur 93
sein, wer an ihr partizipiert, sie also gemeinsam mit anderen ausübt. Das ist allein dort der Fall, wo sein Tatbeitrag – nach dem Gesamtplan – »im Ausführungsstadium eine unerlässliche Voraussetzung für die Verwirklichung des angestrebten Erfolges bildet«, also so wichtig ist, dass mit ihm »das ganze Unternehmen steht oder fällt« (sog. »funktionelle« Tatherrschaft)[110]. Auch dieser Gesichtspunkt bildet freilich nur eine *Richtlinie* für die Abgrenzung, nicht einen scharfkantigen Maßstab, der alle Zweifel erledigen würde. Insbesondere wird man bei der Frage, ob ein Tatbeitrag »im Ausführungsstadium« wesentlich war, nicht auf den Zeitpunkt abstellen dürfen, in dem er *geleistet* wurde[111], sondern allein darauf, in welcher Weise er bei der Ausführung *weiterwirkte*.

Planung und Organisation eines von mehreren ausgeführten Delikts bei- 94
spielsweise müssen auch dann Mittäterschaft begründen, wenn der Organisator nicht noch während der Ausführung in telefonischer Verbindung mit den Ak-

---

108 BGHSt 28, 346 (348 f); 37, 289 (291); 38, 315 (319); 39, 381 (386).
109 Eingehende Nachweise bei *Zieschang*, S. 361 f; ferner BGHSt 40, 299 (301) im sog. »Münzhändler«-Fall, in dem es freilich schon am gemeinsamen Tatentschluss fehlte.
110 *Roxin*, Täterschaft, S. 277 ff; in der Sache ebenso *Jakobs*, 21/49; *Jescheck/Weigend*, S. 674; *Rudolphi*, S. 373 f; *Samson*, SK, § 25 Rn. 122.
111 Anders *Roxin*, Täterschaft, S. 292 ff; *ders.*, LK, § 25 Rn. 181 ff; *Zieschang*, S. 372 ff; prinzipiell übereinstimmend *Köhler*, S. 518; *Rudolphi*, S. 374 f; eingehend kritisch *Dencker*, S. 200 ff.

teuren steht: Der Plan zeichnet das Verhalten der Beteiligten im Ausführungsstadium vor, gestaltet die einzelnen Rollen und beteiligt den Organisator deshalb an der Tatherrschaft[112]. Die Lieferung von Werkzeugen, Waffen etc.
oder der Hinweis auf Gelegenheiten zur Deliktsbegehung hingegen bedeutet keine
Vorentscheidung darüber, ob und wie das Delikt ausgeführt werden soll, bleibt
also bloße Beihilfe. Bei einer während der Ausführung geleisteten Unterstützung (Abwarten im zur Flucht bestimmten Auto, Schmierestehen usw.) wird es
darauf ankommen, ob dieser Beitrag nach Lage der Dinge als unerlässlich erscheint[113], wie beim Raubüberfall auf eine Bank, dessen Gelingen von schneller
Flucht abhängt, nicht aber ohne weiteres bei einem nächtlichen Einbruchsdiebstahl. Auch für die psychische Unterstützung kann nichts anderes gelten: Es
bleibt bei Anstiftung oder Beihilfe, wenn der Freund die Ehefrau dazu veranlasst oder in dem Entschluss bestärkt, ihren Mann aus dem Wege zu räumen,
während Mittäterschaft gegeben ist, wenn die Frau – wie beide wissen – nur
handelt, weil und solange sich der Freund mit ihr solidarisiert, mag auch die eigentliche Ausführung allein bei ihr liegen.

95   b) Wo das Gesetz sie erfordert, müssen die besonderen täterschaftlichen Merkmale auch bei der Mittäterschaft, wie bei jeder Form der Täterschaft, *neben* der (Mit-)Beherrschung des tatbestandserfüllenden Geschehensablaufs gegeben sein. Fehlt es daran, so kann ein Tatbeteiligter,
selbst wenn er an der Tatherrschaft partizipiert, nur als Teilnehmer
(Anstifter oder Gehilfe) haftbar gemacht werden, und dies auch nur
dann, wenn die Voraussetzungen der Teilnahme tatsächlich erfüllt sind.
Insofern gelten hier dieselben Regeln wie bei der mittelbaren Täterschaft (oben Rn. 73 ff).

96   Errichten also etwa der zuständige Beamte und ein Außenstehender in ar-
beitsteiligem Zusammenwirken eine unwahre öffentliche Urkunde (§ 348 I), so
ist nur der Intraneus Täter, der Extraneus hingegen, je nach Lage der Dinge,
Anstifter oder Gehilfe. Anstiftung insbesondere kommt dann nur in Betracht,
wenn der Extraneus wirklich den Tatentschluss des Beamten hervorgerufen hat.
Dagegen wäre es unzulässig, die – ihrer Struktur nach – »mittäterschaftliche«
Mitwirkung des Extraneus auch ohne diese Voraussetzung nur deshalb als Anstiftung zu behandeln, weil der Extraneus nicht Täter sein kann. Sonst würde
man wiederum die allein auf Täterschaft und Anstiftung angedrohte Strafe auf
eine Form der Mitwirkung ausdehnen, die weder das eine noch das andere ist,
unter dem Titel der »Anstiftung« also einen allgemeinen Urheberbegriff einfüh-
ren, den das Gesetz nicht kennt.

---

112 BGHSt 33, 50 (53); *Jakobs*, 21/49; *Kühl*, § 20 Rn. 110; *Samson*, aaO (Fn. 96);
     kritisch *Bloy*, S. 197 ff; *Herzberg*, JZ 1991, 856 ff (860 f).
113 Ebenso *Roxin*, Täterschaft, S. 282 ff; ähnlich *Jakobs*, 21/54; *Kühl*, § 20 Rn. 116.

c) Dass jeder Mittäter in den durch den gemeinsamen Tatentschluss 97
gesteckten Grenzen für die Tat als ganze einzustehen hat, wie wenn er
sie allein begangen hätte, ergibt sich schon aus dem Gesetz. Trotzdem
können die Strafbestimmungen, nach denen die verschiedenen Mittäter
haften, voneinander abweichen, auch abgesehen vom Fall des Exzesses
(oben Rn. 85). Sowohl die Schwere des Unrechts nämlich wie das Maß
der Schuld werden mitunter durch Momente beeinflusst, die nur einzelnen Mittätern zuzurechnen sind. Hier sind in jeder Hinsicht die Regeln
der §§ 28, 29 anzuwenden, auf die später einzugehen ist (unten
Rn. 182 ff).

Danach fällt etwa die straferhöhende Verletzung der Sonderpflicht beim *un-* 98
echten Sonderdelikt (oben § 8 Rn. 4), das der Intraneus und der Extraneus gemeinsam begehen, nur dem Intraneus zur Last, während der Extraneus nach
dem Grundtatbestand zu bestrafen ist: Bei einer mittäterschaftlich verübten
Körperverletzung beispielsweise haftet der Amtsträger nach § 340, der Außenstehende nach § 223. Das gleiche gilt bei einer Abstufung der Schuld, etwa im
Falle einer gemeinschaftlich begangenen Abtreibung, die bei der Schwangeren
nach § 218 III, bei anderen nach § 218 I, II bestraft wird (vgl. oben § 8 Rn. 6).

4. Nebentäterschaft

Von Nebentäterschaft wird dann gesprochen, wenn mehrere Tatbetei- 99
ligte unabhängig voneinander auf denselben Taterfolg hinwirken. Dabei
geht es jedoch nicht um eine selbständige Erscheinungsform der Täterschaft, sondern allein um die begriffliche Kennzeichnung der Konstellation, dass für den tatbestandserfüllenden Geschehensablauf mehrere
Personen als Täter verantwortlich sind, *ohne* die Voraussetzungen der
Mittäterschaft zu erfüllen. Unter der »Unabhängigkeit« der Nebentäter
ist nichts anderes zu verstehen als das Fehlen der mittäterschaftlichen
Verbindung. Da jeder der Beteiligten hier ohnehin Täter *ist*, gab es keinen Grund, die Nebentäterschaft im Gesetz auch nur zu erwähnen.

Das entsprechende Nebeneinander mehrerer Täter ist zunächst dort gegeben, 100
wo sich ihre Tathandlungen zufällig, ohne dass einer vom anderen wusste, im
selben Deliktserfolg treffen, wie beispielsweise dann, wenn mehrere vom selben
Verwaltungsakt betroffene Interessenten ohne gegenseitige Absprache versuchen, den zuständigen Beamten durch Bestechung (§ 334) zur Rücknahme zu
bewegen. Mehrere Täter wirken aber auch dann nebeneinander auf denselben
Erfolg hin, wenn immerhin einer vom Tatentschluss des anderen weiß und sich
das zunutze macht, also beispielsweise bewirkt, dass der Mörder sein Opfer
findet. Nur bereitet es in solchem Falle erhebliche Schwierigkeiten, Täterschaft
und Beihilfe gegeneinander abzugrenzen. Davon war zuvor bereits die Rede
(oben Rn. 29).

III. Versuch und Rücktritt

Literatur: Grünwald, Zum Rücktritt des Tatbeteiligten im künftigen Recht, in: FS Welzel, 1974, S. 701 ff; *Krack,* Der Versuchsbeginn bei Mittäterschaft und mittelbarer Täterschaft, ZStrW 110 (1998), 611 ff; *Krüger,* Der Versuchsbeginn bei mittelbarer Täterschaft, 1994; *Küper,* Versuchsbeginn und Mittäterschaft, 1978; *ders.,* Versuchs- und Rücktrittsprobleme bei mehreren Tatbeteiligten, JZ 1979, 775 ff; *ders.,* Der Versuchsbeginn bei mittelbarer Täterschaft, JZ 1983, 361 ff; *Lenckner,* Probleme beim Rücktritt des Beteiligten, in: FS Gallas, 1973, S. 281 ff; *Roxin,* Der Anfang des beendeten Versuchs, in: FS Maurach, 1972, S. 213 ff; *ders.,* Mittäterschaft beim Versuch, in: FS Odersky, 1996, S. 489 ff; *ders.,* Der Rücktritt bei Beteiligung mehrerer, in: FS Lenckner, 1998, S. 267 ff; *v. Scheurl,* Rücktritt vom Versuch und Tatbeteiligung mehrerer, 1972; *Schilling,* Der Verbrechensversuch des Mittäters und des mittelbaren Täters, 1975; *Valdágua,* Versuchsbeginn des Mittäters bei den Herrschaftsdelikten, ZStrW 98 (1986), 839 ff; *Weber,* Probleme der Versuchsstrafbarkeit bei mehreren Tatbeteiligten, in: FS Lenckner, 1998, S. 435 ff.

101   Auch der von einem mittelbaren Täter oder von Mittätern begangene Deliktsversuch kann scheitern. Auf ihn lassen sich jedoch die am Modell der Alleintäterschaft für die Abgrenzung von Vorbereitung und Versuch und für den strafbefreienden Rücktritt entwickelten Regeln (oben § 11 Rn. 29 ff, 67 ff) nicht ohne weiteres übertragen. Was hier zu gelten hat, ist vielmehr höchst umstritten, aus Gründen, die ebenso in der Sache selbst wie in der Gesetzesfassung liegen.

1. Der Beginn des Versuchs

102   Was zunächst die Abgrenzung von Vorbereitung und Versuch anbetrifft, so stellt sich die Frage grundsätzlich dahin, ob es allein auf das Handeln des mittelbaren Täters bzw. des einzelnen Mittäters ankommt (»Einzellösung«) oder ob der mittelbare Täter und sein Werkzeug bzw. die Gesamtheit der Mittäter als Einheit zu sehen sind (»Gesamtlösung«). Für jede dieser beiden Auffassungen sprechen sehr beachtliche Argumente[114].

103   a) Beim *mittelbaren Täter* werden alle denkbaren Lösungen vertreten. Teils wird ganz auf dessen eigenes Verhalten abgestellt, so dass der Versuch schon mit der Einwirkung auf den Tatmittler beginnen soll[115], teils auf den Abschluss dieser Einwirkung bzw. auf den Zeitpunkt, in dem

114 Eingehend *Krack,* S. 625 ff.
115 *Baumann/Weber/Mitsch,* § 29 Rn. 155.

der mittelbare Täter das Geschehen aus der Hand gibt[116] oder in dem, nach seiner Vorstellung, das betroffene Rechtsgut unmittelbar gefährdet ist[117], teils wird bei Bösgläubigkeit des Tatmittlers der Versuch erst dann angenommen, wenn dieser seinerseits zur Ausführung ansetzt[118], und teils ohne Rücksicht auf Gut- oder Bösgläubigkeit des Mittlers allein die »Gesamthandlung« zugrunde gelegt[119].

Der Grund dieser Meinungsverschiedenheit liegt offenbar darin, dass das Verhältnis von mittelbarem Täter und Tatmittler mit *zwei* Konstellationen in Vergleich gesetzt werden kann, die ihrerseits unterschiedlich beurteilt werden. Einerseits liegt die Parallele zur Benutzung eines rein naturgesetzlich wirkenden Werkzeugs nahe, einer mit einer Zeitschaltung versehenen Bombe, die irgendwo angebracht wird, eines Tieres, das abgerichtet wird, einen anderen anzugreifen usw., und diese Parallele wird denn auch häufig gezogen[120]. Von ihr aus scheint nur auf das Handeln des mittelbaren Täters selbst abgestellt werden zu können, die spätere Entwicklung also belanglos zu sein. Auf der anderen Seite begünstigt der Umstand, dass es sich um ein menschliches »Werkzeug« handelt, den Vergleich mit der Anstiftung, vor allem beim bösglaubigen (dolosen) Werkzeug. Im Falle der Anstiftung aber beginnt der Versuch der Tat keineswegs schon mit dem Handeln des Anstifters, erst recht nicht mit dem Beginn der Einwirkung auf den Täter, sondern erst dann, wenn dieser Täter seinerseits zur Ausführung ansetzt. **104**

Die Entscheidung wird danach getroffen werden müssen, durch welche Handlung der mittelbare Täter den Tatbestand »verwirklicht«. Und hier kann unter dem Gesichtspunkt der Tatherrschaft nicht auf die vom mittelbaren Täter in eigener Person (eigenhändig) vollzogenen Akte allein abgestellt werden; das wäre eine Rückkehr zur formell-objektiven Theorie. Maßgebend kann vielmehr nur sein, welchen Geschehensablauf der mittelbare Täter *beherrscht*, unabhängig davon, inwieweit er sich seines eigenen Körpers bedient und inwieweit der Vermittlung eines anderen. Diese Herrschaft ergibt sich im Regelfalle aus eben den Gründen, die den Hintermann zum mittelbaren Täter machen, und sie wird von ihm durch den Tatmittler ausgeübt. Das Verhalten des mittelbaren Täters und des Tatmittlers ist deshalb als Einheit, als »Gesamt- **105**

---

116 BGHSt 30, 363 (365); ferner *Jakobs*, 21/105; *Jescheck/Weigend*, S. 672 f; *Roxin*, in: FS Maurach, S. 227 ff; *Rudolphi*, SK, § 22 Rn. 20a; *Schilling*, S. 112 f; einschränkend aber BGHSt 40, 257 (268); 43, 177 (179).
117 Schönke/Schröder/*Eser*, § 22 Rn. 54a.
118 *Welzel*, S. 191.
119 *Frank*, Anm. II 2 a zu § 43 (S. 87); *v. Hippel* II, S. 475 f; *Kühl*, § 20 Rn. 91; *Vogler*, LK[10], § 22 Rn. 101.
120 Vgl. nur *Baumann/Weber/Mitsch*, aaO (oben Fn. 115).

handlung« zu sehen: »Der mittelbare Täter führt *durch* die Mittelsperson aus, also nicht früher als diese«[121].

106   Besonders schwierig sind die Fälle, in denen das Opfer selbst als (zumeist ahnungsloses) Werkzeug benutzt wird. Hier spricht etwa bei der Ehefrau, die ein vergiftetes Getränk in der Erwartung bereitstellt, dass der Mann es nach seiner Heimkehr trinken werde, alles für die Annahme eines Versuchs (vgl. oben § 11 Rn. 37). Das Gegenteil gilt für den Apotheker, der für Einbrecher, mit deren erneutem Erscheinen er rechnete, eine mit hochgiftiger Flüssigkeit gefüllte Schnapsflasche aufstellte, die dann von einem Kriminalbeamten wieder entfernt wurde[122]. Worin liegt der Unterschied dieser Fälle? Die bloße Möglichkeit der Täterin oder des Täters, noch einmal einzugreifen, kann es nicht sein[123]; sie besteht beide Male. Also bleibt wohl nur die andere Lösung, mit dem BGH darauf abzustellen, ob »ein Erscheinen des Opfers im Wirkungskreis des Tatmittels« nach Lage der Dinge so wahrscheinlich ist, dass bereits von einer unmittelbaren Gefährdung gesprochen werden kann[124].

107   b) Bei der *Mittäterschaft* kann die Frage, hier im Einklang mit der ganz herrschenden Lehre[125], nicht anders entschieden werden: Der Versuch beginnt, kraft gemeinsamer Tatherrschaft einheitlich für alle Mittäter, dann, wenn einer von ihnen zur Verwirklichung des Tatbestandes unmittelbar ansetzt.

108   Die »Einzellösung« hingegen will den Versuchsbeginn, für jeden Mittäter gesondert, danach festlegen, ob er bereits zu seinem eigenen Tatbeitrag angesetzt hat. Dann fragt sich, wie dieser Beitrag seinerseits beschaffen sein muss. Lässt man die letzte psychische Einwirkung auf den Mittäter genügen[126], so wird die Haftung für den Versuch der Beteiligung, im Ergebnis unannehmbar, weit über die Grenzen des § 30 hinaus ausgedehnt: Würden die Beteiligten – in Abwandlung des Falles BGHSt 11, 268 ff – nach einem Einbruch mit der Abrede, auf etwaige Verfolger zu schießen, in *verschiedene* Richtungen fliehen, so wäre jeder des versuchten Mordes schuldig, auch wenn sich nirgends ein Verfolger

---

121 *Frank*, aaO. Allerdings kann der mittelbare Täter ausnahmsweise durch sein eigenes Verhalten mit dem Versuch beginnen, *bevor* das Werkzeug tätig wird; dazu *Krack*, S. 634 f.
122 BGHSt 43, 177 (»Giftfallen«-Fall).
123 So aber *Roxin*, JZ 1998, 211 f, der deshalb im (leicht abgewandelten) Fall der Ehefrau voraussetzen muss, *dass sie das Haus verlässt*, nachdem sie die vergiftete Speise bereitgestellt hat (JuS 1979, S. 9); ihm folgend *Zaczyk* (Lit. oben § 11 vor Rn. 16), S. 321.
124 BGHSt 43, 177 (180 f), mit zust. Anm. *Gössel*, JR 1998, S. 293 ff; abl. Anm. *Roxin*, aaO; kritisch auch *Streng*, in: GS Zipf, 1999, S. 330 ff.
125 BGHSt 36, 249 (250); 39, 236 (237 f); 40, 299 (301 f); *Krack*, S. 612; *Weber*, S. 439 f; je mit eingehenden Nachweisen.
126 So *Schilling*, S. 112 f.

zeigte! Fordert man dagegen einen im *Ausführungsstadium* der Tat geleisteten Beitrag[127], so hängt die Strafbarkeit des einzelnen Mittäters wegen Versuchs von dem Zufall ab, ob sein Beitrag vor oder nach dem Zeitpunkt zu erbringen war, in dem die Tat gescheitert ist. Beidemale wird verkannt, dass die Haftung für den Beginn des Versuchs schon durch den gemeinsamen Tatentschluss vermittelt wird, auf den er zurückgeht[128].

2. Strafbefreiender Rücktritt

Die sachgemäße Behandlung des freiwilligen Rücktritts vom Versuch   109
der mittelbaren Täterschaft oder der Mittäterschaft bereitet an sich keine besonderen Schwierigkeiten, Komplikationen können sich jedoch aus der gesetzlichen Regelung (§ 24 II) ergeben.

Beim mittelbaren Täter muss man sich nur von der Vorstellung trennen,   110
als könnten die für den Rücktritt des allein handelnden Täters geltenden Regeln unbesehen hierher übertragen werden. Ohne Bedeutung ist insbesondere die Unterscheidung von unbeendetem und beendetem Versuch: Sie hat bei der unmittelbaren Täterschaft den Sinn, die Grenze zu bezeichnen, jenseits derer der Erfolgseintritt nur noch durch aktives Handeln verhindert werden kann (oben § 11 Rn. 73). Beim mittelbaren Täter aber kann es, sinngemäß, nur darauf ankommen, ob er nach seinem Tatplan bereits alle von ihm *selbst* zu schaffenden Bedingungen für den Eintritt des Erfolges verwirklicht hat, auch wenn die Tätigkeit des Tatmittlers und (damit) der Versuch noch ausstehen. *Bis* zu diesem Zeitpunkt genügt zur Abwendung des Erfolges die Aufgabe weiteren deliktsgerichteten Verhaltens, *danach* nur die aktive Intervention. Praktisch bedeutet das, dass der mittelbare Täter, wenn der Tatmittler mit der Ausführung der Tat zumindest begonnen hat, dafür sorgen muss, dass ihre Vollendung verhindert wird[129].

Bei der Mittäterschaft kann es prinzipiell nicht anders liegen. Hier   111
greift freilich die wenig geglückte Bestimmung des § 24 II ein: Bei Beteiligung mehrerer verdient sich danach – in der Regel – Straffreiheit nur, wer die Vollendung der Tat verhindert. Das erweckt zunächst den Anschein, als bedürfe es stets aktiver Gegenmaßnahmen. Hat ein Mittäter jedoch noch einen Tatbeitrag zu erbringen, von dem die Vollen-

---

127 So *Roxin*, in: FS Odersky, 1996, S. 491 ff; *Rudolphi*, in: FS Bockelmann, S. 383 ff; *Valdágua*, S. 861 ff.
128 Eingehend *Krack*, S. 614 ff; *Küper*, JZ 1979, 785 ff.
129 Vgl. BGHSt 44, 204 (206 f).

dung der Tat als ganzer abhängt, so kann nicht mehr verlangt werden, als dass er von diesem Beitrag absteht, das heißt weiterzuhandeln *unterlässt*[130]. Nur wenn es für den Erfolg weiterer Mitwirkung des Mittäters nicht mehr bedarf, muss er aktiv eingreifen[131]. Da sich die Tatherrschaft hier auf mehrere verteilt, sollte insoweit allerdings genügen, dass er den Tatbeitrag rückgängig macht, durch den er an ihr partizipiert. Das Gesetz fordert demgegenüber die Verhinderung des Erfolges insgesamt – eine theoretisch kaum zu begründende Regelung[132].

112   Die Differenz spielt bei der Mittäterschaft praktisch nur eine geringe Rolle, wenn sie stets einen so gewichtigen Tatbeitrag erfordert, dass der Erfolg von ihm (mit) abhängt (oben Rn. 93). Immerhin bleibt die Unstimmigkeit, dass an sich nur der Tatbeitrag, nicht der Mittäter unentbehrlich sein muss; an dessen Stelle kann immer noch ein Komplize treten. Als überspannt erweisen sich die gesetzlichen Anforderungen jedoch vor allem dann, wenn dem zurücktretenden Mittäter die Neutralisierung seines Tatanteils gelingt, nicht aber die Verhinderung der Tat als ganzer: Nach § 24 II 2 muss er sich, um straflos zu bleiben, auch um diesen weitergehenden Abwendungserfolg zumindest bemüht haben!

B. Die Teilnahme

Literatur: Altenhain, Die Strafbarkeit des Teilnehmers beim Exzeß, 1994; *Bemmann,* Die Umstimmung des Tatentschlossenen zu einer schwereren oder leichteren Begehungsweise, in: FS Gallas, 1973, S. 273 ff; *Bitzilekis,* Über die strafrechtliche Bedeutung der Abgrenzung von Vollendung und Beendigung der Straftat, ZStrW 99 (1987), 723 ff; *Dreher,* Der Paragraph mit dem Januskopf, in: FS Gallas, 1973, S. 307 ff; *Hassemer,* Professionelle Adäquanz, wistra 1995, 41 ff, 81 ff; *Herzberg,* Anstiftung und Beihilfe als Straftatbestände, GA 1971, 1 ff; *Jakobs,* Akzessorietät – Zu den Voraussetzungen gemeinsamer Organisation, GA 143 (1996), 253 ff; *Jescheck,* Wesen und rechtliche Bedeutung der Beendigung der Straftat, in: FS Welzel, 1974, S. 683 ff; *Kühl,* Die Beendigung des vorsätzlichen Begehungsdelikts, 1974; *Küper,* Der »agent provocateur« im Strafrecht, GA 1974, 321 ff: *Lesch,* Das Problem der sukzessiven Beihilfe, 1992; *Lüderssen,* Zum Strafgrund der Teilnahme, 1967; *M.-K. Meyer,* Tatbegriff und Teilnehmerdelikt, GA 1979, 252 ff; *Salamon,* Vollendete und versuchte Beihilfe, 1968; *Samson,* Hypothetische Kausalverläufe im Strafrecht, 1972; *Sax,* Zur Problematik des »Teilnehmerdelikts«, ZStrW 90 (1978), 927 ff; *Schaffstein,* Die Risikoerhöhung als objektives Zurechnungsprinzip im Straf-

---

130 BGH, NStZ 1989, 318; *Jakobs,* 26/27; *Mitsch,* in: FS Baumann, 1992, S. 90 f;
   v. Scheurl, S. 121 ff; Schönke/Schröder/*Eser,* § 24 Rn. 89, m.w.N.
131 So lag es in BGHSt 28, 346.
132 Kritisch auch *Mitsch,* aaO, S. 97 ff; *Roxin,* Rücktritt, S. 278 ff, m.w.N.

recht, insbesondere bei der Beihilfe, in: FS Honig, 1970, S. 169 ff; *Stree,* Bestimmung eines Tatentschlossenen zur Tatänderung, in: FS Heinitz, 1972, 277 ff; *Trechsel,* Der Strafgrund der Teilnahme, 1967.

Der Teilnehmer – Anstifter oder Gehilfe – zeichnet sich negativ dadurch aus, dass er die tatbestandsmäßige Handlung *nicht* vornimmt, das Delikt *nicht* begeht; sonst wäre er eben Täter. Die Strafbestimmungen des Besonderen Teils des StGB erfassen daher von sich aus die Teilnahme nicht. So gesehen, bilden die für Anstiftung und Beihilfe geltenden Vorschriften (§§ 26, 27) eine *Erweiterung* der Strafbarkeit auf Verhaltensweisen, die sonst straflos bleiben würden. Das besagt zugleich, dass andere als die vom Gesetz ausdrücklich genannten Spielarten der Mitwirkung an einer Straftat *nicht* einbezogen werden dürfen: Täterschaft, Anstiftung und Beihilfe bilden den numerus clausus der Formen strafbarer Deliktsbeteiligung. | 113

Allerdings kann man von Teilnahme nicht nur in einem formellen, auf die jeweilige Tatbestandsfassung bezogenen Sinn sprechen, sondern auch in einem materiellen Sinn, der an die eigentliche Rechtsverletzung anknüpft. Insofern liegt es hier ähnlich wie beim Begriff der Vorbereitung (oben § 11 Rn. 8). Wenn etwa das Gesetz denjenigen mit Strafe bedroht, der einen Gefangenen »zum Entweichen verleitet oder dabei fördert« (§ 120), so betrifft das ein Verhalten, das sich der Sache als Anstiftung oder Beihilfe, formell aber, da tatbestandlich umschrieben, als Täterschaft darstellt. Solche Komplikationen können hier vorerst beiseite bleiben. Der Text geht von dem Normalfall aus, dass sich die formell und die materiell verstandene Teilnahme decken. | 114

I. Strafgrund und Akzessorietät der Teilnahme

Nach dem Wortlaut des Gesetzes ist Teilnehmer, wer einen anderen zu dessen vorsätzlich begangener Tat bestimmt oder ihm dabei Hilfe geleistet hat. Das macht es notwendig, zunächst zu klären, wie dieser Zusammenhang zwischen der Teilnahme und der zugehörigen Tat genauer zu verstehen ist. Denn darauf kommt es, wie sich zeigen wird, bei einer ganzen Reihe von Zweifelsfragen an. | 115

1. Der Strafgrund der Teilnahme

Dass sich die Teilnahme, um strafwürdig zu sein, auf eine (Haupt-)Tat beziehen muss, kann in verschiedener Weise interpretiert werden. Die heute vorherrschende Auffassung nimmt dabei eine Mittelstellung ein. | 116

333

117   Man kann zum ersten meinen, dass die Teilnahme eine eigenständige Form der Verursachung (oder des Versuchs der Verursachung) eines strafrechtlich relevanten Erfolges darstelle, die ihren Unrechtsgehalt unmittelbar aus der Rechtsgutsverletzung beziehe, die sie herbeiführt oder fördert (»*reine*« *Verursachungstheorie*). Dass sie im Regelfall immerhin eine vorsätzlich begangene rechtswidrige Tat voraussetzt, wäre danach nicht in der Sache selbst, sondern allein kriminalpolitisch und/oder in dem rechtsstaatlichen Erfordernis hinreichender Bestimmtheit des mit Strafe bedrohten Verhaltens begründet. Neben dem Täterdelikt gäbe es ein selbständiges »Teilnehmerdelikt«[133]. Diese Auffassung hat sich nicht durchsetzen können.

118   Für die reine Verursachungstheorie dürfte es nur darauf ankommen, ob der Teilnehmer selbst rechtswidrig und schuldhaft handelt. Demgegenüber setzen die §§ 26, 27 eine rechtswidrige Tat des *Täters* voraus, und § 28 zwingt zu dem Umkehrschluss, dass jedenfalls die sachlichen (unpersönlichen) Merkmale des vom *Täter* verwirklichten Unrechts prinzipiell auch den Unrechtsgehalt der Teilnahme festlegen. Gegen jene Deutung spricht aber auch die unterschiedliche Behandlung der Beteiligungsrollen beim (echten) Sonderdelikt: Hier kann der Extraneus nicht Täter sein (oben Rn. 22), wohl aber, wie kaum noch bezweifelt wird, Teilnehmer, und das ist nur zu erklären, wenn sich das Unrecht der Teilnahme – entgegen der Verursachungstheorie – aus dem der Tat ableitet.

119   Praktisch nicht mehr vertreten wird demgegenüber die gewissermaßen das andere Extrem bildende Auffassung, wonach sich die Strafwürdigkeit der Teilnahme (erst) aus der Schuld des Täters ergibt: »Der Anstifter führt den Täter in Schuld und Strafe, der Gehilfe wird mindestens mitschuldig«[134] (sog. *Schuldteilnahmetheorie*). Auch sie ist mit einem Gesetz nicht zu vereinbaren, das ausdrücklich sagt, jeder an einer Tat Beteiligte werde »ohne Rücksicht auf die Schuld des anderen nach seiner Schuld bestraft« (§ 29).

120   Will man trotzdem am Gedanken der Schuldteilnahme festhalten, so muss man ihn entweder durch andere Haftungskriterien ergänzen, der Teilnahme also etwa eine »Doppelnatur« zusprechen[135]. Dann freilich könnte der Grundsatz immer dort, wo er hinderlich wäre, beiseite geschoben werden. Oder aber man muss das Erfordernis der »Schuld« des Täters so weit abschwächen, dass eben auch der Schuld*lose* erfasst wird, indem man etwa auf die »soziale Desin-

---

133 Im wesentlichen übereinstimmend *Lüderssen*, S. 78 ff, 161 ff; *M.-K. Meyer*, S. 254 ff; *Sax*, S. 927 ff; *Schmidhäuser*, Lb, 14/77 ff.
134 *H. Mayer*, StuB, S. 155; grundsätzlich ebenso *Trechsel*, S. 13 und pass.
135 *H. Mayer*, StuB, S. 157 f; näher *Bloy*, S. 207 ff.

tegration« des Täters abstellt[136]. Dann wiederum dürfte für die Anstifterstrafe nicht die Schwere der Tat maßgebend sein, sondern allein die Frage, ob und inwieweit der Täter vorher sozial »integriert« war und inwieweit der Anstifter ihn negativ beeinflusst hat. Das ist nicht die Lösung des geltenden Rechts (§ 26). Die Strafbarkeit der Beihilfe lässt sich ohnehin kaum auf den Gedanken der Schuldteilnahme stützen[137].

Der Strafgrund der Teilnahme kann nach dem Gesagten prinzipiell   121 nur darin gesucht werden, dass der Anstifter und der Gehilfe zur Verwirklichung des Unrechts beitragen, das der Täter begeht (*Unrechtsteilnahmetheorie*[138]). Der Teilnehmer erfüllt, wie einleitend bereits angedeutet, nicht selbst die im Besonderen Teil des StGB umschriebenen Straftatbestände, sondern das daraus abgeleitete, in den §§ 26 und 27 kodifizierte Verbot, einen anderen zu solch tatbestandsmäßigem Verhalten zu veranlassen oder ihn dabei zu unterstützen. Der Unrechtsgehalt der Teilnahme bestimmt sich deshalb primär nach dem Unrecht der Tat, zu der sie geleistet wird.

Dieser Gedanke nötigt *nicht* zu dem Umkehrschluss, dass die Veranlassung   122 oder Förderung einer Tat, die sich in der Person des Täters als strafrechtlich relevantes Unrecht darstellt, es *stets* auch in der Person des Teilnehmers sein müsse. Das lässt sich mit dem einfachen Beispiel einer versuchten Tötung auf Verlangen (§ 216) verdeutlichen: Da das Leben des Einzelnen ihm selbst gegenüber rechtlich nicht geschützt ist, bildet die vom überlebenden Opfer begangene »Anstiftung« kein Unrecht (dazu näher unten Rn. 205 f). Diese Einschränkung hat einen Teil der Lehre veranlasst, auch noch das Etikett der »*gemischten*« Verursachungstheorie einzuführen[139], wodurch die Übersicht nicht eben erleichtert wird. Die »Theorie« kann ohnehin, hier wie auch sonst, nur einen *Grundgedanken* formulieren, aus dem sich die Lösung vieler Einzelfragen nicht einfach deduzieren lässt.

---

136 *Trechsel*, S. 55.
137 Insoweit greift auch *Trechsel*, S. 107, auf die Verursachungstheorie zurück.
138 Wie hier verwendet den Begriff *Otto*, § 22 N. 7; kritisch dagegen *Bloy*, S. 211 Fn. 93. Die entsprechende Auffassung wird vielfach auch »*akzessorietätsorientierte*« *Verursachungstheorie* (so etwa *Kühl*, § 20 Rn. 132, m.w.N.; *Küper*, ZStrW 102, 577) oder »*Förderungs- und Verursachungstheorie*« (so etwa *Jescheck/Weigend*, S. 685, m.w.N.) genannt. Das ist eher verwirrend und jedenfalls wenig anschaulich. Entgegen der Behauptung von *Roxin* (LK, Rn. 11 vor § 26) bezeichnet übrigens nicht auch *Trechsel* seine Auffassung als »Unrechtsteilnahmetheorie«, sondern durchgehend – und zu Recht – als Schuldteilnahmetheorie (S. 5 ff und pass.); unzutreffend die Verwendung des Begriffs auch bei *Samson*, SK, 6 vor § 26.
139 *Roxin*, LK, Rn. 22 vor § 26.

2. Die Akzessorietät der Teilnahme

123   Die üblicherweise als Akzessorietät bezeichnete Abhängigkeit strafbarer Teilnahme von einer Haupttat, auf die sie sich beziehen muss, macht es nötig, die Voraussetzungen zu präzisieren, die diese Haupttat ihrerseits erfüllen muss. Die Antwort ergibt sich im Wesentlichen aus dem Grundsatz der Unrechtsteilnahme.

124   a) Dabei geht es zunächst um ein bestimmtes Mindestmaß an *Verbrechenselementen*.

125   Läge der Strafgrund der Teilnahme darin, dass der Täter nicht nur in Schuld, sondern wirklich in *Strafe* geführt wird (oben Rn. 119), so müsste die Haupttat *sämtliche* materiellen Voraussetzungen der Strafbarkeit aufweisen, vielleicht sogar verfolgbar sein (sog. *Hyper*akzessorietät). Das wäre jedoch nur dann sinnvoll, wenn man die Teilnahme als ein gegen *Täter* gerichtetes Delikt verstünde. Demgegenüber muss die Schuldteilnahmetheorie in ihrer reinen Form verlangen, dass der Täter wenigstens tatbestandsmäßig, rechtswidrig und *schuldhaft* handelt (sog. extreme Akzessorietät). Das war die auf dem Boden des StGB von 1871 überwiegende Auffassung, bis 1943 eine dem heutigen § 29 entsprechende Bestimmung (als § 50 I a. F.) in das Gesetz eingefügt wurde.

126   Die Unrechtsteilnahmetheorie kann sich mit einer Haupttat begnügen, die tatbestandsmäßig und *rechtswidrig* ist (sog. *limitierte* Akzessorietät). Das schließt – folgt man der hier vertretenen Unrechtslehre (oben § 8 Rn. 47 ff) – immerhin das Erfordernis ein, dass der subjektive Tatbestand erfüllt, bei Vorsatzdelikten also auch der *Vorsatz* des Täters gegeben ist. Nur dann handelt es sich um eine »rechtswidrige Tat« im Sinne des Gesetzes. *Nicht* aber lässt sich schon mit Hilfe des Prinzips der Unrechtsteilnahme die weitere Frage beantworten, ob Anstiftung und Beihilfe *nur* bei Vorsatzdelikten möglich, bei Fahrlässigkeitsdelikten dagegen ausgeschlossen sind; auch die fahrlässig begangene Straftat enthält tatbestandsmäßiges Unrecht. Die Frage war deshalb lange umstritten. Das positive Recht hat sie nunmehr dahin entschieden, dass die Teilnahme eine (auch) »vorsätzlich begangene rechtswidrige Tat« voraussetzt (§§ 26, 27).

127   Die Zweifel an der Richtigkeit des Prinzips der limitierten Akzessorietät sind bis heute nicht verstummt[140]. Praktisch ist es jedenfalls nur von geringer Bedeutung, wenn die Benutzung eines schuldlos handelnden Tatmittlers mit der ganz überwiegenden Lehre prinzipiell als mittelbare Täterschaft angesehen wird (oben Rn. 46 ff). Es spielt dann nur dort noch eine Rolle, wo mittelbare Täter-

---

140 Siehe insbesondere *Jakobs*, Akzessorietät, S. 253 ff, m.w.N.

schaft aus *anderen* Gründen ausscheidet, wie bei Sonderdelikten oder etwa deshalb, weil der Hintermann nicht erkennt, dass er einen schuldlos Handelnden zur Tat veranlasst (vgl. unten Rn. 218).

b) Die Haupttat, zu der die Teilnahme beiträgt, muss ferner eine be-   128
stimmte *Verwirklichungsstufe* erreichen: eben diejenige, mit der das strafrechtlich relevante Unrecht beginnt. Die Möglichkeit der Teilnahme steht deshalb nur dann völlig außer Frage, wenn die Haupttat, zu der sie geleistet worden ist, *vollendet* wird. Erreicht die Haupttat dagegen nur das Stadium des Versuchs oder gar der Vorbereitung, so setzt die Strafbarkeit der Teilnahme selbstverständlich voraus, dass der Versuch oder – ausnahmsweise – schon die Vorbereitung überhaupt unter Strafe steht.

Allerdings bedroht das Gesetz in gewissen Grenzen auch die versuchte   129
(erfolglose) Teilnahme mit Strafe (dazu unten Rn. 169 ff). Das hält man vielfach mit dem Gedanken der Unrechtsteilnahme für unvereinbar[141]. Dieser Grundsatz besagt jedoch nur, dass sich der Unrechtsgehalt der Teilnahme – ganz ebenso wie etwa der Unrechtsgehalt einer selbständig mit Strafe bedrohten Vorbereitung – *sachlich* aus dem Unrechtsgehalt der Tat ergibt, auf die sie sich bezieht, *nicht* hingegen, dass diese Tat auch realisiert worden sein muss. Im Übrigen lässt gerade der hier bestehende Sachzusammenhang deutlich werden, dass es sich bei der erfolglosen Teilnahme (wie bei der Vorbereitung des Delikts) um relativ entfernte Vorstadien des eigentlichen Angriffs auf das rechtlich geschützte Interesse handelt, so dass unter rechtsstaatlichen wie unter kriminalpolitischen Gesichtspunkten mindestens problematisch ist, ob man die Strafbarkeit so weit ausdehnen sollte.

c) Die Teilnahme kann andererseits nur solange zum Unrecht der Tat   130
beitragen, wie dieses Unrecht noch *nicht voll verwirklicht* ist. Deshalb muss die Tat im Zeitpunkt der Teilnahme regelmäßig noch unvollendet sein. Nicht selten geht die Unrechtsverwirklichung jedoch über die (formelle) Vollendung des Delikts hinaus (vgl. oben § 11 Rn. 14): Dann fragt sich, ob und inwieweit Teilnahme auch nach diesem Zeitpunkt noch, bis zum völligen Abschluss des tatbestandserfüllenden Geschehens, seiner materiellen Vollendung (oder »Beendigung«), möglich ist.

Dabei sind verschiedene Konstellationen zu unterscheiden. Am einfachsten   131
liegt es bei sog. *Dauerstraftaten*, die dadurch gekennzeichnet sind, dass die zeitliche Fortdauer eines rechtswidrigen Zustandes oder Verhaltens noch *tatbestandliches* Unrecht bildet, wie etwa, um die üblichen Beispiele zu nennen, bei einer Freiheitsberaubung (§ 239) oder beim Fahren ohne Fahrerlaubnis

---

141 Vgl. nur *M.-K. Meyer*, S. 255.

(§ 21 StVG). Die *Vollendung* tritt hier mit der (erstmaligen) Verwirklichung aller Tatbestandsmerkmale ein, im Beispiel also mit der Einsperrung des Betroffenen oder dem Ingangsetzen des Autos, die *Beendigung* erst mit der Beseitigung des rechtswidrigen Zustandes (der Befreiung des Betroffenen) oder dem Abbruch des verbotenen Verhaltens (am Ende der Autofahrt), und bis zu diesem Zeitpunkt können auch Beihilfehandlungen noch zum Unrechtserfolg beitragen.

132   Außer Frage steht die Möglichkeit einer Teilnahme aber auch dort, wo das Gesetz – bei einer graduell fortschreitenden Rechtsverletzung – die Verwirklichung schon eines Teils des Unrechtserfolges mit der Vollendungsstrafe bedroht oder wo sich die Verwirklichung des Unrechts tatsächlich über einen längeren Zeitraum erstreckt. So liegt es beispielsweise bei einem Tatbestand wie dem der Brandstiftung, der mit dem »In-Brand-Setzen« bereits das erste Stadium der fortschreitenden Zerstörung der geschützten Güter erfasst (§§ 306, 306a): Hier leistet auch derjenige Beihilfe, der die Löscharbeiten erschwert. Entsprechendes gilt bei einer längerdauernden oder mit quälender Fesselung des Betroffenen verbundenen Körperverletzung, an der ein anderer zweifellos bis zum Ende dieses Zeitraums mitwirken kann.

133   Zweifelhaft ist die Frage dort, wo das an die formelle Vollendung anschließende Geschehen, für sich allein genommen, keinen Straftatbestand mehr erfüllt, sondern die Rechtsgutsverletzung eben nur noch zu Ende führt. So kann es insbesondere bei den Absichtsdelikten (oben § 8 Rn. 132 ff) liegen. Rechtsprechung und überwiegende Lehre haben bisher auch hier die Möglichkeit der Teilnahme bis zur materiellen Vollendung der Tat bejaht [142], während nunmehr differenzierende [143] oder ablehnende Stellungnahmen [144] vordringen. Unterschieden werden sollte hier jedenfalls danach, *wann* der später Mitwirkende den Tatentschluss gefasst hat: War dies *vor* der formellen Vollendung des Delikts der Fall, so hindert nichts, ihn als Mittäter oder Gehilfen für die Beteiligung am Gesamtdelikt haftbar zu machen. Anders dürfte aber zu entscheiden sein, wenn sich ein Beteiligter erst nach der formellen Vollendung des Delikts entschließt, dem Täter zu helfen. Soweit er damit nicht selbst einen Straftatbestand erfüllt, kommen hier nur Anschlussdelikte, wie etwa Begünstigung (§ 257), in Betracht.

134   Als Beispiel diene ein Betrug (§ 263), bei dem ein Komplize nur die Aufgabe erfüllt, das vom Getäuschten auf ein fiktives Konto überwiesene Geld abzuhe-

---

142 BGHSt 19, 323; *Jescheck*, Beendigung, S. 697 f; *Jescheck/Weigend*, S. 518, 692, m.w.N.; *Schönke/Schröder/Cramer*, § 27 Rn. 13, 17.
143 *Kühl*, S. 80 ff; *Rudolphi*, SK, Rn. 9 vor § 22.
144 *Bitzilekis*, S. 732 ff; *Jakobs*, 22/40; *Lesch*, S. 57 ff.

ben. Formell vollendet ist der Betrug mit dem Eintritt des Schadens, materiell erst mit der Vermögensverschiebung als ganzer[145]. Hier bei von vornherein geplantem Zusammenwirken mit dem Täuschenden Mittäterschaft oder Beihilfe zum Betrug auszuschließen, wäre reiner Formalismus.

Das hat erst recht zu gelten, wenn es, wie etwa beim Raub, um mehrere, an sich selbständige Rechtsgutsverletzungen geht. Hier kann nicht zweifelhaft sein, dass Mittäterschaft oder Beihilfe auch bei einem Beteiligten in Betracht kommt, der vereinbarungsgemäß erst mitwirken soll, nachdem das Opfer schon niedergeschlagen worden ist, während derjenige, der sich dem Täter erst nach diesem Teilerfolg anschließt, als sukzessiver Mittäter (oben Rn. 88) oder Gehilfe nur für die Teilakte haften sollte, an denen er noch mitwirkt.   135

3. Zurechnung des Unrechts der Tat

Das tatbestandliche Unrecht der Haupttat bildet nach dem Prinzip der Unrechtsteilnahme nicht nur eine Bedingung dafür, dass die Teilnahme überhaupt Unrecht sein kann, sondern bestimmt prinzipiell auch das *Maß* dieses Unrechts. Während also für die Schuld von vornherein die individuellen Verhältnisse des Einzelnen maßgebend sind (§ 29), haben alle Beteiligten im Grundsatz für *dasselbe* Unrecht einzustehen. Allerdings gilt auch das nicht uneingeschränkt: Soweit der Unrechtsgehalt der Tatbeteiligung von besonderen *persönlichen* Merkmalen abhängt, sind wiederum die individuellen Gegebenheiten zu berücksichtigen (§ 28). Auf die Einzelheiten dieser Regelung ist, da sie Täterschaft und Teilnahme in gleicher Weise betrifft, erst später einzugehen (unten Rn. 182 ff).   136

II. Die einzelnen Formen der Teilnahme

Das Gesetz kennt, wie schon gesagt, als Formen strafbarer Teilnahme nur die Anstiftung und die Beihilfe.   137

1. Die Anstiftung

Anstifter ist, wer einen anderen zu dessen vorsätzlich begangener rechtswidriger Tat bestimmt hat (§ 26).   138

---

145 Abweichend allerdings *Samson*, SK, § 27 Rn. 18.

139   a) Die Anforderungen, die dabei nach dem Grundsatz der Unrechtsteilnahme an die *Tat* gestellt werden müssen, sind bereits genannt worden: Der Täter muss tatbestandsmäßig und rechtswidrig, nicht auch schuldhaft gehandelt haben.

140   b) Der spezifische Beitrag des Anstifters zur Tat liegt nach dem Gesetzeswortlaut darin, dass er den Täter zu ihr *bestimmt.* »Bestimmen« heißt, beim Täter den Entschluss zur Begehung der Tat hervorrufen. Der Entschluss wiederum umfasst, wie schon beim Versuch (oben § 11 Rn. 23), die Gesamtheit der subjektiven Tatbestandselemente. Dass sich die Anstiftung stets auf ein *Vorsatz*delikt beziehen muss, sagt das Gesetz ausdrücklich.

141   Diese Regelung wird freilich zum Teil als »rechtspolitischer Missgriff« kritisiert[146], und zwar mit Rücksicht vor allem auf zwei Gruppen von Fällen, die Schwierigkeiten bereiten, wenn die Anstiftung den Vorsatz des Täters erfordert. Bei der *ersten* Gruppe geht es um die Strafbarkeitslücken, die bei Sonderdelikten und eigenhändigen Delikten entstehen, wenn jemand einen anderen veranlasst, sie unvorsätzlich zu begehen. Praktische Beispiele haben – noch unter der Herrschaft des früheren Rechts, das die Frage offen ließ – zwei höchstrichterliche Entscheidungen geliefert: Ein Arzt wurde zur Mitteilung eines von ihm erhobenen Befundes (§ 203 I) durch die falsche Vorspiegelung veranlasst, ein Kollege benötige die Auskunft im Rahmen seiner ärztlichen Tätigkeit[147]. Und: Einer Autofahrerin, die eine Streifkollision verursacht hatte, wurde von ihrem Mitfahrer nach Verhandlungen mit dem Fahrer des anderen Wagens fälschlicherweise versichert, es sei alles in Ordnung, worauf sie mit ihm den Unfallort verließ (§ 142)[148]. Setzt die Anstiftung den Vorsatz des Täters voraus, so könnte der Hintermann hier nur mittelbarer Täter sein, und diese Möglichkeit wiederum scheidet aus, wenn ihm die Sonderpflicht nicht obliegt bzw. wenn er den Tatbestand nicht eigenhändig erfüllt (oben Rn. 22, 24). Diese Strafbarkeitslücke ließe sich nur dann ohne weiteres schließen, wenn die Teilnahme den Vorsatz des Täters *nicht* erforderte. Würde man freilich auf diesen Vorsatz auch nur bei den Sonderdelikten verzichten, so wäre beispielsweise wegen »Anstiftung« nach § 203 strafbar, wer einem Arzt vortäuscht, in dessen Praxis Installationen überprüfen zu müssen, und bei dieser Gelegenheit eine Krankengeschichte entwendet – obwohl das Gesetz bei Privatgeheimnissen, anders als etwa bei Staatsgeheimnissen (§ 96), nur den Verrat, *nicht* auch die Ausspähung mit Strafe bedroht[149]. Strafbar wäre – wegen »Anstiftung« zur Untreue (§ 266) – ferner, wer etwa, ohne in Bereicherungsabsicht zu handeln, den Verwalter

---

146 Schönke/Schröder/*Cramer*, Rn. 29 f vor § 25; vgl. ferner *Jakobs*, 22/13; *Roxin*, Täterschaft, S. 367 ff.
147 BGHSt 4, 355.
148 OLG Stuttgart, JZ 1959, 579.
149 *Welzel*, S. 113.

fremden Vermögens durch Täuschung über die Risiken zu einer verlustreichen Transaktion veranlasst – obschon die bloße Vermögensschädigung *nicht* unter Strafe steht, usw. Damit bestätigt sich erneut, dass die Grenzen des strafrechtlich relevanten Unrechts aufgelöst werden, wenn man die subjektive Seite des Verhaltens glaubt außer Acht lassen zu können (oben § 8 Rn. 53 ff), dass das Bedürfnis, alle Lücken der Strafbarkeit zu schließen, den Grundsatz »nullum crimen sine lege« aus den Angeln hebt. Die Hinnahme solcher Lücken ist demgegenüber das kleinere Übel.

Das gilt auch für die anderen, praktisch ohnehin wenig bedeutsamen Strafbarkeitslücken, die sich bei der *zweiten* Gruppe der hier in Rede stehenden Fälle ergeben können, wenn die Teilnahme auf vorsätzlich begangene Taten beschränkt wird: nämlich bei Irrtümern über die Beteiligungsrolle, etwa bei fälschlicher Annahme des Hintermannes, der Vordermann handele vorsätzlich (dazu unten Rn. 218 ff). Dass das Gesetz eine Anstiftung zu unvorsätzlich begangenen Delikten nicht kennt, ist nach alledem sachlich durchaus begründet[150]. 142

Fraglich ist, ob die *Mittel*, deren sich der Anstifter bedient, um den Tatentschluss des Täters hervorzurufen, beliebige sein können. Das Prinzip der Unrechtsteilnahme hindert an sich nicht, *jede* wie immer geartete Verursachung des Tatentschlusses einzubeziehen, insbesondere auch die gezielte Herbeiführung einer Situation, in der sich ein anderer, wie man voraussieht, zum Delikt entschließen wird[151]. Die überwiegende Lehre hält demgegenüber eine Einschränkung für geboten, und zwar auf die *psychische* oder *kommunikative* Beeinflussung des Täters[152] oder, noch enger, auf die Beeinflussung im Sinne einer Aufforderung zur Tat[153]. Dem wird man zustimmen müssen. Die Gegenmeinung führt nicht nur zu unannehmbaren Ergebnissen: Jede Eröffnung eines Selbstbedienungsgeschäfts wäre danach »Anstiftung« zum Diebstahl. Sie widerspricht auch dem Erfordernis einer sinnvollen Abgrenzung der Verantwortungsbereiche, von dem hier schon die Rede war (oben § 8 Rn. 33). Für eine Anstiftung kommen danach, als stärkste Einwirkung, Drohungen oder Täuschungen in Betracht, die freilich, wie sich von selbst versteht, nicht so weit gehen dürfen, dass sie die Verantwortlichkeit des zur Tat Veranlassten aufheben; sonst ist der Hintermann mit- 143

---

150 Prinzipiell ebenso BGHSt 9, 370 (375 ff); *Baumann/Weber/Mitsch*, § 30 Rn. 24; *Jescheck/Weigend*, S. 656; *Kühl*, § 20 Rn. 140; *Samson*, SK, Rn. 27 vor § 26.
151 In diesem Sinne denn auch etwa *Samson*, SK, § 26 Rn. 5, m.w.N.
152 *Freund*, § 10 Rn. 115; *Jescheck/Weigend*, S. 686, m.w.N.; *Kühl*, § 20 Rn. 172 ff; *Schönke/Schröder/Cramer*, § 26 Rn. 4.
153 *Jakobs*, 22/21 f; *Roxin*, in: FS Stree/Wessels, 1993, S. 377; *Schumann*, S. 52; wohl auch *Köhler*, S. 526; anders *Bloy*, S. 328 f.

telbarer Täter. Auch das Versprechen von Belohnung oder bloßes Überreden genügen zweifellos. Ausscheiden dürften dagegen bloße Hinweise auf die Möglichkeit, irgendwelche Schwierigkeiten auf deliktischem Wege zu lösen[154], oder allein auf die Gelegenheit, eine bestimmte Straftat zu begehen.

144   Außer Zweifel steht, dass die Einwirkung des Anstifters zwar eine notwendige, nicht aber die einzige Bedingung für den Entschluss des Täters gewesen sein muss. Insbesondere schließt weder die generelle Bereitschaft des Täters, Delikte der fraglichen Art zu begehen, noch die Neigung zu einer bestimmten Straftat die Möglichkeit der Anstiftung aus: Es genügt, dass jedenfalls der Entschluss zur konkreten Tat auf den Einfluss des Anstifters zurückgeht. Nur wer bereits fest entschlossen ist, das bestimmte Delikt zu begehen (der sog. omnimodo facturus), kann nicht mehr dazu angestiftet werden. Wird es trotzdem versucht, so kommt eine Bestrafung allein wegen erfolgloser Anstiftung (§ 30 I) oder psychischer Beihilfe in Betracht[155].

145   Schwierigkeiten bereiten die Fälle der *Umstimmung* des Tatentschlossenen zu einer anderen Begehungsweise. Streitig ist, ob z. B. Anstiftung zu schwerem Raub (§ 250 I Nr. 1) anzunehmen ist, wenn der bereits zum einfachen Raub entschlossene Täter veranlasst wird, das Opfer mit einem Knüppel niederzuschlagen[156], oder ob darin nur eine Anstiftung zur gefährlichen Körperverletzung (§ 224) gesehen werden kann, verbunden eventuell mit (psychischer) Beihilfe zum Gesamtdelikt[157]. Dabei dürfte die zweite Auffassung den Vorzug verdienen: Die Anstiftung kann sich nur auf denjenigen Teil des Unrechts beziehen, das zu begehen der Täter nicht schon entschlossen war. Erfüllt dieser Teil, für sich genommen, keinen Straftatbestand, wird der zum Raub entschlossene Täter etwa dazu bestimmt, eine Waffe mitzuführen (§ 250 I Nr. 1), so kommt überhaupt nur Beihilfe in Betracht[158]. Erst recht kann die Umstimmung zu einer *leichteren* Begehungsweise nur als Beihilfe strafbar sein, *wenn* sie zugleich den Täter in seiner Entschlossenheit bestärkt.

146   c) Dass auch die Anstiftung selbst *Vorsatz* erfordert, sagt wiederum schon das Gesetz. Der Anstifter muss also, so viel ist selbstverständlich, zumindest mit Eventualdolus in Kauf genommen haben, beim Täter den

---

154 Vgl. den Fall BGHSt 34, 63; *Kühl*, § 20 Rn. 175; anders wohl Schönke/Schröder/*Cramer*, § 26 Rn. 5.
155 *Jescheck/Weigend*, S. 689, m.w.N.
156 So BGHSt 19, 339; *Stree*, S. 281 ff.
157 So *Bemmann*, S. 278.
158 Ebenso u. a. *Samson*, SK, § 26 Rn. 4; Schönke/Schröder/*Cramer*, § 26 Rn. 8.

Entschluss zu einer Tat hervorzurufen, die tatbestandsmäßig und rechtswidrig ist[159]. Im Übrigen bleiben einige Zweifel.

Wenn der Unrechtsgehalt der Anstiftung grundsätzlich von dem der Tat abhängt, so gehört zum Anstiftervorsatz dementsprechend die Kenntnis der *konkreten* Umstände, die über diesen Unrechtsgehalt entscheiden[160]. Dann kann das abstrakte Wissen, das Verhalten des Täters widerspreche irgendeiner strafrechtlich geschützten Norm, nicht genügen, ebenso wenig wie der nicht weiter spezifizierte Wille, den anderen zu einer Straftat beliebigen Charakters zu veranlassen. Vielmehr gilt die Regel, dass sich der Vorsatz des Anstifters auf eben diejenige Tat gerichtet haben muss, die der Täter begangen hat[161]. Erforderlich ist daher jedenfalls die Kenntnis aller *tatbestandlich* relevanten Umstände, die im Einzelfälle das Delikt als ein bestimmt geartetes kennzeichnen, es etwa als Vergewaltigung, Mord oder Diebstahl erscheinen lassen. 147

Geht der Täter über das vom Anstifter Gewollte hinaus (sog. *Exzess*), indem er z. B. einen Diebstahl mit Waffen (§ 244 I Nr. 1) statt des ihm angesonnenen einfachen Diebstahls begeht, so haftet der Anstifter nur nach Maßgabe seines Vorsatzes (und allenfalls noch für die *fahrlässige* Herbeiführung des weitergehenden Erfolges, sofern sie unter Strafe steht). Bleibt der Täter umgekehrt hinter der Vorstellung des Anstifters zurück, macht er sich etwa nur eines Diebstahls statt des ihm angesonnenen Raubes schuldig, so hat der Anstifter zumindest für die wirklich verübte Tat einzustehen[162]; hier kommt dann freilich auch, soweit sie strafbar ist, eine *versuchte* Anstiftung zum weitergehenden Delikt in Betracht (§ 30 I; unten Rn. 169 ff). 148

Fraglich ist aber, inwieweit der Anstiftervorsatz auch die sonstigen individuellen Merkmale der Tat umfassen muss. Dabei geht es einerseits um die Art und Weise der *Ausführung*. Verhaltensweisen, die denselben Straftatbestand erfüllen, können völlig verschieden strukturiert sein (wie etwa Prozessbetrug im Vergleich zum Bettelbetrug). Deshalb 149

---

159 Da teilnahmefähiges Unrecht fehlt, wenn die Tat in der Person des Täters gerechtfertigt ist, schließt die irrige Annahme eines entsprechenden Sachverhalts durch den Teilnehmer dessen Vorsatz aus; *Schumann*, in: FS Stree/Wessels, 1993, S. 392, 396.

160 Das lässt sich nur bestreiten, wenn man den Vorsatz, wie in der Sache *Altenhain*, S. 69 ff, beim Teilnehmer wie beim Täter nicht auf das tatbestandserfüllende wirkliche Geschehen, sondern nur auf die (abstrakten) Merkmale des Tatbestandes bezieht.

161 *Jescheck/Weigend*, S. 688; *Maurach/Gössel/Zipf*, § 51 Rn. 8; Schönke/Schröder/*Cramer*, § 26 Rn. 17, m.w.N.

162 BGHSt 1, 131 (133); Schönke/Schröder/*Cramer*, § 26 Rn. 22.

dürfte die Aufforderung, nur der Gattung nach bezeichnete Delikte (allgemein »Betrügereien«) zu begehen, nicht genügen, wenn sie nicht nach Lage der Dinge in Wahrheit auf ein bestimmtes Delikt abzielt[163]. Gefordert wird zumeist die Kenntnis der für den konkreten Unrechts-gehalt der Tat maßgebenden Begehungsweise in ihren Grundzügen, nicht aber in allen Einzelheiten[164]. Zum zweiten kann sich fragen, in-wieweit die Person des *Betroffenen* wesentlich ist. Eine generelle Ent-scheidung bereitet Schwierigkeiten: Die Aufforderung, eine bestimmte Person zu töten, enthält keine Anstiftung zur Tötung einer anderen, während die Person des Opfers keine Rolle spielt, wenn es darum geht, Passanten zu berauben. Ebenso unsicher ist die Lösung hinsichtlich der Person des Täters, vor allem dann, wenn sich der Anstifter gleichzeitig an mehrere wendet: Hier wird im Allgemeinen verlangt, dass die Adres-saten zumindest eine geschlossene Gruppe bilden, die der Anstifter überblickt; sonst greift allenfalls § 111 ein[165].

150   In eine andere Richtung geht die Frage, ob der Vorsatz des Anstifters auf die *Vollendung* der Tat gerichtet sein muss. Sie wird insbesondere dann praktisch bedeutsam, wenn der Anstifter handelt, um den Täter zu überführen (sog. *agent provocateur*). Dieser Zweck rechtfertigt als sol-cher keine Anstiftung. Zu fragen ist nur, ob und inwieweit sich die Pro-vokation von Straftaten, insbesondere durch verdeckte Ermittler, allen-falls bei der Bekämpfung bestimmter Arten von Kriminalität, etwa des Drogenhandels, unter Notstandsgesichtspunkten (§ 34) rechtfertigen lässt; das ist heftig umstritten[166]. Will der Anstifter jedoch, dass die Tat nur das Stadium des Versuchs erreicht, so geht sein Vorsatz weniger weit als im Normalfall der Anstiftung, und dieses Defizit muss zur Straflosigkeit führen[167]. Das dürfte auch dann gelten, wenn das Gesetz schon den Versuch als (formell) vollendetes Delikt mit Strafe bedroht, sofern nach dem Willen des Anstifters jede Verletzung des geschützten Rechtsgutes ausbleiben soll[168].

163 Anders *Roxin*, LK, § 26 Rn. 46 ff.
164 BGHSt 34, 63 (65 f); *Jakobs*, 22/27; *Jescheck/Weigend*, S. 688.
165 *Kühl*, § 20 Rn. 188; *Roxin*, LK, § 26 Rn. 55; Schönke/Schröder/*Cramer*, § 26 Rn. 18; *Welzel*, S. 117; anders *Dreher*, S. 321 ff.
166 Dazu etwa Schönke/Schröder/*Cramer*, § 26 Rn. 21; Schönke/Schröder/*Lenck-ner*, § 34 Rn. 41c.
167 H. M.; eingehend *Küper*, S. 321 ff; ferner u. a. *Kühl*, § 20 Rn. 201; *Roxin*, LK, § 26 Rn. 67, m.w.N.
168 Sehr fraglich; siehe Schönke/Schröder/*Cramer*, § 26 Rn. 20; näher *Roxin*, LK, § 26 Rn. 70 ff; *Samson*, SK, Rn. 46 ff vor § 26.

Das Verhalten des agent provocateur kann allerdings nicht nur unter dem 151
Gesichtswinkel der Schuldteilnahme[169], sondern auch dem der Unrechtsteilnahme als strafwürdiges Unrecht erscheinen, soweit schon der Versuch strafrechtlich relevantes Unrecht enthält[170]. Dieses Unrecht besteht jedoch allein im
Handlungsunwert, so dass, vom Teilnehmer aus gesehen, der (mittelbare) Angriff auf das rechtlich geschützte Interesse entfällt, der auch die Teilnahme charakterisiert (vgl. oben Rn. 121).

d) Die Anstiftung unterliegt prinzipiell *derselben Strafdrohung* wie 152
die zugehörige Tat (§ 26). Das gilt auch dann, wenn die Tat etwa im
Versuch steckenbleibt: Die fakultative Strafmilderung kommt dem Anstifter wie dem Täter zugute.

Diese Gleichstellung zu erklären, so wird gelegentlich behauptet, sei nur die 153
Schuldteilnahmetheorie imstande: Der die Anstiftung kennzeichnende Mangel
an Tatherrschaft müsse durch das Korruptionselement »kompensiert« werden[171]. Doch leuchtet nicht ein, weshalb der Anstifter milder bestraft werden
sollte, wenn er bei einem noch nicht tatgeneigten Täter den Entschluss zu der
dann wirklich ausgeführten Tat hervorruft und so zum eigentlichen Urheber
des Unrechts in seinem vollen Umfang wird[172]. Dass ihm die Tatherrschaft
fehlt, ist eine Frage der *Struktur*, nicht ohne weiteres auch der *Schwere* des von
ihm verübten Unrechts. Zuzugeben ist allerdings, dass die Gleichstellung von
Anstiftung und Täterschaft dort ungerecht sein kann, wo etwa der Einfluss des
Anstifters nur einen neben zahlreichen anderen Faktoren bildet, die zum Tatentschluss geführt haben. Das kann de lege lata aber allein im Rahmen der
Strafzumessung berücksichtigt werden.

Durchbrochen wird die Gleichstellung von Anstiftung und Täter- 154
schaft, wenn besondere persönliche Merkmale zu berücksichtigen sind
(§ 28); darauf wird zurückzukommen sein (unten Rn. 182 ff).

2. Die Beihilfe

Gehilfe ist, wer vorsätzlich einem anderen zu dessen vorsätzlich began- 155
gener rechtswidriger Tat Hilfe geleistet hat (§ 27 I).

a) Wie bei der Anstiftung muss die *Tat* nicht nur tatbestandsmäßig 156
und rechtswidrig, sondern vom Täter auch vorsätzlich begangen worden sein; sonst kommt nur mittelbare Täterschaft in Betracht.

---

169 So früher *H. Mayer*, AT, S. 336; anders *ders.*, StuB, S. 163.
170 *Stratenwerth*, MDR 1953, 717 ff.
171 *Trechsel*, S. 48 ff.
172 *Bloy*, S. 337 ff.

157   b) Die Mitwirkung des Gehilfen umschreibt das Gesetz als *Hilfeleistung*. Damit wird, nach dem Prinzip der Unrechtsteilnahme, ein *realer* Beitrag zum tatbestandsmäßigen Geschehen verlangt, der nach herkömmlicher Auffassung in äußerer Mitwirkung wie in psychischer Unterstützung bestehen kann. Die Einzelabgrenzung ist jedoch in verschiedener Hinsicht zweifelhaft.

158   So wird zunächst zwar anerkannt, dass die Ausführung der Tat von der Beihilfe nicht völlig abhängen, sondern durch sie nur *gefördert* werden muss. Gerade das unterscheidet die Hilfeleistung vom Tatbeitrag des Mittäters, der so beschaffen sein sollte, dass die Tat mit ihm steht oder fällt (oben Rn. 93). Gehilfe ist deshalb auch, wer dem Einbrecher, der zur Sicherheit ein Brecheisen mitnimmt, die Nachschlüssel verschafft, die dieser zur Tat benutzt. Meinungsverschiedenheiten bestehen aber über das hier erforderliche *Mindestmaß* an Mitwirkung. Die Rechtsprechung hat insoweit mit der Formel operiert: Die Beihilfe brauche nicht für den strafrechtlichen *Erfolg* der Handlung des Haupttäters ursächlich zu sein, sondern nur diese *Handlung* als solche zu fördern, weshalb auch derjenige als Gehilfe strafbar sein sollte, der dem Täter Werkzeug überlässt, das dieser am Ende *nicht* verwendet[173]. Diese Unterscheidung ist jedoch nicht durchführbar: Wird die Handlung gefördert, so auch der zugehörige Erfolg, und umgekehrt. Richtiger dürfte es sein, wie bei der Täterschaft an den Gedanken der Risikoerhöhung anzuknüpfen (oben § 8 Rn. 34 ff). Danach würde genügen, dass der Gehilfe die Erfolgschance der tatbestandserfüllenden Handlung gesteigert, sie etwa durch sachverständigen Rat erleichtert, durch die Überlassung von *geeignetem* Werkzeug beschleunigt, durch Wachestehen usw. abgesichert hat usw.[174]. Fehlt es an solcher Mitwirkung, wird etwa das dem Einbrecher mitgegebene Brecheisen von diesem *nicht* benutzt, so bleibt es bei einem bloßen Versuch der Beihilfe, der an sich straflos ist.

159   Rechtsprechung und herrschende Lehre kennen allerdings eine *psychische* Beihilfe durch Bestärkung des Täters in seinem Entschluss, die gerade auch in der Lieferung einer Waffe oder anderer Tatmittel gefunden werden kann, die er dann nicht benutzt[175]. Mit dieser Konstruktion verbindet sich die Gefahr einer das Erfordernis wirklicher Risikosteigerung unterlaufenden Verdachtsbestrafung[176]. Deshalb darf nicht schon die bloße Billigung der Tat als Beihilfe angesehen werden, sondern allein die *nachweisbare* psychische Beeinflussung etwa

---

173 RGSt 58, 113 (114 f); BGHSt 8, 390 (391).
174 Im wesentlichen übereinstimmend u. a. *Kühl*, § 20 Rn. 214 ff; *Roxin*, LK, § 27 Rn. 4 f; Schönke/Schröder/*Cramer*, § 27 Rn. 10, m.w.N.; eingehend *Bloy*, S. 270 ff.
175 BGHSt 8, 390; *Jescheck/Weigend*, S. 692; Schönke/Schröder/*Cramer*, § 27 Rn. 12.
176 Kritisch *Samson*, S. 189 ff; *ders.*, SK, § 27 Rn. 14 f.; vgl. auch *v. Scheurl* (Lit. oben vor Rn. 101), S. 98 ff.

bei Beseitigung letzter Zweifel und Hemmungen des Täters[177]. Außer Frage steht die Möglichkeit der (psychischen) Beihilfe durch technischen Rat, wie Angaben über die Lebensgewohnheiten des Opfers, Instruktion über die sachgemäße Benutzung von Werkzeugen, Hinweise auf Sicherheitsanlagen, usw.

Hinsichtlich der Form möglicher Hilfeleistung bleibt zudem eine   160 Schwierigkeit, die erst in den letzten Jahren deutlicher gesehen worden ist. Es geht dabei um die Frage, ob und inwieweit äußerlich ganz unverfängliche Verhaltensweisen, wie insbesondere der Abschluss von Geschäften des täglichen Lebens, strafbare Beihilfe darstellen können, wenn sie im Einzelfall die Begehung einer Straftat ermöglichen oder erleichtern. Der Verkauf von Pfeffer kann, um ein simples Beispiel zu wählen, doch wohl nicht strafbar sein, wenn der Verkäufer befürchtet, dass der Erwerber ihn bei einem Raubüberfall zur Blendung des Opfers verwenden möchte. Die Kriterien, nach denen hier geurteilt werden muss, sind vorerst jedoch noch wenig klar[178].

Immerhin erscheint es schon unter rechtsstaatlichen Gesichtspunkten als   161 nicht vertretbar, Alltagshandlungen, die mit dem Recht äußerlich völlig im Einklang sind, nur deshalb zu kriminalisieren, weil der Handelnde im Einzelfall mehr oder minder zufällig weiß oder damit rechnet, dass ein anderer sie für deliktische Zwecke missbrauchen könnte[179]. Anders dürfte es nur dort liegen, wo eine im Allgemeinen unverfängliche Handlung nach Lage der Dinge *allein* den Sinn haben kann, zur Begehung eines Delikts beizutragen (und der Gehilfe sich dessen bewusst ist). Auch dann bleibt aber die Frage, wie diese Regel konkretisiert werden soll. In der Literatur wird teilweise auf den Gesichtspunkt der »Solidarisierung« des Gehilfen mit dem Täter abgestellt. Aber solche Solidarisierung erfordert entweder bewusstes Zusammenwirken der Beteiligten und schränkt damit den Anwendungsbereich der Beihilfe unangemessen ein: Eine dem Täter unbekannte oder durch Unterlassen begangene Hilfeleistung wäre nicht mehr strafbar[180]. Oder aber es geht auch hier wieder um die Ausgangsfrage, unter welchen Umständen ein bestimmtes Verhalten allein den Sinn haben

---

177 So insbesondere *Kühl*, § 20 Rn. 225 ff.
178 Eingehend *Frisch*, Tatbestandsmäßiges Verhalten und Zurechnung des Erfolgs, 1988, S. 295 ff, 312 ff; *Wohlers*, Gehilfenschaft durch »neutrale Handlungen«, ZStrR 117 (1999), 425 ff; *Wohlleben*, Beihilfe durch äußerlich neutrale Handlungen, 1996, S. 127 ff, 159 ff.
179 In diesem Sinne aber tendenziell die höchstrichterliche Judikatur; näher *Wolff-Reske*, Berufsbedingtes Verhalten als Problem mittelbarer Erfolgsverursachung, 1995, S. 41 ff. Ebenso das schweizerische Bundesgericht in ständiger Praxis; siehe nur BGE 111 IV 32 ff; 114 IV 112 ff; 119 IV 289 ff. Im Ergebnis auch *Niedermair*, ZStrW 107 (1995), 543 f.
180 So *Schild Trappe*, Harmlose Gehilfenschaft?, 1995, S. 96 ff, 126.

kann, deliktisches Verhalten eines anderen zu unterstützen[181]. Dabei kann der Gedanke der »professionellen Adäquanz«[182] berufstypischen Verhaltens weiterhelfen, der freilich dessen strafrechtliche Relevanz nicht in jedem Falle ausschließen und offenkundig auch nicht alle Varianten unrechtsneutraler, weil beispielsweise alltäglicher, Hilfeleistung erfassen kann. Insgesamt kommt mit alledem nur ein weiterer Teilaspekt des Grundgedankens der Lehre von der objektiven Zurechnung zur Sprache: Auch die Hilfeleistung bildet, wie schon die eigentliche Tathandlung, nur dann strafrechtlich relevantes Unrecht, wenn sie ein über das zulässige Maß hinausgehendes, unerlaubtes Risiko schafft (vgl. oben § 8 Rn. 26 ff)[183]. Die Einzelheiten sind weiterhin präzisierungsbedürftig.

162   c) Auch der Gehilfe muss nach dem Gesetzeswortlaut *vorsätzlich* handeln. Hinsichtlich der Konkretisierung dieses Vorsatzes auf eine bestimmte Tat gelten dieselben Regeln wie bei der Anstiftung (oben Rn. 147 ff). Beschränkt sich der Vorsatz des Gehilfen, wie etwa bei Lieferung eines unbrauchbaren Nachschlüssels, von vornherein auf einen *Versuch* der Tat, so ist das keine strafbare Beihilfe (vgl. oben Rn. 150).

163   d) Die *Strafe* des Gehilfen richtet sich grundsätzlich nach der für den Täter geltenden Strafdrohung, sofern sich nicht aus besonderen persönlichen Merkmalen Abweichungen ergeben (§ 28), ist jedoch nach dem Schlüssel des § 49 I zu mildern (§ 27 II). Begeht der Täter nur einen Versuch, so *kann* die Strafe des Gehilfen, entsprechend § 23 II, ein zweites Mal reduziert werden.

164   Erscheint ein an einem Sonderdelikt Beteiligter *nur deshalb* als Gehilfe, weil ihm die Täterqualifikation fehlt (vgl. oben Rn. 95 f), so fragt sich, ob eine *doppelte* Reduktion des Strafrahmens geboten ist: erstens wegen Fehlens eines besonderen persönlichen Merkmals nach § 28 I und zweitens unter dem Gesichtspunkt der Beihilfe nach § 27 II. Der BGH hat die Frage verneint und damit überwiegend Zustimmung gefunden[184]. Das Maß der Mitwirkung ist hier in der Tat nicht geringer als beim nichtqualifizierten Anstifter, dem ebenfalls nur die Milderung des § 28 I zugute kommt. Die zusätzliche Milderung nach § 27 II rechtfertigt sich allein dort, wo sich der Extraneus auf eine Hilfeleistung beschränkt.

---

181 Siehe *Schumann* (Lit. oben vor Rn. 2), S. 54 ff.
182 *Hassemer*, S. 43 ff; in der Sache ähnlich *Lesch*, Der Verbrechensbegriff, 1999, S. 257 ff; *Wolff-Reske*, aaO, S. 141 ff.
183 *Weigend*, in: FS Nishihara, 1998, S. 208 ff.
184 BGHSt 26, 53 (54 f); vgl. *Jescheck/Weigend*, S. 696; *Samson*, SK, § 27 Rn. 20; abweichend *Roxin*, LK, § 28 Rn. 88.

III. Der Versuch der Teilnahme

Literatur: Bloy, Grund und Grenzen der Strafbarkeit der misslungenen Anstiftung, JR 1992, 493 ff; *Bottke,* Rücktritt vom Versuch der Beteiligung nach § 31 StGB, 1980; *R. Busch,* Zur Teilnahme an den Handlungen des § 49a StGB, in: FS Maurach, 1972, S. 245 ff; *Letzgus,* Vorstufen der Beteiligung, 1972; *Vogler,* Versuch und Rücktritt bei der Beteiligung mehrerer an der Straftat, ZStrW 98 (1986), 331 ff.

Ein Versuch der Teilnahme kann in zwei grundsätzlich verschiedenen 165
Formen auftreten.

1. Teilnahme am Versuch

Unter dem Gesichtspunkt der Beteiligung am Unrecht der Tat ist der 166
Unrechtsgehalt der Teilnahme erst dann in vollem Umfang gegeben, wenn die Tat selbst ihre (materielle) Vollendung gefunden hat. Deshalb gehört zum Vorsatz des Teilnehmers der auf Vollendung der Tat gerichtete Wille (oben Rn. 150, 162), und deshalb kommt es dem Teilnehmer zugute, wenn die Tat nur das Stadium des Versuchs erreicht (oben Rn. 152, 163). Man kann sagen, dass die Teilnahme ihrerseits die Stufe des Versuchs nicht überschreitet, solange die zugehörige Tat darauf verbleibt. Freilich spricht man hier im allgemeinen *nicht* von »versuchter« Teilnahme, sondern eher von Teilnahme »am Versuch«, um der Gefahr der Verwechslung mit der anschließend zu erörternden anderen Konstellation zu begegnen.

Da die Teilnahme aber in solchem Falle ihren in der Vollendung der 167
Tat liegenden Erfolg (noch) nicht erreicht hat, muss wiederum auch die Möglichkeit des *strafbefreienden Rücktritts* bestehen. Sie wird in § 24 II 1 prinzipiell dahin geregelt, dass der Teilnehmer, um straflos zu sein, freiwillig die Vollendung der Tat verhindern muss. Führen schon andere Gründe, etwa die Untauglichkeit des Versuchs, zum Ausbleiben des Erfolges oder tritt er unabhängig vom Tatbeitrag des Teilnehmers ein, so genügt zur Straflosigkeit allerdings das freiwillige und ernsthafte Bemühen, dies zu tun (§ 24 II 2). Das gilt auch dann, wenn es dem Teilnehmer gelingt, wenigstens seinen Tatbeitrag rückgängig zu machen, so dass sich dieser in der Tat nicht mehr auswirkt.

Die Gründe, auf denen die Anerkennung des strafbefreienden Rücktritts be- 168
ruht (oben § 11 Rn. 70), hätten freilich bei entsprechender Anwendung auf die Teilnahme nicht mehr erfordern sollen, als dass der Teilnehmer seinen *eigenen*

Tatbeitrag freiwillig neutralisiert. Dass er demgegenüber die Tat als ganze verhindern oder sich selbst dann noch bemühen muss, dies zu tun, wenn er seinen Tatbeitrag rückgängig gemacht hat, bedeutet eine unnötige Verschärfung der Anforderungen (vgl. oben Rn. 111). Werden die an den Nachweis psychischer Beihilfe zu stellenden Anforderungen ernst genommen (oben Rn. 159), so kann die gesetzliche Regelung auch nicht damit begründet werden, dass ein zurückgenommener Tatbeitrag möglicherweise *psychisch* fortwirkt[185].

2. Erfolglose Teilnahme

169   Jede Beteiligung an tatsächlich begangenem Unrecht fehlt, wenn die Haupttat nicht einmal das Stadium des (strafbaren) Versuchs erreicht, sich also nicht bis zu tatbestandsmäßigem Unrecht entwickelt, oder wenn doch die Teilnahmehandlung selbst ohne Wirkung bleibt, zum Unrecht also gar nichts beiträgt. Man spricht von misslungener oder *erfolgloser* Teilnahme. Die §§ 26, 27 greifen hier nicht ein. Nach § 30 I ist die erfolglose Teilnahme vielmehr nur in ihrer schwersten Form bei den schwersten Delikten strafbar: als Versuch der – unmittelbaren oder mittelbaren – Anstiftung zum Verbrechen.

170   Ob und inwieweit die erfolglose Teilnahme unter Strafe gestellt zu werden verdient, kann sehr zweifelhaft sein: Die unter dem Gesichtspunkt der Unrechtsteilnahme an sich unerlässliche Voraussetzung tatsächlich begangenen Unrechts fehlt. Infolgedessen sind es mehr oder minder plausible Annahmen über die Gefährlichkeit des Versuchs einer Anstiftung zum Verbrechen, die für die Strafbarkeit ins Feld geführt werden[186], wie vor allem das Argument, dass der Teilnehmer das Geschehen aus der Hand gibt, wenn er seinen Tatbeitrag erbracht hat[187]. Gegen die Strafbarkeit spricht vor allem, dass sie bereits zu einem Zeitpunkt eingreift, in dem sich das Verhalten des Täters selbst noch als straflose Vorbereitung darstellt[188]. Die gesetzliche Regelung hat mehrfach gewechselt. Ursprünglich fehlte jede Strafdrohung für die erfolglose Teilnahme. 1876 wurde eine Vorschrift eingefügt, die u. a. die erfolglose *Aufforderung* zum Verbrechen mit Strafe bedrohte (sog. »Duchesne«-Paragraph[189]), 1943 auch die erfolglose *Beihilfe* zum Verbrechen einbezogen, 1953 wieder straflos gestellt. Dem enspricht im wesentlichen der Stand des geltenden Rechts.

---

185 Vgl. *Vogler*, LK[10], § 24 Rn. 189 f.
186 Siehe etwa *Letzgus*, S. 123 ff, 220; ferner *Jescheck/Weigend*, S. 701; *Roxin*, LK, § 30 Rn. 10.
187 Vgl. BGHSt 1, 305 (309); *Kühl*, § 20 Rn. 244.
188 Kritisch insbesondere *Jakobs*, ZStrW 97 (1985), 765 f.
189 Zur Vorgeschichte *Roxin*, LK, § 30, vor Rn. 1.

a) Nach dem Gesetzeswortlaut muss das Verhalten, auf das sich der   171
Anstiftungsversuch richtet, ein *Verbrechen* oder die *Anstiftung zu einem Verbrechen* sein. Der Versuch, zu anderen Formen der Teilnahme
am Verbrechen anzustiften, mögen sie auch selbst ein Verbrechen darstellen, bleibt straflos.

Das folgt etwa für die Anstiftung zur *Beihilfe* zu einem Verbrechen schon   172
per Umkehrschluss aus dem Gesetz. Da die Beihilfe selbst, z. B. in Gestalt der
Überlassung einer Tatwaffe für den geplanten Mord, so lange straflos bleibt,
wie die Haupttat nicht wenigstens das Stadium des Versuchs erreicht, kann für
die (erfolglose) Anstiftung zu solcher Beihilfe nichts anderes gelten[190]. Selbstverständlich straflos bleibt in jedem Falle die Beihilfe zur Anstiftung zum
Verbrechen, wenn sie selbst oder die Anstiftung misslingt[191].

Äußerst umstritten ist jedoch die Frage, in *wessen* Person das Ver-   173
halten bei erfolgreicher Anstiftung ein Verbrechen hätte sein müssen.
Besondere persönliche Merkmale (§ 28) können bewirken, dass nur die
Tat, nicht aber die Anstiftung ein Verbrechen gewesen wäre, und umgekehrt. Nach dem Gesetzeswortlaut kann eigentlich nicht zweifelhaft
sein, dass darauf abzustellen ist, ob das Verhalten des *Angestifteten* sich
als Begehung eines Verbrechens oder als Anstiftung zu einem Verbrechen dargestellt hätte[192]. Dagegen scheint die Erwägung, nach § 28 solle
das »personale« Unrecht des Täters den Teilnehmer nicht belasten, für
die wohl überwiegende gegenteilige Auffassung zu sprechen, wonach es
auf die Deliktsnatur der *Anstiftung* selbst ankommt[193]. Die erstgenannte
Auffassung verdient jedoch grundsätzlich den Vorzug: Wenn der Versuch der Anstiftung allein bei Verbrechen strafbar ist, so kann das nur
den Sinn haben, es von der *Schwere* des intendierten Angriffs auf die
Rechtsordnung abhängig zu machen, ob die strafrechtliche Abwehr bereits in diesem Vorstadium eingreifen soll. Nur dort wäre anders zu entscheiden, wo lediglich *schuld*mindernde Umstände in der Person des
Täters der Tat den Verbrechenscharakter nehmen[194].

Die Frage hat ihre praktische Bedeutung ohnehin weitgehend verloren; sie   174
spielte vor allem bei der früheren Fassung von § 218 eine Rolle. Beispiele sind

---

190 BGHSt 7, 234 (237).
191 BGHSt 14, 156 (157).
192 So denn auch BGHSt 6, 308 (309); 14, 353 (355 f); *Jescheck/Weigend*, S. 702;
  Letzgus, S. 205 f; *Roxin*, LK, § 30 Rn. 44.
193 *Jakobs*, 27/6; *Kühl*, § 20 Rn. 247; *Maurach/Gössel/Zipf*, § 53 Rn. 29; *Samson*,
  SK, § 30 Rn. 11; Schönke/Schröder/*Cramer*, § 30 Rn. 14.
194 Grundsätzlich ebenso *Roxin*, LK, § 30 Rn. 40 ff.

nunmehr selten: Versteht man die Aussageerpressung (§ 343), ein Verbrechen, als *unechtes* Sonderdelikt[195], so bildet die von einem Außenstehenden begangene Anstiftung nur ein Vergehen (§ 240); sie wäre nach hier vertretenen Auffassung aber auch im Falle der Erfolglosigkeit strafbar. Zu demselben Ergebnis käme man nach der hier vertretenen Auffassung aber auch bei dem häufiger genannten Beispiel einer erfolglosen Anstiftung zur Tötung auf Verlangen (§ 216), einem bloßen Vergehen: Entweder vermindert das Verlangen des Getöteten *nur* die Schuld des dadurch Motivierten, dann sollte es unter dem Gesichtswinkel von § 30 I ohnehin außer Betracht bleiben, oder es vermindert zwar *auch* das Unrecht, aber doch nicht so weit, dass die Tat zum bloßen Vergehen würde (wie die Strafbarkeit des Nicht-Motivierten nach §§ 211, 212 zeigt)[196].

175   b) Für die misslungene Anstiftung gelten im übrigen – hinsichtlich der möglichen Mittel, der nötigen Bestimmtheit von Tat[197] und Täter usw. – ganz dieselben Erfordernisse wie für die erfolgreiche Anstiftung, nur dass es eben beim Versuch bleibt[198]. Fraglich ist allein noch, wie weit die Anstiftungshandlung selbst gediehen sein muss, damit § 30 I eingreift. Hier werden teilweise die allgemeinen Versuchsgrundsätze angewandt[199]. Richtiger dürfte es sein, einen Stand der Dinge zu verlangen, bei dem der Adressat von der Einwirkung des Anstifters Kenntnis zumindest nehmen *kann*[200]; erst dann verliert der Anstifter den Einfluss auf das weitere Geschehen; und damit vor allem wird die Strafbarkeit begründet (oben Rn. 170)[201].

176   c) Die erfolglose Anstiftung wird prinzipiell mit derselben *Strafe* bedroht wie der Versuch des Verbrechens selbst; doch ist die Strafe nach § 49 I zu mildern. Für den grob unverständigen Anstiftungsversuch (vgl. oben § 11 Rn. 57 ff) gilt § 23 III entsprechend (§ 30 I 2).

177   d) Der *Rücktritt* vom Versuch der Anstiftung hat in § 31 I Nr. 1 eine besondere Regelung erfahren. Ob das notwendig war, um die strafbe-

---

195 Vgl. Schönke/Schröder/*Cramer*, § 343 Rn. 1.
196 Vgl. *Kühl*, aaO, Fn. 165; *Maurach/Gössel/Zipf*, § 53 Rn. 27, 29; *Roxin*, LK, § 30 Rn. 43; alle im Ergebnis abweichend.
197 BGHSt 15, 276 (277)
198 Zum Vorsatz siehe BGH, JZ 1999, 156, mit zust. Anm. *Bloy.*
199 BGHSt 8, 261 (262); *Maurach/Gössel/Zipf*, § 53 Rn. 15 f; Schönke/Schröder/*Cramer*, § 30 Rn. 19.
200 *Jakobs*, 27/4 (noch enger); *Jescheck/Weigend*, S. 703 f; *Letzgus*, S. 41 Fn. 89; *Samson*, SK, § 30 Rn. 14; *Schmidhäuser*, Lb, 15/111.
201 Dementsprechend wollen *Bloy*, S. 496 f, und *Kühl*, § 20 Rn. 249, genügen lassen, dass sich der Anstiftende seiner »Botschaft« immerhin entäußert hat.

freiende Wirkung sicherzustellen, kann fraglich sein. Straflos ist jedenfalls, wer freiwillig den Anstiftungsversuch aufgibt und »eine etwa bestehende Gefahr, daß der andere die Tat begeht, abwendet«. Diese Gefahr muss natürlich durch das Anstiftungsverhalten mindestens mitverursacht sein[202]. Fehlt es daran, so genügt die bloße Aufgabe weiteren Handelns. Auch im Übrigen müssen hier in jeder Hinsicht sinngemäß dieselben Regeln gelten wie für den Rücktritt vom Versuch der Täterschaft (oben § 11 Rn. 67 ff). Unterbleibt die Tat aus anderen Gründen oder wird sie unabhängig vom Anstiftungsversuch begangen, so führt wiederum schon das freiwillige und ernsthafte Bemühen, sie zu verhindern, zur Straflosigkeit (§ 31 II).

3. Die Verbrechensabrede

Anhangsweise ist zu vermerken, dass § 30 II weitere im Vorfeld der Beteiligung an einem Verbrechen liegende Handlungen pönalisiert. Strafbar ist danach, wer zur sich Begehung eines Verbrechens oder zur Anstiftung zu einem Verbrechen bereit erklärt, das entsprechende Anerbieten eines anderen annimmt oder mit dem anderen eine entsprechende Abrede trifft.   178

Diese Verhaltensweisen sollen deshalb besonders gefährlich sein, weil der künftige Täter oder Anstifter hier jeweils über den bloßen, jederzeit widerrufbaren Entschluss hinaus festgelegt wird oder sich festlegt[203]. Dementsprechend muss die Erklärung der *Bereitschaft*, ein Verbrechen zu begehen oder zu ihm anzustiften, gegenüber einer Person erfolgen, die den Deliktsplan billigt oder billigen soll; die *Annahme* des Erbietens so ausgestaltet sein, dass der andere bei seinem Angebot behaftet wird; und die *Verabredung* auf die mittäterschaftliche Ausführung der Tat bzw. die gemeinsame Anstiftung gerichtet sein (die Verständigung mit einem Gehilfen verpflichtet den Täter kaum)[204]. Trotzdem dürfte es keine zwingenden kriminalpolitischen Gründe geben, solche rein verbalen (oder gar nur konkludenten) Äußerungen, die zu nichts führen, unter Strafe zu stellen.   179

Auch für diese Verhaltensweisen enthält § 31 I Nr. 2, 3 gesonderte, in der Sache jedoch den allgemeinen Regeln entsprechende Rücktrittsvorschriften.   180

202 *Roxin*, LK, § 31 Rn. 12; *Samson*, SK, § 31 Rn. 8; Schönke/Schröder/*Cramer*, § 31 Rn. 4.
203 Eingehend zur Strafwürdigkeit *Letzgus*, S. 126 ff; *Roxin*, LK, § 30 Rn. 3 ff.
204 *Kühl*, § 20 Rn. 252.

C. Gemeinsame Regeln

181   Es bleibt eine Reihe von Fragen, die sich für Täterschaft und Teilnahme in gleicher Weise stellen.

I. Besondere persönliche Merkmale

Literatur: Geppert, Zur Problematik des § 50 Abs. 2 StGB im Rahmen der Teilnahme am unechten Unterlassungsdelikt, ZStrW 82 (1970), 40 ff; *Grünwald,* Zu den besonderen persönlichen Merkmalen (§ 28 StGB), in: GS Armin Kaufmann, 1989, S. 555 ff; *Hake,* Beteiligtenstrafbarkeit und »besondere persönliche Merkmale«, 1994; *Herzberg,* Die Problematik der »besonderen persönlichen Merkmale« im Strafrecht, ZStrW 88 (1976), 68 ff; *Küper,* »Besondere persönliche Merkmale« und »spezielle Schuldmerkmale«, ZStrW 104 (1992), 559 ff; *Schünemann,* Besondere persönliche Verhältnisse und Vertreterhaftung im Strafrecht, ZSR, N.F. 97 (1978), 131 ff; *Vogler,* Zur Bedeutung des § 28 StGB für die Teilnahme am unechten Unterlassungsdelikt, in: FS Lange, 1976, S. 265 ff.

182   Alle an einer Straftat Beteiligten haften, wie schon bemerkt, prinzipiell für dasselbe Unrecht (soweit nicht der Vorsatz fehlt). Doch wird dieser Grundsatz dann eingeschränkt, wenn besondere persönliche Merkmale die Strafbarkeit beeinflussen (§ 28).

1. Schuldmerkmale

183   Der Anwendungsbereich dieser Regelung hängt zunächst von ihrem Verhältnis zu dem allgemeinen Grundsatz ab, wonach jeder Beteiligte ohne Rücksicht auf die Schuld des anderen nach seiner Schuld strafbar ist (§ 29). Denn schon daraus folgt, wie nahezu unbestritten ist[205], dass eine Verminderung oder Aufhebung der Schuld unter dem Gesichtspunkt der *allgemeinen* Erfordernisse (Schuldfähigkeit, Verbotskenntnis, Zumutbarkeit) nur denjenigen Beteiligten entlasten kann, bei dem sie vorliegt. Schuldmerkmale sind immer persönlicher Natur. Eine äußerst komplexe Diskussion wird aber darüber geführt, ob § 29 auch auf *spezielle* Schuldmerkmale anzuwenden ist, Merkmale des im Besonderen

---

205 Abweichend immerhin *Stein,* S. 43, der auch hier § 28 II anwenden will.

Teil geregelten Tatbestandes, die einer Abstufung nicht des Unrechts, sondern der Schuld Rechnung tragen sollen[206].

Dieser Streit ist freilich bei denjenigen speziellen Schuldmerkmalen, die die **184** Strafe im Sinne von § 28 *II* schärfen, mildern oder ausschließen, von vornherein ohne praktische Bedeutung[207]. Die Anwendung von § 29 *kann* hier zu keinen anderen Ergebnissen führen als die von § 28 II: Nach beiden Bestimmungen belasten oder entlasten solche Merkmale nur denjenigen Beteiligten, bei dem sie vorliegen. Infolgedessen steht außer Frage, dass die Strafe des Mannes, der seine Geliebte anstiftet, das Kind, das sie erwartet, abzutreiben, nach § 218 I und nicht nach dem auf die geringere Schuld der Frau zugeschnittenen § 218 III (vgl. oben § 7 Rn. 6, 22; § 8 Rn. 6) bemessen werden muss.

Praktische Auswirkungen kann die Kontroverse über das Verhältnis **185** der §§ 28 und 29 zueinander nur dort haben, wo tatbestandlich vertypte Schuldmerkmale, wie etwa die »Böswilligkeit« bei Vernachlässigung der Sorgepflicht gegenüber Schutzbefohlenen (§ 225), die Strafbarkeit allererst *begründen*. Auch insoweit sind allerdings zwei Konstellationen zu unterscheiden: Einigkeit besteht praktisch darüber, dass die Teilnahme straflos bleiben muss, wenn das schuldbegründende Merkmal nur beim Teilnehmer, nicht aber beim Täter gegeben ist[208].

Dem Grundsatz der Unrechtsteilnahme entspräche es allerdings, für die Teil- **186** nahme hier nur darauf abzustellen, ob das *Unrecht* der Haupttat verwirklicht ist, also § 29 anzuwenden. Das hätte zur Folge, dass der Teilnehmer auch dann strafbar wäre, wenn etwa nur ihm, nicht dem Täter Böswilligkeit zur Last fiele: Es gäbe Teilnahme an einer Tat, die keinen Garantietatbestand (oben § 7 Rn. 5) erfüllt. In diesem, freilich seltenen, Konflikt elementarer Regeln wird allgemein dem Erfordernis einer tatbestandsmäßigen Haupttat der Vorzug gegeben, die Teilnahme also für straflos erklärt[209].

Unterschiedliche Auffassungen werden aber in dem anderen Fall **187** vertreten, dass das schuldbegründende Merkmal, eben etwa die Böswilligkeit, zwar beim Täter, nicht aber beim Teilnehmer vorliegt. § 29 führt in einem solchen Falle zur Straflosigkeit des Teilnehmers: *Das Maß an Schuld, das die Strafbarkeit begründet, liegt bei ihm nicht vor*. Die Anwendung von § 28 I hätte demgegenüber zur Folge, dass dem Teilnehmer nur die Strafmilderung nach § 49 I zugute käme. Um diese Frage

---

206 Näher *Hake*, S. 154 ff.
207 Eingehend *Küper*, ZStrW 104, 574 ff; ferner u. a. *Jescheck/Weigend*, S. 659 f; *Kühl*, § 20 Rn. 155 ff; Schönke/Schröder/*Cramer*, § 28 Rn. 2 ff; jeweils m.w.N.
208 *Küper*, aaO, S. 584 ff.
209 Anders immerhin, unter Vorbehalten (Art. 103 II GG!), *Hake*, S. 161.

allein geht es letztlich bei der ganzen Kontroverse, und sie wird man, wiederum im Blick auf das Ergebnis, im Sinne der Anwendung von § 29 entscheiden müssen: Es wäre ungerecht, den Teilnehmer mit fremder Schuld zu belasten[210].

2. Andere persönliche Merkmale

188   § 28 ist danach nur auf solche strafbegründenden oder -modifizierenden Umstände anwendbar, deren individuelle Zurechnung nicht schon aus § 29 folgt, die also nicht schon die Schuld eines Beteiligten betreffen. Zu klären bleibt, welche von ihnen als *besondere persönliche* Merkmale zu gelten haben.

189   a) Keine Schwierigkeiten bereiten in dieser Beziehung zunächst solche Voraussetzungen der Strafbarkeit, die noch *jenseits* der Schuld liegen. Hier ergibt sich die persönlich begrenzte Wirkung meist unmittelbar aus ihrer Eigenart (wie etwa bei der »Gewerbsmäßigkeit« nach §§ 260 I Nr. 1, 260a I, 292 II Nr. 1, oder bei persönlichen Strafausschließungs- und Strafaufhebungsgründen im Gegensatz zu objektiven Bedingungen der Strafbarkeit [oben § 7 Rn. 30 f]). Gerade auf sie war § 28 II freilich in seiner ursprünglichen Fassung von 1871 gemünzt.

190   b) In höchstem Maße fraglich ist jedoch, welche zum *Unrecht* der Tat gehörenden Merkmale von § 28 erfasst werden.

191   aa) Allgemeine Anerkennung als besonderes persönliches Merkmal findet nur die *besondere Pflichtenstellung* beim Sonderdelikt. Das bedeutet: Nimmt ein Extraneus am echten Sonderdelikt teil, stiftet er beispielsweise zur Rechtsbeugung (§ 339) an, so wird die Strafe nach § 28 I gemildert. Wirkt er am unechten Sonderdelikt mit, wie etwa an einer Körperverletzung im Amt (§ 340), so trifft ihn nur die im Grundtatbestand der Körperverletzung (§ 223) angedrohte Strafe. Diese Regelung ist auch theoretisch insofern wohlbegründet, als nur der Intraneus *besondere* Pflichten verletzt. Sie muss dann freilich ohne Rücksicht darauf gelten, ob die Sonderpflicht aus einem bestimmten Status, wie dem des Amtsträgers, oder, wie beispielsweise bei der Garantenpflicht aus Inge-

210 Auch dazu *Küper*, aaO, S. 586 ff.

renz (unten § 13 Rn. 26 ff), aus einem bestimmten Vorverhalten folgt; § 28 ist in jedem Falle anzuwenden[211].

Beispiele für strafbegründende und strafschärfende Sonderpflichten finden sich vor allem bei den Amtsdelikten (§§ 331 ff), aber auch etwa bei der Untreue (§ 266) bzw. bei der Unterschlagung einer »anvertrauten« Sache (§ 246 II). Die Regelung der Rechtsfolgen für den Beteiligten, dem sie nicht obliegen, ist in sich widersprüchlich. Wird der am *unechten* Sonderdelikt teilnehmende Extraneus bestraft, wie wenn der Täter eine Sonderpflicht nicht verletzt hätte, so kann das eigentlich nur bedeuten, dass ihm die Sonderpflichtverletzung nicht zugerechnet wird. Dagegen zeigt die, wenn auch gemilderte, Bestrafung des am *echten* Sonderdelikt teilnehmenden Extraneus, dass eine Zurechnung der Sonderpflichtverletzung eben doch stattfindet. Konsequenter wäre es deshalb gewesen, sich *allemal* auf die Milderung nach § 49 I zu beschränken[212]. Dann käme auch die besondere Rolle deutlicher zum Ausdruck, die die Sonderpflichten nach § 28 haben: Sie sind die einzigen *objektiven* in den Bereich des *Unrechts* gehörenden besonderen persönlichen Merkmale, und damit die einzigen, bei denen der Grundsatz der Unrechtsteilnahme in der Sache eingeschränkt wird. Strafmildernde (oder strafausschließende) persönliche Unrechtsmerkmale gibt es nicht: Bei der Tötung auf Verlangen (§ 216) mildert dessen motivierende Wirkung nur oder zumindest auch die *Schuld* (vgl. oben Rn. 174). 192

bb) Außerordentlich umstritten ist dagegen, ob auch *subjektive* Unrechtselemente in Gestalt von Absichten, Motiven oder auch Gesinnungen (oben § 8 Rn. 131 ff) als besondere persönliche Merkmale zu gelten haben. Sie wurden früher zumeist schon deshalb aus dem Kreis dieser Merkmale ausgeschlossen, weil ihnen die gewisse Dauer fehlt, die ein auf »Eigenschaften« und »Verhältnisse« beschränkter Gesetzeswortlaut vorauszusetzen schien[213]. Seit das Gesetz auch besondere persönliche »Umstände« nennt, hat dieses Argument seine Bedeutung verloren. Nunmehr sind drei grundsätzlich verschiedene Positionen denkbar; keine von ihnen kann völlig befriedigen. 193

---

211 *Sehr* streitig; wie hier u. a. *Hake*, S. 109 f; *Roxin*, LK, § 28 Rn. 64; *Vogler*, S. 278 f; anders *Geppert*, S. 65 ff; *Jescheck/Weigend*, S. 658, m.w.N.; Schönke/Schröder/*Cramer*, § 28 Rn. 19; differenzierend *Jakobs*, 23/24, 29/112.

212 *Hake*, S. 141 ff, hat deshalb, in Anlehnung an *Cortes Rosa* (ZStrW 90 [1978], 413 ff), den sehr beachtlichen Vorschlag gemacht, die beiden Absätze von § 28 wenigstens dadurch formal in Einklang zu bringen, dass auch Abs. 2 als bloße Strafzumessungsregel und nicht mehr im Sinne der Tatbestandsverschiebung interpretiert wird; dazu kritisch aber *Mitsch*, ZStrW 110 (1998), 201 ff. Noch weitergehend möchte *Sánchez-Vera*, aaO (oben Fn. 50), S. 180 ff, Sonderpflichten schon de lege lata in jedem Falle nach § 28 I behandeln.

213 So im Ergebnis BGHSt 17, 215.

194   Am einfachsten wäre es, alle subjektiven Unrechtselemente als (besondere) persönliche Merkmale zu behandeln, wie das ein Teil der Lehre zumindest für die Regel des § 28 II vorgeschlagen hat[214]. Diese Lösung führt jedoch zu ganz ungereimten Ergebnissen. Warum etwa Anstifter oder Gehilfen zum Diebstahl, die selbst *ohne* Zueignungsabsicht, ein strafbegründendes Merkmal, handeln, nach § 28 I *milder* bestraft werden sollten als der Täter, ist nicht einzusehen; der Gesetzgeber hat das mit der Einfügung der dem heutigen § 28 I entsprechenden Bestimmung auch keineswegs bezweckt.

195   Vorherrschend sind daher Versuche, *innerhalb* der subjektiven Merkmale weitere Abgrenzungen vorzunehmen. Anerkennung findet vor allem die Unterscheidung von täterbezogenen und tatbezogenen Intentionen, wobei nur auf die erste, nicht auch auf die zweite Gruppe § 28 anwendbar sein soll[215]. Das bedeutet praktisch: Bei § 211 etwa soll für die »Heimtücke«, als tatbezogenes Merkmal, § 28 nicht gelten, der Teilnehmer also aus § 211 haften, sofern er nur um die Heimtücke des Täters weiß, während die »Absicht, eine andere Straftat zu verdecken«, als täterbezogenes Merkmal behandelt wird, so dass der Teilnehmer, der diese Absicht nicht hat, prinzipiell nur nach § 212 bestraft werden könnte. *Auf welche Weise* tat- und täterbezogene Merkmale voneinander abgegrenzt werden sollten, darüber freilich gehen die Meinungen weit auseinander[216] – ein deutlicher Hinweis auf praktisch kaum lösbare Abgrenzungsschwierigkeiten, die etwa dazu nötigen, die Zueignungsabsicht beim Diebstahl in einen (tatbezogenen) Enteignungsvorsatz und eine (täterbezogene) Aneignungsabsicht zu zerlegen[217]. Nicht weniger befremdlich sind die Konsequenzen der von *Herzberg* vorgeschlagenen Unterscheidung von »wertneutralen« und »wertbezogenen« persönlichen Merkmalen, wenn sie zu der Behauptung führt, die Bereicherungsabsicht beim Betrug – *konstitutiv* für das spezifische Unrecht einer *Vermögensverschiebung!* – sei *wertneutral*[218]. Der tiefere Grund aller dieser Unsicherheiten dürfte freilich schon im Ansatz liegen. Weshalb das Prinzip der Unrechtsteilnahme bei »täterbezogenen« oder »wertbezogenen« Merkmalen eine Durchbrechung erfahren soll, findet sich nirgends zureichend begründet. Dass »personale« Momente nur denjenigen belasten oder entlasten dürfen, bei dem sie vorliegen[219], ist eine Behauptung, keine Erklärung, die sonst auch im Blick auf § 28 I gelten müsste.

196   Ein sinnvoller Ausgangspunkt kann wohl nur in der These gefunden werden, dass *subjektive* Unrechtselemente niemals als besondere per-

---

214 *Welzel*, S. 121.
215 BGHSt 22, 375 (378 ff); 23, 39 (40), 103 (105); *Jescheck/Weigend*, S. 657 f; *Kühl*, § 20 Rn. 154; *Maurach/Gössel/Zipf*, § 53 Rn. 148; *Samson*, SK, § 28 Rn. 16 ff; *Schönke/Schröder/Cramer*, § 28 Rn. 15 ff, m.w.N.
216 Näher *Roxin*, LK, § 28 Rn. 23 ff; *Samson*, SK, § 28 Rn. 18.
217 *Samson*, SK, § 28 Rn. 20.
218 *Herzberg*, ZStrW 88, 84 f, 90; zur Kritik *Roxin*, LK, § 28 Rn. 45 f, m.w.N.
219 So *Maurach/Gössel/Zipf*, § 53 Rn. 126.

sönliche Merkmale im Sinne von § 28 anzusehen sind. Auch wenn sie in der »Person« des Täters gegeben sein müssen, kennzeichnen sie der Sache nach Art und Schwere des Unrechts, für das die anderen Beteiligten (mit-)haften[220]. Freilich ergibt sich auch von dieser Position aus ein Abgrenzungsproblem: Nicht alle subjektiven Tatbestandsmerkmale betreffen das Unrecht; soweit sie aber die Schuld berühren, muss – nach dem bereits Gesagten (oben Rn. 183 ff) – § 29 eingreifen. Mindestens eine Richtlinie für die erforderliche Abgrenzung liefert immerhin ein Vergleich mit den für den Unrechtsausschluss geltenden Regeln. Eine Intention beeinflusst danach immer dann den Unrechtsgehalt der Tat, wenn sie das Rangverhältnis des vom Täter verfolgten und des von ihm verletzten Interesses näher bezeichnet[221]. Im einzelnen bleiben Schwierigkeiten. Nicht immer ist klar, ob und inwieweit die besonderen subjektiven Tatbestandsmerkmale, die das geltende Recht aufweist, auf den genannten Gesichtspunkt zurückgehen. Auch lassen sich vor allem bei den Gesinnungsmerkmalen Unrechts- und Schuldmomente überhaupt nicht voneinander trennen (oben § 8 Rn. 147 ff). Insoweit hilft nur die Regel, dass man – um ungerechte Ergebnisse zu vermeiden – schon dann nach § 28 verfahren muss, wenn immerhin nicht auszuschließen ist, dass ein subjektives Merkmal *auch* die Schuld betrifft.

Für Merkmale wie das der Zueignungsabsicht (§ 242), der Bereicherungsabsicht (§ 263) oder der Bereicherungs- bzw. Schädigungsabsicht (§ 271 III) gilt § 28 danach *nicht*, wohl aber für Erfordernisse wie das der Habgier (§ 211) oder der Gewinnsucht (§ 283a Nr. 1). Der Notwendigkeit solcher subtilen Abgrenzungen könnte nur abgeholfen werden, wenn der Gesetzgeber subjektive Merkmale unklaren Charakters noch stärker als bisher eliminieren würde. In neuerer Zeit hat er immerhin zunehmend auf sie verzichtet.   197

3. Konsequenzen

Überblickt man das Gesagte im Ganzen, so ergeben sich für die besonderen persönlichen Merkmale aus der hier vertretenen Interpretation folgende Regeln: 198

a) § 28 ist, von jenseits der Schuld liegenden Voraussetzungen der Strafbarkeit abgesehen, nur auf Merkmale des tatbestandlichen *Unrechts* in Gestalt von *Sonderpflichten* anzuwenden. Solche Sonderpflichten müssen stets in der Person des Täters gegeben sein. *Begründen* sie die Strafbarkeit, so ist die Strafe bei einem Beteiligten, dem sie nicht oblie-   199

---

220 Im wesentlichen wie hier *Roxin*, LK, § 28 Rn. 51 ff.
221 Prinzipiell übereinstimmend *Hake*, S. 128 ff.

gen, nach dem Schlüssel von § 49 I zu mildern (§ 28 I). *Schärfen* sie die Strafbarkeit, so haftet ein Beteiligter, den sie nicht treffen, nach dem entsprechenden Grundtatbestand (§ 28 II).

200   b) Auf besondere *Schuldmerkmale* ist prinzipiell § 29 anwendbar. *Begründen* sie die Strafbarkeit, so müssen sie allerdings sowohl in der Person des Täters wie der des Teilnehmers gegeben sein: beim Täter, weil die Tat sonst keinen (Garantie-)Tatbestand erfüllt, beim Teilnehmer, weil er sonst für fremde Schuld haften würde. *Ändern* sie die Strafbarkeit, so belasten oder entlasten sie nur den Beteiligten, bei dem sie vorliegen. Diese Konsequenz würde sich im übrigen bei ihnen auch aus § 28 II ergeben.

201   Als Beispiele sind hier einerseits die »Böswilligkeit« bei § 225, andererseits, als strafmindernder Umstand, die Eigenschaft der »Schwangeren« nach § 218 III genannt worden. Strafschärfende Merkmale, die (zumindest auch) die Schuld berühren, bilden beispielsweise die Mordqualifikationen der ersten Gruppe von § 211 II.

4. Vertreterhaftung

202   Eine Sonderregelung, beschränkt auf *strafbegründende* besondere persönliche Merkmale, enthält das Gesetz für die strafrechtliche Vertreterhaftung: Danach können solche Merkmale einem Vertretungsberechtigten oder Beauftragten auch dann zugerechnet werden, wenn sie nicht in seiner Person, sondern nur beim Vertretenen oder Auftraggeber vorliegen (§ 14). Welche Merkmale hier in Betracht kommen, ergibt sich aus dem spezifischen Anwendungsbereich der Bestimmung.

203   Sie betrifft zwei verschiedene Fallgruppen. Dabei geht es einerseits um Strafbarkeitslücken, die sich bei gewissen Vertretungsverhältnissen ergäben, wenn eine strafbegründende Sonderpflicht nur Personen oder Personenverbänden obliegt, die strafrechtlich nicht haftbar gemacht werden können, nicht aber dem Vertreter, der für sie delinquiert (§ 14 I). Ein einfaches Beispiel bilden Insolvenzdelikte (§§ 283 ff), bei denen eine juristische Person die Täterqualifikation des Schuldners hat, nicht dagegen die natürliche Person, die als ihr Organ für sie handelt. Auf der anderen Seite sollen Schwierigkeiten abgefangen werden, die aus der Arbeitsteilung in modernen Unternehmungen, Betrieben und Verwaltungsstellen erwüchsen, wenn wiederum nicht der sonderpflichtige Inhaber oder Leiter, sondern ein Beauftragter für sie tätig wird (§ 14 II). Die umstrittenen Einzelfragen der wenig geglückten Regelung, die vor allem im Nebenstrafrecht Bedeutung hat, können hier auf sich beruhen[222].

---

222 Siehe die Kommentierungen zu § 14 von Schönke/Schröder/*Lenckner* und *Roxin*, LK, jeweils m.w.N.

II. Die sog. notwendige Teilnahme

Literatur: Otto, Straflose Teilnahme?, in: FS Lange, 1976, S. 197 ff.

Eine ganze Reihe von Straftatbeständen umschreibt Verhaltenswei- 204
sen, bei denen die Beteiligung mehrerer Personen von vornherein erforderlich oder doch praktisch die Regel ist. Bei der Tötung auf Verlangen
(§ 216) wird die Aufforderung durch den Betroffenen, beim Wucher
(§ 291) die Mitwirkung des Bewucherten, bei der Annahme eines Vor-
teils durch einen Amtsträger (§ 331) dessen Gewährung durch einen
Dritten vorausgesetzt. Die Frage, ob und wie diese Beteiligung strafbar
ist, hat vielfach eine ausdrückliche gesetzliche Regelung erfahren: so,
wenn für den Deszendenten beim Beischlaf zwischen Verwandten mildere Strafe angedroht oder, falls er das 18. Lebensjahr noch nicht vollendet hat, Straflosigkeit angeordnet wird (§ 173 II, III). In zahlreichen
Fällen jedoch ergeben sich Zweifel. Sie werden unter dem Stichwort der
notwendigen Teilnahme erörtert, obwohl es sich keineswegs nur um
Teilnahme, sondern auch um mittäterschaftliche Mitwirkung handeln
kann, und obwohl die Beteiligung nicht immer eine notwendige sein
muss. Folgende Konstellationen sind zu unterscheiden:

1. Wo die Beteiligung nach dem Gesetzeswortlaut in strengem Sinne 205
notwendig, aber nicht ausdrücklich mit Strafe bedroht ist, bleibt sie
straflos. Darüber besteht praktisch Einigkeit[223].

Das gilt für den die Tötung Verlangenden oder für den Bewucherten, der die 206
Gegenleistung lediglich verspricht oder gewährt. *Formal* wird diese Regel zumeist damit begründet, dass aus dem Schweigen des Gesetzes zu folgern sei, der
notwendig Beteiligte solle nicht bestraft werden. *Sachlich* hat die Straflosigkeit
hier regelmäßig den Grund, dass das betroffene Individualinteresse im Verhältnis zum notwendigen Beteiligten nicht geschützt ist: Der Suizid ist ebenso straflos
wie die Schädigung des eigenen Vermögens. In solchem Falle kann auch der
mittelbare Angriff auf das Rechtsgut nicht strafrechtlich relevantes Unrecht
sein[224].

2. Ist die Beteiligung nicht notwendig, damit das Delikt zustande 207
kommt, oder geht sie über das notwendige Mindestmaß hinaus, so

---

223 *Roxin,* LK, Rn. 34 vor § 26; Schönke/Schröder/*Cramer,* Rn. 47a vor §§ 25 ff;
anders nur *Herzberg,* Täterschaft, S. 138.
224 In der Begründung abweichend *Otto,* S. 212 f; *Sax,* S. 948 f.

bleibt sie jedenfalls dann straflos, wenn das Strafgesetz den Beteiligten *schützen* soll. Auch das entspricht allgemeiner Auffassung[225].

208 Beim sexuellen Missbrauch von Schutzbefohlenen (§ 174) ist deren Mitwirkung höchstens in Gestalt passiver Duldung, die nicht einmal Beihilfe wäre, »notwendig«; jede aktive Beteiligung geht daher über das vom Tatbestand vorausgesetzte Minimum an Mitwirkung hinaus. Gleiches gilt, wenn der Bewucherte, wie es praktisch die Regel sein dürfte, den Wucherer anstiftet. Soweit hier nicht wiederum die Erwägung eingreift, dass die betroffenen Rechtsgüter dem Beteiligten gegenüber gar keinen strafrechtlichen Schutz genießen, lässt doch seine »Inferiorität«, um derentwillen er gegenüber dem Täter geschützt wird, die Beteiligung als nicht strafwürdig erscheinen.

209 3. Schließlich kann es auch in Fällen, in denen die Straftat eine andere Person *begünstigen* soll, Gründe geben, deren Beteiligung straflos zu lassen, selbst wenn sie keineswegs eine notwendige ist. Doch sind diese Gründe unterschiedlicher Natur.

210 Genannt werden hier zunächst Tatbestände wie die der Strafvereitelung (§ 258) oder der Gefangenenbefreiung (§§ 120 f). Die Strafvereitelung zugunsten der eigenen Person und die Selbstbefreiung sind, mit Rücksicht auf den psychischen Druck, unter dem der Täter steht, straflos, die entsprechenden öffentlichen Interessen an der Durchsetzung des Strafanspruchs ihm gegenüber also wiederum nicht geschützt. Dieser Gesichtspunkt muss, wie § 258 V klarstellt, auch dann durchgreifen, wenn derjenige, zu dessen Gunsten die Strafvereitelung begangen wird, als Mittäter, Anstifter oder Gehilfe an dem von einem anderen verübten Delikt mitwirkt; das Unrecht verändert sich hier nicht in seinem Ausmaß, sondern nur in seiner Struktur[226]. Ebenso liegt es, wenn ein Gefangener einen anderen anstiftet, ihn zu befreien oder bei der Selbstbefreiung zu unterstützen[227], und dies selbst dann, wenn der Angestiftete eine Aufsichtsperson (§ 120 II) ist; die Sonderpflichtverletzung belastet den Gefangenen nach § 28 II nicht[228].

211 Umstritten ist die Strafbarkeit eines Dritten, der selbst an sexuellen Handlungen mit Jugendlichen teilnimmt, wegen Förderung sexueller Handlungen nach § 180 insbesondere dann, wenn seine Mitwirkung über dieses Mindestmaß hinausgeht. Hier sollte der Gedanke maßgebend sein, dass es keinen Grund gibt, die gegen den sexuellen Missbrauch Jugendlicher gerichteten Strafdrohun-

---

225 So wiederum *Roxin*, LK, Rn. 38 vor § 26; Schönke/Schröder/*Cramer*, Rn. 47 vor §§ 25 ff.
226 Vgl. Schönke/Schröder/*Stree*, § 258 Rn. 35, 38; nach früherem Recht für Teilnahmehandlungen abweichend noch BGHSt 17, 236.
227 Schönke/Schröder/*Eser*, § 120 Rn. 15.
228 Demgegenüber will BGHSt 17, 369 (373 f) solche Hilfe – inkonsequenterweise – nur bei *gemeinsamer* Selbstbefreiung mehrerer Gefangener straflos lassen.

gen der §§ 174 ff, 182 auf diesem Wege zu verstärken oder gar zu unterlaufen[229].

In den Fällen schließlich, in denen der Begünstigte an Delikten wie der   212
Gläubigerbegünstigung (§ 283c) oder dem Parteiverrat (§ 356) über die bloße
Annahme der Leistungen oder Dienste hinaus mitwirkt, besteht kein Grund,
ihn straflos zu lassen; doch verletzt der Täter hier Sonderpflichten, so dass für
den Teilnehmer die Strafmilderung von § 28 I eingreift[230].

III. Der Irrtum über die Beteiligungsrolle

Literatur: Bockelmann, Zur Problematik der Beteiligung an vermeintlich vorsätzlich rechtswidrigen Taten, in: FS Gallas, 1973, S. 261 ff.

Die einzelnen Formen der Mitwirkung an einer Straftat lassen sich,   213
wie festgestellt, nicht allein nach der inneren Einstellung der Tatbeteiligten voneinander abgrenzen. Selbst eine subjektive Täterlehre muss die
Beteiligungsrollen auch in ihrer äußeren Struktur umschreiben, wenn
sie den Täter-, Anstifter- oder Gehilfenwillen näher kennzeichnen will
(oben Rn. 12). Allerdings käme es für sie letzten Endes allein auf diesen
Willen an: Jeder Mitwirkende *hätte* danach eben die Rolle, die er nach
seiner Sicht der Dinge zu haben *meint*[231]. Unterscheidet man die einzelnen Formen der Beteiligung dagegen, mit den Tatherrschaftslehren,
auch nach ihrer objektiven Seite, so eröffnet sich die Möglichkeit des
Irrtums. Dann muss entschieden werden, wie zu urteilen ist, wenn sich
die Vorstellung von der eigenen Beteiligungsrolle nicht mit den tatsächlichen Verhältnissen deckt. Zwei grundsätzlich verschiedene Konstellationen kommen in Betracht:

1. Auf der einen Seite kann ein Beteiligter seine eigene Rolle *über-*   214
schätzen, wie beispielsweise dann, wenn er irrigerweise glaubt, sich eines gutgläubigen Tatmittlers zu bedienen, also mittelbarer Täter sein
»will«, während er objektiv nur Anstifter ist, oder wenn er einen anderen anzustiften glaubt, der bereits zur Tat entschlossen ist, ihm also nur
noch psychische Hilfe leisten kann (oben Rn. 144).

Ein Geschäftsinhaber veranlasse z. B. einen vermeintlich ahnungslosen Ange-   215
stellten, der den Sachverhalt in Wahrheit durchschaut, in einen Blankoscheck

---

229 Schönke/Schröder/*Lenckner*, § 180 Rn. 32, m.w.N.
230 *Tiedemann*, LK, § 283c Rn. 38; *Hübner*, LK[10], § 356 Rn. 153.
231 So konsequenterweise *Baumann*, JZ 1958, 230 ff.

einen höheren Betrag einzusetzen, als der mit dem Aussteller getroffenen Abrede entspricht (Urkundenfälschung, § 267[232]). Theoretisch sind drei Lösungen denkbar. Allein auf die Sicht des Hintermanns abzustellen, ihn also als Täter zu behandeln, wäre eine Rückkehr zur subjektiven Theorie und verbietet sich daher[233]. Umgekehrt nur versuchte Täterschaft anzunehmen, hieße so zu urteilen, als wenn eine Mitwirkung an dem Delikt, das doch in vollem Umfang verwirklicht wird, gar nicht stattgefunden hätte, ist also ebenfalls unangemessen[234]. Das gilt vor allem dort, wo der Versuch nicht unter Strafe steht, wie insbesondere bei vermeintlicher Anstiftung zu einem Vergehen, die sich objektiv als psychische Beihilfe darstellt.

216   Den Vorzug verdient prinzipiell die Lösung, die *objektiv* gegebene Form der Beteiligung als maßgebend anzusehen. Da der Wille auf eine intensivere Mitwirkung gerichtet ist, erscheint eine solche Haftung in der Regel nicht als ungerecht[235]: Wer Täter zu sein glaubt, ist nicht belastet, wenn er nur für die objektiv begangene Anstiftung oder Beihilfe einzustehen hat, wer anstiften will, nicht, wenn er als Gehilfe behandelt wird.

217   Gelegentlich allerdings bedroht das Gesetz ausnahmsweise die mittelbare Täterschaft mit geringerer Strafe als die Anstiftung, so bei der Verleitung zur Falschaussage und bei der mittelbaren Falschbeurkundung (§§ 160, 271 einerseits, §§ 153-156, 348 I i. V. mit § 26 andererseits); selbst § 28 I beseitigt die Diskrepanz nicht. Hier darf der vermeintliche mittelbare Täter nicht härter bestraft werden als der wirkliche.

218   2. Zum anderen kann ein Beteiligter seine eigene Rolle *unterschätzen*. So liegt es beispielsweise, wenn er glaubt, dass derjenige, den er zur Tat veranlasst oder dabei unterstützt, den Sachverhalt überblickt, während er in Wahrheit ahnungslos ist. Hier vermeint er, bloß Anstifter oder Gehilfe zu sein, ist objektiv aber derjenige, der den anderen beherrscht.

219   Das wäre z. B. dann der Fall, wenn der Geschäftsinhaber im zuvor genannten Beispiel irrigerweise meinen würde, der Angestellte durchschaue die Zusammenhänge. Auch hier können drei Lösungen in Betracht gezogen werden. Wollte man wiederum von der objektiv verwirklichten Rolle ausgehen, so würde der Beteiligte für eine intensivere Mitwirkung haftbar gemacht als seinem Willen entspricht. Man kann jedoch weder den vermeintlichen Anstifter noch

---

232 Schönke/Schröder/*Cramer*, § 267 Rn. 62.
233 Anders *Baumann/Weber/Mitsch*, § 29 Rn. 152.
234 Anders *Jakobs*, 24/5; *Maurach/Gössel/Zipf*, § 48 Rn. 41; *Samson*, SK, § 25 Rn. 112.
235 Im Ergebnis ebenso *Jescheck/Weigend*, S. 671; *Roxin*, LK, 25 Rn. 147; *Schmidhäuser*, Lb, 14/54.

gar den vermeintlichen Gehilfen als Täter bestrafen. Auf der anderen Seite kann man dem Beteiligten auch nicht das objektive Geschehen nach Maßgabe seines Willens zurechnen, ihn also als Anstifter oder Gehilfen behandeln[236]; dazu fehlt es an der *vorsätzlich* begangenen Haupttat, die nach §§ 26, 27 unerlässlich ist.

Als Lösung bleibt nach alledem nur die Annahme eines Versuchs der »gewollten« Beteiligung, der freilich, außer nach § 30 I, nicht strafbar ist[237]. Es entsteht also eine Strafbarkeitslücke.　220

IV. Das Zusammentreffen mehrerer Formen der Beteiligung

Die verschiedenen Formen der Beteiligung können sich bei einer Straf-　221
tat in unterschiedlicher Weise miteinander verbinden.

1. Beteiligung an der Teilnahme

Denkbar ist zunächst, dass *mehrere* Personen an einer Teilnahmehand-　222
lung mitwirken. Dabei kommt jede beliebige Kombination in Betracht: Eine Anstiftung kann von mehreren gemeinschaftlich oder in mittelbarer »Täterschaft« begangen werden; entsprechendes gilt für die Beihilfe. Zur Anstiftung wie zur Beihilfe kann ein anderer veranlasst und bei der einen wie der anderen Form der Mitwirkung unterstützt werden (sog. *Kettenteilnahme*).

Keine Schwierigkeiten bereitet hier die *gemeinschaftliche* Veranlas-　223
sung oder Unterstützung einer Straftat. Da sich jede Handlung, die dazu beiträgt, den Entschluss zur Tat hervorzurufen oder deren Ausfüh-
rung zu erleichtern, schon nach den allgemeinen Regeln als Anstiftung oder Beihilfe darstellt, erfüllt jeder der Mitwirkenden in seiner Person die Voraussetzungen der §§ 26, 27, ohne dass es einer analogen Anwendung der für die Mittäterschaft geltenden Grundsätze bedürfte. Prinzi-
piell ebenso liegt es, wenn mehrere unabhängig voneinander (»neben-
täterschaftlich«) im selben Tatbeitrag zusammenwirken oder wenn etwa

---

236 Anders, auf dem Boden der subjektiven Theorie, wiederum *Baumann/Weber/
Mitsch*, § 30 Rn. 26.
237 H.L.; *Jakobs*, 24/4; *Jescheck/Weigend*, S. 656; *Roxin*, LK, § 25 Rn. 143; Schön-
ke/Schröder/*Cramer*, Rn. 30 vor § 25, m.w.N.

ein gutgläubiger Mittelsmann eingeschaltet wird[238]. Insoweit wird allemal zur Tat selbst angestiftet oder Hilfe geleistet.

224   Liegen die verschiedenen Teilnahmehandlungen jedoch *hintereinander*, bezieht sich die Anstiftung oder Beihilfe primär auf die Teilnahme eines anderen, so fragt sich, ob die »Tat« im Sinne der §§ 26, 27 schon in eben dieser Teilnahme oder allein in der eigentlichen Haupttat gefunden werden kann. Das ist keineswegs ohne praktische Bedeutung. Einerseits muss der Vorsatz des Teilnehmers, wie sich zeigte, hinsichtlich Tat und Täter hinreichend konkretisiert sein (oben Rn. 149, 162), und dieses Erfordernis ist unter Umständen nur für das nächste Glied in der Kette der Teilnahmehandlungen, nicht aber für die Haupttat erfüllt[239]. Andererseits wäre die Strafe bei der zur Beihilfe geleisteten Beihilfe *doppelt* zu reduzieren, wenn sie sich auf die Beihilfe und nicht auf die Tat selbst bezöge.

225   Die Lehre betrachtet Anstiftung und Beihilfe zur Teilnahme überwiegend als mittelbare (indirekte) Teilnahme an der Tat, wobei das schwächste Glied der »Kette« über die Form der Beteiligung entscheidet: Anstiftung zur Anstiftung wird als Anstiftung zur Tat behandelt, Anstiftung zur Beihilfe, aber auch Beihilfe zur Anstiftung als Beihilfe zur Tat usw., und zwar mit dem Argument, dass auch solche mittelbare Beteiligung die Haupttat fördere[240]. Das trifft jedoch nur im Regelfalle zu[241]. Wer dem einen Nachschlüssel anfertigenden Gehilfen Werkzeug zur Verfügung stellt, das dieser sonst anderswo beschafft hätte, fördert die Beihilfe, aber nicht die Tat. Anders natürlich, wenn der Gehilfe dem Täter den Nachschlüssel durch einen Eingeweihten zukommen lässt.

226   Da auch die Teilnahme als solche strafrechtlich relevantes Unrecht darstellt, können Anstiftung und Beihilfe an ihr selbst begangen werden. Der Vorsatz des Anstifters oder Gehilfen muss in solchem Falle allerdings darauf gerichtet sein, an einer Teilnahme mitzuwirken, die sich ihrerseits auf eine hinreichend konkretisierte Tat bezieht[242]. Bei der Beihilfe zur Beihilfe wird danach unterschieden werden müssen, ob sie ausnahmsweise nur die Beihilfe als solche fördert oder sich auch auf die

---

238 Vgl. BGHSt 8, 137.
239 Vgl. BGHSt 6, 359.
240 So u. a. *Jescheck/Weigend*, S. 687, 697; *Roxin*, LK, § 26 Rn. 110, § 27 Rn. 61; jeweils m.w.N.
241 Von der h. L. abweichend für die Beihilfe zur Anstiftung deshalb Schönke/Schröder/*Cramer*, § 27 Rn. 18.
242 BGHSt 6, 359 (361).

Tat noch auswirkt; nur im ersten, nicht aber im zweiten Falle ist die doppelte Reduktion der Strafe angezeigt.

2. Mehrfache Beteiligung

Wirkt *eine* Person in mehreren Formen der Beteiligung an einer Tat mit, so tritt die minder intensive hinter der intensiveren Rolle zurück: Wer seine Komplizen zunächst anstiftet und dann als Mittäter handelt, haftet nur als Mittäter, wer anstiftet und außerdem Hilfe leistet, nur als Anstifter usw. Da alle Beteiligungsformen in demselben Unrechtserfolg zusammentreffen, wäre es unangemessen, mehrfache Strafe zu verhängen. **227**

Das kann freilich nur dann gelten, wenn die Tat, auf die sich die verschiedenen Formen der Beteiligung beziehen, auch im *rechtlichen* Sinne eine und dieselbe ist. Stellt sich eine in Mittäterschaft begangene Brandstiftung (§ 306) für einen der Beteiligten zugleich als Verletzung der ihm obliegenden Vermögensfürsorgepflicht dar (Untreue, § 266), so sind die anderen *insoweit*, beim Sonderdelikt, nur Gehilfen; Mittäterschaft bei der Brandstiftung und Beihilfe zur Untreue stehen in Idealkonkurrenz (§ 52; dazu unten § 18 Rn. 28 ff). **228**

3. Kapitel   Das vorsätzliche Unterlassungsdelikt

1   Wie schon beim Überblick über die Grundformen der Straftat bemerkt, kann es nicht nur verboten sein, einen strafrechtlich relevanten Erfolg durch aktives Handeln herbeizuführen, sondern auch geboten, den Eintritt eines solchen Erfolges abzuwenden. Neben das Handlungsdelikt tritt deshalb das Unterlassungsdelikt. Beide Verhaltensweisen sind strukturell grundlegend verschieden: Statt zu handeln, nimmt der Täter beim Unterlassungsdelikt eine (gebotene) Handlung gerade *nicht* vor. Daher müssen die Grundsätze der strafrechtlichen Zurechnung beim Unterlassungsdelikt wesentlich andere sein als beim Handlungsdelikt. Die Strafrechtsdogmatik hat sich jedoch lange Zeit vorwiegend am Modell des Handlungsdelikts orientiert, so dass die Voraussetzungen und Formen der strafrechtlichen Haftung beim Unterlassungsdelikt auf weite Strecken noch äußerst zweifelhaft sind.

2   Die nachfolgende Darstellung handelt zunächst von den Elementen des Unterlassungsdelikts, wiederum in der Reihenfolge der strafrechtlichen Wertungsstufen (§ 13), und sodann von den Modalitäten der Haftung, den Fragen des Versuchs und der Beteiligung mehrerer (§ 14).

§ 13   Die Elemente des vorsätzlichen Unterlassungsdelikts

Literatur: Androulakis, Studien zur Problematik der unechten Unterlassungsdelikte, 1963; *Engisch,* Tun und Unterlassen, in: FS Gallas, 1973, S. 163 ff; *Freund,* Erfolgsdelikt und Unterlassen, 1992; *Gallas,* Studien zum Unterlassungsdelikt, 1989; *Gimbernat Ordeig,* Das unechte Unterlassungsdelikt, ZStrW 111 (1999), 307 ff; *Herzberg,* Die Unterlassung im Strafrecht und das Garantenprinzip, 1972; *Jakobs,* Die strafrechtliche Zurechnung von Tun und Unterlassen, 1996; *Kahlo,* Das Problem des Pflichtwidrigkeitszusammenhanges bei den unechten Unterlassungsdelikten, 1990; *Armin Kaufmann,* Die Dogmatik der Unterlassungsdelikte, 1959; *Kuhlen,* Strafhaftung bei unterlassenem Rückruf gesundheitsgefährdender Produkte, NStZ 1990, 566 ff; *Otto/Brammsen,* Die Grundlagen der strafrechtlichen Haftung wegen Unterlassens, Jura 1985,

530 ff, 592 ff, 646 ff; 1986, 37 ff; *Roxin*, An der Grenze von Begehung und Unterlassung, in: FS Engisch, 1969, S. 380 ff; *Rudolphi*, Die Gleichstellungsproblematik der unechten Unterlassungsdelikte und der Gedanke der Ingerenz, 1966; *Samson*, Begehung und Unterlassung, in: FS Welzel, 1974, S. 579 ff; *Schöne*, Unterlassene Erfolgsabwendungen und Strafgesetz, 1974; *Schünemann*, Grund und Grenzen der unechten Unterlassungsdelikte, 1971; *Welp*, Vorangegangenes Tun als Grundlage einer Handlungsäquivalenz der Unterlassung, 1968; *Wolff*, Kausalität von Tun und Unterlassen, 1965.

A. Handeln und Unterlassen

Die Frage, ob ein strafrechtlich relevanter Erfolg vom Täter durch aktives Handeln herbeigeführt oder nur nicht verhindert worden ist, kann im Einzelnen erhebliche Schwierigkeiten bereiten. Das gilt insbesondere bei »doppeltrelevanten« Verhaltensweisen, die sowohl als Handlung wie als Unterlassung gesehen werden können[1].   1

Als Beispiel für solche Konstellationen kann der bekannte Radfahrerfall BGHSt 11, 1 dienen: *Schafft* der Chauffeur eines Lastwagens, der einen Radfahrer mit zu geringem Seitenabstand überholt, die Unfallgefahr oder *unterlässt* er nur, sie durch eine Ausweichbewegung zu beheben? Oder auch: Wie liegt es bei einem Autofahrer, der in einer (nicht durch ihn geschaffenen) kritischen Situation nicht genügend abbremst oder den Bremsvorgang zu früh beendet? Von den zahlreichen Lösungen, die hier vorgeschlagen worden sind[2], stehen heute vor allem noch drei zur Diskussion. Nach der ersten von ihnen ist die Frage normativ danach zu entscheiden, bei welcher Verhaltensform der *Schwerpunkt der Vorwerfbarkeit* liegt[3]. Dieser Maßstab ist jedoch, wie vor allem eingewandt wird, äußerst unbestimmt, solange alle Kriterien für den Grad der Vorwerfbarkeit fehlen[4]. Nach der wohl vorherrschenden, in unterschiedlichen Varianten vertretenen Auffassung kommt es stattdessen darauf an, ob der Täter den Erfolg durch »*positiven Energieeinsatz*« verursacht oder seine Energie gegenüber einem anderweit ausgelösten Kausalverlauf nicht eingesetzt hat[5]. Eine dritte Lö-   2

---

1   Dazu insbesondere *Seelmann*, NK, § 13 Rn. 27 ff.
2   Überblicke bei *Engisch*, S. 169 f; *Stoffers*, Die Formel »Schwerpunkt der Vorwerfbarkeit« bei der Abgrenzung von Tun und Unterlassen?, 1992, S. 69 ff; *Welp*, S. 103 ff.
3   So BGHSt 6, 46 (59); Schönke/Schröder/*Stree*, Rn. 158 vor §§ 13 ff, m.w.N.
4   Kritisch etwa *Rudolphi*, SK, Rn. 6 vor § 13; *Struensee*, in: FS Stree/Wessels, 1993, S. 136 ff; *Welp*, S. 106.
5   So u. a. *Engisch*, S. 171 ff; *Jescheck/Weigend*, S. 603 f; *Rudolphi*, aaO; *Struensee*, aaO, S. 143 ff; *Welp*, S. 110 ff; wohl auch *Seelmann*, NK, § 13 Rn. 28; kritisch *Stoffers*, aaO, S. 97 ff.

sung schließlich verfährt nach dem *Subsidiaritätsprinzip*, möchte eine Unterlassung also nur dann in Betracht ziehen, wenn die strafrechtliche Haftung nicht an eine Handlung des Täters anknüpfen kann[6]. Das dürfte der prinzipiell zutreffende Ansatz sein.

3 Auf der Basis der hier vertretenen Kriterien der objektiven Zurechnung (oben § 8 Rn. 15 ff) kann die Unterscheidung nur so erfolgen, dass eine strafrechtlich relevante *Handlung* immer dann angenommen wird, wenn der Täter die Gefahr, die in den Erfolg umgeschlagen ist, *herbeigeführt oder gesteigert*, eine *Unterlassung* hingegen immer dann, wenn er jene Gefahr *nicht vermindert* hat[7]. Doppelrelevantes Verhalten erscheint primär als Handlung. Hat der Täter zunächst (mit oder ohne dahin gehende Verpflichtung) Rettungschancen geschaffen, die er später wieder beseitigt, so handelt es sich um einen Eingriff in einen »rettenden Kausalverlauf« (oben § 8 Rn. 35), also um einen Fall der Begehung.

4 Das kann allerdings nur dann gelten, wenn die vom Handelnden (wieder) beseitigten Rettungschancen die Gefahr des Erfolgseintritts immerhin vermindert hätten (vgl. unten Rn. 54 ff). Ein Abbruch von Rettungsbemühungen *vor* diesem Zeitpunkt bleibt bloßes Unterlassen[8]. Das Gleiche gilt in dem praktisch bedeutungslosen, aber viel erörterten Fall der – in Anlehnung an die actio libera in causa (oben § 10 Rn. 43 ff) so genannten – *omissio libera in causa*: wenn der Verpflichtete sich selbst für den Zeitpunkt, in dem er handeln müsste, der erforderlichen Tatmacht (unten Rn. 58 f) beraubt, wie etwa ein Rettungsschwimmer, der sich so betrinkt, dass er bei einem Notfall nicht helfen kann. Obwohl hier von einem »Unterlassen durch Begehen« gesprochen wird, handelt es sich in der Sache um ein bloßes Unterlassungsdelikt[9].

B. Die Deliktserfordernisse im einzelnen

I. Die Tatbestandsmäßigkeit

5 Auch beim Unterlassungsdelikt empfiehlt es sich, die unrechtsbegründenden Tatumstände nach der äußeren und der inneren Seite des Verhaltens zu gliedern.

---

6 *Arthur Kaufmann*, in: FS Eb. Schmidt, 1962, S. 212; *Spendel*, in: FS Eb. Schmidt, 1962, S. 194; eingehend, auch kritisch, *Stoffers*, aaO, S. 155 ff, 252 ff.
7 Prinzipiell ebenso *Samson*, S. 592 ff; im Ergebnis auch *Seelmann*, aaO.
8 Schönke/Schröder/*Stree*, Rn. 160 vor §§ 13 ff.
9 *Stoffers*, aaO, S. 332 ff; *Struensee*, aaO, S. 146 ff, m.w.N.

1. Der objektive Tatbestand

a) Der Kreis möglicher Täter

Das Unterlassungsdelikt besteht in der Missachtung eines Gebots, tätig   6
zu werden. Es kann daher von vornherein nur von einer Person begangen werden, die verpflichtet gewesen wäre, die gebotene Handlung vorzunehmen. Damit erlangt die Frage, wen eine solche Handlungspflicht
trifft, wer also *Täter* eines Unterlassungsdelikts sein kann, entscheidende Bedeutung. Das Gesetz umschreibt die Voraussetzungen, unter denen die strafrechtlich relevante Handlungspflicht besteht, jedoch nur
unvollständig[10]. Es bezieht sich nur bei einer verhältnismäßig kleinen
Zahl von Tatbeständen ausdrücklich oder sinngemäß auf ein Unterlassen, während es die Umstände, unter denen ein Begehungsdelikt gewissermaßen ausnahmsweise durch Unterlassen verwirklicht werden kann,
nur abstrakt benennt (§ 13). Im erstgenannten Fall spricht man überwiegend von *echten*, im zweiten von *unechten* Unterlassungsdelikten.

Zu Terminologie ist anzumerken, dass die Unterscheidung von echten und   7
unechten Unterlassungsdelikten teilweise abweichend danach vorgenommen
wird, ob das Unterlassen nur eine allgemeine Hilfspflicht oder aber eine Garantenpflicht (dazu unten Rn. 11) verletzt[11]. Dieses Kriterium ist auch maßgebend, wenn zwischen »nichtbegehungsgleichen« und »begehungsgleichen«
Unterlassungen unterschieden wird[12]. Welche Abgrenzung man vorzieht, ist
eine Frage der Zweckmäßigkeit. Der hier befolgte Sprachgebrauch hat den Vorzug, die besonders problematischen Fälle mangelnder tatbestandlicher Umschreibung des Unterlassungdelikts herauszuheben[13].

aa) Echte Unterlassungsdelikte

Die relativ seltenen Straftatbestände, die das Unterlassen einer gebote-   8
nen Handlung unmittelbar erfassen, gliedern sich, je nachdem, ob das
Unterlassen der entsprechenden Verletzungshandlung gleichgestellt
wird oder nicht, ihrerseits in zwei verschiedene Gruppen.

Einerseits kann es in bestimmten Situationen geboten sein, zur Ab-   9
wehr von Gefahren tätig zu werden, *ohne* dass die Verletzung dieser
Pflicht aktivem, auf Herbeiführung des missbilligten Erfolges gerichte-

---

10 Eingehend *Schöne*, S. 38 ff.
11 *Jescheck/Weigend*, S. 605 f.
12 So insbesondere *Freund*, § 6 Rn. 12 f.
13 *Armin Kaufmann*, S. 277.

tem Handeln gleichwertig wäre. Das Musterbeispiel einer solchen Pflicht umschreibt § 323c: Danach wird bestraft, »wer bei Unglücksfällen oder gemeiner Gefahr oder Not nicht Hilfe leistet«. Die Strafe hängt nicht davon ab, dass ein anderer wirklich zu Schaden kommt, und sie entspricht auch in ihrem Maß nicht der bei einer Verletzungshandlung angedrohten Strafe. Selbst wenn das im Stich gelassene Opfer stirbt und der Täter dies vorausgesehen hat, kann das Unterlassen der gebotenen Hilfe nur mit Freiheitsstrafe bis zu einem Jahr oder Geldstrafe geahndet werden. Ein weiteres Beispiel enthält der Tatbestand der Nichtanzeige geplanter Straftaten (§ 138). Die Strafdrohung ist wiederum selbständig und liegt selbst in besonders schweren Fällen, etwa bei Nichtanzeige eines drohenden Mordes, erheblich unterhalb des für die Begehung des entsprechenden Delikts geltenden Strafrahmens.

10   Andererseits wird das Unterlassen in einer Reihe von Tatbeständen dem aktiven Handeln gleichgestellt. Das kann ausdrücklich geschehen, wie etwa in § 225, wonach sich der Fürsorgepflichtige sowohl dann strafbar macht, wenn er den Schutzbefohlenen quält oder roh misshandelt, wie dann, wenn er seine Sorgepflicht böswillig vernachlässigt. Ähnliches gilt für die Aussetzung (§ 221). Der Tatbestand erfasst das Unterlassen mitunter aber auch dann ohne weiteres, wenn er es zwar nicht ausdrücklich erwähnt, aber zweifellos, wie etwa bei der Untreue (§ 266), als mögliche Form der Verletzung einer strafrechtlich geschützten Pflicht einbezieht.

11   Der Vergleich dieser beiden Gruppen von Unterlassungsdelikten zeigt, dass die Gleichstellung mit dem aktiven Handeln nur dort erfolgt, wo dem Täter *besondere* Obhuts- oder Fürsorgepflichten obliegen, nicht aber dort, wo es um allgemeine Hilfspflichten geht, die keine gesteigerte Verantwortung des Täters für das bedrohte Gut voraussetzen. Nur wenn der Täter ausnahmsweise aufgrund dieser besonderen Pflicht dafür einzustehen hat, dass ein missbilligter Erfolg verhindert wird, kann die Unterlassung, ihn abzuwenden, ebenso schwer wiegen wie die Handlung, die ihn herbeiführt. Man spricht dann von einer *Garantenstellung* oder Garantenpflicht[14].

14 Zur Vorgeschichte *Gallas*, S. 73 ff.

bb) Unechte Unterlassungsdelikte

Der Gedanke, dass unter der Voraussetzung einer solchen besonderen 12
Pflicht auch ein Begehungsdelikt durch Unterlassen verwirklicht werden könne, wird schon an der Wende vom 18. zum 19. Jahrhundert formuliert, erläutert unter anderem an dem bis heute geläufigen Schulbeispiel der Eltern, die ihr Kind verhungern lassen[15]. Die möglichen Entstehungsgründe und der Umfang der Garantenpflichten haben jedoch niemals eine genauere Regelung erfahren. Erst 1969 ist in das Gesetz immerhin die Formel eingefügt worden, dass der Täter, der es unterlässt, einen tatbestandsmäßigen Erfolg abzuwenden, nur strafbar ist, »wenn er rechtlich dafür einzustehen hat, dass der Erfolg nicht eintritt, und wenn das Unterlassen der Verwirklichung des gesetzlichen Tatbestandes durch ein Tun entspricht« (§ 13). Damit werden jedoch nur Mindesterfordernisse genannt. Die Voraussetzungen zu präzisieren, unter denen eine Garantenpflicht entsteht und das Unterlassen dem Handeln gleichgestellt werden kann, bleibt nach wie vor Rechtsprechung und Lehre überlassen.

Diese Rechtslage steht durchaus im Widerspruch zum Verbot unbe- 13
stimmter Strafvorschriften (oben § 3 Rn. 14 ff). Die Verfassungsmäßigkeit der Bestrafung unechter Unterlassungsdelikte unterliegt daher ernsten Zweifeln[16]. Dass alle Versuche einer präziseren gesetzlichen Regelung bisher gescheitert sind, entkräftet diese Bedenken nicht: Der Verstoß gegen ein rechtsstaatliches Grundprinzip wird nicht schon dadurch gerechtfertigt, dass als strafwürdig empfundenes Verhalten straflos bleiben müsste, wenn man das bisherige Verfahren als unzulässig aufzugeben hätte. Daher ist die Strafbarkeit zumindest auf solche Fälle zu beschränken, in denen sich die Gleichstellung des Unterlassens mit dem aktiven Handeln unabweisbar aufdrängt. Unter diesem Gesichtspunkt ist geboten, den nachfolgenden Katalog möglicher Entstehungsgründe einer Garantenpflicht, aber auch ihre Tragweite kritisch zu diskutieren.

cc) Die einzelnen Garantenpflichten

Traditionellerweise folgt die Benennung der einzelnen Garantenver- 14
hältnisse ihren *Entstehungsgründen.* Den Anfang bilden dogmenge-

---

15 Zur Geschichte *Welp*, S. 26 ff.
16 Eingehend *Schöne*, S. 277 ff, 324 ff; ferner u. a. *Köhler*, S. 213 f; *Seelmann*, NK,
§ 13 Rn. 2, m.w.N.

schichtlich das Gesetz und der Vertrag. Später traten das vorangegangene gefährdende Tun, schließlich spezielle Gemeinschaftsbeziehungen und der Herrschaftsbereich hinzu. Doch werden damit nur Stichworte genannt, die eigentlichen Voraussetzungen der Garantenpflicht aber weder präzis noch erschöpfend angegeben. Die Benennung nach dem Entstehungsgrund wird heute zumeist durch den Hinweis ergänzt, dass sich die Garantenpositionen nach ihrem Inhalt aufgliedern lassen in solche, die auf den Schutz bestimmter Rechtsgüter oder Interessen gegen alle ihnen drohenden Gefahren gerichtet sind (*Beschützer-* oder *Schutzgaranten*), und solche, bei denen es um die Abwendung aller von einer bestimmten Gefahrenquelle ausgehenden Bedrohungen geht (*Überwachungs-* oder *Sicherungsgaranten*)[17].

15   Diese Gegenüberstellung ist insofern hilfreich, als sie den Blick für die Frage nach der Tragweite der jeweiligen Garantenstellung schärft. Dagegen kann keine Rede davon sein, dass man mit einer solchen funktionellen Einteilung bereits den Schritt zu einer *materiellen* Garantenlehre vollzogen habe[18]. Der Rangunterschied, die entscheidende Differenz etwa zwischen der für jedermann bestehenden Hilfeleistungspflicht nach § 323c und derjenigen zwischen Ehepartnern, ist auf diesem Wege nicht fassbar. Er verbirgt sich eher in dem gemeinsamen Erfordernis, dass die Abwendungspflicht sich auf *alle* bestimmten Rechtsgütern oder Interessen drohenden oder auf *alle* von einer bestimmten Quelle ausgehenden Gefahren beziehen müsse. Die bisher noch immer unzureichend gelöste Kernfrage der Garantenlehre aber geht dahin, mit Hilfe *welcher Kriterien* sich Pflichten dieses Ranges von anderen unterscheiden lassen. Die nachfolgende Einzelerörterung zeigt, welches Maß an Unsicherheit hier weiterhin besteht.

(1) Gesetz

16   Selbst wenn sich die Pflicht, zum Schutz oder zur Wahrung von Rechtsgütern oder Interessen tätig zu werden, unmittelbar aus dem Gesetz ergibt, bildet sie keineswegs immer eine Garantenpflicht. Vielmehr kommt es darauf an, welche Art von Beziehung zwischen dem Verpflichteten und dem zu schützenden Gut oder Interesse bzw. der Gefahrenquelle das Gesetz seinerseits voraussetzt oder herstellt. Das zeigt sich in allen Bereichen gesetzlich normierter Gefahrenabwehr.

17   Dabei geht es zunächst um die nunmehr lebhaft umstrittene Frage, ob und inwieweit *Amtsträger* durch ihre öffentlich-rechtlichen Pflichten zu Garanten

---

17 Im Anschluss an *Armin Kaufmann*, S. 283; siehe ferner u. a. *Freund*, § 6 Rn. 57 ff; *Jakobs*, 29/27; *Kühl*, § 18 Rn. 44; Schönke/Schröder/*Stree*, § 13 Rn. 9.
18 Skeptisch auch *Pawlik*, ZStrW 111 (1999), 338 ff; *Seelmann*, NK, § 13 Rn. 34 ff.

für die von ihnen zu schützenden Güter oder Interessen werden. Bezieht man beispielsweise die dem Polizeibeamten kraft Gesetzes obliegende Aufgabe, Gefahren für die öffentliche Sicherheit und Ordnung abzuwehren, auf diese Schutzgüter als solche, so kann die Verhinderung von Straftaten gegen Individualrechtsgüter als bloße »Reflex- und Nebenwirkung« seiner Berufspflicht erscheinen, deren Nichterfüllung keine Garantenhaftung begründet[19], während sich die gegenteilige Lösung ergibt, wenn der Schutz des einzelnen Bürgers als »wesentlicher Bestandteil der Berufspflicht des Polizeibeamten« betrachtet wird[20]. Diese zweitgenannte Auffassung dürfte zumindest insoweit zutreffen, wie der Einzelne bei der Abwehr von Straftaten gerade auf polizeiliche Hilfe angewiesen ist. Weitergehend anerkannt ist die Annahme von Garantenpflichten bezüglich solcher Güter oder Interessen der Allgemeinheit, zu deren Wahrung Behörden oder Beamte explizit berufen sind. Das gilt unter anderem für den Bereich des Umweltschutzes[21]. Hierher gehört aber auch das Beispiel des Beamten der Staatsanwaltschaft, der sich der Strafvereitelung im Amt (§ 258a) schuldig macht, wenn er entgegen seiner Verfolgungspflicht (§§ 152 II, 160 StPO) entsprechende Ermittlungshandlungen unterlässt. Keine Strafvereitelung (§ 258) begeht dagegen ein Zeuge, der sich grundlos weigert, einen Angeklagten durch seine Aussage zu belasten: Obschon er damit ebenfalls einer gesetzlichen Pflicht (vgl. § 70 StPO) zuwiderhandelt, obliegt ihm keine besondere Verantwortung für die Durchsetzung des öffentlichen Interesses an der Strafverfolgung[22].

Ähnliche Abgrenzungen sind, zum anderen, auch dort vorzunehmen, wo das 18 Gesetz dazu verpflichtet, *Gefahren von bestimmten Personen* abzuwehren. Hier handelt es sich nur dann um Garantenpflichten, wenn sie Ausdruck gesteigerter Verantwortung für das bedrohte Opfer sind, wie sie durch enge persönlicher Verbundenheit, zum Beispiel im Verhältnis von Eltern zu Kindern (§ 1631 BGB), oder auch kraft Übernahme entsprechender Fürsorge (unten Rn. 22 f) begründet wird. Das entspricht der bereits vermerkten Gleichstellung von Handeln und Unterlassen bei der Aussetzung (§ 221) und bei der Misshandlung von Schutzbefohlenen (§ 225). Fehlt es daran, so bleibt es bei den ja ebenfalls gesetzlich normierten Hilfeleistungspflichten nach § 323c.

Garanten kraft Gesetzes können drittens auch diejenigen sein, denen eine 19 *Aufsichtspflicht* obliegt, sofern deren Sinn gerade darin besteht, Gefahren von Dritten abzuwehren. Das gilt wiederum für die elterliche Aufsichtspflicht (§ 1631 BGB), jedenfalls so lange, wie das Kind noch nicht voll verantwortlich ist (vgl. § 828 BGB) und deshalb eine besondere »Gefahrenquelle« bildet.

---

19 So u. a. *Herzberg*, S. 356; *Jescheck/Weigend*, S. 624, m.w.N.
20 So die wohl h. L.; BGHSt 38, 388 (390); *Freund*, Erfolgsdelikt, S. 293 f; *Jakobs*, 29/77d; *Pawlik*, aaO, S. 341 ff, m.w.N.; Schönke/Schröder/*Stree*, § 13 Rn. 52; *Seelmann*, NK, § 13 Rn. 139.
21 Siehe dazu insbesondere *Freund*, S. 305 ff; *Kühl*, § 18 Rn. 79 ff; *Seelmann*, aaO, m.w.N.
22 Anders Schönke/Schröder/*Stree*, § 13 Rn. 31, § 258 Rn. 19.

(Soweit die Aufsichtspflicht allein das Wohl des *Beaufsichtigten* wahren soll, *fehlt* dagegen die Garantenbeziehung zu etwa betroffenen Rechtsgütern Dritter.) Ähnlich stellt § 357 die Verletzung der Aufsichtspflicht des Amtsvorgesetzten dessen aktiver Beteiligung am Delikt des Untergebenen gleich. Sehr zweifelhaft ist andererseits, ob auch die Aufsichtspflicht des militärischen Vorgesetzten dem Schutz Dritter dient; die selbständige Strafvorschrift von § 41 WStG spricht *nicht* dafür[23].

20   Gesetzliche Pflichten können schließlich auf Überwachung einer *Gefahrenquelle* gerichtet sein: Der Halter eines Autos etwa hat für dessen verkehrssicheren Zustand zu sorgen (§ 31 II StVZO), der Dienstberechtigte für den Schutz des Verpflichteten gegen Gefahr für Leben und Gesundheit (§ 618 BGB), der Tierhalter dafür, dass das Tier niemanden gefährdet (vgl. § 833 BGB), usw. Aber auch hier genügt nicht jede Pflicht: Ein Arzt, der seiner in § 12 GeschlKrankhG statuierten Meldepflicht nicht nachkommt, haftet nicht ohne weiteres für gesundheitliche Schäden, die einem Dritten daraus erwachsen mögen. Vielmehr bedarf es einer engeren Beziehung zur Gefahrenquelle, wie sie beispielsweise dadurch vermittelt wird, dass sich die Sache, von der die Gefahr ausgeht, im Herrschaftsbereich des Verpflichteten befindet (unten Rn. 43 ff).

21   Stets muss also der Verpflichtete für das bedrohte Rechtsgut oder Interesse bzw. für die Person oder Sache, von der die Gefahr ausgeht, in *gesteigertem* Maße verantwortlich sein, wenn gesetzlichen Handlungspflichten der Rang einer Garantenpflicht zukommen soll. Die Steigerung der Verantwortlichkeit hängt ihrerseits von bestimmten sachlichen Voraussetzungen ab, die sich zwar annäherungsweise, aber keineswegs hinreichend präzis formulieren lassen. Das ist einer der Gründe für die im Gebiet der unechten Unterlassungsdelikte herrschende Unsicherheit. Auf der anderen Seite wird deutlich, dass jene besonderen Sachbeziehungen den eigentlichen Entstehungsgrund der Garantenpflicht bilden, nicht die einzelne gesetzliche Vorschrift als solche, mit der Konsequenz, dass der Entstehungsgrund auch jenseits solcher Vorschriften noch wirksam sein kann.

(2) Vertrag

22   Ähnlich ist die Lage beim Vertrag, der zweiten traditionell genannten Quelle einer Garantenpflicht, heute zumeist mit dem Stichwort der *freiwilligen Übernahme* bezeichnet[24]. Auf solchem Wege kann sowohl

---

23 *Hoyer*, Die strafrechtliche Verantwortlichkeit innerhalb von Weisungsverhältnissen, 1998, S. 31; anders *Herzberg*, S. 321; *Jescheck/Weigend*, S. 265, 607 f.
24 *Jescheck/Weigend*, S. 623; *Kühl*, § 18 Rn. 68; Schönke/Schröder/*Stree*, § 13 Rn. 26.

eine neue Garantenpflicht begründet wie eine bereits bestehende auf eine andere Person übertragen werden. Dabei muss sich die strafrechtliche Wertung von der zivilrechtlichen weitgehend lösen. Einerseits folgt aus dem Erfordernis *gesteigerter* Verantwortlichkeit, dass die Verletzung bloßer Vertragspflichten keineswegs genügt, um das Unterlassen der Begehung gleichzustellen, wie eben auch die Verletzung beliebiger gesetzlicher Pflichten nicht. Andererseits können für die Frage der Wirksamkeit eines Vertrages Rücksichten auf den Rechtsverkehr maßgebend sein, die im Strafrecht außer Betracht bleiben müssen.

Ein Vertrag kann nur dann Garantenpflichten begründen, wenn dem Verpflichteten eine Vertrauensstellung (mit besonderen Obhuts-, Sorge- oder Aufsichtspflichten) zukommt; auch das verdeutlicht die Analogie zu den gesetzlich geregelten Fällen der Gleichstellung (oben Rn. 10 f). Daraus ergibt sich zunächst die Einschränkung, dass der Schutz des betroffenen Rechtsgutes oder Interesses bzw. die Abwehr bestimmter Gefahren grundsätzlich den eigentlichen Gegenstand des Vertrages bilden, eine »*Hauptpflicht*« sein muss, wie es z. B. bei der Indienstnahme eines Bergführers, Sport- oder Fahrlehrers, einer Krankenschwester usw. der Fall ist, nicht aber bei bloßen Nebenpflichten, gerichtet auf Anzeige, Aufklärung, Rücksichtnahme usw., die sich nur teilweise aus dem Gesetz (vgl. etwa §§ 545, 666, 1020 BGB), vielfach aber allein aus dem Grundsatz von Treu und Glauben ergeben. Nur bei besonders enger (langdauernder oder auf gesteigertem Vertrauen beruhender) Verbindung der Vertragspartner können Nebenpflichten ausnahmsweise zu Garantenpflichten werden, z. B. bei einem Arbeitsvertrag[25] oder Bankgeschäften. Die Rechtsprechung geht hier gelegentlich zu weit[26]. | 23

Dagegen kann es auf die zivilrechtliche Wirksamkeit des Vertrages nicht ankommen, also z. B. nicht darauf, ob derjenige, der die Garantenpflichten übernimmt, voll geschäftsfähig oder etwa noch minderjährig ist. Seine Verpflichtung ergibt sich aus dem durch die Übernahme begründeten Vertrauen auf die Erfüllung seiner Aufgabe. | 24

Die Garantenpflicht entsteht allerdings nicht schon durch die Vereinbarung als solche, sondern grundsätzlich erst durch die *faktische Übernahme* der Vertrauensstellung[27], dadurch, dass sich nunmehr andere, der Bedrohte oder ein sonst Verantwortlicher, auf den Verpflichteten verlassen. Tritt dieser etwa seine Stelle abredewidrig nicht an, so bleibt | 25

---

25 Vgl. BGHSt 5, 187 (188 f).
26 Vgl. besonders BGHSt 6, 198 (199); zutreffend dagegen BGHSt 16, 120 (121 f); ferner, speziell zum Betrug durch Unterlassen, Schönke/Schröder/*Cramer*, § 263 Rn. 22 f.
27 H. L.; vgl. nur *Jescheck/Weigend*, S. 623, m.w.N.

es bei einer bloßen Vertragsverletzung. Daher kann sich fragen, ob hier nicht allein, statt auf den Vertrag, auf die freiwillige Übernahme einer schützenden oder helfenden Tätigkeit abzustellen ist. Es besteht jedoch kein Anlass, denjenigen, der zu helfen versucht, etwa einen Betrunkenen heimzuschaffen, unter Strafdrohung zur Fortsetzung seiner Samariterdienste zu zwingen, wenn ihm das zu mühsam wird (sofern das Eingreifen die Gefahr für den Betroffenen nicht erhöht oder andere Hilfe verhindert hat[28]). Auf der anderen Seite lässt sich die Garantenpflicht nicht davon abhängig machen, dass die Übernahme der entsprechenden Aufgabe ihrerseits Gefahren geschaffen hat, weil nun z. B. andere Schutzvorkehrungen unterbleiben[29]: Für die Strafbarkeit des Küstenwächters, der einen Ertrinkenden nicht rettet, kann es nicht darauf ankommen, ob das Opfer um die Überwachung wusste und auf sie vertraute.

(3) Vorangegangenes Tun

26   Als dritter »klassischer« Entstehungsgrund einer Garantenpflicht wird das vorangegangene Tun (»*Ingerenz*«) genannt. Im ersten Drittel des 19. Jahrhunderts zunächst für einzelne Fälle formuliert, hat diese Kategorie lange Zeit als Lückenbüßer gedient, wo das Unterlassen zwar als strafwürdig erschien, eine Handlungspflicht aber weder auf Gesetz noch auf Vertrag gestützt werden konnte[30]. Heute ist allenfalls noch der Grundsatz anerkannt, dass gefährdendes Verhalten in bestimmten Grenzen dazu verpflichten kann, die selbstgeschaffene Gefahr abzuwenden[31]. Alle Einzelfragen hingegen sind außerordentlich zweifelhaft und umstritten.

27   Das hat seine Wurzel darin, dass es bis heute nicht gelungen ist, die Verpflichtungskraft der Ingerenz auf einfache und überzeugende Weise anders als durch die Berufung darauf zu begründen, dass sie unmittelbar einleuchtet[32]. Ihre Grundlage ist offenkundig die *allgemeine* Pflicht, das eigene Verhalten so zu steuern, dass andere möglichst nicht zu Schaden kommen. Das gilt nicht nur für

---

28 Vgl. BGHSt 26, 35 (38 f).
29 So aber Schönke/Schröder/*Stree*, § 13 Rn. 27, m.w.N.; siehe dagegen *Gallas*, 87 f.
30 Zur Geschichte, neben *Welp*, aaO (oben Fn. 15), auch *Pfleiderer*, Die Garantenstellung aus vorangegangenem Tun, 1968, S. 48 ff.
31 Generell ablehnend *Schünemann*, S. 317.
32 *Gallas*, S. 87; *Kühl*, § 18 Rn. 91; vielschichtige Ableitungsversuche bei *Herzberg*, S. 282 ff; *Welp*, S. 163 ff.

den ersten Anstoß, den man dem Geschehen gibt, sondern fordert ebenso die Korrektur dieses Geschehens, wenn es später auf eine Rechtsgutsverletzung hinauszulaufen droht. Wer z. B. im Begriff ist, einen Baum zu fällen, hat Gefährdete zweifellos durch Zuruf zu warnen, wenn der Baum unerwartet früh umzustürzen beginnt; wer ein Feuer entzündet, muss es löschen, wenn der Wind umschlägt, so dass fremdes Eigentum in Gefahr gerät, usw. In solchen Fällen liegt auf der Hand, dass aus dem gefährlichen Handeln eine Erfolgsabwendungspflicht resultiert. Deren Voraussetzungen und Grenzen sind damit aber noch keineswegs präzis bestimmt.

Überwiegende Anerkennung findet allerdings die Regel, dass voran- 28 gegangenes Tun eine Haftung allein für solche Gefahren begründet, die sich mit ihm auf *vorhersehbare* Weise (oben § 8 Rn. 21 ff) verknüpfen. Denn da die Verantwortlichkeit durch das Vorverhalten begründet wird, kann sie sich nur auf solche Folgen erstrecken, die, da sie ex ante erkennbar waren, auch von vornherein hätten berücksichtigt werden müssen[33].

Wer ein Feuer entzündet, hat zwar auf die Gefahren Rücksicht zu nehmen, 29 die sich aus ihm selbst ergeben, aber nicht auf die Möglichkeit, dass ein Reitpferd scheuen oder ein radfahrendes Kind, durch den Anblick abgelenkt, einen Unfall erleiden könnte. Geschieht dergleichen, so bleibt es bei der allgemeinen Hilfspflicht nach § 323c.

Sehr umstritten ist dagegen die Frage, ob das Vorverhalten, um die 30 Garantenpflicht zu begründen, eine bestimmte rechtliche Qualifikation aufweisen muss, insbesondere, ob es objektiv *pflichtwidrig* oder schon als solches, abgesehen von der Gefährdung, unzulässig sein muss. Rechtsprechung und Lehre kannten eine solche Einschränkung zunächst nicht: Nicht nur das unverschuldete Schaffen einer Gefahr, sondern sogar *rechtmäßiges* Handeln sollte genügen[34]. Heute wird jene Frage dagegen überwiegend bejaht[35]. Die Diskussion dreht sich allerdings um durchaus verschiedene Fallgruppen.

---

33 Weitgehend übereinstimmend *Herzberg*, S. 301; *Jakobs*, 29/39; *Jescheck/Wiegend*, S. 625; *Schönke/Schröder/Stree*, § 13 Rn. 34, m.w.N.; *Seelmann*, NK, § 13 Rn. 112; nicht in der Sache, wohl aber verbal auch BGHSt 37, 106 (115 f) (»Lederspray«-Fall).
34 So noch BGHSt 3, 203 (205); 11, 353 (355 f); *Herzberg*, S. 296 ff; *Maurach/Gössel/Zipf*, § 46 Rn. 100; eingehend *Welp*, S. 265 ff, 273.
35 Siehe nur BGHSt 23, 327 f; 25, 218 (220 ff); prinzipiell auch BGHSt 37, 106 (115 f); *Baumann/Weber/Mitsch*, § 15 Rn. 67; *Jescheck/Weigend*, S. 625 f; *Rudolphi*, S. 158 ff; *ders.*, SK, § 13 Rn. 39 ff; *Schönke/Schröder/Stree*, § 13 Rn. 35 f.

31   Dabei geht es zunächst um ein Vorverhalten, das durch ein *Eingriffsrecht* gedeckt ist: Muss derjenige, der Notwehr übt, anschließend dem etwa verletzten Angreifer beistehen? Hier dürfte den Ausschlag geben, dass mit der Verletzung auch die Gefahr zugefügt werden darf, die sich aus ihr ergibt[36]. Es bleibt nur die allgemeine Hilfspflicht nach § 323c. Fraglich ist jedoch, ob dies für alle Eingriffsrechte in gleicher Weise gilt: Sollte nicht jemand, der sich im (rechtfertigenden) Notstand auf Kosten eines Unbeteiligten gerettet hat, verpflichtet sein, die Folgen seines Eingriffs so gering wie möglich zu halten?[37] Dem entspräche auch seine Schadensersatzpflicht nach § 904 Satz 2 BGB.

32   Von großer praktischer Bedeutung sind die Anforderungen an das Vorverhalten vor allem im Hinblick auf die Hilfspflichten des *Autofahrers*, der einen Unfall verursacht hat. Hier hat sich die Praxis inzwischen klar dafür ausgesprochen, dass die in jeder Hinsicht verkehrsgerechte Benutzung des Fahrzeugs *keine* Garantenpflicht begründet, wenn sie zur Verletzung eines anderen Verkehrsteilnehmers führt[38]. Verursacht der Autofahrer den Unfall jedoch durch sorgfaltswidriges Verhalten, so haftet er, wenn er dem Opfer in Kenntnis seiner Verletzung nicht hilft, je nach Sachlage wegen versuchter oder vollendeter vorsätzlicher Körperverletzung oder Tötung[39]. Das steht weitgehend außer Streit.

33   Zweifelhaft und ungeklärt ist aber nach wie vor, ob die Pflichtwidrigkeit des Vorverhaltens der eigentlich für die Garantenpflicht ausschlaggebende Umstand ist oder ob hier andere Gesichtspunkte herangezogen werden müssen. Die Literatur schlägt verschiedene Kriterien vor. So soll etwa maßgebend sein, »ob der Täter seinen allgemeinen Handlungsspielraum auf Kosten anderer Personen überschritten«[40], die Gefahr »durch ein gegenüber dem alltäglichen Handeln gesteigert riskantes Vorverhalten« geschaffen[41] oder objektiv die Tathandlung des entsprechenden Begehungsdelikts vorgenommen hat[42]. Alle diese Vorschläge laufen auf den Gedanken hinaus, dass es ein *nicht* durch höherrangige Interessen gedecktes (und *aus diesem Grunde* erlaubtes) Risiko (vgl. oben § 8 Rn. 32) sein muss, das die Garantenpflicht begründet. Nur sind die Konsequenzen dieses Gedankens vorerst noch nicht voll zu überblicken. Werden sie am Beispiel der Produkthaftung entwickelt, so berühren sie sich auch mit dem

---

36 Einschränkend *Dencker*, in: FS Stree/Wessels, 1993, S. 174 f.
37 *Kühl*, § 18 Rn. 96.
38 BGHSt 25, 218 (221 f); 32, 82 (84). Die frühere Entscheidung BGHSt 7, 287 (288) hat sich zu der Frage nicht geäußert.
39 BGHSt 32, 82 (84); BGH, NStZ 1992, 125.
40 *Otto/Brammsen*, S. 649.
41 *Kühl*, § 18 Rn. 103; ferner *Jakobs*, 29/42; *Kuhlen*, S. 568 f; *Seelmann*, NK, § 13 Rn. 117.
42 *Dencker*, aaO, S. 170 ff.

anderen Entstehungsgrund der Herrschaft über eine Gefahrenquelle (unten Rn. 49), ohne dass damit schon ein Gewinn an Sicherheit verbunden wäre.

Unter dem Aspekt der Ingerenz diskutiert wird schließlich auch die 34 Frage, ob und inwieweit man durch allgemein gebilligtes oder sozialübliches Verhalten, das ungewollt zur Straftat eines anderen führt oder beiträgt, zum Garanten für die Abwendung der Tat oder ihrer Folgen wird, so dass etwa der Ausschank von Alkohol, vielleicht sogar bloßes Mitzechen, zur Verhinderung einer Trunkenheitsfahrt[43] oder das arglose Verleihen eines Taschenmessers (!) an jemanden, der damit unerwartet auf einen Dritten einsticht, zu dessen Rettung verpflichtet[44].

In diesen Zusammenhang gehört, als ein besonders unerfreuliches Kapitel, 35 auch die Konstruktion einer Meineidsbeihilfe durch Unterlassen auf der Grundlage vorangegangenen Tuns, wobei die Garantenpflicht schon durch die Fortsetzung einer ehebrecherischen Beziehung zum Zeugen während des Scheidungsprozesses[45] oder gar durch bloßes wahrheitswidriges Bestreiten einer gegnerischen Behauptung[46] begründet werden soll. Nicht genügen soll insoweit nur noch »die bloße Benennung eines Zeugen für eine wahre oder doch für wahr gehaltene Prozessbehauptung«[47]. Die Lehre hat diese Praxis seit langem kritisiert[48].

Die Frage berührt sich offenkundig mit der schon erörterten anderen, 36 ob und inwieweit äußerlich ganz unverfängliche Verhaltensweisen strafbare Teilnahme sein können (oben § 12 Rn. 160 f). Die Antwort dürfte hier wie dort davon abhängen, ob der Handelnde oder Unterlassende ein *unerlaubtes* Risiko geschaffen hat. Prinzipiell auszuscheiden hätten danach hier einerseits wiederum die Alltagshandlungen, mit denen sich keine besondere Gefahr verbindet. Bei der Unterscheidung zwischen erlaubten und unerlaubten Risiken käme es aber ebenso erneut auf die schon wiederholt berührte Abgrenzung der Verantwortungsbereiche an (oben § 8 Rn. 33; § 12 Rn. 143, 161), darauf, dass die Eigenverantwortung des Einzelnen der strafrechtlichen Haftung anderer eine freilich unsichere Grenze zieht (unten § 15 Rn. 64 ff). Dann aber sollte unvorsätzliches Veranlassen oder Fördern der Tat eines frei

---

43 Vgl. BGHSt 4, 20 (21 f); einschränkend BGHSt 19, 152 (154 ff); 26, 35 (37 f).
44 BGHSt 11, 353 (355).
45 BGHSt 2, 129 (134 f); 14, 229 (230 f).
46 BGHSt 3, 18; aufgegeben von BGHSt 17, 321.
47 BGHSt 4, 327 (329).
48 Siehe *Bockelmann*, NJW 1954, 697 ff; *Welzel*, S. 215; ferner u. a. *Jescheck/ Weigend*, S. 625 f; *Maurach/Gössel/Zipf*, § 46 Rn. 107; Schönke/Schröder/ *Lenckner*, Rn. 40 vor §§ 153 ff, m.w.N.

und verantwortlich handelnden Täters insoweit auch auf dem Umweg über eine Garantenpflicht aus Ingerenz nicht zur Haftung führen[49]. Das besagt in der Umkehrung allerdings zugleich, dass die (unvorsätzliche) Mitwirkung an der Tat eines erkennbar nicht oder nicht voll verantwortlich handelnden, etwa betrunkenen Täters durchaus eine Garantenpflicht begründen kann[50]. Im einzelnen ist hier freilich noch vieles zweifelhaft.

(4) Weitere Entstehungsgründe

37   Wie sich bereits angedeutet hat, liegt es nahe, den traditionellen Katalog der Garantenpflichten unter Rückgriff auf die materiellen Gesichtspunkte, die hier maßgebend sind, auszuweiten. Wo sich die Gleichstellung des Unterlassens mit dem Handeln unabweisbar aufdrängt, wird dem nicht prinzipiell widersprochen werden können. Unklar ist jedoch nicht nur, welche weiteren Sachgründe hier anzuerkennen sind, sondern auch, in welchem Umfang das geschehen sollte. Außer Zweifel steht schon nach dem Wortlaut von § 13 allerdings, dass die Zuwiderhandlung gegen sittliche oder moralische Pflichten als solche noch kein Delikt sein kann: Der Unterlassungstäter muss *rechtlich* dafür einzustehen haben, dass der Erfolg nicht eintritt. Aber das besagt so gut wie nichts, wenn es, außerhalb formeller Rechtsbeziehungen, keine Kriterien gibt, mit deren Hilfe sich entscheiden ließe, welche Pflichten als Rechtspflichten anzusehen sind und welche nicht. Unter diesen Voraussetzungen werden im Einzelnen noch folgende mögliche Entstehungsgründe für Garantenpflichten diskutiert:

38   (a) Gesetzliche Obhuts- oder Sorgepflichten beruhen vielfach auf enger persönlicher Verbundenheit der Beteiligten; vertragliche Abmachungen können zu ähnlichen sozialen Bindungen führen. Es fragt sich daher, ob auch die freiwillig begründete *enge Lebensgemeinschaft* Garantenpflichten jenseits gesetzlich statuierter Pflichten entstehen lassen kann. Dieser Gesichtspunkt ist allerdings angesichts der ganz unterschiedlichen Intensität solcher Beziehungen besonders schwer zu präzisieren, was ihn rechtsstaatlich in kaum annehmbarer Weise diskreditiert.

---

49 So prinzipiell auch *Renzikowski*, Restriktiver Täterbegriff und fahrlässige Beteiligung, 1997, S. 264 ff.
50 So lag es in den Fällen BGHSt 19, 152; 26, 35.

Das zeigt sich zunächst an der Frage, welche *Arten* von Lebensbeziehungen   39
eine Garantenpflicht zur Folge haben sollen. Die Diskussion wird hier weitgehend in familienrechtlichen Kategorien geführt, die so nicht (mehr) maßgebend
sein können. Das gilt bereits für die *Ehe*, deren garantenpflichtbegründende
Wirkung (allein im Blick auf § 1353 I BGB) kaum bezweifelt wird[51], obschon
das schwerlich überzeugt, wenn sich die Partner getrennt haben[52]. Umgekehrt
kann das Zusammenleben in einer eheähnlichen Beziehung, auch bei gleichge-
schlechtlichen Partnern, im Blick auf Garantenpflichten nicht anders beurteilt
werden[53]. Für das Verhältnis von *Kindern zu Eltern* dagegen gehen die Meinungen bereits auseinander[54]; auch hier muss das familiäre Zusammenleben den
Ausschlag geben. Das gilt erst recht für die Beistandspflicht des *nichtehelichen
Vaters* gegenüber seinem Kind[55] und von *Großeltern gegenüber Enkeln*[56].
Noch zweifelhafter ist die Frage im Verhältnis von *Geschwistern*[57] und *Ver-
schwägerten*[58], mit oder ohne Hausgemeinschaft. Kaum noch bejaht wird die
Garantenpflicht dagegen bei *Verlobten*, die nicht zusammenleben[59], oder bei
bloß *faktischer, nicht* auf Verwandtschaft oder freiwilliger Übernahme beru-
hender Obhut über einen Hausgenossen[60].

Auch die *Tragweite* der mit solcher Lebensbeziehung verknüpften Garan-   40
tenpflichten steht nicht außer Zweifel. Das gilt vor allem für die Frage, ob Ehegatten verpflichtet sind, einander an *Straftaten* zu hindern[61], ob das immerhin
bei *tatsächlicher* Lebensgemeinschaft gilt[62] und ob es sich etwa nur auf die dem
Ehepartner selbst aus seinem Verhalten drohende Gefahr bezieht[63]. Die Lehre
lehnt solche Haftung überwiegend zu Recht ab, soweit es nicht um den Schutz
des Partners geht[64]: Ehegatten sind im Verhältnis zueinander Beschützer-, nicht

---

51 BGHSt 2, 150 (153 f).
52 *Rudolphi*, SK, § 13 Rn. 50; für Fortdauer der Garantenpflicht aber *Herzberg*,
    S. 342 f; *Jescheck*, LK, § 13 Rn. 23.
53 *Kühl*, § 18 Rn. 61 ff; *Maurach/Gössel/Zipf*, § 46 Rn. 91; *Rudolphi*, SK, § 13
    Rn. 51; anders *Jakobs*, 29/66.
54 BGHSt 19, 167 (bei einem 18-Jährigen, der in der Familie des Vaters lebt); kri-
    tisch *Freund*, S. 290 f; *Jescheck/Weigend*, S. 622; *Rudolphi*, SK, § 13 Rn. 49.
55 Dazu etwa RGSt 66, 71 (74); *Rudolphi*, SK, § 13 Rn. 48.
56 Bejaht in RGSt 72, 373 (374).
57 Bejahend *Schönke/Schröder/Stree*, § 13 Rn. 18; ablehnend *Freund*, S. 291;
    Jakobs, 29/62; *Rudolphi*, SK, § 13 Rn. 49.
58 Anscheinend unterstellt in BGHSt 13, 162 (166 ff); ablehnend *Jakobs*, 29/62 Fn.
    129; *Rudolphi*, aaO; *Schönke/Schröder/Stree*, § 13 Rn. 18.
59 Vgl. *Jakobs*, 29/65; *Rudolphi*, aaO; *Schönke/Schröder/Stree*, aaO.
60 So aber *Schönke/Schröder/Stree*, § 13 Rn. 25; anders *Jescheck/Weigend*, S. 623;
    Rudolphi, SK, § 13 Rn. 56.
61 RGSt 74, 283 (285).
62 BGHSt 6, 322 (324).
63 Vgl. BGHSt 19, 295 (297).
64 *Freund*, S. 262; *Jescheck*, LK, § 13 Rn. 43; *Rudolphi*, SK, § 13 Rn. 20, 36b, 52;
    Schönke/Schröder/Stree, § 13 Rn. 53.

Überwachungsgaranten. Im übrigen variiert der Pflichtenumfang nach der Art der jeweiligen Beziehung, dem Grade etwaiger Abhängigkeit zwischen den Beteiligten, dem Gewicht etwa bedrohter Rechtsgüter, usw.

41   Die hier bestehende Rechtsunsicherheit einigermaßen in Grenzen zu halten, scheint nur zu gelingen, wenn man, wie es in der neueren Lehre zunehmend geschieht, auch bei den aus enger Lebensgemeinschaft abgeleiteten Garantenpflichten stärker auf andere Verpflichtungsgründe abstellt, als auf die nahezu unbeschränkt variable soziale Beziehung als solche. Genannt wird vor allem die berechtigte Erwartung wechselseitigen Beistandes, die sich aus dem Eingehen einer engen sozialen Bindung ergeben kann und beide Seiten entsprechend verpflichtet, insbesondere, wenn sie zum Verzicht auf andere Schutz- oder Hilfsmaßnahmen führt[65]. Im übrigen liegt auch unter dieser Voraussetzung nahe, die Garantenpflicht auf die Abwehr ernster Gefahren für Leben, Gesundheit oder andere persönliche Rechtsgüter zu beschränken, sofern im Einzelfall nicht eine weitergehende Fürsorge ausdrücklich oder auch konkludent übernommen worden ist.

42   (b) Praktisch allgemeine Zustimmung findet der Gedanke, dass eine *freiwillig eingegangene Gefahrengemeinschaft*, wie bei einer Bergtour oder Expedition usw., die Beteiligten als Garanten zu wechselseitiger Hilfe verpflichtet[66]. Doch dürfte diese Pflicht (auch) hier schon unter den Gesichtspunkten der freiwilligen Übernahme und der Ingerenz begründet sein: Wer bewirkt, dass andere sich im Vertrauen auf seinen Beistand Gefahren aussetzen, die sie sonst nicht auf sich genommen hätten, muss solche Gefahren dann im Notfall auch so weit wie möglich abzuwenden versuchen. Damit ist schon gesagt, dass keine Garantenpflichten entstehen, wenn mehrere nur zufällig, etwa bei einem Waldbrand, von der gleichen Gefahr bedroht sind.

43   (c) Bei einem letzten Anknüpfungspunkt für Garantenpflichten schließlich haben sowohl die auf Überwachung einer Gefahrenquelle gerichteten gesetzlichen Pflichten wie die allgemeine zivilrechtliche Verkehrssicherungspflicht Pate gestanden. Er liegt im »*Herrschaftsbereich*« des Einzelnen. Vieles ist freilich auch hier noch ungeklärt.

---

65 *Kühl*, § 18 Rn. 62; *Rudolphi*, SK, § 13 Rn. 50; Schönke/Schröder/*Stree*, § 13 Rn. 25; *Seelmann*, NK, § 13 Rn. 137.
66 *Jakobs*, 29/71; *Kühl*, § 18 Rn. 67; *Otto/Brammsen*, S. 592 f.

Ein erster Grundsatz wird dahin formuliert, dass der »Eigentümer   44
oder Besitzer von Sachen, Anlagen, Maschinen usw.« verpflichtet sei,
»die davon ausgehenden Gefahren zu kontrollieren und zu verhindern,
dass aus ihnen Schädigungen fremder Rechtsgüter entstehen« (sog. *Zustandshaftung*)[67]. In der Tat leuchtet ein, dass derjenige, der die Herrschaft über einen gegenständlich begrenzten Lebensbereich ausübt, für
die Abwehr von Gefahren zu sorgen hat, die hier entstehen, sei es nach
außen hin (z. B. durch einen Brand, der übergreifen könnte), sei es innerhalb des Bereichs, sofern andere Zutritt haben (z. B. bei Baufälligkeit
eines Hauses).

Weniger klar ist dagegen, inwieweit die Verpflichtung besteht, die deliktische   45
Benutzung von Räumlichkeiten zu verhindern, die als solche keine Gefahr bilden. Für einen Teil der Lehre verpflichtet allein schon der Umstand, dass um-
schlossene Räume die Begehung von Delikten ermöglichen oder erleichtern
können, deren Inhaber, sie zu verhindern[68]. Überwiegend wird dagegen verlangt, dass die Räumlichkeiten wegen ihrer Beschaffenheit oder Lage eine besondere Gefahrenquelle darstellen[69]. Diese Unterscheidung ist jedoch nicht
wirklich sinnvoll: Weshalb sollte jemand, der eine abgelegene Wohnung besitzt,
eher als andere dafür einzustehen haben, dass sie nicht zu Straftaten benutzt
wird?[70]. Man ist im eigenen Hause nicht Hilfspolizist. Das schließt natürlich
nicht aus, dass eine entsprechende Überwachungs- oder Obhutspflicht im Blick
auf Täter oder Opfer aus *anderem* Grunde besteht.

In den Zusammenhang mit der Herrschaft über eine Gefahrenquelle   46
gehört zum anderen auch die sog. *Geschäftsherrenhaftung*. Es geht dabei um die Frage, ob und inwieweit der Inhaber oder Leiter eines Ge-
schäftsbetriebes für eine in diesem Betrieb begangene Straftat verantwortlich gemacht werden kann, die er zwar nicht aktiv veranlasst oder
gefördert, aber auch nicht verhindert hat. Straftaten solcher Art werden,
unter den Bedingungen weitgehender Arbeitsteilung, selten vom
»Geschäftsherrn« in eigener Person ausgeführt; seine aktive Mitwirkung
wird oft nicht beweisbar sein. Hier setzt die strafrechtliche Haftung ei-

---

67 Schönke/Schröder/*Stree*, § 13 Rn. 43; ähnlich *Jescheck/Weigend*, S. 626 f; *Kühl*,
    § 18 Rn. 106; *Rudolphi*, SK, § 13 Rn. 27 ff.
68 So u. a. *Bockelmann/Volk*, S. 140; tendenziell, bei Aufnahme des Opfers als
    Schlafgast in die Wohnung, auch BGHSt 27, 10 (12 f); *Kühl*, § 18 Rn. 113.
69 BGHSt 30, 391 (394 ff); *Jescheck*, LK, § 13 Rn. 44; *Rudolphi*, SK, § 13 Rn. 37;
    Schönke/Schröder/*Stree*, § 13 Rn. 54; *Seelmann*, NK, § 13 Rn. 133; je m.w.N.
70 Kritisch auch *Freund*, S. 239 f; *Landscheidt*, Zur Problematik der Garanten-
    pflichten aus verantwortlicher Stellung in bestimmten Räumlichkeiten, 1985,
    S. 96 ff.

ne Garantenpflicht desjenigen voraus, der die Begehung des Delikts durch ein Machtwort hätte verhindern können.

47   Das schweizerische Bundesgericht hat sich schon 1970 in einer bekannten Entscheidung für die Annahme einer solchen Garantenpflicht ausgesprochen[71]. Grund und Grenzen dieser Pflicht sind allerdings nach wie vor zweifelhaft[72]. Die deutsche Literatur reagiert überwiegend skeptisch. Sie beruft sich dabei zum Teil auf einen – durchaus nicht zwingenden – Umkehrschluss aus §§ 357 StGB, 41 WStG (vgl. oben Rn. 19)[73] oder möchte die Frage unter dem Gesichtspunkt der Ingerenz behandelt wissen[74]. Der Leiter eines Unternehmens muss jedoch die deliktsträchtigen Vorgänge gar nicht veranlasst haben, und das Risiko, dass sie zu Delikten (verbotenem Waffenexport, Umweltstraftaten usw.) führen könnten, muss weder von Anfang an vorhersehbar noch besonders hoch gewesen sein.

48   Der einzig angemessene Anknüpfungspunkt für eine Garantenpflicht dürfte hier in eben dem Umstand liegen, dass die Delikte aus einem nach außen abgeschirmten Tätigkeitsbereich heraus begangen werden, über den der Leiter des Betriebes als einziger herrscht[75]. Insofern liegt es nicht grundsätzlich anders als bei der Inbetriebnahme eines Autos, bei dem eines Tages technische Mängel auftreten. Fraglich ist aber der Umfang, den diese Garantenpflicht haben sollte[76]. Sie kann sich nicht auf beliebige Delikte Betriebsangehöriger erstrecken, von denen der Geschäftsherr Kenntnis erhält, sondern nur auf solche, die mit der spezifischen Tätigkeit des Betriebes zusammenhängen. Die Einzelheiten bedürfen zweifellos noch weiterer Untersuchung.

49   Drittens schließlich könnte die Herrschaft über eine Gefahrenquelle Garantenpflichten im Rahmen der *Produkthaftung* auslösen. Auch hier kann es um Gefahren gehen, die anfangs weder erkennbar, noch unzulässig groß waren, im Moment ihres Bekanntwerdens aber den Hersteller zum Rückruf veranlassen

---

71 Fall »Bührle«: BGE 96 IV 155 (174 f); präzisierend BGE 105 IV 172 (176 f); eingehend *Schubarth*, ZStrR 92 (1976), 370 ff; *Vest*, ZStrR 105 (1988), 299 ff.
72 Siehe den Überblick bei *Bottke*, Haftung aus Nichtverhütung von Straftaten Untergebener in Wirtschaftsunternehmen de lege lata, 1994, S. 13 ff.
73 *Jescheck*, LK, § 13 Rn. 45; *Rudolphi*, SK, § 13 Rn. 35a.
74 *Hoyer*, GA 1996, S. 177; Schönke/Schröder/*Stree*, § 13 Rn. 52; *Seelmann*, NK, § 13 Rn. 131.
75 Zutreffend *Landscheidt*, aaO, S. 112 ff; ablehnend dagegen noch *Hsü*, Garantenstellung des Betriebsinhabers zur Verhinderung strafbarer Handlungen seiner Angestellten?, 1986.
76 Vgl. nur *Bottke*, aaO, S. 25 ff; *Jakobs*, 29/36; *Rogall*, ZStrW 98 (1986), 616 ff; *Schünemann*, Unternehmenskriminalität und Strafrecht, 1979, S. 62 ff, 77 ff, 84 ff.

sollten: Er ist in der Regel der einzige, der über die Risiken, etwa gefährliche Nebenwirkungen von Medikamenten, hinreichend informiert wird, auf die Vertriebsorganisation einwirken und einen Rückruf vornehmen kann. Das sollte genügen, um ihm eine entsprechende Sonderverantwortlichkeit aufzuerlegen[77].

b) Das tatbestandsmäßige Verhalten

Das mit Strafe bedrohte Verhalten besteht beim Unterlassungsdelikt 50 prinzipiell in der Nichtvornahme der gebotenen Handlung. Welche Handlung das ist, kann das Gesetz, wie beim Handlungsdelikt, auf unterschiedliche Weise bestimmen: durch Bezugnahme allein auf den (nicht abgewendeten) Erfolg oder durch nähere Umschreibung eben des unterlassenen Verhaltens. Daraus ergibt sich auch hier die Unterscheidung von Erfolgs- und (Un-)Tätigkeitsdelikten.

aa) Erfolgsdelikte

Die einfachste Struktur weisen wiederum die Erfolgsdelikte auf (vgl. 51 oben § 8 Rn. 10 ff). Bei ihnen ergibt sich das tatbestandsmäßige Verhalten im Prinzip aus einer bloßen Umkehrung der Anforderungen, die für das Begehungsdelikt gelten: Nicht das Herbeiführen, sondern das Nichtabwenden begründet die objektive Zurechnung des Erfolges.

(1) »Kausalität«

Die Handlung, die *nicht* vorgenommen zu haben dem Täter vorgewor- 52 fen werden soll, muss also dadurch definiert sein, dass sie die Gefahr beseitigt oder vermindert hätte, die in den Erfolg umgeschlagen ist (oben § 8 Rn. 15 ff). In diesem Rahmen geht es wiederum (auch) um eine Frage der Kausalität, allerdings nicht der wirklichen, sondern der *möglichen* (potentiellen) Verursachung: Die Handlung muss so beschaffen sein, dass sie das Risiko des Erfolgseintritts tatsächlich herabgesetzt hätte.

Die sich über mehr als ein Jahrhundert erstreckende, noch immer nicht völlig 53 abgeschlossene Diskussion darüber, ob auch das Unterlassen, wie das aktive

---

77 *Kuhlen*, S. 568, zum »Lederspray«-Fall, bei dem BGHSt 37, 106 (116 ff) freilich an Ingerenz anknüpft; *Hilgendorf*, Strafrechtliche Produzentenhaftung in der »Risikogesellschaft«, 1993, S. 140 f; *Ransiek*, Unternehmensstrafrecht, 1996, S. 39 f.

Handeln, für den strafrechtlich relevanten Erfolg *kausal* ist, wird hier als praktisch bedeutungslos übergangen[78]. Ohne Rücksicht darauf, ob man von einer Kausalität der Unterlassung reden will, bleibt das entscheidende Erfordernis doch die Möglichkeit der Erfolgsabwendung, und dabei geht es um *hypothetische*, nicht um reale Kausalität.

54   Lässt man, entsprechend dem hier vertretenen Prinzip der Risikoerhöhung, für die Zurechnung des Erfolges beim Begehungsdelikt genügen, dass der Täter die Gefahr seines Eintritts immerhin gesteigert hat (oben § 8 Rn. 36 f), so muss hier, beim Unterlassungsdelikt, genügen, dass die gebotene Handlung die Gefahr seines Eintritts immerhin *vermindert* hätte[79]. Die Frage ist wiederum äußerst umstritten. Rechtsprechung und h. L. möchten die Zurechnung des Erfolges auf solche Fälle beschränken, in denen er bei Vornahme der unterlassenen Handlung mit *Sicherheit* oder, im Blick auf die Unsicherheit hypothetischer Geschehensabläufe, immerhin »mit an Sicherheit grenzender Wahrscheinlichkeit« nicht eingetreten wäre[80].

55   Das hat die praktisch unannehmbare Konsequenz, dass der Versuch, ein bedrohtes Rechtsgut zu retten, nur dann unternommen werden müsste, wenn am Erfolg praktisch nicht gezweifelt werden könnte, nicht aber dann, wenn dies seine Rettungschancen »nur« erhöhen würde. Unterlassen z. B. die Eltern eines schwer erkrankten Kindes, einen Arzt beizuziehen, so würden sie für den Tod des Kindes nach h. L. nur dann haften, wenn es bei ärztlicher Behandlung mit größter Wahrscheinlichkeit gerettet worden wäre; bei einer Erkrankung mit hoher Sterblichkeitsrate dagegen dürften sie auf ärztlichen Beistand von vornherein verzichten[81]. Die Praxis hat dieses absurde Ergebnis nur dadurch vermeiden können, dass sie statt auf die *Rettungs*chance auf die (an Sicherheit grenzende) Chance der *Verzögerung* des Todeseintritts abgestellt hat[82].

56   Über die praktischen Konsequenzen des Prinzips unterlassener Risikoverminderung bestehen freilich noch immer weitreichende Missver-

---

78 Dazu *Freund*, S. 18 ff; *Jescheck/Weigend*, S. 618 f; *Kahlo*, S. 306 ff; *Armin Kaufmann*, S. 57 ff; *Maiwald*, Kausalität und Strafrecht, 1980, S. 77 ff; *Puppe*, ZStrW 92 (1980), 895 ff; *dies.*, NK, Rn. 105 ff vor § 13; Schönke/Schröder/*Stree*, § 13 Rn. 61; *Welp*, S. 166 ff.
79 *Maurach/Gössel/Zipf*, § 46 Rn. 23; *Otto*, § 9 Rn. 100 f; *Rudolphi*, SK, Rn. 16 vor § 13; anders hier *Köhler*, S. 229.
80 BGHSt 6, 1 (2); 7, 211 (214); 37, 106 (126 f); *Jakobs*, 29/20; *Jescheck/Weigend*, S. 619 f, m.w.N.; *Kühl*, § 18 Rn. 38; Schönke/Schröder/*Stree*, § 13 Rn. 61.
81 Eine Rechtspflicht, die Rettung »immerhin zu versuchen« (*Jakobs*, aaO mit Fn. 37), lässt sich nicht begründen, wenn der Täter nur für einen Erfolg einzustehen hat, den er mit Sicherheit hätte abwenden können.
82 RGSt 51, 127.

ständnisse. Sie erfordern zunächst die Feststellung, dass es *nicht* darum gehen kann, eine in Beweisschwierigkeiten begründete Ungewissheit über hypothetische Geschehensabläufe zu Lasten des Täters in Rettungsmöglichkeiten umzudeuten. Ein Nachweis unterlassener Risikominderung ist überhaupt nur bei unvollständig determinierten, allein nach Wahrscheinlichkeitsregeln zu berechnenden Prozessen möglich. Dass es solche Prozesse gibt, lässt sich nur bei Unkenntnis des heutigen Standes der Wissenschaft bestreiten[83]. Doch liegt auch ohne Spezialwissen auf der Hand, dass eine Aussage wie die, nach bestimmten Krebsoperationen könne Bestrahlung die Bildung von Metastasen in 90 % der Fälle verhindern, nur eine statistische sein kann. Hier kann die Haftung desjenigen, der die gebotene Maßnahme unterlässt, nicht an dem stets unwiderlegbaren Einwand scheitern, dass der Betroffene möglicherweise zu den restlichen 10 % gehört hätte[84]. Anders liegt es aber natürlich dann, wenn jemand (entgegen Garantenpflichten) unterlässt, für einen Verunglückten ärztliche Hilfe herbeizurufen, und nach Lage der Dinge nicht auszuschließen ist, dass solche Hilfe ohnehin zu spät gekommen wäre. Hier kann, bei entsprechendem Vorsatz, höchstens ein Versuch angenommen werden.

Ist das richtig, so kommt es bei den längere Zeit äußerst intensiv diskutierten 57
Fällen, in denen ein strafrechtlich relevanter Erfolg möglicherweise auch bei pflichtgemäßem Verhalten des Täters eingetreten wäre[85], im Ergebnis nicht darauf an, ob aktives Handeln oder Unterlassen in Frage steht. Das Schulbeispiel bildet noch immer der »Ziegenhaar«-Fall[86]: Vier Arbeiterinnen zogen sich bei der Verarbeitung von chinesischen Pinselhaaren, die der Unternehmer nicht hatte desinfizieren lassen, eine tödliche Infektion zu; nach Auffassung der Sachverständigen hätte auch die Anwendung eines der zugelassenen Desinfektionsverfahren »wirkliche Keimfreiheit« nicht gewährleistet. Entscheidend ist nach dem Prinzip der Risikoerhöhung allein, ob die Betroffenen bei pflichtgemäßem Verhalten eine größere Überlebenschance gehabt hätten; ist das nachweisbar, so haftet der Täter für den Erfolg, ganz gleich, ob man auf die Schaffung des unerlaubten Risikos durch Weitergabe der (nicht desinfizierten) Ziegenhaare oder auf die Nicht-Verminderung des Risikos durch Unterlassen der Desinfektion abstellt. Dem Unternehmer war der Tod der Arbeiterinnen folglich zuzurech-

---

83 Näher *Puppe*, NK, Rn. 132 f vor § 13; siehe auch *Kahlo*, GA 1985, 77: Prinzipiell unaufklärbar sind (insbesondere) Geschehensabläufe, in denen menschliche Entscheidungen eine Rolle spielen.
84 Zu den schweren Unzuträglichkeiten der Praxis in diesem Bereich insbesondere *Puppe*, NK, Rn. 123 f vor § 13.
85 Vgl. zuletzt *Frisch*, Tatbestandsmäßiges Verhalten, S. 529 ff; *Kahlo*, S. 231 ff.
86 RGSt 63, 211.

nen, sofern die Desinfektion hinsichtlich der fraglichen Erreger nicht völlig wirkungslos gewesen wäre.

(2) Tatmacht

58   Die unterlassene Handlung lässt sich allerdings, auch bei Erfolgsdelikten, nicht allein von ihrer Beziehung auf den tatbestandsmäßigen Erfolg her umschreiben. Sie ist überdies an die in der konkreten Situation verfügbaren Mittel und, als Handlung eines individuellen Täters, an dessen Fähigkeiten gebunden.

59   Der Erfolg kann nur dann auf das Verhalten gerade des Unterlassenden zurückgeführt werden, wenn dieser in der Lage war, eine der theoretisch erfolgsabwendenden Handlungen tatsächlich vorzunehmen: Man »unterlässt« nicht, einen Ertrinkenden mit einem Boot zu retten, wenn gar kein Boot vorhanden ist; man unterlässt nicht, ihm schwimmend zu Hilfe zu kommen, wenn man nicht schwimmen kann, usw. Das wird, soweit die individuellen Fähigkeiten des Unterlassenden in Frage stehen, vielfach unter dem wenig glücklichen Stichwort der (individuellen) »Handlungsfähigkeit« diskutiert[87], wenig glücklich deshalb, weil es nicht um die Fähigkeit zu koordiniertem, zweckrationalem Handeln schlechthin, sondern um die Fähigkeit geht, eine ganz bestimmte Handlung vorzunehmen. Die Einzelerfordernisse solcher Handlungsfähigkeit sind umstritten. Insbesondere fragt sich, ob der Unterlassende an die Rettungsmöglichkeit gedacht haben muss, um retten zu können[88], oder ob insoweit bloße Erkennbarkeit ausreicht, und hier wiederum, ob die Erkennbarkeit nach dem generellen Maßstab des »einsichtigen Beobachters« oder nach den individuellen Fähigkeiten des Verpflichteten zu beurteilen ist[89]. Da bei der Prüfung der objektiven Tatbestandsmäßigkeit nur die Handlung zu bestimmen ist, die dem Täter möglich war, muss auch die Möglichkeit der Kenntnis, die Erkennbarkeit genügen, aber da sie dem Täter möglich gewesen sein muss, nach dessen individuellen Fähigkeiten.

(3) Entsprechung von Tun und Unterlassen

60   Bei den unechten Unterlassungsdelikten setzt das Gesetz nicht nur voraus, dass der Täter unterlassen hat, den tatbestandsmäßigen Erfolg abzuwenden, sondern auch, dass das Unterlassen der Verwirklichung des

---

87 *Jescheck/Weigend*, S. 616 f; *Armin Kaufmann*, S. 35 ff; *Kühl*, § 18 Rn. 30; *Welzel*, S. 212.
88 So *Armin Kaufmann*, S. 41; *Schöne*, JZ 1977, S. 150 ff.
89 Vgl. *Jescheck/Weigend*, S. 617; Schönke/Schröder/*Stree*, Rn. 143 vor §§ 13 ff; *Seelmann*, NK, § 13 Rn. 59 f.

gesetzlichen Tatbestandes durch ein Tun »entspricht« (§ 13). Aus dieser Klausel, über deren Bedeutung im Einzelnen gestritten wird, folgen nach ganz überwiegender Auffassung für die Erfolgsdelikte keine zusätzlichen Anforderungen[90]. Die Äquivalenz ergibt sich hier prinzipiell allein aus der Nichtabwendung des Erfolges trotz Garantenpflicht.

bb) Untätigkeitsdelikte

Keine besonderen Schwierigkeiten ergeben sich, wenn schon das Gesetz   61
den anderen Weg einschlägt, das mit Strafe bedrohte Unterlassen nicht oder nicht nur vom Erfolg her zu charakterisieren, sondern als solches näher zu umschreiben (vgl. oben § 8 Rn. 8 f, 43), mag es dabei um »reine« Untätigkeit gehen, die ohne Rücksicht darauf unter Strafe steht, ob sie nachteilige Folgen hat, wie die unterlassene Hilfeleistung (§ 323c), oder mögen Unterlassung und Erfolg zusammen erst das Unrecht begründen, wie bei böswilliger Vernachlässigung Abhängiger (§ 225).

Bei den unechten Unterlassungsdelikten dagegen bleibt es Rechtspre-   62
chung und Lehre überlassen, zu entscheiden, ob und inwieweit das im Tatbestand vieler Begehungsdelikte vorausgesetzte spezifische Handlungsunrecht durch Unterlassen überhaupt verwirklicht werden kann[91]. Hierin vor allem liegt die praktische Bedeutung der zuvor erwähnten Entsprechungsklausel. Diskutiert wird die Frage unter dem Stichwort der *Modalitätenäquivalenz*[92]. Dabei ist beispielsweise evident, dass sich Tathandlungen wie die des »Nachmachens« von Geld (§ 146) oder des »Schwörens« (§ 154) durch reine Passivität nicht verwirklichen lassen. Schwieriger wird es dagegen etwa schon beim »Quälen« (§ 225)[93], »Nötigen« (§ 240) oder bei der »Vorspiegelung falscher Tatsachen« (§ 263). Eine generelle Regel gibt es nicht. Vielmehr kann allein im Besonderen Teil, bei der Auslegung des jeweiligen Tatbestandes, entschieden werden, ob und wann die in den Handlungsmodalitäten liegenden besonderen Unrechtsmerkmale dem Unterlassungstäter zugänglich

---

90 *Seelmann*, NK, § 13 Rn. 67, m.w.N.
91 Gänzlich ablehnend insoweit *Nitze*, Die Bedeutung der Entsprechensklausel beim Begehen durch Unterlassen (§ 13), 1989, S. 131 ff.
92 *Kühl*, § 18 Rn. 123; *Seelmann*, aaO, Rn. 68.
93 Vgl. BGH, NStZ 1991, 234; BGHSt 41, 113 (117).

sind[94]. Die für das unechte Unterlassungsdelikt charakteristische Unsicherheit wird dadurch noch vermehrt.

2. Der subjektive Tatbestand

a) Unterlassungsvorsatz

63   Dass Vorsatz und Fahrlässigkeit beim Unterlassungs- wie beim Begehungsdelikt unterschieden werden müssen, entspricht allgemeiner Auffassung. Keine Einigkeit besteht dagegen über die Anforderungen, die an den Vorsatz der Unterlassung zu stellen sind.

64   aa) Zweifelhaft ist bereits, ob der Vorsatz beim Unterlassungsdelikt dieselbe *Struktur* aufweist wie beim Begehungsdelikt.

65   Die ganz herrschende Lehre hat den als Wissen und Wollen definierten Vorsatz zunächst unbesehen auf das Unterlassungsdelikt übertragen. Das wurde ihr dadurch erleichtert, dass sich der Täter bei der Unterlassung häufig nicht nur der tatbestandsmäßigen Situation mitsamt der eigenen Eingriffsmöglichkeit voll bewusst ist, sondern auch bewusst gegen sie entscheidet (so z. B., wenn ein Vollzugsmitarbeiter, weil bestochen, die Flucht eines Gefangenen nicht hindert). Hier findet sich ein psychischer Vorgang, der dem Verwirklichungswillen beim Begehungsdelikt zumindest ähnlich ist. Denkbar ist jedoch auch, dass ein Unterlassungstäter, der mit dem drohenden Erfolg von vornherein einverstanden oder ihm gegenüber ganz gleichgültig ist, keine zum Eingreifen drängen Antriebe zu unterdrücken, keinen Entschluss zu fassen braucht, um untätig bleiben zu können (so z. B. wenn der unbeteiligte Zeuge eines Unglücksfalls nicht einmal auf den Gedanken kommt, er könnte helfen). Hier fehlt jegliche Entscheidung und damit auch jeder Verwirklichungswille.

66   Diese Schwierigkeit zu lösen, ist auf verschiedenen Wegen versucht worden. Erstens wäre möglich, Vorsatz bei den Unterlassungsdelikten nur dort anzunehmen, wo sich ein *Entschluss*, untätig zu bleiben, nachweisen lässt[95]. Dann freilich wäre der mit dem Erfolg völlig einverstandene oder gleichgültige Täter privilegiert; ihm könnte kein Vorsatz zur Last fallen. Dieses Ergebnis befürwortet niemand. Zum *zweiten* kann man versuchen, den Begriff des Vorsatzes generell oder doch, unter Hinweis auf die Notwendigkeit einer »Anpassung«,

---

94 Vgl. noch BGHSt 28, 300 (306 ff) zur Fälschung technischer Aufzeichnungen (§ 268).
95 So wohl *Lampe*, ZStrW 72 (1960), 98 f;

speziell für die Unterlassungsdelikte so zu formulieren, dass Vorsatz jedenfalls bei voller Kenntnis der Sachlage (mit Einschluss der eigenen Tatmacht) gegeben ist oder gegeben sein kann[96]. Dann bleiben nur diejenigen Fälle außerhalb des Vorsatzes, in denen sich der Täter, eben wegen seiner Billigung des negativen Erfolges oder seiner Gleichgültigkeit, nicht einmal der Möglichkeit bewusst wird, rettend einzugreifen. *Drittens* schließlich lässt sich die These vertreten, dass es sachwidrig sei, beim Unterlassungsdelikt überhaupt einen Vorsatz zu fordern, dass die schwerere Unrechts- und Schuldstufe hier vielmehr schon dann erreicht werde, wenn der Untätige trotz Kenntnis der Gefahr den Entschluss zur Rettung *nicht* fasst oder nicht durchhält, und dies ohne Rücksicht darauf, ob er sich der eigenen Tatmacht überhaupt bewusst geworden ist[97]. Welche Lösung hier den Vorzug verdient, hängt von der Vorfrage ab, in welcher Hinsicht Handeln und Unterlassen übereinstimmen müssen, wenn die Vorsatzhaftung angemessen sein soll.

Der Vorsatz, so ist hier gesagt worden (oben § 8 Rn. 66), enthält eine   67
Entscheidung gegen das rechtlich geschützte Interesse, die Fahrlässigkeit nicht. Diese Entscheidung erfordert ihrerseits beim Begehungsdelikt nicht mehr, als dass der Täter in der Bereitschaft, den tatbestandsmäßigen Erfolg als Konsequenz des eigenen Verhaltens hinzunehmen, *handelt*, d. h. das Maß an Energie einsetzt, das man braucht, um aktiv ins Geschehen einzugreifen. Beim Unterlassungsdelikt begegnet dieselbe Einstellung, wenn der Täter in der Bereitschaft, den Erfolg als Konsequenz des eigenen Verhaltens hinzunehmen, zu handeln *unterlässt*, das zum aktiven Eingriff erforderliche Maß an Energie *nicht* einsetzt (vgl. oben Rn. 2). Darin liegt das Äquivalent zum Vorsatz beim aktiven Handeln[98].

bb) Was die zum Vorsatz gehörende *Wissensseite* anbetrifft, so dürf-   68
ten zwischen Begehungs- und Unterlassungsdelikt keine prinzipiellen Unterschiede bestehen.

Das gilt zunächst für die Kenntnis der Handlungs-, insbesondere   69
auch der *Garantenpflicht.* Hier überwog früher die Auffassung, dass die Rechtspflicht zum Handeln selbst ein Merkmal des objektiven Tatbestandes sei, der Täter also um sie wissen müsse; die Unkenntnis der

96 So *Grünwald*, in: FS Hellmuth Mayer, 1966, S. 286 ff; *Jescheck/Weigend*, S. 632.
97 So *Armin Kaufmann*, S. 66 ff; *ders.*, in: FS v. Weber, 1963, S. 207 ff; *Welzel*, S. 204 f.
98 Im wesentlichen ebenso *Jakobs*, 29/84 ff; *Kühl*, § 18 Rn. 125; *Puppe*, NK, § 15 Rn. 158; *Rudolphi*, SK, Rn. 19 f vor § 13; Schönke/Schröder/*Cramer*, § 15 Rn. 93 f; *Seelmann*, NK, § 13 Rn. 76.

Pflicht erschien danach als Tatbestandsirrtum[99]. Die heute herrschende Lehre begnügt sich für den Vorsatz demgegenüber mit der Kenntnis des Sachverhaltes, an den die Pflicht zum Handeln anknüpft; wird dem Täter diese Pflicht als solche nicht bewusst, so soll das ein bloßer Verbots- bzw. Gebotsirrtum sein[100]. Der Verpflichtete muss freilich auch hier mindestens jene »Parallelwertung in der Laiensphäre« vollzogen haben, die ihm die Einsicht in die soziale Bedeutung und Funktion der Tatmerkmale vermittelt (oben § 8 Rn. 71 f), das heißt sich des »sozialen Kontextes« bewusst sein, in dem er steht[101].

70   Dabei kann sich aber fragen, ob solche Bedeutungskenntnis nicht das Bewusstsein eben der Handlungspflicht einschließt, oder umgekehrt, ob die Kenntnis der pflichtbegründenden Sachlage als solcher überhaupt hinreichend signifikant ist[102]. Es ist das die im Zusammenhang mit normativen Tatbestandsmerkmalen immer wieder begegnende Schwierigkeit, zwischen der zum Vorsatz erforderlichen Bedeutungskenntnis und der auf die Gesamtbewertung der Tat bezogenen Verbotskenntnis eine scharfe Grenze zu ziehen (vgl. oben § 8 Rn. 73; § 11 Rn. 28). Dass es, wie der BGH behauptet hat, bei der Garantenpflicht »nicht um ein einzelnes, den Tatbestand mitbegründendes Merkmal, sondern um dessen Gesamtbewertung« gehe[103], trifft jedenfalls nicht zu. Wie bei anderen Sonderdelikten auch, kann der Täter seine Pflichtstellung kennen und sich trotzdem über den konkreten Umfang seiner Pflicht oder über entgegenstehende andere Pflichten irren, sich dann also, und wohl nur dann, im Gebotsirrtum befinden.

71   Bei einem Erfolgsdelikt erfordert der Unterlassungsvorsatz darüber hinaus selbstverständlich das Wissen um die Gefahr, dass der tatbestandsmäßige Erfolg eintreten könnte, und um die Möglichkeit des Täters, ihn abzuwenden; sonst fehlt es an der für den Vorsatz, wie bemerkt, charakteristischen Bereitschaft, den Erfolg als Konsequenz des *eigenen* Verhaltens hinzunehmen. Aktuelles Bedenken konkreter Rettungshandlungen wird dabei nicht vorausgesetzt, sondern nur das Bewusstsein, solche Handlungen könnten sich bei näherem Zusehen als möglich erweisen: Schon damit nimmt der Unterlassungstäter im Regelfalle die Verknüpfung des Erfolgseintritts mit der eigenen Untätig-

---

99 Bis BGHSt 14, 229 (232).
100 BGHSt 16, 155 (158 ff); 19, 295 (299); *Jescheck/Weigend*, S. 631; *Kühl*, § 18 Rn. 129; Schönke/Schröder/*Cramer*, § 15 Rn. 96, m.w.N.
101 *Jakobs*, 29/90; *Köhler*, S. 231 f; *Seelmann*, NK, § 13 Rn. 75.
102 Kritisch gegenüber der h. L. daher *Herzberg*, S. 232 f; *Köhler*, S. 231 f; *Wolff*, S. 49 ff.
103 BGHSt 16, 155 (158).

keit in Kauf[104]. Glaubt er dagegen beispielsweise nicht, dass Rettungshandlungen noch etwas nützen könnten oder dass er fähig wäre, sie vorzunehmen, so ist das zweifellos ein Tatbestandsirrtum.

Demgegenüber hat vor allem *Armin Kaufmann* die Auffassung vertreten, die   72
Eingriffsmöglichkeit brauche dem Untätigen nicht bekannt, sondern nur *erkennbar* zu sein[105]. Andernfalls werde derjenige besser gestellt, der die »schwerste Schuld« trage: sich nämlich infolge extremer Gleichgültigkeit gegenüber dem bedrohten Gut nicht einmal der Möglichkeit bewusst werde, irgendwie zu helfen. Dieses Argument beweist jedoch zu viel. Es müsste erst recht gelten, wenn der Täter durch Gleichgültigkeit sogar schon daran gehindert wird, eine Gefahr zu erkennen, die er selber schafft (z. B. durch Wegwerfen einer brennenden Zigarette im Walde), und das ist unbestrittenermaßen ein Fall *unbewusster* Fahrlässigkeit[106].

cc) Auch der Unterlassungsvorsatz umfasst jedoch mehr als bloßes   73
Wissen oder Bewusstsein. Wo Passivität den Erfolgseintritt nicht sicher, sondern nur möglicherweise zur Folge hat, bleibt dem Täter die Möglichkeit der Stellungnahme (oben § 8 Rn. 66, 117 ff): Beruhigt sich der Küstenwächter, der jemanden zu weit ins Meer hinausschwimmen sieht, mit dem Vertrauen darauf, der andere werde es schon schaffen, so ist trotz des Bewusstseins der Gefahr und der eigenen Eingriffsmöglichkeit nur bewusste Fahrlässigkeit gegeben. Die für die Abgrenzung des Eventualdolus beim Begehungsdelikt geltenden Regeln sind entsprechend anwendbar.

b) Besondere subjektive Tatbestandsmerkmale

Der subjektive Tatbestand kann auch beim Unterlassungsdelikt besondere, über den Vorsatz hinausgehende subjektive Merkmale umfassen   74
(vgl. oben § 8 Rn. 131 ff). Dazu ist insoweit nichts weiter zu bemerken, wie das Gesetz selbst, beim echten Unterlassungsdelikt, solche Merkmale fordert (vgl. z. B. § 225: »böswillige« Vernachlässigung Schutzbefohlener).

Schwieriger liegt es wiederum beim unechten Unterlassungsdelikt.   75
Hier stellt sich erstens die Frage, ob die auf aktives Handeln bezogenen subjektiven Tatbestandsmerkmale beim Unterlassen überhaupt auftre-

---

104 Wie hier *Jakobs*, 29/86; *Kühl*, § 18 Rn. 126; *Rudolphi*, SK, Rn. 24 vor § 13.
105 S. 110 ff; *ders.*, in: FS v. Weber, 1963, S. 229; ihm folgend *Welzel*, S. 204 f.
106 Kritisch unter Bezugnahme auf solche Fälle von »Tatsachenblindheit« auch *Jakobs*, 29/87; *Puppe*, NK, § 15 Rn. 158.

ten können. Geleugnet wird das beispielsweise bei der Absicht als dem auf das eigentliche Handlungsziel gerichteten Willen (oben § 8 Rn. 139), weil beim Unterlassen jeder steuernde Eingriff in das Geschehen fehlt[107]. Das hätte die wichtige Konsequenz, dass die Tatbestände von Begehungsdelikten, die solche Absicht erfordern, *niemals* durch Unterlassen verwirklicht werden könnten. Indessen wird man auch hier von Fall zu Fall zu prüfen haben, ob für die erforderliche Absicht ein äquivalentes Gegenstück gefunden werden kann[108]. Das ist ein weiterer Teilaspekt der von § 13 vorausgesetzten »Entsprechung« von Unterlassung und Begehung. Die Lösung hängt von den Eigenheiten des jeweiligen Tatbestandes ab; sie gehört in den Besonderen Teil[109].

II. Die Rechtswidrigkeit

76 In der unrechtsbegründenden Wirkung der Tatbestandsmäßigkeit und im Unrechtsausschluss weicht das Unterlassungsdelikt nicht grundsätzlich vom Begehungsdelikt ab. Insofern kann daher auf früher Gesagtes verwiesen werden (oben § 9 Rn. 1). Von Bedeutung kann hier insbesondere die Kollision von Handlungspflichten sein (ebda. Rn. 113 ff)[110].

III. Die Schuld

77 Auch für die Schuldvoraussetzungen gelten beim Unterlassen prinzipiell dieselben Regeln wie bei aktivem Handeln, jedenfalls für die *Schuldfähigkeit* und die (virtuelle) Verbots- oder *Gebotskenntnis* (oben § 10 Rn. 9 ff, 54 ff). Hinsichtlich der *Zumutbarkeit* freilich begegnen in Rechtsprechung und Lehre für das Unterlassungsdelikt überwiegend mehr oder minder abweichende Maßstäbe: Die Beschränkung auf die gesetzlichen Schuldausschließungsgründe (oben § 10 Rn. 101) wird zu-

107 *Grünwald,* aaO (oben Fn. 96), S. 289 f.
108 *Jakobs,* 29/91; *Jescheck/Weigend,* S. 632; *Kühl,* § 18 Rn. 132; *Rudolphi,* SK, Rn. 27 f vor § 13; *Schöne,* S. 179 ff u. ö.; Schönke/Schröder/*Cramer,* § 15 Rn. 98; *Seelmann,* NK, § 13 Rn. 77.
109 Diskutiert worden ist die Frage beispielsweise für die »Absicht, eine andere Straftat zu verdecken,« bei § 211; vgl. BGHSt 7, 287 (289 ff); *Grünwald,* JuS 1965, 313; *Rudolphi,* aaO, Rn. 28; *Welp,* S. 19.
110 Vgl. ferner *Fünfsinn,* Der Aufbau des fahrlässigen Verletzungsdelikts durch Unterlassen im Strafrecht, 1985, S. 161 ff.

meist durchbrochen, Unzumutbarkeit in weiterem Umfang als beim Begehungsdelikt anerkannt[111].

Beim echten Unterlassungsdelikt des § 323c findet sich die Klausel, dass die   78 Hilfeleistung dem Täter »zuzumuten, insbesondere ohne erhebliche eigene Gefahr und ohne Verletzung anderer wichtiger Pflichten möglich« sein muss. Das kann dahin verstanden werden, als sei die Unzumutbarkeit bei Unterlassungsdelikten ein allgemeines Prinzip zur Begrenzung der Handlungspflichten, das auch die speziellen, beim Begehungsdelikt geltenden Rechtfertigungs- und Schuldausschließungsgründe umfassen würde[112]. Doch gibt es keinen Grund, die Wertungsstufen in solcher Weise einzuebnen, die Kollision der Hilfeleistungspflicht mit gleichrangigen oder höheren Pflichten nicht erst als Frage der Rechtswidrigkeit, die Unzumutbarkeit im engeren Sinne nicht erst als eine solche der Schuld zu behandeln (was Konsequenzen für die Teilnahme haben kann [oben § 12 Rn. 126]). Der Gesetzestext von § 323c macht allein deutlich, dass der Hilfeleistung entgegenstehende Interessen oder Pflichten hier *in größerem Umfang* als sonst zu berücksichtigen sind. Die Gründe dafür sind in der Sache dieselben wie sonst. Sie liegen vor allem, wie beim entschuldigenden Notstand (oben § 10 Rn. 99, 103), in enger persönlicher Bindung an das kollidierende Interesse, weshalb die unterlassene Hilfeleistung insbesondere bei erheblicher »eigener« Gefahr straflos bleibt.

So interpretiert, kann § 323c durchaus als Ausdruck eines allgemeinen, auch   79 beim unechten Unterlassungsdelikt geltenden Grundsatzes verstanden werden: Die Verletzung von Handlungspflichten wiegt in der Regel *nicht* so schwer wie die Verletzung von Handlungsverboten. Das Unterlassungsdelikt ist daher – der prinzipiellen Gleichstellung im Tatbestand zum Trotz – zumeist weniger strafwürdig als ein entsprechendes Handlungsdelikt[113]. Bei einer Konfliktslage erscheint es demnach eher als verzeihlich, wenn der Täter um eines ihm nahestehenden (geringeren) Interesses willen, das er opfern müsste, die gebotene Handlung unterlässt. Das ist, nach verbreiteter Auffassung, der Grund für die weitergehende Berücksichtigung der Unzumutbarkeit beim Unterlassungsdelikt, aber auch für die fakultative Strafmilderung nach § 13 II.

Außerordentlich unsicher ist jedoch, in welchem *Maße* die Unzu-   80 mutbarkeit hier Anerkennung finden soll. Im Einzelnen kann es wiederum nur auf eine Abwägung der einander widerstreitenden Interessen

---

111 Prinzipiell in diesem Sinne *Baumann/Weber/Mitsch*, § 23 Rn. 63; *Kühl*, § 18 Rn. 140: *Rudolphi*, SK, Rn. 31 vor § 13; *Schmidhäuser*, Lb, 16/101; Schönke/Schröder/*Stree*, Rn. 155 f vor §§ 13 ff; Schönke/Schröder/*Lenckner*, Rn. 125 vor §§ 32 ff.
112 So insbesondere *Lackner*, StGB, 22. Aufl. 1997, § 13 Rn. 5. Schönke/Schröder/ *Stree*, aaO; *Stree*, in: FS Lenckner, 1998, S. 394 f, m.w.N.
113 Das gilt jedenfalls bei Garantenpflichten aus Ingerenz; siehe *Dencker*, in: FS Stree/Wessels, 1993, S. 169 f.

ankommen. Diskutiert worden sind dabei insbesondere Fälle, in denen die Erfüllung von Rettungs- oder Hilfspflichten den Täter oder einen seiner Angehörigen der Gefahr einer Strafverfolgung aussetzen würde. Dabei überwiegt heute die Auffassung, dass dies für eine Exkulpation selbst dort nicht ausreicht, wo eine schwere Bestrafung droht[114], es sei denn, dass die Unterlassung nur Bagatellcharakter hat. Darüber hinaus mehren sich die Stimmen, die eine Erweiterung des Schuldausschlusses wegen Unzumutbarkeit über § 35 hinaus auch beim Unterlassungsdelikt ablehnen und höchstens eine Strafmilderung für vertretbar halten[115]. Solche Unsicherheiten sind, wo es um die Spanne von voller Vorsatzstrafe bis zu völliger Straflosigkeit geht, schwer erträglich, angesichts der quantitativen Abstufungen, die hier den Ausschlag geben, aber kaum vermeidbar.

§ 14   Versuch und Beteiligung mehrerer

Literatur: Niepoth, Der untaugliche Versuch beim unechten Unterlassungsdelikt, 1994; *Roxin,* Der Anfang des beendeten Versuchs, in: FS Maurach, 1972, S. 213 ff; *ders.,* Täterschaft und Tatherrschaft, 7. Aufl. 1999; *Schaffstein,* Die Vollendung der Unterlassung, in: FS Dreher, 1977, S. 147 ff; *Vogler,* Zur Bedeutung des § 28 für die Teilnahme am unechten Unterlassungsdelikt, in: FS Lange, 1976, S. 265 ff; ferner Lit. zu § 13.

1   Ob und inwieweit sich das Unterlassungsdelikt vom Begehungsdelikt unterscheidet, ist auch für die besonderen Erscheinungsformen der Straftat, Versuch und Beteiligung mehrerer, näher zu erörtern.

---

114 BGHSt 11, 353 (355 f); 41, 113 (117); BGH NStZ 1984, 164; ferner *Lackner/Kühl,* § 13 Rn. 5; *Rudolphi,* SK, Rn. 33 vor § 13; *Ulsenheimer,* GA 1972, S. 24; anders noch BGHSt 11, 135 (137 f); siehe auch *Geilen,* FamRZ 1964, 386 ff; *Otto/Brammsen,* S. 540; *Welzel,* JZ 1958, S. 485 f.
115 *Jakobs,* 29/99; *Jescheck/Weigend,* S. 635; *Maurach/Gössel/Zipf,* § 46 Rn. 133.

A. Der Versuch

Dass es beim Unterlassungsdelikt Konstellationen gibt, die dem Ver-   2
such des Begehungsdelikts entsprechen, steht außer Frage[1]. Der Täter
kann etwa irrigerweise annehmen, das zu schützende Rechtsgut befinde
sich in Gefahr, und trotzdem untätig bleiben, oder es kann die Gefahr,
die er nicht abwendet, noch rechtzeitig von anderen behoben werden,
usw. Keine Einigkeit besteht hingegen darüber, ob die Elemente des
Versuchs beim Unterlassungsdelikt wie beim Handlungsdelikt zu
bestimmen, insbesondere, ob Vorbereitung und Versuch, unbeendeter
und beendeter Versuch in analoger Weise voneinander abzugrenzen
sind.

Soweit in der Lehre die These vertreten worden ist, dass beim Unterlas-   3
sungsdelikt kein Vorsatz, sondern nur gefordert werden könne, dass der
Handlungspflichtige den Entschluss zur Erfolgsabwendung *nicht* fasst, kann
allerdings auch nicht von einem Versuch der Unterlassung, sondern nur von der
Unterlassung eines Versuchs der Erfolgsabwendung gesprochen werden[2]. Jene
Prämisse wird hier nicht geteilt (oben § 13 Rn. 66 f). Geht man stattdessen davon aus, dass die Unterlassung auf einer dem Vorsatz äquivalenten Einstellung
beruhen kann, so steht von hier aus nichts entgegen, die Möglichkeit eines Versuchs der Unterlassung anzuerkennen: Sie ist dann gegeben, wenn der Verpflichtete mindestens in Kauf nimmt, dass der Erfolg infolge seiner Untätigkeit
unabwendbar werden könnte.

Streitig ist vor allem die Frage, *wann* hier die Schwelle von der Vor-   4
bereitung zum Versuch überschritten wird. Die Antwort hängt, wie
beim Begehungsdelikt (oben § 11 Rn. 29 ff), davon ab, unter welchen
Voraussetzungen das Unterlassen bereits als ein (manifester) Verstoß
gegen das strafrechtlich geschützte Handlungsgebot erscheint. Wird
dieses Gebot allein auf die Abwendung des tatbestandsmäßigen Erfolges bezogen, so kann der Versuch erst beginnen, wenn der Handlungspflichtige den (vermeintlich) letztmöglichen Zeitpunkt zum Eingreifen
verstreichen lässt, womit der Versuch freilich auch schon beendet wäre[3].
Geht man demgegenüber, wie es hier geschieht, davon aus, dass die
Anforderung an den Verpflichteten auf (möglichste) *Verminderung* der
Gefahr des Erfolgseintritts, nicht auf Erfolgsabwendung als solche, ge-

---

1 BGHSt 38, 356 (358 f), m.w.N.
2 *Armin Kaufmann*, S. 210 ff; *Welzel*, S. 221.
3 So in der Tat *Armin Kaufmann*, S. 215 f; *Seelmann*, NK, § 13 Rn. 84; *Welzel*,
aaO.

richtet ist (oben § 13 Rn. 54 f), so entsteht die Handlungspflicht mit der Gefahr, und jede Verzögerung des Eingreifens läuft ihr zuwider, *sofern* die Gefahr währenddessen wächst (wie z. B. dann, wenn sich der Zustand des erkrankten Kindes, dessen Eltern keinen Arzt zuziehen, fortlaufend verschlimmert). Das heißt, dass der Versuch *beginnt*, wenn sich bei (weiterer) Verzögerung des rettenden Eingriffs die (wirkliche oder vom Täter angenommene) Gefahr des Erfolgseintritts steigert; *beendet* wäre er, wenn der Untätige die (vermeintlich) letzte Chance, rettend einzugreifen, hat vorübergehen lassen, der Erfolg aber noch aussteht[4]. Da auf der anderen Seite *nur* die Verminderung der Gefahr des Erfolgseintritts geboten ist, beginnt der Versuch noch nicht, wenn der Verpflichtete Chancen zum Eingreifen verstreichen lässt, solange sich die Situation des bedrohten Gutes währenddessen *nicht* verschlechtert.

5   Auf der Grundlage dieser Entsprechung sind die für den Versuch des Begehungsdelikts geltenden Regeln (oben § 11) sämtlich ohne grundsätzliche Abwandlung sinngemäß anwendbar. Das gilt auch für die Strafbarkeit des untauglichen Versuchs[5]. Was insbesondere den strafbefreienden Rücktritt anbetrifft, so muss er beim *unbeendeten* Versuch der Unterlassung darin bestehen, dass der Täter die Gefahr des Erfolgseintritts doch noch vermindert (z. B. das erkrankte Kind, obschon später als geboten, ärztlich behandeln lässt), während er beim *beendeten* Versuch wohl nur darin bestehen kann, dass der Täter statt der ihm ursprünglich gebotenen Handlung andere Rettungsmaßnahmen ergreift oder veranlasst[6].

B. Täterschaft und Teilnahme

6   Dass derjenige, der den Tatbestand eines echten oder unechten Unterlassungsdelikts allein erfüllt, »Täter« dieses Delikts ist, versteht sich hier

---

4 Im Ergebnis im wesentlichen übereinstimmend BGHSt 40, 257 (271); *Jakobs*, 29/116; *Jescheck/Weigend*, S. 638; *Kühl*, § 18 Rn. 148; *Rudolphi*, SK, Rn. 51 ff vor § 13; Schönke/Schröder/*Eser*, § 22 Rn. 50.

5 BGHSt 38, 356 (359 f); anders *Rudolphi*, SK, Rn. 55 vor § 13; *Schmidhäuser*, Lb, 17/27, auf der Grundlage der (hier aufgegebenen) Auffassung, bei der irrigen Annahme einer aus Ingerenz resultierenden garantenpflichtbegründenden Gefahr handele es sich um den Versuch eines untauglichen Täters (vgl. oben § 11 Rn. 66); anders mit umfassender Begründung auch *Niepoth*, insbes. S. 287 ff, der zwar nicht die Strafwürdigkeit eines solchen Versuchs, wohl aber ein Strafbedürfnis verneint.

6 Näher Schönke/Schröder/*Eser*, § 24 Rn. 29.

ebenso von selbst wie beim Begehungsdelikt (oben § 12 Rn. 2). Beruht der Eintritt des tatbestandsmäßigen Erfolges jedoch auf dem Verhalten mehrerer Personen, so stellt sich wiederum die Frage nach der Abgrenzung der Beteiligungsrollen.

I. Die Täterschaft

1. Unmittelbare Täterschaft

Das Kriterium der Tatherrschaft, das beim Begehungsdelikt denjenigen bezeichnet, der das tatbestandsmäßige Geschehen gesteuert, die Tathandlung vorgenommen hat, kann beim Unterlassungsdelikt insofern keine Rolle spielen, als der Täter hier die gebotene (erfolgsabwendende) Handlung gerade *nicht* vornimmt, in das Geschehen nicht eingreift. Das Unterlassen als solches aber vermittelt keine Herrschaft über den Geschehensablauf. Es setzt nur die *Möglichkeit* voraus, auf ihn einzuwirken (oben § 13 Rn. 58 f). Täter ist prinzipiell eben derjenige, der – entgegen seiner Handlungspflicht – diese potentielle Herrschaft *nicht* ausübt. 7

Höchst umstritten ist jedoch die Frage, ob dies auch dann zu gelten hat, wenn das Unterlassen mit dem Handeln oder Unterlassen eines anderen im selben Deliktserfolg zusammentrifft. Man denke etwa an Fälle wie die, dass ein Elternteil die Misshandlung seines Kindes durch einen Lebenspartner untätig geschehen lässt oder dass beide Eltern bei einer dem Kind drohenden Gefahr unabhängig voneinander pflichtwidrig nicht eingreifen. 8

Hier wird teilweise die Auffassung vertreten, dass die Unterlassung desjenigen, der die Begehung eines Vorsatzdeliktes durch einen anderen entgegen seiner Garantenpflicht nicht hindert, »nur die Bedeutung von Beihilfe« besitze[7]: Der aktiv Handelnde, der den Tatverlauf beherrscht, verstelle dem untätig bleibenden Garanten den unmittelbaren Zugang zum Erfolg[8]. Damit wird der Tatherrschaft, im Widerspruch zur prinzipiellen Gleichstellung von Tun und Unterlassen (§ 13), größeres Gewicht beigemessen als der Tatmacht des untätigen Garanten. Das leuchtet umso weniger ein, als der Garant jedenfalls dann, wenn er (auch) nach Vornahme der Tathandlung durch einen anderen nicht eingreift, 9

---

7 Eingehend *Ranft*, ZStrW 94 (1982), 815 ff; *Jescheck/Weigend*, S. 696; *Kühl*, § 20 Rn. 230, je m.w.N.; dagegen u. a. *Roxin*, Täterschaft, S. 496 ff.
8 *Gallas*, Beiträge zur Verbrechenslehre, 1968, S. 187 f.

also beispielsweise dem schwerverletzten Mordopfer nicht hilft, dafür als Täter haftet[9].

10   Eine andere Lehre möchte danach differenzieren, welche Art von Garantenstellung derjenige innehat, der das Delikt eines anderen nicht hindert, ob ihm eine Schutz- oder eine Sicherungspflicht obliegt (oben § 13 Rn. 14), und im ersten Falle Täterschaft, im zweiten grundsätzlich Beihilfe annehmen[10]. Dieser Vorschlag bezieht seine Plausibilität daraus, dass es bei Schutzgarantenpflichten nicht sinnvoll ist, danach zu unterscheiden, ob die abzuwendende Gefahr von Menschen oder von Naturereignissen ausgeht, während Sicherungspflichten vielfach gerade auf die Überwachung der Person gerichtet sind, die das Delikt begeht. Deren Tatherrschaft wird damit – unausgesprochenermaßen – wiederum größere Bedeutung beigemessen als der Hinderungsmacht des Garanten. Jenes Kriterium leuchtet infolgedessen schon dort nicht ein, wo sich die Sicherungspflicht auf andere als menschliche Gefahrenquellen bezieht. Dass es zu ungerechtfertigten Unterschieden der Haftung führt, zeigt sich vor allem aber dort, wo ein Schutz- und ein Sicherungsgarant denselben Deliktserfolg hätten verhindern sollen. Auch andere Bemühungen um eine Differenzierung zwischen Täterschaft und Teilnahme des Unterlassenden haben sich bislang nicht als überzeugend erwiesen[11].

11   Im Ergebnis dürfte nur die Lösung bleiben, prinzipiell stets Unterlassungstäterschaft anzunehmen, wenn ein Garant die täterschaftliche Herbeiführung eines tatbestandsmäßigen Erfolges durch einen anderen nicht hindert[12]. Auszunehmen sind allein, wie schon beim Begehungsdelikt, Tatbestände, deren Verwirklichung mehr voraussetzt als die Vornahme oder Nichtvornahme einer bestimmten Handlung (vgl. oben § 12 Rn. 18 ff): wie eine besondere subjektive Einstellung (vgl. § 225: »böswillig«), Sonderpflichten oder die Eigenhändigkeit der Ausführung. Dann *kann* nicht Täter sein, wer diese zusätzlichen Anforderungen nicht erfüllt (mögen Handlungspflicht und Eingriffsmöglichkeit auch gegeben sein). Was hier allenfalls noch in Betracht kommt, ist die

---

9 So auch *Gallas*, aaO, S. 188.
10 So insbesondere *Herzberg*, S. 257 ff; Schönke/Schröder/*Cramer*, Rn. 104 ff vor §§ 25 ff, m.w.N.
11 Siehe den Überblick bei *Schwab*, Täterschaft und Teilnahme bei Unterlassungen, 1996, S. 63 ff. Dessen eigener Vorschlag, mit Hilfe eines »wertenden Vergleichs« herauszufinden, ob der Unterlassende eher als Zentralgestalt oder als Randfigur des deliktischen Geschehens erscheint (aaO, S. 291 ff), dürfte den Verzicht auf alle präziseren Kriterien bedeuten. Eingehend auch *Roxin*, Täterschaft, S. 489 ff; *ders.*, LK, § 25 Rn. 204 ff.
12 Ebenso *Armin Kaufmann*, S. 291 ff; *Roxin*, aaO; *Rudolphi*, S. 138 ff; *ders.*, SK, Rn. 37 vor § 13.

Haftung für eine durch Unterlassen begangene Teilnahme, sofern deren Voraussetzungen vorliegen (unten Rn. 20 ff).

2. Mittelbare Täterschaft

Beim Begehungsdelikt bedarf es der Figur der mittelbaren Täterschaft, 12 weil Täterschaft prinzipiell an Tatherrschaft gebunden, Tatherrschaft aber im Regelfalle ausgeschlossen ist, wo das Verhalten des Täters nur dank vermittelnder Handlungen anderer Personen zum tatbestandsmäßigen Erfolg führt (oben § 12 Rn. 30 ff). Eine solche Vermittlung ist beim Unterlassungsdelikt nicht denkbar, da ein wirklicher Geschehensablauf gerade nicht herbeigeführt wird. Ob die Gefahr, die abzuwenden wäre, von Naturereignissen oder Handlungen anderer Personen droht – stets ist nur die *unmittelbare* Eingriffsmöglichkeit strafrechtlich relevant. Die heute überwiegende Lehre leugnet daher die Möglichkeit einer durch Unterlassen begangenen mittelbaren Täterschaft zu Recht[13].

Allerdings kann der Rettungsvorgang seinerseits von Vermittlungen abhän- 13 gen, wie besonders dann, wenn der Pflichtige zur Abwehr der Gefahr die Hilfe Dritter, etwa die eines Arztes, benötigt. Die gebotene Handlung liegt insoweit in der unmittelbaren Einwirkung auf die Hilfsperson, und deren Entscheidungsfreiheit spielt nur insofern eine Rolle, als sie die Erfolgsaussichten der Einwirkung berührt.

3. Mittäterschaft

Für eine Mittäterschaft des Unterlassenden kommen zwei verschiedene 14 Konstellationen in Betracht.

Erstens besteht die Möglichkeit, dass mehrere Personen, die für das- 15 selbe Rechtsgut oder dieselbe Gefahrenquelle verantwortlich sind, einverständlich einzugreifen unterlassen. In solchem Falle Mittäterschaft anzunehmen, ist theoretisch möglich, aber auch entbehrlich, wenn jeder der »Mittäter« für sich allein den Erfolg hätte abwenden können[14], wie z. B. dann, wenn die Eltern des schwer erkrankten Kindes zwar beschließen, den Arzt nicht zuzuziehen, dies hingegen jedem von ihnen

---

13 *Grünwald*, GA 1959, S. 122; *Jescheck/Weigend*, S. 673; *Armin Kaufmann*, S. 195 ff; *Roxin*, Täterschaft, S. 469, 471; *ders.*, LK, § 25 Rn. 216; *Schönke/Schröder/Cramer*, § 25 Rn. 55; *Welzel*, S. 206; anders *Baumann/Weber/Mitsch*, § 29 Rn. 118; *Jakobs*, 29/103; *Maurach/Gössel/Zipf*, § 48 Rn. 95.
14 *Roxin*, LK, § 25 Rn. 215; *Schönke/Schröder/Cramer*, § 25 Rn. 79.

möglich gewesen wäre. Anders dürfte es allerdings dann liegen, wenn auch die Erfolgsabwendung gemeinsames Handeln voraussetzt. Kann beispielsweise der Tresorraum, in den jemand versehentlich eingeschlossen worden ist, nur von zwei Inhabern verschiedener Schlüssel gleichzeitig geöffnet werden, und kommen diese überein, erst am nächsten Tag einzugreifen, so ist es sinnvoll, auf das gemeinsame Unterlassen abzustellen, statt darauf, dass jeder von ihnen auf den anderen hätte einwirken sollen, um ihn zur Mitwirkung zu bewegen (zumal ein solcher Versuch auch hätte scheitern können)[15]. Jedenfalls besteht kein Anlass, die Mittäterschaft völlig auszuschließen[16].

16   Von der zweiten denkbaren Sachlage, dass das Unterlassen darin besteht, täterschaftliches Handeln eines anderen nicht zu hindern, war hier bereits die Rede (oben Rn. 8 ff). Besteht dabei wechselseitiges Einverständnis, so ist die Annahme von Mittäterschaft nicht ausgeschlossen, praktisch aber wiederum belanglos: Handlungspflicht und Eingriffsmöglichkeit machen den Unterlassenden, wie ausgeführt, ohnehin zum Täter.

II. Die Teilnahme

17 Möglich ist Teilnahme an einer Unterlassung und Teilnahme durch Unterlassen.

1. Aktive Teilnahme am Unterlassungsdelikt

18 Ob und inwieweit durch aktives Handeln zum Unterlassungsdelikt angestiftet oder Hilfe geleistet werden kann, steht nicht völlig außer Zweifel. Zustimmung verdient jedoch die ganz überwiegende Lehre, die diese Möglichkeit bejaht[17]. Maßgebend sind dann grundsätzlich die auch beim Begehungsdelikt geltenden Regeln (oben § 12 Rn. 113 ff).

19   Die Zweifel folgen aus dem Streit über den Vorsatz beim Unterlassungsdelikt (oben § 13 Rn. 64 ff): Wer solchen Vorsatz leugnet, kann die Möglichkeit einer

---

15 BGHSt 37, 106 (129); *Jescheck/Weigend*, S. 682; *Roxin*, aaO.
16 So aber *Armin Kaufmann*, S. 189; ihm folgend *Welzel*, S. 206.
17 Siehe nur *Rudolphi*, SK, Rn. 44 f vor § 13; Schönke/Schröder/*Cramer*, Rn. 99 ff vor §§ 25 ff.

strukturell an ihn gebundenen Teilnahme ebenfalls nicht anerkennen[18]. Doch gibt es die für die Teilnahme charakteristische Situation, dass die Beziehung zwischen einem Tatbeitrag und dem strafrechtlich relevanten Erfolg durch die freie Entscheidung eines anderen vermittelt wird, durchaus auch bei der Unterlassung, wie z. B. dann, wenn ein Rettungswilliger überredet wird, nicht einzugreifen. Lehnt man hier die Anstiftung ab, so bleibt nur die Möglichkeit, die »Abstiftung« als Eingriff in einen rettenden Kausalverlauf zu behandeln (oben § 8 Rn. 35) und Begehungs*täterschaft* anzunehmen. Diese Lösung hat jedoch unannehmbare Konsequenzen. Auch beim Unterlassungsdelikt können, wie etwa bei einer durch Unterlassen begangenen Untreue (§ 266), Sonderpflichten im Spiel sein, so dass ein Außenstehender nicht Täter sein kann (oben § 12 Rn. 22 f). Schließt man hier die Teilnahme aus, so müsste er straflos bleiben, selbst wenn er den Tatentschluss des Pflichtigen überhaupt erst hervorgerufen hat[19]. Solche Fälle sind freilich relativ selten. Denkbar ist aber auch die praktisch bedeutsamere Konstellation, dass ein Unterlassungstäter in seinem noch ungefestigten Tatentschluss bestärkt wird[20], also einer *psychischen* Beihilfe, die weder als Täterschaft behandelt, noch straflos gelassen werden kann. Entsprechendes gilt für eine *physische* Beihilfe, die freilich nur ausnahmsweise in Betracht kommen dürfte, wenn der Unterlassungstäter *handelt*, indem er beispielsweise Rettungsgerät zerstört, um sich selbst im entscheidenden Zeitpunkt die Eingriffsmöglichkeit zu nehmen[21]. Und schließlich wäre auch der vergebliche Versuch, beim Verpflichteten den Entschluss zur Unterlassung hervorzurufen (oder ihn darin auch nur zu bekräftigen), in klarem Widerspruch zu § 30 bereits als Versuch der Deliktsbegehung anzusehen.

2. Teilnahme durch Unterlassen

Aktive Teilnahme erfordert stets einen realen Beitrag zur Tat. Eine   20 durch Unterlassen begangene Teilnahme müsste dementsprechend darin bestehen, dass in die Tat eines anderen nicht hindernd eingegriffen, die Entstehung des Tatentschlusses nicht vereitelt, die Ausführung nicht durchkreuzt oder wenigstens erschwert wird. Wenn diese Eingriffsmöglichkeit den Handlungspflichtigen jedoch, wie ausgeführt, in der Regel bereits zum Täter macht, dann kann es eine durch Unterlassen begangene Teilnahme am Begehungs- oder Unterlassungsdelikt insoweit nicht geben (oben Rn. 8 ff). Dann kann sich die Unterlassung vielmehr nur ausnahmsweise als bloße Teilnahme darstellen.

---

18 So daher *Armin Kaufmann*, S. 190 f; *Welzel*, S. 206 f.
19 *Roxin*, LK, § 26 Rn. 102.
20 Vgl. den Fall BGHSt 14, 280 (282).
21 Abweichend *Schmidhäuser*, StuB, 18/20; *Seelmann*, NK, § 13 Rn. 88.

21 Das ist vor allem, in *aushilfsweiser* Anwendung der Teilnahmevorschriften, dort der Fall, wo die Täterschaft von weiteren als den genannten Voraussetzungen abhängt (oben Rn. 11)[22]. Der den Einbruchsdiebstahl nicht hindernde Nachtwächter ist nicht deshalb bloßer Gehilfe, weil er keine Eingriffsmöglichkeit hätte, sondern allein deshalb, weil er keine Zueignungsabsicht hat. Entsprechendes gilt, soweit man sie anerkennt, für die durch Unterlassen geleistete Beihilfe zum eigenhändigen Delikt des Meineids (oben § 13 Rn. 35), usw.

22 Außerdem ist immerhin denkbar, dass ein Garant nur die Möglichkeit hätte, die von einem anderen geleistete Beihilfe, nicht aber die Tat selbst zu verhindern. Auch dann kann er seinerseits nur Gehilfe sein[23].

23 Dass sich Täterschaft und Teilnahme bei der Unterlassung, von solchen Fällen abgesehen, nicht sinnvoll unterscheiden lassen, bildet eine weitere Rechtfertigung für die in § 13 II vorgesehene fakultative Strafmilderung, neben der generell als geringer eingeschätzten Strafwürdigkeit des Unterlassungsdelikts (oben § 13 Rn. 79). Begründet jede Form passiver Beteiligung im Regelfalle Täterschaft, dann muss der Strafrahmen hier ebenso weit sein wie für alle Formen aktiver Beteiligung (einschließlich der Beihilfe, bei der nach § 27 eine im Grade mit § 13 II übereinstimmende Milderung eingreift).

---

22 Vgl. BGHSt 27, 10 (12); *Jakobs*, 29/101, 107; Schönke/Schröder/*Cramer*, Rn. 105 vor §§ 25 ff, m.w.N.
23 *Roxin*, LK, § 25 Rn. 210, § 27 Rn. 43; *Rudolphi*, SK, Rn. 42 vor § 13; differenzierend *Jakobs*, 29/106.

4. Kapitel   Das Fahrlässigkeitsdelikt

Literatur: Bockelmann, Verkehrsstrafrechtliche Aufsätze und Vorträge, 1967; *Burgstaller,* Das Fahrlässigkeitsdelikt im Strafrecht, 1974; *Engisch,* Untersuchungen über Vorsatz und Fahrlässigkeit im Strafrecht, 1930; *Frisch,* Das Fahrlässigkeitsdelikt und das Verhalten des Verletzten, 1973; *Jakobs,* Studien zum fahrlässigen Erfolgsdelikt, 1972; *ders.,* Regressverbot beim Erfolgsdelikt, ZStrW 89 (1977), 1 ff; *Armin Kaufmann,* Das fahrlässige Delikt, ZVR 1964, 41 ff; *Kindhäuser,* Erlaubtes Risiko und Sorgfaltswidrigkeit – Zur Struktur strafrechtlicher Fahrlässigkeitshaftung, GA 1994, 197 ff; *Köhler,* Die bewusste Fahrlässigkeit, 1982; *Krümpelmann,* Die normative Korrespondenz zwischen Verhalten und Erfolg bei den fahrlässigen Verletzungsdelikten, in: FS Jescheck, 1985, S. 313 ff; *Kuhlen,* Fragen einer strafrechtlichen Produkthaftung, 1989; *Renzikowski,* Restriktiver Täterbegriff und fahrlässige Beteiligung, 1997; *Schaffstein,* Handlungsunwert, Erfolgsunwert und Rechtfertigung bei den Fahrlässigkeitsdelikten, in: FS Welzel, 1974, S. 557 ff; *Schumann,* Strafrechtliches Handlungsunrecht und das Prinzip der Selbstverantwortung der Anderen, 1986; *Schünemann,* Neue Horizonte der Fahrlässigkeitsdogmatik?, in: FS Schaffstein, 1975, S. 159 ff; *Stratenwerth,* Arbeitsteilung und ärztliche Sorgfaltspflicht, in: FS Eb. Schmidt, 1961, S. 383 ff; *ders.,* Zur Individualisierung des Sorgfaltsmaßstabes beim Fahrlässigkeitsdelikt, in: FS Jescheck, 1985, S. 285 ff; *Susanne Walther,* Eigenverantwortlichkeit und strafrechtliche Zurechnung, 1991; *Wehrle,* Fahrlässige Beteiligung am Vorsatzdelikt – Regressverbot?, 1986.

Ebenso elementar wie der Gegensatz von aktivem Handeln und Unterlassen ist im Prinzip die Trennung von Vorsatz und Fahrlässigkeit. Während jedoch die Strafwürdigkeit jedenfalls elementarer Unterlassungsdelikte nicht in Frage gestellt wird, ist die Vorwerfbarkeit fahrlässigen Verhaltens schlechthin oder doch die unbewusst fahrlässigen Verhaltens immer wieder bezweifelt worden, meist von der Prämisse aus, dass strafrechtlich relevante Schuld nur in einem »bösen« Willen liegen könne[1]. Die Missachtung rechtlich geschützter Interessen beginnt jedoch nicht erst mit der – den Vorsatz auszeichnenden – bewussten Entscheidung gegen sie. Sie beginnt vielmehr schon dort, wo der Täter diese Interessen so gering schätzt, dass er sich gar nicht erst die Mühe macht, die Gefahren zu bedenken, die sein Verhalten für sie darstellen könnte, oder wo er sich über solche Gefahren leichtherzig hinwegsetzt. Dem

1

---

1 Siehe etwa *Arthur Kaufmann,* Das Schuldprinzip, 2. Aufl. 1976, S. 156 ff, 223 ff; *Köhler,* S. 172 f, 178 f.

Fahrlässigkeitsdelikt kommt daher im Strafrecht eine durchaus legitime Stelle zu. In der Praxis ist es heute, im Zusammenhang insbesondere mit Verkehrsunfällen, von eminenter Bedeutung. Allerdings wird fahrlässigem Verhalten grundsätzlich ein geringerer Unwert beigemessen als vorsätzlichem: Es ist nur dann strafbar, wenn das Gesetz dies ausdrücklich bestimmt (§ 15), und im allgemeinen auch mit geringerer Strafe bedroht (oben § 8 Rn. 62).

2   Die beim Fahrlässigkeitsdelikt geltenden Regeln der strafrechtlichen Zurechnung weichen von denen des Vorsatzdelikts wesentlich ab. Sie werden hier getrennt für das fahrlässige Handlungsdelikt (§ 15) und für das fahrlässige Unterlassungsdelikt (§ 16) erörtert.

§ 15   Das fahrlässige Handlungsdelikt

1   Die Regeln der strafrechtlichen Zurechnung haben in den Elementen, die das Delikt konstituieren, ihr Gegenstück. Sie sind zunächst darzustellen, bevor besondere Modalitäten der Fahrlässigkeitshaftung zur Sprache kommen können.

A. Die Elemente des fahrlässigen Handlungsdelikts

2   Die Stufen des Deliktsaufbaus (oben § 7) sind prinzipiell dieselben wie bei der Vorsatztat.

I. Die Tatbestandsmäßigkeit

3   Obwohl auch die fahrlässige Handlung eine Außen- und eine Innenseite aufweist, empfiehlt es sich nicht, die Tatumstände nach objektivem und subjektivem Tatbestand aufzugliedern. Der Verwirklichungswille des Fahrlässigkeitstäters richtet sich *nicht* auf den tatbestandsmäßigen Erfolg, so dass sich die strafrechtliche Relevanz dieses Willens nicht unmittelbar aus seinem Inhalt, sondern erst aus einem Vergleich mit dem gebotenen Verhalten ergibt (oben § 6 Rn. 22). Das wird im Folgenden noch zu verdeutlichen sein.

1. Der Kreis möglicher Täter

Wie beim vorsätzlichen, so kann auch beim fahrlässigen Handlungsde- 4
likt in der Regel jedermann Täter sein, wie etwa die praktisch weitaus
bedeutsamsten Tatbestände der fahrlässigen Tötung (§ 222) und der
fahrlässigen Körperverletzung (§ 229) zeigen. Besondere objektiv-
täterschaftliche Merkmale begegnen jedoch vereinzelt auch hier, so z. B.
beim fahrlässigen Falscheid (§ 163) oder bei der Vollstreckung gegen
Unschuldige (§ 345 II). In der Funktion solcher Merkmale besteht kein
Unterschied zum Vorsatzdelikt (oben § 8 Rn. 3 ff).

2. Die Tathandlung

Was die Umschreibung des verbotenen Verhaltens anbetrifft, so lassen 5
sich auch beim Fahrlässigkeitsdelikt Tätigkeits- und Erfolgsdelikte (und
Mischformen von beiden) unterscheiden.

a) Tätigkeitsdelikte

Fahrlässige Tätigkeitsdelikte sind allerdings selten. Ein Beispiel bildet im- 6
merhin der soeben genannte Tatbestand des fahrlässigen Falscheides und
der fahrlässigen falschen Versicherung an Eides Statt (§ 163). Dabei liegt
es stets so, dass die Fahrlässigkeit nicht in der Vornahme der Tathandlung
als solcher besteht – man kann wohl kaum fahrlässig schwören oder Versicherungen abgeben –, sondern nur darin, dass dies nicht unter hinreichend sorgfältiger Prüfung des Inhalts der Aussage oder Versicherung geschieht. Über die Strafbarkeit entscheidet also die Frage, welches *Maß* an
Sorgfalt hier eigentlich gefordert werden kann. Die Antwort bleibt Rechtsprechung und Lehre überlassen. Davon wird sogleich näher die Rede sein
(unten Rn. 16 ff).

Beim Vorsatzdelikt gehört zur Erfüllung des Tatbestandes außer der Vor- 7
nahme der äußeren Handlung eben auch der Vorsatz; auf diese Weise ist sichergestellt, dass nur Geschehensabläufe und Erfolge einbezogen werden, die der
Herrschaft des Handelnden unterliegen. Beim Fahrlässigkeitsdelikt fehlt *dieses*
Korrektiv. Würde man sich dementsprechend hier beim Tatbestand mit der
Vornahme der äußeren Handlung als solcher begnügen, so wäre das Verhalten
z. B. auch desjenigen tatbestandsmäßig im Sinne von § 163, der sich in einem
völlig unvermeidbaren Irrtum über den beschworenen Sachverhalt befindet.
Das widerspräche schon beim Tätigkeitsdelikt der prinzipiell gebotenen Beschränkung des Strafrechts auf Rechtsverstöße, die mindestens vermeidbar sind
(oben § 6 Rn. 9).

b) Erfolgsdelikte

8   Die Frage der angemessenen Umschreibung des verbotenen Verhaltens stellt sich freilich beim fahrlässigen Erfolgsdelikt noch weitaus dringlicher.

aa) Prinzipielle Anforderungen

9   Das Gesetz kennzeichnet die Tathandlung in den »klassischen« Fällen des Erfolgsdelikts nur dahin, dass der Täter den Tod oder die Körperverletzung eines anderen »durch Fahrlässigkeit verursacht« haben müsse (§§ 222, 229). Es lässt damit offen, welche Anforderungen an das tatbestandsmäßige Verhalten zu stellen sind: ob es sich in der Verursachung des strafrechtlich relevanten Erfolges erschöpft oder, darüber hinaus, in näher zu bestimmender Weise als fahrlässig darstellen muss.

10   Herrschend war hier, auf dem Boden insbesondere der »kausalen« Handlungslehre (oben § 6 Rn. 4 f), lange Zeit die Auffassung, dass zum Tatbestand fahrlässiger Erfolgsdelikte nur die Verursachung des Erfolges durch willensgetragenes körperliches Verhalten gehöre, die Fahrlässigkeit dementsprechend ein Element oder eine Form allein der Schuld sei. Heute wird demgegenüber praktisch allgemein anerkannt, dass sich das Unrecht auch des Fahrlässigkeitsdeliktes als bloße Herbeiführung des missbilligten Erfolges nicht zureichend beschreiben lässt, und dies auch dann nicht, wenn man dabei die Adäquanztheorie (oben § 8 Rn. 21 ff) zugrunde legt, dem Täter also nur vorhersehbare Erfolge zurechnet. Wer z. B. über eine Straßenkreuzung fährt, ohne so weit abzubremsen, wie es für den Fall einer Verletzung seines Vorfahrtsrechtes nötig wäre, riskiert eine Kollision: Vorfahrtsverletzungen sind nicht unvorhersehbar. Wollte man solches Verhalten als tatbestandsmäßig bezeichnen (jedenfalls dann, wenn etwas passiert), so würde man es verbieten, und das stünde im Widerspruch zum Vorfahrtsrecht selbst. Die adäquate Verursachung des Erfolges kann daher nicht genügen, um die Tatbestandsmäßigkeit fahrlässigen Verhaltens zu begründen.

11   Im Ergebnis ist die Lehre nunmehr sehr weitgehend darüber einig, dass zum Unrecht der fahrlässigen Erfolgsdelikte auch ein Moment der Sorgfaltswidrigkeit gehört[2], sei es, dass davon, wie überwiegend angenommen wird, schon die Tatbestandsmäßigkeit abhängt[3], oder sei es,

---

2 Von großem Einfluss war hier die Schrift von *Welzel*, Fahrlässigkeit und Verkehrsdelikte, 1961.
3 Siehe nur *Jescheck/Weigend*, S. 564; *Kühl*, § 17 Rn. 14 ff; *Samson*, SK, Anh zu § 16 Rn. 9; Schönke/Schröder/*Cramer*, § 15 Rn. 116; jeweils m.w.N.

dass sorgfaltsgemäßes Verhalten zumindest nicht rechtswidrig sein soll[4]. Worüber die Meinungen weiterhin auseinandergehen, ist aber die Frage, welche Anforderungen an diese schon das Unrecht mitbegründende Sorgfaltswidrigkeit zu stellen sind: ob es genügt, dass die Handlung *generelle* (objektive) Sorgfaltsgebote verletzt[5], oder ob zu fordern ist, dass der Täter die gebotene Sorgfalt auch nach seinen *individuellen* Fähigkeiten hätte aufwenden können[6].

Die h. L. knüpft hier an den Maßstab der *im Verkehr erforderlichen*   12
Sorgfalt (§ 276 BGB) an: Die Handlung soll dann tatbestandsmäßig sein, wenn sie dieses Maß an Sorgfalt nicht erbringt. Sie wird somit *negativ* umschrieben, dahin, dass sie mit dem »Verhalten, das ein einsichtiger und besonnener Mensch in der Lage des Täters einschlagen würde«[7], nicht übereinstimmt – wie immer sie im übrigen beschaffen sein mag. Dabei werden die Sorgfaltspflichten zwar nach Berufszweigen, Lebenskreisen und konkreter Situation differenziert[8], nicht aber nach der Person des Verpflichteten. Vielmehr gilt ein *doppelter* Maßstab der Fahrlässigkeit in dem Sinne, dass es auf die individuellen Fähigkeiten des Täters erst im Rahmen der Schuld ankommen soll. Diese Lehre dürfte keine Zustimmung verdienen. Der Maßstab der im Verkehr erforderlichen Sorgfalt greift, bei der Tatbestandsmäßigkeit, einerseits zu weit, andererseits nicht weit genug.

Zu weit greift er dann, wenn vom Täter verlangt wird, Sorgfaltsanforderun-   13
gen zu erfüllen, die über seine Fähigkeit, Geschehensabläufe zu beherrschen, hinausgehen. Denn das bedeutet praktisch, dass z. B. ein Autofahrer, dessen Reaktionsvermögen infolge fortgeschrittener Zerebralsklerose erheblich herabgesetzt ist, tatbestandsmäßig-rechtswidrig handelt, wenn er einen für *ihn* unvermeidbaren Unfall herbeiführt. Doch muss auch für ihn gelten, was beim Unterlassungsdelikt außer Frage steht: dass der Täter nämlich *fähig* sein muss, sich in der rechtlich gebotenen Weise zu verhalten (oben § 13 Rn. 58 f)[9] – weil das Recht immer nur fordern kann, das Mögliche zu tun. Infolgedessen gilt auch heute schon, dass etwa mit sehr hoher Geschwindigkeit auf der Autobahn zu fahren, dem geübten Fahrer erlaubt sein kann, dem Neuling (oder alten

---

4 So *Baumann/Weber/Mitsch*, § 22 Rn. 26, 40.
5 So die h. L.; Schönke/Schröder/*Cramer*, § 15 Rn. 118, m.w.N.
6 So *Freund*, § 5 Rn. 22 ff; *Jakobs*, Studien, S. 64 ff; *ders.*, AT, 9/6 ff; *Renzikowski*, S. 241 ff; *Samson*, SK, Anh zu § 16 Rn. 13 f; weitgehend auch *Lesch*, Der Verbrechensbegriff, 1999, S. 251 ff; eingehend *Stratenwerth*, in: FS Jescheck, pass.
7 *Welzel*, S. 132.
8 Siehe nur *Jescheck/Weigend*, S. 578 f; m.w.N.
9 Näher zu diesem Vergleich *Stratenwerth*, in: FS Jescheck, S. 290 ff.

Herrn) aber nicht[10]. Ohne Rücksicht auf die Person des Verpflichteten festgelegt werden kann und muss, mit anderen Worten, nur, welche Risiken einzugehen erlaubt ist und welche nicht. Insofern bilden selbstverständlich *generelle* Normen, entgegen einer verbreiteten Fehlinterpretation, auch nach der hier vertretenen Auffassung den Bezugspunkt der gebotenen Sorgfalt. Welches Verhalten aber erforderlich ist, um unerlaubte Risiken auszuschließen, hängt von den individuellen Fähigkeiten ab[11]. Notfalls muss, wie im Ausgangsbeispiel, die gefährliche Tätigkeit ganz unterlassen werden (zum sog. Übernahmeverschulden unten Rn. 22).

14   Auf der anderen Seite ist nicht einzusehen, weshalb etwa ein besonders befähigter Chirurg bei einer riskanten Operation nur diejenigen Techniken und Fertigkeiten anzuwenden verpflichtet sein sollte, die den Mindeststandard für jeden bilden, der sich überhaupt als Chirurg betätigen will. Wiederum ist der Vergleich mit dem Unterlassungstäter aufschlussreich: Kommt der Bademeister, der ein hervorragender Schwimmer ist, einem vom Ertrinkenstod bedrohten Badegast nur mit durchschnittlichen Schwimmkünsten und deshalb zu spät zu Hilfe, so würde niemand an der Haftung zweifeln. Bei besonderen *Kenntnissen* wird denn auch im Bereich der Fahrlässigkeit individualisiert; sie finden sich als »Sonderwissen« im Adäquanzurteil untergebracht (vgl. oben § 8 Rn. 22)[12]. Für die *Fähigkeiten* kann im Ergebnis nichts anderes gelten[13]. Der besonders Befähigte hat dabei, entgegen manchem Missverständnis, nicht ein größeres Maß an Gewissenhaftigkeit, an »moralischer« Energie aufzubringen, sondern eben nur sein instrumentales Können anzuwenden.

15   Wie beim Unterlassungsdelikt, so muss danach auch beim Fahrlässigkeitsdelikt das »richtige«, rechtlich einwandfreie Verhalten, vom dem abzuweichen den Unrechtstatbestand erfüllt, nicht nur im Blick auf allgemeine Normen, sondern ebenso im Blick auf die Handlungsmöglichkeiten des Täters bestimmt werden. Zur Tatbestandsmäßigkeit bei den fahrlässigen Erfolgsdelikten gehört, mit anderen Worten, über die Er-

---

10 Explizit in diesem Sinne § 3 I StVO.
11 Ein Musterbeispiel liefert § 41 Abs. 2 Nr. 7 StVO, der es dort, wo eine Mindestgeschwindigkeit einzuhalten ist, »Fahrzeugführern, die wegen *mangelnder persönlicher Fähigkeiten* oder wegen der Eigenschaften von Fahrzeug oder Ladung nicht so schnell fahren können oder dürfen«, verbietet, die betreffende Straße zu benutzen.
12 *Jescheck/Weigend*, S. 579; *Welzel*, S. 132.
13 Insoweit zustimmend auch *Roxin*, § 24 Rn. 54; Schönke/Schröder/*Cramer*, § 15 Rn. 138 ff; siehe ferner *Puppe*, NK, Rn. 149 vor § 13. Dabei geht es, entgegen *Zielinski* (AK, §§ 15, 16 Rn. 92 ff), *nicht* um ein »Scheinproblem«: Ob jemand bei einem »Handlungsprojekt« die Grenzen des erlaubten Risikos einhalten kann, hängt nicht nur von seinem Wissen, sondern eben auch von seinen Fähigkeiten ab.

folgsverursachung hinaus die Verletzung einer (auch) nach den individuellen Fähigkeiten des Täters zu bemessenden Sorgfaltspflicht[14].

bb) Einzelerfordernisse

Bei der näheren Umschreibung sorgfaltswidrigen Verhaltens kann zunächst in vollem Umfang auf das verwiesen werden, was zur Zurechnung des Erfolges beim vorsätzlichen Handlungsdelikt zu sagen war (oben § 8 Rn. 15 ff): *Äußerlich* unterscheiden sich vorsätzliches und fahrlässiges Handeln nicht. Hier wie dort ist der tatbestandsmäßige Erfolg demjenigen zuzurechnen, der das unerlaubte Risiko, dass er eintreten könnte, geschaffen oder gesteigert hat. Es kann hier also nur darum gehen, die entsprechenden Kriterien aus der Perspektive des fahrlässigen Erfolgsdeliktes zu wiederholen.   16

(1) Den Ausgangspunkt aller Sorgfaltspflichten bildet das prinzipielle Verbot, rechtlich geschützte Interessen zu gefährden. Dieses Verbot kann jedoch von vornherein nicht weiter reichen als die menschliche Fähigkeit, Geschehensabläufe zu beherrschen.   17

Daraus ergibt sich eine erste Einschränkung: Sorgfaltspflichten können sich nur auf solche Erfolge beziehen, die *vorhersehbar* sind. Das entspricht dem Maßstab der adäquaten Kausalität (oben § 8 Rn. 21 ff). Schon bei der Vorhersehbarkeit ist jedoch zu individualisieren. Die Adäquanztheorie erlaubt in ihrer herkömmlichen Fassung nur, *zu Lasten* des Täters zu berücksichtigen, dass er über Spezialkenntnisse hinsichtlich der gegebenen Situation oder über spezielles Erfahrungswissen verfügt: Wer z. B. weiß, dass an einer bestimmten Stelle bei Schulschluss Kinder unvorsichtig über die Straße zu laufen pflegen, kann sich nicht darauf berufen, dass die Gefahr für einen Unkundigen nicht erkennbar gewesen wäre. Berücksichtigt werden muss auf der anderen Seite aber auch ein *Mangel* an Kenntnissen oder Erfahrungen, wenn er bewirkt, dass ein an sich im Rahmen der Adäquanz liegender Geschehensablauf für *diesen* Täter nicht vorhersehbar war. Niemand kann verpflichtet sein, ein Maß an Voraussicht aufzubringen, über das er nicht verfügt.   18

Beherrschbar ist ein Geschehensablauf sodann nur, wenn der Täter die Fähigkeit hat, das mit seinem Verhalten verbundene *Risiko auszuschalten*, sei es durch entsprechende Vorsichtsmaßnahmen, sei es auch, wo dies nicht möglich ist, durch Unterlassen der riskanten Handlung. Freilich kommt es auch hier wieder auf die individuellen Fähigkeiten an. Wer sein Auto noch auf schmals-   19

---

14 Zusammenfassende Darstellung der kritischen Einwände bei *Wieseler*, Der objektive und der individuelle Sorgfaltspflichtmaßstab beim Fahrlässigkeitsdelikt, 1991.

tem Raum sicher beherrscht, wird nicht dadurch entlastet, dass »normale« Fahrkünste nicht ausgereicht hätten, einem überraschend auftretenden Hindernis auszuweichen. Andererseits hat ein noch ungeübter Autofahrer, um bei diesem Beispiel zu bleiben, die Grenzen seines Könnens in Rechnung zu stellen, langsamer zu fahren, mehr Abstand zu halten, früher zu bremsen usw. als ein routinierter. Vom Autofahrer mit vermindertem Reaktionsvermögen kann man nicht, wie von seinem normal reagierenden Kollegen, fordern, dass er bei Kollisionsgefahr in kürzester Zeit anhält, sondern nur, dass er das Autofahren aufgibt.

20   (2) Allerdings lässt sich, wie schon beim Vorsatzdelikt ausgeführt (oben § 8 Rn. 25 ff), nicht jedes Verhalten verbieten, das rechtlich geschützte Interessen gefährdet. Risiken einzugehen ist in bestimmten Umfang erlaubt. Die für die verschiedensten Tätigkeiten geltenden *Sorgfaltsregeln* (wie Verkehrsregeln, Regeln der ärztlichen Kunst, der Baukunst usw.) haben die Bedeutung, das Maß dieses erlaubten Risikos zu präzisieren[15].

21   Sie entscheiden einerseits darüber, auf welche Gefahren im Regelfall *nicht* Bedacht genommen werden muss, so, wenn etwa die Verkehrsregeln nicht gebieten, auf eine mit Öl bedeckte Straßenoberfläche gefasst zu sein, die Regeln der ärztlichen Kunst nicht, die Gefahr einer postoperativen Embolie ohne besonderen Anlass durch Medikamente herabzusetzen, die Regeln der Baukunst nicht, ein Haus erdbebensicher zu machen, usw. (wobei es natürlich, wie überall betont wird, nicht auf die *faktische* Übung ankommt, wenn sie, wie z. B. die Praxis zu dichten Auffahrens im Autobahnverkehr, den Sorgfaltsgeboten gerade widerspricht). Sorgfaltsregeln sind andererseits »geronnene« Erfahrung. Sie bezeichnen die Techniken und Vorsichtsmaßregeln, die bei der entsprechenden Tätigkeit Anwendung finden sollten, um Risiken auszuschließen, die das zulässige Maß überschreiten.

22   Wo jemand unfähig ist, das mit einem bestimmten Verhalten verbundene Risiko in den erlaubten Grenzen zu halten, ist ihm prinzipiell schon die Übernahme dieser Tätigkeit verboten (sog. *Übernahmeverschulden*)[16]. Hier verschiebt sich also der Gegenstand des Fahrlässigkeitsvorwurfs, vorausgesetzt natürlich, dass der Täter wenigstens fähig ist, seine Unfähigkeit zu durchschauen[17]. Das ist bei denjenigen Betäti-

---

15 Siehe dazu auch *Küper*, in: FS Lackner, 1987, S. 272 ff.
16 Vgl. BGHSt 10, 133; kritisch *Neumann*, Zurechnung und »Vorverschulden«, 1985, S. 198 ff.
17 Dabei kann keine Rede davon sein, dass der Autofahrer nach der hier vertretenen Auffassung in solchem Falle rechtmäßig handele (wie *Roxin*, § 24 Rn. 52, behauptet) – was entfällt, ist natürlich nur der strafrechtlich relevante *Handlungs*unwert; zutreffend *Renzikowski*, S. 242 f.

gungen, die besondere Leistungsfähigkeit, Ausbildung oder Erfahrung usw. erfordern, jedenfalls nicht grundsätzlich ausgeschlossen[18].

Auch der zu langsam reagierende Autofahrer kann immerhin noch fähig sein, das Nachlassen seiner Reaktionen zu registrieren. Hindert ihn die Sklerose selbst *daran*, so ist *strafrechtlich* relevantes Unrecht nicht mehr vorhanden. 23

(3) Den Tatbestand eines fahrlässigen Erfolgsdelikts erfüllt eine Handlung nach alledem, wenn sie erstens eine über das erlaubte Maß hinausgehende Gefährdung rechtlich geschützter Interessen herbeiführt, die der Täter hätte ausschließen können, und wenn diese Gefährdung zweitens in den Erfolg umschlägt. Dabei gilt wie beim Vorsatzdelikt, dass Gefährdung und Erfolgsherbeiführung in innerem Zusammenhang stehen müssen, dass der Erfolg die Auswirkung gerade der Gefahr sein muss, die der Täter durch sein riskantes Handeln geschaffen hat (oben § 8 Rn. 38 ff). Die Beschränkung der Tatbestandsmäßigkeit auf sorgfaltswidriges Verhalten hat keinen anderen Sinn, als bloße Verursachungsprozesse auszugliedern, die der Täter nicht vermeiden konnte oder auf die er sein Verhalten nicht einzurichten brauchte. 24

Wer in angetrunkenem Zustand mit dem Auto einen Radfahrer überfährt, der unvermutet ohne vorherige Anzeige nach links abbiegt, so dass die Kollision unvermeidbar wird, haftet nicht wegen fahrlässiger Tötung (obschon natürlich wegen Trunkenheit im Verkehr nach § 316): Die Gefahr dieses Unfalls beruht keineswegs auf der alkoholbedingten Beeinträchtigung der Fahrtüchtigkeit[19]. Das Beispiel zeigt im Übrigen auch, dass vom Verstoß gegen Sicherheitsvorschriften (wie das Verbot von § 316) *nicht* ohne weiteres auf die Vermeidbarkeit des eingetretenen Erfolges geschlossen werden darf. 25

c) Mischformen

Auch im Bereich der Fahrlässigkeit begegnen nicht selten Tatbestände, die Elemente des Tätigkeits- und des Erfolgsdeliktes vereinen. Dabei kann die Tathandlung, an die sich der fahrlässig herbeigeführte Erfolg anschließt, ihrerseits Vorsatz oder Fahrlässigkeit erfordern. 26

Eine *vorsätzliche* Grundhandlung findet sich zumeist bei den sog. *erfolgsqualifizierten* Delikten, wie Aussetzung mit der Folge einer schweren Gesundheitsschädigung oder des Todes (§ 221 II Nr. 2, III), Körperverletzung mit To- 27

---

18 Vgl. den Fall BGHSt 40, 341: Verantwortlichkeit des an einem Anfallsleiden erkrankten Autofahrers für seine Teilnahme am Straßenverkehr.
19 Vgl. aber BGHSt 24, 31; dazu *Krümpelmann*, in: FS Bockelmann, 1979, S. 453 ff; *Maiwald*, in: FS Dreher, 1977, S. 442 ff.

desfolge (§ 227), Freiheitsberaubung mit Todesfolge (§ 239 IV), usw. Diese Tatbestände brachten ursprünglich eine auf den Erfolgseintritt gestützte Schuldvermutung zum Ausdruck[20]; heute verlangt das Gesetz hinsichtlich der schweren Folge stets mindestens Fahrlässigkeit (§ 18). Von ähnlicher Struktur ist das Delikt der vorsätzlichen Preisgabe von Staatsgeheimnissen mit fahrlässiger Gefährdung der äußeren Sicherheit (§ 97 I) oder vorsätzlicher Verletzung elementarer Verkehrsregeln mit fahrlässiger Gefährdung des Straßenverkehrs (§ 315c III Nr. 1). Anzutreffen ist aber auch die Kombination einer genauer umschriebenen fahrlässigen Tathandlung mit fahrlässiger Erfolgsverursachung (z. B. bei leichtfertiger Preisgabe von Staatsgeheimnissen mit fahrlässiger Gefährdung der äußeren Sicherheit [§ 97 II] oder bei in jeder Hinsicht fahrlässiger Straßenverkehrsgefährdung [§ 315c III Nr. 2]).

28   Bei allen derartigen Tatbeständen folgt die Sorgfaltspflichtverletzung hinsichtlich des Erfolges keineswegs notwendigerweise aus der Vornahme der Grundhandlung, mag diese auch zumeist an sich schon verboten sein, sondern muss nach denselben Regeln ermittelt werden, die für die reinen Erfolgsdelikte gelten. Nur wird sich hier durchweg von selbst verstehen, dass der Täter den Bereich des *erlaubten* Risikos überschreitet, faktisch daher allein maßgebend sein, ob er den Erfolg zumindest voraussehen konnte.

3. Unbewusste/bewusste Fahrlässigkeit

29   Beim Fahrlässigkeitsdelikt ist es, wie schon bemerkt (oben Rn. 3), nicht sinnvoll, von einem subjektiven Tatbestand zu sprechen[21]. Was hier an subjektiven Elementen strafrechtlich relevant ist, geht zumindest dann, wenn man bei der Sorgfaltspflichtverletzung auf die individuellen Fähigkeiten des Täters abstellt, in deren Prüfung ein. Auf weitere subjektive Momente kann es für die Unrechtsbegründung dann nicht ankommen.

30   Das gilt zunächst für das Erfordernis der Kenntnis oder Erkennbarkeit der Möglichkeit der Tatbestandsverwirklichung, das ein Teil der Lehre zum grundlegenden Merkmal der Fahrlässigkeit erklärt hat[22], ohne dass es dafür, im Blick allein auf erlaubte Risiken, ausreichen würde[23]. Der Täter kann die Erfüllung des Tatbestandes selbstverständlich nur dann vermeiden, wenn er er-

---

20 Zur Geschichte *Schubarth*, ZStrW 85 (1973), 757 ff.
21 Anders im Versuch einer konsequenten Fortentwicklung der finalen Handlungslehre *Struensee*, JZ 1987, 53 ff; siehe auch *Maurach/Gössel/Zipf*, § 43 Rn. 114 ff.
22 So insbesondere *Schmidhäuser*, in: FS Schaffstein, 1975, S. 143 ff; *Schroeder*, LK, § 16 Rn. 127.
23 Kritisch *Bockelmann/Volk*, S. 158; *Kühl*, § 17 Rn. 14, 41.

kennt oder erkennen könnte, welches (unerlaubte) Risiko sich aus seiner Handlung ergibt. Hinter die neuere Entwicklung der Lehre von der objektiven Zurechnung greift aber auch zurück, wer, wie es häufig noch geschieht, für die Fahrlässigkeit die Erkennbarkeit des Kausalverlaufs in seinen wesentlichen Zügen fordert[24]. Denn dabei geht es in der Sache um nichts anderes als um die Erkennbarkeit des Zusammenhangs der vom Täter geschaffenen oder gesteigerten Risiken mit dem tatbestandsmäßigen Erfolg, der dessen Zurechnung begründet[25]. Insofern liegt es hier ganz ähnlich wie, im Rahmen der Vorsatzlehre, beim traditionell so genannten Irrtum über den Kausalverlauf (oben § 8 Rn. 86 ff).

Auch mit dem Unterschied von unbewusster und bewusster Fahrlässigkeit verbindet sich prinzipiell *keine* Abstufung der Schwere des Unrechts (oder der Schuld). Zwar versteht sich die Erkennbarkeit der Voraussetzungen für die Zurechnung des tatbestandsmäßigen Erfolges in der Regel von selbst, wenn der Täter, im Falle der hier bereits in ihrer Abgrenzung zum Eventualdolus näher erörterten *bewussten* Fahrlässigkeit (oben § 8 Rn. 112 ff), die von ihm geschaffene oder gesteigerte Gefahr tatsächlich *erkennt*, aber – leichtsinnig – darauf vertraut, dass der Erfolg ausbleiben werde. Es kann jedoch das Ergebnis besonderer Aufmerksamkeit sein, wenn dies geschieht, und das Ergebnis besonderer Gleichgültigkeit gegenüber rechtlich geschützten Interessen, wenn es bei faktischer, aber vermeidbarer Unkenntnis der Gefahr nicht geschieht. Das höhere Maß an Missachtung von Sorgfaltsgeboten liegt deshalb nach überwiegender Lehre unter Umständen gerade in *unbewusster* Fahrlässigkeit[26]. **31**

II. Die Rechtswidrigkeit

Dass der Tatbestand regelmäßig sämtliche unrechtsbegründenden Merkmale umschließt, gilt bei fahrlässigem Handeln ebenso wie bei vorsätzlichem, und es gilt jedenfalls dann, wenn die Tatbestandsmäßigkeit, wie hier, von der Verletzung der Sorgfaltspflicht abhängig gemacht wird. Auf der Wertungsstufe der Rechtswidrigkeit sind deshalb nur **32**

---

24 *Jescheck/Weigend*, S. 586 f; *Kühl*, § 17 Rn. 92; *Schönke/Schröder/Cramer*, § 15 Rn. 180 ff; jeweils m.w.N.
25 In der Sache ebenso *Frisch*, Tatbestandsmäßiges Verhalten, S. 466 ff; *Jakobs*, 9/7; *Maurach/Gössel/Zipf*, § 43 Rn. 133; *Samson*, SK, Anh zu § 16 Rn. 30.
26 *Jescheck/Weigend*, S. 586 f; *Maurach/Gössel/Zipf*, § 43 Rn. 121; *Schroeder*, LK, § 16 Rn. 121; anders *Roxin*, § 24 Rn. 61.

noch die möglichen Unrechtsausschließungsgründe zu erörtern, und sie sind, nach allgemeiner Auffassung, im Prinzip dieselben wie beim Vorsatzdelikt[27].

33   Man könnte freilich meinen, dass die zur Rechtfertigung führenden Umstände schon die *Sorgfaltspflicht* des Täters aufheben (und damit die Tatbestandsmäßigkeit): So hat, wer in Notwehr auf einen anderen schießen darf, sicher nicht die Pflicht, eine Gefährdung des anderen durch sorgfältigen Umgang mit der Schusswaffe zu vermeiden. Die Literatur bringt dementsprechend zumindest einen Teil rechtfertigender Situationen im Sammelbegriff des erlaubten, seinerseits die Sorgfaltspflicht begrenzenden Risikos unter[28]. Dagegen sprechen so lange keine Bedenken, wie man die verschiedenen Sachgesichtspunkte nicht vermengt, sich also bewusst bleibt, dass die Zulässigkeit von Risiken, die über das *allgemein* Erlaubte hinausgehen, nicht mit pauschalen Behauptungen begründet werden kann, sondern eben nur mit dem Nachweis der Voraussetzungen eines besonderen Rechtfertigungsgrundes (vgl. oben § 8 Rn. 27).

34   In zweierlei Hinsicht immerhin wirft die Rechtfertigung fahrlässigen Verhaltens zusätzliche Fragen auf.

35   1. Da der Unrechtsgehalt solchen Verhaltens, verglichen mit vorsätzlichem, grundsätzlich geringer ist, kommt eine Rechtfertigung hier *in weiterem Umfang* in Betracht, selbst bei Gleichwertigkeit des äußeren Erfolges[29]. Darin liegt jedoch keine grundsätzliche Differenz zum Unrechtsausschluss beim Vorsatzdelikt. Es sind gerade die dort maßgebenden Gesichtspunkte, die zum anderen Resultat führen können.

36   Das lässt sich bei jedem einzelnen Rechtfertigungsgrund zeigen. Wo eine *Einwilligung* den vorsätzlichen Eingriff nicht mehr rechtfertigen kann, wie bei der Tötung (oben § 9 Rn. 15), vermag sie dies unter Umständen bei unvorsätzlicher Mitwirkung an bewusster Selbstgefährdung des Betroffenen, beispielsweise bei dessen freiwilliger Teilnahme an einer Trunkenheitsfahrt oder ungeschütztem sexuellem Kontakt im Wissen um die HIV-Infektion des Partners, durchaus noch zu tun. Dabei geht es freilich schon de facto nicht um eine Einwilligung in den *Erfolg*, die bei einer Lebensgefährdung im Blick auf § 216 eben auch nicht wirksam wäre[30]. Überwiegend wird aber, auf im Einzelnen unterschiedlichen Wegen, versucht, dem die Einwilligung tragenden Gesichtspunkt

---

27 *Jescheck/Weigend*, S. 588 f; *Kühl*, § 17 Rn. 77; *Roxin*, § 24 Rn. 92; *Samson*, SK, Anh zu § 16 Rn. 31; Schönke/Schröder/*Lenckner*, Rn. 92 vor §§ 32 ff.
28 Vgl. *Frisch*, Fahrlässigkeitsdelikt, S. 116 ff.
29 Wie hier *Schaffstein*, S. 576 f; abweichend *Jakobs*, 11/32, 14/12.
30 *Geppert*, ZStrW 83 (1971), 982 f; *Jescheck/Weigend*, S. 590; *Puppe*, NK, Rn. 176 vor § 13; *Zaczyk*, Strafrechtliches Unrecht und die Selbstverantwortung des Verletzten, 1993, S. 50 f.

der *Eigenverantwortung* des Betroffenen trotzdem Geltung zu verschaffen[31], mit dem Ergebnis, dass sein Einverständnis den Tatbestand oder das Unrecht (auch) der fahrlässigen Tötung ausschließen kann: entweder generell, wenn der Betroffene das Risiko voll verantwortlich »übernimmt«[32], oder wenigstens dort, wo dies aus sachlich immerhin vertretbaren Gründen geschieht[33] (was freilich im Blick auf die genannten Beispielsfälle nicht sehr realistisch ist). Auch die Rechtsprechung vertritt den Grundsatz, dass »derjenige, der lediglich die eigenverantwortlich gewollte und bewirkte Selbstgefährdung eines anderen veranlaßt, ermöglicht oder fördert, regelmäßig nicht wegen eines ... Körperverletzungs- oder Tötungsdelikts strafbar ist«[34]. Das soll wiederum nur mit Einschränkungen gelten[35]. Die Einzelheiten sind nach wie vor höchst zweifelhaft. Doch wird der Wirkungsbereich der Einwilligung hier bei fahrlässigem (im Vergleich zu vorsätzlichem) Handeln in jedem Fall erweitert.

Auch bei einer *Güterkollision* kann von Bedeutung sein, ob vorsätzliches oder   37
fahrlässiges Handeln in Frage steht. Denn davon hängt möglicherweise die Größe der Gefahr ab, in der ein Rechtsgut schwebt oder in die es gebracht wird (oben § 9 Rn. 103). Aus demselben Grunde mag eine ungewollte Tötung noch durch *Notwehr* gedeckt sein, wo eine gewollte es nicht wäre (oben § 9 Rn. 79), usw.

2. Haben die *subjektiven Elemente* der Rechtfertigung die Funktion,   38
den Handlungsunwert vorsätzlichen Verhaltens aufzuheben (oben § 9 Rn. 140), so steht zu erwarten, dass sie bei fahrlässigem Verhalten nicht in der selben Form oder gar nicht gegeben sein müssen. Auch diese Frage ist umstritten.

Da der unbewusst fahrlässig Handelnde sich nicht einmal der Möglichkeit   39
des Erfolgseintritts bewusst ist, kann er von vornherein nicht den Willen haben,

31 Siehe den Überblick vor allem bei *Susanne Walther*, Eigenverantwortlichkeit und strafrechtliche Zurechnung, 1991, S. 21 ff, und pass.; ferner *Cancio Meliá*, ZStrW 111 (1999), 357 ff; *Derksen*, Handeln auf eigene Gefahr, 1992; *Fiedler*, Zur Strafbarkeit der einverständlichen Fremdgefährdung, 1989; Schönke/Schröder/*Lenckner*, Rn. 102 ff vor §§ 32 ff.
32 *Puppe*, NK, Rn. 175 vor § 13 (außer bei verbotener Gefährdung: aaO Rn. 234); *Roxin*, § 11 Rn. 107; *Samson*, SK, Anh zu § 16 Rn. 33; *Schaffstein*, S. 569 ff; *Schmoller*, in: FS Triffterer, 1996, S. 249 ff; *Zaczyk*, aaO S. 56 f (außer bei pflichtwidrigem Verhalten des anderen); im Ergebnis auch *Hirsch*, LK, Rn. 107 vor § 32.
33 So Schönke/Schröder/*Lenckner*, Rn. 104 vor §§ 32 ff; *Weber*, in: FS Baumann, 1992, S. 50 ff; hier auch die Vorauflage, Rn. 1116.
34 BGHSt 36, 1 (17); ansatzweise bereits BGHSt 4, 88 (93); 7, 112 (115); ferner BGHSt 32, 262 (265 f).
35 So nicht bei überlegenem Sachwissen (BGHSt 32, aaO; 36, aaO) und nicht dort, wo der Beteiligte den Betroffenen durch deliktisches Handeln zur Selbstgefährdung motiviert (BGHSt 39, 322 [325]; dazu wiederum *Otto*, in: FS E. A. Wolff, 1998, S. 398 f, m.w.N.); vgl. auch BGHSt 37, 179 (181).

diesen Erfolg in Ausübung irgendeines Rechts oder zur Abwehr irgendwelcher Gefahren usw. herbeizuführen. Deshalb die Möglichkeit einer Rechtfertigung fahrlässigen Handelns rundweg abzulehnen, wo der Täter den Erfolg sogar *vorsätzlich* hätte herbeiführen dürfen, ist einer vereinzelten Fehlentscheidung vorbehalten geblieben[36]. Die übrigen Befürworter subjektiver Rechtfertigungselemente auch bei fahrlässigem Verhalten begnügen sich mit entsprechend *modifizierten* Einstellungen: wie bloßer Kenntnis der rechtfertigenden Sachlage[37] oder einer generellen Verteidigungstendenz, die den tatbestandsmäßigen Erfolg der Verteidigung nicht einschließt[38]. Weniger klar wird dabei, *weshalb* es solcher subjektiven Elemente bedürfen soll.

40   Nach der hier vertretenen Auffassung entfällt der *Erfolgsunwert*, wenn die objektiven Voraussetzungen des Unrechtsausschlusses erfüllt sind (oben § 9 Rn. 140). Das muss auch dann gelten, wenn der Täter den Erfolg ungewollt in einer Situation herbeiführt, in der er ihn *gewollt* herbeiführen dürfte. Ist aber ein Erfolgsunwert nicht vorhanden, so scheidet die Strafbarkeit fahrlässigen Handelns jedenfalls insoweit aus, wie sie gerade vom Eintritt des Erfolgsunwerts abhängt[39].

41   Wer den Angriff eines Autofallenräubers, der einen Unfall vorgetäuscht hat, dadurch im letzten Moment abwendet, dass er ihn aus Ungeschick anfährt, erfüllt zwar den Tatbestand der fahrlässigen Körperverletzung, wahrt aber zugleich ein überwiegendes Interesse (oben § 9 Rn. 56): Einen *Unwert* bildet der Erfolg nicht. Der auf die Herbeiführung des Erfolgsunwerts abstellende Tatbestand der fahrlässigen Körperverletzung (§ 229) greift deshalb nicht ein.

42   Was übrig bleibt, ist allenfalls der *Handlungsunwert* des unsorgfältigen Verhaltens als solcher. Die Verwirklichung dieses Handlungsunwerts ist für sich allein jedoch in der Regel *straflos*; einen allgemeinen Tatbestand fahrlässiger Lebens- oder Gesundheitsgefährdung beispielsweise gibt es nicht. Ausnahmen bestehen nur dort, wo bestimmte Verhaltensweisen wegen ihrer typischen Gefährlichkeit generell verboten sind, ohne Rücksicht auf den Eintritt eines Verletzungs- oder Gefährdungserfolges, also bei abstrakten Gefährdungsdelikten (oben § 8 Rn. 14) wie etwa dem fahrlässigen Falscheid (§ 163) und vor allem im

---

36 OLG Frankfurt, NJW 1950, 119; anders aber BGHSt 25, 229 (231 f).
37 *Geppert*, aaO (oben Fn. 30), S. 979 f; *Maurach/Gössel/Zipf*, § 44 Rn. 20, 23, 25.
38 *Tröndle/Fischer*, § 32 Rn. 14; *Jungclaussen*, Die subjektiven Rechtfertigungselemente beim Fahrlässigkeitsdelikt, 1987, S. 174 ff und pass.
39 H.L.; siehe nur *Frisch*, in: FS Lackner, 1987, S. 130 ff; *Jescheck/Weigend*, S. 589; *Kühl*, § 17 Rn. 80; *Roxin*, § 24 Rn. 96; *Samson*, SK, Anh. zu § 16 Rn. 32; *Schaffstein*, S. 573 f; *Schönke/Schröder/Lenckner*, Rn. 99 vor §§ 32 ff; abweichend *Hirsch*, LK, Rn. 58 vor § 32, m.w.N.

Straßenverkehrsrecht (vgl. nur § 316). Kurz: Subjektiver Rechtfertigungselemente bedarf es beim Fahrlässigkeitsdelikt grundsätzlich nicht.

Eine Ausnahme wäre wieder nur für Rechtfertigungsgründe zu machen, bei   43
denen ein Unrechtsausschluss ohne entsprechenden Willen des Täters nicht
denkbar ist, wie etwa beim Recht zur vorläufigen Festnahme (oben § 9
Rn. 149). Aber wie ein Fahrlässigkeitsdelikt objektiv im Rahmen eines solchen
Rechts sollte liegen können, ist ohnehin nicht recht vorstellbar.

III. Die Schuld

1. Erfordernisse

Wie ausgeführt, ist nach herrschender Lehre die Frage, ob der Täter den   44
Erfolg nach seinen individuellen Fähigkeiten hätte abwenden können,
beim Fahrlässigkeitsdelikt erst im Rahmen der Schuld, nicht schon des
Unrechts zu prüfen (oben Rn. 12). Daraus folgt dann die Notwendigkeit, die Voraussetzungen der Schuld hier um die »subjektiven« Anforderungen an die Sorgfaltspflichtverletzung zu ergänzen, obwohl sie
nicht unmittelbar die Freiheit betreffen, sich zum rechtlich Gesollten zu
bestimmen (oben § 10 Rn. 4), und damit die systematische Einheit der
Schulderfordernisse zu sprengen[40]. Wird die individuelle Handlungs-
möglichkeit hingegen hier wie sonst bereits unter dem Gesichtspunkt
der Tatbestandsmäßigkeit geprüft, so ergibt sich auf der Wertungsstufe
der Schuld *kein* struktureller Unterschied zum Vorsatzdelikt: erforderlich sind (nur) Schuldfähigkeit, virtuelle Verbotskenntnis und Zumutbarkeit. Im Einzelnen gilt Folgendes:

a) Die *Schuldfähigkeit* ist bei fahrlässigem Handeln nicht anders zu   45
beurteilen als bei vorsätzlichem (oben § 10 Rn. 9 ff).

Werden die individuellen Handlungsmöglichkeiten zur Schuld gerechnet, so   46
bleiben für die Fahrlässigkeit des *nicht* schuldfähigen Täters an sich nur die
Vorhersehbarkeit des Erfolges und die objektive Sorgfaltswidrigkeit übrig. Allein auf diese *objektiven* Kriterien abzustellen, kann jedoch äußerst ungerecht
sein. So setzt die Anordnung von schwerwiegenden strafrechtlichen Maßregeln
nur eine »rechtswidrige Tat«, keine Schuldfähigkeit voraus (§§ 63, 64, 69, 70),
und wenn es dabei auf die individuelle Handlungskompetenz nicht ankäme, so
könnte auch derjenige einer solchen Maßregel unterworfen werden, der nach
seinen persönlichen Fähigkeiten gar nicht in der Lage war, die objektive Sorg-

---

40 Siehe etwa *Jescheck/Weigend*, S. 594 ff; *Kühl*, § 17 Rn. 89 ff.

faltspflicht zu erfüllen[41]. Das stünde nicht nur in klarem Widerspruch zum Gesetzeswortlaut, der in solchem Falle voraussetzt, dass eine Verurteilung des Täters *nur* an seiner Schuldunfähigkeit scheitert, sondern wäre auch sachlich verfehlt: Maßregeln sind nicht auf einen Mangel an Handlungskompetenz, sondern an Verantwortlichkeit zugeschnitten[42]. Entsprechendes gilt für die Rauschtat nach § 323a: Es wäre unhaltbar, unseren Beispielssklerotiker (oben Rn. 13) im Falle seiner Berauschung für einen Unfall haftbar zu machen, den er in nüchternem Zustand nicht hätte vermeiden können[43]. Die Feststellung der Fahrlässigkeit muss sich infolgedessen auch bei Schuldunfähigen an deren individuellen Handlungsmöglichkeiten orientieren.

47   b) Auch der *virtuellen Verbotskenntnis* bedarf es in derselben Weise wie beim Vorsatzdelikt. Dabei kommen für einen Verbotsirrtum nach Lage der Dinge nur solche Fälle in Betracht, in denen der Täter das mit der Handlung verbundene Risiko tatsächlich erkannt hat oder hätte erkennen können. Fehlt es schon an *dieser* Möglichkeit, so ist der Tatbestand nicht erfüllt (oben Rn. 18). Kenntnis oder Erkennbarkeit des Risikos liefern – analog dem Vorsatz – erst die Grundlage, auf der die Einsicht in den Unrechtscharakter der Tat gewonnen werden kann.

48   Unvermeidbare Unkenntnis des Verbots schließt wiederum die Schuld und damit die Strafbarkeit aus. § 17, an sich auf vorsätzliches Verhalten gemünzt, gilt auch hier. War dem Täter die Einsicht in das Unrecht der Tat, beispielsweise durch die unklare Fassung von Verkehrsvorschriften, erschwert, so sollte die Strafe entsprechend milder sein; ein Strafrahmenwechsel nach § 49 I dürfte praktisch jedoch kaum Bedeutung erlangen.

49   c) Bei der *Zumutbarkeit* schließlich begegnet dieselbe Erscheinung wie beim Unterlassungsdelikt, dass nämlich – im Vergleich zum vorsätzlichen Begehungsdelikt – weniger strenge Anforderungen gestellt werden, und dies aus ganz denselben Gründen (oben § 13 Rn. 79). Nur sind Rechtsprechung Lehre hier darüber im Ergebnis weitergehend einig als dort; Meinungsverschiedenheiten bestehen in erster Linie über den systematischen Ort der Frage[44]. Da präzise Maßstäbe für die Ent-

---

41 Offenbar generell befürwortet von *Roxin*, § 24 Rn. 52; für das Berufsverbot auch von *Hirsch*, ZStrW 94 (1982), 272; *Kühl*, § 17 Rn. 90; *Schünemann*, JA 1975, 515.
42 Näher *Stratenwerth*, in: FS Jescheck, S. 297 f; insoweit zustimmend *Jescheck/Weigend*, S. 593.
43 Ebenso *Jescheck/Weigend*, aaO Fn. 4; Schönke/Schröder/*Cramer*, § 15 Rn. 192.
44 Vgl. *Hirsch*, LK, Rn. 206 vor § 32; *Jescheck/Weigend*, S. 597; *Kühl*, § 17 Rn. 97; *Roxin*, § 24 Rn. 116; *Samson*, SK, Anh zu § 16 Rn. 35 f; Schönke/Schröder/*Lenckner*, Rn. 126 vor §§ 32 ff; im Ergebnis auch *Maurach/Gössel/Zipf*, § 44

scheidung fehlen, bleibt freilich auch hier im Einzelnen sehr viel Unsicherheit.

Es ist letztlich der geringere Unrechtsgehalt des Fahrlässigkeitsdeliktes, der   50
es eher als verzeihlich erscheinen lässt, wenn der Täter im Konfliktsfalle, objektiv zu Unrecht, dem ihm näherstehenden Interesse den Vorzug gibt. Infolgedessen können hier auch Gefahren zum Schuldausschluss führen, die bei vorsätzlichem Handeln niemals einen entschuldigenden Notstand begründen würden, wie etwa die des Verlustes des Arbeitsplatzes[45].

2. Strafwürdigkeit

Selbst wenn alle diese theoretisch an sich plausiblen Voraussetzungen   51
fahrlässig schuldhaften Verhaltens gegeben sind, steht dessen Strafwürdigkeit noch keineswegs außer Zweifel. Das hat verschiedene Gründe.

Die Schuld des fahrlässig handelnden Täters, ohnehin grundsätzlich   52
geringer als bei Vorsatztaten, kann eine breite Skala möglicher Schweregrade, von grober Rücksichtslosigkeit bis zu leichtester Unaufmerksamkeit, durchlaufen. Im Allgemeinen genügt jedoch *jeder* Grad von Fahrlässigkeit für eine Bestrafung, auch wenn das Gesetz zunehmend »Leichtfertigkeit«, nach dem üblichen Verständnis gesteigerte, »grobe« Fahrlässigkeit[46] verlangt[47]. Das aber bedeutet, dass die Schuld, die hier erfasst wird, unter Umständen an der äußersten Grenze zur Schuldlosigkeit liegt – womit zweifelhaft wird, ob eine Strafe überhaupt noch zu rechtfertigen ist.

Je größerer Umsicht oder Sorgfalt es bedarf, um eine Gefahr zu erkennen   53
oder zu beseitigen, desto anfälliger ist die Verhaltenssteuerung für Störungen[48], und desto geringer daher der Vorwurf, der dem Täter gemacht werden kann. Hier dürfte der Grund liegen, weshalb Neigung besteht, dem Fahrlässigkeitstäter auch solche Umstände *strafausschließend* zugute zu halten, die mit der

---

Rn. 45 ff; grundsätzlich abweichend aber *Jakobs*, 20/38; *Maiwald*, in: FS Schüler-Springorum, 1993, S. 487 ff.

45 So im berühmten »Leinenfänger«-Fall RGSt 30, 25, den die Lehre heute freilich aus arbeitsrechtlichen Gründen anders entscheiden würde (*Jescheck/Weigend*, aaO; *Roxin*, aaO); vgl. auch RGSt 74, 195 (198).

46 BGHSt 20, 315 (323 f, 327); 33, 66 (67); eingehend *Wegscheider*, ZStrW 98 (1986), 624 ff; ferner u. a. *Jescheck/Weigend*, S. 569; *Kühl*, § 17 Rn. 44; *Roxin*, § 24 Rn. 74 ff; Schönke/Schröder/*Cramer*, § 15 Rn. 205.

47 So u. a. in §§ 97 II, 138 III, 178, 239a III, 251, 261 V, 283 V Nr. 2, 316c III, 345 II.

48 Vgl. *Jakobs*, Studien, S. 143 ff.

Frage der Zumutbarkeit im üblichen Sinne nichts zu tun haben und beim Vorsatzdelikt allenfalls *strafmildernd* in Betracht kämen, wie unverschuldete Erregungs- oder Ermüdungszustände, die zu Unaufmerksamkeit und Fehlreaktionen führen[49]. Fahrlässig kann freilich in solchem Zustand wiederum schon die *Übernahme* einer riskanten Tätigkeit sein.

54 Im Grundsatz jedoch erstreckt sich die Fahrlässigkeitshaftung auf alle Gefahren, die der Pflichtige bei einem Optimum an Aufmerksamkeit und Umsicht auszuschließen vermag. Sie geht damit von der Vermeidbarkeit *jeden* Fehlers aus. Dieser Maßstab ist unrealistisch: Auch von physischen und psychischen Ausnahmezuständen abgesehen, vermag niemand die Idealforderung ständiger, gespanntester Aufmerksamkeit und raschester, zweckmäßigster Reaktion zu verwirklichen. Selbst der gewissenhafteste Autofahrer etwa macht, wie jedermann weiß, gelegentlich einen Fehler. Dass solche Fehler *prinzipiell* vermeidbar sind, heißt keineswegs, dass sie sich *ausnahmslos* vermeiden ließen.

55 Das ist jedoch die Gleichung, auf der die Rechtsprechung vor allem bei Unfällen im Straßenverkehr beruht. Wird festgestellt, dass der Täter überhaupt imstande war, sorgfältiger zu handeln, so glaubt man damit bereits den Nachweis erbracht zu haben, er sei dazu auch im Zeitpunkt des Unfalls imstande gewesen (soweit Ausnahmezustände ausscheiden). In Wahrheit wird sich bei bloßen Unachtsamkeiten, die auch einem gewissenhaften und zuverlässigen Menschen gelegentlich unterlaufen, *niemals* mit Sicherheit sagen lassen, ob sie – im Einzelfall! – wirklich auf vermeidbare Nachlässigkeit zurückgehen oder zu der Fehlerquote gehören, die sich durch keine Anstrengung ganz beseitigen lässt. Macht man mit dieser Einsicht Ernst, so verbietet sich eine Bestrafung leichter Fahrlässigkeit, einer bloßen Unachtsamkeit oder Fehlreaktion: Der Zweifel an der Vermeidbarkeit des Fehlers ist nicht zu beheben. Nur gleichgültiges, leichtfertiges oder rücksichtsloses Verhalten kann dann noch strafrechtlich geahndet werden[50].

56 Eine solche Lösung empfiehlt sich im übrigen auch im Blick auf Sinn und Zweck der Strafe, die ja doch auf *schwerwiegende* Verstöße gegen soziale Normen beschränkt sein sollte. Gegen Fehler, die selbst bei einem Höchstmaß an bewusster Anstrengung unterlaufen, ist das Strafrecht machtlos. Die Strafdrohung kann allenfalls dahin wirken, dass sich der Einzelne eben nicht gleichgültig, leichtfertig oder rücksichtslos verhält. Geht sie darüber hinaus, muss sich etwa noch der gewissenhafteste Autofahrer sagen, dass er vor einer Fahrlässig-

---

49 *Jakobs*, 20/36; *Kühl*, § 17 Rn. 97; *Roxin*, § 24 Rn. 117; *Samson*, SK, Anh zu § 16 Rn. 35; Schönke/Schröder/*Cramer*, § 15 Rn. 204; *Welzel*, S. 183.

50 In diesem Sinne § 16 II AE; ferner *Bockelmann*, S. 216 ff; *Burgstaller*, S. 201; *Köhler*, S. 179 f; *Roxin*, § 24 Rn. 85, 119; für das Arztrecht auch *Eser*, ZStrW 97 (1985), 45 Fn. 131; dagegen Bedenken bei *Tröndle/Fischer*, § 15 Rn. 21.

keitsbestrafung niemals sicher ist, so verliert die Strafe ihre generalpräventive Eindruckskraft: Es bleibt dem Zufall überlassen, wen sie trifft.

B. Fahrlässigkeit und Erfolg

Die Strafbarkeit einer Fahrlässigkeitstat setzt stets die Verwirklichung   57
des gesamten Tatbestandes, die »Vollendung« voraus. Es gibt bei fahrlässigem Handeln keinen Versuch, weder bei Tätigkeits- noch bei Erfolgsdelikten; der Versuch des fahrlässiges Falscheides ist ebenso undenkbar wie der Versuch fahrlässiger Tötung (ganz abgesehen davon, dass er auch gar nicht mit Strafe bedroht wäre): Es fehlt an einem über das objektive Geschehen hinausgreifenden deliktischen Entschluss, einem wesentlichen Element jeden Versuchs (oben § 11 Rn. 23 f).

Das bestätigt sich auch dort, wo ein Tatbestand die Kombination von vor-   58
sätzlichem Handeln und fahrlässiger Erfolgsherbeiführung aufweist (oben Rn. 27). Hier ist Versuch zwar ohne weiteres hinsichtlich der vorsätzlichen Grundhandlung möglich, hinsichtlich der mindestens fahrlässig (oder leichtfertig) herbeizuführenden schweren Folge (§ 18) aber nur, wenn der Täter auch insoweit vorsätzlich handelt. Sonst kann die Strafdrohung überhaupt nur eingreifen, wenn die schwere Folge tatsächlich eingetreten ist.

Fraglich bleibt allein, ob es – bei erfolgsqualifizierten Delikten – genügt,   59
wenn schon der *Versuch* des Grunddelikts, etwa Gewaltanwendung beim erpresserischen Menschenraub oder sonst beim Raub (§§ 239a III, 251), die schwere Folge herbeiführt, oder ob sich diese Folge ihrerseits aus dem *Erfolg* des Grunddelikts ergeben muss. Das wird zum Teil vom Gesetz explizit entschieden (vgl. etwa § 239 IV: »während der Tat begangene Handlung«), ist im übrigen aber lebhaft umstritten[51] und kann nicht allgemein, sondern nur beim jeweiligen Tatbestand im Besonderen Teil entschieden werden.

Die dem Versuch des Vorsatzdeliktes entsprechende Konstellation ist   60
beim Fahrlässigkeitsdelikt dann gegeben, wenn der Täter zwar die ihm obliegenden Sorgfaltspflichten verletzt, also den Handlungsunwert verwirklicht, ein negativer Erfolg, der Erfolgsunwert, aber trotzdem ausbleibt. Das Verhalten ist in solchem Falle zumeist straflos.

Es kann allerdings auf anderem Wege annäherungsweise erfasst werden. Zu-   61
nächst dadurch, dass man – wie z. B. im Verkehrsrecht – Handlungen, die typi-

---

51 Siehe nur *Jescheck/Weigend*, S. 524 f; *Rudolphi*, SK, § 18 Rn. 7; Schönke/Schröder/*Cramer*, § 18 Rn. 9; *Schroeder*, LK, § 18 Rn. 38; jeweils m.w.N.

scherweise gefährlich sind, als solche verbietet und mit Strafe bedroht, ganz ohne Rücksicht darauf, ob im Einzelfalle von einem Risiko überhaupt die Rede sein kann oder nicht (wie bei Überschreitung einer sachwidrig tief angesetzten Geschwindigkeitsbegrenzung), also *abstrakte* Gefährdungsdelikte schafft (oben § 8 Rn. 14). Damit greift die Strafdrohung, wie auf der Hand liegt, über den Umkreis des eigentlich sorgfaltswidrigen Verhaltens erheblich hinaus. Auf der anderen Seite besteht die Möglichkeit, mit der Strafe an die fahrlässige *Gefährdung* anzuknüpfen, wie es bei *konkreten* Gefährdungsdelikten geschieht. Aber auch hier wird die »Versuchs«-Konstellation nicht genau getroffen, weil immerhin ein Gefährdungs-»Erfolg« eintreten muss: Wer grob verkehrswidrig und rücksichtslos das Vorfahrtsrecht missachtet, *verletzt* seine Sorgfaltspflicht, verwirklicht also den Handlungsunwert, auch wenn, wegen zufälliger Abwesenheit anderer Fahrzeuge, im Ergebnis niemand in Gefahr gerät (so dass § 315c I Nr. 2 nicht eingreift).

62   Dasselbe Maß an Leichtfertigkeit etwa im Umgang mit einer Waffe kann also je nachdem, ob der Täter Glück hat oder nicht, ohne alle strafrechtlichen Folgen bleiben oder ihn wegen fahrlässiger Körperverletzung oder fahrlässiger Tötung haftbar machen. Vielfach ist beanstandet worden, dass darin eine »verschämte Zufallshaftung« liege[52]. Demgegenüber ist erstens zu betonen, dass dem Täter auch unter dem Gesichtswinkel der Fahrlässigkeit nur *schuldhaft* herbeigeführte Erfolge zugerechnet werden; der Zufall kann ihn also nicht be-, sondern nur entlasten. Zum anderen beruht jener Einwand auf einer sachwidrigen Verengung der Perspektive auf die »Willensschuld« des Täters (oben Rn. 1 vor § 15), während die Aufgabe des Strafrechts in der kontrollierten Reaktion auf einen *sozialen* Konflikt besteht, dessen Schwere auch davon abhängt, was dem Opfer zugefügt worden ist (oben § 2 Rn. 32). Das *Maß* des begangenen Unrechts wird deshalb, wie schon der begrenzte Umfang der Strafbarkeit des Versuchs und die für ihn geltende Strafmilderung zeigen (oben § 11 Rn. 46 ff), auch durch das Ausbleiben oder den Eintritt und die Schwere des verschuldeten Erfolges bestimmt. Insofern ist es in der Sache durchaus vertretbar, wenn die folgenlose Fahrlässigkeit im allgemeinen straflos bleibt – was nichts daran ändert, dass es sinnvoll sein kann, besonders unfallträchtige Verhaltensweisen unabhängig vom Eintritt eines Verletzungs- oder Gefährdungserfolges unter Strafe zu stellen.

---

52 *Radbruch*, VDB, Bd. V, S. 201 Fn. 2; weitere Nachweise beim *Armin Kaufmann*, S. 42 f. Eben deshalb soll der Erfolg nach der rein subjektiven Verbrechenslehre (oben § 2 Rn. 29) nicht zum strafrechtlich relevanten Unrecht gehören.

C. Fahrlässige Deliktsbeteiligung

Die bislang erörterten Regeln der Zurechnung fahrlässigen Handelns ge-   63
hen von der Situation aus, dass sich der Geschehensablauf auf nur *einen*
Täter zurückführen lässt. Auch hier ist jedoch, wie beim Vorsatzdelikt,
mitwirkendes Verhalten anderer Personen denkbar. Es fragt sich, ob und
in welcher Weise solche Beteiligung mehrerer die Fahrlässigkeitshaftung
modifiziert.

I. Abgrenzung der Verantwortungsbereiche

Dabei wird heute zumindest im Prinzip allgemein anerkannt, dass es für   64
den Umfang der Sorgfaltspflichten nicht ohne Bedeutung ist, ob die
Gefahr, auf die sie sich beziehen, von bloßem Naturgeschehen oder
vom Verhalten anderer Personen ausgeht. Inwieweit jedoch eine unvorsätzliche Mitwirkung an strafbarem Verhalten anderer als Fahrlässigkeitsdelikt anzusehen ist, gehört zu den schwierigsten und umstrittensten Fragen der strafrechtlichen Zurechnung. Es ist das ein weiterer
Aspekt des schon mehrfach berührten Themas einer angemessenen Abgrenzung der Verantwortungsbereiche.

1. Der Vertrauensgrundsatz

Bei naturgesetzlichen Geschehensabläufen gilt die Regel, dass jedes Ri-   65
siko vermieden werden muss, das vorhersehbar und nicht, als allgemeines Lebensrisiko oder auch aufgrund einer Interessenabwägung, zugelassen ist. Bei riskantem Fehlverhalten anderer Personen neigt die Lehre
zu der entgegensetzten Regel: dass es nämlich im allgemeinen auch dann
nicht in Rechnung gestellt zu werden braucht, wenn es vorhersehbar ist.

   In dieser Hinsicht hat zunächst die Rechtsprechung, und zwar im Verkehrs-   66
recht, den sog. Vertrauensgrundsatz entwickelt. Danach darf ein Verkehrsteilnehmer, der sich selbst verkehrsgemäß verhält, regelmäßig erwarten, dass dies
auch die anderen Verkehrsteilnehmer tun werden[53]. Dieser Grundsatz unterliegt allerdings wesentlichen Einschränkungen. So kann er zunächst dann nicht
mehr eingreifen, wenn durch fremden Sorgfaltsverstoß eine Gefahr bereits ent-
standen *ist*, aber auch dann nicht, wenn *besondere* Umstände, wie äußere Ab-

---

53 BGHSt 7, 118; 12, 81 (83); 14, 97 (99), 201 (211).

lenkung, Gebrechlichkeit oder körperliche Behinderung, Trunkenheit usw., im konkreten Fall die fremde Sorgfaltsverletzung besonders wahrscheinlich machen, und nach der Praxis schließlich auch bei Verkehrswidrigkeiten nicht, die so häufig sind, dass man verständigerweise mit ihnen rechnen muss[54]; hier soll dann doch wieder die Vorhersehbarkeit den Ausschlag geben. Die Lehre stimmt dem Grundsatz nicht nur durchweg zu[55], sondern möchte ihn überwiegend auf alle Bereiche des sozialen Lebens ausdehnen, in denen sich die Verhaltensweisen mehrerer Personen berühren.

67   Das kann mit dem Prinzip der *Selbstverantwortung* begründet werden, wonach sich der Verantwortungsbereich des Einzelnen »grundsätzlich auf sein eigenes Handeln beschränkt und nur unter besonderen Umständen auch dasjenige anderer mitumfasst«, mit der Konsequenz, dass auf die Möglichkeit sorgfaltswidrigen oder unvorsichtigen Handelns anderer in der Regel keine Rücksicht genommen werden muss[56]. Ob sich das Prinzip in dieser Allgemeinheit vertreten lässt, ist jedoch mehr als zweifelhaft: Es würde, so verstanden, auch dann nicht zurücktreten, wenn das Fehlverhalten anderer in einer konkreten Situation besonders naheliegt[57]. Richtiger dürfte deshalb sein, den Grundsatz, wie den Gedanken des erlaubten Risikos überhaupt (vgl. oben § 8 Rn. 32), auf eine *Interessenabwägung* zu stützen, auf den Gedanken, dass viele reguläre Prozesse sozialer Interaktion nicht möglich oder unverhältnismäßig schwierig wären, wenn man ständig auf jedes erdenkliche Fehlverhalten anderer gefasst sein müsste[58]. Dann freilich kann die Beschränkung der Sorgfaltspflichten durch das Prinzip der Selbstverantwortung keine universale sein, sondern nur in bestimmten Sachbereichen und unter bestimmten Bedingungen Geltung beanspruchen[59].

68   Dass sorgfaltsgemäßes Verhalten anderer vorausgesetzt werden darf, kann natürlich ohnehin dort nicht gelten, wo Sorgfaltspflichten gerade auf Beaufsichtigung, Kontrolle oder Überwachung des Verhaltens dieser anderen gerichtet sind, mögen nun Einschränkungen der Verantwortlichkeit (wie bei Kindern oder psychisch Kranken) oder der Qualifikation (bei schwierigen und zugleich gefährlichen Unternehmungen) oder besondere Gefahren (wie etwa bei

---

54 BGHSt 12, 81 (83); 13, 169 (173).
55 Siehe nur Schönke/Schröder/*Cramer*, § 15 Rn. 149, m.w.N.
56 *Schumann*, S. 6; in diesem Sinne u. a. auch *Köhler*, S. 188 f; *Kühl*, § 17 Rn. 37; *Rudolphi*, SK, Rn. 73 f vor § 1; Schönke/Schröder/*Lenckner, Rn.* 100 f vor §§ 13 ff; Schönke/Schröder/*Cramer*, § 15 Rn. 148, m.w.N.; *Walther*, S. 69 f; *Wehrle*, S. 61 f; hier die Vorauflage, Rn. 1155.
57 *Kuhlen*, S. 131; kritisch auch *Puppe*, NK, Rn. 162 vor § 13.
58 *Frisch*, Tatbestandsmäßiges Verhalten, S. 189 f; *Kuhlen*, S. 133 f.
59 Sachlich übereinstimmend *Puppe*, NK, Rn. 151 ff vor § 13.

einer Operation) dafür maßgebend sein[60]. Nur dürfen auch solche Kontrollpflichten nicht generell aus der Vorhersehbarkeit der Fehler anderer und der
bloßen Möglichkeit des Eingreifens abgeleitet werden. Der Vertrauensgrundsatz begrenzt also seinerseits, wo nicht *besondere* Umstände gegeben sind, auch
die Kontrollpflichten. Sonst wäre beispielsweise eine effektive Arbeitsteilung
unmöglich[61].

Schließlich hilft der Vertrauensgrundsatz demjenigen nicht, der selbst   69
sorgfaltswidrig handelt. Wer eine unklare oder gefährliche Lage schafft,
kann sich nicht darauf verlassen, dass andere diese Gefahr durch er-
höhte Vorsicht ausgleichen werden. Entsprechendes gilt bei der Vernachlässigung einer von mehreren für den Fall menschlichen Versagens
oder technischer »Pannen« geschaffenen kumulativen Sicherungen.

2. Fahrlässige Mitwirkung am Vorsatzdelikt

Wie zunehmend anerkannt wird, muss sich die Aufgliederung der Ver-   70
antwortungsbereiche, die im Vertrauensgrundsatz zum Ausdruck
kommt, auch auf die Bewertung der fahrlässigen Beteiligung am Vorsatzdelikt auswirken: So wenig wie die Verletzung von Sorgfaltspflichten hat man im Prinzip das vorsätzliche Fehlverhalten anderer in Rechnung zu stellen. Die ältere Lehre hat deshalb zum Teil angenommen,
das vorsätzliche Eingreifen eines anderen in den Geschehensablauf
»unterbreche« den Kausalzusammenhang. Es gelte deshalb ein »Regressverbot« des Inhalts, dass die strafrechtliche Haftung nicht über die
vorsätzliche Mitwirkung an der Tat hinaus auch auf fahrlässige Tatbeiträge ausgedehnt werden dürfe[62]. Neuere Versionen lokalisieren ein solches Verbot in der Lehre von der objektiven Zurechnung[63]. Es ist wohl
nur noch eine Mindermeinung, die auch hier allein darauf abstellen

---

60 Teilweise abweichend *Dorothee Wilhelm*, Verantwortung und Vertrauen bei
    Arbeitsteilung in der Medizin, 1983, S. 100 ff, 117.
61 Vgl. *Stratenwerth*, in: FS Eb. Schmidt, 1961, S. 383 ff; eingehend *Kamps*, Ärztli-
    che Arbeitsteilung und strafrechtliches Fahrlässigkeitsdelikt, 1981, S. 151 ff, und
    pass.
62 Zur Dogmengeschichte eingehend *Wehrle*, S. 20 ff.
63 *Katja Diel*, Das Regreßverbot, 1997, S. 279 ff, und pass.; *Jakobs*, 21/114,
    24/115 ff; *Kühl*, § 4 Rn. 49; *Renzikowski*, S. 73, 262 ff, u. ö.; *Roxin*, § 24 Rn. 26 f;
    Rudolphi, SK, Rn. 72 vor § 1; *Schumann*, pass.; *Wehrle*, S. 96 ff; *Welp* [Lit. oben
    § 13 vor Rn. 1], S. 283 ff, 299 ff.

möchte, ob die vorsätzliche Tat für den fahrlässig Mitwirkenden vorhersehbar war[64].

71   Schon einfache Beispiele zeigen denn auch, dass nicht jede Handlung verboten sein kann, bei der immerhin denkbar ist, dass sie einen anderen zur Begehung einer Straftat veranlassen, sie ermöglichen oder erleichtern könnte. Soll der Bauer, der gehört hat, dass in der Gegend ein Brandstifter sein Unwesen treibt, das Heu auf der Wiese vermodern lassen? Soll ein Wirtshausbesucher, der Zeuge tätlicher Auseinandersetzungen wird, sein Bierseidel nicht mehr auf den Tisch stellen dürfen, weil ein anderer ihn als Waffe benutzen könnte?[65] Darf man Ehemännern, die eine Geliebte haben, keine Schlaftabletten mehr zugänglich machen?[66] Das wäre offenbar auch dann inakzeptabel, wenn man die Gefahr ausschließen könnte, dass auf dem Wege über eine Haftung für die fahrlässige Mitwirkung Verdachtsstrafen für eine nicht zu beweisende vorsätzliche Beteiligung verhängt werden. In dieselbe Richtung weist die hier schon bei der Teilnahme (oben § 12 Rn. 143, 161) und bei der Ingerenz (oben § 13 Rn. 34 ff) hervorgehobene Regel, dass es grundsätzlich straflos sein muss, zu einer Situation beizutragen, in der ein anderer möglicherweise ein Delikt begehen wird.

72   Nicht hinreichend geklärt ist jedoch nach wie vor die Frage, nach welchen Kriterien die Verantwortungsbereiche voneinander abzugrenzen sind. In der Literatur werden durchaus verschiedene Lösungen vorgeschlagen[67]. Die Vorauflagen dieses Buches machen davon keine Ausnahme. Die Einzelheiten können hier nicht diskutiert werden. Klar sollte aber der Ausgangspunkt aller weiteren Überlegungen sein. Wenn der Vertrauensgrundsatz ein *allgemeines* Prinzip der objektiven Zurechnung ist, dann kann seine nähere Ausgestaltung nicht davon abhängen, ob derjenige, dem dieses Vertrauen gilt, fahrlässig oder vorsätzlich delinquieren könnte. Dann muss der Umfang, in dem man sich auf die Selbstverantwortung dieses anderen verlassen darf, hier wie dort prinzipiell derselbe sein. Das heißt, dass Rechtsprechung und Lehre zum Vertrauensprinzip bei Fahrlässigkeitsdelikten hier immerhin vergleichend herangezogen werden können, sowohl, was die äußeren Situationen anbetrifft, in denen deliktisches Verhalten besonders naheliegt, wie die Defizite in der Person eines anderen, die seine Verantwortlichkeit

---

64 RGSt 58, 336 (368); 64, 316 (319); *Jescheck/Weigend*, S. 573 f, m.w.N.; *Schmoller*, in: FS Triffterer, 1996, S. 244 ff; *Welzel*, S. 44.
65 Beispiele von *Roxin*, Täterschaft, S. 542.
66 Vgl. RGSt 64, 370.
67 Überblicke bei *Bloy* (Lit. oben § 12 vor Rn. 1), S. 138 ff; *Frisch*, Tatbestandsmäßiges Verhalten, S. 230 ff; *Puppe*, NK, Rn. 155 ff vor § 13; *Roxin*, in: FS Tröndle, 1989, S. 179 ff.

erkennbar einschränken. Mehr als diese allgemeinen Richtlinien wird man dann freilich theoretisch auch nicht formulieren können, ihre Konkretisierung vielmehr der Praxis überlassen müssen[68].

II. Täterschaft und Teilnahme

Wo fahrlässiges Handeln mehrerer Personen im selben Deliktserfolg 73 zusammentrifft, stellt sich wiederum die Frage nach der Möglichkeit, zwischen Täterschaft und Teilnahme zu unterscheiden. Wäre sie zu bejahen, so müssten, da das Gesetz nur die vorsätzliche Teilnahme mit Strafe bedroht (§§ 26, 27), fahrlässige Anstiftung und fahrlässige Beihilfe straflos bleiben.

Täter kann – in diesem Ausgangspunkt muss für Vorsatz- und Fahr- 74 lässigkeitsdelikte dasselbe gelten – nur derjenige sein, der die vom Gesetz jeweils mit Strafe bedrohte Handlung vornimmt. Diese Handlung wird beim Fahrlässigkeitsdelikt anders definiert als beim Vorsatzdelikt: nicht unter dem Gesichtspunkt der willentlichen Verwirklichung des tatbestandsmäßigen Erfolges, sondern dem der vermeidbaren Herbeiführung des (unerlaubten) Risikos, dass er eintreten könnte. Aber sie ist, ungeachtet dessen, natürlich eine *Handlung*, und damit wird es, beim Zusammenspiel mehrerer, möglich zu fragen, wer von den Beteiligten sie *unmittelbar* vorgenommen, wer etwa nur zu ihr veranlasst oder sie gefördert hat. Eine Unterscheidung von Täterschaft und Teilnahme *könnte* hier ansetzen.

Illustrieren ließe sich das etwa mit den Beispielen: dass zwei Bauarbeiter ge- 75 meinsam einen Balken vom Dach auf die belebte Straße werfen; dass ein eiliger Fahrgast den Taxichauffeur überredet, mit überhöhter Geschwindigkeit zu fahren; oder dass das im Sportwagen mitfahrende Mädchen die verwegene Fahrweise seines Freundes beifällig kommentiert – mit Beispielen also, die zu zeigen scheinen, dass die Verhaltensmuster der Mittäterschaft, der Anstiftung oder der (psychischen) Beihilfe unter Umständen auch im Bereich der Fahrlässigkeit zu finden sind.

Eine Parallele zur Unterscheidung von Täterschaft und Teilnahme 76 beim Vorsatzdelikt ließe sich beim Fahrlässigkeitsdelikt jedoch nur dann ziehen, wenn es möglich und sinnvoll wäre, einen der Mitwirkenden für den tatbestandserfüllenden Geschehensablauf *primär* verant-

---

68 So vor allem *Puppe*, aaO.

wortlich zu machen. Dabei erscheint das auf die Steuerung des Geschehensablaufs bezogene Kriterium der Tatherrschaft (oben § 12 Rn. 15 f) von vornherein als unanwendbar, wenn der tatbestandsmäßige Erfolg gerade *nicht* final herbeigeführt wird. Es wäre auch vom Ergebnis her nicht annehmbar.

77   Eine Krankenschwester beispielsweise, die dem Chirurgen während der Operation eine Spritze aufzieht, ist hinsichtlich der Injektion als solcher sicher nur »Gehilfin«; verwechselt sie jedoch, mit fatalen Konsequenzen, das Medikament, so ist in erster Linie sie und nicht der Chirurg für den Erfolg verantwortlich, auch wenn dieser noch eine Kontrollpflicht gehabt hätte; im Blick auf den strafrechtlich relevanten Erfolg spielt sie also gerade *keine* untergeordnete Rolle. Ihr nur eine (straflose) Beihilfe zur fahrlässigen Tötung zur Last zu legen, würde der Bedeutung ihres Fehlverhaltens offenkundig nicht gerecht.

78   Also bliebe wohl nur die Möglichkeit, die Verantwortlichkeit der Beteiligten auf andere Weise abzugrenzen oder abzustufen, etwa unter dem Gesichtspunkt, ob sich die Sorgfaltspflicht nur auf das eigene oder auch auf das Verhalten anderer bezieht[69]. Damit käme erneut das Prinzip der Selbstverantwortung ins Spiel, von dessen Problematik hier bereits die Rede war (oben Rn. 67). Es wirft aber vor allem die Frage auf, *wer* von denjenigen, die fahrlässig zusammenwirken, danach der eigentlich für den Erfolg Verantwortliche sein soll. Wird insoweit auf die Herrschaft über die *unmittelbar* zum Erfolg führende Handlung abgestellt, so entscheidet letztlich die zeitliche Reihenfolge der Einzelakte, die hier nicht maßgebend sein kann[70]. Andere Kriterien, die überzeugender wären, sind bisher nicht ersichtlich, wenn nicht das erwünschte Ergebnis rückläufig über die Beteiligungsrolle entscheiden soll. Die ganz überwiegende Lehre vertritt infolgedessen beim Fahrlässigkeitsdelikt einen *Einheitstäterbegriff*: Täter ist danach prinzipiell jeder, der sorgfaltswidrig zu der Gefahr beigetragen hat, die in den Erfolg umgeschlagen ist[71].

---

69 In diese Richtung zielen die Bemühungen u. a. von Schönke/Schröder/*Cramer*, § 15 Rn. 148; *Schumann*, S. 107 ff; *Susanne Walther*, S. 90 ff.
70 Kritisch auch *Puppe*, NK, Rn. 161 f vor § 13.
71 *Jakobs*, 21/111; *Jescheck/Weigend*, S. 655; *Kühl*, § 20 Rn. 10; *Puppe*, NK, Rn. 163; *Roxin*, § 24 Rn. 27; Schönke/Schröder/*Cramer*, Rn. 112 vor §§ 25 ff; anders bei fahrlässiger Anstiftung aber *Hruschka*, ZStrW 110 (1998), 609 f.

In neuerer Zeit wird immerhin vermehrt darüber diskutiert, ob es sinnvoll   79
ist, bei fahrlässigem Zusammenwirken *Mittäterschaft* anzuerkennen[72]. Das
schweizerische Bundesgericht hatte den Fall zu entscheiden, dass zwei Personen beschlossen, je einen neben einer Straße liegenden großen Steinbrocken einen Abhang hinunterzurollen, an dessen Fuß sich öfter Fischer aufzuhalten
pflegten. Tatsächlich wurde ein Fischer tödlich getroffen; von welchem der beiden Steine, ließ sich nicht feststellen[73]. Hier kann man jedem der beiden Beteiligten nur die *psychische* Mitwirkung am Tatentschluss des anderen und allein
auf diesem Wege auch den Erfolg zur Last legen. § 25 II ist nicht anwendbar.

Eine Ausnahme von der allgemeinen Regel, dass alle am Fahrlässig-   80
keitsdelikt Beteiligten als Täter haften, gilt wiederum für jene seltenen
Fälle, in denen Täterschaft mehr erfordert als fahrlässige Mitverursa-
chung, wie vor allem die Verletzung einer Sonderpflicht (oben § 12
Rn. 22). Hier kann der Außenstehende, der etwa fahrlässig zur Erinne-
rungstäuschung des fahrlässig einen Falscheid schwörenden Zeugen
(§ 163) beigetragen hat, nicht Täter sein. Da die Teilnahmevorschriften
(§§ 26, 27) bei der Fahrlässigkeit kein Gegenstück haben und folglich
auch nicht aushilfsweise angewendet werden können (vgl. oben § 12
Rn. 76), bleibt die fahrlässige Beteiligung des Extraneus am fahrlässig
begangenen Sonderdelikt straflos[74].

§ 16 Das fahrlässige Unterlassungsdelikt

Literatur: Fünfsinn, Der Aufbau des fahrlässigen Verletzungsdelikts durch
Unterlassen im Strafrecht, 1985; *Schöne,* Unterlassungsbegriff und Fahrlässigkeit, JZ 1977, 150 ff; *Struensee,* Die Struktur der fahrlässigen Unterlassungsdelikte, JZ 1977, 217 ff.

---

72 Schönke/Schröder/*Cramer*, Rn. 115 f vor §§ 25 ff, m.w.N.; ferner *Renzikowski*,
    S. 282 ff; eingehend zum heutigen Stand der Diskussion *Simone Kamm*, Die
    fahrlässige Mittäterschaft, 1999.
73 BGE 113 IV 58 (»The Rolling Stones«). Von diesem Fall geht auch *Renzikowski*,
    S. 1, aus.
74 *Jakobs*, 21/111; *Roxin*, LK, § 25 Rn. 219.

1   Dass auch Unterlassungsdelikte fahrlässig begangen werden können, steht außer Frage. Beim *echten* Unterlassungsdelikt sind Fahrlässigkeitstatbestände freilich selten[1]. *Unechte* fahrlässige Unterlassungsdelikte kommen überall dort in Betracht, wo eine Fahrlässigkeitsstrafdrohung besteht. Die Zurechnung folgt einer sinnvollen Kombination der für das vorsätzliche Unterlassungsdelikt (oben §§ 13, 14) und für das fahrlässige Handlungsdelikt (oben § 15) geltenden Regeln. Daher ist hier nur noch wenig zu bemerken.

2   A. Die *Elemente* des fahrlässigen unechten Unterlassungsdelikts decken sich mit denen des vorsätzlichen Unterlassungsdelikts vor allem im Erfordernis der *Garantenpflicht*. Die Entstehungsgründe solcher Pflicht sind hier wie dort dieselben. Welche Güter zu schützen und welche Gefahren abzuwenden sind, folgt im übrigen aus der Garantenpflicht ebenso wie aus der Sorgfaltspflicht: Die beiden Pflichten bestimmen und begrenzen sich wechselseitig[2]. Dass beispielsweise der Inhaber eines gefährlichen Betriebes die erforderlichen Sicherungen anzubringen hat, ergibt sich aus seiner Garantenstellung, ob er ein gewisses Maß an Risiko in Kauf nehmen darf, aus den allgemeinen Sorgfaltsregeln.

3   Zum Unterlassungs- wie zum Fahrlässigkeitsdelikt gehört die *Fähigkeit* des Verpflichteten, in der gebotenen Weise zu handeln; beide Male kommt es nach der hier vertretenen Auffassung auf die *individuelle* Fähigkeit an (oben § 13 Rn. 58, § 15 Rn. 15). Um sie zu haben, muss der Täter die Gefährdung und die Eingriffsmöglichkeit wenigstens vorhersehen bzw. erkennen *können*. Darüber besteht Einigkeit.

4   Angemessene Handlungen kann nur unternehmen, wer in der Lage ist, die Gefahr – überhaupt und in ihrem konkreten Ausmaß – zu sehen: So vermag z. B. der Autofahrer die von einem technischen Mangel des Fahrzeugs drohende Gefahr nur dann abzuwenden, wenn ihm nicht nur der Mangel, sondern auch dessen Bedrohlichkeit erkennbar ist. Ebenso muss der Täter imstande sein, die in Betracht kommenden Sicherungs- oder Rettungsmaßnahmen und ihre mehr oder minder große Tauglichkeit zu beurteilen. Eine taugliche Maßnahme nicht ergriffen zu haben, kann ihm nur vorgeworfen werden, wenn er hätte wissen können, dass sie möglich und dass sie wirksam (oder wirksamer als andere) gewesen wäre.

---

1 Vgl. aber § 315c III Nr. 2 in Verb. mit I Nr. 2g: fahrlässiges Unterlassen der Kenntlichmachung eines liegengebliebenen Fahrzeugs.
2 *Fünfsinn*, S. 98 ff; *Gallas*, Die strafrechtliche Verantwortlichkeit der am Bau Beteiligten, 1963, S. 32.

Entsprechendes gilt hinsichtlich der Garantenpflicht. Zwar kann der 5
Garant nicht verpflichtet sein, fortwährend darauf zu achten, ob ein etwa bedrohtes Gut zum Kreis derjenigen gehört, für die er einzustehen hat. Anders liegt es aber, wenn in der konkreten Situation Anlass zu solcher Besorgnis besteht. Die Pflicht, vom bedrohten Gut Gefahren abzuwenden, schließt die andere ein, darauf zu achten, ob es in Gefahr geraten sein könnte. Deshalb muss auch bei der Garantenbeziehung genügen, dass sie erkennbar ist[3].

Ein Vater braucht zwar nicht ohne weiteres anzunehmen, »ein in den Wellen 6
treibendes Kind« sei das seinige[4], wenn er es wohlversorgt daheim gelassen hat; wohl aber liegt eine solche Möglichkeit nahe genug, wenn er es am Flussufer hat spielen lassen.

B. Auch an einem fahrlässigen Unterlassungsdelikt können *mehrere* 7
beteiligt sein, wie beispielsweise dann, wenn die Geschäftsführer eines Unternehmens den Rückruf eines Produktes unterlassen, dessen Gesundheitsschädlichkeit sie hätten erkennen müssen[5]. Da Mittäterschaft beim Fahrlässigkeitsdelikt ausscheidet (oben § 15 Rn. 79), stellt sich hier die Frage, ob der einzelne Geschäftsführer auch dann haftet, wenn *nicht* feststeht, dass er den erforderlichen Beschluss der Gesamtgeschäftsführung hätte herbeiführen können. Das lässt sich mit der Äquivalenztheorie nicht begründen[6], sondern nur im Blick auf die Besonderheiten der Zurechnung bei einer Kollektiventscheidung: So wie für sie jeder haftet, der ihr zugestimmt hat, selbst wenn die Mehrheit auch ohne ihn zustande gekommen wäre, so muss für ihr Ausbleiben jeder haften, der nicht auf sie hingewirkt hat. Sonst könnte sich jeder mit dem Hinweis auf die gleichartige Untätigkeit der übrigen entlasten. Darüber besteht, mit im einzelnen unterschiedlicher Begründung, praktisch weitgehend Einigkeit[7].

---

3 *Fünfsinn*, S. 213 f; *Jescheck/Weigend*, S. 634; *Kühl*, § 19 Rn. 4; *Rudolphi*, SK, Rn. 28a vor § 13; anders *Welzel*, S. 223, der hier aktuelle Kenntnis fordert.
4 Beispiel von *Welzel*, aaO.
5 So lag es im »Lederspray«-Fall BGHSt 37, 106 (130 ff).
6 So aber der BGH, aaO, S. 131 f.
7 Siehe nur *Dencker*, Kausalität und Gesamttat, 1996, S. 174 ff; *Kühl*, § 4 Rn. 20b; § 18 Rn. 39a ff; *Kuhlen*, NStZ 1990, 570; *Puppe*, NK, Rn. 88, 108 f vor § 13; *Ransiek*, Unternehmensstrafrecht, 1996, S. 67 ff; *Rudolphi*, SK, Rn. 16b vor § 13, je m.w.N; kritisch aber *Hassemer*, Produktverantwortung im modernen Strafrecht, 2. Aufl. 1996, S. 66 ff.

5. Kapitel   Die Konkurrenzen

Literatur: R. Schmitt, Die Konkurrenz im geltenden und künftigen Strafrecht, ZStrW 75 (1963), 43 ff; *Struensee,* Die Konkurrenz bei Unterlassungsdelikten, 1971.

1   Verwirklicht der Täter durch sein Verhalten nur *einen* Straftatbestand, so legt die entsprechende Strafdrohung den Rahmen, in dem sich die Sanktion halten muss, eindeutig fest; alles weitere, wie besonders die Strafzumessung, gehört dann in die Lehre von den strafrechtlichen Unrechtsfolgen. Hat er jedoch gegen mehrere Strafbestimmungen verstoßen, so ist zunächst noch zu klären, in welchem Verhältnis diese Bestimmungen zueinander stehen: Die Anwendung einer von ihnen kann eine oder mehrere andere ausschließen, in welchem Falle man von *unechter* oder Gesetzeskonkurrenz spricht. Es können aber auch mehrere Bestimmungen *nebeneinander* angewendet zu werden beanspruchen; dann stehen sie in *echter* Konkurrenz. Die Grundfragen der Konkurrenz werden noch in der Lehre von der Straftat behandelt.

2   Da die bessernden und sichernden Maßregeln (§ 61) durchweg nicht einem bestimmten Straftatbestand zugeordnet sind, sondern ihre eigenen Voraussetzungen haben, spielen hier Konkurrenzen nur dann eine Rolle, wenn es – ausnahmsweise – auf die *Anzahl* der Straftaten ankommt (wie nach § 66 II). Denkbar ist allerdings der andere Fall, dass die Voraussetzungen *mehrerer* Maßregeln zugleich vorliegen. Nur ist das wiederum ein Thema der Lehre von der Rechtsfolgen.

3   Das Gesetz regelt nur die echte Konkurrenz, und zwar je nachdem unterschiedlich, ob der Täter die mehreren Strafgesetze durch *eine* Handlung verletzt (§ 52) oder ob dies durch *mehrere* selbständige Handlungen geschieht (§ 53). Die meisten Formen der unechten Konkurrenz setzen demgegenüber voraus, dass der Täter die verschiedenen Straftatbestände durch eine und dieselbe Handlung erfüllt. Die Frage, wann dies der Fall ist, wird hier deshalb zunächst erörtert (§ 17), ehe die Formen der Konkurrenz im Einzelnen zur Sprache kommen (§ 18).

§ 17 Handlungseinheit und Handlungsmehrheit

Literatur: Hartmann, Die Entbehrlichkeit des fortgesetzten Delikts im materiellen und formellen Recht, 1977; *Maiwald,* Die natürliche Handlungseinheit, 1964; *Werle,* Die Konkurrenz bei Dauerdelikt, Fortsetzungstat und zeitlich gestreckter Gesetzesverletzung, 1981.

Ob der Täter mehrere Strafbestimmungen durch eine oder durch **1** mehrere (selbständige) Handlungen verletzt hat, ist nur dort wirklich klar, wo sich das strafrechtlich relevante Verhalten entweder in *einem* Entschluss und *einem* Akt der Ausführung erschöpft oder aber wo verschiedene Straftaten, die keinen anderen Zusammenhang haben, als dass sie derselbe Täter begangen hat, mehr oder minder zufällig im selben Verfahren abgeurteilt werden. In dem zwischen diesen beiden Grenzfällen liegenden übrigen Bereich versteht sich die Lösung nicht von selbst.

A. Tatbestandliche Handlungseinheit

Dass sich das deliktische Geschehen auch dort, wo es – rein äußerlich **2** betrachtet – in einer Mehrzahl von Akten besteht, rechtlich als *eine* Tat darstellen kann, zeigt sich zunächst an den Fällen der durch den gesetzlichen Tatbestand vermittelten Handlungseinheit.

I. Vielfach verlangt der gesetzliche Tatbestand selbst schon zu seiner **3** Verwirklichung eine Mehrheit von Akten: die Beschaffung *und* das In-Verkehr-Bringen von Falschgeld (§ 146 I Nr. 3)[1], die nötigende Einwirkung auf eine Person *und* die Vornahme sexueller Handlungen an ihr (§ 177), die Gewaltanwendung *und* die Wegnahme einer Sache (§ 249), usw. Damit werden diese Akte rechtlich zu einer Einheit verbunden. Ebenso liegt es bei den »*verkümmert*«-zweiaktigen Delikten (oben § 8 Rn. 135), wenn der Täter auch den zweiten Akt, auf den seine Absicht gerichtet sein muss, noch vornimmt.

Da die mehreren Akte hier, von durch Gesetzeskonkurrenz verdrängten Be- **4** stimmungen abgesehen, zunächst nur *einen* Tatbestand verwirklichen, tritt eine Konkurrenzsituation freilich erst ein, wenn mindestens einer der Teilakte einen

---

1 BGHSt 34, 108 (109).

weiteren Straftatbestand erfüllt, etwa das In-Verkehr-Bringen des Falschgeldes zugleich einen Betrug bedeutet. Dass dies ein Fall der Handlungseinheit ist, steht ohnehin außer Frage. Verwirklichen aber verschiedene Teilakte verschiedene, im Verhältnis zueinander selbständige Tatbestände, so ist sehr fraglich, ob *durchgängige* Handlungseinheit angenommen werden kann (zu diesen Fällen der »Verklammerung« siehe unten § 18 Rn. 33 f).

5   II. Andere Tatbestände sind so formuliert, dass sie eine Mehrzahl von Einzelakten zwar nicht erfordern, aber doch, wo sie gegeben sind, in gewissen Grenzen zu einer *Bewertungseinheit* zusammenfassen, wie bei der Agententätigkeit (§§ 98, 99)[2], der Vornahme sexueller Handlungen (§§ 174 ff), der Misshandlung eines Kindes in der Begehungsform des »Quälens« (§ 225 I)[3], der Beteiligung an einer Schlägerei (§ 231) oder auch dem Handeltreiben mit Betäubungsmitteln (§ 11 I Nr. 1 BetMG), bei dem sich der Erwerb zum Zwecke des Weiterverkaufs, der vorübergehende Besitz und die Veräußerung als unselbständige Teilstücke desselben Delikts darstellen[4].

6   Das ist jedoch, etwa bei § 176, nicht mehr der Fall, wenn der Täter sexuelle Handlungen, obschon in geringen zeitlichen Abständen, an *mehreren* Kindern vornimmt oder zwar nur an einem Kind, aber doch in größeren Abständen jeweils aufgrund neuer Entschlüsse[5].

7   Auch wo die gesetzliche Umschreibung des tatbestandlichen Verhaltens das nicht besonders nahelegt, kann sie nach dem allgemeinen Sprachgebrauch eine Mehrheit von Einzelbetätigungen zusammenfassen. So ist es sicher nur *eine* Tötung, wenn der Täter mehrfach auf das Opfer einsticht, nur *ein* Schwangerschaftsabbruch, wenn ein aus mehreren Einzelakten bestehender chirurgischer Eingriff vorgenommen wird, nur *ein* Diebstahl, wenn der Täter im Warenhaus mehrere Sachen entwendet, usw. Das kann bei sinnvoller Tatbestandsauslegung nicht zweifelhaft sein[6].

8   III. Tatbestandlich begründet ist die Handlungseinheit schließlich bei den Dauerstraftaten (oben § 12 Rn. 131). Alle Einzelakte, die etwa zunächst der Einsperrung des Opfers, sodann, wie die Vereitelung eines Fluchtversuchs, der Aufrechterhaltung dieses Zustandes bis zu seiner

---

2 BGHSt 42, 215 (217 f); 43, 1 (3 ff), 321 (324).
3 BGHSt 41, 113 (115).
4 BGHSt 25, 290; 30, 28; 40, 138 (164); vgl. aber auch BGHSt 31, 163 (165 f); 40, 73 (74 f).
5 BGHSt 40, 138 (166).
6 *Welzel*, S. 226.

Beendigung dienen, bilden nur *eine* Freiheitsberaubung (§ 239); das ist allgemein anerkannt[7].

B. Natürliche Handlungseinheit

Vor allem die Rechtsprechung kennt neben der tatbestandlichen noch 9 eine »natürliche« Handlungseinheit, die dem Umstand Rechnung tragen soll, dass »in vielen Lebensbereichen strafbare Verhaltensweisen, obwohl sie jeweils schon für sich den (selben) Straftatbestand erfüllten, nur in ihrer Gesamtheit sachgerecht zu erfassen seien«[8]. Eine solche Handlungseinheit wird im Regelfalle dann angenommen, wenn mehrere auf einem einheitlichen Willen beruhende, gleichartige Einzelakte zeitlich und räumlich in einem so engen Zusammenhang stehen, dass sie sich bei natürlicher Betrachtungsweise als eine Einheit darstellen[9].

Die natürliche Betrachtungsweise bildet allerdings ein höchst unbestimmtes 10 Kriterium. Ihr größter Vorzug dürfte sein, dass sie flexibel genug ist, um das jeweils gewünschte Ergebnis zu liefern. Die Rechtsprechung hat deshalb keine klare Linie, insbesondere in der Frage, ob es mehr auf das äußere Erscheinungsbild des Geschehens oder auf den einheitlichen Tatentschluss des Täters ankommen soll[10]. So sollte nach BGHSt 10, 129 (130 f) etwa der fehlgeschlagene Versuch, einen Menschen durch Schläge mit einer gefüllten Flasche auf den Kopf zu töten, mit dem unmittelbar nachfolgenden Versuch, ihn zu erwürgen, *keine* Einheit bilden, wenn der Täter die Tat ursprünglich nur mit einem bestimmten Mittel hätte begehen wollen, während es BGHSt 4, 219 noch als *eine* Tat hat gelten lassen, dass der Täter, der beim ersten Versuch eines Einbruchsdiebstahls durch eine Polizeistreife gestört worden war, einen zweiten Versuch zwar noch in derselben Nacht, aber aufgrund eines neuen Entschlusses unternahm[11].

Die Lehre steht der natürlichen Handlungseinheit als selbständiger 11 Kategorie, die über die tatbestandlich vermittelte Handlungseinheit hinausgreifen würde, nunmehr überwiegend kritisch oder ablehnend gegenüber[12]. Sie verdient in der Tat keine Anerkennung. Höchst ungewiss

---

7 *Jescheck/Weigend*, S. 712, m.w.N.; *Kühl*, § 21 Rn. 24; Schönke/Schröder/*Stree*, Rn. 81 vor § 52 ff.
8 BGHSt 40, 138 (162 f).
9 BGHSt 10, 230 (231); 22, 67 (76); 43, 381 (386 f); vgl. auch BGHSt 41, 368 (369).
10 Vgl. die Nachweise etwa bei Schönke/Schröder/*Stree*, Rn. 23 f vor §§ 52 ff.
11 Vgl. auch BGHSt 36, 105 (116).
12 *Jakobs*, 32/37; *Jescheck/Weigend*, S. 713; *Maurach/Gössel/Zipf*, § 54 Rn. 33 ff; Schönke/Schröder/*Stree*, Rn. 22 vor §§ 52 ff; *Vogler*, LK[10], Rn. 13 f vor § 52; abweichend *Samson/Günther*, SK, Rn. 22 ff vor § 52.

ist vorerst aber, welche Rückwirkungen es auf diese Rechtsfigur haben wird, dass die Praxis den sog. Fortsetzungszusammenhang (dazu sogleich) nur noch ausnahmsweise anerkennt.

C. Fortsetzungszusammenhang

12   Der Begriff des fortgesetzten Verbrechens, als *delictum continuatum* in der Sache schon der italienischen Strafrechtswissenschaft des Mittelalters bekannt, wurde in den partikularen Strafgesetzbüchern des 19. Jahrhunderts meist ausdrücklich genannt, in das Reichsstrafgesetzbuch von 1871 aber nicht übernommen. Trotzdem haben Praxis und Lehre diese Rechtsfigur seit mehr als einem Jahrhundert grundsätzlich anerkannt. Es geht dabei um die Zusammenfassung einer Mehrzahl von Einzelakten desselben Täters, die zwar jeder für sich tatbestandlich gleichartiges Unrecht verwirklichen, aber kraft ihres engem inneren und äußeren Zusammenhanges als *eine* Tat behandelt werden sollten. Das geschah vor allem in dem Bestreben, die unverhältnismäßig schweren Strafen auszuschließen, die sich bei getrennter Beurteilung der Einzelakte ergeben hätten.

13   In neuerer Zeit ist die Figur des Fortsetzungszusammenhanges in steigendem Maße als rechtsstaatlich bedenklich und kriminalpolitisch fragwürdig kritisiert worden. Sie erschien als eine zur Umgehung des Gesetzes, der für die Realkonkurrenz geltenden Regeln (§ 53), aufgestellte Fiktion[13], die eben mangels gesetzlicher Regelung zu zahlreichen Zweifelsfragen führt und im Ergebnis den besonders gefährlichen Täter privilegieren kann[14]. Wenn sie sich trotzdem weiterhin behauptet hat, so vor allem wegen ihres Entlastungseffektes für die Strafverfolgungsorgane, denen sie ersparte, bei größeren Deliktsserien desselben Täters jeden der zahlreichen Einzelakte genau aufzuklären, wie es im Falle ihrer selbständigen Beurteilung geschehen muss. Der BGH hat diese Kritik nunmehr in einer Entscheidung des Großen Senats in einer Weise aufgenommen, die auf die weitgehende Abschaffung des Instituts hinausläuft: Es soll nur noch dort in Betracht kommen, »wo ausnahms-

---

13 *Schmitt*, S. 60.
14 *Jakobs*, 32/50; *Schmidhäuser*, Lb, 18/20; *Jescheck/Weigend*, S. 714 f, m.w.N.; siehe aber auch BGHSt 36, 105 (109 ff), und die besonders eingehende Zusammenstellung der kritischen Punkte in BGHSt 40, 138 (146 ff).

weise Gründe zu finden sind, welche die rechtliche Zusammenfassung mehrerer schon für sich tatbestandsmäßiger Handlungen als fortgesetzte Tat ... geboten erscheinen lassen, um das verwirklichte Unrecht und die Schuld insgesamt sachgerecht, d. h. am Sinn des Tatbestands ausgerichtet, zu erfassen«[15]. Bei welchen Deliktstatbeständen dies etwa der Fall sein könnte, ist vorläufig offen[16]. Man kann daran zweifeln, dass es solche Tatbestände jenseits des Bereichs tatbestandlicher und natürlicher Handlungseinheit überhaupt gibt[17].

Die nahezu völlige Abschaffung der Rechtsfigur des Fortsetzungszusammenhangs wirft in jedem Fall eine ganze Reihe von Folgeproblemen auf, die in Praxis und Lehre noch keineswegs hinreichend geklärt sind[18].   14

D. Sammelstraftaten

Nur aus dogmengeschichtlichen Gründen verdienen in der Konkur-   15
renzlehre noch die sog. Sammelstraftaten (Kollektivdelikte) erwähnt zu werden. In zahlreichen Straftatbeständen bildet die *gewerbsmäßige, gewohnheitsmäßige* oder *geschäftsmäßige* Begehung des Delikts einen entweder strafbegründenden oder straferhöhenden Umstand (siehe einerseits z. B. §§ 180a, 284 II, anderseits §§ 253 IV, 292 II Nr. 1). Unter Berufung auf den insoweit zwischen den Einzeltaten bestehenden Zusammenhang hat die Rechtsprechung hier früher ebenfalls Handlungseinheit angenommen[19], diese Auffassung dann jedoch im Hinblick auf die noch stärker als bei der Fortsetzungstat hervortretenden, kriminalpolitisch und verfahrensrechtlich gleichermaßen sachwidrigen Konsequenzen aufgegeben[20]. Die Lehre stimmt dem durchweg zu[21].

---

15 BGHSt (GrS) 40, 138 (165); 41, 385 (393 f.).
16 Von BGHSt 40, 138 (165 f) negativ entschieden für §§ 173, 174, 176 und weitere Tatbestände, die den Begriff der sexuellen Handlung in der sprachlichen Mehrzahl brauchen, sowie für § 263, von BGHSt 41, 392 (302 f) für mehrfache Bestechungshandlungen.
17 Vgl. *Lackner/Kühl*, Rn. 16 vor § 52; *Puppe*, NK, Rn. 28 vor § 52.
18 Siehe dazu etwa *Geppert*, NStZ 1996, 57 ff; *Hefendehl*, StV 98, 474 ff; und den Tagungsbericht von *Dietmeier*, ZStrW 110 (1998), 393 ff.
19 So noch RGSt 59, 142.
20 RGSt 72, 164; BGHSt 1, 41.
21 Siehe nur Schönke/Schröder/*Stree*, Rn. 100 vor §§ 52 ff; *Vogler*, LK[10], Rn. 27 vor § 52; jeweils m.w.N.

§ 18   Die Konkurrenzen im Einzelnen

Literatur: Abels, Die »Klarstellungsfunktion« der Idealkonkurrenz, 1991; *Puppe,* Idealkonkurrenz und Einzelverbrechen, 1979; *Vogler,* Funktion und Grenzen der Gesetzeseinheit, in: FS Bockelmann, 1979, S. 715 ff.

1   Unterschieden werden, wie bemerkt, unechte und echte Konkurrenz. Sie verhalten sich zueinander so, dass echte Konkurrenz nur zwischen Straftatbeständen bestehen kann, die sich *nicht* im Wege unechter Konkurrenz ausschließen. Die Erörterung der unechten Konkurrenz wird deshalb hier vorangestellt.

A. Unechte Konkurrenz (Gesetzeskonkurrenz)

2   Auch die »unechte« ist insofern eine *wirkliche* Konkurrenz, als das Verhalten des Täters mehrere Straftatbestände erfüllt. Der deliktische Gehalt der Tat wird hier aber schon durch die Anwendung eines oder einiger von ihnen so vollständig erfasst und abgegolten, dass die übrigen zurücktreten müssen. Das ist der Grundgedanke, auf dem diese Art von Konkurrenz in allen ihren Formen und Konsequenzen beruht. Da eine gesetzliche Regelung fehlt, sind die Zweifels- und Streitfragen bei ihr freilich besonders zahlreich.

3   Sie betreffen schon den *Namen* der unechten Konkurrenz. Die Rechtsprechung und Teile der Lehre bevorzugen den Begriff der »Gesetzeseinheit«[1], der zwar auch keine Anschauung vermittelt, aber doch zum Ausdruck bringt, dass das verdrängte Gesetz vom angewandten mitumschlossen wird.

I. Die einzelnen Formen

4   Äußerst umstritten ist, *welche* Formen solcher Gesetzeseinheit oder Gesetzeskonkurrenz man unterscheiden und wie man sie voneinander abgrenzen sollte. Das erschwert den Überblick erheblich[2]. Immerhin

---

1 Vgl. etwa BGHSt 25, 373; *Jescheck/Weigend,* S. 731 ff; *Vogler,* LK[10], Rn. 101 f vor § 52, m.w.N.
2 *Vogler,* S. 715 ff.

lässt sich sagen, dass überwiegend die vier Kategorien der Spezialität, der Konsumtion, der Subsidiarität und der straflosen Nachtat genannt werden, mit zahlreichen Varianten im Einzelnen. Die Unterscheidung hat im übrigen mehr klassifikatorische als praktische Bedeutung. Die wenigen Grundregeln, nach denen die Annahme einer Gesetzeskonkurrenz gerechtfertigt ist, sind – wie sich zeigen wird – mit dem Katalog der Erscheinungsformen solcher Konkurrenz ohnehin nicht zur Deckung zu bringen. Es kann also nur darum gehen, eine möglichst klare Einteilung vorzunehmen.

Man kann darüber hinaus allerdings die prinzipielle Frage aufwerfen, ob es   5 nicht im Blick auf die weitgehend identischen Rechtsfolgen ohnehin richtiger wäre, die meisten Formen der Gesetzeskonkurrenz, außer Spezialität und gesetzlich angeordneter Subsidiarität, der Idealkonkurrenz zuzuweisen[3]. Dem steht jedoch entgegen, dass es ein grundlegender sachlicher Unterschied ist, ob die miteinander konkurrierenden Strafgesetze das Delikt unter *demselben* Wertgesichtspunkt erfassen (wie in den traditionell als unechte Konkurrenz behandelten Fällen) oder aber unter durchaus *verschiedenen* (wie bei der Idealkonkurrenz). Dies rechtfertigt im Grundsatz die herrschende Lehre. Was die Übereinstimmung der Rechtsfolgen anbetrifft, so liegt der Fehler nicht hier, sondern bei der für die Idealkonkurrenz geltenden Regelung, die es der Praxis überlässt, die Frage im Rahmen der Strafzumessung zu lösen (unten Rn. 41).

1. Spezialität

Straftatbestände sind vielfach so gefasst, dass es nicht möglich ist, den   6 einen ohne den anderen zu verwirklichen. Das kann vom Gesetzgeber gewollt sein, dann nämlich, wenn ihm geboten schien, aus einem relativ allgemein gefassten Tatbestand Fallgruppen von wesentlich abweichendem Unrechts- oder Schuldgehalt auszugliedern und selbständig zu regeln. Die Sonderregelung hat dann geradezu den Zweck, das allgemeine Gesetz auszuschließen, und muss ihm also vorgehen. Entsprechendes gilt, wenn ein Straftatbestand die Kombination zweier oder mehrerer anderer umschließt. Auch dann wäre es sachwidrig, diese anderen noch gesondert anzuwenden.

Wer etwa einen Mord (§ 211) oder eine Tötung auf Verlangen (§ 216) begeht,   7 erfüllt zugleich den generellen Tatbestand des Totschlags (§ 212), ist aber natürlich nur aus dem spezielleren Tatbestand zu bestrafen. Ähnlich liegt es beim Raub (§ 249), der sich als ein mit erschwerten Nötigungsmitteln (§ 240) begangener Diebstahl (§ 242) darstellt, beim Raub mit Todesfolge (§ 251) verbunden

---

3 So insbesondere *Puppe*, S. 313 ff; *dies.*, NK, Rn. 25 f vor § 52.

noch mit qualifiziert fahrlässiger Tötung (§ 222); zu verurteilen ist der Täter hier zweifellos nur nach §§ 249 bzw. 251.

8   Straftatbestände können sich aber auch teilweise überschneiden, ohne dass der Gesetzgeber dies erkannt oder ihr wechselseitiges Verhältnis geregelt hätte. Dann sollte wiederum derjenige Tatbestand den Vorrang haben, der sich in der Sache als ein Spezialfall des oder der anderen darstellt. Die Spezialität kann hier freilich weitaus eher im Zweifel stehen, als wenn sie sich bereits aus einem abstrakten Vergleich der Tatbestände begriffsnotwendig ergibt. Sie sollte immerhin voraussetzen, dass die Schutzrichtung der miteinander konkurrierenden Strafbestimmungen mindestens teilweise übereinstimmt. Nur dann lässt sie sich von anderen Formen der Gesetzeskonkurrenz einigermaßen deutlich abgrenzen.

9   Wird eine Freiheitsberaubung mittels Nötigung begangen, so geht § 239 nach allgemeiner Auffassung § 240 vor[4]. Weniger klar ist, ob etwa die für den Diebstahl mit Waffen, den Bandendiebstahl und den Wohnungseinbruchsdiebstahl geltende Strafschärfung (§ 244) die den besonders schweren Diebstahl (§ 243) kennzeichnenden Erschwerungsgründe mitumfasst und diesen Tatbestand dann verdrängt, wie die h. L. annimmt[5], oder nicht. In jedem Fall bleibt die Sachfrage, ob die allgemeinere Bestimmung bei Wegfall der an sich vorgehenden Norm wieder eingreift, wie etwa bei einer gegenüber Vollstreckungsbeamten verübten Nötigung (§ 240), die *nicht* mit Gewalt oder durch Drohung mit Gewalt (§ 113) begangen wird[6]. Sie kann ohnehin nicht danach entschieden werden, wie man die einzelnen Formen der Gesetzeskonkurrenz gegeneinander abgrenzt, sondern folgt ihren eigenen Regeln (unten Rn. 20 ff).

2. Konsumtion

10   Im Grundgedanken eng verwandt, aber weniger exakt umrissen ist das Verhältnis der Konsumtion, dann gegeben, wenn die Verwirklichung eines (schwereren) Deliktstatbestandes mindestens im Regelfall die Verwirklichung eines anderen (leichteren) einschließt. Hier kann angenommen werden, dass der schwerere Strafrahmen diese typische Konstellation bereits berücksichtigt. Die andere Norm scheidet daher aus.

11   Der erfolgreiche Schwangerschaftsabbruch beispielsweise ist stets mit einer Körperverletzung verbunden; § 218 geht daher §§ 223, 224 – nicht aber § 227! – vor[7]. Zum Einbruchsdiebstahl gehören regelmäßig, obwohl nicht notwendi-

---

4 Schönke/Schröder/*Eser*, § 240 Rn. 41; *Vogler*, LK[10], Rn. 108 vor § 52.
5 Vgl. BGHSt 25, 18 (19); 33, 50 (53); Schönke/Schröder/*Eser*, § 244 Rn. 35.
6 Vgl. BGHSt 30, 235 (236).
7 BGHSt 10, 312 (314 f); 28, 11 (16 f); Schönke/Schröder/*Eser*, § 218 Rn. 68.

gerweise, Hausfriedensbruch und Sachbeschädigung; §§ 243 I Nr. 1, 244 I Nr. 3 konsumieren deshalb nach h. M. §§ 123, 303[8], usw. Hier geht es nach überwiegendem Verständnis um einen *wertmäßigen* Einschluss der Begleittat durch das Hauptdelikt.

Solcher Einschluss kann ausnahmsweise auch im umgekehrten Ver-   12 hältnis, nämlich dann angenommen werden, wenn ein schwereres Delikt typischerweise ein leichteres begleitet, wie insbesondere der Diebstahl von Benzin (§ 242) den unbefugten Gebrauch eines Kraftfahrzeugs (§ 248b), den das Gesetz eben trotzdem mit der geringeren Strafe bedroht. Hier muss die mildere Norm vorgehen[9].

3. Subsidiarität

Subsidiarität bedeutet, dass ein Strafgesetz nur aushilfsweise, d. h. nur   13 dann eingreift, wenn die Tat nicht nach anderen Vorschriften mit (höherer) Strafe bedroht ist. Vielfach sind, zur Erweiterung oder Verstärkung des strafrechtlichen Schutzes, Verhaltensweisen unter Strafe gestellt, die sich als Vorstufe oder Vorform oder als weniger intensive Variante eines strafrechtlich anderweit erfassten Angriffs auf ein rechtlich geschütztes Interesse darstellen. Dann tritt dieser sekundäre Tatbestand zurück, wenn der eigentliche oder schwerere Angriff seinerseits gegeben und strafbar ist. Die Subsidiarität hat allerdings, neben Spezialität und Konsumtion, nur insoweit selbständige Bedeutung, wie die Verletzung der sekundären Norm das vorrangige Delikt *nicht* notwendiger- oder typischerweise begleitet.

In Betracht kommen verschiedene Fallgruppen. Das *Gesetz* ordnet die Sub-   14 sidiarität vielfach ausdrücklich an, sei es gegenüber *jeder* höheren Strafdrohung (wie in §§ 107b, 125, 265a usw.), sei es nur gegenüber *bestimmten* anderen Strafvorschriften (wie in §§ 95, 145 II, 202 usw.). Ein einheitlicher Sachgesichtspunkt ist insoweit nicht zu erkennen, außer dass überall Strafbarkeitslücken geschlossen werden sollen.

Subsidiarität ist ferner prinzipiell dann anzunehmen, wenn die konkurrie-   15 renden Strafbestimmungen verschiedene Entwicklungsstufen desselben deliktischen Angriffs betreffen, wie bei der Vorbereitung der Geldfälschung (§ 149) im Verhältnis zur Geldfälschung selbst (§ 146), der Vorbereitung eines Explosions- oder Strahlungsverbrechens (§ 310) im Verhältnis zur Herbeiführung einer Explosion durch Kernenergie (§ 307) oder einer Sprengstoffexplosion (§ 308)

---

8 BGHSt 22, 127 (129); Schönke/Schröder/*Eser*, § 243 Rn. 59.
9 BGHSt 14, 386 (388); Schönke/Schröder/*Eser*, § 248b Rn. 15 (Subsidiarität).

usw. oder auch bei der Fälschung von Urkunden im Verhältnis zu deren Gebrauch im Rechtsverkehr (§ 267 in den verschiedenen Varianten)[10]. Für diese Fallgruppe eine besondere Erscheinungsform der Gesetzeskonkurrenz in Gestalt der straflosen oder *mitbestraften Vortat* anzunehmen, ist überflüssig[11]. Übrigens gehen Tatbestände, die die Vorbereitung *allgemeiner* erfassen, im entsprechenden Versuchs- oder Vollendungstatbestand schon unter dem Gesichtspunkt der Spezialität auf, wie § 83 in § 81; gleiches gilt für die Versuchsstrafdrohung im Verhältnis zur Vollendung, z. B. bei zunächst versuchter, dann vollendeter Anstiftung zum selben Delikt (§§ 30, 26).

16   Als subsidiär verdrängt wird sodann im Regelfall das *Gefährdungs-* durch das entsprechende *Verletzungs*delikt, wie die Aussetzung (§ 221) durch vorsätzliche Tötung (§§ 211 ff), die gefährliche Körperverletzung (§ 224) durch schwere Körperverletzung (§ 226)[12], das Herbeiführen einer Brandgefahr (§ 306 f) durch Brandstiftung (§§ 306 ff) usw., *sofern* die Gefährdung nicht über den konkreten Verletzungserfolg hinausgeht, wie u. U. bei einer Schlägerei (§ 231) über den Tod oder die Verletzung eines der Beteiligten (§§ 211 ff, 223 ff)[13].

17   Subsidiär ist schließlich die *weniger intensive* Gefährdung oder Verletzung gegenüber der *intensiveren*, die *leichtere* Begehungsform gegenüber der *schwereren*, so beispielsweise Betrug (§ 263) gegenüber Erpressung (§ 253), sofern die Täuschung die Drohung nur unterstützt[14], wie etwa bei Verwendung einer Kinderpistole. Das gleiche gilt im Verhältnis fahrlässiger zu vorsätzlicher Tat, z. B. bei fahrlässiger Herbeiführung einer dann erkannten und vorsätzlich nicht abgewendeten Gefahr, und im Verhältnis der leichteren zur schwereren Begehungsform (oben § 12 Rn. 227).

4. Straflose Nachtat

18   Die Kategorie der straflosen (mitbestraften) Nachtat wird vielfach der Konsumtion zugeordnet, beruht jedoch auf einem abweichenden Grundgedanken: Bloße Sicherungs- und Verwertungsdelikte treten gegenüber dem Erwerbsdelikt als dem eigentlichen Schwerpunkt des deliktischen Angriffs zurück, soweit sie nicht dem Betroffenen einen ganz neuen Schaden zufügen oder sich gegen ein neues Rechtsgut richten. Die Nachtat braucht keineswegs ein *typisches* Begleitdelikt zu sein; entscheidend ist, dass ihr im Verhältnis zur primären Verletzung fremder Rechtsgüter kein selbständiges Gewicht zukommt. In der Sache besteht

10 Sehr umstritten; siehe Schönke/Schröder/*Cramer*, § 267 Rn. 79a.
11 Vgl. *Jescheck/Weigend*, S. 735; Schönke/Schröder/*Stree*, Rn. 119 ff vor §§ 52 ff.
12 BGHSt 21, 194 (195); *Hirsch*, LK[10], § 223a Rn. 26, m.w.N.
13 Vgl. *Lackner/Kühl*, § 231 Rn. 6.
14 BGHSt 23, 294 (296).

daher enge Verwandtschaft zur Subsidiarität. Nur ist die Unterordnung hier nicht in der Systematik des Gesetzes, sondern in der Funktion des Sicherungs- oder Verwertungsdelikts begründet.

Von einer *Nachtat* kann freilich nur dort die Rede sein, wo neben dem pri- 19 mären Erwerbsdelikt ein weiterer Tatbestand in jeder Hinsicht erfüllt ist. Daran fehlt es beispielsweise beim Verkauf einer gestohlenen Sache (§ 242) an einen Hehler, da sie sich der Täter nicht erneut (nach § 246) zueignen kann, nicht aber bei ihrer Zerstörung (§ 303)[15]. Beispiele bilden vor allem Täuschungshandlungen zur Verdeckung eines Eigentumsdelikts (Sicherungsbetrug), wie das Ableugnen des Besitzes gegenüber dem nachforschenden Eigentümer, oder umgekehrt Eigentumsdelikte in Fortführung eines Betruges, z. B. der Verkauf einer betrügerisch unter Eigentumsvorbehalt erworbenen Sache[16]. *Nicht* als »Nachtat« straflos ist andererseits, im Hinblick auf die Verschiedenheit der betroffenen Rechtsgüter, etwa die zur Verschleierung einer Unterschlagung begangene Urkundenfälschung oder der im Verkauf der gestohlenen Sache an einen gutgläubigen Dritten liegende Betrug.

II. Die Rechtsfolgen

1. Dass mehrere verwirklichte Tatbestände nicht nebeneinander ange- 20 wendet werden, sondern einer von ihnen dem oder den anderen vorgeht, ist das Wesen der unechten Konkurrenz. Deshalb sollte die Folge solcher Konkurrenz, die Anwendung nur der vorrangigen, nicht auch der ausgeschlossenen Norm, im Prinzip außer Frage stehen. Doch wird das nur für den *Schuldspruch* des Strafurteils uneingeschränkt anerkannt. Hinsichtlich des *Strafrahmens* bestehen Vorbehalte. Der Grundgedanke unechter Konkurrenz, dass die Tat schon durch die Anwendung einer, eben der vorgehenden Norm angemessen erfasst werde, stößt nämlich dort auf Schwierigkeiten, wo das systematische Verhältnis der Tatbestände mit dem der Strafdrohungen nicht oder nicht völlig in Einklang steht. Praktische Bedeutung hat dies vor allem beim Vorrang eines *strengeren* Gesetzes, wenn die verdrängte, an sich mildere Norm in bestimmter Hinsicht strenger ist als das Gesetz, das ihr vorgeht. Hier ist nicht einzusehen, weshalb der Täter besser stehen sollte, als wenn er *nur* das leichtere Delikt begangen hätte. Überwiegend wird daher eine

---

15 Nach h. M. straflose Nachtat; Schönke/Schröder/*Stree*, Rn. 114 vor §§ 52 ff, m.w.N.
16 Hier leugnet BGHSt 14, 38 (44 f) freilich schon die Tatbestandsmäßigkeit i. S. von § 246; abweichend Schönke/Schröder/*Cramer*, § 263 Rn. 185, m.w.N.

»*Sperrwirkung*« des *milderen* Gesetzes angenommen: Die verdrängte Norm bleibt bei der Strafbemessung und hinsichtlich besonderer Nebenfolgen anwendbar[17].

21   Das übliche Beispiel bildet ein Versuch der Vergewaltigung (Mindeststrafe nach §§ 177 II Nr. 1, 23 II: *sechs Monate* Freiheitsstrafe), der eine vollendete sexuelle Nötigung enthält (Mindeststrafe nach § 177 I: *ein Jahr* Freiheitsstrafe): Hier darf die höhere Mindeststrafe des § 177 I nicht unterschritten werden.

22   2. Die Wirkungen der Gesetzeskonkurrenz treten im Prinzip nur dann ein, wenn sämtliche materiellen und formellen Voraussetzungen der Strafbarkeit (oben § 7 Rn. 31) hinsichtlich der mehreren Deliktstatbestände erfüllt sind. In der Regel ist es ja gerade die *Bestrafung* aus einer der Normen, die die Anwendung der anderen ausschließt. Aber auch das gilt nicht ausnahmslos. Je nach den Gründen, die der Strafbarkeit oder Verfolgbarkeit des vorrangigen Deliktes entgegenstehen, kann es vielmehr beim Ausschluss der konkurrierenden Norm bleiben.

23   So wird vor allem beim Vorrang des *milderen* Gesetzes, und zwar sowohl bei Spezialität wie Konsumtion, geurteilt werden müssen, wenn *Verfahrenshindernisse* wie das Fehlen eines Strafantrags oder die Verjährung eingreifen. Fehlt beispielsweise beim unbefugten Gebrauch eines Fahrzeugs (§ 248b) der Strafantrag, so kann der Täter nun nicht wegen des Benzindiebstahls (§ 242) haftbar gemacht werden (oben Rn. 12), und ebenso bei einer nach fünf Jahren verjährten Tötung auf Verlangen (§§ 216, 78 III Nr. 4) nicht wegen Totschlags, der erst in zwanzig Jahren verjährt (§§ 212, 78 III Nr. 2), usw. Dieselbe Auffassung dürfte nunmehr auch bei der straflosen Nachtat überwiegen[18].

24   Beim Vorrang des *strengeren* Gesetzes stellt sich die Frage kaum für Verfahrenshindernisse, wohl aber für *Strafaufhebungsgründe*, wie besonders den des Rücktritts vom Versuch. Zwar bleibt es insofern in der Regel bei der Anwendung des milderen Gesetzes (vgl. oben § 11 Rn. 94). Das gilt auch für die Fälle der Subsidiarität. Ergibt sich die Subsidiarität jedoch aus dem Verhältnis von Gefährdungs- und Verletzungsdelikt (oben Rn. 16), so liegt es nahe, die strafbefreiende Wirkung des Rücktritts von der Verletzung, etwa von der versuchten vorsätzlichen Tötung (§§ 211 ff), auch auf die Gefährdung (§ 221) zu erstrecken[19].

---

17 BGHSt 1, 152 (155 f); 7, 307 (312); 8, 46 (52); 19, 188 (189); 30, 166 (167).
18 *Jakobs*, 32/46, 47; *Jescheck/Weigend*, S. 736; *Maurach/Gössel/Zipf*, § 56 Rn. 44; *Schönke/Schröder/Stree*, Rn. 116 vor §§ 52 ff; *Welzel*, S. 235; anders BGHSt 38, 366 (368 f); *Vogler*, LK[10], Rn. 146 vor § 52, m.w.N.
19 *Jescheck/Weigend*, S. 549; *Schönke/Schröder/Eser*, § 24 Rn. 110; *Vogler*, LK[10], § 24 Rn. 198; abweichend BGHSt 39, 128 (130 f).

Dass die Anwendung eines Deliktstatbestandes bei einem der Betei-   25
ligten durch Gesetzeskonkurrenz ausgeschlossen wird, ist für die übrigen Deliktsbeteiligten *ohne* jede Wirkung. Mittäterschaft und Teilnahme können sich, je nach der Art des äußeren Tatbeitrages und dem
Umfang des Vorsatzes, auch auf den verdrängten Tatbestand beziehen,
etwa nur auf ein Sicherungs- oder Verwertungsdelikt. Das entspricht
dem Grundsatz der limitierten Akzessorietät (oben § 12 Rn. 126).

B. Echte Konkurrenz

Dass der Täter mehrere Straftatbestände verwirklicht, die zueinander   26
nicht im Verhältnis des wechselseitigen Ausschlusses stehen, ist, wie
bemerkt, auf zweierlei Weise möglich: Es kann das einerseits durch ein
und dieselbe Handlung geschehen, beispielsweise beim Gebrauch einer
gefälschten Urkunde (§ 267) zum Zwecke des Betruges (§ 263), zum
andern aber auch durch mehrere selbständige Handlungen, die unter
Umständen allein dadurch miteinander verknüpft sind, dass derselbe
Täter sie begangen hat. Die entsprechenden Formen der echten Konkurrenz werden üblicherweise Idealkonkurrenz (Tateinheit) und Realkonkurrenz (Tatmehrheit) genannt.

Dabei ist es eine traditionelle Zweifelsfrage, ob man sie in den Rechtsfolgen   27
einander gleichstellen sollte, wie es seit langem etwa in Frankreich, Österreich
und der Schweiz geschieht und auch in den deutschen Reformentwürfen, außer
im E 1962, immer wieder vorgeschlagen worden ist. Das hätte den großen
Vorteil, dass die mit so vielen Schwierigkeiten belastete Abgrenzung von
Handlungseinheit und Handlungsmehrheit (oben § 17) viel von ihrer praktischen Bedeutung verlöre. Der Gesetzgeber hat das überkommene System unterschiedlicher Rechtsfolgen jedoch auch bei der umfassenden Neuregelung des
Allgemeinen Teils von 1969 beibehalten, in der wenig überzeugenden Erwartung, dass auf solche Weise einer summarischen Bewertung der Einzeltaten ent-
gegengewirkt werde[20].

---

20 E 1962, Amtliche Begründung, S. 190.

I. Idealkonkurrenz

28   Das Verhältnis der Idealkonkurrenz oder Tateinheit (§ 52) ist, wie bemerkt, gegeben, wenn *eine* Handlung mehrere Strafgesetze verletzt, die
einander nicht im Wege der Gesetzeskonkurrenz ausschließen. Gleichgestellt wird der Fall, dass eine Handlung dasselbe Strafgesetz mehrfach
verletzt.

1. Voraussetzungen

29   a) Es muss *eine und dieselbe Handlung* sein, die den mehrfachen Geset-
zesverstoß enthält. Dabei genügt es jedoch nach ganz überwiegender
Auffassung, wenn sich die verschiedenen Straftatbestände in einem
Teilstück dieser Handlung überschneiden[21].

30   Am klarsten liegt es bei voller Kongruenz der Ausführungshandlungen, wie
z. B. bei einer als Meineid (§ 154) strafbaren Falschaussage, die sich zugleich als
falsche Verdächtigung (§ 164) darstellt. Idealkonkurrenz besteht jedoch auch
etwa zwischen Körperverletzung (§ 223) und Vergewaltigung (§ 177 II Nr. 1),
wenn das Niederschlagen des Opfers deren ersten Teilakt, die Gewaltanwendung, bildet, oder, durch den Vollzug des Beischlafs, zwischen Vergewaltigung
und Beischlaf zwischen Verwandten (§ 173), wenn das Opfer z. B. die Tochter
des Täters ist.

31   Ob sich die Verwirklichung der mehreren Tatbestände wenigstens
teilweise deckt, hängt im Grenzfall davon ab, wann man das eine Delikt
als abgeschlossen und das andere als begonnen ansehen will. Die h. L.
stellt dabei einerseits auf die *materielle* Vollendung (oben § 11 Rn. 14;
§ 12 Rn. 130 ff)[22], andererseits auf die Grenze zwischen strafloser Vorbereitung und strafbarem Versuch ab (oben § 11 Rn. 29 ff). Beides ist
sachgemäß.

32   Da (Teil-)Identität des Verhaltens, nicht zeitliches Zusammentreffen maßgebend ist, liegt *keine* Tateinheit vor, wenn ein Gangster einen Unbeteiligten als
Deckung vor sich hält (Freiheitsberaubung, § 239) und gleichzeitig auf Verfolger schießt (Versuch der Tötung, etc.). Das gilt, wie das Beispiel schon zeigt,
auch bei *Dauer*delikten (oben § 12 Rn. 131): Nur dort, wo die der Begründung
oder Aufrechterhaltung z. B. einer Freiheitsberaubung dienenden Handlungen
zugleich andere Tatbestände erfüllen, sich etwa als Körperverletzung darstellen,

---

21 BGHSt 39, 100 (109); Schönke/Schröder/*Stree*, § 52 Rn. 9; *Vogler*, LK[10], § 52
Rn. 22, jeweils m.w.N.
22 BGHSt 18, 66 (70 f); 26, 24 (27 f).

ist Tateinheit gegeben[23]; die Frage ist freilich umstritten[24]. In denselben Zusammenhang gehört schließlich die Konkurrenz *von aktivem Handeln und Unterlassen*: Da sie als Verhaltensweisen nicht identisch sind, scheidet Tateinheit, wieder auch bei zeitlichem Zusammentreffen, z. B. bei unerlaubter Entfernung vom Unfallort (§ 142) und unterlassener Hilfeleistung (§ 323c), in der Regel aus[25], es sei denn, dass der Unterlassungstäter *handelt*, beispielsweise Rettungsgerät zerstört (oben § 14 Rn. 19) und dadurch zugleich eine Sachbeschädigung (§ 303) begeht.

Dank der zeitlichen Erstreckung der Tatausführung bei Delikten, die 33
aus einer Mehrzahl von Einzelakten bestehen können (oben § 17
Rn. 5 ff), bei mehraktigen und, soweit sie noch anerkannt werden, bei fortgesetzten Delikten können Straftaten, die im Verhältnis zueinander selbständig wären, mit verschiedenen Teilakten derselben dritten Straftat zusammentreffen. Fortwährendes unberechtigtes Führen des Doktortitels (§ 132a I Nr. 1) mag sich einerseits mit einem Betrug (§ 263), anderseits mit einer Urkundenfälschung (§ 267) verbinden. Hier stellt sich die Frage, ob das durchlaufende Delikt die beiden an sich getrennten anderen zur Tateinheit »verklammert«. Im Prinzip wird das überwiegend bejaht[26]. Doch ergäben sich höchst ungereimte Konsequenzen, wenn das auch in unserem Beispielsfall angenommen würde: Der Täter entginge der bei Realkonkurrenz fälligen Strafschärfung ausschließlich deshalb, weil er nicht *nur* Betrug und Urkundenfälschung begangen, sondern sich überdies den Titel angemaßt hätte. Deshalb hat vor allem die Rechtsprechung Einschränkungen der Klammerwirkung entwickelt: Sie sollte ursprünglich schon dann nicht eintreten, wenn auch nur *eines* der so miteinander verknüpften Delikte schwerer wiegt als die »Klammer«[27], während sie von der neueren Praxis nur ausgeschlossen wird, wenn dies für *beide* von ihnen gilt[28].

In der Lehre wächst die Kritik an dieser Lösung[29], die wiederum nur wegen 34
der unterschiedlichen Rechtsfolgen von Ideal- und Realkonkurrenz (unten
Rn. 41) als unentbehrlich erscheint. Sie droht das Verhältnis von Regel und

---

23 BGHSt 18, 29 (34); vgl. auch BGHSt 27, 66.
24 *Jescheck/Weigend*, S. 722; Schönke/Schröder/*Stree*, Rn. 88 ff vor §§ 52 ff.
25 BGHSt 6, 229 (230); *Jescheck/Weigend*, S. 723, m.w.N.; anders BGH, GA 1956,
   120; *Jakobs*, 33/8, m.w.N.; *Puppe*, NK, § 52 Rn. 55 ff.
26 BGHSt 33, 4 (6 ff); *Jescheck/Weigend*, S. 721; *Maurach/Gössel/Zipf*, § 55 Rn.
   74 ff; Schönke/Schröder/*Stree*, § 52 Rn. 14 ff, m.w.N.
27 BGHSt 3, 165.
28 BGHSt 31, 29; vgl. auch BGHSt 36, 151 (154).
29 *Jakobs*, 33/12; *Puppe*, NK, § 52 Rn. 63 f; *Samson/Günther*, SK, § 52 Rn. 19;
   Schmitt, S. 48; *Werle*, S. 48 ff; *Vogler*, LK[10], § 52 Rn. 29.

Ausnahme umzukehren und lässt sich allein vom Ergebnis her rechtfertigen. Dem Vorschlag, ganz auf sie zu verzichten, stehen verschiedene andere Lösungsmodelle gegenüber[30]. Praktikabel dürfte dabei am ehesten der von *Jakobs* gefundene Ausweg sein, die Strafe zunächst nach den Regeln der *Real*konkurrenz für die an sich im Verhältnis zueinander selbständigen Delikte festzusetzen und sie erst dann nach den Regeln der *Ideal*konkurrenz auch für das sie verbindende Delikt zu bemessen[31]. Ganz ohne Rest geht hier keine Lösung auf.

35   b) Tateinheit erfordert zum anderen *die mehrfache Verletzung des Strafgesetzes* durch dieselbe Handlung. Dabei stellt das Gesetz die Verletzung mehrerer (verschiedener) Gesetze (*ungleichartige* Idealkonkurrenz) und die mehrmalige Verletzung desselben Gesetzes (*gleichartige* Idealkonkurrenz) ausdrücklich gleich.

36   Erst dieser mehrfache Gesetzesverstoß macht aus der »Handlungseinheit« eine »Tateinheit«. Sticht der Täter bei der vorsätzlichen Tötung mehrmals auf das Opfer ein, so ist sein Verhalten nicht nur *eine* Handlung (oben § 17 Rn. 7), sondern auch nur *eine* Verletzung des Strafgesetzes, also gar kein Fall der Konkurrenz. Ersticht er das Opfer jedoch, um es auszuplündern, so wird neben dem Tatbestand des Mordes (§ 211) der des Raubes mit Todesfolge (§ 251) erfüllt[32]; der »Raubmord« *besteht* in dieser Idealkonkurrenz. Die mehrfache Verletzung kann aber eben auch dasselbe Strafgesetz betreffen, wie etwa bei Tötung mehrerer Menschen durch *eine* fahrlässige Handlung.

2. Rechtliche Folgen

37   Bei Tateinheit wird der Täter der Verletzung *jedes* der konkurrierenden Gesetze schuldig gesprochen. Gerade darin liegt der prinzipielle Unterschied zur Gesetzeskonkurrenz: Der Unrechtsgehalt der Tat kann nur durch die Anwendung der mehreren Gesetze angemessen zum Ausdruck gebracht werden. Man nennt dies nunmehr die »*Klarstellungsfunktion*« der Idealkonkurrenz.

38   Der Strafrahmen wird nach dem sog. *Kombinationsprinzip* ermittelt. Ober- und Untergrenze bestimmen sich nach dem Höchstmaß, das bei den idealkonkurrierenden Gesetzen begegnet (§ 52 II). Dabei kommt es dort, wo das Gesetz für verschieden schwere Fälle mehrere Strafrahmen zur Verfügung stellt, auf die der *konkreten* Tat jeweils angemessene Strafdrohung an.

---

30 Vgl. insbesondere *Puppe*, aaO, Rn. 65 ff; *Struensee*, S. 26 ff.
31 *Jakobs*, aaO.
32 BGHSt (GrS) 39, 100 (109).

Um dies an einem nicht ganz einfachen Beispiel zu erläutern: Treffen etwa   39
eine Freiheitsberaubung von mehr als einer Woche und schwerer sexueller
Missbrauch eines betroffenen Kindes zusammen, so ist bei einem *minder*
schweren Fall § 239 V (im Verhältnis zu § 176a III) das Gesetz, das die schwerste Strafe, nämlich mindestens sechs Monate Freiheitsstrafe, androht, während
§ 176a I im *Regelfall* (im Verhältnis zu § 239 III) das höhere Maximum, nämlich fünfzehn Jahre Freiheitsstrafe (vgl. § 38 II) vorsieht.

Eine Sonderstellung nimmt die Geldstrafe ein. Auf sie kann nämlich   40
auch dann, wenn keines der anwendbaren Gesetze sie androht, neben
einer Freiheitsstrafe gesondert erkannt werden, sofern der Täter sich
durch die Tat bereichert oder zu bereichern versucht hat und seine persönlichen und wirtschaftlichen Verhältnisse die Geldstrafe als angezeigt
erscheinen lassen (§§ 52 III, 41). Bei der Vermögensstrafe sowie bei Nebenfolgen, Nebenstrafen und Maßnahmen hingegen werden die Strafvorschriften wieder kombiniert: Solche Sanktionen können oder müssen
auch im Fall der Tateinheit ausgesprochen werden, wenn nur eines der
Gesetze sie fakultativ oder obligatorisch vorsieht (§ 52 IV).

Vergleicht man die rechtlichen Folgen der Idealkonkurrenz mit denen der   41
Gesetzeskonkurrenz (oben Rn. 20 ff), so bestätigt sich die Feststellung, dass
hier kaum ein Unterschied besteht, außer dass bei der Gesetzeskonkurrenz
auch die mildere Strafdrohung den Vorrang haben *kann*. Dass daraus *nicht* der
Schluss gezogen werden sollte, man könne alle Fälle der Gesetzeskonkurrenz,
mit Ausnahme nur der Spezialität, als solche der Idealkonkurrenz behandeln,
wurde schon erwähnt (oben Rn. 5). Sachwidrig ist vielmehr die gesetzliche Regelung der Idealkonkurrenz, der Umstand, dass sich die Tatsache der Verletzung mehrerer Strafgesetze grundsätzlich *nicht* auf den Strafrahmen auswirkt.
Die übliche Begründung, dass das Maß der Schuld geringer sei, wenn mehrere
Gesetzesverletzungen durch eine Handlung statt durch mehrere begangen werden[33], trifft in dieser Allgemeinheit nicht zu, z. B. dann nicht, wenn sich die
idealkonkurrierenden Delikte in ihrem Unrechtsgehalt wesentlich unterscheiden[34]. So bleibt nur die Möglichkeit, dem im Rahmen der Strafzumessung
Rechnung zu tragen.

II. Realkonkurrenz

Im Verhältnis der Realkonkurrenz oder Tatmehrheit (§ 53 ff) stehen   42
mehrfache Verstöße gegen das Strafgesetz dann, wenn sie *mehrere* selb-

---

33 *Jescheck/Weigend*, S. 718; *Samson/Günther*, SK, § 52 Rn. 2; Schönke/Schrö-
 der/*Stree*, § 52 Rn. 1; *Vogler*, LK[10], § 52 Rn. 4; kritisch *Puppe*, NK, § 52 Rn. 71.
34 Vgl. E 1962, Begründung, S. 191 f.

ständige Handlungen bilden, vorausgesetzt wiederum, dass nicht Gesetzeskonkurrenz gegeben ist.

1. Voraussetzungen

43 Das Erfordernis mehrerer selbständiger Taten ist überall dort erfüllt, wo Handlungseinheit in dem zuvor erörterten Sinne *nicht* besteht. Diesem negativen Kriterium ist nichts hinzuzufügen.

44 »Konkurrieren« können die mehreren Straftaten allerdings nur solange, wie es verfahrensrechtlich möglich ist, die verwirkten Einzelstrafen miteinander zu verbinden, nach geltendem Recht grundsätzlich solange, wie eine Strafe noch nicht (vollständig) vollstreckt, verjährt oder erlassen ist. Den Regelfall bildet die gleichzeitige Aburteilung der Delikte (§ 53). Ist nach rechtskräftiger Verurteilung eine weitere, schon *vor* diesem Zeitpunkt begangene Tat abzuurteilen, so hat der spätere Richter die Gesamtstrafe nachträglich zu bilden (§ 55). Wo auch das unterbleibt, etwa weil der Richter vom früheren Urteil keine Kenntnis hat, eröffnet schließlich noch § 460 StPO die Möglichkeit der Gesamtstrafenbildung.

45 Nur im Wege der Strafzumessung kann dagegen bei einem späteren Urteil das Zusammentreffen mehrerer Strafen berücksichtigt werden, sofern jemand zwar *vor* Erledigung der früheren Strafe erneut verurteilt wird, aber doch wegen eines Delikts, das er erst *nach* der ersten Verurteilung begangen hat[35]. Das ist wenig sachgemäß: Die für eine Gesamtstrafenbildung sprechenden Gründe (unten Rn. 46) gelten unter Umständen auch hier. Doch dürfte das geltende Recht keine andere Lösung zulassen[36].

2. Rechtsfolgen

46 Die Behandlung der Realkonkurrenz wäre einfach, wenn man die verwirkten Einzelstrafen kurzerhand addieren könnte. Dieses sog. *Kumulationsprinzip* gilt heute jedoch nur noch dort, wo es, außer allenfalls für die Aussetzung des Strafrestes (§ 57a I Nr. 2) oder eine Begnadigung, keine praktische Bedeutung hat: beim Zusammentreffen mehrerer lebenslangen Freiheitsstrafen. Im Übrigen würde die Addition nicht nur zu schweren Ungerechtigkeiten führen, weil vor allem der Freiheitsent-

---

35 BGHSt 9, 370 (383); 32, 190 (193); 33, 367; eingehend *Puppe*, NK, § 53 Rn. 12 ff, m.w.N.
36 Vgl. aber die unterschiedlichen Lösungsvorschläge von *Samson/Günther*, SK, § 53 Rn. 9; Schönke/Schröder/*Stree*, § 55 Rn. 16; *Vogler*, LK[10], § 55 Rn. 13.

zug in aller Regel desto schwerer wiegt, je länger er bereits dauert, und Geldstrafen, je höher sie sind, desto eher die Befriedigung elementarer Bedürfnisse hindern; vielmehr wären auch kriminalpolitisch unsinnige, einer Wiedereingliederung des Verurteilten höchst abträgliche Ergebnisse unvermeidbar. Das Gesetz folgt stattdessen dem Grundsatz, durch angemessene Erhöhung der schwersten verwirkten Einzelstrafe eine Gesamtstrafe zu bilden (*Asperationsprinzip*).

Danach hat der Richter für jedes Delikt eine Einzelstrafe festzuset- 47
zen, die so bemessen wird, als ob der Täter *nur* diese Tat verübt hätte. Ist eine dieser Strafen eine lebenslange Freiheitsstrafe, die ja nicht erhöht werden kann, so ist sie zugleich die Gesamtstrafe (§ 54 I 1). In allen anderen Fällen muss die Gesamtstrafe einerseits höher sein als die schwerste dieser Einzelstrafen (§ 54 I 2), und sie darf andererseits die Summe der sämtlichen Einzelstrafen nicht erreichen (§ 54 II 1). Außerdem gelten für die Asperation absolute Höchstgrenzen: die Gesamtstrafe darf bei Freiheitsstrafen fünfzehn Jahre, entsprechend dem Höchstmaß zeitiger Freiheitsstrafe (§ 38 II), bei Geldstrafe 720 Tagessätze, entsprechend dem doppelten regulären Höchstmaß (§ 40 I), nicht überschreiten (§ 54 II 2). Innerhalb dieses häufig sehr weiten Rahmens entscheidet richterliches Ermessen, wobei die Person des Täters und die einzelnen Straftaten zusammenfassend zu würdigen sind (§ 54 I 3). Die Einzelheiten gehören in die Strafzumessungslehre.

Auch beim Zusammentreffen zeitiger Freiheits- und Geldstrafe sieht das Ge- 48
setz die Bildung einer Gesamtstrafe vor (§ 53 II 1); zur Berechnung der Obergrenze dient dann die Ersatzfreiheitsstrafe (§ 54 III; vgl. § 43). Neben Freiheitsstrafe *kann* auf Geldstrafe jedoch auch gesondert erkannt werden (§ 53 II 2). *Wann* dies geschehen soll, sagt das Gesetz nicht. Infolgedessen ist streitig, ob die Gesamtstrafenbildung die Regel oder die Ausnahme sein oder die Entscheidung von den Umständen des Einzelfalles abhängen sollte[37].

---

37 Dazu nur *Puppe*, NK, § 53 Rn. 20 ff, m.w.N.

Sachregister

Die fetten Zahlen verweisen auf die Paragrafen, die mageren auf die Randnummern.

Aberratio ictus (Abirrung) **8** 95 f, 98 f
Abgrenzung der Verantwortungsbereiche **8** 33; **12** 143, 161; **13** 36;
15 36, 64 ff, 70 ff, 78
Abschreckung **1** 18, 24 f
Absicht **8** 129, 132 ff
bes. persönliches Merkmal **12** 193 ff
subj. Unrechtselement **8** 55, 58
Form des Vorsatzes **8** 103, 133 ff
Abstrakte Betrachtungsweise **5** 4 ff
Abweichendes Verhalten
s. Kriminelles Verhalten
Actio libera in causa **10** 31, 43 ff, 93;
13 4
Adäquanz
der Kausalität **8** 21 ff, 87; **15** 10, 18
soziale **8** 30 ff
Affekt **6** 7; **10** 4, 31, 50, 93, 101
Agent provocateur **12** 150 f
Akzessorietät (der Teilnahme)
extreme **12** 125
Hyperakzessorietät **12** 125
limitierte **12** 46, 126 f; **18** 25
Alkoholrausch **10** 34, 44
Analogieverbot **3** 31 f
Animus-Theorie **12** 14
Anstiftung **12** 75 f, 138 ff
Agent provocateur **12** 150 f
Fahrlässigkeitsdelikt **15** 75, 77
Mittel **12** 143
omni modo facturus **12** 144
Tatort **4** 10
Unterlassungsdelikt **14** 18 f
s. auch Teilnahme
Antrieb, affektiver **8** 145 f

Äquivalenztheorie **8** 17 ff; **16** 7
Asperationsprinzip **18** 46 ff
Auslegung **3** 28 ff
Automatisiertes Verhalten **6** 7

Bedingter Handlungswille **8**, 111; **11** 23
Bedingter Vorsatz
s. Vorsatz, bedingter
Bedingungstheorie
s. Äquivalenztheorie
Beendigung **12** 130 ff
Dauerdelikt **12** 131; **18** 32
Versuch: s. Versuch
s. auch Vollendung, materielle
Befehl **9** 127; **12** 45, 58
Begehungsdelikt
s. Handlungsdelikt
Begehungsort **4** 10 f
Beginn der Ausführung **11** 29 ff
Behördliche Genehmigung **9** 128 ff;
12 45
Beihilfe **12** 75 f, 155 ff
durch neutrale Handlung **12** 160 f
Fahrlässigkeitsdelikt **15** 75, 77
psychische **12** 144 f, 159; **14** 19
Tatort **4** 10
Unterlassungsdelikt **14** 18 f, 21 f
s. auch Teilnahme
Bereiterklärung zu einem Verbrechen
12 178 ff
Besondere persönliche Merkmale **12**
97, 136, 154, 173 f, 182 ff
Besonderes Rechtsverhältnis (beim
entschuldigenden Notstand) **10**
108, 110

Besserung **1** 18, 21, 33, 36 ff, 42
Bestimmtheit des Strafgesetzes
   s. nullum crimen (nulla poena) sine
   lege
Beteiligung **12** 1 ff
Betriebsjustiz **1** 52
Beweggrund **8** 55, 58, 142 ff
Bewusstsein
   der Rechtswidrigkeit
   s. Verbotskenntnis
   der Sittenwidrigkeit **10** 58, 86 f
Billigungstheorie **8** 116
Biologisch-psychologische Methode
   10 15, 24
Blankettstrafgesetz **3** 8
Bundesstrafrecht **3** 18 ff
   Geltungsbereich **4** 3 ff

Condicio sine qua non **8** 17 f
Corpus delicti **7** 2

Dauerdelikt **12** 131; **17** 8; **18** 32
Dauergefahr **10** 105
DDR **3** 9; **4** 28
Defensiver Notstand **9** 49 ff
Delikt
   eigenhändiges **12** 24 f
   erfolgsqualifiziertes **15** 27, 59
   fahrlässiges
   s. Fahrlässigkeitsdelikt
   kupiertes Erfolgsdelikt **8** 135
   verkümmert-zweiaktiges **8** 135;
   17 3
   vorsätzliches
   s. Vorsatzdelikt
Deliktsaufbau
   s. Verbrechensaufbau
Delinquentes Verhalten
   s. Kriminelles Verhalten
Determinismus **1** 7 f
Dichotomie **5** 1 ff
Distanzdelikt **4** 10 f
Disziplinarmaßnahmen **1** 49 f
Dolus
   alternativus **8** 122
   directus

   s. Vorsatz, direkter
   eventualis
   s. Vorsatz, bedingter
   generalis **8** 91 ff
   subsequens **8** 130; **12** 88
Doppelbestrafung **4** 27
Doppelkausalität **8** 19, 41
Doppelspurigkeit des Strafrechts **1**
   37, 43 ff
Duldungspflicht **9** 48, 97 f

Eigenhändiges Delikt **12** 24 f, 74 ff,
   141; **14** 11, 21
Eindruckstheorie (beim Versuch) **11**
   21, 61
Eingriff in rettenden Kausalverlauf **8**
   35; **13** 3 f; **14** 19
Einsichtsfähigkeit **10** 14 ff, 33 ff
Einstellungstheorie **8** 117 ff
Einwilligung (des Verletzten)
   Fähigkeit **9** 23 ff
   bei Fahrlässigkeit **15** 36
   mutmaßliche **9** 29 ff
   rechtfertigende **9** 3 ff, 143, 157; **12**
   70
   sittenwidrige **9** 15, 20 ff
   tatbestandsausschließende **9** 7 ff
Entsprechung
   von Tun und Unterlassen **13** 12, 60,
   62
Entschuldigungsgrund
   s. Schuldausschließungsgrund
Erfolg **8** 10 ff
   bei Fahrlässigkeitsdelikten **15** 57 ff
Erfolgsdelikt **8** 10 ff; **13** 51 ff; **15** 8 ff
Erfolgsrelevanz **8** 38 ff
Erfolgsunwert **8** 60; **9** 140, 147, 158;
   11 48; **15** 40 f, 60
Error in objecto vel persona **8** 97 ff;
   12 63
Ersatzursache **8** 19, 41 f
Eventualvorsatz
   s. Vorsatz, bedingter
Exterritorialität **4** 8 f
Exzess
   Mittäterschaft **12** 85

Notwehr **9** 92 f; **10** 101
Teilnahme **12** 148

Fahrlässigkeit
bewusste, unbewusste **15** 29 ff
leichte **15** 52 ff
Fahrlässigkeitsdelikt **6** 20 ff; **1** vor **15**;
15 1 ff; **16** 1 ff
Finalität **6** 6 ff
Final-objektive Theorie **12** 15
Formell-objektive Theorie
Täterschaft **12** 3 f
Versuch **11** 30 f, 38
Fortsetzungszusammenhang **17** 11,
12 ff; **18** 33
Freiwilligkeit (beim Rücktritt vom
Versuch) **11** 84 ff

Garantenpflicht, -stellung **9** 61; **13** 7,
11, 12 f
Amtsträger **13** 17
Beschützer-/Überwachungs-
garanten **13** 14 f, **14** 10
Entstehungsgründe **13** 14 ff; **16** 2
Gefahrengemeinschaft **13** 42
Gesetz **13** 16 ff
Herrschaftsbereich **13** 20, 33,
43 ff
enge Lebensbeziehung **13** 38 ff
vorangegangenes gefährliches
Tun **12** 191; **13** 26 ff
Übernahme vertraglicher Pflich-
ten **13** 18, 22 ff
Irrtum **13** 69 f
Garantiefunktion (des Strafgesetzes) **3**
4 f, 6 ff, 14 ff
Garantietatbestand **7** 5; **12** 186
Gebotsirrtum, -kenntnis **13** 69 f
Gebotsnorm **6** 18; **13** 6 ff
Gefahr, Gefährdung
Fahrlässigkeitsdelikt **15** 17, 20 ff
Versuch **11** 17 f, 32 f, 40, 53 ff
Gefährdungsdelikt **8** 14; **15** 61; **18** 16,
24
Gefahrenabwägung **9** 99, 103 ff
Gefahrengemeinschaft **9** 106; **10** 111

Gefahrtragungspflicht **10** 108 ff
Gegenwärtigkeit
des Angriffs **9** 64 ff
der Gefahr **9** 97; **10** 105
Geltung **4** 1 f
räumliche **4** 1 ff
zeitliche **3** 7 ff
Generalprävention **1** 22 ff, 32; **3** 5; **10**
37, 51, 92; **15** 56
negative **1** 24 ff
positive **1** 26 ff; **10** 7; **11** 21
Gesamtstrafe **18** 46 ff
Geschäftsherrenhaftung **13** 46 ff
Geschäfts-, Gewerbs-, Gewohn-
heitsmäßigkeit **17** 15
Gesetz
milderes (mildestes) **3** 13
als Rechtsquelle **3** 6 ff
Gesetzesanalogie **3** 31 ff
Gesetzeseinheit **18** 3
Gesetzeskonkurrenz **18** 2 ff, 20 ff, 41
Gesinnungsmerkmal **3** 16; **8** 147 ff; **12**
196
Gewissensanspannung **10** 82
Gewissenstäter **10** 59, 104, 114 ff
Gewohnheitsrecht **3** 24 ff; **9** 3, 94; **10**
46 f
Gnadentheorie
s. Prämientheorie
Grober Unverstand **11** 20, 50 ff, 57 ff
Güterabwägung, -kollision
Einwilligung **9** 5
beim Fahrlässigkeitsdelikt **15** 37
rechtfertigender Notstand **9** 94 ff
zivilrechtlicher Notstand **9** 41 ff
Notwehr **9** 56, 84 ff
Erlaubtes Risiko **8** 32
Schuldausschluss **10** 99 ff

Handeln/Unterlassen **6** 17 ff; **13** 1 ff,
57; **18** 32
Handlungsbegriff **2** 29; **6** 4 ff; **8** 49 ff;
12 16; **15** 10
Handlungsdelikt
fahrlässiges **15** 1 ff
vorsätzliches **1** vor **8**; **8** 1 ff

Handlungseinheit **18** 36, 43
  natürliche **17** 9 ff
  tatbestandliche **17** 2 ff
Handlungsentschluss **11** 3 ff
  s. auch Tatentschluss
Handlungsfähigkeit
  Fahrlässigkeitsdelikt **15** 12 ff, 44; **16**
  3 f
  Hemmungsvermögen **10** 15 ff, 33 ff
  natürliche **10** 34; **12** 47
  Unterlassungsdelikt **13** 58 f; **16** 3 f
Handlungsmehrheit **17** 1 ff
Handlungsobjekt **8** 11 ff
Handlungspflicht **9** 113 ff
  s. auch Gebotsnorm
Handlungsunwert, -unrecht **8** 60; **9**
  140, 144, 147, 158; **12** 151;
  15 42, 60
Hemmungsvermögen **10** 15 ff, 33 ff
Heranwachsender **10** 18 f
Herrschaftsdelikt **12** 40
Hoheitsrechtliche Befugnis **9** 124 f

Idealkonkurrenz **18** 5, 26 ff, 34 ff
  gleichartig/ungleichartig **18** 35
Identität der Handlung **18** 29 ff
Indeterminismus **1** 7 f
Individualprävention
  s. Spezialprävention
Individualrechtsgut **2** 7 ff; **9** 3 ff, 14 ff
Indiztheorie
  s. Strafzwecktheorie
Ingerenz **12** 191; **13** 26 ff
Inland **4** 6 ff
Interessenabwägung, -kollision
  s. Güterabwägung, -kollision
Irrtum
  Beteiligungsrolle **12** 142, 213 ff
  konkreter Handlungssinn **12** 60 ff
  Kausalverlauf **8** 86 ff; **11** 82, 91; **15**
  30
  Rechtfertigungsgrund **9** 152; **10**
  70 ff
  Rechtswidrigkeit
  s. Verbotsirrtum

rechtfertigende Sachlage **9** 150 ff;
  10 65 f
schuldausschließende, -mindernde
  Sachlage **8** 84; **10** 118 ff
Tatbestand
  s. Tatbestandsirrtum
straferhöhende, -mildernde Umstände **8** 82

Jugendlicher **10** 14 ff
Juristische Person **12** 202 f

Kausalität **8** 16 ff; **15** 9 f
  adäquate **8** 21 ff, 87; **11** 55
  generelle **8** 18
  hypothetische **13** 52 ff
  Irrtum **8** 86 ff
Kettenteilnahme **12** 222 ff
Kind **10** 13
Klammerwirkung **17** 4; **18** 33 f
Kollektivdelikt **17** 15
Kombinationsprinzip **18** 38
Konkrete Betrachtungsweise **5** 9
Konkreter Handlungssinn **12** 60 ff
Konkurrenz **1** vor **17**; **18** 1 ff
  echte **18** 26 ff
  echte/unechte **1**, 3 vor **17**
  unechte **11** 9; **18** 2 ff
Konsumtion **18** 4, 10 ff, 23
Kriminelles Verhalten **2** 1 ff
Kumulationsprinzip **18** 46
Kupiertes Erfolgsdelikt **8** 136

Ladendiebstahl **1** 53
Landesstrafrecht **3** 23; **4** 28
Lebensführungsschuld **10** 93
Leichtfertigkeit **15** 52, 55 f, 58, 62
Lex specialis
  s. Spezialität
Lockspitzel **12** 150 f

Mangel am Tatbestand **11** 54
Maßregeln der Besserung und Siche-
  rung **10** 38; **15** 46; **2** vor **17**
  Funktion **1** 36 ff
  Rechtfertigung **1** 39 ff

Rückwirkungsverbot **3** 12
Verhältnis zur Strafe **1** 43 ff
Materiell-objektive Theorie
   Täterschaft **12** 6 f, 15, 29
   Versuch **11** 32 f
Minderjährige **10** 10 ff
Mitbewusstsein **8** 76
Mittäterschaft **12** 2 f, 29, 77 ff, 90 ff;
   18 25
   beim Fahrlässigkeitsdelikt **15** 75,
   79; **16** 7
   Rücktritt **12** 86 f, 109, 111 f
   sukzessive **12** 88 f, 135
   beim Unterlassungsdelikt **14** 14 ff;
   16 7
   Versuch **12** 101 f, 107 f
Mittelbare Täterschaft **12** 2, 29, 30 ff
   Ausschluss **12** 73 ff
   Rücktritt **12** 109 f
   beim Unterlassungsdelikt **14** 12 f
   Versuch **12** 103 ff
Modalitätenäquivalenz **13** 60, 62, 75
»Moderne« Schule **1** 18 f
Möglichkeitstheorie **8** 115
Motiv **8** 142 ff
Motivationsfähigkeit
   s. Hemmungsvermögen
Motivirrtum **12** 61
Mutmaßliche Einwilligung **9** 29 ff

Nebenstrafrecht **1** 46; **3** 22; **10** 69
Nebentäterschaft **12** 99 f
Nothilfe **9** 91
Notstand **12** 44, 57
   aggressiver **9** 42 ff
   defensiver **9** 49 ff, 61
   entschuldigender **10** 50, 99 ff, 102 ff
   hoheitliches Handeln **9** 96
   Nötigungsnotstand **9** 98
   rechtfertigender **9** 94 ff; **13** 31
   übergesetzlicher **9** 94, 122
   zivilrechtlicher **9** 41 ff
Notwehr **9** 55 ff; **12** 44; **13** 31; **15** 37
   Angriff **9** 59 ff
   Schuldunfähiger **9** 82
   Exzess **9** 92 f; **10** 101

in Partnerschaftsverhältnissen **9**
   87 f
Güterabwägung **9** 56, 84 ff
von Hoheitsträgern **9** 89
Provokation **9** 63, 83
Unfugabwehr **9** 85
Verteidigung **9** 71 ff
Notwehrähnliche Lage **9** 65
Nullum crimen (nulla poena) sine le-
   ge **3** 2 ff; **7** 5; **12** 40, 75, 141; **13** 13

Objektive Strafbarkeitsbedingung **7**
   30; **8** 84
Objektive Theorie
   Strafgrund des Versuchs **11** 17 f
   Täterschaft **12** 3 ff
   untauglicher Versuch **11** 52 ff
   Vorbereitung/Versuch **11** 30 ff
Objektive Zurechnung **8** 25 ff
Objektiv-täterschaftliches Merkmal
   s. Täterschaftliches Merkmal
Objektsirrtum **8** 97 ff; **12** 63
Omni modo facturus **12** 144
Opfer
   Schutz **11** 69
   Täter-Opfer-Ausgleich **1** 29
   als Werkzeug **12** 68 ff, 106
Ordnungswidrigkeit **1** 47 f
Organhaftung **12** 202 f
Ort der Tat **4** 10 f

Parallelwertung in der Laiensphäre **8**
   71 f, 119; **13** 69 f
Personalprinzip
   aktives **4** 12 ff
   passives **4** 20 f
Persönlicher Strafausschließungs-
   grund **7** 30; **8** 84; **11** 71; **12** 189
Pflichtdelikt **12** 40
Pflichtenkollision **9** 94, 113 ff
Präjudiz **3** 29
Prämientheorie **11** 69
Präventionsfunktion des Strafrechts
   s. Generalprävention
   s. Spezialprävention
Privatstrafen **1** 51 ff

Produkthaftung **8** 18, 29; **13** 33, 49; **16** 7
Prozessvoraussetzung, -hindernis
s. Strafverfolgungsbedingung
Psychische Störungen **10** 23 ff
Putativnotwehrexzess **10** 121
Putativrechtfertigung **9** 150 ff

Quellen des Strafrechts **3** 1 ff

Rauschtat **10** 51 ff
Realkonkurrenz **18** 26 f, 34, 42 ff, 46 ff
Rechtfertigung **7** 17 ff; **9** 1 ff
Amtliches Handeln **9** 124 ff
und erlaubtes Risiko **8** 27; **9** 157; **15** 33
Fahrlässigkeitsdelikt **15** 32 ff
subjektive Elemente **9** 27 f, 53, 90, 120 ff, 138 ff; **15** 38 ff, 43
Unterlassungsdelikt **13** 76
Rechtsfindung, freie **3** 31 ff
Rechtsgut **2** 5 ff; **8** 12
Rechtsgutgefährdung, -verletzung **8** 12 ff
Rechtswidrigkeit **7** 17 ff, 22 f; **9** 1 ff
des Angriffs **9** 68 ff
Bewusstsein
s. Verbotskenntnis
Fahrlässigkeitsdelikt **15** 32 ff
Unterlassungsdelikt **13** 76
Versuch **11** 16 ff
s. auch Rechtfertigung
Reflexbewegung **6** 5, 7
Regressverbot **15** 70 f
Richterrecht **3** 28 ff
Risiko
erlaubtes, unerlaubtes **8** 26 ff; **13** 33, 36; **15** 16 ff, 28
Risikosteigerung, -verminderung **8** 34 ff; **13** 54 ff
Risikozusammenhang **8** 25 ff, 38 ff; **15** 24 f
Rücktritt
vom Versuch
s. Versuch

vom vollendeten Delikt **11** 97 ff
Rückwirkungsverbot **3** 3, 7 ff, 30; **4** 2, 24

Sachverhaltsirrtum
s. Tatbestandsirrtum
Sachverhaltsunwert
s. Erfolgsunwert
Sammelstraftat **17** 15
Schuld **7** 24 ff; **10** 1 ff
bei Beteiligung mehrerer **12** 183 ff
Fahrlässigkeitsdelikt **15** 44 ff
und Prävention **1** 7, 25, 31; **10** 6 ff
täterschaftliche Merkmale **8** 6
Unterlassungsdelikt **13** 77 ff
Schuldausgleich **1** 4 ff
Schuldausschließungsgrund **7** 28; **10** 9 ff; **13** 77 ff; **15** 44 ff
Irrtum
s. Irrtum
Notwehrexzess **9** 92 f
Rücktritt vom Versuch **11** 71
übergesetzlicher **9** 106, 111; **10** 122 ff
Schuldbegriff
funktionaler **10** 6 f, 100
normativer **10** 3
psychologischer **10** 2 f
sozialer **10** 8, 92
Schuldfähigkeit **7** 27; **10** 9 ff; **12** 183; **15** 45 f
verminderte **10** 39 ff
verschuldeter Ausschluss **10** 42 ff
Schuldmerkmale **8** 6; **12** 183 ff, 200
Schuldteilnahmetheorie **12** 119 f, 151, 153
Schuldtheorie **10** 78 ff
eingeschränkte **9** 154 f, 159
rechtsfolgenverweisende **9** 155
strenge **9** 154, 156, 159
Schuldunfähigkeit
s. Schuldfähigkeit
Schutzobjekt
s. Rechtsgut
Schutzprinzip **4** 11, 14, 16 ff
Schutzzweck der Norm **8** 38 ff

Selbsthilferecht **9** 135
Selbstmord
  Beteiligung **12** 68 ff
Sonderdelikt **11** 64 ff; **12** 22 f, 38 ff,
  74 ff, 96, 98; **14** 11, 19; **15** 80
  echtes, unechtes **8** 4
  Teilnahme **12** 164, 191 f, 199, 203,
  228
Sonderwissen **8** 22; **15** 14
Sorgfaltspflicht **10** 89 ff; **15** 11 ff,
  16 ff; **16** 2
Sozialadäquanz **8** 30 ff
Sperrwirkung des milderen Gesetzes
  18 20 f
Spezialisierende Methode **5** 9
Spezialität **18** 4 ff, 23, 41
Spezialprävention **1** 17 ff, 33, 36 ff; **2**
  24
Staatschutzprinzip **4** 17 ff
Stellvertretende Strafrechtspflege **4**
  21 ff
Strafaufhebungsgrund **7** 30; **11** 68, 71;
  12 189; **18** 24
Strafausschließungsgrund, persönli-
  cher **4** 9; **7** 30; **10** 127; **12** 189
Strafbarkeitsbedingung, objektive **7**
  30
Straferhöhung
  bes. persönliche Merkmale **12**
  182 ff, 199 ff
  Realkonkurrenz **18** 46 ff
  und Verbrechenszweiteilung **5** 4 ff
Straflose Nachtat **18** 4, 18 f, 23
Straflose Vortat **18** 15
Strafmilderung
  Beihilfe **12** 163 f
  bes. persönliche Merkmale **12**
  182 ff, 199 ff
  erfolglose Anstiftung **12** 176
  Notstand **10** 109
  Unterlassungsdelikt **13** 79; **14** 23
  und Verbrechenszweiteilung **5** 4 ff
  Versuch **11** 45, 47 ff, 95
Strafmündigkeit
Strafrecht
  autoritäres **2** 28

Funktion **4** vor 1; **1** 1 ff
Grenzen **2** 17 ff
  interlokales **4** 28 f
  internationales **4** 3 ff
  Quellen **3** 1 ff
  und Sozialethik **2** 2 ff
  symbolische Bedeutung **1** 31; **2** 31
Straftheorien
  absolute **1** 4 ff, 31
  relative **1** 16 ff, 32 f
Strafverfolgungsbedingung **4** 9; **7** 31;
  8 84; **18** 23
Strafzweck **1** 3 ff
Strafzwecktheorie (beim Rücktritt
  vom Versuch) **11** 69
Subjekt, untaugliches **11** 62 ff
Subjektive Theorie
  Strafgrund des Versuchs **11** 19 f, 56
  Täterschaft **12** 8 ff
  untauglicher Versuch **11** 56
  Vorbereitung/Versuch **11** 34
Subjektives Rechtfertigungselement
  s. Rechtfertigung, subjektive Ele-
  mente
Subjektives Unrechtselement
  s. Tatbestandsmerkmal, besonderes
  subjektives
Subsidiarität **18** 4 f, 13 ff, 18, 24
Subsumtionsirrtum **8** 72, 81
  umgekehrter **11** 27 f, 63
Sühne **1** 9 f

Tatbestand **7** 2 ff
  im engeren Sinn **7** 7 ff
  Fahrlässigkeitsdelikt **15** 3 **ff**
  Garantietatbestand **7** 5, 15
  Mangel am Tatbestand **11** 54
  objektiver **8** 2 ff; **13** 6 ff
  offener **9** 1
  subjektiver **8** 47 ff; **13** 63 ff
  Unrechtstatbestand **7** 6
Tatbestandsirrtum **8** 80 ff
Tatbestandsmerkmal
  besonderes subjektives **8** 58, 131 ff;
  12 20 f, 37, 193 ff; **13** 74 f;
  14 11, 21

deskriptives, normatives **8** 69 ff, 81
negatives, positives **7** 12 ff; **11** 71
Tateinheit
s. Idealkonkurrenz
Tatentschluss **11** 23 ff; **15** 57
gemeinsamer **12** 80 ff
Täter-Opfer-Ausgleich **1** 29, 33
Täterschaft
Begehungsdelikt **12** 1 ff
eigenhändiges Delikt **12** 24 f;
14 11, 21
Fahrlässigkeitsdelikt **15** 74, 78
mittelbare **12** 2 f, 29, 30 ff; **14** 12 f
unmittelbare **12** 27 ff, 40 f, 63; **14**
7 ff
Unterlassungsdelikt **14** 6 ff
Täterschaftliches Merkmal
objektives **8** 3 ff; **13** 6 ff; **15** 4
s. auch Sonderdelikt
Fahrlässigkeitsdelikt **15** 4
Mittäterschaft **12** 97 f
mittelbare Täterschaft **12** 73 ff
Vorsatz **8** 75
Unterlassungsdelikt **13** 6 ff
Täterschaftliches Merkmal, subjektives
s. Tatbestandsmerkmal, bes. subjektives
Täterstrafrecht **2** 22 ff; **8** 46, 127
Tathandlung **8** 7 ff; **13** 50 ff; **15** 5 ff
Tatherrschaft **12** 15 ff, 92; **14** 7 ff; **15**
76
funktionelle **12** 93 f
Tätige Reue **11** 89 ff
Tätigkeitsdelikt **8** 8 f; **13** 61 f; **15** 6 f
Tatmehrheit
s. Realkonkurrenz
Tatmittler
s. Werkzeug
Tatobjekt **8** 11 ff
Tatort **4** 10 f
Tatplan **11** 31, 36 f, 75, 90; **12** 86, 110
Tatstrafrecht **2** 25 ff; **11** 60
Tatverantwortung **10** 5
Tatumstand
s. Tatbestandsmerkmal

Teilaktstheorie (beim Versuch) **11** 39
Teilnahme **12** 1, 113 ff; **18** 25
Akzessorietät **12** 46, 123 ff
erfolglose (versuchte) **12** 129, 144,
148, 158, 169 ff
error in objecto **8** 98 f
Exzess **12** 148
fahrlässige **15** 70 ff
am Fahrlässigkeitsdelikt **15** 73 ff
Irrtum über die Beteiligungsrolle
12 142
Konkurrenz **12** 227 f; **18** 17
notwendige **12** 204 ff
Rücktritt **12** 167 f, 177, 180
am Sonderdelikt **12** 191 ff
Strafgrund **12** 116 ff
durch Unterlassen **14** 20 f
am Unterlassungsdelikt **14** 18 f
am Versuch **12** 166 ff
Territorialprinzip **4** 5 ff, 28
Tun, vorangegangenes
s. Ingerenz

Übernahmeverschulden **10** 93; **15** 13,
22 f, 53
Übertretung **1** 47; **5** 1 f
Überzeugungstäter
s. Gewissenstäter
Umstimmung (bei der Anstiftung) **12**
145
Umweltschutz **2** 10 f
Unrecht
s. Rechtswidrigkeit
Unrechtsbewusstsein
s. Verbotskenntnis
Unrechtstatbestand **7** 16
Unrechtsteilnahmetheorie **12** 121 f,
136, 151, 186
Unschädlichmachung **1** 18, 38
Untauglicher Täter **11** 62 ff
Untauglicher Versuch **11** 50 ff
Unterlassungsdelikt **3** 16; **6** 17 ff; **13**
1 ff
echtes **13** 6, 8 ff
fahrlässiges **6** 23; **16** 1 ff
Garantenpflicht, -stellung

s. Garantenpflicht
Kausalität **13** 52 ff
Teilnahme
s. Teilnahme
unechtes **13** 6, 12 ff
Versuch **14** 2 ff
Vorsatz **13** 63 ff
Unzumutbarkeit
s. Zumutbarkeit
Unzurechnungsfähigkeit
s. Schuldfähigkeit
Urheberschaft **12** 1, 96
Ursächlichkeit, Ursache
s. Kausalität

Verabredung von Verbrechen **12**
178 ff
Verbotsirrtum **10** 24
Abgrenzung **10** 57 ff
Arten **10** 64 ff
Behandlung **10** 75 ff
und Bedeutungskenntnis **8** 72 f
Fahrlässigkeitsdelikt **15** 47 f
Garantenpflicht **13** 69 f
bei Rechtfertigungsgründen **9** 152
beim Tatmittler **12** 51, 53 ff
Vermeidbarkeit **10** 81 ff
Verbotskenntnis **7** 27; **10** 54 ff; **12**
183
bedingte **10** 8
Teilbarkeit **10** 63
Verbotsmaterie **7** 8
Verbrechen **5** 1 ff
versuchte Anstiftung **12** 169 ff
Verbrechensaufbau
Stufen **7** 1 ff
zwei-, dreistufiger **7** 10 ff; **9** 157
Verbrechensdefinitionen **2** 2 ff
Verbrechenslehren **2** 21 ff
objektive **2** 26; **11** 16 ff
subjektive **2** 27 ff; **11** 19 ff
Verbrechensverhütung
s. General-, Spezialprävention
Verbrechenszweiteilung **5** 1 ff
Verdeckte Ermittler **12** 150
Vereinigungstheorien **1** 34 ff

Verfügungsbefugnis (bei der Einwilligung) **9** 15 ff
Vergehen **5** 1 ff
Vergeltung **1** 10, 31
Verhalten
automatisiertes **6** 7
fahrlässiges **6** 8 f; **15** 9 ff
finales **6** 6 ff
menschliches **6** 2 ff
Verhältnismäßigkeit **1** 40 ff; **2** 19
Verletzungsdelikt **8** 14
Vermeidbarkeit **6** 8 f, 22; **15** 7
Versuch **11** 10 ff, 16 ff; **18** 15
abergläubischer (irrealer) **11** 58 ff
Abgrenzung zur Vorbereitung **11**
29 ff; **14** 4; **18** 31
beendeter/unbeendeter **11** 73 ff; **14**
4 f
Elemente **11** 22 ff
fahrlässiger **15** 57 ff
fehlgeschlagener **11** 76, 83, 92
grob unverständiger **11** 50 ff, 57 ff
Mittäterschaft **12** 101 f, 107 f
mittelbare Täterschaft **12** 101 ff
beim qualifizierten Delikt **11** 43
qualifizierter **11** 94
Rücktritt **11** 67 ff; **18** 24
Strafgrund **11** 16 ff
Strafbarkeit **11** 45 ff
Tatort **4** 10
und Teilnahme **12** 165 ff
untauglicher **11** 33, 51 ff, 92; **14** 5
unvorsätzlicher **11** 24
der Unterlassung **14** 2 ff
der Vorbereitung **11** 9
Verteidigung (bei der Notwehr) **9**
71 ff
Vertrauensgrundsatz **15** 65 ff
Vertreterhaftung **12** 202 ff
Verursachung
s. Kausalität
Verursachungstheorie (bei der Teilnahme) **12** 117 f
Verwaltungsstrafen **1** 46 ff
Vikariierendes System **1** 43
Vollendung

formelle, materielle **11** 14, 97; **12** 130 ff; **18** 31
und Notwehr **9** 67
Voraussetzungen der Strafbarkeit **7** 1 ff
materielle **3** 8; **4** 9; **7** 31
prozessuale (formelle) **3** 10 f; **4** 9; **7** 31
Vorbereitungshandlung **11** 6 ff; **12** 170; **18** 15
Vorläufige Festnahme **9** 134, 145, 149
Vorsatz
und Absicht **8** 103, 133 ff
Arten **8** 100
bedingter **8** 110 ff
direkter **8** 101 ff, 137 f
und Fahrlässigkeit **6** 20 ff; **8** 62 ff, 79, 110 ff, 119
Struktur **8** 61 ff
Unterlassungsdelikt **13** 63 ff
und Verbotskenntnis **8** 63, 73, 119; **11** 27 f; **13** 69 f
Stellung im Verbrechensaufbau **8** 48 ff
Willensseite **8** 100 ff; **13** 73
Wissensseite **8** 67 ff; **13** 68 ff
Vorsatzdelikt **6** 20 f; **1** vor **8**; **8** 1 ff; **1** vor **13**; **13** 1 ff
Vorsatztheorie **10** 76 f
Vorverschulden **10** 43 ff, 93
Vorwerfbarkeit
s. Schuld

Wahndelikt **11** 25 ff, 63
Wahrscheinlichkeitstheorie **8** 114
Weltrechtsprinzip **4** 25 f
Werkzeug

absichtslos-doloses **12** 37
qualifikationsloses **12** 38
rechtmäßig handelndes **12** 42 ff, 69
schuldlos handelndes **12** 46 ff, 69
tatbestandslos handelndes **12** 31 ff
unfrei handelndes **12** 56 ff
vermindert schuldfähiges **12** 50 ff
im Verbotsirrtum handelndes **12** 53 ff
voll verantwortlich handelndes **12** 59 ff
vorsatzloses **12** 34 ff, 69
Wider besseres Wissen **8** 129
Widerspruchsfreiheit **2** 20; **7** 21
Widerstandsrecht **9** 62
Willenserklärungs-, -richtungstheorie **9** 28
Willensfreiheit **1** 6 ff
Wissentlich **8** 129

Zeitgesetz **3** 13
Züchtigungsrecht **9** 136 f
Zumutbarkeit **7** 27; **10** 94 ff, 101; **12** 183, **15** 49 f, 53
Zurechnung **1** vor **5**
objektive **8** 15 ff, 25 ff, 86, 88; **13** 3
subjektive **8** 86
Zurechnungsfähigkeit
s. Schuldfähigkeit
Zusammentreffen mehrerer strafbarer Handlungen
s. Konkurrenz
Zustandshaftung **13** 44
Zwecktheorie **9** 2
Zweispurigkeit des Strafrechts **1** 37, 43